De Gruyter Studienbuch

Reiner Preul

# Kirchentheorie

Wesen, Gestalt und Funktionen
der Evangelischen Kirche

W
DE
G

Walter de Gruyter · Berlin · New York
1997

♾ Gedruckt auf säurefreiem Papier,
das die US-ANSI-Norm über Haltbarkeit erfüllt

*Die Deutsche Bibliothek – CIP-Einheitsaufnahme*

**Preul, Reiner:**
Kirchentheorie : Wesen, Gestalt und Funktionen der evangelischen
Kirche / Reiner Preul. - Berlin ; New York : de Gruyter, 1997
(De-Gruyter-Studienbuch)
ISBN 3-11-015496-X Brosch.
ISBN 3-11-015495-1 Gb.

Printed in Germany
Typesetting: Ready Made, Berlin
Druck: Werner Hildebrand, Berlin
Buchbinderische Verarbeitung: Werner Hildebrand, Berlin und
Lüderitz & Bauer GmbH, Berlin

# Vorwort

Dieses Buch ist als ein Studien- und Lehrbuch konzipiert. Als solches will es aber nicht nur Wissens- und Bedenkenswertes zum Thema der Kirche in der modernen Welt zusammentragen, sondern vor allem eine Theorie skizzieren und zur Diskussion stellen. Es ist, obwohl der Ausdruck „Kirchentheorie" (wie auch „kirchentheoretisch") schon länger im Gebrauch ist, das erste Buch, das unter diesem Titel erscheint und der so benannten Theorie eine deutliche und ausgearbeitete Gestalt zu geben versucht.

Der Untertitel „Wesen, Gestalt und Funktionen der Evangelischen Kirche" verweist auf die Hauptkomponenten, aus denen eine Kirchentheorie zu bilden ist: Erforderlich sind Ausführungen zu den *theologischen, insbesondere reformatorischen Grundlagen* des evangelischen Kirchenverständnisses, ferner zur konkreten *institutionellen und organisatorischen Gestalt* der Evangelischen Kirche als eines bestimmten Sozialsystems im Gesamtgefüge moderner gesellschaftlicher Institutionen und schließlich zu den *Leistungen*, die dieses Sozialsystem in der modernen Welt zu erbringen vermag. Diese drei Komplexe der Kirchentheorie finden ihre schwerpunktmäßige Ausformulierung in den drei Paragraphengruppen 4-6, 7-9 und 10-12. Daß freilich das Wesen der Kirche in ihrer theologischen Grundbestimmung als creatura verbi divini und communio/congregatio sanctorum den Sachverhalt ihrer Institutionalität und Funktionalität bereits implizit mit umfaßt, wird im Text deutlich werden. Die drei ersten Paragraphen haben von je unterschiedlichen Ausgangspunkten her (theologisch-enzyklopädisch, empirisch-situationsbezogen und ekklesiologisch-kybernetisch) einführenden Charakter.

Das Buch ist in der Überzeugung geschrieben, daß ein Gedankengang wie der hier durchgeführte, auch wenn er im einzelnen andere Wege gehen und weitere Themen in sich aufnehmen könnte, einen notwendigen und relativ geschlossenen Reflexionszusammenhang darstellt, der sich nicht nur gerade aktuellen Impulsen verdankt, sondern sich von seinem Gegenstand her und im Blick auf Systembildung und Einheit der Praktischen Theologie nahelegt.

Allerdings hoffe ich, mit dem Entwurf einer Kirchentheorie auch den Erfordernissen der Zeit zu entsprechen. Denn trotz immer neuer „Individualisierungsschübe" und anhaltender „Institutionsverdrossenheit" leben wir in einer Welt der Institutionen und Organisationen, und das um so mehr, je deutlicher sich die Konturen eines vereinten Europa und einer organisierten Weltgesellschaft abzeichnen. In einer so strukturierten „Umwelt" kann und darf die Frage nach der Systemgestalt der Kirche und nach ihren davon abhän-

genden gesamtgesellschaftlichen (kulturellen und politischen) und biogra-
phisch-lebensgeschichtlichen Funktionen nicht vernachlässigt werden. Hier
*nur* eine „Praktische Theologie des Subjekts" zu entwickeln, wäre m. E. eine
zu enge Konzeption, in der zwar wesentliche und unaufgebbare Impulse aus
der Geschichte des Protestantismus zur Geltung gebracht werden könnten,
aber die Strukturen der neuzeitlichen Lebenswelt nur in perspektivischer Verkürzung in den Blick kämen und das kybernetische Problem der Selbststeuerung der Kirche in der modernen Welt zu einer offenen Frage würde.
Auch die Einheit der Praktischen Theologie läge dann womöglich weniger in
ihr selber als in allgemeinen modernen Entwicklungstendenzen, an denen sie
in ihrer ganzen Breite teilhat. Der hier vorgelegte Entwurf einer Kirchentheorie, der die Fundierung und Systembildung der Praktischen Theologie als
Lehre vom Handeln der Kirche mittels einer neu zu konzipierenden Kybernetik zu leisten versucht, will nun freilich nicht einfach den Gegenpol stark
machen, um so lediglich als Korrektiv ins Gewicht zu fallen, sondern versucht
am gegebenen Ort zu zeigen, daß und wie kirchliches Handeln im Rahmen
des intern differenzierten Sozialsystems Kirche gerade auch der Situation des
religiösen Subjekts in der Differenziertheit seiner Lebenswelt gerecht werden
kann. –

Ein Vorwort ist für den Autor zugleich ein Nachwort. In diesem Sinne
möchte ich über drei Entscheidungen Auskunft geben, die sich mir bei der
Ausarbeitung stellten und nach denen auch der Leser fragen mag.

Erstens: Daß ein evangelischer Theologe nur für seine eigene Kirche eine
Theorie entwickelt, bedarf keiner besonderen Rechtfertigung. Aber müßte
man dann nicht wenigstens einen eigenen Paragraphen zur Ökumene erwarten? Zu einem solchen Paragraphen habe ich mich aus formalen Gründen
nicht entschließen können: Im Rahmen des skizzierten Aufbaus der Kirchentheorie hätte er den Charakter eines eher störenden Exkurses gehabt. Ökumenische Aspekte sind daher in knapper Form nur jeweils ad hoc aufgegriffen
worden. (Wer sich noch ausführlicher mit den hier einschlägigen Fragen auseinandersetzen will, sei auf den Aufsatzband von E. Herms „Von der Glaubenseinheit zur Kirchengemeinschaft. Plädoyer für eine realistische Ökumene",
Marburger Theologische Studien 27, 1989 verwiesen.) Im übrigen meine ich,
daß vieles, was über die Evangelische Kirche ausgeführt wurde, mutatis mutandis auch auf die Katholische Kirche übertragbar ist; das gilt besonders für
die den Funktionen der Kirche gewidmeten Paragraphen.

Zweitens: Hätte eine evangelische Kirchentheorie nicht auch eine eigene
dogmatische Ekklesiologie bieten müssen, statt von den reformatorischen
Grundlagen sogleich zu institutionellen Fragestellungen überzugehen? Dazu
ist zu sagen, daß kybernetische Entscheidungen und Konzepte der Evangeli-

schen Kirche sich grundlegend an denjenigen Lehrentscheidungen orientieren müssen, durch welche sich die reformatorischen Kirchen konstituiert haben. Aktuelle Lehrbildungen kommen nur als deren Interpretationshilfe in Betracht. Dementsprechend durfte ich einerseits meine spezielle theologisch-ekklesiologische Position nicht verheimlichen, konnte aber andererseits die Plausibilität und Akzeptanz kirchentheoretisch-kybernetischer Optionen nicht geradewegs davon abhängig machen. Der maßgebliche Legitimationshorizont der Kirchentheorie ist die reformatorische Theologie, und wer diese anders einschätzt, bleibt gleichwohl an eben diese Bezugsgröße verwiesen.

Drittens: Hätte das Buch nicht ebensogut „Kybernetik" heißen können? So wurde ich auch von anderen gefragt. Dieser Titel hätte zwar besonders die Paragraphen 3 und 6-9 abgedeckt, nicht aber den Gesamtinhalt des Buches. Andererseits hätte ein Lehr- und Studienbuch zur Kybernetik auch noch nach weitergehenden Konkretionen verlangt und eine Aufarbeitung der verwickelten Geschichte praktisch-theologischer Kybernetik erforderlich gemacht. Und schließlich ist der Terminus „Kybernetik" angesichts der Vielfalt seiner bisherigen Verwendungsmöglichkeiten in weit höherem Maße präzisierungsbedürftig als der Ausdruck „Kirchentheorie". –

Das aus einer in Kiel mehrmals gehaltenen Vorlesung entstandene Buch richtet sich an Theologiestudierende, an Leser aus der Fachwelt, aus der Pfarrerschaft und der Kirchenleitung, aber auch an kirchlich interessierte und engagierte Nichttheologen, denen ich die Lektüre durch die beigefügte Übersetzung lateinischer Wendungen und Zitate erleichtern möchte. Ich sah meine Aufgabe allerdings nicht darin, meine Leser einmal mehr mit inspirierenden, aber ihrer Natur nach kurzlebigen Visionen zur Zukunft der Kirche zu beliefern. Solide zukunftsweisende Konzepte und Strategien, wie sie im Interesse auch dieses Buches liegen, können nur entwickelt werden, wenn zunächst einmal analysiert und eingesehen wird, was die Kirche schon leistet und was *daran* tragfähig, ausbaufähig und gegebenenfalls ergänzungsbedürftig ist. Die faktische und die mögliche Bedeutung der Kirche für die Welt wird am ehesten erkennbar, wenn man sich klarmacht, was einer Welt ohne Kirche fehlen würde.

Viele Anregungen verdanke ich den Freunden und Kollegen im „Theologischen Arbeitskreis Pfullingen", auch wo es bei den dort geführten Diskussionen nicht ausdrücklich um kirchentheoretische Fragen ging. Gelernt habe ich auch von den Teilnehmerinnen und Teilnehmern der Kieler praktisch-theologischen Sozietät, besonders durch die Betreuung der kirchentheoretischen Problemen gewidmeten Dissertationsprojekte von Christoph Dinkel, Lars Emersleben und Andreas Kosbab. Herzlich zu danken habe ich meinen studentischen Mitarbeitern, die mich in allen Phasen der Entstehung des Buches unterstützt haben: Lars Emersleben und Stefan Mann haben die einzelnen Teile des Manuskripts korrigiert, Zitate verifiziert und ihr computertechnisches Know-how zum Einsatz gebracht; Anke Andersson hat mir bei der Endkorrektur geholfen. Ich danke ebenso Cornelia Bock, die die Reinschrift des Manuskripts besorgte, und allen, die im Verlag de Gruyter an der Herstellung des Buches beteiligt waren, namentlich Herrn Dr. von Bassi für die verlegerische und Herrn Otterburig für die technische Betreuung.

Mündlicher Überlieferung zufolge soll mein Doktorvater Wolfgang Trill-haas ein ekklesiologisches Kolleg mit der Bemerkung begonnen haben: „Diese Vorlesung ist für Leute bestimmt, die ihre Kirche lieben." Diese allgemeine Widmung möchte ich mir auch für dieses Buch zu eigen machen; ich schließe dabei aber diejenigen mit ein, die ihre Kirche gern lieben würden.

Kiel, im Juni 1997                                              Reiner Preul

# Inhalt

# § 1 Was ist „Kirchentheorie"?

Der Ausdruck „Kirchentheorie", der den Gegenstand dieses Buches bezeichnet, ist zwar einigermaßen geläufig, er ist auch in dem Sinne unmittelbar verständlich, als man sich eine ungefähre Vorstellung von dem mit diesem Ausdruck Gemeinten machen kann. Aber er hat noch nicht den Charakter eines präzisen Terminus technicus im Kontext theologischer Fachsprache erlangt. Sein Ort im Gesamtzusammenhang theologischer Theoriebildung ist vorerst undeutlich. Welcher theologischen Disziplin soll man eine Kirchentheorie zuordnen: der Dogmatik, der Kirchengeschichte, der Praktischen Theologie? Oder soll man in erster Linie an die Religionssoziologie denken, die ihrerseits an gar keiner theologisch-enzyklopädischen Arbeitsteilung orientiert sein muß, sondern als Spezialdisziplin der allgemeinen Soziologie betrieben werden kann? Offenbar ist keine dieser Möglichkeiten von vornherein als abwegig auszuschließen. Vielmehr scheint der Ausdruck „Kirchentheorie" eine verschiedene Disziplinen verbindende Funktion zu haben, weil er einen Gegenstand bzw. eine Aufgabenstellung bezeichnet, die nur mit den Mitteln mehrerer Disziplinen der Theologie und der modernen Sozialwissenschaft verhandelt werden kann.

Im folgenden wird zunächst der wissenschaftstheoretische Ort der Kirchentheorie im Funktionszusammenhang der Theologie bestimmt (I). Danach fragen wir, was im einzelnen in den Gegenstandsbereich der Kirchentheorie fällt (II).

## I. Kirchentheorie, Ekklesiologie und Praktische Theologie

Unter dem Titel der Ekklesiologie ist die Kirche Gegenstand der *Dogmatik* oder Glaubenslehre.[1] Die Dogmatik stellt das christliche Wirklichkeitsverständnis als ein in sich gegliedertes und zusammenhängendes Ganzes dar. Wie die Theologie insgesamt und in allen ihren Disziplinen setzt sie das christliche Wirklichkeitsverständnis bzw. den Glauben als schon vorhandenen und von ihren eigenen Denkbemühungen letztlich unabhängigen Gegenstand voraus. Sie begründet den Glauben nicht, sondern sie stellt ihn lediglich dar und

---

[1]  Zwischen beiden Ausdrücken wird im folgenden nicht unterschieden.

entfaltet sich dabei selbst als kritische Rechenschaft über den Glauben. Diese
kritische Rechenschaft besteht darin, daß sie den Glauben auf allgemein kon-
trollierbare Weise, d. h. methodisch, gegen die Behauptung seiner Unmöglichkeit, Widersinnigkeit und inneren Unstimmigkeit in Schutz nimmt und
sein Wesen, seinen Inhalt und seine Folgen für alle Bereiche menschlichen
Erfahrens und Handelns rekonstruiert. Sie stellt ihn dar in seiner inneren
Stringenz. Wenn die Dogmatik – gleich nach welchem Darstellungsschema
sie vorgeht – ihr Geschäft beendet hat, dann hat sie alle zum christlichen
Wirklichkeitsverständnis unverzichtbar gehörenden Bewußtseinsinhalte ausgeleuchtet und in einen konsistenten Zusammenhang gebracht.

Zu diesen unverzichtbaren Inhalten gehört nun auch der Begriff der *Kirche*. Orientiert an den Aussagen der ökumenischen Glaubensbekenntnisse
bestimmt die Dogmatik das Wesen der Kirche als communio sanctorum. Sie
beschreibt sie hinsichtlich ihres Zustandekommens als creatura verbi bzw.
evangelii.[2] Kirche wird definiert als „die durch das Wort Gottes begründete
Gemeinschaft der Glaubenden".[3] Die Dogmatik entfaltet sodann das Wesen
der Kirche weiter durch die Erörterung ihrer Eigenschaften (oder notae
internae), d. h. nach dem Nizänum: ihrer Einheit, Heiligkeit, Katholizität
(Allgemeinheit) und Apostolizität. Das sind Eigenschaften der „wahren" Kirche, die durch den Geist immer neu konstituiert wird und als „unsichtbare"
oder „verborgene" Kirche Gegenstand des Glaubens ist, die aber zugleich in
der Zeit existiert und als solche nach einer bestimmten empirischen Sozialgestalt verlangt. Diese geschichtlich existierende Kirche, die Kirche als konkrete „Institution" oder „Organisation" kann insofern als die wahre Kirche
Jesu Christi identifiziert werden, als sie bestimmte Kennzeichen (oder notae
externae) aufweist, nämlich – nach CA 7 – die reine Verkündigung des Evangeliums und die schriftgemäße Handhabung der Sakramente[4], wozu je nach
konfessioneller Herkunft und theologischer Position auch noch weitere notae
treten können, etwa die „Kirchenzucht" oder das „Amt der Schlüssel" oder das
„Gebet im Namen Jesu".[5] Die Lehre von den notae externae der Kirche ist
zugleich eine Antwort auf die Frage, inwiefern kirchliches Handeln ein Mittel
ist, durch das Gott selbst den Glauben des Einzelnen ermöglicht. Da Dogmatik immer die Glaubenslehre eines bestimmten Kirchentums ist, hat die
Ekklesiologie ferner die Aufgabe, das Kirchenverständnis der eigenen Konfes-

---

[2]   M. Luther: „Ecclesia enim creatura est Euangelii", WA 2, 430.
[3]   W. Härle: Kirche, dogmatisch, TRE Bd. XVIII, 285.
[4]   Zum Verständnis des Kirchenbegriffs der Confessio Augustana s. u. § 5, I.
[5]   So etwa in Schleiermachers Glaubenslehre.

sion von anderen Kirchenverständnissen begrifflich möglichst klar abzugrenzen und zugleich nach dem trotz dieser Differenz Verbindenden und nach den Möglichkeiten gegenseitiger Anerkennung und übergreifender Kooperation und Kommunikation zu fragen. Für eine evangelische Lehre von der Kirche ist dabei der Rückbezug auf die ekklesiologischen Grundentscheidungen der Reformation im Gegenüber zur römisch-katholischen Kirche unerläßlich. Dabei ist vor allem die Frage zu beantworten, wie die Kirche sich selbst ohne ein zentrales Lehramt steuern kann und wie das Verhältnis von kirchlichem Amt und dem Priestertum aller Gläubigen zu bestimmen ist. Schließlich ist im Rahmen des dogmatischen Lehrstücks von der Kirche auch auf das Verhältnis der Kirche zur Welt, insbesondere zu anderen gesellschaftlichen Institutionen, Organisationen und Gemeinschaftsformen einzugehen. – Soweit die wichtigsten Aufgabengebiete[6] einer dogmatischen Lehre von der Kirche.

*Kirchentheorie*, so wie sie in diesem Buch entwickelt wird[7], setzt die dogmatische Ekklesiologie voraus bzw. beteiligt sich an ihrer Rekonstruktion, da sie sich i. d. R. nicht auf das Zitieren beschränken kann. Sie hätte auch sonst keinen Maßstab zur Beurteilung der gegebenen kirchlichen Verhältnisse. Damit ist das Spezifikum von „Kirchentheorie" angesprochen: *Kirchentheorie bezieht den dogmatischen Lehr- oder Wesensbegriff auf einen gegebenen kirchlichen Zustand mit dem Zweck einer kritischen Beurteilung und gegebenenfalls Verbesserung dieses Zustandes.* „Gegebenenfalls" heißt natürlich: in der Regel.

Konstruktive Verbesserungsvorschläge zu machen und entsprechende Verfahren für das kirchliche Handeln zu entwickeln, ist dann die eigentliche Aufgabe der *Praktischen Theologie*. Denn deren Gegenstand ist das kirchliche Handeln. Dieses richtet sich entweder direkt auf die institutionelle Gestalt der Kirche bzw. auf Kirche als ein System.[8] Dieses systemverändernde (oder -erhaltende) Handeln ist Gegenstand der Kybernetik als praktisch-theologi-

---

[6]    Es ging hier nur um die Themenbereiche der Ekklesiologie, nicht darum, welche Lösungen für die genannten Fragen gefunden werden. Die Aufzählung ist auch nicht erschöpfend; ich verweise auf den in Anm. 3 genannten Artikel von W. Härle.

[7]    Es sei betont, daß hier nicht so etwas wie eine neue theologische Disziplin etabliert werden soll. Ich möchte nur beanspruchen, daß Zuschnitt und Themen *dieser* Kirchentheorie auf nicht ganz willkürlichen Selektionsakten beruhen, sondern in ähnlicher Form auch bei anderen sich so benennenden Büchern zu erwarten wären. Interessant wäre hier bereits ein Vergleich mit dem Aufriß des Buches von W. Huber: Kirche, Stuttgart 1979.

[8]    Um welche Art von System es sich bei der Kirche handelt, braucht hier noch nicht bestimmt zu werden; siehe dazu § 7, III.

scher Teildisziplin. Oder das kirchliche Handeln richtet sich auf die einzelnen Mitglieder der Kirche, etwa durch Gottesdienst und Predigt, Unterricht und Seelsorge, Tätigkeiten also, die in anderen Teildisziplinen der Praktischen Theologie (Liturgik, Homiletik, Religionspädagogik/Katechetik, Poimenik) reflektiert werden. Aber auch diese Formen kirchlichen Handelns haben in verschiedener Hinsicht – nämlich durch ihren Vollzug und ihr Resultat – Rückwirkungen auf das System Kirche.

Damit kann nun der Ort der Kirchentheorie im Verbund theologischer Disziplinen genauer bestimmt werden. Sie ist das *Verbindungsstück zwischen Systematischer und Praktischer Theologie.* Daher kann sie auch von Vertretern beider Disziplinen entwickelt werden. Wird die dogmatische Ekklesiologie bis zu dem Grade begrifflich ausgearbeitet und – etwa institutionstheoretisch oder organisationstheoretisch – zur Konkretion gebracht, daß sie auf gegenwärtige Problemlagen unmittelbar anwendbar wird, ergeben sich kirchentheoretische Überlegungen im hier anvisierten Sinne. Will Praktische Theologie sich nicht in Gestalt einer äußerlichen Addition von Theorien über die verschiedenen Handlungsfelder pastoraler Amtsführung präsentieren, sondern die verschiedenen Vollzugsformen kirchlichen Handelns in ein möglichst stimmiges System bringen, dann muß sie, bevor sie ins einzelne geht, eine Kirchentheorie – orientiert an Dogmatik einerseits und dem gegenwärtigen Zustand des Systems Kirche andererseits – entwickeln.

Für beides gibt es reichliche Belege. Als jüngstes – und prominentes – Beispiel für eine Zuspitzung dogmatisch-ekklesiologischer Fragestellungen zu explizit kirchentheoretischen, insbesondere soziologische Theorieelemente aufnehmenden Erörterungen verweise ich auf einschlägige Arbeiten von Eilert Herms.[9] – Auf der anderen Seite nehmen zumindest fast alle älteren Gesamtdarstellungen der Praktischen Theologie in irgendeiner Form ihren Ansatz beim Kirchenbegriff. So beginnt Carl Immanuel Nitzsch seine wegweisende Gesamtdarstellung mit einer „Allgemeine(n) Theorie des kirchlichen Lebens", untergliedert in „Die Idee des kirchlichen Lebens oder der urbildliche Begriff" und „Das evangelische kirchliche Leben, und der jetzige Zeitpunkt", und schließt daran im zweiten und dritten Band die Erörterungen über „Das kirchliche Verfah-

---

[9]   E. Herms: Erfahrbare Kirche. Beiträge zur Ekklesiologie, Tübingen 1990; vgl. auch: Die Fähigkeit zu religiöser Kommunikation und ihre systematischen Bedingungen in hochentwickelten Gesellschaften. Überlegungen zur Konkretisierung der Ekklesiologie, in ders.: Theorie für die Praxis – Beiträge zur Theologie, München 1982, 259-287.

ren oder die Kunstlehren" an.[10] Nach Gerhard von Zezschwitz ist Praktische Theologie „Theorie von der fortgehenden Selbstverwirklichung der Kirche in der Welt".[11] Ernst Christian Achelis gliedert den gesamten Stoff der Praktischen Theologie anhand der klassischen Wesensmerkmale der Kirche: Einheit, Heiligkeit, Katholizität und Apostolizität.[12] Besonders deutlich: Martin Schian. Er setzt ein bei den „Grundvoraussetzungen kirchlichen Handelns" und bestimmt sie als „Christentum und verfaßte Kirche" sowie als „Bestand evangelischen Kirchentums". Danach behandelt er die „Organe des kirchlichen Handelns" (Gesamtkirche, Gemeinde, Pfarramt und freie Organe) und erörtert schließlich das kirchliche Handeln in seinen verschiedenen Formen als „gottesdienstliches Handeln", „seelsorgerliches Handeln", „äußere Fürsorge" und „erziehendes Handeln.[13] Alfred Dedo Müller beginnt seine Darstellung mit Amt und Verfassung der Kirche und nennt die Behandlung dieser Fragenkomplexe „Kybernetik".[14] Otto Haendler setzt ein mit der „Grundstruktur der Kirche" (Wesen, Gestalt, Feld und Amt der Kirche).[15] Erst in Dietrich Rösslers ganz anders eingeteilter Gesamtdarstellung ist die Kirche Thema eines der materialen Kapitel, nicht mehr derjenige Gegenstand, durch dessen Analyse die Grundlegung der Praktischen Theologie insgesamt erarbeitet wird.[16] – Daß der völlige Verzicht auf kirchentheoretische Fundierung der Praktischen Theologie nicht gut bekommt, zeigt der Entwurf von Gert Otto.[17] Praktische Theologie muß sich nach Otto aus ihrer traditionellen „ekklesiologischen Verengung" befreien und als „kritische Theorie religiös vermittelter Praxis in der Gesellschaft" betrieben werden.[18] Es fragt sich, ob diese Selbstbezeichnung nicht besser zur theologischen Sozialethik paßt. Die Folge solcher Konturlosigkeit in der Gegenstandsbestimmung der Praktischen Theologie ist der Verlust

---

[10] Praktische Theologie, 3 Bde., Bonn 1847, 1848, 1867.

[11] System der praktischen Theologie, Leipzig 1876-78, .

[12] Lehrbuch der praktischen Theologie, Leipzig 1890; Grundriß der praktischen Theologie, Leipzig 1893.

[13] Grundriß der Praktischen Theologie, Gießen 1921, 1934³.

[14] Grundriß der Praktischen Theologie, Berlin 1950.

[15] Grundriß der Praktischen Theologie, Berlin 1957.

[16] Grundriß der Praktischen Theologie, Berlin/New York 1986.

[17] Praktische Theologie, 2 Bde., München 1986, 1988.

[18] So schon in dem gleichnamigen programmatischen Aufsatz in dem von Otto herausgegebenen Praktisch-Theologische(n) Handbuch, 1970, Stuttgart u.a. 1975², 9-31.

ihres Systemcharakters[19], und an die Stelle klassischer Gliederung tritt eine letztlich unüberschaubare Einteilung nach „Aspekten“, „Dimensionen“ und „Perspektiven“.

Die Ortsbestimmung der Kirchentheorie zwischen Systematischer und Praktischer Theologie bedarf noch einer Präzisierung und Ergänzung. Denn die Praktische Theologie unterhält natürlich nicht nur via Kirchentheorie Verbindungen zur Ekklesiologie. Zwischen den verschiedenen Subdisziplinen der Praktischen Theologie und einzelnen Lehrstücken der Dogmatik gibt es zahlreiche unmittelbare Berührungspunkte. Ich verweise nur auf die Bedeutung der theologischen Anthropologie für die Lehre von der Seelsorge und die Bezugnahme jeder Homiletik auf eine dogmatische Lehre vom Worte Gottes. Diese Beziehungen bleiben natürlich auch dann relevant, wenn man auf Kirchentheorie verzichtet. Was dann aber – wie das Beispiel der Praktischen Theologie Gert Ottos zeigt – nur schwerlich gelingen kann, das ist die Entfaltung der Praktischen Theologie als ein solches System, das die verschiedenen Formen und Felder kirchlichen Handelns in einen Zusammenhang bringt und im Sinne sich ergänzender und dadurch auch gegenseitig entlastender Tätigkeiten koordiniert. Diese Koordination konkret zu projizieren, ist Aufgabe der Kybernetik. Denn der Begriff des kirchlichen Handelns umfaßt zwei deutlich unterschiedene Klassen des Handelns: einerseits Akte, in denen religiöse, am Evangelium orientierte Kommunikation vollzogen wird – das geschieht vor allem durch Predigt, Liturgie, Seelsorge, Unterricht und öffentliche Verlautbarungen kirchlicher Stellen und Gremien –, andererseits Akte, durch die institutionell-organisatorische oder auch nur gelegentliche Rahmenbedingungen solcher Kommunikation des Evangeliums geschaffen und in ein systemisches Verhältnis gesetzt werden. Diese Klasse kirchlichen Handelns, eines *disponierenden* Handelns im Unterschied zum *kommunikativen* Handeln, ist Gegenstand der Kybernetik.[20]

---

[19]  Was von Otto aber nicht als Not, sondern als Tugend gedeutet wird; vgl. dem im Motto des Buches bekannten Abscheu gegen Systeme. „System“ ist aber zunächst weder mit Zwangsjacke noch mit Abstraktion, sondern mit sinnvoller Koordination zu assoziieren.

[20]  Zu diesem Vorschlag, den derzeit unklaren Begriff der Kybernetik zu präzisieren, vgl. vom Vf.: Luther und die Praktische Theologie. Beiträge zum kirchlichen Handeln in der Gegenwart, Marburg 1989, 5 sowie meinen Aufsatz: „Recht – Macht – Gerechtigkeit“ als Thema einer neu zu konzipierenden Kybernetik, in: J. Mehlhausen (Hg.): Recht – Macht – Gerechtigkeit, Gütersloh 1997 (im Druck). – Kybernetik als Theorie des Gemeindeaufbaus oder der Gemeinde-

Die vorstehenden Überlegungen zur Ortsbestimmung von Kirchentheorie im Zusammenhang des Verhältnisses von Systematischer und Praktischer Theologie lassen sich in folgendem Schaubild veranschaulichen:

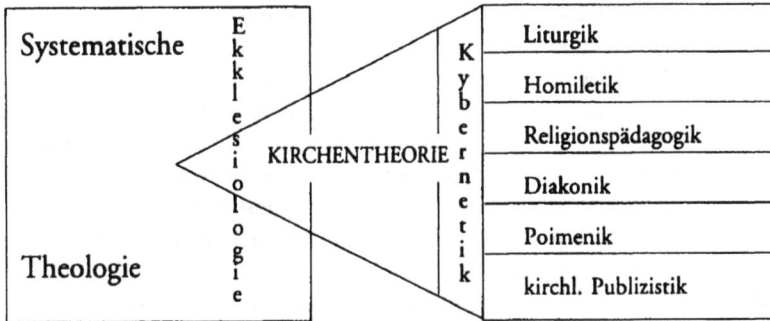

| Systematische ... Theologie | Ekklesiologie | KIRCHENTHEORIE | Kybernetik | Liturgik |
|---|---|---|---|---|
| | | | | Homiletik |
| | | | | Religionspädagogik |
| | | | | Diakonik |
| | | | | Poimenik |
| | | | | kirchl. Publizistik |

Diese Orts- und Funktionsbestimmung der Kirchentheorie hat nun auch Folgen für ihren wissenschaftlich-theoretischen Charakter. Dazu zwei erläuternde Bemerkungen.

1. So wie die Praktische Theologie ohne kirchentheoretische Fundierung in eine Vielzahl von Einzeltheorien zerfiele, also nicht als *eine* in sich konsistente Theorie betrieben werden könnte, so wäre andererseits die Kirchentheorie in Gefahr, sich in eine Mehrzahl interessenbedingter Einzelüberlegungen aufzusplittern, würde man sie aus dieser Zwischenstellung und Bindegliedfunktion herauslösen. Sie würde sich dann etwa an irgendeiner griffigen Parole, programmatischen Formulierung oder Leitidee von dem, was Kirche heute sein soll, orientieren wie z. B. „Kirche für andere", „Diakonische Kirche", „Kirche von unten", „Basiskirche", „Kirche der Frauen", „Freiwilligkeitskirche" oder auch „Volkskirche", „Kirche für alle", „Weltkirche". Hinter all solchen Formulierungen steckt i.d.R. das berechtigte Interesse, einen bestimmten, aber partikularen und partikular wahrgenommenen Mißstand zu überwinden. Kirchentheorie würde sich dann in den Dienst eines solchen Interesses stellen und eine entsprechende Programmatik und Strategie entwickeln. Eine solche Kirchentheorie kann zweifellos anregend sein, sie kann zum Nachdenken zwingen und vielleicht auch Dinge in Bewegung brin-

---

leitung zu verstehen, ist viel zu eng. Die kybernetische Debatte in diesem Jahrhundert und die besondere Bedeutung, die darin der Barmer Theologischen Erklärung (Barmen III) zukommt, kann und braucht in diesem Buch nicht aufgearbeitet zu werden. Ich verweise dazu auf P.C Bloth: Praktische Theologie (Grundkurs Theologie, Bd. 8), Stuttgart 1994, 110-167.

gen. Aber da es naturgemäß mehrere solcher Kirchentheorien geben muß,
und zwar gegensätzliche, würde jede derartige von vornherein partikular orientierte und motivierte Kirchentheorie nur Waffen für einen Machtkampf
schmieden, in dem es um die Durchsetzung eines Interesses auf Kosten des
anderen geht, auch dann, wenn dieser Kampf – bestenfalls – nur mit Worten
und Argumenten ausgetragen werden soll. Engagierte Entwürfe dieser Art[21]
sind ohne Zweifel wünschenswert. Aber wenn der pure Interessenkampf vermieden werden soll, müssen sie sich die Einordnung in eine solche Kirchentheorie gefallen lassen (oder besser selber vornehmen), die schon von ihrer
interdisziplinären Anlage her den gesamten am Phänomen Kirche entstehenden Themenbestand aufzunehmen imstande ist; nur so können die jeweiligen
kirchenpolitischen Optionen auch zu angemessener Wirkung gelangen. Es
gehört zum Wesen einer Theorie, daß sie ihren jeweiligen Gegenstand ganz –
das heißt in seiner Struktur und inneren Gliederung und hinsichtlich aller
derzeit wahrnehmbaren Abhängigkeiten und Auswirkungen – erfassen will,
und zwar auf methodisch kontrollierte Weise.[22]
   Die entwickelte Ortsbestimmung der Kirchentheorie zwischen dogmati-
schem Lehrbegriff und der das Handeln der Kirche in allen ihren Formen
reflektierenden Praktischen Theologie bietet nun am ehesten die Gewähr dafür, daß eine ihren Gegenstand einigermaßen erschöpfende Theorie der Kirche gelingen kann. Denn einerseits erörtert die Dogmatik, sofern sie ihre
Aufgabe löst, bereits die den Gegenstand Kirche konstituierenden wesentlichen Sachverhalte und entwickelt die dazugehörigen Begriffe; andererseits
verlangen die von der Praktischen Theologie erhobenen konkreten Handlungsprobleme nach einer klaren Bestandsaufnahme der derzeitigen Handlungs-
bedingungen, wie sie in Gegebenheiten der Institution Kirche und der in ihr
handelnden Subjekte sowie unter dem Titel der gesellschaftlichen und kulturellen Rahmenbedingungen erfaßbar sind.
   2. Die vorgenommene interdisziplinäre Orts- und Aufgabenbestimmung
hat Konsequenzen für das methodologische Profil der zu entwickelnden

---

[21]  Prominentestes Beispiel: E. Lange: Kirche für die Welt. Aufsätze zur Theorie
      kirchlichen Handelns, hg. von R. Schloz, München 1981. Ebenfalls an gegenwär-
      tigen Problemstellungen orientiert, aber doch von theoretisch anderem Zuschnitt
      ist das Buch von W. Jetter: Was wird aus der Kirche? Stuttgart 1968.

[22]  Die etwas unbestimmte Ausdrucksweise ist hier nicht zu umgehen, zumal kon-
      krete Aussagen über den Charakter einer Theorie nur zu konkreten Beispielen
      entwickelt werden können. Hier soll nur festgehalten werden, daß jeder Theorie
      die Tendenz innewohnt, über eine bloß partikulare und als solche zu unsachge-
      mäßen Schlußfolgerungen neigende Betrachtungsweise hinauszukommen.

Kirchentheorie. Wenn die Kirchentheorie kategoriale ekklesiologische Bestimmungen auf den empirischen Befund der Kirche beziehen will, muß sie sich der human- bzw. sozialwissenschaftlichen Erforschung dieses Befundes zuwenden, das heißt der Religions- und Kirchensoziologie, der Religionspsychologie sowie der System-, Organisations- und Kommunikationstheorie in ihrer jeweiligen Anwendung auf das System Kirche. Die Kirchentheorie erhält damit den Status einer „kritischen Theorie" im Sinne Schleiermachers – nicht im Sinne der Frankfurter Schule, obwohl deren Anliegen, die Frage nach dem Verwendungszusammenhang von Theorie und Forschung, nicht unberücksichtigt bleibt; denn die Theologie ist als Disziplinenverbund schon insgesamt so organisiert, daß ihr die Frage nach dem cui bono nicht von außen gestellt zu werden braucht.[23] Zu einer kritischen Theorie im Sinne Schleiermachers wird Kirchentheorie dadurch, daß sie Wesensbestimmungen und Ergebnisse empirischer Forschung aufeinander beziehen muß, um den gegenwärtigen Zustand der Kirche einer kritischen Prüfung zu unterziehen. Als solche ist sie die Voraussetzung dafür, daß die Praktische Theologie als eine „technische" Disziplin ihren Dienst an der Kirche leisten kann.[24]

## II. Inhalte und Aufbau der Kirchentheorie

Welche Themenfelder ergeben sich für eine so strukturierte Kirchentheorie? Und läßt sich eine sachlogisch notwendige Abfolge entwickeln?

Der Aufbau der Kirchentheorie ist natürlich *im groben* bereits durch ihre Orts- und Funktionsbestimmung vorgezeichnet: Sie schlägt die Brücke von der Ekklesiologie zur Praktischen Theologie und ihren Handlungsproblemen, und zwar zunächst zu den kybernetischen Fragen, bei denen es um die Selbstgestaltung und Selbststeuerung der Kirche geht. In einem weiteren Schritt wird sie sich dann der Frage nach den Funktionen der Kirche in der heutigen Welt und damit einzelnen Handlungsproblemen zuwenden müssen. Somit ergeben sich drei inhaltliche Schwerpunkte, die durch die Stichworte *Grund-*

---

[23] Vgl. dazu R. Preul: Was leistet die Praktische Theologie für die Einheit der Theologie? PThI 13/1993, H. 1, 77-92.

[24] Zu Schleiermachers Wissenschaftssystem vgl. E. Herms: Herkunft, Entfaltung und erste Gestalt des Systems der Wissenschaften bei Schleiermacher, Gütersloh 1974; zum wissenschaftstheoretischen Charakter der Theologie und ihrer Disziplinen H.-J. Birkner: Theologie und Philosophie. Einführung in Probleme der Schleiermacher-Interpretation (Theologische Existenz heute 178), München 1974, 30ff.

*lagen der Kirchentheorie* (1), *Kybernetik* (2) und *Funktionen* (3) gekennzeichnet
werden. Diese Reihenfolge ist auch nicht veränderbar. Die Selbstgestaltung
und -steuerung der Kirche muß ihrem Wesen einschließlich dessen, was dieses
Wesen zur Erscheinung bringt, entsprechen; und nur die sich in richtiger
Weise selbst gestaltende und steuernde Kirche kann auch ihre Funktionen in
der gegenwärtigen Welt sachgemäß ausüben.

Da Kirchentheorie aber im Dienste der Praktischen Theologie entwickelt
wird, dürfte es sinnvoll sein, vorab mit den von der Praktischen Theologie
registrierten Erwartungen an die Kirche einzusetzen. Denn da diese Erwartungen sich zu bestimmten Vorstellungen von dem, was die Kirche sei bzw. zu
leisten habe, verdichten, werden damit auch schon bestimmte Gegensätze
sichtbar, zwischen denen eine nicht von vornherein parteiliche Kirchentheorie
zu vermitteln hat.

1. Im ekklesiologischen Teil der Kirchentheorie braucht der theologische
Lehrbegriff der Kirche nicht aus dem Gesamtzusammenhang einer bestimmten Glaubenslehre entwickelt zu werden. Der Kirchentheoretiker kann nicht
das ganze Geschäft des Dogmatikers übernehmen. Unverzichtbar ist jedoch
eine Vergegenwärtigung der das Kirchenverständnis betreffenden Lehrentscheidungen der Reformation. Vergegenwärtigung heißt natürlich nicht bloße Wiederholung und Zitation, sondern schließt deren Aneigung mittels eigener Interpretation ein. In diesem Sinne kommt der Kirchentheoretiker um
eine eigene ekklesiologische Reflexion nicht herum. Die Grenzen dieser Reflexion genau abzustecken, dürfte schwer möglich sein; jedenfalls ist das durch
keinen den Begriff „Kirchentheorie" entfaltenden Vorgriff zu leisten.

2. Den Übergang zu den im engeren Sinne *kybernetischen* Fragen bildet die
theoretische Besinnung auf den Sachverhalt, daß die Kirche eine *Institution*
oder ein *soziales System* ist, das sich als ein Gefüge von Positionen, Ämtern und
Funktionen präsentiert. Dieser soziologisch beschreibbare Sachverhalt – daß
die Kirche nicht nur eine unsichtbare Gemeinschaft von Glaubenden ist, sondern eine institutionelle Gestalt hat – ist im theologisch-dogmatischen Wesensbegriff der Kirche schon kategorial mitgesetzt. Die Kirche als konkrete
Institution ist aber zugleich ein geschichtlich entstandenes und sich wandeln-
des Gebilde. Daher ist vieles, was uns am Leben und an der Gestalt der Kirche
eigentümlich erscheint, auch nicht direkt aus dem Begriff der Kirche ableit-
bar, sondern nur historisch zu verstehen.[25] Die Kirchentheorie ist hier zur

---

[25]  Darauf verweist mit Recht T. Rendtorff: Theologische Probleme der Volkskirche,
      in: W. Lohff/L. Mohaupt (Hg.): Volkskirche – Kirche der Zukunft? Leitlinien
      der Augsburgischen Konfession für das Kirchenverständnis heute, Hamburg 1977,
      104-131.

neueren Kirchengeschichte und „kirchlichen Zeitgeschichte" hin offen. Infolgedessen sind auch die entsprechenden kybernetischen Fragen nicht allein aus
dem Wesensbegriff der Kirche zu beantworten; zugleich muß auf das Bezug
genommen werden, was die Kirchengeschichte über die jeweiligen Zweck-
mäßigkeits- und Funktionsbedingungen ausmachen kann. Das gilt z. B. für
die Fragen, ob die Kirchenspitze durch Bischöfe oder Kirchenpräsidenten repräsentiert sein solle, wie weit die Befugnis von Synoden gehen solle und wie
deren günstigste Zusammensetzung zu konzipieren sei, welche „funktionalen" Pfarrstellen neben dem Gemeindepfarramt nötig seien, welche Laienämter
es geben solle, ob nicht nur die Pfarrerschaft, sondern auch die Religions-
lehrerschaft in irgendeiner Form einen rechtlich geregelten Einfluß im kirchlichen System haben solle[26], was in die Zuständigkeit von Kirchenvorständen
gehören solle und so fort. Die Entscheidung in solchen und vielen weiteren
Fragen muß zwar dem evangelischen Kirchenverständnis Rechnung tragen, ist
aber aus ihm allein nicht abzuleiten. Zugleich ist auf moderne, außerhalb der
Theologie entwickelte Institutions-, Organisations- und Systemtheorien Bezug zu nehmen. Die Anwendbarkeit solcher Theorien auf das System Kirche
ist zu erörtern. Und schließlich sind historisch gewachsene, auch regionale,
Eigentümlichkeiten in Rechnung zu stellen.

Bei allen Fragen der Selbstgestaltung und Selbststeuerung der Kirche ist
somit immer auch das Verhältnis der Kirche zu ihrer sozialen Umwelt mit in
den Blick zu nehmen. Das organisierte Religionssystem einer Gesellschaft
befindet sich stets in einem so oder so gearteten Interaktionszusammenhang
mit anderen gesellschaftlich notwendigen Systemen. Was Kirche ist und leisten kann, ist nicht allein aus kirchlicher Binnenperspektive zu entfalten, sondern muß unter Bezugnahme auf ein *Spektrum von Institutionen* und deren
verwickeltes Verhältnis in der modernen Welt erörtert werden.[27] Das Spektrum von Institutionen, in das die Kirche einzuordnen ist, umfaßt dabei nicht
nur funktional verschiedene, sondern auch funktional äquivalente Institutionen. Die externen Beziehungen des Systems Kirche sind daher teils unter dem
Gesichtspunkt zu verbessernder *Kooperation*, teils unter dem durchzuhalten-
der und frei zu gestaltender *Konkurrenz* zu betrachten.

---

[26]  Diese Forderung ist z. B. von H. Kittel, freilich ohne Erfolg, erhoben worden:
Evangelische Religionspädagogik, Berlin u.a. 1970, 432.

[27]  Unsere Kirchentheorie wird dabei insbesondere an die von E. Herms vorgelegten
Analysen anknüpfen können. E. Herms: Gesellschaft gestalten. Beiträge zur
evangelischen Sozialethik, Tübingen 1991; vgl. auch meinen Aufsatz: Evangelische Kirche – Was ist das heute? PTh 81/1992, 2ff.

3. Gesellschaftstheoretische Überlegungen der angedeuteten Art sind nun auch Kontext und Voraussetzung für die Bestimmung und Optimierung *einzelner Funktionen* der Kirche in der modernen Gesellschaft. Um welche Funktionen handelt es sich?

Offenbar kann hier prinzipiell von allem die Rede sein, was die Kirche tut bzw. was einzelne Personen in Erfüllung ihres Auftrags tun. Dieser Auftrag wird seit alters mit dem Terminus cura animarum zusammengefaßt. Die Aufgabe der Kirche ist die *Seelsorge* im weitesten Sinne des Wortes. Seelsorge ist nicht eine der Funktionen der Kirche neben anderen, sondern was immer die Kirche tut im Unterricht, im Gottesdienst, in der speziellen seelsorgerlichen Beratung, in der Diakonie, in der Gemeindearbeit, in äußerer und innerer Mission und in öffentlichen Stellungnahmen, das will dem Heil der Seele nach christlichem Verständnis dienen.[28] Alles kirchliche Handeln will nichts anderes sein als eine Hilfeleistung, damit der Mensch seine ihm von Gott zugedachte und in Christus offenbarte Bestimmung erreicht. Auch das allem einzelnen kirchlichen Handeln, den einzelnen Vollzugsformen religiöser Kommunikation, vorgeschaltete kybernetische Handeln, das diesen Vollzügen eine institutionell geregelte Gestalt gibt und sie zugleich in ein geordnetes „arbeitsteiliges" System bringt, ist daraufhin zu überprüfen und zu beurteilen, ob es diesem eigentlichen Zweck der Kirche dienlich ist. Es kann also nicht darum gehen, der Kirche neben der Seelsorge auch noch alle möglichen anderen Aufgaben zuzuschreiben – oder gegebenenfalls wieder abzunehmen –, sondern was immer die Kirche tut, und das ist i.d.R. sehr vielfältig, muß sich als Vollzugsform von Seelsorge begreifen lassen. Und da diese Seelsorge dadurch geschieht, daß das christliche Wirklichkeitsverständnis kommuniziert wird, kann man auch sagen: Alle kirchlichen Handlungen müssen als Formen der Kommunikation des christlichen Wirklichkeitsverständnisses erkennbar sein.

Als kommunikatives, einem seelsorgerlichen Zweck verpflichtetes Handeln richtet sich das Handeln der Kirche aber grundsätzlich auf das einzelne Subjekt. Und nur dadurch, daß die Kirche einzelnen Individuen zur Erkenntnis ihrer wahren Bestimmung und zu einer daran ausgerichteten Lebensführung verhilft, leistet sie auch ihren spezifischen Beitrag zur Gestaltung der Gesellschaft: zur Befriedigung gesellschaftlicher Bedürfnisse, zur Verbesserung gesellschaftlicher Institutionen und zur Verwirklichung gesellschaftspolitischer Ziele.

---

[28] Daß die Kirche gut daran tut, diesen ursprünglichen integralen Seelsorgebegriff gegenüber einem verengten Verständnis von Seelsorge als Krisenintervention festzuhalten, hat E. Herms eindrucksvoll an der Person und am Handeln Luthers verdeutlicht: Luther als Seelsorger, in: Erfahrbare Kirche. Beiträge zur Ekklesiologie, Tübingen 1990, 232ff.

Diese Bemerkungen über die Vielfalt und Einheit der Funktionen der Kirche stellt uns vor eine konzeptionelle Schwierigkeit. Eine Behandlung der einzelnen Funktionen der Kirche scheint im Rahmen einer Kirchentheorie gar nicht mehr sinnvoll zu sein. Sobald einzelne Funktionen oder Aufgaben der Kirche in Rede stehen, ist die Grenzlinie zum System der Praktischen Theologie endgültig überschritten. Genaugenommen haben wir deren Gebiet schon mit der Erörterung kybernetischer Fragen betreten. Das ausgeführte System der Praktischen Theologie ist auch nach unserem Schaubild (s.o. S. 7) die sachgemäße Fortsetzung der Kirchentheorie. Sollen dennoch einzelne Funktionen der Kirche im Rahmen der Kirchentheorie thematisiert werden, dann bedarf es dafür einer besonderen Perspektive, die sowohl die Auswahl von bestimmten Funktionen rechtfertigt, als auch deren Behandlungsart qualifiziert. Diese Perspektive ist durch die Frage gegeben, weshalb es prinzipiell in jeder Gesellschaft und dann insbesondere in der gegenwärtigen Gesellschaft so etwas wie Kirche, ein organisiertes Religionssystem, geben muß und welche spezifischen Leistungen die christliche Kirche evangelischer Prägung für diese Gesellschaft zu erbringen in der Lage ist. Die Kirchentheorie stellt sich also in ihrem letzten, gleichsam „angewandten" Teil der schlichten und für theologische Ohren auch vielleicht zunächst etwas flach klingenden Frage nach dem Nutzen der Kirche für die Gesellschaft und für das Leben des Einzelnen in ihr. In ihrer negativen Version lautet die gleiche Frage: Welchen Schaden müßte die Gesellschaft auf Dauer nehmen, wenn die Kirche aus ihr verschwände oder zu einer Schatten- und Winkelexistenz verurteilt wäre?

Diese Nutzenfrage wird zunächst von den Christen selber gestellt, die sich über die gesamtgesellschaftlichen Auswirkungen des christlichen Glaubens eine genauere Vorstellung machen möchten; denn es gehört zur Klärung des Selbstverständnisses des Glaubens, zu der dieser von sich aus drängt, daß auch nach den sozialen Folgen – z. B. für das geregelte Zusammenleben mit Nichtchristen – gefragt wird. Christen müssen sich hier auch der vielstimmigen Kritik an der Kirche stellen. Die Nutzenfrage wird aber auch von solchen Mitgliedern der Gesellschaft gestellt, die dem Wahrheitsanspruch des christlichen Glaubens nicht – oder noch nicht – zu entsprechen willens oder fähig sind. Auch ihnen soll, soweit möglich, eine plausible Antwort gegeben werden. So gesehen verfolgt Kirchentheorie zwangsläufig auch eine apologetische Absicht.[29] Dabei geht es, wohlgemerkt, um mehr als darum, kirchenferne

---

[29]  Apologetik ist eine legitime und notwendige Aufgabe jeder Theologie. Sie hat mit fadenscheiniger Selbstrechtfertigung, Beschönigung oder unsauberer Werbung nichts zu tun. Nur eine unsachgemäß betriebene Apologetik kann dazu pervertieren.

Zeitgenossen zu einer bloßen Duldung der Kirche zu bewegen. Das zu erreichen, stellt auch heute kein Problem dar. Geduldet wird nahezu alles. Und
man weiß auch aus unmittelbarer geschichtlicher Erfahrung, daß die Nicht-
duldung oder öffentliche Behinderung von Religion und Kirche zu den Kennzeichen totalitärer und inzwischen durch ihren eigenen Zusammenbruch be-
strafter Systeme gehört. Vielmehr kommt es darauf an, das Bewußtsein zu
stärken, daß es für jeden einzelnen und für das gesellschaftliche Ganze gut ist,
daß es die Kirche bzw. „so etwas wie Kirche" gibt, weil mit ihrem Niedergang
auch bestimmte allgemein benötigte Leistungen in Wegfall kämen, Leistungen, die von keiner anderen Instanz in vergleichbarer Weise erbracht werden
können.

Bei diesen Leistungen muß aber der Zusammenhang mit der seelsorgerlichen Aufgabe der Kirche erkennbar bleiben. Es geht also um solche Leistungen, zu denen die Kirche sich schon aufgrund ihres eigenen Selbstverständnisses aufgefordert sieht, weil sie nämlich ihrem eigentlichen Zweck in der Welt
dienen. Andererseits müssen diese Leistungen aber auch einer an die Kirche
von außen herangetragenen Erwartung entsprechen. Da sich aber sehr viele
und gegensätzliche Erwartungen auf die Kirche richten (s. § 2), bedarf es eines
Kriteriums für deren Sachgemäßheit, d. h. dafür, daß sie sich mit Recht auf die
Kirche richten. Nun kann es sicher nicht die Aufgabe der Kirche sein, par-
tikulare gesellschaftliche Interessen zu befriedigen. Es würde ihrem Selbstverständnis widersprechen, ließe sie sich von irgendeiner der in der Gesellschaft
gegeneinander kämpfenden Kräfte einfach in Dienst nehmen. Deshalb sind
die an die Kirche herangetragenen Erwartungen daraufhin zu überprüfen, ob
sich in ihnen ein bloß partikulares oder ein *gesamtgesellschaftliches* Interesse
artikuliert. Es ist also zu fragen, ob das Eingehen auf eine bestimmte Erwartung bloß dazu führt, daß die – tatsächliche oder angebliche – Benachteili-
gung einzelner Individuen oder einer Gruppe gemindert wird oder ob damit
*zugleich* ein Beitrag geleistet wird, der der Gesellschaft als ganzer zugute kommt,
weil er beispielsweise dem gesellschaftlichen Frieden dient, den allgemeinen
Rechtszustand kräftigt, eine Verständigungsmöglichkeit für alle bereithält,
die Art des persönlichen Umgangs von Opponenten verbessert, stilbildend
bezüglich des Austrags von Konflikten wirkt usw. Nicht daß die Kirche nicht
auch einzelnen in ihrer individuellen Notlage zu helfen hätte, sie würde sonst
beispielsweise keine spezielle Seelsorge treiben. Es wird auch nicht bestritten,
daß die Kirche sich immer wieder zum Anwalt der Entrechteten und Benachteiligten machen muß. Hier wird nur darauf abgehoben, daß es ihr dabei
*zugleich* um das *allgemeine* Wohl, das in der Gesellschaft *insgesamt* zur Geltung
zu bringende Recht usw. gehen muß. Dieses Zugleich ist auch das Maß des
richtigen Eingehens auf die Notlage des einzelnen.

Diejenigen Funktionen der Kirche, die in einem angewandten Teil der Kirchentheorie zu behandeln sind, müssen also im Schnittpunkt zweier Interessen gesucht werden: des Interesses der Kirche an der Erfüllung ihres allgemeinen seelsorgerlichen Auftrags und eines gesellschaftlichen, an die Kirche herangetragenen Interesses, das sich als berechtigtes Interesse der Gesamtgesellschaft und aller ihrer Mitglieder ausweisen läßt.

Unter diesem doppelten Gesichtspunkt lassen sich nun wenigstens vier Funktionsbereiche ausmachen.

Kirche hat *erstens* eine Funktion im *Lebenslauf* jedes einzelnen Menschen in unserer Gesellschaft. Es wird erwartet, daß sie den durch bestimmte Krisen und Knotenpunkte strukturierten Lebenslauf jedes Einzelnen helfend begleitet. Diese Krisen oder Konfliktphasen sind nicht allein aus dem natürlichen Alterungsprozeß und dem Vorrücken in der Abfolge der Generationen zu begreifen; sie werden durch Strukturen, Probleme und Ereignisse in der gesellschaftlichen Lebenswelt in bestimmter Weise zugespitzt. Die Volkskirche kommt ihrer hier entstehenden Aufgabe der Lebensbegleitung vor allem durch ihre Amtshandlungspraxis nach.[30]

Kirche ist *zweitens* ein *kultureller Faktor*, eine „Bildungsmacht", wie man früher sagte. Dieser Aspekt kirchlicher Wirksamkeit ist jahrzehntelang aus theologischen Gründen vernachlässigt bzw. ignoriert worden. Ein falsch verstandener Kulturprotestantismus[31] fungierte als abschreckendes Beispiel. Es geht bei diesem Funktionsbereich aber nicht einfach um eine Beteiligung der Kirche an der kulturellen Verfeinerung und Ästhetisierung des bürgerlichen Lebens. Fest, Feier, Ritus und Zeremoniell können zwar zu lediglich dekorativen Zwecken mißbraucht werden. Aber die Bedürfnisse, die darin angesprochen und gestaltet werden, sind i. d. R. tieferer Art. Es handelt sich bei diesem zweiten Funktionsbereich jedoch nicht nur um die tieferen an-

---

[30]  Im Anschluß an K. W. Dahm (Aspekte einer funktionalen Theorie des kirchlichen Handelns, in ders.: Beruf: Pfarrer. Empirische Aspekte, München 1971, 303ff) ist es weithin üblich geworden, „helfende Begleitung in Krisensituationen und an Knotenpunkten des Lebens" und „Darstellung und Vermittlung von grundlegenden Deutungs- und Wertsystemen" als zwei Funktionsbereiche nebeneinander zu stellen. Dieser Aufteilung schließen wir uns nicht an. Schon deshalb nicht, weil die Amtshandlungspraxis der Kirche gar nicht ohne Vermittlung von „Deutungs- und Wertsystemen" möglich ist.

[31]  Vgl. den sehr informativen Aufsatz von F. W. Graf: Kulturprotestantismus. Zur Begriffsgeschichte einer theologiepolitischen Chiffre, in: H. M. Müller (Hg.): Kulturprotestantismus. Beiträge zu einer Gestalt des modernen Christentums, Gütersloh 1992, 21-77.

thropologischen *Beziehungen zwischen Kultur und Kultus*, die am zentralen
Phänomen kirchlichen Lebens, dem Gottesdienst, zu erläutern sind. Die
Selbstartikulation des Glaubens in Predigt, Unterricht, spezieller Seelsorge,
Öffentlichkeitsarbeit und kirchlicher Publizistik ist als Pflege eines bestimm-
ten Sprachstils auch ein Beitrag zur allgemeinen *Sprachkultur*. Durch ihre
Teilnahme an öffentlichen Debatten, insbesondere durch ihr Auftreten in den
Medien, kann die Kirche auch einen heilsamen Einfluß auf die *Kultur öffent-
licher Argumentation* nehmen. Ferner geht es im Zusammenhang dieses Funk-
tionsbereichs um die nicht nur die religiöse Erziehung betreffende *allgemeine
Bildungsverantwortung der Kirche* sowie um das Verhältnis von *Kirche und
Kunst*.

Ein *dritter* Funktionsbereich wird dadurch konstituiert, daß in der demokratisch verfaßten Gesellschaft der Kirche wie allen gesellschaftlichen Gruppen und Kräften eine *allgemeine Mitverantwortung für politische Entscheidungen* zugemutet wird. Obwohl die Kirche aufgrund ihres Selbstverständnisses
(„Zweireichelehre") und nach Maßgabe des herrschenden politischen Bewußtseins kein politisches Mandat hat, politische Entscheidungen und den „Apparat" zu ihrer Durchsetzung mit den Mitteln des Rechts und der Gewalt also
nicht an sich reißen darf, wird ihr doch eine Mitwirkung an der *politischen
Willens- und Urteilsbildung* zugestanden. Die Kirche kann sich dieser Art von
Mitverantwortung gar nicht entziehen. Sie stellt sich dieser Verantwortung,
indem sie sich durch Denkschriften, Memoranden, Synodenbeschlüsse und
Verlautbarungen von Kirchenführern und „prominenten Christen" an der
öffentlichen Diskussion beteiligt. Wann hat die Kirche ihre Stimme kritisch
oder warnend zu erheben? Wie ist die Reichweite ihrer Befugnis und Kompetenz zu bestimmen? An welches Gegenüber wendet sich die Kirche? Welche
Art von Verbindlichkeit oder Autorität kommt kirchlichen Verlautbarungen
zu? Und welchen Prinzipien hat diese Praxis kirchlichen Handelns zu folgen?

Der *vierte* und letzte, mit dem dritten eng zusammenhängende Funktionsbereich[32] entsteht der Kirche aus der Herausforderung durch die globalen
*Überlebensprobleme*. Welchen spezifischen Beitrag kann und muß die Kirche
in Bezug auf die immer bedrängender werdenden und alle Staaten, gesellschaftlichen Gruppen und einzelnen Zeitgenossen in Anspruch nehmen-
den Weltprobleme leisten? Ein Unterschied zu den im dritten Funktionsbereich angesprochenen Problemen besteht darin, daß es hier um ganz neuartige
Handlungs- und Sinnprobleme geht und daß die zu ihrer Bewältigung geeigne-

---

[32]  Wir behandeln ihn wegen dieser sachlichen Nähe im letzten Abschnitt des
      Paragraphen über Kirche und Politik.

ten Organe – internationale Organisationen beispielsweise – größtenteils allererst geschaffen werden müssen.

Diese vier Funktions- oder Themenbereiche – „Kirche und Lebensgeschichte", „Kirche und Kultur", „Kirche und Politik", „Kirche und Überlebensprobleme" – sind jeweils von so komplexer Art, daß sie nicht einfach
einer der klassischen Subdisziplinen der Praktischen Theologie zugeordnet
werden können. Insofern unterscheidet sich die Gliederung im praktischen
Teil der Kirchentheorie von der üblichen und berechtigten, an einzelnen kirchlichen Handlungsfeldern orientierten Gliederung des Systems der Praktischen
Theologie.

# § 2 Das Bild von Kirche in der Öffentlichkeit – Erwartungen an die Kirche

Es geht im folgenden noch nicht um diejenigen Erwartungen an die Kirche, die legitimerweise an sie herangetragen werden und aus denen sich die vier Funktionsbereiche der Kirche in der heutigen Gesellschaft ergeben. Dieses Kapitel hat nur die Aufgabe, die Situation etwas genauer zu beschreiben, in der wir unsere Kirchentheorie entwickeln. Wir fragen daher auch nicht nach der Berechtigung der im einzelnen auf die Kirche gerichteten Erwartungen. Es kommt uns nur auf deren Vielfalt und Gegensätzlichkeit und auf die dementsprechende Differenz der Vorstellungen von Kirche an.

Wir beginnen mit einigen Beobachtungen bezüglich der Einstellung von Kirchenmitgliedern zur Institution Kirche (I). Danach werden die typischen Kirchenvorstellungen einiger Bezugsgruppen kurz skizziert (II). Abschließend werden einige Probleme notiert, die sich aus den verschiedenen Vorstellungen von Kirche ergeben und die einer modernen Kirchentheorie zur Bearbeitung aufgegeben sind (III). In dem sich hier unmittelbar anschließenden § 3 wird dann ein Ansatz dafür entwickelt, wie die Kirche mit der Divergenz von Erwartungen und Kirchenbildern sachgemäß, d. h. in Treue zu ihrem eigenen Selbstverständnis, umzugehen hat.

## I. Einstellung zur Kirche

1. Es ist kaum zu leugnen, daß Protestanten ein gebrochenes Verhältnis zur Kirche haben. Verschiedene Umfragen haben unterschiedliche Verbundenheitsgrade von „überhaupt nicht verbunden" bis „sehr verbunden", von „kritisch-distanziert" bis „hochmotiviert" diagnostiziert.[1] Der Problematik

---

[1]  Die wichtigsten, aussagekräftigsten und am besten ausgewerteten Befragungen aus neuerer Zeit sind: G. Schmidtchen: Gottesdienst in einer rationalen Welt. Religionssoziologische Untersuchungen im Bereich der VELKD, Stuttgart u.a. 1973; Wie stabil ist die Kirche? Bestand und Erneuerung. Ergebnisse einer Meinungsbefragung, hg. von H. Hild, Gelnhausen/Berlin 1974; Was wird aus der Kirche? Ergebnisse der zweiten EKD-Umfrage über Kirchenmitgliedschaft, hg. von J. Hanselmann, H. Hild, E. Lohse, Gütersloh 1984. Dazu neuerdings:

aller solcher Gruppierungen ist man sich natürlich bewußt. Es kommt darauf
an, woran sich das Verbundenheits- oder Distanzgefühl jeweils festmacht und
was man – u. U. im Unterschied zur Selbsteinschätzung der Befragten – als
Ausdruck der Verbundenheit wertet. Hier ist nun zweifellos die Beobachtung
signifikant, daß der Grad des Verbundenheitsgefühls insbesondere mit dem
Grad der Beteiligung am kirchlichen Leben, vor allem am Gottesdienst, korreliert.

Genaue Zahlen anzugeben, ist gar nicht einfach, obwohl statistisches Material hinreichend vorhanden ist und z. B. in den Statistischen Beilagen zum
Amtsblatt der EKD regelmäßig veröffentlicht wird. Die Angaben über die
Anzahl von Protestanten, die nach ihrer Selbstauskunft regelmäßig den Gottesdienst besuchen, schwanken zwischen zwei und zehn Prozent, je nach dem,
was man unter „regelmäßig" versteht. Außerdem scheint die Selbsteinschätzung höher zu liegen als der faktische Gottesdienstbesuch.[2] Es reicht auch,
Trends und charakteristische Konstellationen zu registrieren. Die Besucher-
zahl ist jedenfalls rückläufig. Die Häufigkeit des Gottesdienstbesuches sowie
der Beteiligung am kirchlichen Leben überhaupt scheint u. a. mit Alter, Geschlecht, Region, Wohngegend, formalem Bildungsstand und politischer Einstellung im Zusammenhang zu stehen, wobei es sich natürlich um keinen
direkten kausalen Zusammenhang handelt. Der bekannte „Steckbrief des größten Kirchenmuffels" dürfte diese Korrelationen im ganzen richtig wiederge-
ben: Er ist mittleren Alters, männlichen Geschlechts, wohnt in einer nord-
deutschen Großstadt, hat das Abitur und wählt die FDP.

Aus der Fülle der Umfrageergebnisse sei hier nur die Antwort auf die Frage
„Was gehört Ihrer Meinung nach dazu, evangelisch zu sein?" wiedergegeben.[3]
Durch Ankreuzen vorgegebener Antwortmöglichkeiten sollten die Befragten
bestimmen, was unbedingt und was weniger dazugehört. „Es gehört unbedingt zum Evangelisch-Sein für

---

Fremde Heimat Kirche. Ansichten ihrer Mitglieder. Studien- und Planungsgruppe der EKD. Erste Ergebnisse der dritten EKD-Umfrage über Kirchenmitgliedschaft, Hannover 1993. Eine das statistische Material und die wichtigsten
Beiträge der empirischen Religionsforschung auswertende zuverlässige Gesamtdarstellung gibt K.-F. Daiber: Religion unter den Bedingungen der Moderne. Die
Situation in der Bundesrepublik Deutschland, Marburg 1995.

[2]  Wenn z. B., wie es eine neuerliche Spiegel-Umfrage mittels des EMNID-Instituts
herausgefunden haben will (Ausgabe vom 15. Juli 1992, 36ff), tatsächlich 10 %
aller Kirchenmitglieder (Evangelische und Katholiken) „allsonntäglich" zur Kirche gingen – der Spiegel schreibt „nur noch" (!) –, dann müßten allsonntäglich
mindestens 500 Personen im Gottesdienst sein.

[3]  Was wird aus der Kirche? AaO. 91.

85 % daß man getauft ist
80 % daß man konfirmiert ist
79 % daß man sich bemüht, ein anständiger und zuverlässiger Mensch zu
    sein
76 % daß man seinem Gewissen folgt
65 % daß man bewußt als Christ lebt
55 % daß man nach den zehn Geboten lebt
41 % daß man mitbekommt, was in Kirche und Kirchengemeinde passiert
35 % daß man Kirchensteuer zahlt
26 % daß man zur Kirche geht
25 % daß man die Bibel liest."[4]

Taufe und Konfirmation sind als formale Zugehörigkeitskriterien zu werten.
Nimmt man nun den Mittelwert für die drei folgenden Nennungen (daß man
sich bemüht, ein anständiger und zuverlässiger Mensch zu sein, daß man seinem Gewissen folgt und daß man bewußt als Christ lebt), dann ergibt sich aus
den 26 %, die auf die Antwortmöglichkeit entfielen, daß man (und zwar
überhaupt!) zur Kirche geht: Nur jeder Dritte, der inhaltlich als evangelischer
Christ leben will, hält den Besuch des Gottesdienstes für nötig.

Ist dieses Ergebnis nur für Protestanten signifikant? Man könnte ja ein-
wenden, daß der Gottesdienstbesuch bei den Katholiken bekanntlich kaum
weniger unbefriedigend ist. Dennoch ist hier m. E. ein charakteristischer
Unterschied festzustellen, der sich aus der unterschiedlichen Semantik der
Ausdrücke „guter Protestant" und „guter Katholik" erheben läßt. „Guter Katholik" – noch deutlicher das französische „bon catholique" – besagt: praktizierender Katholik. Das kann durchaus eine kirchenkritische Einstellung
einschließen. Aber wer als guter Katholik mit seiner „Amtskirche" nicht ein-
verstanden ist, der engagiert sich für eine andere katholische Kirche, eine hu-
manere, freiheitlichere, demokratischere, weniger hierarchische Kirche. „Guter Protestant" oder „gut evangelisch" kann man dagegen ohne kirchliches
Interesse sein. Diese Semantik wird durch das obige Ergebnis bestätigt. Die
Vorstellung von einem Christsein ohne kirchliche Beteiligung ist bei Protestanten jedenfalls stärker vertreten als auf katholischer Seite.

Zur *Erklärung* dieses Sachverhalts lassen sich mehrere Gründe anführen:
historische (a), allgemein kulturelle (b) und theologische (c).

a) Die Klage über mangelnden Kirchenbesuch der Evangelischen ist zwar
so alt wie die evangelische Kirche selbst. Dennoch hat es günstigere und ungün-

---

[4]    Ebd.

stigere Zeiten gegeben. Im sogenannten konfessionellen Zeitalter zwischen dem Augsburger Religionsfrieden (1555) und dem Westfälischen Frieden (1648), in einer Zeit also, in der der Protestantismus seine Identität gegen die Gegenreformation zu behaupten hatte, war der Kirchenbesuch deutlich reger. Dasselbe galt und gilt noch für Diasporasituationen. Nicht nur solche religionspolitischen, auch alle gesellschaftlichen Gründe, überhaupt religiöse Einstellung durch kirchliches Teilnahmeverhalten sichtbar zu machen, sind inzwischen hinfällig geworden. „Milieudruck" macht sich nur noch in der – allerdings ebenfalls abnehmenden – Inanspruchnahme von Taufe, kirchlicher Trauung und Bestattung bemerkbar. Ferner ist hier auf die im Zuge von Industrialisierung und Verstädterung eingetretene Entfremdung zwischen „Amtskirche" und breiten Bevölkerungsschichten hinzuweisen. Es genügt, hier an Bekanntes zu erinnern; wir können auch nicht alle historischen Ursachen für das in Rede stehende Phänomen aufzählen.

b) Der Gottesdienst der Kirche konkurriert mit einer Fülle von Freizeitangeboten, die ihrerseits auch Bedürfnisse nach Sinnvermittlung und Gemeinschaftserfahrung, nach Fest und Ritus zu befriedigen in der Lage sind. Daß die Predigt, die für einen guten Protestanten eines der stärksten Motive für den Gottesdienstbesuch sein sollte, ihre Attraktivität eingebüßt hat, dürfte nicht einfach auf deren Inhalt und das angebliche rhetorische Unvermögen der Prediger zurückzuführen sein. Auch der glänzendste Prediger kann die Kirche nicht mehr füllen. Entscheidend dürfte sein, daß die „Rede" heute als Bildungsmittel oder auch nur als Informationsmedium nicht mehr hoch im Kurs steht. An ihre Stelle ist das gedruckte Wort in allen Formen und vor allem die visuelle Darbietung durch Film und Fernsehen getreten.

c) Die genannten Gründe treffen natürlich mutatis mutandis auch für Katholiken zu. Die verbreitete Vorstellung, daß man als guter Protestant auf Gottesdienst und Predigt verzichten könne, ist aber nicht zuletzt auch auf ein von Anfang an mit der „Lehre von der evangelischen Freiheit" verbundenes Mißverständnis zurückzuführen. Die Reformatoren haben unermüdlich eingeschärft, daß der Mensch das Wohlwollen Gottes nicht durch gute Werke, insbesondere nicht durch kirchliche Observanz und fromme Sonderwerke erlangen kann, und sie haben von daher mit Recht gegen alle „Aufsätze", d. h. nicht aus der Schrift begründbare kirchliche Vorschriften der Bischöfe polemisiert, die geeignet sind, jenen frommen Wahn zu begünstigen. Ein hier zu Unterscheidungen unfähiges protestantisches Normalbewußtsein überträgt nun dieses Mißtrauen offenbar auch auf diejenigen Elemente kirchlichen Lebens, die die Reformatoren davon ausdrücklich ausgenommen haben: das Hören der Predigt und die Teilnahme am Abendmahl. Da wir nun die Rechtfertigungslehre und die aus ihr folgende Kirchenkritik weder revozieren noch irgendwie abschwächen oder akkomodieren können, wird jener Mißverstand, der den konstitutiven Zusammenhang von Glaube und gottesdienstlicher Verkündigung nicht begreifen kann oder will, in einem gewissen Maß wohl immer der Preis bleiben, den die Evangelische Kirche für die Reinheit ihrer Lehre zu zahlen hat.

2. Noch ein weiteres Detail aus dem zitierten Befragungsergebnis ist alarmierend. Nur 35 Prozent, also ein gutes Drittel der evangelischen Kirchenmitglieder, ist der Meinung, daß die Entrichtung von Kirchensteuern zum Evangelischsein dazugehört; und es ist zu vermuten, daß heute, eineinhalb Jahrzehnte nach der zweiten EKD-Mitgliedschaftsumfrage, in diesem Punkt ein noch niedrigeres Ergebnis erzielt würde. Zu berücksichtigen ist freilich, daß speziell nach der Kirchensteuer gefragt wurde, nicht jedoch, ob man als Kirchenmitglied die Kirche überhaupt finanziell unterstützen müsse, etwa durch freiwillige Spenden oder irgendein anderes Finanzierungssystem. Das wäre höchstwahrscheinlich von einem höheren Prozentsatz von Kirchenmitgliedern bejaht worden. Das vorliegende Ergebnis besagt nun jedenfalls, daß das, was geltende Praxis ist, nur von einem Drittel der Kirchenmitglieder, inzwischen von noch weniger, für sinnvoll gehalten wird.

Eine erhebliche Diskrepanz zwischen vertragsmäßig geregelter Praxis und Akzeptanz auf Seiten der Kirchenmitglieder ist bekanntlich auch bei anderen Punkten, in denen die Kirche mit dem Staat kooperiert, festzustellen. Der vom Grundgesetz als „ordentliches Lehrfach" an öffentlichen Schulen garantierte Religionsunterricht, der „in Übereinstimmung mit den Grundsätzen der Religionsgemeinschaften" zu erteilen ist (GG 7.3), bleibt ein beständiger Streitpunkt. Ähnliches gilt für die durch Staats-Kirchen-Verträge abgesicherten Theologischen Fakultäten.

In all diesen und weiteren Punkten ist es der Kirche offenbar nicht gelungen, das, was rechtmäßig gilt und praktiziert wird, ihren eigenen Mitgliedern gegenüber hinreichend plausibel zu machen. Da Änderungen in diesen Dingen – etwa über eine neue Verfassungsdebatte – erhebliche Folgen für das derzeitige kirchliche System hätten, ist die Institution Kirche offenbar längst nicht mehr so stabil, wie man noch nach der ersten EKD-Mitgliedschaftsbefragung annehmen konnte. –

Aus diesen Streiflichtern zum Thema „Einstellung zur Kirche" läßt sich natürlich noch nicht ein Bild von Kirche in der Öffentlichkeit eruieren, zumal noch gar nicht von den positiven Erwartungen an die Kirche die Rede war. Auch konnte und sollte hier nicht die Gesamtheit der Einstellungen referiert werden. Zu folgern ist nur, daß das Bild von Kirche bei denjenigen Protestanten, die sich vom kirchlichen Leben fernhalten, durch ein doppeltes Defizit gekennzeichnet ist: ein mangelndes Verständnis für das, was der Kirche selbst als ihre zentrale Lebensäußerung gilt, weil sie darin unverwechselbar als Gemeinde Jesu Christi in Erscheinung tritt, und eine schwache Akzeptanz von Regelungen, die der Kirche aus der Notwendigkeit erwachsen, sich als Institution in der modernen Gesellschaft zu anderen Institutionen, insbesondere zum Staat, in ein auch rechtlich verbindliches kooperatives Verhältnis zu setzen.

## II. Erwartungsprofile

Entscheidend für das Bild von Kirche in der Öffentlichkeit sind die an die Kirche von bestimmten Gruppen herangetragenen Erwartungen und die Antworten, die solchen Erwartungen von Seiten der Kirche zuteil werden. Der Vielzahl und Gegensätzlichkeit von Erwartungen entsprechend ist von vornherein mit einer Mehrzahl von Kirchenvorstellungen zu rechnen. Ferner ist davon auszugehen, daß es sich hier nicht einfach um Fremdbilder von Kirche handelt, sondern daß alle jene Erwartungen an und Vorstellungen von Kirche in der Kirche selbst, von Laien wie von Theologen (Pfarrerschaft, Religionslehrer und Universitätstheologen) vertreten werden. Der gesellschaftliche Meinungspluralismus von dem, was Kirche sein sollte, tritt zugleich als innerkirchlicher Meinungspluralismus auf. Nur daß die Theologenschaft noch zugleich eine mehr oder weniger deutlich ausgearbeitete Erinnerung an das reformatorische Kirchenverständnis hat und sich nun vor die Aufgabe gestellt sieht, dieses Kirchenverständnis mit den verschiedenen „modernen" oder „aktuellen" Kirchenverständnissen zu verbinden.

Es geht im folgenden nur darum, jeweils Typisches zu registrieren. Daher muß von allen Ausnahmen, die es immer auch gibt, abstrahiert werden.[5]

1. Welches Bild von Kirche wird durch die *öffentlichen Medien* verbreitet? Hier ist davon abzusehen, daß den Kirchen – teilweise auf vertraglicher Grundlage – Gelegenheit zur Selbstdarstellung in den Medien gegeben wird. Die Frage ist vielmehr: Was interessiert die Journalisten an der Kirche? Dieses Interesse verfährt in der Regel selektiv.[6] Es richtet sich in erster Linie auf die Äußerungen der kirchlichen *Prominenz.* Das sind vor allem diejenigen, die die

---

[5]  Zu den folgenden Skizzen vgl. meinen Aufsatz: Evangelische Kirche – Was ist das heute? PTh 81/1992, 2-16.

[6]  Damit das folgende nicht als pauschale Journalistenschelte mißverstanden werden kann, sei betont, daß es selbstverständlich auch um ausgewogene Darstellung bemühte und gut recherchierte Sendungen und Veröffentlichungen gibt.

Kirche leiten oder repräsentieren, aber auch Synoden sowie einzelne Christen und Theologen, die in irgendeiner Weise Aufsehen erregt haben. Es ist also das, was mit einem alten dogmatischen Terminus ecclesia repraesentativa genannt wird, was hier ins Rampenlicht der Öffentlichkeit gestellt wird. Berichtenswert an den Äußerungen dieser Prominenz ist zweierlei:

a) Was sie zu politischen, sozialen, wirtschaftlichen, kulturellen, ökologischen Fragen sagt, und zwar zu genau denjenigen Fragen, die gerade in der Gesellschaft strittig sind. Kirche ist für den gesamten Journalismus eine Institution, von der erwartet wird, daß sie bzw. ihre Spitze in allen aktuellen Konflikten Stellung bezieht. Dabei geht es meistens aber nur darum, ob die Kirche dafür oder dagegen ist. Die theologische Begründung eines öffentlichen Votums wird i. d. R. aufs äußerste verkürzt oder ganz ausgeblendet. Je theologischer ein Bischof argumentiert, desto irrelevanter für die Medien.

Bei dieser Art der Berichterstattung wird auch so gut wie kein Unterschied zwischen evangelischen und katholischen Bischöfen gemacht. Man ist bestrebt, der Öffentlichkeit *die* Meinung *der* Kirche zu präsentieren nach dem Schema: Die Kirche ist auch dafür bzw. dagegen. Daher wird tendenziell den Äußerungen des Ratsvorsitzenden der EKD der gleiche Grad von Verbindlichkeit zugeschrieben wie denen des Vorsitzenden der Fuldaer Bischofskonferenz. Das heißt dann aber, daß insgeheim die katholische Version der Repräsentanz der Gesamtkirche das allgemeine Auffassungsmuster für kirchenoffizielle Verlautbarungen abgibt.[7] Dabei wird fatalerweise auch das entsprechende Bild von innerkirchlicher Öffentlichkeit mitverbreitet. Unter der Hand wird der Anschein erweckt, als würden auch auf evangelischer Seite, gestützt auf eine amtliche höhere Lehrautorität, die innerkirchlich verbindlichen Direktiven allein von oben ausgegeben.

b) In einer gewissen Gegenläufigkeit zu der Tendenz, in politischen Angelegenheiten nach Möglichkeit so etwas wie eine einheitliche oder wenigstens kirchenoffizielle Meinung präsentieren zu können, steht das journalistische Interesse an allen die Kirche in eine innere Zerreißprobe stellenden Konflikten und Gruppengegensätzen. Über Turbulenzen, Extrempositionen und Spektakuläres aller Art wird detailgetreu berichtet. Daß dabei auch die Höhe der Einschaltquoten eine Rolle spielt, ist offensichtlich, auch wenn – durchaus nicht unglaubwürdig – versichert wird, man wolle den Hörer bzw. Zu-

---

[7]  Wobei oft auch das katholische Muster zum Bilde einer rigiden und autoritären Amtskirche vergröbert wird. Zum Problem der Repräsentanz der Evangelischen Kirche durch ihre Kirchenspitze s. u. § 9, IV sowie meinen in Anm. 5 genannten Aufsatz.

schauer zum eigenen Nachdenken veranlassen. Hier kommt es nicht (wie unter a) auf das Votum als solches, die Schlußsentenz, das Ergebnis eines Meinungsbildungsprozesses an, sondern auf die anschaulichen Einzelheiten der innerkirchlichen Auseinandersetzungen und Meinungsbildungsprozesse. Es ist eben doch bezeichnend und scheint einem publizistischen Mechanismus zu gehorchen, daß zu öffentlichen Debatten im Fernsehen immer die gleichen Theologen eingeladen werden, solche nämlich, die bereits Aufsehen erregt haben, und daß diese Theologen dann auch zu solchen Fragen vernommen werden, in denen sie sich ursprünglich gar nicht engagiert haben und für deren Beantwortung es durchaus kompetentere Fachleute gibt.

Um nicht mißverstanden zu werden: Es ist nichts dagegen einzuwenden, wenn Opfer amtskirchlichen Starrsinns zu öffentlichen Sympathieträgern gemacht werden; ein engagierter Journalismus darf sich das nicht nehmen lassen. Hier geht es nur darum festzuhalten, daß durch diese Art anschaulicher Berichterstattung und publikumswirksamer Präsentation auch unweigerlich ein bestimmtes Bild von Kirche suggeriert wird: das Bild einer in sich zerrissenen, kurz vor dem Kollaps stehenden Kirche, die dringend bestimmte Kurskorrekturen vollziehen muß, wenn sie den Anschluß an den Zug der Zeit nicht verpassen will.

Bei diesem Bild von Kirche werden nun nicht selten diejenigen Themen in den Vordergrund gespielt, von denen behauptet wird, daß die Kirche selbst in verkrampfter Engführung auf sie fixiert sei: Themen der Sexualmoral. Auf katholischer Seite: Zölibat, Empfängnisverhütung und Schwangerschaftsabbruch; auf evangelischer Seite: Ehescheidung und Homosexualität in der Pfarrerschaft; auf beiden Seiten: frauenfeindliche Einstellung. Nicht daß es diese Probleme nicht gäbe. Sie sind auch nicht auf die leichte Schulter zu nehmen. Aber das durch die Medien verbreitete Bild von Kirche erweckt oft den Eindruck, als gäbe es keine anderen Themen gleicher Größenordnung und als müßte alles, was die kirchliche Verkündigung über den Menschen zu sagen hat – etwa über seine Freiheit, Sünde, Geschöpflichkeit, Angst und Hoffnung –, zuerst am sexualethischen Thema durchbuchstabiert und von hierher entschieden werden.[8]

---

[8] Interessant wäre auch eine nähere Untersuchung darüber, wie Kirche in Spielfilmen vorkommt. Hier dürfte Kirche vor allem durch Pfarrerfiguren repräsentiert werden. Das Pfarrerbild in Spielfilmen orientiert sich nach meiner Beobachtung i. d. R. an den Extremen. Auf der einen Seite begegnet hier häufig der Pfarrer oder Priester in der Rolle des Zeremonienmeisters, der Paare traut, wobei aber nur der Akt des Zusammensprechens ins Bild kommt, oder der am Grabe fromme Floskeln von sich gibt, die nicht selten in krassem Widerspruch zum Charakter

2. Welche Erwartungen hat der *Staat* an die Kirche? Hier geht es nicht darum, welche Haltung zur Kirche einzelne Politiker einnehmen und auch öffentlich zu erkennen geben. Vielmehr wird jede Regierung, die vom Recht ihrer politischen Ziele überzeugt ist, von der Kirche als einem gesellschaftlich relevanten Faktor ein gewisses Maß an Solidarität oder sogar aktiver Unterstützung erwarten, es sei denn, es handelte sich um die Regierung eines Staates, in dem die Kirche aus ideologischen Gründen unterdrückt wird. Solche Erwartungen sind auch ganz legitim, sofern nur anerkannt wird, daß die Kirche auch noch ihr eigenes Thema und ihre eigenen, weder vom Staat noch von irgendeiner anderen gesellschaftlichen Institution übernehmbaren Aufgaben hat. Es kommt allerdings darauf an, *wofür* Unterstützung durch die Kirche erwartet wird, ob für die Durchsetzung des speziellen Regierungsprogramms, hinter dem in der Regel ein bestimmtes Parteiprogramm steht, oder für die Güter oder Werte, die durch das Handeln der Regierung verwirklicht werden sollen und die als solche auch von der Gesamtheit der Bürger, jedenfalls nicht nur von der Regierung, anerkannt werden. Die Kirche darf sich nicht für spezielle parteipolitische Ziele einspannen lassen; wohl aber kann von ihr erwartet werden, daß sie die Bemühungen um Frieden und Gerechtigkeit, um Verständigung und Versöhnung, um Beseitigung von Armut, Diskriminierung und Bildungsnotstand, um Verminderung von Risiken aller Art öffentlich anerkennt und zumindest dadurch aktiv unterstützt, daß sie zur Festigung und Verbreitung jener Gesinnung beiträgt, ohne die diese Ziele nicht erreicht werden können. Mit Recht wird auch von ihr erwartet, daß sie für die Erhaltung und gegebenenfalls Verbesserung der politischen Grundordnung und aller jener Spielregeln eintritt, die den Handlungsspielraum jeder gesellschaftlichen Kraft festlegen und an die auch jede rechtmäßig zustandegekommene Regierung – gleich, von welcher Partei sie gestellt wird – gebunden ist.

Ferner macht es einen Unterschied, ob die Stimme der Kirche nur dann erwünscht ist, wenn sie sich affirmativ äußert, oder ob man der Kirche die Rolle eines kritischen Partners zugesteht. Wenn Politiker zwar von der Kirche erwarten, daß sie die allgemeinen Bürgerpflichten einschärft, aber immer dann, wenn sie auf Kritik von Seiten der Kirche stoßen, von ihr verlangen, sie solle sich nicht in die Politik einmischen, denn sie verstehe ohnehin nichts davon,

---

des Verstorbenen stehen. Auch der hartherzige und moralisierende Pfarrer – immer männlichen Geschlechts – ist ein beliebtes Motiv. Oder der Pfarrer bzw. die Pfarrerin wird als eine menschliche, volkstümliche – gelegentlich auch sportbegeisterte – und sympatische Figur gezeichnet, gewissermaßen eine geistliche Parallele zum Professor Brinkmann in der „Schwarzwaldklinik".

dann ist das ein sicheres Zeichen, daß man der Kirche diese kritisch-partner-schaftliche Rolle nicht zubilligt.

Daß der Staat die Kirche als kritisch-konstruktiven Partner ernst nimmt, kann freilich nur dann erwartet werden, wenn die Kirche ihrerseits ein unverwechselbares eigenes Profil entwickelt. Dazu gehört z. B., daß die Kirche sich als für die Gesamtgesellschaft nützliche Institution nicht nur dadurch empfiehlt, daß sie ja in ihrer Diakonie bestimmte soziale Aufgaben übernimmt, die andernfalls der Staat selber zu übernehmen und aus allgemeinen Steuer-mitteln zu finanzieren hätte; vielmehr muß sie bemüht sein, die allgemeine Relevanz des Themas, für das die Kirche steht, öffentlich plausibel zu machen. Nur wenn sie sich auf diese Weise erfolgreich „profiliert", kann sich eine ge-deihliche Kooperation – einschließlich des Schutzes, den die Kirche als Re-ligionsgemeinschaft vom Staat erhält – entwickeln.

3. Welches Bild von Kirche läßt sich in der sog. „gebildeten" oder Intel-ligenzschicht, bei den *kritischen Intellektuellen"* (Künstlern, Kabarettisten, Schriftstellern beispielsweise) feststellen? Naturgemäß ist hier mit der größten Uneinheitlichkeit des Kirchenbildes zu rechnen. Auch gibt es immer Intellek-tuelle, die sich mit der Institution Kirche und ihrer Lehre identifizieren. In der Regel aber neigen die Intellektuellen zu einer sehr kritischen Einstellung ge-genüber der „Amtskirche". Zur Kirche als Institution haben sie ein gebroche-nes Verhältnis. Typisch ist die Verwendung von negativ besetzten Schlag-worten, den gleichen, die auch bei weniger kritischen Geistern anzutreffen sind, nur daß sie hier mit religions- und kirchenkritischen Reflexionen und mit passenden Detailkenntnissen verbunden werden: Die Kirche als Organi-sation hat eigentlich immer versagt, sie hat fast immer auf der Seite der Sieger gestanden, sie ist das Bündnis von Thron und Altar eingegangen. Man kennt sich aus in der chronique scandaleuse, von den Kreuzzügen über die Inquisi-tion und Hexenverfolgung bis zum Versagen der Kirche angesichts der sozia-len Frage und unter dem Anpassungsdruck in totalitären Regimen.

Diese kirchenkritische Einstellung kann sich durchaus mit einem positi-ven Verhältnis zu Religion und Christentum verbinden. Das genuin Christli-che ist dann aber immer nur am Rande der Kirche oder außerhalb ihrer von großen Einzelnen und ihren Gefolgsleuten verwirklicht worden. Es ist in der Geschichte eine Ausnahmeerscheinung geblieben. Die Institution Kirche gibt die dunkle Folie ab, vor der sich einzelne Personen in der Christentums-geschichte um so leuchtender abheben: so etwa Franz von Assisi, Thomas Müntzer, Albert Schweitzer, Dietrich Bonhoeffer, Johann Hinrich Wichern, Friedrich von Bodelschwingh. In ganz seltenen Fällen kann auch einmal ein hoher kirchlicher Würdenträger in diese Reihe der rühmlichen Ausnahmen aufgenommen werden; das gilt etwa für Johannes XXIII. Luther und Paulus kommen i. d. R. schlecht weg, der eine wegen seiner scharfen Äußerungen im Bauernkrieg, der andere wegen seiner Bemerkungen über Homosexuelle und die Rolle der Frau. Vor allem die Person Jesu selbst wird radikal gegen die Kirche abgehoben. Dabei ist es meistens ein ethisches, ein humanistisch geprägtes Jesusbild, das hier den Maßstab abgibt. Demgegenüber wird die gesellschaftlich etablierte Kirche aller Epochen, Amtsträger wie normale „Kirchenchristen", tendenziell als lau, halbherzig, engstirnig, herrschsüchtig oder kompromißbereit apostrophiert.

Negativ besetzt ist auch alle Dogmatik und differenzierte Lehrbildung, die als theologische Spitzfindigkeit oder als Ausdruck konfessioneller Streitsucht abgetan wird. Man fühlt sich selbst vielleicht als Protestant – der protestantische Individualismus und Personalismus wird als Errungenschaft geschätzt –, aber man betont zugleich, daß man nicht konfessionell oder gar konfessionalistisch eingestellt sei. Man betont die eigene Autonomie, behält sich überall das Recht eines selektiven, insbesondere an ganz individuellen Maßstäben orientierten Umgangs mit Glaubensinhalten und religiösen Lehren vor und weist sich durch eine höchst eigene Weltanschauung aus, die nicht selten ganz heterogene Elemente enthält.

Die Kirchenkritik der Intellektuellen wird häufig mit Kritik an Institutionen überhaupt verbunden. Damit wird so etwas wie ein Gesetz, das hier die Urteilsbildung bestimmt, sichtbar. Die kritische Intelligenz neigt dazu, die beständige *Spannung zwischen Institution und Individuum* zu betonen und diesen Gegensatz zugunsten des Individuums zu entscheiden. Institutionen sind immer das, was das Individuum in seinem Streben nach Wahrheit und Selbstentfaltung behindert und seine Originalität diszipliniert. So ist auch das kirchliche Ordnungs- und Lehrsystem zunächst eine Fessel, nicht etwa die Grundlage dafür, daß der einzelne Christ in seiner Religiosität sich frei entfalten kann. Man knüpft damit relativ ungebrochen an eine in der Philosophie und Theologie der Aufklärung, teilweise auch noch im sog. Kulturprotestantismus gepflegte Sichtweise und an das entsprechende Pathos an. Daß diese Problemeinschätzung ein veraltetes und zur Analyse gegenwärtigen kirchlichen Lebens nur noch eingeschränkt verwendbares Thema ist, wird selten gesehen.

Auch wenn zahlreiche Fehleinschätzungen oder Überzeichnungen schon aus Gesetzmäßigkeiten rhetorischer Effektivität, der das Bestreben nach sachlicher Ausgewogenheit zum Opfer gebracht wird, zu erklären sind, insgesamt mangelt es der hier in den Blick gefaßten Schicht der Gebildeten an so etwas wie einer „Ethik der Institutionen". Daß Kirche nicht unter allen gesellschaftlichen Umständen eine Art Partisanenrolle zu spielen hat, sondern sich als Institution mit anderen Institutionen, insbesondere mit der allgemeinen staatlichen Rechtsordnung so oder so in ein Verhältnis setzen muß, das vermag man oft nicht einzusehen. Oder es wird eben sofort als fatale Verquickung interpretiert.

4. *Avantgardistische Bewegungen*[9], d. h. Bewegungen, die auf einschneidende Veränderungen dringen und dabei die üblichen gesetzlich geregelten oder in herkömmlicher Mentalität verankerten Spielregeln und Verfahrensweisen oft für nicht hinreichend und daher ebenfalls für reformbedürftig halten, beurteilen die Kirche danach, ob sie ihre politischen, kulturellen, sozialen und ökologischen Ziele unterstützt oder behindert. Unnachgiebig wird nach der Schuld der Kirche (bzw. des Christentums) gefragt. Hat sie den zu überwindenden Zustand nicht selbst produziert oder mit verursacht? Hat sie den Menschen zu sich selbst kommen lassen, oder hat sie ihn in einem unmündigen Zustand gehalten, sein Selbstwertgefühl geschwächt, seine kreativen und innovatorischen Fähigkeiten suspekt gemacht, seine Tatkraft durch „Vertröstung auf das Jenseits" gelähmt? Hat sie die Menschen nicht immer wieder durch Androhung von Strafe und Verdammnis eingeschüchtert und dadurch unsägliches psychisches Leiden verursacht? Hat sie nicht ihren Anteil an der Unterdrückung der Frau und an der Diskriminierung bestimmter – ehemals als „abartig" geltender – Gruppen? Neuerdings wird besonders die ökologische Krise als Folge einer ungebändigten technisch-industriellen Entwicklung mit dem biblischen Gedanken des dominium terrae und mit einer aus der christlichen Unterscheidung von Schöpfer und Schöpfung, Gott und Welt angeblich folgenden Entwürdigung der Natur zum bloßen Material menschlichen Handelns in Zusammenhang gebracht. Daß all diese Fragen nicht ohne realen Anlaß gestellt werden, sollte nicht bestritten werden; sie im einzelnen zu beantworten kann hier nicht unsere Aufgabe sein.

Auf dem Hintergrund dieser Fragen und der entsprechenden politischen und humanitären und ökologischen Ziele ist das Kirchenverständnis der kritischen Avantgarden primär funktional bestimmt. Das Handeln der Kirche und ihre Predigt werden an jenen Zielsetzungen gemessen, deren Berechtigung vorab feststeht und über jeden Zweifel erhaben ist; denn man argumentiert aus der Position unabweisbarer Betroffenheit.

Gegenstand kritischer Bewertung ist dabei nicht nur die Kirche als Institution oder organisiertes Religionssystem, sondern auch die Lehre der Kirche, das

---

[9] Der Ausdruck „Fortschritt" wird hier bewußt vermieden. Denn was einst als fortschrittlich galt (das Vertrauen auf die Durchsetzung bürgerlicher Maßstäbe und Ziele, der Stolz auf technische Errungenschaften und der Optimismus bezüglich der industriell-ökonomischen Entwicklung etc.), das gilt heute weithin als Ausdruck eines unaufgeklärten und rückständigen Bewußtseins. Kaum ein Ausdruck hat einen so radikalen Bedeutungswandel erlitten.

von ihr vertretene Weltbild, menschliche Selbstverständnis, Sinn- und Wertsystem. Daher wird die Kirche hier gelegentlich mit Forderungen nach einem radikalen Umdenken, Gesinnungswandel und Neubeginn konfrontiert, die die Grenzen christlicher Bußfähigkeit überschreiten, weil ihnen Folge zu leisten nicht nur diese oder jene Korrektur bedeuten würde, sondern der Preisgabe spezifisch-christlicher Einsichten gleichkäme. Meistens kommt es aber zu einer eher differenzierten Betrachtung. An der Kirche und ihrer Tradition wird unterschieden, was dem eigenen Wollen entgegenkommt und was ihm widerstrebt. Das führt dann entweder zu einer abgestuften Skala oder häufiger noch zu einer rigorosen Aufteilung der Kirche in eine akzeptable Minderheit von Bundesgenossen und eine inakzeptable Mehrheit von vorerst Unbelehrbaren.

Hier soll nun freilich nicht behauptet werden, daß die Mitglieder avantgardistischer Bewegungen bei einer bloß ethisch-funktionalen Bewertung von Kirche und Christentum stehenbleiben müßten und daß sie sich nicht auch das christliche Wirklichkeitsverständnis als Ganzes aneignen könnten. In diesem Falle werden aber die jeweiligen konkreten Ziele in die religiöse Leidenschaft aufgenommen und mit den Grundlinien des christlichen Wirklichkeitsverständnisses vermittelt. Religiöses Selbstverständnis und Engagement impliziert jene Intentionen und konkretisiert sich an ihnen.

5. Dem Kirchenverständnis avantgardistischer Bewegungen steht das der *konservativen Kräfte* gegenüber. Deren Einschätzung verhält sich spiegelbildlich zu der der vorherigen Gruppe. Man neigt zu einer Aufteilung der Kirche in eine akzeptable Mehrheit, die Mehrheit der Normalen, und einer inakzeptablen Minderheit von Unruhestiftern, Utopisten, Panikmachern, Schwärmern usw. Auch hier wird das Handeln und Wirken der Kirche funktional gewürdigt, aber nun unter dem Gesichtspunkt der Bewahrung guter Tradition und Sitte, bewährter moralischer Grundsätze und rechtsstaatlicher Verfahrensweisen. Die Erwartungen an die Kirche reichen von der unmittelbaren Unterstützung (etwa in Gestalt von Hirtenworten zur Wahl oder anderen Anlässen) bis zur Nichteinmischung: der beste Beitrag der Kirche zum allgemeinen Wohl bestehe darin, daß sie bei ihrem eigenen Thema bleibt. –

Natürlich gibt es zahlreiche Überschneidungen zwischen diesen verschiedenen Bildern von der Kirche und den entsprechenden Erwartungen an sie. Auch sei noch einmal hervorgehoben, daß es sich hier nur um eine idealtypische Skizzierung im Sinne häufig anzutreffender Konstellationen handelt. Auch die Frage, *warum* bestimmte Personen oder Kreise gerade zu diesen Vorstellungen von Kirche neigen, konnte und brauchte hier nicht erörtert zu werden. Am Ende dieser Galerie ist

6. noch ein Blick auf das Kirchenbild bei *Jugendlichen* zu werfen. Natürlich gibt es *die* Jugend mindestens ebensowenig wie etwa *die* Intellektuellen.

Daher ist auch hier mit höchst gegensätzlichen Einstellungen und Vorstellungen zum Thema Kirche zu rechnen, je nachdem ob man kirchlich engagierte Jugendliche befragt oder ob man es mit Jugendlichen zu tun hat, die nach der Konfirmation auf Abstand zur Kirche gegangen sind. Aber aufgrund von Untersuchungen[10] befindet man sich hier auf relativ gesichertem Boden. Die Gruppe der kirchlich engagierten Jugendlichen klammern wir im folgenden aus. Ferner geht es hier nicht um den Gesamtkomplex der Einstellung von Jugendlichen zu Religion und Christentum, wie er in religionspädagogischem Interesse von Belang ist[11], sondern nur um das Verhältnis zur Kirche.

Hierbei ist auffällig, aber vielleicht auch nicht weiter verwunderlich, daß die Kirche als Institution in der modernen Gesellschaft, also als organisiertes Religionssystem mit bestimmten Binnenstrukturen, Leistungen und interaktionellen Beziehungen zu anderen Systemen, kaum ins Bewußtsein der Jugendlichen tritt.[12] Die Vorstellung von Kirche wird vielmehr durch Dreierlei bestimmt: das Pfarrerbild, das Bild des Kirchgängers und das kirchliche Angebot, insbesondere den Gottesdienst. Der konkrete Ursprung der diesbezüglichen Vorstellungen dürfte vor allem die während der Konfirmandenzeit gemachte Erfahrung sein.

Das *Pfarrerbild* ist nach wie vor verhältnismäßig positiv besetzt. Auch wenn die Jugendlichen sich etwas kritischer äußern als ältere Kirchenmitglieder, so teilen sie doch im ganzen die allgemein hohe Wertschätzung des Pfarrers bzw. der Pfarrerin. Die Studie „Was wird aus der Kirche?" stellt befriedigt fest: „1972 hatten 21 % der 14 bis 24jährigen einen weniger guten oder schlechten Eindruck vom Pfarrer; jetzt sind es 20 %."[13]

Mit diesem relativ freundlichen Pfarrerbild kontrastiert das Image des regelmäßigen Kirchgängers in auffälliger Weise. Mit dem Verdacht der Heuchelei

---

[10]  Vgl. A. Feige: Erfahrungen mit Kirche, Hannover 1982; R. Schuster: Was sie glauben. Texte von Jugendlichen, Stuttgart 1984; M. Affolderbach (Hg.): Was glauben Jugendliche eigentlich? Berichte aus der Bundesrepublik Deutschland, der DDR, Finnland, Großbritannien, den Niederlanden, Nord-Irland und Österreich, aej-Studientext 25, Stuttgart 1986.

[11]  Vgl. dazu bes. K. E. Nipkow: Erwachsenwerden ohne Gott? Gotteserfahrung im Lebenslauf, München 1983.

[12]  Daß die Kirche beispielsweise Diakonie betreibt, scheint vielen Jugendlichen unbekannt zu sein.

[13]  AaO. (s. Anm. 1), 107. Daß nach neuesten Pressemeldungen das Image bzw. Prestige des Pfarrerstandes in der Skala der Berufsgruppen erheblich abgesunken ist, muß sich jedenfalls nicht zwangsläufig auf den aus persönlicher Begegnung gewonnenen positiven Eindruck auswirken.

ist man erstaunlich schnell bei der Hand: Die Leute gingen nur in die Kirche aus Gewohnheit, um dem Pastor zu gefallen, um ihre Garderobe vorzuführen, um sich selbst auf die Schulter klopfen zu können u. ä.[14]; man bete zwar, aber es fehle das entsprechende Handeln. „Frömmigkeit" ist ein Reizwort; es wird meistens mit altmodischer Moral und mit einer zwanghaften, keinen Zweifel zulassenden Haltung assoziiert[15].

> Wie ist dieses weitgehend ungerechte Klischee zu erklären? Der Vorwurf der Heuchelei und der doppelten Moral begegnete uns auch bei vielen Intellektuellen; aber dort richtete er sich in erster Linie auf die Vertreter der Amtskirche, erst danach auf den kirchentreuen Christen. Bei den heutigen Jugendlichen wird man wohl am ehesten auf Erklärungsmuster zurückgreifen dürfen, die die Entwicklungspsychologie bereitstellt. Da ist einmal die bei Jugendlichen besonders stark ausgeprägte Neigung fest- zustellen, Handlungen und Verhaltensweisen unmittelbar auf Einstel- lungen, Haltungen oder Gesinnungen zurückzuführen bzw. zu redu- zieren, statt sie aus ihrem jeweiligen biographischen, situativen und institutionellen Kontext zu verstehen. Zum anderen hat man beobach- tet, daß das jugendliche Ich, das einerseits zunehmend die Komplexität von Sachverhalten entdeckt und andererseits nach einer klaren Formel für sein sich bildendes Selbstverständnis (Ich-Identität) sucht, sich da- durch zu helfen versucht, daß es in einfachen Gegensätzen denkt und Polaritäten konstruiert.[16] Da man für sich selbst die Haltung der Ehrlich- keit in Anspruch nimmt (mit Recht!), bleibt dann für die Gegenseite nur die Projektion der Heuchelei.

Diesem negativen Bild des Kirchgängers entspricht dann auch das Bild des Gottesdienstes: Liturgie läßt die Leute in Worten reden und beten, die nicht ihre eigenen sind; und die eigenen Wünsche und Gedanken kommen im Gottesdienst nicht vor. Das wird ohne weiteres auf die Predigt übertragen, die

---

[14]  Zahlreiche Belege bei Schuster, Op.cit.

[15]  Vgl. A. Feige, aaO. 598ff.

[16]  Vgl. E. H. Erikson: Identität und Lebenszyklus, stw 16, 1973, 28: „Denn das Ich versucht während seiner Bemühungen um Synthese das mächtigste Ideal und das stärkste negative Leitbild (sozusagen als absolute Gegner) in sich aufzunehmen und mit ihnen die ganze Bilderwelt von Gut und Böse, Überlegenheit und Unterlegenheit, Männlich und Weiblich, Freigeboren und Sklave, Potent und Impotent, Schön und Häßlich, Rasch und Langsam, Groß und Klein, in einfache Alternativen aufzuteilen, um die verwirrenden Einzelfehden in *einer* großen Schlacht und nach *einem* strategischen Plan zum Austrag zu bringen."

deshalb „langweilig" und „lebensfern" ist. Wenn daher das Pfarrerbild überwiegend freundlich ausfällt, dann werden die ihm zugrunde liegenden Erfahrungen vermutlich außerhalb des Gottesdienstes, beispielsweise auf Freizeiten, gemacht worden sein.

Insgesamt wird die Kirche nach einer Formulierung A. Feiges von vielen
kirchenfernen Jugendlichen als eine Art „geschlossene Gesellschaft"[17] wahrgenommen, die an ihre Mitglieder bestimmte Anforderungen (Kirchgang, Bibellesen, Bekennen, Beten) stellt. Das Recht, Auflagen zu machen, wird der
Kirche auch gar nicht bestritten – jeder Verein tut ja das gleiche –, nur bitte
ohne uns! Weshalb sollte man sich auch solchen zusätzlichen Verhaltensregeln unterwerfen, wo man einerseits doch schon von der Schule in Beschlag
genommen wird und man sich andererseits, zumindest innerlich, gerade in
diesem Lebensabschnitt von Autoritäten zu befreien sucht? – Dem entspricht
geradezu spiegelbildlich das von Feige ebenso ermittelte positive Gegenbild
einer Kirche, auf die man sich allenfalls einlassen würde.[18] Die Wunschliste
betrifft ausschließlich Angebote, die die Kirche an die Jugendlichen machen
sollte, Angebote, die die persönliche Freiheit respektieren, so daß man sie
ohne Gewissensbisse auch ausschlagen kann, und die inhaltlich eine Orientierung in Fragen, die aus dem persönlichen Lebenslauf entstehen, bieten. Dabei
wird kaum wahrgenommen, daß die Kirche solche Angebote – etwa in Gestalt
der „offenen Jugendarbeit" – schon längst macht. Daß man selber sich betätigen könnte, daß Kirche ein Feld für eigenes Engagement sein könnte, das
kommt auffälligerweise[19] in diesem Wunschbild von Kirche nicht vor. Es
dominiert der Wunsch nach Versorgtwerden durch so etwas wie eine liberale
Service-Kirche, die der allgemeinen Konsumhaltung entgegenkommt.[20]

Feige betont allerdings mehr die hier wohl ebenfalls gegebenen positiven
Anknüpfungspunkte: „Wenn man genauer und sorgfältiger hinschaut …,
dann findet sich bei den jungen Befragten ein Bild von Kirche, in dem man
durchaus Farben der Freundlichkeit entdeckt, wenn auch gemalt in vorsichtiger Distanz. Da findet sich die Kirche, die das Christentum repräsentiert; die
einen im Leben, bei den Gelegenheiten der Konfirmation, der Taufe, der
Hochzeit und der Beerdigung im Hintergrund begleitet und diese Fixpunkte
im Leben in einem häufig überzeugenden Sinne transzendiert. Da ist die Kir-

---

[17] A. Feige, aaO. 159.

[18] AaO. 159f.

[19] Feige ist es merkwürdigerweise nicht aufgefallen.

[20] Die Erwartungen der Jugendlichen berühren sich hier mit denen der volkskirchlichen Mehrheit: Begleitung an Knotenpunkten des Lebens.

che, in der Fragen nach christlich-ethischer Lebensverantwortung behandelt werden sollten; in der mindestens Sehnsucht nach Frieden legitim artikuliert werden darf."[21] Das, was Kirche als Evangelium verkündet, „stößt auf Ohren, die nach Begründung, nach Verstehbarkeit verlangen. Es trifft auf Ohren, für die das Recht auf Skepsis selbstverständlich geworden ist, ja heutzutage zum Überleben zwingend dazugehört."[22]

## III. Themen, die sich aus den Erwartungen an die Kirche ergeben

Aus den referierten und zugleich typisierten Erwartungen an die Kirche ergeben sich inhaltliche und formale Aufgaben. Es geht einmal um bestimmte Themen, die sich aus den verschiedenen Vorstellungen von Kirche ergeben und auf die eine Kirchentheorie, die auch aktuellen Ansprüchen genügen will, besonderes Gewicht legen muß. Und andererseits erhebt sich die Frage, wie denn die Kirche überhaupt zu sachgemäßen, ihrem eigenen Selbstverständnis und der jeweiligen Problemlage entsprechenden Entscheidungen kommen kann. Diese entscheidungstheoretische Problematik wird einem eigenen Paragraphen (§ 3) vorbehalten. Hier sollen nur stichwortartig einige Themen notiert werden, die sich auf Grund der Erwartungen, auch wo sie auf Unverständnis beruhen, nahelegen.

1. Angesichts der von verschiedenen Seiten, besonders von den kritischen Intellektuellen, zugunsten eines unreglementierten religiösen Individualismus vorgebrachten Kritik an der „Amtskirche" dürfte das Thema *„Institution und Individuum"* von vorrangiger Bedeutung sein. Es ist – mit einem Ausdruck von Trutz Rendtorff – zu fragen, ob nicht „Institutionen der Freiheit"[23] denkbar sind, deren Leistung als Institutionen gerade darin besteht, dem Individuum zu seinen je eigenen Möglichkeiten zu verhelfen, und ob nicht gerade die Kirche das Musterbeispiel für eine solche Institution abgeben könnte. Auch der Ort der kritischen, aber kirchlich interessierten Intelligenz im Kommunikationssystem Kirche wäre in diesem Zusammenhang zu bestimmen. Hier wäre auch von den Organen (Evangelische Akademien etc.) zu handeln, die die Kirche für die freie Ausübung von Kritik bereitstellen muß.

---

[21]    AaO. 160.

[22]    Ebd.

[23]    T. Rendtorff: Theologische Probleme der Volkskirche, in: W. Lohff/L. Mohaupt (Hg.): Volkskirche – Kirche der Zukunft? Hamburg 1977, 104-131, hier 129ff.

2. Das Problem des Verhältnisses von Institution und Individuum findet seine evangelisch-ekklesiologische Zuspitzung in dem traditionellen Thema „*Amt und allgemeines Priestertum*". Wie sind Zuständigkeit, Funktion und Grenzen des ordinierten Amtes zu bestimmen? Was ist aus Luthers Lehre vom Priestertum aller Gläubigen[24] geworden, und worin kann dieses allgemeine Priestertum heute seinen adäquaten Ausdruck finden? In diesem Zusammenhang wären auch aktuelle Fragen des Gemeindeaufbaus zu erörtern. Dazu muß aber zuerst nach dem ursprünglichen Sinn der Lehre vom allgemeinen Priestertum zurückgefragt werden.

3. Bezüglich der Erwartungen von Seiten der Avantgarden, der konservativen Kräfte und der legitimen Staatsmacht sind alle *Außenbeziehungen* der Kirche, d. h. die Beziehungen zu den Institutionen der politischen Macht und des Rechts, der Wirtschaft, der Wissenschaft und Kultur von vorrangigem Interesse. Das sogenannte Wächteramt der Kirche einschließlich seiner aktuellen Betätigungsformen ist zu thematisieren. Diesbezügliche institutionstheoretische Erörterungen sollten zugleich ihre inhaltliche Zuspitzung an jenen Problemen erhalten, die mit Recht das öffentliche Bewußtsein beunruhigen, wie es vor allem bei den sogenannten Überlebensproblemen der Fall ist.

4. Die Kirche hat keinen direkten Einfluß auf die Art und Weise, wie die öffentlichen Medien über sie berichten und ihre Handlungen kommentieren. Da die vom Grundgesetz verbürgte Meinungs- und Pressefreiheit (GG, Art. 5) eine sittliche Errungenschaft darstellt, ist diese Begrenzung des kirchlichen Einflusses auch keineswegs zu bedauern. Gleichgültigkeit gegenüber ihrem öffentlichen Ansehen stünde der Kirche aber schlecht an; das würde auch Geringschätzung des Grundrechtes der Meinungs- und Pressefreiheit bedeuten. Daher muß die Kirche dem Problem ihrer *Selbstdarstellung* besondere Aufmerksamkeit zuwenden: Selbstdarstellung durch eigene Medien sowie durch die Nutzung von Möglichkeiten und Gelegenheiten, die ihr durch die öffentlichen Medien eingeräumt werden. „Imagepflege" ist nicht unter der Würde der Kirche. Imagepflege darf aber nicht Beschönigung sein. Einige Prinzipien und Praktiken der Werbung dürfen von der Kirche nicht kopiert werden. Es ist also zu erörtern, welchen Grundlinien die Kirche in ihrer Selbst-

---

[24] Grundlegend hierfür ist die Schrift „Daß eine christliche Versammlung oder Gemeine Recht oder Macht habe, alle Lehre zu urteilen und Lehrer zu berufen, ein- und abzusetzen, Grund und Ursach aus der Schrift" (1523), WA 11, 408-416. Eine gründliche Erörterung der angesprochenen Thematik jetzt bei W. Härle: Allgemeines Priestertum und Kirchenleitung nach evangelischem Verständnis, Marburger Jahrbuch Theologie (MJTh) VIII/1996, 61-81.

darstellung zu folgen hat, auf welchen Wegen der Publikation das geschehen soll und welche inhaltlichen Schwerpunkte dabei zu setzen sind.[25] Nur über eine adäquate, auch selbstkritische Selbstdarstellung kann die Kirche auch einen indirekten Einfluß auf ihre Darstellung durch andere nehmen.

5. Wie insbesondere Äußerungen von Jugendlichen zeigen, wird die Kirche von vielen als eine Instanz erlebt, die Forderungen an ihre Mitglieder stellt: Sie sollen sich am Gemeindeleben beteiligen, sich engagieren, den Gottesdienst regelmäßig besuchen, spenden etc. Da man diesen Forderungen meistens nur unzureichend nachkommt, entwickeln manche auch ein schlechtes Gewissen, verbunden mit allen möglichen Formen der Selbstrechtfertigung.[26] Im Gegenzug dazu werden dann allerlei Forderungen an die Kirche und ihr Personal gestellt. Kirche soll diverse Dienstleistungen erbringen und durch aktive Nächstenliebe glänzen; sie soll sich um Randgruppen kümmern und Notleidende aller Art unterstützen, in Krisensituationen zur Stelle sein, ihre Räumlichkeiten zur Verfügung stellen, ein Höchstmaß an Verständnis für alle möglichen Problemsituationen aufbringen – Dinge, die die Kirche ja auch faktisch tut, ob immer in hinreichendem Maße, ist hier nicht zu erörtern. Jedenfalls wird hier ein im ganzen ungeklärtes Verhältnis von *Erwartungen und Gegenerwartungen* sichtbar, das sich aber vielleicht klären ließe. Zu welchen Erwartungen an ihre Mitglieder ist die Kirche moralisch oder auch von Rechts wegen berechtigt, gerade weil sie vielfältige Dienstleistungen erbringt? Im Verfolg dieser Fragestellung, die ja auch ein Thema kirchlicher Selbstdarstellung abgeben dürfte, ist darauf zu achten, daß keine Vermischung mit einer bestimmten homiletisch recht beliebten, aber theologisch fragwürdigen Denkfigur unterläuft: Gott hat so viel für euch getan, nun tut ihr auch etwas für ihn, hört zumindest sein Wort und dankt Gott durch gute Werke! Hier droht die Übertragung eines zwischen Menschen üblichen do-ut-des-Verhältnisses auf das Gott-Mensch-Verhältnis. Aber das Verhältnis von Heilsempfang im Glauben und den daraus notwendigerweise fließenden guten Werken ist ein grundsätzlich anderes als das zwischenmenschlich durchaus berechtigte

---

[25] Es dürfte z. B. nicht genügen, der Öffentlichkeit nur vorzuführen, daß es in der Kirche weltoffene und für alles Verständnis habende Pfarrerinnen und Pfarrer gibt. Wie die Kirche als soziales System funktioniert, wie sie mit Konflikten umgeht, welche öffentlichen Themen sie aufgreift und was sie mit ihrem Geld macht, dürften derzeit aktuelle Inhalte der kirchlichen Selbstdarstellung sein.

[26] Pfarrer, die ein Mitglied ihrer Gemeinde im Krankheitsfall besuchen, wissen bekanntlich davon zu berichten, weshalb ja auch der Dienst von besonderen Klinikseelsorgern hier als Entlastung des Gewissens empfunden wird.

Verhältnis gegenseitiger moralischer Verpflichtung. Hier geht es nur darum, ob ein solches Verhältnis auch zwischen der Institution Kirche und ihren Mitgliedern besteht und was alles in dieses Verhältnis legitimer gegenseitiger Erwartung gehört. Daß damit ein Grundproblem der Volkskirche ange- sprochen ist, bedarf keiner weiteren Ausführung.

# § 3 Zum Problem der Entscheidung in der Kirche

Sieht sich die Kirche konfligierenden Erwartungen ausgesetzt, dann muß sie sich offenbar entscheiden. So lautet jedenfalls die übliche Antwort auf die Frage, was zu tun sei. Denn den Anschein zu erwecken, man sei für alle Anforderungen in gleichem Maße offen, dürfte kaum eine durchzuhaltende Strategie sein.[1] Ebenso wie die Kirche selbst müßte sich dann auch die Kirchentheorie entscheiden. Will man es mit den konservativen Kräften halten oder mit der Avantgarde? Soll man sich auf die Seite der kritischen Intellektuellen schlagen – was zu einer Vergleichgültigung der institutionellen und organisatorischen Probleme und in letzter Konsequenz zur Proklamation eines kirchen- und konfessionsfreien, jedenfalls „undogmatischen" Christentums führen müßte –, oder soll man die „Amtskirche" favorisieren und für die Stützung kirchlicher Strukturen eintreten? Soll man sich in erster Linie an den Belangen der Jugend ausrichten? Oder an denen des Staates? Auf dem Hintergrund eines vergleichbaren Spektrums von Erwartungen hat Wolf-Dieter Marsch seinerzeit auch drei kirchliche Entwicklungstendenzen nach 1945 diagnostiziert: Kirche als „gesellschaftliche Ordnungsmacht", Kirche als „bekennende Gemeinde" und Kirche als „Avantgarde der Humanisierung", wobei nach Marsch der erste Typus mit den führenden Kräften der Bundesrepublik sympathisierte, der zweite sich als Erbe der bekennenden Gemeinden im Kirchenkampf verstand und der dritte mit reformerischen Kräften zusammenging.[2] Muß man sich also zwischen solchen oder ähnlichen Tendenzen entscheiden?

Gewiß sind immer wieder Entscheidungen nötig, und sie werden ja auch von innerkirchlichen Gruppen sowie von offiziellen kirchlichen Organen getroffen. Die Frage ist aber, wie sie *zustande kommen*. Denn Entscheidungsprobleme der Kirche werden als solche noch nicht adäquat erfaßt, wenn man

---

[1]  „Kirchenleitungen, die allen und jedem Recht geben, es unentschieden über ein Einerseits-Andererseits nicht hinausbringen, kastrieren das Wort des Glaubens, schläfern die Gewissen ein, tragen zu dem Vorurteil bei, Religion sei eine überflüssige Belanglosigkeit. Ohne die Bereitschaft, es auch einmal mit jemandem zu verderben, verdirbt man es auf Dauer mit allen." H. Löwe: Zwischen allen Stühlen, Kirchenleitung für entschiedene (fromme und weltliche) und zögernde Christen, in: J. Mehlhausen (Hg.): Pluralismus und Identität, Gütersloh 1995, 184-189, dort 186.

[2]  W.-D. Marsch: Institution im Übergang. Evangelische Kirche zwischen Tradition und Reform, Göttingen 1970, 101ff.

meint, man brauche bloß die Alternativen zu verdeutlichen, und dann müsse man eben wählen. Diese übliche Sichtweise stellt selbst schon eine erhebliche Problemverkürzung dar, die dann auch zu unzureichenden Entscheidungsweisen animiert. Soll nun einfach nach Mehrheit entschieden werden oder dadurch, daß man dem jeweils stärksten Druck nachgibt? Oder soll die Rücksicht auf den Bestand von Mitgliedern ausschlaggebend sein, so daß man sich jeweils fragen muß, bei welchem kirchlichen Kurs die wenigsten abspringen? Oder soll gar die Meinung der finanzkräftigsten Mitglieder besonders ins Gewicht fallen? Es ist nicht zu bestreiten, daß kirchliche Entscheidungen tatsächlich oft von solchen Rücksichtnahmen bestimmt werden. Es liegt aber ebenso auf der Hand, daß das kein der Kirche angemessenes Verfahren ist. Benötigt wird also eine dem Wesen der Evangelischen Kirche entsprechende Entscheidungstheorie.

## I. Die Notwendigkeit einer der Kirche angemessenen Entscheidungstheorie

Die hier erforderliche Entscheidungstheorie muß dreierlei leisten:
1. Sie muß *Regeln* bzw. *Kriterien* angeben, nach denen entschieden werden kann, welche Erwartungen an die Kirche aufgenommen und welche zurückgewiesen werden sollen. Wir haben ja in der Evangelischen Kirche keine Instanz, die kraft Amtes, weil diesem Amt ein höherer Beistand verheißen wäre, bestimmte Dinge letztgültig entscheiden könnte. Wir können uns auch nicht einfach auf das Schema „Legitimation durch Verfahren"[3] verlassen, nach welchem alle Probleme bloß einen bestimmten für alle durchsichtigen und möglichst alle zuständigen Personengruppen beteiligenden Instanzenweg zu durchlaufen hätten, um als allgemein verbindlich entschieden zu gelten. Selbstverständlich brauchen wir auch in der Kirche einen geregelten Instanzenweg; er ist aber nur eine notwendige, keine hinreichende Bedingung dafür, daß kirchliche Entscheidungen sachgemäß getroffen werden.

---

[3]   Dieses Lösungsschema wurde beispielsweise für Fragen der Curriculumreform in Vorschlag gebracht, nachdem man sich dort außerstande sah, eine konsenzfähige Bildungsidee als inhaltliches Entscheidungskriterium zu benennen. Vgl. K.-H. Flechsig/H.-D. Haller: Entscheidungsprozesse in der Curriculumentwicklung, Deutscher Bildungsrat, Gutachten und Studien der Bildungskommission 24, Stuttgart 1973. Diese Entscheidungstheorie arbeitet mit den Kriterien „Legitimation der Entscheidungsträger", „Kompetenz der Entscheidungsträger", „Transparenz der Entscheidungsprozesse", „Effizienz der Entscheidung" (aaO. 114-125).

2. Da nun diese Regeln oder Kriterien sicher an das anzuknüpfen haben, was inhaltlich in der Kirche gelten soll, muß versucht werden, Klarheit darüber zu schaffen, *welche Punkte* in der Evangelischen Kirche *nicht zur Disposition stehen*, wenn sie sich nicht selbst auflösen will, und in welchen Fragen man geteilter Meinung sein kann und eine entsprechende praktische Vielfalt walten lassen darf.

> Die Fragestellung berührt sich mit der alten Unterscheidung von status confessionis und Adiaphoron, ist aber nicht ganz damit identisch. Denn das Problem der Adiaphora bestand ja darin, daß bestimmte religiöse Zeremonien und Gebräuche, die man in der Tat beibehalten oder ablehnen konnte, ohne die Substanz des evangelischen Glaubens zu gefährden (etwa die Bekreuzigung beim Beten), von der Gegenseite gewaltsam aufgezwungen wurden und somit als ein Akt der Unterwerfung interpretiert werden konnten. Wer daher seine Identität als evangelischer Christ unmißverständlich darstellen wollte, für den gehörte eine solches „Adiaphoron" nun doch zum status confessionis.

3. Schließlich sind Überlegungen darüber nötig, *welche Entscheidungs- und Urteilsbefugnis welchen Instanzen in der Kirche zusteht.* Ist beispielsweise die Kirchenspitze befugt, im Namen der Kirchenmitglieder irgendeine Erklärung abzugeben, die eine politische Angelegenheit betrifft?[4] Sie kann allenfalls zum Ausdruck bringen, was ein jeder (evangelischer) Christ glaubt, sofern er sich als solcher versteht. Aber das wäre auch noch keine Stellungnahme, sondern nur eine Veröffentlichung derjenigen Grundentscheidung, die jeder einzelne Christ schon für sich getroffen hat. Auch etwaige Folgeentscheidungen ethischer oder politischer Art kann sie dem einzelnen Christen nicht abnehmen, auch dann nicht, wenn die Kirchenleitung der festen Überzeugung ist, daß sie so und nicht anders getroffen werden müssen. Religiös-weltanschauliche, ethische und politische Entscheidungen sind nicht delegierbar und können nicht stellvertretend für den einzelnen vollzogen werden. Das gilt für Grundentscheidungen wie auch für alle Folgeentscheidungen. Dagegen ist eine Entscheidungsübertragung vom einzelnen Kirchenmitglied auf bestimmte kirchliche Instanzen in all denjenigen Fragen möglich und sinnvoll, bei denen es um Regelungen des kirchlichen Lebens, sei es auf Gemeindeebene, auf der Ebene einer Landeskirche oder der Ebene eines Kirchenbundes, geht.[5] Kyber-

---

[4] Als Beispiel sei nur das Problem der Neuregelung des Paragraphen 218 genannt.
[5] Als Beispiel sei die Frage genannt, an welchen Sonntagen Konfirmationen stattfinden sollen.

netische Entscheidungen im o. a. Sinne[6] müssen von Gremien oder besonders befugten Personen wahrgenommen werden, und hier gilt es, genauer festzulegen, was in die Zuständigkeit eines Kirchenvorstands, eines Pfarramts, einer Synode, einer Kirchenleitung, eines Bischofs oder Kirchenpräsidenten oder auch des Rates der EKD fällt. Kirche als Institution ist eben ein System von Positionen mit je bestimmter Befugnis. Welche Positionen außer der des Laien und des ordinierten Amtes es in der Kirche geben soll und welche jeweilige Befugnis daran zu knüpfen ist, darüber muß Klarheit hergestellt werden.

## II. Die Selbststeuerung der Evangelischen Kirche. Eine kybernetische Grundthese

Auf welchem Wege ist nun Klarheit in diesen drei Punkten zu schaffen? Jedenfalls nicht wiederum durch willkürliche Festsetzung, was ja nur dadurch geschehen könnte, daß bestimmte Personen oder Instanzen sich die Befugnis dazu einfach anmaßten. Es wäre auch logisch widersprüchlich. Denn die Aufstellung von Entscheidungsregeln, die Identifikation von dem, was nicht zur Disposition steht, und die Ausarbeitung eines Systems von Kompetenzen sollen ja gerade dazu dienen, willkürliche Machtausübung in der Kirche zu unterbinden. Ließe man sie einmal zu, dann bräuchte man auch eigentlich gar keine Regeln etc., sowie man im monarchischen Absolutismus, jedenfalls aus der Sicht des Monarchen, keine Verfassung benötigte, sondern alles der Regierungsklugheit des Souveräns, der selbstverständlich auf das Wohl seiner Untertanen bedacht war, überlassen durfte.

Wenn aber willkürliche Setzung ausscheidet, auf welchem Wege ist dann die erforderliche Klarheit in den genannten Punkten zu erreichen? Hier sind zwei Antworten zu geben, eine formale und eine inhaltliche.

In *formaler* Hinsicht ist folgendes geltend zu machen: Alle Gesetze des sozialen Zusammenlebens sind im Unterschied zu Gesetzmäßigkeiten des Naturgeschehens nur wirksam, sofern sie akzeptiert werden. Die beste Art der Akzeptanz ist aber die auf Einsicht beruhende, da sie alle zwangsweise Durchsetzung überflüssig macht. Das ist nun auch so weit wie möglich für die Kirche anzustreben. Da es also nicht hinreicht, wenn nur einige, etwa diejenigen, die eine leitende Position in der Kirche innehaben, eine begründete und deutliche Meinung über die Regeln, das Unverzichtbare und das System von Befugnissen in der Kirche haben, muß zumindest versucht werden, möglichst alle Kir-

---

[6]  S. o. S. 38.

chenmitglieder in einen Diskurs über diese Punkte einzubeziehen. Es ist eine wichtige Aufgabe kirchlicher Öffentlichkeitsarbeit, aber auch schon des kirchlichen Unterrichts, dem sogenannten Laien ein Verständnis dafür zu vermitteln, nach welchen Grundsätzen in der Kirche entschieden und gehandelt wird, und ihn an der diesbezüglichen Urteilsbildung zu beteiligen. Es genügt jedenfalls nicht, auf öffentliche Kritik an der Kirche immer nur ad hoc und auf den Einzelfall bezogen zu reagieren. In welchem Maße eine allgemeine Verständigung über Entscheidungsgrundsätze der Kirche gelingen kann, muß naturgemäß offenbleiben. Entscheidend ist, daß sie überhaupt angestrebt wird; und die immer erneut laut werdende Kritik an der Kirche zeigt ja auch schon, daß hier durchaus Anknüpfungs- und Beteiligungsmöglichkeiten bestehen. Sie müssen nur genutzt werden. Es entspricht auch dem Wesen und der Geschichte des protestantischen Kirchentums, daß man sich ernsthaft um einen solchen öffentlichen Kommunikationsprozeß bemüht. Der Protestantismus verlangt nach dieser Form von innerkirchlicher Öffentlichkeit. Der hier stets latenten zynischen Einstellung, das Kirchenvolk werde doch stets nur nach seinen jeweiligen partikularen Bedürfnissen urteilen und sei nicht für die Gestalt und das Funktionieren der Kirche als ganzer zu interessieren, ist entschieden zu widerstehen, auch wenn der Erfolg wohl stets hinter den Erwartungen zurückbleiben wird.

Der Prozeß der freien öffentlichen Kommunikation in der Kirche erhält dadurch einen *Inhalt*, daß er sich auf das *Wesen* und die *Geschichte der Kirche* bezieht. Hier gilt es nun sich darauf zu besinnen, daß wir die Kirche nicht erst zu schaffen oder gänzlich neu zu konzipieren haben, sondern daß es die Kirche schon gibt, und zwar als eine solche, die sich katholisch, orthodox oder evangelisch nennt, im letzteren Falle: lutherisch, reformiert oder uniert, wozu insbesondere im angelsächsischen Bereich außer der anglikanischen Kirche noch zahlreiche Denominationen und Freikirchen kommen. Jedes dieser Kirchentümer hat nicht nur seine geschichtlich entstandenen und sich fortlaufend wandelnden Eigentümlichkeiten, sondern auch ganz bestimmte Grundsätze, die in den meisten Fällen zu der Zeit formuliert und kodifiziert wurden, als diese Kirchentümer sich konstituierten und konsolidierten. So hat auch die Evangelische Kirche ihre Lehrgrundlagen in Gestalt der lutherischen und reformierten Bekenntnisschriften niedergelegt. Ihr Rechtscharakter kommt u. a. darin zum Ausdruck, daß die Geistlichen in ihrer Ordination auf diese Lehrgrundlagen verpflichtet werden.[7] – Auf diese Lehrgrundlagen nun muß sich die Kirche auch in ihren aktuellen Entscheidungen beziehen. Die hier

---

[7]   Die im einzelnen etwas abweichenden Formulierungen in den Ordinationsagenden kommen darin überein, daß sie die Verpflichtung auf die Heilige Schrift

naheliegende Frage, ob man sich damit nicht einem tötenden Buchstaben unterwirft, wird später zu erörtern sein. Ihre Beantwortung hängt vor allem davon ab, welches Kirchenverständnis aus den Bekenntnisschriften selbst zu erheben ist. Es könnte sich ja ergeben, daß das reformatorische Kirchenverständnis gerade ein Höchstmaß an Entscheidungsspielraum gewährt, statt beengende Fesseln anzulegen. Aber bevor man sich hier von Befürchtungen irritieren läßt, sollte man sich zunächst einmal den Sinn einer solchen Rückbindung der Kirche an ihre richtungsweisenden Lehrentscheidungen klarmachen.

Da die Evangelische Kirche von ihren Anfängen an die Konzeption eines autoritativen mit besonderer Amtsgnade ausgestatteten Lehramtes – wie sie auf katholischer Seite abschließend durch das Unfehlbarkeitsdogma von 1870 fixiert wurde[8] – verworfen hat, kann sie sich nur durch die immer erneute Auslegung ihrer eigenen Lehrgrundlage selbst steuern. Das ist die kybernetische Grundthese unserer Kirchentheorie: *Die Evangelische Kirche wird durch die Auslegung ihrer eigenen Lehre geleitet.*[9] Andernfalls könnte sie ihre eigene Identität nicht bewahren. *Selbst*steuerung wäre nicht möglich, die Kirche würde sich vielmehr den jeweils stärksten von außen auf sie einwirkenden Kräften ausliefern. Eine andere Art von Selbststeuerung als die durch Auslegung der eigenen Lehrgrundlagen erfolgende läßt sich für die Evangelische Kirche gar nicht denken. Die schwärmerische Vorstellung einer unmittelbaren, von Schrift und Bekenntnis unabhängigen Leitung durch den Geist wird man ja wohl nicht als ernsthafte Alternative in Betracht ziehen. Es ist schließlich auch ein ganz selbstverständlicher Gedanke, daß eine Kirche, die sich beispielsweise „lutherisch" nennt, sich zu den lutherischen Bekenntnisschriften sowie zu

---

Alten und Neuen Testaments und die auf die Bekenntnisse der Reformation (wozu in einigen Landeskirchen auch noch die Barmer Theologische Erklärung tritt) als eine inhaltlich einheitliche Selbstbindung verstehen. Es wird vorausgesetzt, daß die reformatorischen Bekenntnisse auf der Schrift beruhen, diese also als ihre Norm anerkennen, und daß sie zugleich einen Schlüssel zum Verständnis der Schrift darstellen.

[8]   Das Zweite Vatikanische Konzil hat dieses Dogma nicht relativiert, wenn es feststellt, daß die gleiche Unfehlbarkeit, die den Lehräußerungen des Papstes unter den vom Ersten Vatikanum definierten Bedingungen eigen ist, auch dem in Übereinstimmung mit dem Papst lehrenden Bischofskollegium zukommt. Vgl. Lumen gentium, Art. 25.

[9]   Zur Begründung dieser schon von E. Herms vorgetragenen These vgl. dessen Aufsatz „Die Lehre im Leben der Kirche" sowie auch die weiteren Aufsätze in E. Herms: Erfahrbare Kirche. Beiträge zur Ekklesiologie, Tübingen 1990.

Luther selbst – und zwar hinsichtlich dessen, was Luther für zentral hielt – in ein positives Verhältnis setzen muß, oder sie müßte ihren Namen ändern.

　　Naheliegend ist hier der Vergleich mit einer politischen Partei, die ja ebenfalls ihre Grundsätze sowie ihr Programm hat, woran sie sich in ihren konkreten Handlungen zu halten hat. Allerdings können die Grundsätze einer Partei und ihr Programm bekanntlich von Zeit zu Zeit geändert werden, und zwar in so erheblichem Maße, daß man sich fragt, ob es sich noch um dieselbe Partei handelt. Dafür verfügen politische Parteien aber noch über ein weiteres, gewiß etwas vages, aber dennoch funktionierendes Mittel ihrer Identitätsdarstellung. Sie pflegen sich der merkwürdigen Metaphorik von „rechts" und „links" zu bedienen und plazieren sich selbst auf einem entsprechenden Spektrum, das von extrem rechts über gemäßigte Positionen bis extrem links reicht. Dabei bleibt die Stelle, die eine Partei für sich selbst reklamiert, über allem Substanzwandel im großen und ganzen immer die gleiche. Die großen Volksparteien machen sich gegenseitig die Mitte streitig, wobei aber die Sozialdemokratie immer Wert auf die Feststellung legen wird, sie befinde sich links von der Union, nur nicht so weit, wie diese behaupte. Die Union ihrerseits wird immer zugeben, daß sie sich im ganzen rechts von der Sozialdemokratie befinde, aber keineswegs rechts von der Mitte; ganz rechts gibt es ja noch andere, und zwar so weit rechts, daß man mit denen auf keinen Fall koalieren könne, auch wenn die Rechten derartiges behaupten. Wenn auch die Einschätzung der verschiedenen Parteien, *wie* weit rechts oder links sich jemand befinde, voneinander abweichen, so bleibt das Spektrum als Ganzes doch erhalten. Darüber, wer wessen rechter und linker Nachbar sei, ist man sich einig, nur daß die Entfernungen zwischen den Nachbarn unterschiedlich bemessen werden. Der Mechanismus der rechts-links-Rhetorik funktioniert also vorzüglich, zumal auch die Presse, die Meinungsforschung und der Normalbürger mit dem gleichen Spektrum arbeiten; gelegentlich entspricht dem auch die Sitzordnung im Parlament. Dieser Mechanismus gewährleistet den Parteien so etwas wie eine relationale Identität, durch die der geschichtlich notwendige Wandel in der Substanz (im Parteiprogramm) seinerseits relativiert wird. – Dieses Mittel der Identitätsdarstellung und Kontinuitätssicherung steht der Kirche nicht zu Gebote. Es ist vielleicht auf innerkirchliche Bewegungen anwendbar, wie beispielsweise die Rede vom „linken Flügel der Reformation" zu beweisen scheint, aber die Kirche als ganze kann eben nicht sagen, wer ihr Nachbar zur Rechten oder zur Linken ist. Daher kann die Kirche ihre Identität, die auch die Voraussetzung möglicher Selbststeuerung ist, nur durch Kontinuität in der Substanz bewahren und öffentlich darstellen.

　　Wenn das nun hinreichend erhärtet ist, dann meldet sich hier doch noch einmal die Frage, die wir vorhin vertagt haben: ob diese Rückbindung an die eigenen Grundlagen nicht zu einer konservativ-konfessionalistischen Haltung führen müsse. Konservatismus ist nun aber immer dann schädlich, wenn er zur Immobilität angesichts neuer Problemlagen führt. Die Kirche sieht sich aber gerade zu Entscheidungen angesichts ganz neuer Herausforderungen aufgerufen. Wie kann dann die Rückbindung an Lehrentscheidungen, die im sechzehnten Jahrhundert getroffen wurden, zu aktuell erforderlichen Entscheidungen und Handlungen verhelfen? Auch der Vergleich mit politischen Vereinigungen, die ihr Parteiprogramm angesichts neuer Handlungssituationen umschreiben, scheint gegen das Verfahren der Kirche zu sprechen. Verwickeln wir uns also in einen Selbstwiderspruch?

Obwohl, wie gesagt, der Freiheitsspielraum, den der reformatorische Kirchenbegriff gewährt, erst an späterer Stelle ausgemessen werden kann, gebe ich gegen den erhobenen Einwand doch schon einige Gegenargumente zu bedenken:

1. Der Einwand müßte sich konsequenterweise auch gegen jede Predigt richten, die sich auf einen biblischen Text bezieht und im Rahmen des biblischen Wirklichkeitsverständnisses eine heute tragfähige Lebensorientierung vermitteln will. Es ist nun aber ein Faktum, daß dieser Vermittlungsprozeß über mehrere Jahrtausende hinweg tatsächlich gelingen kann; das Selbstzeugnis jedes Christen steht dafür ein. Das Alter eines Textes ist also als solches kein Einwand; auch Philosophen berufen sich bekanntlich nicht allein auf die jüngste Philosophiegeschichte. Gerade daß man sich mit uralten Texten verständigen kann, wird vom Glauben als eine Art signum veritatis gewertet. Denn hier zeigt sich, daß die Wahrheit der christlichen Botschaft bzw. deren innere Erfahrung keine Modeerscheinung ist, auch nicht so epochenabhängig wie beispielsweise das romantische Kunstverständnis oder das typische Lebensgefühl irgendeiner so oder so geprägten Generation. Der universale Wahrheitsanspruch des christlichen Glaubens findet darin eine gewisse Bestätigung, daß man sich das Wahrheitsverständnis jener alten und in einem ganz anderen soziokulturellen Kontext entstandenen Texte aneignen kann.

2. Auch die Bekenntnisschriften selber verweisen auf die Heilige Schrift als norma und regula fidei.[10] Sie wollen die biblische Lehre in ihrem ursprünglichen, von katholisch-scholastischer Tradition noch nicht entstellten Sinne zum Ausdruck bringen und gewinnen daraus die Spezifika der Evangelischen Theologie und Kirche. Die Behaftung der Kirche auf ihre Bekenntnisgrundlagen ist insofern nur die kontinuierliche Fortführung jener Auslegungsgeschichte der Heiligen Schrift, durch die die Kirche als christliche Gemein-

---

[10] Vgl. etwa die Einleitung zur Konkordienformel, BSLK, 868ff.

schaft von Anfang an konstituiert wurde und noch wird.[11] Ferner eröffnen die
Bekenntnisschriften durch ihren Rückbezug auf die Heilige Schrift auch eine
gewisse Freiheit gegenüber ihren eigenen Ausführungen. Sie anerkennen eine
Auslegungsregel, nach der sie gegebenenfalls auch kritisiert werden können.
    3. Die Verpflichtung auf jene Dokumente wäre dann konservativ bzw.
reaktionär, wenn damit alle einzelnen Bestimmungen, die die reformatorischen Theologen in ihrer damaligen Situation für richtig hielten, festgeschrieben werden sollten, also auch etwa Aussagen über Sitten und Gebräuche, über
das konkrete Verhältnis zur Obrigkeit, über Art und Legitimation staatlicher
Gewalt, über bestimmte Befugnisse in Kirche und Gesellschaft etc. Derartiges
ein für allemal festzulegen, war aber gar nicht die Absicht der Bekenntnisschriften; wäre es so, dann müßten wir uns in der Tat unter Berufung auf neue
Erkenntnisse und Gegebenheiten darüber hinwegsetzen. Es läßt sich zeigen
und wird sich später noch im einzelnen bestätigen, daß die Bekenntnisschriften
selber schon mit jener oben angemahnten Unterscheidung von Disponiblem
und Indisponiblem arbeiten. Die Verfasser und Unterzeichner jener Schriften
gehen von der Voraussetzung aus, daß das für alle Zeiten gültige und allem
geschichtlichen Wandel zugrunde liegende Verhältnis von Gott und Mensch
in der biblisch bezeugten Christusoffenbarung ans Licht gekommen ist und
damit auch das Wesen einer religiösen Gemeinschaft, die sich daran ausrichtet
und das zu ihrem Kommunikationsgegenstand macht. Von daher sind dann
alle einzelnen Festlegungen, Entscheidungen und Vorschläge zu beurteilen.
Die durch dieses Verfahren aufgeworfene grundsätzliche Frage wäre also, ob
erstens Aussagen über *das* Verhältnis von Gott, Mensch und Welt überhaupt
möglich und sinnvoll sind und ob, wenn das bejaht werden kann, dann zweitens die diesbezügliche biblisch-reformatorische Lehre den Standards solcher
Aussagen gerecht wird, also ein möglicher Kandidat für solche Aussagen ist,
und schließlich, wie die Erkenntnis von der Wahrheit der biblisch-reformato-
rischen Lehre tatsächlich zustande kommt. Diese dreiteilige Frage kann hier
nicht en passant behandelt werden. Wir müssen uns mit der Feststellung begnügen, daß nur ein doktrinärer Relativismus, nach welchem wir überhaupt
nur jeweils geschichtlich Konkretes und Einzelnes, aber nichts Strukturelles,
das allem geschichtlichen Wandel als Bedingung seiner Möglichkeit zugrunde
liegt, erkennen, hier einen prinzipiellen Einwand erheben kann. Aber ein solcher Standpunkt kann sich allenfalls den Anschein der Modernität geben, er
ist in Wirklichkeit längst obsolet geworden.

---

[11]   Erinnert sei an G. Ebelings Formulierung, daß die Kirchengeschichte die Ge-
      schichte der Auslegung der Heiligen Schrift ist: Wort Gottes und Tradition,
      Göttingen 1964, 9-27.

4. Die Orientierung an den Bekenntnisschriften (und im Zusammenhang damit an den übrigen Schriften der Reformation) bedeutet keine Aufrichtung einer formal höheren Autorität. Die Reformatoren haben die von ihnen errungene und ihnen widerfahrene Erkenntnis zu Papier gebracht. Wir haben uns nur zu fragen, ob wir ihre Einsichten teilen können oder nicht. Sofern wir diese Frage bejahen, tun wir es in dem Bewußtsein, daß sich die Wahrheit an uns auf ebenso ursprüngliche Weise als wirksam erweist wie schon an ihnen; wir berufen uns aber nicht darauf, daß sie ihnen vor uns zuteil geworden ist. Wahrheitserkenntnis ist unvertretbar, sie kann nur die je eigene sein. Wir lehren also auch nichts nur deshalb als wahr und verbindlich, weil die Reformatoren es schon gelehrt haben. Es wird somit keine der Unterwerfung unter die Lehrautorität der katholischen Bischöfe vergleichbare Gehorsamsforderung erhoben.[12] Da die Freiheit des Subjekts mit unserer kirchentheoretischen Grundthese in keiner Weise beschnitten, sondern voll respektiert wird, ist dann auch niemand zu diskriminieren, der aufgrund eigener Einsicht den Reformatoren nicht mehr folgen zu können meint und daraus die Konsequenzen zieht. Wohl aber besteht für jede innerhalb der Kirche auftretende neue Bewegung eine gewisse Auskunftspflicht, wie sie es mit der Reformation hält. Man schuldet sie schon denjenigen Kirchenmitgliedern und Mitchristen, die sich selbst in Kontinuität mit der reformatorischen Tradition verstehen und eine Infragestellung dieser Grundlage befürchten. Diese Auskunft ist spätestens dann fällig, wenn man auf einschneidende Reformen, die das Leben in der Kirche insgesamt betreffen, dringt.[13] Reformer in politischen Parteien

---

[12]  Auch Augustins Satz „Ich jedenfalls würde dem Evangelium nicht glauben, wenn mich nicht die Autorität der Katholischen Kirche dazu bewegte" (c.ep.fund.5) ist auf evangelischem Grund nicht wiederholbar.

[13]  Als Beispiel seien Reformen auf dem Gebiet der Liturgie genannt. Dem Entwurf zur Erneuerten Agende für die lutherischen und unierten Kirchen in Deutschland (Lutherisches Verlagshaus Hannover und Luther-Verlag, Bielefeld 1990) ist eine sehr unbedachte Formulierung unterlaufen, wenn im Zusammenhang der Kriterien der Liturgiereform von „Erweiterung der reformatorischen Basis durch ökumenische Spiritualität" gesprochen wird (aaO. 10; vgl. ebd.: „Und hierfür wiederum bedürfen unsere – gewiß unverzichtbaren – reformatorischen Grunderkenntnisse einer ökumenischen Erweiterung"). Es ist ein großer Unterschied, ob man die Basis – bzw. die „reformatorischen Grunderkenntnisse" – erweitern will, was nur dadurch geschehen kann, daß man Gleichwertiges daneben setzt (also wohl auch römisch-katholische Elemente, denn auch die Katholische Kirche gehört ja wohl zur Ökumene?), oder ob man *auf* reformatorischer Basis für heutige ökumenische Spiritualität offen sein will. Daß eine solche, nicht kriterien-

oder in sonstigen gesellschaftlichen Organisationen stehen ja auch unter der Nötigung, sich über das Verhältnis ihrer Vorschläge und Bestrebungen zum jeweiligen Grundprogramm oder zu den Vereinsstatuten äußern zu müssen. Und es ist auch hier nichts Ehrenrühriges, wenn man sich gegebenenfalls nicht mehr in der Lage sieht, den derzeitigen Grundkonsens der Organisation zu teilen. Parteiwechsel, Austritt oder eine Neugründung ist dann die als selbstverständlich hingenommene Konsequenz. Warum sollten entsprechende Vorgänge in der Kirche anders beurteilt werden?

5. Um die kybernetische Grundthese unserer Kirchentheorie vorläufig plausibel zu machen – mehr sollte hier noch nicht geleistet werden – haben wir zwar auf das Wesen der Evangelischen Kirche im Gegenüber zur römisch-katholischen Kirchenlehre Bezug genommen, darüber hinaus aber haben wir keine spezifisch theologischen Gründe geltend gemacht. Wir haben z. B. nicht „offenbarungstheologisch" argumentiert und von daher apodiktische Feststellungen getroffen. Statt dessen haben wir uns verschiedentlich in einem soziologisch-organisationstheoretischen Erklärungsrahmen bewegt und den Vergleich mit politischen Vereinigungen und gesellschaftlichen Zweckverbänden bemüht. Gegenüber den hier namhaft gemachten Parallelen ist nun aber auch auf eine entscheidende Differenz hinzuweisen. Noch einmal die Frage: Parteien ändern ihr Grundsatzprogramm, Vereine ändern ihre Statuten – müßte die Kirche nicht ebenso mit ihren Grundlagen verfahren, wenn sie sich Handlungsfähigkeit angesichts neuartiger Herausforderungen bewahren will? Hier ist nun der Unterschied der Kirche zu allen derartigen Organisationen geltend zu machen. Die Kirche ist ihrem Selbstverständnis zufolge kein Zweckverband, der sich nur deshalb konstituiert, weil bestimmte gesellschaftliche Ziele nach ihrer Realisierung verlangen. Wenn sie erreicht sind oder sich als Irrtum erwiesen haben oder durch die gesellschaftliche Entwicklung überholt worden sind, dann müssen solche Verbände sich entweder auflösen oder sich in den Dienst neuer, vielleicht besserer, nach Möglichkeit aber irgendwie vergleichbarer Ziele stellen. Parteien und sonstige Organisationen können und müssen ihr Programm umschreiben, weil sie i.d.R. kurz- und mittelfristige, jedenfalls historisch und gesellschaftlich wandelbare Ziele verfolgen. Sie wollen per Gesetzgebung bestimmte Verhältnisse ändern. Nur solche Parteien, die zugleich oder sogar in erster Linie eine angeblich für alle

---

lose, Offenheit sehr viel Raum gewährt, ließe sich sehr wohl zeigen. – Es kann auch den feministisch-theologischen Reformbemühungen nur zum Schaden gereichen, wenn man sich hier permanent um die Frage, wie man es dabei mit der Reformation hält, herumdrückt. Vgl. dazu meinen Aufsatz: Gottesdienst und religiöse Sprache, ZThK 88/1991, 388-406, dort 404ff.

verbindliche Weltanschauung bzw. Heilslehre, die im Gegensatz zu gesamtgesellschaftlich akzeptierten Wertvorstellungen steht, durchsetzen wollen,
bekommen hier Schwierigkeiten; sie unterliegen einem gewissen Orthodoxie-
zwang und müssen beständig mit dem Verdacht des Revisionismus operieren.
Daß solche Parteien ihre spezifische Zuständigkeit überschreiten, gehört –
auch auf Grund einschlägiger geschichtlicher Erfahrungen – in einem demokratisch verfaßten Staatswesen zur communis opinio.

Die Kirche aber steht nach ihrem Selbstverständnis für eine Wahrheit ein,
die das schon per definitionem unwandelbare, aber seinerseits allen geschichtlichen Wandel ermöglichende Grundverhältnis von Gott, Mensch und Welt
betrifft. Daß das so ist, wird übrigens von vielen Zeitgenossen eingesehen, die
hier nicht gleich von „Wahrheit", sondern nur von einer bestimmten Thematik reden würden. Eine Änderung der Grundlagen – also etwa der „reformatorischen Basis" – kommt dann auch nur insofern in Betracht, als sich zeigen
läßt, daß die Ausformulierung dieses Grundverhältnisses und der daran orientierten Lehre von der Kirche mit begrifflichen Mitteln erfolgt ist, die einer
bestimmten Zeit und einem bestimmten soziokulturellen Vorstellungshori-
zont verhaftet sind, deren Prämissen wir nicht mehr teilen können. Das bedeutet freilich nicht, daß man die für das eigene Kirchenwesen grundlegenden
Dokumente umschreibt, wohl aber, daß man sie *interpretiert*, indem man den
selben Gegenstand mit adäquateren Mitteln zu erfassen versucht und den auf
diese Weise präzisierten Sachverhalt auf neue situative Kontexte verschiedenster Art bezieht.

# § 4 Voraussetzungen des reformatorischen Kirchenbegriffs

Das reformatorische Kirchenverständnis leitet sich einerseits aus dem ab, was wir die Mitte der reformatorischen Theologie nennen. Die konsequente Durchführung der Rechtfertigungslehre sowie die Einsicht, daß dieser theologische Artikel alle anderen Lehrstücke qualifiziert[1], nötigt auch zur Neuformulierung des Kirchenbegriffs. Andererseits wird an traditionelle Elemente im Kirchenverständnis angeknüpft. Dabei spielen Lehrbildungen der mittelalterlichen Theologie eine bemerkenswert geringfügige Rolle; jedenfalls fungieren sie nicht als positive Vorlage oder Anknüpfungspunkt. In dieser Hinsicht kommen eigentlich nur drei Faktoren in Betracht: die ekklesiologischen Bestimmungen der altkirchlichen Glaubensbekenntnisse, die biblischen Aussagen über die Kirche und schließlich einzelne Aussprüche der Kirchenväter, auf die man sich beruft. Da diese Berufung aber immer nur ad hoc erfolgt, findet die Ekklesiologie der Kirchenväter in diesem Paragraphen keine Berücksichtigung. Der Zusammenhang mit der Rechtfertigungslehre wird im Zuge der Darstellung des reformatorischen Kirchenbegriffs (§§ 5 und 6) deutlich werden. So können wir uns hier darauf beschränken, die wesentlichen Elemente aus den Symbolen und aus den biblischen Schriften zusammenzustellen und kurz zu erläutern.

Dabei gehen wir allerdings gelegentlich über das hinaus, was den Reformatoren in ihrer damaligen Situation an historischen Kenntnissen zur Verfügung stand. Das trifft besonders für den neutestamentlichen Teil des Paragraphen zu, in welchem auf gegenwärtige exegetische Erkenntnisse Bezug genommen wird. Dieses Verfahren scheint uns in eine gewisse Spannung zu der im Titel des Paragraphen enthaltenen Fragestellung zu bringen. Wir wollen hier jedoch nicht nur Voraussetzungen des historisch erhebbaren reformatorischen

---

[1] Zum Status der Rechtfertigungslehre bemerken W. Härle/E. Herms: Rechtfertigung. Das Wirklichkeitsverständnis des christlichen Glaubens, Göttingen 1979, 10: „,Rechtfertigung' ist nicht ein *Teil*thema des christlichen Bekenntnisses. ‚Rechtfertigung' thematisiert vielmehr die Existenzverfassung des sich im Bekenntnis aussprechenden Glaubens selber, die Weise seines Entstehens und Bestehens als prinzipielle Einheit. Die Lehre von der Rechtfertigung begreift die Wirklichkeit des christlichen Glaubens als Rechtfertigungswirklichkeit und den einheitlichen Sinn des christlichen Bekenntnisses als Rechtfertigungsbotschaft."

Kirchenbegriffs, sondern zugleich eines von den reformatorischen Kirchen heute geltend zu machenden Kirchenbegriffs erheben.

## I. Die ekklesiologischen Aussagen der altkirchlichen Symbole

Hier kommen nur das Apostolikum und das Nizänum (bzw. das Nicaeno-Constantinopolitanum) in Betracht. Das ebenfalls in das Konkordienbuch aufgenommene antiarianische Symbolum Athanasii hat die wesentlichen Bestimmungen der Trinitätslehre und der Zwei-Naturen-Lehre zum Gegenstand; die Kirche wird mit keinem Wort erwähnt, so als sei sie kein Glaubensgegenstand. Unter diesem Gesichtspunkt, und nur unter diesem, tritt die Kirche aber im apostolischen und im nizänischen Glaubensbekenntnis in Erscheinung. Alle Bestimmungen sind Objekt zu „Ich glaube", „Credo". Von der institutionellen Gestalt der Kirche, von kirchlichen Ämtern und von irgendwelchen Funktionen und Außenbeziehungen der Kirche ist nicht die Rede.

Bei beiden Bekenntnissen stellt sich uns das Auslegungsproblem, daß man hier nicht einfach nach dem Verständnis ihres Verfassers fragen kann, um dieses dann, wenn man es einigermaßen deutlich ermittelt zu haben glaubt, gegen spätere Fehldeutungen ins Feld zu führen. Denn *den* Verfasser gibt es hier gar nicht. Beide Symbole sind allmählich gewachsen und auch in einzelnen Stücken unterschiedlich verstanden worden. Es gibt also keine maßgebliche Instanz, auf die man sich berufen könnte, sondern nur eine äußerst verwickelte Entstehungs- und Verwendungsgeschichte (Verwendung in der Tauf- und Abendmahlsliturgie sowie als „Test der Rechtgläubigkeit" in kirchen- und theologiepolitischen Auseinandersetzungen).[2] Wir besprechen die ekklesiologisch relevanten Formulierungen, um die von ihnen aufgeworfenen Fragen hervorzuheben, die jede Lehre von der Kirche – so auch die reformatorische – in eigener Zuständigkeit zu klären hat.

1. Das *apostolische* Bekenntnis liefert die Formel „... die heilige christliche Kirche, Gemeinschaft der Heiligen". Etwas anders in der lateinischen Fassung: „Credo ... sanctam ecclesiam catholicam, sanctorum communionem".

---

[2]   Als zusammenfassende, den Forschungsstand repräsentierende Darstellung darf gelten J. N. D. Kelly: Altchristliche Glaubensbekenntnisse. Geschichte und Theologie, Göttingen 1972³. Dazu nun auch R. Staats: Das Glaubensbekenntnis von Nizäa-Konstantinopel. Historische und theologische Grundlagen, Darmstadt 1996.

Die hier genannten Eigenschaften der Kirche, Heiligkeit und Katholizität, behandeln wir im Zusammenhang des in diesem Punkte vollständigeren Nizänums. Was aber heißt „sanctorum communio"? Hier bieten sich mehrere Verstehensmöglichkeiten an, die in patristischer Zeit und im Mittelalter auch allesamt vertreten wurden.[3]

Rein grammatikalisch ist es möglich, den Ausdruck ganz anders zu verstehen, als es der deutschen Fassung entspräche. Hält man „sanctorum" für den Genitiv des Neutrums sancta, dann bezeichnet „sanctorum communio" keine Personengemeinschaft, sondern die gemeinsame Teilhabe an heiligen Dingen oder Ereignissen, etwa den Sakramenten oder der Liturgie. Diese Auffassung begegnet gelegentlich im Bereich der östlichen Kirchen, für die aber ohnehin nicht das auf das Symbolum Romanum zurückgehende Apostolikum, sondern das Nizänum maßgeblich ist.[4]

Versteht man, wie es am häufigsten geschieht, die „sanctorum communio" als Personengemeinschaft, dann könnten mit den „sancti" entweder die Märtyrer und Heiligen im Sinne der katholischen Heiligenverehrung gemeint sein. Die Gemeinschaft mit ihnen würde danach die irdische Kirchengemeinschaft überschreiten; sie kann dann auch, mittelalterlicher Frömmigkeit entsprechend, zum Gedanken der Teilhabe an den Verdiensten der Heiligen zugespitzt werden. Die „sancti" können aber auch, wie im Neuen Testament, die von Gott Berufenen und Geheiligten, also *alle* wahren Christen oder Gläubigen sein. Diese Auffassung allein entspricht dem reformatorischen Kirchenbegriff: Die „sancti" sind nach CA 8 die „vere credentes".[5] Deren Gemeinschaft

---

[3]   Vgl. zum Folgenden J. N. D. Kelly, aaO. 381ff.

[4]   In der Gegenwart ist diese Auffassung noch von W. Pannenberg vertreten, aber zugleich in einem reformatorischen Sinne interpretiert worden: Das Glaubensbekenntnis ausgelegt und verantwortet vor den Fragen der Gegenwart, Hamburg 1972, 156ff.

[5]   Die offizielle katholische Lehre von der Kirche ist zwar offen für diese Auffassung, drückt sich aber doch nicht mit hinlänglicher Klarheit aus. Nach Lumen gentium, Kap. V sind alle – auch die Laien – „zur Heiligkeit berufen" (Art. 39), aber diese „eine Heiligkeit" wird dann doch je nach Stellung in der Hierarchie in verschiedener Weise „ausgeprägt", wobei man allerdings auch ohne priesterliche Weihe „zu einer höheren, auch apostolischen Heiligkeit emporsteigen" kann (Art. 41). Da hier Heiligkeit eng mit Heiligung zusammengedacht wird, gibt es offenbar verschiedene Grade innerhalb der einen Heiligkeit, was nicht möglich ist, wenn man, wie es die Reformatoren tun, den Terminus sanctus/sancti allein auf den Glauben bezieht, den man eben entweder hat oder nicht hat. Auch ist zu beachten, daß sich die Kirchenkonstitution des Vaticanum II unmittelbar weder

käme dann durch wechselseitige Kommunikation der Gläubigen (communio im Sinne von communicatio) zum Ausdruck oder – nach einem engeren Verständnis – insbesondere in der Abendmahlsgemeinschaft (communio eucharistica). Die Vernachlässigung des weiteren Verständnisses von communio zugunsten des engeren könnte leicht wieder in die Nähe des katholischen Kirchenverständnisses führen.

Es ist naheliegend, den Ausdruck „sanctorum communio" von seinem unmittelbaren Kontext im Apostolikum her zu verstehen. Die Gemeinschaft der Heiligen, als welche die heilige christliche Kirche hier definiert wird, ist die in kommunikativen Akten zum Ausdruck kommende Gemeinschaft (also nicht nur bloße Gemeinsamkeit) derjenigen, die durch das Wirken des Heiligen Geistes glauben und in diesem Glauben die „Vergebung der Sünden" empfangen. Diese Interpretation entspricht ganz der Auffassung Luthers, der im Kleinen Katechismus den Dritten Artikel nicht – so wenig wie den Ersten und Zweiten Artikel – in einzelne je für sich zu erklärende Bestandteile zerlegt, sondern als einen einheitlichen, die Wirksamkeit des Heiligen Geistes beschreibenden Zusammenhang versteht[6]: „Ich glaube, daß ich nicht aus eigener Vernunft noch Kraft an Jesus Christus, meinen Herrn, glauben oder zu ihm kommen kann; sondern der Heilige Geist hat mich durch das Evangelium berufen, mit seinen Gaben erleuchtet, im rechten Glauben geheiligt und erhalten; gleichwie er die ganze Christenheit auf Erden beruft, sammelt, erleuchtet, heiligt und bei Jesus Christus erhält im rechten, einigen Glauben; in welcher Christenheit er mir und allen Gläubigen täglich alle Sünden reichlich vergibt und am Jüngsten Tag mich und alle Toten auferwecken wird und mir samt allen Gläubigen in Christus ein ewiges Leben geben wird. Das ist gewißlich wahr."

2. Das *nizänische* Symbol, dessen ekklesiologische Elemente erst 381 in Konstantinopel hinzugefügt wurden, definiert die Kirche nicht durch einen theologischen Wesensbegriff (wie „sanctorum communio"), sondern nur durch

---

am Apostolikum noch am Nizänum orientiert, sondern in seinem Aufbau einem ganz eigenen Gedankengang folgt, der von den biblischen Bildern für die Kirche über die Ämterlehre bis zur Mariologie führt.

[6]    Es sei daran erinnert, daß die konsequent trinitarische Gliederung des Glaubensbekenntnisses nicht selbstverständlich war. Sie hat sich erst mit der Reformation allgemeine Anerkennung verschafft. Es steht im Zusammenhang mit dieser trinitarischen Konzentration, daß das Apostolikum von den Reformatoren schlicht als „der Glaube" bezeichnet wurde; der Ausdruck „Glaubensbekenntnis" bürgerte sich erst im 18. und 19. Jahrhundert ein. Zur unterschiedlichen Wertschätzung des Nizänums in den verschiedenen Zweigen der Reformation und danach vgl. R. Staats, op. cit., Kap. VIII.

die Aufzählung ihrer Eigenschaften: „Et unam, sanctam, catholicam et aposto-
licam ecclesiam" (μίαν ἁγίαν καθολικὴν καὶ ἀποστολικὴν ἐκκλησίαν).
Einheit, Heiligkeit, Katholizität und Apostolizität sind die vier klassischen
Eigenschaften oder notae internae der Kirche.

„*Einheit*" oder „*Einigkeit*" hat antischismatische Bedeutung. An der Glau-
bens- oder Kirchengemeinschaft festzuhalten, gehört zu den ursprünglichen
Impulsen des Glaubens an den dreieinigen Gott. Die Frage ist nur, wodurch
die Einheit der Kirche gewährleistet wird. Ist dazu ein „Amt der Einheit"
nötig?[7] Oder eine bestimmte Kirchenverfassung? Oder muß die Anerkennung dogmatischer Lehrsätze gefordert werden? Oder kommt es, was CA 7
expressis verbis verworfen wird, auf „allenthalben gleichförmige Zeremonien"
an? Oder ist es einfach das „Band der Liebe", das die Kirche zusammenhält?
Oder muß die Einheit der Kirche von der Struktur des Glaubens aus konzipiert werden, die dann allerdings vorab zu präzisieren ist? Das Symbolum
Nicaenum gibt hier keine klare Auskunft; es wirft nur eine Frage auf, die jede
Ekklesiologie so oder so beantworten muß. Damit muß sie zugleich die Frage
beantworten, welche Art von Vielheit bzw. Vielgestaltigkeit mit der Einheit
der Kirche verträglich ist.

Verschiedene Möglichkeiten, wie der Terminus *Heiligkeit* verstanden werden kann, wurden schon bei der Behandlung der ekklesiologischen Formulierungen des Apostolischen Glaubensbekenntnisses erörtert. Während jedoch
das Apostolikum den Ausdruck „heilige … Kirche" durch die spätere Hinzufügung „Gemeinschaft der Heiligen" präzisiert, ist hier nur von der Heiligkeit
der Kirche die Rede. Die Möglichkeit, die vom Nizänum prädizierte Heiligkeit der Kirche in analoger Weise zu interpretieren, bleibt damit zwar unbe-
nommen, es stellt sich aber die Frage, ob sie damit in erschöpfender Weise
ausgelegt wäre. Ist sie nur auf die Gemeinschaft der Glaubenden zu beziehen
oder auch auf bestimmte Züge der Institution Kirche, etwa das Bischofsamt?
Ist dem Ausdruck „Heiligkeit/Heilig" in diesem Zusammenhang überhaupt
ein präziser Sinn abzugewinnen? Die Meinung einzelner Konzilstheologen
von Konstantinopel zu diesen Fragen zu ermitteln, hilft nicht wesentlich weiter; denn es bleibt dann immer noch die Frage offen, wie „man" es damals
verstand.[8] Vielleicht weist Pannenbergs Formulierung hier insgesamt in die

---

[7]  Vgl. etwa L. Scheffczyk: Das „Amt der Einheit": Symbol oder Wirkmacht der
Einheit? Catholica 30/1976, 227-245.

[8]  Leider bietet Kelly keine vollständige, auch die ekklesiologischen Partikeln
berücksichtigende Interpretation des Symbols der 381 in Konstantinopel versammelten Väter. Sein Interesse gilt den Unterschieden zum nizänischen Bekenntnis.
Man stritt sich damals nicht über die Kirche, sondern in Auseinandersetzung mit

richtige Richtung: „Die Heiligkeit der Kirche bezeichnet ihre Aussonderung aus der profanen Welt, ihre Zugehörigkeit zu Gott und zu seinem Wirken in der Welt."[9] Diese Umschreibung ist gleichsam als Rahmenformulierung für jede Ekklesiologie rezipierbar, und sie läßt zugleich offen, was jede Lehre von der Kirche für sich entscheiden muß: ob sie die Heiligkeit der Kirche auf der Linie des reformatorischen Kirchenbegriffs von der „Gemeinschaft der Heiligen" aus verstehen oder ob sie darüber hinausgehen will, um die Kirche in irgendeiner Weise als „Heilsanstalt" zu charakterisieren.

Die *Katholizität* der Kirche meint ihre Allgemeinheit oder Universalität, wir können auch sagen: Ökumenizität. Die Kirche ist für alle Menschen offen. Sie ist ihrem Wesen nach keine regionale oder nationale oder an eine besondere Bevölkerungsschicht gebundene Angelegenheit. Die Gemeinschaft der Christen übergreift alle sonst trennenden Unterschiede und Barrieren.[10] Mit Recht bemerkt Pannenberg, daß sich zur so verstandenen Katholizität der Kirche „auch der Protestant bekennen können" sollte.[11] Am universalen Anspruch der Kirche haben auch die Reformatoren festgehalten, auch wenn Luther das Adjektiv „katholisch", weil es inzwischen als Selbstbezeichnung der Papstkirche verstanden werden konnte, durch „christlich" ersetzt hat.

Im Kennzeichen der *Apostolizität* bringt die Kirche ihre Kontinuität mit ihrem Ursprung zum Ausdruck. Im ostkirchlichen Entstehungsbereich des nizänokonstantinopolitanischen Symbols wurde diese Kontinuität noch nicht ämtertheologisch als apostolische Sukzession der Bischöfe verstanden, wie es

---

den Pneumatomachen über den trinitätstheologischen Status des Heiligen Geistes. Vgl. dazu A.M. Ritter: Das Konzil von Konstantinopel und sein Symbol, Göttingen 1965 und R. Staats, op. cit., der Ritters These, das Nizäno-Konstantinopolitanum sei als Kompromiß mit den Pneumatomachen zu verstehen, entkräftet.

[9]  Pannenberg, aaO. 152.

[10] In diesem Sinne definierte Kyrill von Jerusalem: „Die Kirche heißt katholisch, weil sie auf dem ganzen Erdkreis, von dem einen Ende bis zum anderen, ausgebreitet ist, weil sie allgemein und ohne Unterlaß all das lehrt, was der Mensch von dem Sichtbaren und Unsichtbaren, von dem Himmlischen und Irdischen wissen muß, weil sie das ganze Menschengeschlecht, Herrscher und Untertanen, Gebildete und Ungebildete, zur Gottesverehrung führt, weil sie allgemein jede Art von Sünden, die mit der Seele und dem Leib begangen werden, behandelt und heilt, endlich weil sie in sich jede Art von Tugend, die es gibt, besitzt, mag sich dieselbe in Werken oder Worten oder irgendwelchen Gnadengaben offenbaren." (Cat. XVIII, 23, zitiert nach R. Staats, op. cit., 268)

[11] Pannenberg, aaO. 154.

für die römische Kirche, aber auch weithin für die anglikanische Kirche
(Oxfordbewegung), charakteristisch ist. Die eine heilige katholische Kirche
wurde nach biblischem Zeugnis von den Aposteln gegründet, und man hält an
ihrem Glauben und an ihrer Lehre fest. Die Kirche ist „aufgebaut auf dem
Grunde der Apostel und Propheten" (Eph 2, 20). In dem Bemühen, das Symbol in Anlehnung an biblische Wendungen zu formulieren und gerade die
kontroverstheologisch brisanten pneumatologischen Formulierungen durch
Schriftbezug abzustützen, findet dieses Kontinuitätsbewußtsein seinen sichtbaren Ausdruck. Das Kennzeichen der Apostolizität fordert jede Ekklesiologie
dazu auf, den Zusammenhang bzw. die Übereinstimmung des gegenwärtigen
Kirchenverständnisses mit der ursprünglichen Gemeinde Jesu Christi offenzu-
legen. –

Alle vier. Eigenschaften oder inneren Kennzeichen (notae internae) der
Kirche sind unaufgebbar. Jede Lehre von der Kirche muß sich dadurch profilieren, daß sie die durch die vier klassischen Kennzeichen aufgeworfenen Fragen beantwortet. Wie Peter Steinacker gezeigt hat, ist es jedenfalls unzulässig,
jene Kennzeichen als „katholische" zu apostrophieren, um ihnen die „evangelischen" Kennzeichen „Wort" und „Sakrament" einfach gegenüberzustellen.[12]
Wohl aber muß nach evangelischem Verständnis, auch Steinackers Untersuchung verfährt so, *jede Präzisierung der klassischen Kennzeichen vom Verständnis der Kirche als sanctorum communio aus unternommen werden.* Dabei ist für
das Verständnis der Kirche als Gemeinschaft der Heiligen, da es sich dabei um
die Gemeinschaft der vere credentes (CA 8) handelt, wiederum der Glaubensbegriff maßgeblich. Wir werden sehen, daß die reformatorische Ekklesiologie,
wie sie dann in CA 7 und 8 ihren klassischen formelhaften Niederschlag findet, genau diesen Weg geht. Damit ist das umgekehrte Verfahren, das zunächst einmal bei den Eigenschaften ansetzt, diese etwa durch den Gedanken
eines Amtes der Einheit und durch die Lehre von der apostolischen Sukzession
präzisiert, um von daher zu bestimmen, was unter der Gemeinschaft der Heiligen zu verstehen sei und was alles dazugehört, als unevangelisch zurückgewiesen.[13]

---

[12] P. Steinacker: Die Kennzeichen der Kirche. Eine Studie zu ihrer Einheit, Heiligkeit, Katholizität und Apostolizität, Berlin/New York 1982.

[13] Leider wird diese klare Alternative im Kapitel über das Amt in den „Konvergenz-
erklärungen der Kommission für Glauben und Kirchenverfassung des Ökumenischen Rates der Kirchen" („Lima-Dokument" 1982) verwischt. Abgedruckt u.a.
in: Dokumente wachsender Übereinstimmung. Sämtliche Berichte und Konsens-
texte interkonfessioneller Gespräche auf Weltebene. 1931-1982, hg. von H.
Meyer/H. J. Urban/L Vischer, Paderborn 1983, 545-585.

## II. Neutestamentliche Elemente

Eine Ekklesiologie des Neuen Testaments gibt es bekanntlich nicht. Man kann nur erheben, welche Vorstellungen von Kirche und Gemeinde, Amt und Sakrament sich bei den einzelnen neutestamentlichen Autoren finden, und das Werden der Kirche von der Jerusalemer Urgemeinde über Paulus und die Deuteropaulinen bis zu den Pastoralbriefen verfolgen. Eine solche historische Untersuchung, die natürlich außer jener Linie auch die johanneische Gemeinde und etliche Sonderentwicklungen zu berücksichtigen hätte[14], ist hier nicht beabsichtigt und auch nicht erforderlich. Wir begnügen uns damit, nur gleichsam einzelne ekklesiologische Bauelemente aus dem Neuen Testament zu erheben, Elemente, mit denen die Reformatoren arbeiten, aber nicht nur sie. Es geht also um nicht mehr als um biblische Bezugspunkte der reformatorischen Lehre von der Kirche sowie jeder Ekklesiologie, die gemäß dem Kennzeichen der Apostolizität Wert auf den Aufweis ihrer Kontinuität mit den Anfängen der Kirche legt.

Bezüglich der vier klassischen Kennzeichen läßt sich mit Peter Steinacker feststellen, daß „das Neue Testament die notae der Kirche zwar sachlich weitgehend gekannt, ... sie aber nicht in seine knappen kerygmatischen Formulierungen übernommen (hat)"[15]. Auch aus dem Terminus ἐκκλησία bzw. ἐκκλησία τοῦ θεοῦ der teils die Einzelgemeinde, teils den sich bildenden Verband von Gemeinden bezeichnet, läßt sich nicht viel entnehmen, außer daß er als Übersetzung von q'hal el die Frage nach dem Verhältnis zu Israel als dem von Gott berufenen Volk aufwirft.

Naturgemäß hat die katholische Exegese ein besonders starkes Interesse am Thema Kirche im Neuen Testament.[16] Insgesamt läßt sich feststellen, daß die katholische exegetische Forschung von dem Versuch, die römisch-katholische Ämterhierarchie, insbesondere das Papstamt, direkt aus dem Neuen Testament abzuleiten, Abstand genommen hat. Stattdessen fragt man auf der Linie der Enzyklika „Mystici Corporis Christi" (1943) nach dem Wesen und

---

[14] Verwiesen sei auf den kurzen informativen Überblick, den J. Roloff innerhalb des Artikels „Kirche" im EKL (Bd.2, Sp.1053ff) gibt; ausführlich ders.: Die Kirche im Neuen Testament, Göttingen 1993.

[15] Steinacker, aaO. 101; zur Begründung dieses nicht überraschenden Resümees vgl. ebd. 61ff.

[16] Exemplarisch sei auf die große sorgfältige Monographie von R. Schnackenburg verwiesen: Die Kirche im Neuen Testament. Ihre Wirklichkeit und theologische Deutung, ihr Wesen und Geheimnis, Freiburg 1961³.

Geheimnis der Kirche. „Mysterium ecclesiae" ist zu einer allumfassenden ekklesiologisch-metaphysischen Chiffre geworden. Denn das corpus mysticum der Kirche ist mehr als die konkrete Gemeinde der Gläubigen und deren organisatorischer Verband. Auch die Kirchenkonstitution des Zweiten Vaticanums „Lumen gentium" beginnt mit einem Kapitel „De Ecclesiae mysterio" – und endet mit Betrachtungen „De Beata Maria Virgine Deipara in mysterio Christi et Ecclesiae"! Die exegetische Basis, nicht für den Corpus-Christi-Gedanken, aber für dessen „mystischen" Charakter, ist freilich äußerst schmal und unsicher. In ekklesiologischem Zusammenhang begegnet der Ausdruck μυστήριον nur Eph 5, 31f: „Deswegen wird ein Mensch Vater und Mutter verlassen und seinem Weibe anhangen, und die zwei werden ein Fleisch sein. Dieses Geheimnis ist groß; ich aber deute es auf Christus und die Kirche." Aus dieser allegorischen Deutung von Gen 2, 24 läßt sich nun aber schwerlich ein immerwährendes Mysterium ecclesiae – was immer das ist – ableiten. Nachdem das Geheimnis „gedeutet" ist, hat es gerade aufgehört, ein Geheimnis zu sein. Die Logik des Epheserbriefes ist hier keine andere als Eph 1, 9; 3, 3; 3, 9 und 6, 19: Was ein Geheimnis war, ist nun offenbar geworden. Die Stelle liefert also nur ein neues Bild, unter dem die Kirche vorgestellt wird. Das Verhältnis von Mann und Frau ist ein Gleichnis für die Beziehung zwischen Christus und der Kirche. Die spätere Rede von der Kirche als „Braut Christi" findet hier ihren biblischen Anhaltspunkt. Natürlich läßt sich die Stelle auch dem Leib-Christi-Bild in der spezifischen Fassung des Epheserbriefes zuordnen, womit aber aus diesem Leib noch kein mystischer Leib wird.

Das Neue Testament bietet eine Reihe von Metaphern an, mit denen sich Aussagen über das Wesen, die Gestalt und die heilsgeschichtliche Bedeutung der Kirche formulieren lassen. Im Unterschied zur katholischen Ekklesiologie, die in diesen Metaphern geradezu schwelgt[17], machen die Reformatoren nur spärlichen Gebrauch von ihnen. Das gilt jedenfalls für die lutherischen Bekenntnisschriften. Statt an die Bilder hält man sich lieber an Sätze Christi. „Wo zwei oder drei versammelt sind in meinem Namen, da bin ich mitten unter ihnen" wird mehrmals zitiert, und Luther „definiert" in den Schmalkaldischen Artikeln seinen Kirchenbegriff in Anlehnung an Joh 10: „... denn es weiß gottlob ein Kind von 7 Jahren, was die Kirche sei, nämlich die heiligen Gläubigen und ‚die Schäflin, die ihres Hirten Stimme hören'".[18] Dennoch lohnt es sich, einen Blick auf den ekklesiologischen Bilderbestand des Neuen

---

[17] Das trifft insbesondere wieder für „Lumen gentium" zu.

[18] BSLK, 459.

Testaments und zugleich auf die vielfältigen Möglichkeiten seines Gebrauchs –
auch diejenigen, die in der Reformationszeit noch nicht in Betracht kamen –
zu werfen.

Es sind vor allem drei Bilder oder Bildkomplexe, die ekklesiologisch in
hohem Maße relevant wurden.

1. Die Christengemeinde versteht sich als *Volk Gottes*. Eine der Kardinal-
stellen ist 1 Pt 2, 9ff: „Ihr aber seid das auserwählte Geschlecht, die königliche
Priesterschaft, das heilige Volk, das Volk des Eigentums, damit ihr die herrlichen Taten dessen verkündigt, der euch aus der Finsternis zu seinem wunder-
baren Licht berufen hat, euch, die ihr ehemals kein Volk wart, jetzt aber Gottes Volk seid …" Wie schon die alttestamentlichen Zitate in diesem Text
zeigen, geht es bei dieser Vorstellung insbesondere um das Verhältnis zu Israel
als dem von Gott erwählten Volk. Dieses Problem wurde durch die Gründung
heidenchristlicher Gemeinden noch zugespitzt. Auch diese Gemeinden mußten ja in ein Verhältnis zum Alten Testament als der bis dato ganzen Heiligen
Schrift gesetzt werden. Wenn nun die Verheißungen Gottes dem Volk Israel,
den Nachkommen Abrahams, gegeben sind, dann stellt sich die Frage, ob die
Christenheit in heilsgeschichtlicher Perspektive so etwas wie eine Verlänge-
rung oder Verbreiterung des Volkes Israel darstellt. Und wie ließe sich das
begründen? Oder hat Gott sich nun ein ganz neues Volk gesucht und das alte
verworfen? Diese Problematik, bei der zugleich das Verhältnis zum Alten Testament auf dem Spiel stand, war offenbar von vitaler Bedeutung für das sich
bildende Gemeindebewußtsein.

Paulus, der selbst Israel „nach dem Fleisch" angehörte, löste das Problem,
indem er zwischen leiblicher und wahrer Nachkommenschaft Abrahams unterschied und die wahre Nachkommenschaft als Gotteskindschaft im Glauben
definierte: „… ihr seid alle Söhne Gottes durch den Glauben an Christus
Jesus. Denn ihr alle, die ihr auf Christus getauft worden seid, habt Christus
angezogen. Da ist nicht Jude noch Grieche, da ist nicht Sklave noch Freier, da
ist nicht Mann und Frau; denn ihr alle seid einer in Christus Jesus. Wenn ihr
aber Christus angehört, seid ihr ja Abrahams Nachkommenschaft, Erben gemäß der Verheißung." (Gal 3, 26-29) Diese Konklusion ist freilich nur schlüs-
sig, wenn man den Röm 4 und Gal 3, 7ff entfalteten Gedanken, daß Abraham
Vater des Glaubens ist, weil von ihm geschrieben steht, daß ihm sein Glaube
als Gerechtigkeit angerechnet wurde, in die Reihe der Prämissen aufnimmt.[19]
Die Gegenüberstellung von fleischlicher und wahrer, erbberechtigter Nach-

[19] Zur Deutung Abrahams bei Paulus vgl. bes. J. Becker: Paulus. Der Apostel der
Völker, Tübingen 1989, 312ff.

kommenschaft wird dann Gal 4, 21ff mit den Mitteln allegorischer Auslegung (Hagar-Sarah-Typologie) weiter ausgezogen. Die Gemeinde, das neue Gottesvolk ist also dem alten Volk Gottes einerseits durch die Art des Gottesverhältnisses radikal entgegengesetzt, andererseits steht es mit ihm in Kontinuität, weil es in den Genuß der Verheißungen (Gerechtigkeit vor Gott und Gemeinschaft mit Gott) kommt. Das Folgeproblem, das uns bis heute aufgegeben ist, was denn nun aus Israel wird, wird von Paulus Röm 9-11 reflektiert.

In diesen ganzen Überlegungen wird übrigens der Ausdruck „Volk" nicht weiter expliziert, geschweige denn kirchentheoretisch ausgemünzt. Der Volksbegriff als solcher war auch offenbar noch nicht für irgendwelche Strukturvergleiche oder -übertragungen geeignet.

Anders verhält es sich mit dem Ausdruck „Volk Israel", wie der Hebräerbrief zeigt. Die Vorstellung von der Christenheit als dem „wandernden Gottesvolk" knüpft an bestimmte Elemente in der Geschichte des alttestamentlichen Gottesvolkes als dem „Antityp des Christenvolkes"[20] an und überträgt sie auf die Situation und das Geschick der neutestamentlichen Gemeinde: Die Christen befinden sich auf der Wanderschaft zu ihrem himmlischen „Vaterland" (Hebr 11, 14ff), zu der verheißenen „Ruhe" (Hebr 4, 11 u.ö.). Die Gegenwart ist eine Zeit, die es im Ausblick des Glaubens auf die zukünftige Vollendung zu bestehen gilt. –

Die ekklesiologischen Verwendungsmöglichkeiten der Volk-Gottes-Vorstellung sind außerordentlich weitreichend:

a) Die Vorstellung gestattet eine Einordnung der Kirche in eine heilsgeschichtliche Linie, die von Adam (oder Abel oder Noah) bis zum Jüngsten Gericht und zum Neuen Jerusalem führt. Wer wie Regin Prenter die Auffassung vertritt „Dogmatisch muß der Kirchenbegriff primär heilsgeschichtlich bestimmt werden"[21], wird auch auf den Volk-Gottes-Begriff als zentrale ekklesiologische Kategorie rekurrieren. Die Kirche hat so gesehen „eine Vorgeschichte als wartende K. im Alten Bund, eine Gegenwartsgeschichte als missionierende K. im Neuen und eine Endgeschichte als verherrlichte K. in der Vollendung."[22] Die Vorstellung von der verborgenen Existenz der Kirche Jesu Christi im Alten Bund ist auch reformatorisches Allgemeingut.[23] In re-

[20]  E. Käsemann: Das wandernde Gottesvolk. Eine Untersuchung zum Hebräerbrief, Göttingen 1969², 12.
[21]  R. Prenter: Art. „Kirche. IV Dogmatisch", RGG³ Bd.III, 1312.
[22]  Ebd. 1313.
[23]  Ein besonders anschauliches Beispiel ist Art. 5 der Confessio scotica (1560).

formiert-calvinistischer Tradition kann sie besonders mit dem Erwählungs- und Prädestinationsgedanken verknüpft werden. Auch das Begriffspaar ecclesia militans/ecclesia triumphans läßt sich mittelbar mit der Vorstellung vom wandernden Gottesvolk verbinden.

b) Der Volk-Gottes-Begriff bringt eine dynamische Komponente in den Kirchenbegriff ein, wie besonders das Verständnis der Kirche als Exodusgemeinde in der Befreiungstheologie deutlich macht. Zugleich wird hier der Volk-Gottes-Begriff oft mit einem politischen Begriff des Volkes verschmolzen.

c) In der ökumenischen Bewegung wird besonderes Gewicht auf den Gedanken des „ganzen" Volkes Gottes gelegt. Kirche als Volk Gottes übergreift vertikal die ganze Kirchengeschichte und horizontal alle Konfessionen und Denominationen.

d) In der römisch-katholischen ekklesiologischen Debatte dient der Volk-Gottes-Begriff der Stärkung des Laienelementes in der Kirche. Kirche als Volk Gottes war schon ein Schlagwort derjenigen Kräfte im 19. Jahrhundert, die den Siegeszug des Ultramontanismus aufzuhalten versuchten; bis in die Gegenwart wird es kritisch gegen ein klerikalistisches und hierarchisches Verständnis der Kirche ausgespielt. Die Kirchenkonstitution „Lumen gentium" nimmt diesen laizistischen Impuls einschließlich der Vorstellung vom „Priestertum aller Gläubigen" sowie auch den ökumenischen Aspekt des Bildes auf, domestiziert den Volk-Gottes-Gedanken aber zugleich schon dadurch, daß sie unmittelbar auf das Kapitel „De populo Dei" das „De constitutione hierarchica Ecclesiae et in specie de episcopatu" folgen läßt.

e) Gelegentlich wird auch der Versuch unternommen, die neutestamentliche Volk-Gottes-Vorstellung mit ihren verschiedenen Nuancen für ein theologisches Verständnis der „Volkskirche" fruchtbar zu machen.[24]

2. Ein weiterer ekklesiologisch relevanter Vorstellungskomplex wird durch die Bezeichnung der Gemeinde bzw. der Christenheit als *Tempel Gottes* oder *Haus Gottes* gebildet.

a) Die Rede von den Christen als Tempel Gottes bzw. des Heiligen Geistes begegnet in verschiedenen Zusammenhängen bei Paulus (1 Kor 3, 16f; 6, 19; 2 Kor 6, 16). Die als rhetorische Frage vorgetragene These „Oder wißt ihr nicht, daß euer Leib (σῶμα) ein Tempel des heiligen Geistes in euch ist, den

---

[24] So z.B. kürzlich P. C. Bloth: Kirche des Volkes – Volkskirche? Einige ökumenisch-kontextuelle Vorüberlegungen zur praktisch-theologischen Kybernetik im Gespräch mit Jürgen Henkys, in: „... Das tiefe Wort erneun". FS J. Henkys, hg. von H. Schultze u.a., Berlin 1989, 350-364.

ihr von Gott habt, und daß ihr euch nicht selbst gehört" (1 Kor 6, 19) bezieht sich auf jeden einzelnen Christen.[25] Der ganze Abschnitt 1. Kor 6, 12-20 ist eine polemische, Thesen der Gegner aufnehmende und konterkarierende Auseinandersetzung mit den korinthischen Pneumatikern, die in ihrer Annahme, sie seien als autarkes geisterfülltes Selbst allen weltlichen Bezügen wesenhaft entnommen, nach der Devise „alles ist mir erlaubt" die These vertraten: der Bauch ist für die Speise und der Leib ist für die Unzucht da. Paulus bestätigt den ersten Teil der These – Gott wird Bauch und Speise „zunichte machen" (V. 13b) –, widerspricht aber aufs schärfste dem Analogieschluß auf den Leib und seine Zuordnung zur Dirne. Das σῶμα, d.h. hier die ganze leibhafte Existenz des Menschen, ist Herrschaftsbereich des Kyrios, Tempel des in ihm wohnenden und wirkenden Geistes (1 Kor 3, 16). Unzucht, aber auch jeder andere unwürdige Wandel, ist eine Entweihung des Tempels, „denn der Tempel ist heilig, und der seid ihr" (1 Kor 3, 17b). Indem Paulus die Leiber der Christen „Glieder Christi" nennt (1 Kor 6, 15f), verbindet er die Tempel-Metapher mit der Leib-Christi-Vorstellung, womit zugleich die Gemeinde als ganze in den Blick tritt. Diese hat den Unzüchtigen und andere notorische Übeltäter ebenso aus ihrer Gemeinschaft auszuschließen (vgl. 1 Kor 5, 1-12), wenn auch nicht unwiderruflich (vgl. 2 Kor 2, 5ff), wie sich der einzelne vor der Versündigung am eigenen Leib hüten muß.[26]

2. Kor 6, 16ff ist das Tempel-Bild dann eindeutig auf die Gemeinde bezogen. Die Christengemeinde soll sich „absondern", Trennlinien zwischen dem Tempel Gottes und dem Götzendienst ziehen, nichts „Unreines" anrühren. Die mit alttestamentlichen Zitaten durchsetzte Passage zeigt, daß die Tempel-Metapher offenbar auch ein Einfallstor für kultische Sprachelemente in das christliche Sprachspiel und das christliche Denken darstellte. Der Unterschied von heilig und profan, rein und unrein wird für das Gemeindebewußtsein relevant. Das mußte sich, da die „Leiber" der Christen der Tempel sind, insbesondere auf dem Gebiet der Sexualmoral auswirken. Die Tempel-Metapher ist somit möglicherweise einer der Ausgangspunkte für eine eigentümliche Dialektik: Die Aufwertung des Leibes, die Paulus hier gegenüber einer alles Leibliche vergleichgültigenden und einer libertinistischen Praxis anheimgegebenen Haltung vornimmt, konnte umschlagen in eine rigide, schließlich auch asketische Tendenzen einschließende ängstliche Disziplinie-

---

[25]  Wichtige Gesichtspunkte zur Stelle verdanke ich der Einsicht in ein Vorlesungsmanuskript von W. Harnisch.

[26]  1. Kor 6, 18 ist nach Meinung mehrerer Exegeten ein nachpaulinischer Einschub.

rung des Leibes. Hier konnte sich also in der weiteren geschichtlichen Entwicklung einiges anlagern, was im paulinischen Gebrauch des Bildes nicht mitgedacht war: bis hin zur Zölibatsforderung für einen bestimmten Stand der Christengemeinde.

b) Andere Akzente werden im Bild von der Kirche oder Gemeinde als „Haus Gottes" bzw. „Bau" gesetzt. „Der Stein, den die Bauleute verworfen haben, ist zum Eckstein geworden" (Ps 118, 22). Die christologische Deutung dieses Verses ist die Keimzelle des Bildes: „Zu ihm tretet hinzu, dem lebendigen Stein, der von den Menschen zwar verworfen, vor Gott aber kostbar ist, und laßt euch auch selbst wie lebendige Steine aufbauen als ein geistliches Haus zu einer heiligen Priesterschaft, um geistliche Opfer darzubringen, die Gott angenehm sind durch Jesus Christus" (1 Petr 2, 4f). Die Rede von einem „geistlichen Haus" läßt das Bild mit der Tempel-Metapher zusammenfließen. Die ganze Passage, deren Schlußteil schon im Zusammenhang der Volk-Gottes-Vorstellung zitiert wurde (s.o. S. 59), dient als Belegstelle für die reformatorische Lehre vom *Priestertum aller Gläubigen*. Denn allen lebendigen Steinen des geistlichen Hauses kommt dieser Titel zu, und zwar allein deshalb, weil sie, wie das Mittelstück „Siehe ich lege in Zion einen auserwählten, kostbaren Eckstein, und wer zu ihm kommt, wird nicht zuschanden werden" klarmacht, an den Eckstein Christus glauben, während die Ungläubigen sich „an ihm stoßen" (V. 8).

Im Epheserbrief hat das Bild vom Haus, wieder in Verbindung mit dem vom Tempel, die Funktion, die volle Gleichwertigkeit („Hausgenossenschaft") der Heidenchristen und damit die ökumenische Weite und Einheit der Kirche zu versinnbildlichen: „So seid ihr nun nicht mehr Fremde und Beisassen, sondern ihr seid Mitbürger der Heiligen und Hausgenossen Gottes, aufgebaut auf dem Grund der Apostel und Propheten, wobei Christus Jesus der Eckstein ist, in dem der ganze Bau zusammengefügt heranwächst zu einem heiligen Tempel im Herrn, in dem auch ihr miterbaut werdet zu einer Wohnung Gottes im Geist" (Eph 2, 19-21). Die volle Hausgenossenschaft der Heiden ist die Folge davon, daß Gott selbst in Christi Kreuzestod die Scheidewand des Gesetzes abgebrochen hat. Diese Verknüpfung von Ekklesiologie und Rechtfertigungslehre ist der Grund für die hohe Wertschätzung, die Luther dem Epheserbrief entgegenbrachte[27]; auch in den Bekenntnisschriften wird der

---

[27] In der Vorrede zum Neuen Testament zählt er ihn zu den Schriften, „die dyr Christum zeygen, und alles leren, das dyr zu wissen noot und selig ist" (WA DB 6, 10).

Epheserbrief auffallend häufig zitiert. Das hat freilich noch einen anderen Grund, wie wir im Zusammenhang des Leib-Christi-Bildes sehen werden.[28]

3. Das ekklesiologisch ergiebigste und folgenreichste unter den neutestamentlichen Bildern für die Kirche ist die Vorstellung vom *Leib Christi*. Sie ist im Unterschied zu den vorhergehenden Bildern nicht auf das Problem des Verhältnisses zum Judentum (oder zum Judenchristentum), sondern nur auf die neue Glaubensgemeinschaft selber bezogen. Es geht um das Verhältnis zwischen Christus und seiner Gemeinde.[29] Das Leib-Christi-Bild ist dem dogmatischen Wesensbegriff communio sanctorum am nächsten. Es sagt aus, worin und wodurch diese Gemeinschaft besteht und wie sie im Leben und Handeln der Christen konkret zum Ausdruck kommt.

Bei unserer Betrachtung des Bildes können die eventuellen religionsgeschichtlichen oder literarischen Hintergründe der Leib-Christi-Vorstellung ausgeklammert werden. Es trägt auch in unserem Zusammenhang nicht viel aus, ob schon die bekannte antike Fabel vom Leib und den Gliedern, wie sie von Menenius Agrippa überliefert wird, für die Erklärung der paulinischen Rede vom Leib Christi hinreichend ist oder ob es dazu der Voraussetzung eines gnostischen Erlösermythos bedarf, wie es dann vom Epheser- und Kolosserbrief her nahegelegt wird. Ernst Käsemann hat sicher recht, wenn er darauf hinweist, daß die folgenreichen Ausführungen über die Gemeinde als Christusleib in den echten Paulusbriefen in paränetischen Zusammenhängen und „fast nebenbei" vorgetragen werden.[30] Anders als dann im Epheserbrief ist die Kirche hier noch nicht das beherrschende Thema.

Die für die paulinischen Ausführungen über den Leib Christi maßgeblichen Texte sind Röm 12, 3-8, 1 Kor 12 sowie die Abendmahlsparadosis 1 Kor 10, 16ff und 11, 23ff. Letztere gibt überhaupt das Stichwort an die Hand. Der Leib Christi bzw. des Kyrios wird dem Brot zugeordnet, wie das Blut Christi

---

[28]   Der neutestamentliche Bildkomplex vom Haus und/oder Tempel wurde in der alten Kirche erweitert, so z.B. wenn von der Kirche als „Turm" (Hirt des Hermas), „Schiff" Gottes oder „Arche Noah" gesprochen wird. Zu den letztgenannten Bildern und ihrer vielfältigen Verwendung vgl. H. Rahner: Symbole der Kirche. Die Ekklesiologie der Väter, Salzburg 1964.

[29]   Ebenso verhält es sich bei zwei weiteren hier nicht näher untersuchten Bildern: der Rede vom Hirten und der Herde (woran Luther anknüpft, s.o. S. 58) und der Bezeichnung der Kirche als Braut Christi, die man in Eph 5, 32 angedeutet finden mag (Offb 21, 2.9 wird das neue Jerusalem als Braut des Lammes vorgestellt).

[30]   E. Käsemann: Exegetische Versuche und Besinnungen, Bd. II, Göttingen 1964, 246.

dem Kelch. „Leib Christi" wird hier gerade nicht mit der Kirche bzw. Gemeinde gleichgesetzt. Wie sich der ekklesiologisch verstandene Leib Christi zum Leib Christi im Abendmahl verhält, bleibt letztlich undeutlich, auch wenn 1 Kor 10, 17 so etwas wie ein Verbindungsstück zwischen dem ekklesiologischen und dem soteriologisch-sakramentalen Wortgebrauch darstellen mag: „Weil es ein Brot ist, sind wir, die vielen, ein Leib; denn wir sind alle des einen Brotes teilhaftig."

Die ekklesiologische Rede vom Leib Christi verweist nicht auf irgendeine geheimnisvolle kosmische Größe – etwa einen mysteriösen pneumatischen Leib, der sich aus vielen Einzelseelen zusammensetzt –, sondern sie erfolgt in der schlichten Sprachform des Vergleichs: „Denn wie wir an einem Leib viele Glieder haben, die Glieder aber insgesamt nicht die gleiche Verrichtung haben, so sind wir, die vielen, ein Leib in Christus, einzeln aber untereinander Glieder" (Röm 12, 4f). Mit der gleichen Wie-So-Form wird 1 Kor 12, 12 die gegenüber Röm 12, 3-8 ausführlichere Bildrede vom Leib und den Gliedern eingeführt. Es handelt sich also nicht um eine metaphysische Spekulation, sondern um einen bildhaften Vergleich, der vermutlich – wie z.B Ulrich Wilckens annimmt[31] – von der Abendmahlsterminologie her nahegelegt wurde.

.Welche Funktion erfüllt nun die Bildrede vom Leib und den Gliedern in ihrer Anwendung auf die Gemeinde?

a) Das Bild sagt, worin die *Einheit* der durch mannigfache Gaben, Dienste und Fähigkeiten voneinander unterschiedenen einzelnen Glaubenden besteht. Wie die Christen nur *einen* Geist, *einen* Herrn und *einen* Gott kennen (1 Kor 12, 4ff), so sind sie auch durch Gliedschaft an einem Leibe zusammengehalten. „Denn wir alle sind in einem Geist in einen Leib hineingetauft worden" (V. 13a); man könnte auch übersetzen: „wir wurden zu einem Leib zusammengetauft". Das ist freilich kein magischer Vorgang, denn die Taufe, die uns in den Leib integriert, setzt den Glauben voraus. Die Einheit im Leibe Christi ist die Einheit im Geiste Gottes, der als ein und derselbe Geist in allen Glaubenden lebendig ist.

b) Diese durch den Geist gewährleistete Einheit drückt sich in den einzelnen Christen auch als ein *Einheitsgefühl* aus, das als solches mehr enthält als das bloße Bewußtsein der Zusammengehörigkeit: „Und wenn ein Glied leidet, leiden allen Glieder mit; wenn einem Glied Herrliches zuteil wird, so freuen sich alle Glieder mit" (V. 26). Die Gläubigen sind also durch ein Band

---

[31]  U. Wilckens: Der Brief an die Römer, 3. Teilband (EKK VI/3), 1989[2], 12f.

der Empathie und Sympathie im ursprünglichen Wortsinn verbunden. Die Gemeinschaft in Geist und Glaube hat ihr psychisches Korrelat. Sie ist keine abstrakte Gemeinsamkeit, sondern erlebte intersubjektive Beziehung, gefühlsmäßige gegenseitige Anteilnahme. Es ist daher auch sachlich gut begründet, wenn Paulus auf die Bildrede vom Leib und den Gliedern das „Hohelied der Liebe" folgen läßt.

c) Die ganze Reflexion über den Leib und die Glieder ist bekanntlich durch den Streit des Apostels mit den sog. Pneumatikern in Korinth ausgelöst worden. Deren Selbstüberhebung gegenüber schärft Paulus nicht nur ein, daß der Geist allen gegeben ist („wir sind alle mit einem Geist getränkt worden", 1 Kor 12, 13c), er betont auch die *Gleichwertigkeit und Unentbehrlichkeit der verschiedenen Glieder.*

Fragt man nun, inwiefern sich die einzelnen Gemeindeglieder voneinander unterscheiden, also je besondere Glieder sind, so werden zwei Arten von Unterschieden sichtbar: solche, die in die Gemeinde gleichsam hineingetragen werden, weil sie auch ohne sie schon da sind, und solche, die als Zuteilungen des Geistes erst in der Gemeinde hervortreten, die sog. Charismen. Die von Paulus behauptete Gleichwertigkeit und Unentbehrlichkeit des Verschiedenen gilt für beide Arten von Unterschieden.

Die der Gemeinde *vorgegebenen* Unterschiede werden durch die Oppositionspaare Grieche und Jude, Sklave und Freier, männlich und weiblich bezeichnet. Diese in Gal 3, 28 unverkürzt (1 Kor 12, 13 nennt nur die beiden ersten Oppositionspaare) aufgezählten Gegensätze sind wohl als eine erschöpfende Charakterisierung der vorgegebenen Unterschiede zu betrachten. Die menschlich-geschichtliche Welt ist durch *kulturell-religiöse, soziale* und *natürliche* Differenzierung gekennzeichnet. Mit den genannten Syzygien „sind die Umstände menschlichen Daseins umfassend berücksichtigt"[32]. Diese gegebenen natürlichen, sozialen und kulturellen Unterschiede bedeuten keine verschiedenen Wertigkeiten im Leibe Christi, „denn ihr seid allesamt *einer* in Christus Jesus" (Gal 3, 28b). Der Unterschied Jude/Grieche als Bezeichnung kultisch-religiöser Gegensätze wird sogar real zum Verschwinden gebracht;

---

[32] W. Harnisch: Einübung des neuen Seins. Paulinische Paränese am Beispiel des Galaterbriefs, ZThK 84/1987, 284, Anm.17. Harnisch weist daher auch Luthers Vorschlag einer sinngemäßen Ergänzung („Non est magistratus neque subditus, non est doctor neque auditor, Non est paedagogus neque discipulus, non est Hera neque ancilla ..."; WA 40/I, 542) zurück, weil sie die von Paulus verwendete Systematik verkennt.

heidnische Bräuche haben in der Gemeinde ebensowenig Platz wie das jüdische Zeremonialgesetz.[33] Als Christ ist man *ehemaliger* Jude oder Grieche.

Es ist eine umstrittene Frage, wieweit der gesellschaftlich-soziale Unterschied von Freien und Sklaven (ἐλεύθερος/δοῦλος) im Leibe Christi ebenfalls aufgehoben wird. Mußte in der Gemeinde nicht eine Tendenz zur Angleichung solcher Herrschaftsverhältnisse entstehen? Die von Lukas berichtete Gütergemeinschaft in der Urgemeinde – und nicht nur sie! – deutet darauf hin. Auch Paulus scheint zumindest die Möglichkeit einer realen Befreiung in den Blick zu nehmen. Zwar gilt „Jeder bleibe in dem Stand, in dem er berufen wurde" (1 Kor 7, 20), es ist aber eine ernstzunehmende Frage, ob Paulus im folgenden Vers – je nachdem, wie man das übersetzt – nicht doch die Freilassung der Sklaven für eine freudig zu begrüßende Sache hält.[34] Jedenfalls ist das seine Meinung in dem im Philemonbrief zur Rede stehenden konkreten Fall. Paulus wünscht, daß der entlaufene Sklave Onesimos von seinem Herrn freigegeben wird, denn er sei nun mehr als dessen Sklave: „ein geliebter Bruder ... sowohl im Fleische als im Herrn"[35]. Wenn auch Paulus nicht programmatisch für die Abschaffung der Sklaverei in der Christengemeinde eintritt, so ist doch das Verhältnis zwischen Herren und Sklaven in der neuen Gemeinschaft ein ganz anderes geworden. Analoges gilt für das Verhältnis von Mann und Frau.[36]

Paulus stellt leider keine Überlegungen darüber an, ob und inwiefern die der Gemeinde vorgegebenen kulturellen, sozialen und biologisch-natürlichen Unterschiede eine Bereicherung der Gemeinde darstellen, wie er es bei den *in der Gemeinde erst hervortretenden Verschiedenheiten* tut. Die Charismen werden teils als Ämter (Apostel, Lehrer, Propheten), teils einfach als Befähigungen

---

[33]  „Jude" und „Grieche" sind bei Paulus nicht Signatur verschiedener Völker oder gar Rassen. So etwas wie ein natürlich-biologischer Volksbegriff kommt bei Paulus allenfalls in den Blick, wo von „Israel nach dem Fleische" die Rede ist. Es waren aber die Juden selber, die das Volk Israel durch die leibliche Abkommenschaft von Abraham definierten.

[34]  Die neuere Lutherbibel schließt sich dieser Auffassung an, wenn sie übersetzt: „doch kannst du frei werden, so nutze es um so lieber". Das exegetische Problem kann hier aber nicht gelöst werden.

[35]  Nach Ph. Vielhauer (Geschichte der urchristlichen Literatur, Berlin/New York 1975, 172) gibt die Bezeichnung des Onesimos als „Bruder im Fleische" die Meinung des Apostels klar zu erkennen.

[36]  Als sachlich weiterführenden Beitrag sei dem Leser Schleiermachers Predigt über Gal 3, 27f „Die Erscheinung des Erlösers als Grund zur Wiederherstellung der wahren Gleichheit unter den Menschen" (SW, 2. Abt., Bd.2, Berlin 1843, 343ff) empfohlen.

formuliert (Heilungen, Hilfsleistungen, Führungsqualitäten, Zungenreden, Auslegung). Man kann die Charismen auch mit Käsemann in „kerygmatische", „diakonische" und „kybernetische" einteilen.[37] Diese charismatischen Fähigkeiten dürften teilweise auf natürlichen Begabungen aufruhen, die vom Geist in Dienst genommen werden. Die Vielfalt der Charismen ist nach 1 Kor 1, 4ff ein durch die Wirksamkeit der Predigt geschaffener Reichtum. Jede dieser Gaben hat, wie es bei den verschiedenen Gliedmaßen und Organen des Körpers auch der Fall ist, ihre spezifische Funktion und ist daher unentbehrlich. Das gilt selbstredend auch für die jeweiligen Träger der Gaben. Dabei wird insbesondere die Notwendigkeit derjenigen Glieder hervorgehoben, „die die schwächeren zu sein scheinen" – eine Spitze gegen die Pneumatiker, die sich ihrer ekstatischen Fähigkeiten rühmen und sich selbst für die Substanz des Ganzen halten. Es gibt nur sinnvolle Verschiedenheit, kein Unten und Oben, keine Hierarchie, weder eine pneumatisch noch eine klerikal konzipierte Abstufung. Beherrschend ist der Gesichtspunkt der Kooperation, bei der alle Fähigkeiten zum Zuge kommen. Von einem demokratischen Gemeindemodell sollte man aber nur unter Vorbehalt sprechen, denn es darf nicht übersehen werden, daß es „Befähigungen der Leitung" (κυβερνήσεις) gibt und daß der Apostel sich selber die Befugnis vorbehält, bestimmte Dinge „anzuordnen" (vgl. etwa 1 Kor 7, 17; 11, 34).

d) Dem wechselseitigen Aufeinanderangewiesensein der Glieder und Organe im Leibe entspricht die positive Bestimmung der Charismen. Sie sollen *füreinander wirksam* werden. Sie dienen der Auferbauung der Gemeinde. Die paulinische Charismenlehre ist also ethisch zu interpretieren. „Keine Begabung hat um ihrer selbst willen Wert, Recht und Privilegien. Einzig ihr Dienst legitimiert sie."[38] In dem durch die Liebe motivierten Dienst der Gemeindeglieder aneinander herrscht Christus über die Gemeinde: „Einer trage des anderen Last, so werdet ihr das Gesetz Christi erfüllen" (Gal 6, 2). Der „Christusleib ist die Realität konkreter Weltherrschaft Christi vor der Parusie."[39]

Zusammenfassend läßt sich feststellen: Paulus konkretisiert die aus dem sakramentalen Zusammenhang gewonnene Leib-Christi-Vorstellung durch seine ethisch verstandene, d. h. auf den Zusammenhang von Geist, Glaube, Liebe und Werken bezogene Charismenlehre und entwirft damit das Bild

---

[37] E. Käsemann: Exegetische Versuche und Besinnungen, Bd.1, Göttingen 1960, 114.

[38] Käsemann, aaO. 112.

[39] Ebd. 113.

einer Kirche als lebendiger Solidargemeinschaft, so wie sie nach dem in Christus offenbarten Willen Gottes sein soll. Aus der Einheit in Geist und Glaube folgt ein von der Liebe und konkreter Einfühlung geleitetes aktives Füreinanderdasein, bei dem alle Gaben und Talente zur Entfaltung und zum richtigen, dem Ganzen dienenden Einsatz kommen. Man könnte sagen, daß Luthers Satz aus De captivitate babylonica ecclesiae „Das Wort Gottes ist von allem das erste, ihm folgt der Glaube, dem Glauben die Liebe, und die Liebe alsdann tut alle guten Werke"[40] hier in das Bild einer sozialen Gemeinschaft übersetzt ist. Das einzige was in dieser bis heute begeisternden Schau vielleicht noch fehlt, ist derjenige Gesichtspunkt, der durch das Schlagwort „Kirche für andere" zum Ausdruck gebracht wird. Er ist nicht expressis verbis in die ekklesiologische Reflexion aufgenommen, obwohl er in der paulinischen Ethik durchaus enthalten ist: „Darum, so lange wir noch Zeit haben, laßt uns Gutes tun an jedermann, allermeist aber an des Glaubens Genossen" (Gal 6, 10). –

Im deuteropaulinischen Epheserbrief wird die ekklesiologische Leib-Christi-Vorstellung unter neuem Vorzeichen erheblich umgestaltet (Eph 4, 1-16). Die paulinische Charismenlehre klingt zwar noch an (vgl. 4, 7; 4, 16), sie ist aber nicht mehr das die Ekklesiologie bestimmende Paradigma. Zu dem neuen Vorzeichen gehört einmal der Sachverhalt, daß die Kirche überhaupt zum zentralen Thema wird.[41] Zum anderen wird die Leib-Christi-Vorstellung hier nun doch durch das vorgegebene mythische Schema eines auf die Erde herabsteigenden und wieder zum Himmel aufsteigenden, „Gefangene" mit sich führenden und schließlich alles „mit seiner Gegenwart erfüllenden" Erlösers (vgl. 4, 8-10) überlagert. Diese spekulative Überformung hat tiefgreifende Folgen: Christus ist das Haupt der Kirche[42], der dazugehörige Leib oder Rumpf – nach dem Mythos der Kosmos – ist die Kirche. Zugleich wird der Kirche auch jene Aufwärtsbewegung eingestiftet, die das Geschick des Erlösers

---

[40] „Verbum dei omnium primum est, quod sequitur fides, fidem charitas, charitas deinde facit omne bonum opus". WA 6, 514.

[41] Käsemann geht so weit zu behaupten: „Tatsächlich werden hier programmatisch Soteriologie und Eschatologie als Momente der Ekklesiologie begriffen. Und wenn wie bei Paulus die Kirche christologisch bestimmt wird, wo das Motiv des Christusleibes erscheint, so gilt umgekehrt und, wie ich meine, anders als bei Paulus, daß jetzt auch die Christologie fast ausschließlich von der Ekklesiologie her interpretiert wird ... Nur der Christusleib läßt erkennen, wer Christus ist." Exegetische Versuche und Besinnungen, Bd.II, Göttingen 1964, 254f.

[42] Vgl. dagegen 1 Kor 12, 21: „Das Auge kann aber nicht zur Hand sagen: Ich bedarf deiner nicht, oder wiederum der Kopf zu den Füßen: Ich bedarf eurer nicht."

auszeichnet; durch einen Reifungsprozeß, der sowohl ein Erkenntnisfortschritt (V.13) als auch ein ethischer Fortschritt (V.15) ist, sollen wir „hinanwachsen zu ihm, der das Haupt ist, Christus" (V.15), damit „die Fülle Christi erreicht wird" (V.13). Auch die vollkommene Einheit im Glauben – nach Paulus die Voraussetzung des Lebens der Kirche in der Vielfalt der in ihr wirksamen Charismen – wird hier als Produkt des Wachstumsprozesses der Kirche gedacht. Die Christwerdung des einzelnen, sein Fortschritt im Glauben ist ganz in diese großartige Schau einer teleologischen Auferbauung des weltweiten Christusleibes eingefügt.[43]

Luther und die Verfasser der Bekenntnisschriften haben sich im Unterschied zum katholischen Rekurs auf die Passage wenig für die spekulative Ekklesiologie des Epheserbriefes interessiert. Ihnen ist wichtig, daß allein Christus das Haupt der Kirche als einer Gemeinschaft des Glaubens ist. Als communio sanctorum bedarf die Kirche keines irdischen Hauptes, wie es für weltliche Sozietäten zutreffen mag. Die wahre Einheit der Kirche wird dadurch verbürgt, daß Christus ihr Haupt ist und als solches von allen Gläubigen anerkannt wird, nicht dadurch, daß alle unter dem Papst vereinigt sind.[44] Für die reformatorische, antirömisch akzentuierte Auslegung der Ekklesiologie des Epheserbriefes kann auch geltend gemacht werden, daß in unserer Passage zwar von der Berufung von Aposteln, Propheten, Hirten und Lehrern (V.11), nicht aber der Einsetzung von Bischöfen und Diakonen die Rede ist. Die Kirche ist gebaut auf dem „Grund der Apostel und Propheten" (2, 20; vgl. 3, 5). Wie besonders Karl Martin Fischer[45] herausgearbeitet hat, ist der Epheserbrief einem Typus von kirchlicher Lehrentwicklung zuzuordnen, in welchem die Abwehr von einheitsgefährdenden Irrlehren nicht von einer Stärkung der Amtstheologie (wie in den Pastoralbriefen), sondern vom Festhalten an der apostolischen, besonders von Paulus verbürgten Paradosis erwartet wird.

Für die offizielle katholische Inanspruchnahme von Eph 4 kann die Kirchenenzyklika Pius' XII „Mystici Corporis Christi" (1943) als repräsentativ gelten. Der im Titel der Enzyklika formulierte Wesensbegriff der Kirche wird insbesondere aus dem Epheserbrief abgeleitet. „Bei einer Wesenserklärung

[43] Das Leib-Christi-Bild hat auch in nachpaulinischer Zeit Anlaß zu ekklesiologischen Spekulationen gegeben, etwa über die Präexistenz der Kirche (Hirt des Hermas, 2. Klemensbrief).

[44] Vgl. zu dieser Argumentation besonders Luthers Schrift „Von dem Papsttum zu Rom wider den hochberühmten Romanisten zu Leipzig" (1520); WA 6, 285-324.

[45] K. M. Fischer: Tendenz und Absicht des Epheserbriefes, Göttingen 1973.

dieser wahren Kirche Christi, welche die heilige, katholische, apostolische, römische Kirche ist ..., kann nichts Vornehmeres und Vorzüglicheres, nichts Göttlicheres gefunden werden, als jener Ausdruck, womit sie als ‚der mystische Leib Jesu Christi' bezeichnet wird."[46] Man beachte, daß bei der Aufzählung der Kennzeichen der wahren Kirche die „Einheit" der Kirche unter der Hand durch die Bestimmung „römisch" ersetzt wird. Die Enzyklika erkennt zwar an, daß es „nur ein einziges Haupt dieses Leibes, nämlich Christus" (Art.39) gibt, das sei aber, wie schon Bonifaz VIII in der Bulle „Unam Sanctam" dargelegt hat, so zu verstehen, daß „Christus und sein Stellvertreter auf Erden nur ein einziges Haupt ausmachen" (ebd.). Die päpstlichen Ausführungen über den mystischen Leib Christi laufen dann auf die wohl bewußt gegen Luthers Auslegung des Epheserbriefes gerichtete Pointe hinaus: „In einem gefährlichen Irrtum befinden sich also jene, die meinen, sie könnten Christus als Haupt der Kirche verehren, ohne seinem Stellvertreter auf Erden die Treue zu wahren" (Art.40). –

Wie schon bemerkt, haben sich die Reformatoren der neutestamentlichen ekklesiologischen Bildersprache nur mit Zurückhaltung bedient. Ihre Definition des Wesens der Kirche setzt nicht hier, sondern beim Apostolikum an. Erst bei deren Erläuterung und Rechtfertigung aus der Schrift wird auch auf den biblischen Bilderbestand zurückgegriffen.[47]

---

[46] Mystici Corporis Christi, Art.13, zitiert nach der amtlichen deutschsprachigen Ausgabe.

[47] Man vergleiche die bilderfreie Sprache von CA 7 und 8 mit der Verteidigung dieser Artikel in der Apologia Confessionis! In seiner Schrift „Von den Konziliis und Kirchen" (1539) bezeichnet Luther die Kirche als „christliches heiliges Volk" (WA 50, 624ff) ohne Bezugnahme auf die Israelproblematik; vom Leib Christi-Bild macht er keinerlei Gebrauch.

# § 5 Kirche nach den Bekenntnisschriften

Wenn wir in diesem Paragraphen auf der Basis der reformatorischen Lehrentscheidungen die Leitlinien des evangelischen Kirchenverständnisses entwickeln wollen, dann muß natürlich die ekklesiologische Grundformel der Confessio Augustana den Ausgangspunkt bilden. Das ist schon deshalb sinnvoll, weil die CA nicht nur die früheste unter den in das Konkordienbuch aufgenommenen Bekenntnisschriften ist[1], sondern weil der CA unter allen Bekenntnisschriften am ehesten so etwas wie eine kirchenbegründende und -vereinigende Funktion zugekommen ist, auch wenn sie ursprünglich einen ganz anderen Zweck erfüllen sollte. Im Augsburger Religionsfrieden von 1555 wurden die „Verwandten der Augsburgischen Konfession" reichsrechtlich anerkannt. Die Konkordienformel versucht die „zwischen den Theologen Augsburgischer Confession" aufgetretenen Streitigkeiten abschließend zu schlichten. Insbesondere die das Wesen der Kirche formulierenden Artikel 7 und 8 haben eine gleichsam kanonische Bedeutung erlangt. Aus der Tatsache, daß die Konkordienformel das Kirchenthema nicht erneut erörtert, ist zu schließen, daß CA 7 und 8 als von allen lutherischen Theologen akzeptierte Artikel betrachtet wurden.[2]

Im Anschluß an die Erörterung der Wesensbestimmung der Kirche (I) fragen wir – über die CA hinausgehend – nach den kirchlichen Ämtern und somit nach der sozialen Gestalt der Kirche, wie und soweit sie sich im Sinne der lutherischen und reformierten Bekenntnisschriften aus dem Wesen der Kirche ergibt (II).

## I. Die ekklesiologische Grundformel der Confessio Augustana

Wir vergegenwärtigen uns zunächst den semantischen Bedeutungsgehalt der

---

[1]  Die ebenfalls unter die Bekenntnisschriften aufgenommenen und vor der CA entstandenen Katechismen Luthers sollen zwar nach Luthers Absicht den Inbegriff dessen, was einem Christen zu wissen notwendig ist, formulieren, sie sind aber von ihrer ganzen Anlage her etwas anderes als Bekenntnisschriften im eigentlichen Sinne. Bekenntnisschriften legen die Lehrposition einer Kirche oder kirchlichen Gruppe unter Abgrenzung gegen andere Lehrmeinungen dar.

[2]  Auf die spätere Ekklesiologie Melanchthons gehen wir nicht ein. Vgl. dazu U. Kühn: Kirche, Gütersloh 1980, 39-57.

Kirchendefinition der CA (1) und fragen dann nach deren Funktionen und Leistungsfähigkeit (2).

1. Der entscheidende die Kirche definierende Satz in CA 7 lautet: „Est autem ecclesia congregatio sanctorum, in qua evangelium pure docetur et recte administrantur sacramenta." In der ebenso authentischen deutschen Fassung[3] ist die Definition als Relativsatz zum grammatischen Subjekt „eine heilige christliche Kirche" formuliert: „welche ist die Versammlung aller Glaubigen, bei welchen das Evangelium rein gepredigt und die heiligen Sakrament lauts des Evangelii gereicht werden."

Die Definition orientiert sich am Apostolischen Glaubensbekenntnis, ersetzt aber zugleich das geläufige „Communio" durch „Congregatio". Leif Grane vermutet: „Der Gebrauch des Wortes *congregatio* soll wohl die Mehrdeutigkeit vermeiden, die der Ausdruck *communio* veranlassen konnte."[4] Communio könnte als eucharistische Teilhabe oder abstrakt als bloße Gemeinsamkeit (wobei deren Träger in gar keine Beziehung zueinander treten, wie z.B. die Gesamtheit aller Rothaarigen) verstanden werden. Es mag auch sein, daß man dem Sprachgebrauch Luthers entgegenkommen wollte, der bei dem von ihm nicht besonders geliebten Wort „Kirche" vorab an die sich im Gottesdienst versammelnde Gemeinde dachte. Ohne diese Gründe zu bestreiten, gebe ich noch eine weitere und an Granes Vermutung anknüpfende Möglichkeit zu bedenken. Wenn der Satz eine Definition sein will, dann müßte er auch in irgendeiner erkennbaren Weise der geläufigen Definitionsregel[5] entsprechen: Definitio fit per genus proximum et differentiam specificam. Dabei müssen natürlich beide Elemente deutlich bestimmt werden, wenn eine klare Definition zustande kommen soll. Die Spezifikation eines mehrdeutigen genus proximum beispielsweise ergibt keinen klaren Begriff. Fragt man nun, ob und wo in der vorliegenden Definition ein unzweideutiges genus proximum angegeben wird – auf den ersten Blick ist ja gar kein genus proximum zu erkennen –, dann entspricht diesem Erfordernis am ehesten der Terminus „congregatio" als solcher. „Communio" wäre jedenfalls kein eindeutiges genus proximum gewesen. Nach den Regeln der Definitionslogik gelesen besagt unsere Definition also: Die Kirche ist eine congregatio (genus proximum), und zwar inso-

---

[3]   Obwohl beide Fassungen parallel verfaßt wurden, hat der lateinische Text der CA dogmatisch und ökumenisch größere Bedeutung erlangt.

[4]   L. Grane: Die Confessio Augustana. Einführung in die Hauptgedanken der lutherischen Reformation, UTB 1400, Göttingen 1990[4], 71.

[5]   Zu damaligen Definitionstheorien vgl. G. Ebeling: Lutherstudien, Bd.II/1, Tübingen 1977, 46-71.

fern, als sie sich als „congregatio sanctorum, in qua ...“ (differentia specifica)
darstellt. Die von der grammatikalischen Satzstruktur her nahegelegte Möglichkeit „congregatio sanctorum“ als genus proximum und den in-qua-Satz als
dessen Spezifikation aufzufassen, scheitert daran, daß die „Heiligen“ ipso facto die „wahrhaft Gläubigen“ sind, die sich als solche an die reine Verkündigung des Evangeliums und den rechten Gebrauch der Sakramente halten; das
im in-qua-Satz Prädizierte ist im Begriff der sancti schon analytisch enthalten.
Die Frage, ob Melanchthon solche definitionslogischen Überlegungen tatsächlich angestellt hat, kann hier offenbleiben; es sollte nur gezeigt werden,
daß durch die Einfügung von „congregatio“ für „communio“ den formalen
Erfordernissen einer echten Definition entsprochen wurde.

Besser, als es der communio-Begriff zu leisten imstande wäre, wird jedenfalls mit der Bezeichnung der Kirche als congregatio dem Sachverhalt Rechnung getragen, daß die Kirche in der Welt nicht ohne eine bestimmte Sozialgestalt in Erscheinung treten kann. Kirche wird nicht einfach, wie man der
Definition der CA gelegentlich vorgeworfen hat, als reine Geistgemeinschaft
unter Vernachlässigung aller soziologischen Elemente bestimmt. Sollten unsere definitionslogischen Erwägungen sachgemäß sein, dann wären sie ein
starkes zusätzliches Argument in diese Richtung. Indem der Kirche die Sozialform einer congregatio zugeordnet wird, tritt schon innerhalb ihrer dogmatischen Definition jenes kirchentheoretische Element in Erscheinung, um dessen Klärung und theologische Interpretation es Dietrich Bonhoeffer ging –
nur daß man dessen Überlegungen nun nicht einfach als Ausfüllung eines
blinden Fleckes im reformatorischen Kirchenbegriff verstehen darf.[6] – Freilich wird man den Congregatio-Begriff nicht pressen dürfen, etwa im Sinne
einer bestimmten Organisationsform. Kirche nach evangelischem Verständnis ist natürlich nicht am Muster katholischer Kongregationen orientiert, und
die „Versammlung aller Gläubigen“, als welche die „eine heilige christliche
Kirche“, die „allezeit“ „sein und bleiben“ müsse, im Paralleltext bezeichnet
wird, ist nicht die Vereinigung aller Christen in einer weltweiten Organisation, sondern deren Versammlung je an ihrem Ort und zu ihrer Zeit. Kirche
tritt als gottesdienstliche Versammlung in Erscheinung, in der etwas Bestimmtes geschieht: das, was der Relativsatz der Definition aussagt.

---

[6]     D. Bonhoeffer: Sanctorum Communio. Eine dogmatische Untersuchung zur
Soziologie der Kirche, 1930, Neuausgabe: Werke, Bd. 1, München 1986. Zu
Bonhoeffers Studie vgl. jetzt J. von Soosten: Die Sozialität der Kirche. Theologie
und Theorie der Kirche in Dietrich Bonhoeffers ‚Sanctorum Communio‘, München 1992.

Wie der Terminus *sancti/die Heiligen* grundsätzlich zu verstehen ist, wurde schon dargelegt.[7] Daß die Heiligen „alle Gläubigen" sind, also keine davon abgehobene besondere Personengruppe meinen, wird durch Art.8 sicherge-stellt. „... sanctorum et vere credentium" ist als Hendiadyoin zu verstehen. Den wahrhaft Gläubigen und insofern Heiligen stehen die „hypocritae et mali" gegenüber, die – wie Melanchthon in der Apologie ausführt – in Wahrheit nicht Glieder am Leibe Christi, sondern „Gliedmaß des Teufels" sind.[8] Diese Gegenüberstellung wirft die Frage auf, ob denn die lebendigen Glieder am Leibe Christi, also diejenigen, die als wahrhaft Glaubende auch die wahre Kirche Christi darstellen, etwa als sündlos zu betrachten seien. Natürlich nicht! Denn das würde ja bedeuten, daß sie auch der ihnen durch das Evangelium zugesagten Rechtfertigung und Vergebung nicht mehr bedürften. Die Kirche besteht also aus *Sündern*, aber solchen, *die zugleich glauben* und sich auf die göttliche Barmherzigkeit verlassen. Dann aber ist zu folgern, daß die nicht zur Kirche im eigentlichen Sinne gehörenden mali mit den hypocritae ebenso deckungsgleich sein müssen, wie wir es bei dem positiven Oppositionspaar „sancti" und „vere credentes" festgestellt haben. Die ausgeschlossenen „Bö-sen" sind solche, die in Wahrheit (in ihrem Herzen) nicht glauben, in denen damit auch der dynamische Zusammenhang von Glaube und guten Werken, wie er in Art.6 beschrieben wird, nicht wirksam ist.

Die Tatsache, daß es in der vorfindlichen Kirche Leute gibt, die ihr nicht innerlich angehören, sondern nur äußerlich mit ihr Gemeinschaft halten, nö-tigt zu einer Unterscheidung am Kirchenbegriff, für die in der Dogmatik eine Reihe von Begriffspaaren erarbeitet wurde: geistliche und empirische Kirche, verborgene und manifeste Kirche, unsichtbare und sichtbare Kirche. Welche dieser Distinktionen die angemessenste ist, braucht hier noch nicht erörtert zu werden.[9] Melanchthon läßt nur die Unterscheidung von ecclesia proprie (oder stricte) dicta und ecclesia large dicta anklingen.[10]

Der Relativsatz „in qua evangelium pure docetur et recte administrantur sacramenta" gibt die *Kennzeichen* (notae externae) an, an denen die wahre

---

[7] S.o. § 4, I, 1.

[8] BSLK, 238 u.ö.

[9] Vgl. dazu die erhellenden Überlegungen bei W. Härle: Kirche, dogmatisch, TRE Bd.XVIII, 277-317, dort 288f. Härle macht insbesondere darauf aufmerksam, daß die Unterscheidung von wahrer und falscher Kirche nicht auf die unsichtbare oder verborgene Kirche, die per definitionem wahre Kirche ist, sondern nur auf die sichtbare Kirche angewendet werden kann und muß.

[10] BSLK, 62, 236.

Kirche auf Erden erkannt werden kann, oder sagen wir es genauer: ohne welche eine bestimmte Kirche nicht wahre Kirche sein kann; denn Art. 8 räumt die Möglichkeit ein, daß „sacramenta et verbum ... per malos exhibeantur". Reine Lehre des Evangeliums und rechte Darreichung der Sakramente sind also conditio sine qua non. Sie garantieren als solche noch nicht, daß überall dort auch congregatio *sanctorum* ist, wo diese Kennzeichen angetroffen werden. Das ist erst dann der Fall, wenn der Heilige Geist durch diese Gnadenmittel – ubi et quando visum est Deo – den Glauben hervorruft (CA 5).

Was heißt nun *reine Lehre des Evangeliums*? Aus dem Paralleltext geht zunächst klar hervor, daß damit nicht eine lehrmäßig-theoretische Darlegung auf der Ebene des Gelehrtenstreites gemeint ist: „bei welchen das Evangelium rein gepredigt wird." Daß die Predigt, die öffentliche gottesdienstliche Verkündigung gemeint ist, erhellt auch aus der Nebeneinanderstellung von Wort und Sakrament sowie daraus, daß in Art. 14 das „publice docere" dem durch ein geregeltes Verfahren berufenen Diener des Wortes vorbehalten ist. Das „ministerium docendi evangelii et porrigendi sacramenta" (CA 5) ist das „Predigtamt" (ebd.). Man kann nicht genug betonen, daß die CA die Kirche im Blick auf den *Gottesdienst* definiert.[11]

> Am Begriff der Lehre sind im protestantisch-theologischen Sprachgebrauch mindestens drei Bedeutungsschichten zu unterscheiden. „Lehre" kann heißen: 1. Verkündigung bzw. Predigt; 2. amtlicher, mehr oder weniger verbindlicher Lehrtext; 3. Theorie, theologisches Lehrsystem. Die reine doctrina evangelii von CA 7 gehört der ersten Schicht an, die CA selbst ist der zweiten Schicht zuzuordnen, unsere Interpretation der Kirchenlehre der CA ist auf der dritten Bedeutungsebene von „Lehre" angesiedelt. Eilert Herms hat darauf aufmerksam gemacht, daß „Lehre" in diesem mehrschichtigen Sinne im Protestantismus zugleich in „positionaler Gebrochenheit" auftritt. Er unterscheidet vier prinzipiell gleichwertige „Funktionspositionen": die jedes Getauften und Glaubenden, die des Pastors, die der Kirchenleitung und die der akademischen Theologie.[12] Daß es bei einem derart in sich differenzierten Lehramt – die

---

[11]   Es ist mir ein Rätsel, wie Bonhoeffer urteilen kann: „Wir müssen es als Fehler der C.A. VII bezeichnen, daß hier das recte docetur in direkte Verbindung mit der congregatio sanctorum gebracht wird. ,Reine Lehre' ist nicht die Bedingung für das Vorhandensein der Gemeinde der Heiligen ..." (Sanctorum Communio, aaO. 187). „Reine Lehre" ist in der CA noch nicht im Sinne der späteren lutherischen Orthodoxie zu verstehen.

[12]   E. Herms: Erfahrbare Kirche. Beiträge zur Ekklesiologie, Tübingen 1990, 139ff.

Meinung, in der evangelischen Kirche gäbe es gar kein Lehramt, ist ein Irrtum – zu erheblichen Problemen kommen muß, liegt auf der Hand. Sie sind nur lösbar, wenn und soweit sich alle an diesem Lehramt beteiligten Personengruppen an für alle verbindliche Regeln der Auslegung der Lehrgrundlage der Kirche, d.h. der Heiligen Schrift, halten.[13]

Es ist nun weiter zu fragen, was unter der Reinheit der Predigt des *Evangeliums* zu verstehen ist. Denn nur wenn sich das genau sagen läßt, kann auch von einem eindeutigen Erkennungszeichen der Kirche die Rede sein. Hier waren nun Luther, Melanchthon und die anderen Reformatoren durchaus der Meinung, daß sich das präzis formulieren läßt. Sie teilten keineswegs jenen Standpunkt eines modernen Relativismus oder Approximatismus, wonach in religiösen Fragen alle mehr oder weniger im Dunkeln tappen, sich bestenfalls der Wahrheit annähern können, jedenfalls keine exklusiven Wahrheitsansprüche stellen können. Zwar hat Gott sich nicht in alle Geheimnisse seiner göttlichen Majestät hineinsehen lassen (Deus absconditus), aber bezüglich dessen, was dem Menschen zum Heil (oder Unheil) dient, hat er ihn als Deus revelatus nicht in Unklarheit gelassen. In moderner theologischer Terminologie: die Struktur der christlichen Existenz ist klar bestimmt.[14] In diesem Sinne geht es nicht um eine das göttliche Geheimnis aufhebende „absolute" Wahrheit, sondern um *suffiziente* Wahrheit.

Die benötigte Klarheit des Kennzeichens „reine Predigt des Evangeliums" wird durch den Zusammenhang des Kirchenartikels mit den vorhergehenden Artikeln sichergestellt. In Art. 5 wird der Ausdruck Evangelium so erklärt: „Evangelium, scilicet, quod Deus non propter nostra merita, sed propter Christum iustificet hos, qui credunt se propter Christum in gratiam recipi."[15] Diese Bestimmung ist wiederum die komprimierte Inhaltsangabe von Art.4 „De Iustificatione", der somit den theologischen Fußpunkt, den articulus stantis et cadentis ecclesiae, wie man später gesagt hat, abgibt.[16]

---

[13]  So auch Herms, aaO. 153ff.

[14]  Vgl. Luthers berühmte Gegenstandsbestimmung der Theologie, WA 40/II, 328: „Nam Theologiae proprium subiectum est homo peccati reus ac perditus et Deus iustificans ac salvator hominis peccatoris. Quicquid extra hoc subiectum in Theologia quaeritur aut disputatur, est error et venenum."

[15]  In Granes Übersetzung (aaO.54): „... daß Gott nicht um unserer Verdienste, sondern um Christi willen diejenigen rechtfertige, die glauben, daß sie um Christi willen in die Gnade aufgenommen werden."

[16]  Vgl. Grane, aaO. 54: „In einem gewissen Sinne kann man sagen, daß die ganze CA von der Rechtfertigung handelt."

Bei diesem Artikel, so wie er in der CA formuliert wird, kann uns nun doch ein Problem entstehen, ein Problem, das sowohl das Verständnis der Rechtfertigungsformel als auch deren aktuelle Aneignung betrifft. Wir könnten hier in den Streit zwischen verschiedenen dogmatischen Konzeptionen, genauer: zwischen verschiedenen christologischen Positionen hineingezogen werden, womit die Eindeutigkeit bezüglich dessen, was „Predigt des Evangeliums" oder „Glaube an das Evangelium" heißt, doch in Frage gestellt wäre. Art.4 erläutert das „propter Christum" durch „qui sua morte pro nostris peccatis satisfecit", ein deutlicher, aber nicht weiter ausgeführter Anklang an die klassische, von Anselm formulierte Satisfaktionslehre.[17] Müssen wir also diese Lehre mit übernehmen, wenn wir das Evangelium von der Rechtfertigung sola gratia predigen wollen?[18] Wäre dem so, dann würde auch der Konsens de doctrina evangelii (et de administratione sacramentorum), der nach CA 7 hinreichende Bedingung für die wahre Einheit der Kirche ist, vom Ausgang eines Theologenstreites abhängig, der auf der dritten der oben unterschiedenen Lehrebenen auszufechten und daher wohl kaum zu schlichten ist.

Wir müssen zunächst zur Kenntnis nehmen, daß für Melanchthon eine solche Verknüpfung besteht: „Derhalben so oft wir reden von dem Glauben, der gerecht macht oder fide iustificante, so sind allezeit diese drei Stücke oder obiecta beieinander. Erstlich die göttliche Verheißung, zum andern, daß dieselbige umsonst ohne Verdienst Gnade anbietet, für das dritte, daß Christi Blut und Verdienst der Schatz ist, durch welchen die Sunde bezahlet ist."[19] Wir müssen aber auch hinzusetzen, daß die Lehre von der stellvertretenden Genugtuung durch den Sühnopfertod Christi damals nicht strittig war; sie wurde natürlich auch von den Verfassern der Confutatio vorausgesetzt und galt als biblisch gut begründet. Aber wir, die wir uns die Formel von der reinen Verkündigung des Evangeliums als eindeutigem Kennzeichen der rechten Kirche aneignen wollen, sind inzwischen mit anderen christologischen Entwürfen – etwa dem Schleiermachers – konfrontiert worden. Man kann z.B. fragen, ob jene Lehre den aus dem Gottesverhältnis auszuschließenden Verdienstgedanken wirklich überwindet oder ob sie ihn nur gleichsam verschiebt, wenn sie vom Verdienst

---

[17] Auch Art.3 „De filio Dei" enthielt solche Anspielungen.

[18] Granes Kommentar zu CA 4 geht auf dieses Problem nicht ein, was damit zusammenhängen mag, daß er die Artikel in der von der CA gebotenen Reihenfolge behandelt. Seine Interpretation ist eine sorgfältige Darlegung der reformatorischen Rechtfertigungslehre in Gegenüberstellung zum Rechtfertigungsdekret des Tridentinums.

[19] BSLK, 170f.

Christi als dem Ermöglichungsgrund menschlichen Heils spricht. Jedenfalls kann diese soteriologisch-christologische Theorie mit der Vorstellung von der voraussetzungslosen Güte Gottes in Konflikt geraten.

Man kommt aus dem angesprochenen Dilemma nur heraus, wenn man sich an der eigentlichen Stoßrichtung der Rechtfertigungslehre in der CA orientiert. Diese besteht nicht darin, daß eine bestimmte traditionell vorgegebene Christologie durchgesetzt werden soll, sondern darin, daß immer wieder auf die Grundalternative im Verhältnis von Gott und Mensch hingewiesen wird: ob wir aufgrund irgendwelcher Verdienste vor Gott als gerecht dastehen wollen oder aufgrund des Glaubens an Gottes in Christus offenbar gewordene Barmherzigkeit. Melanchthons großartige Verteidigung des Rechtfertigungsartikels in der Apologie ist eine einzige scharfsinnige und auch rhetorisch glänzende Analyse dieses Grundgegensatzes. Es ist eben allein der Glaube, der uns vor Gott „gerecht und fromm macht"[20], und zwar deshalb, weil der Mensch im Glauben seine wahre Situation als Geschöpf und Sünder anerkennt und in seiner Gefallenheit und kreatürlichen Abhängigkeit Zuflucht zu der grundlosen Barmherzigkeit des Schöpfers nimmt. Der Glaube allein gibt der Wahrheit die Ehre. Als dieser Akt ist dieser Glaube weder Ersatz für Gerechtigkeit, noch verleiht er einen Schein von Gerechtigkeit, sondern er *ist* Gerechtigkeit, die Gott als solche gelten läßt.[21] Sofern der Mensch glaubt, aber auch *nur* insofern, *ist* der Mensch vor Gott gerecht.

Dieses Verständnis von Gerechtigkeit aus Glauben ist nun nicht unmittelbar von einem bestimmten Begriff von Imputation (im Sinne einer von außen von Christus auf den Menschen übertragenen Gerechtigkeit) und auch nicht von einer bestimmten Sühnopfer- oder Satisfaktionslehre abhängig. Die zwar deutlichen Anklänge dieser Theologoumena in CA und Apologie lassen doch den Schluß nicht zu, als müßte man sich *erst* darüber verständigt haben, ehe einem die Grundalternative als solche deutlich und plausibel sein könne.

Daraus ergibt sich: Von reiner Predigt des Evangeliums kann immer dann gesprochen werden, wenn antimeritorisch gepredigt wird, also die Gerechtigung aus Werken des Gesetzes gänzlich ausgeschlossen wird, *und* wenn

---

[20]  So die ständig wiederholte Formulierung in der Apologie.

[21]  Die Formel „simul iustus et peccator" wird sehr leicht verengt ausgelegt, wenn gesagt wird, der Mensch sei das zweite „in re", das erste aber *nur* „in spe". Vgl. hierzu die hilfreichen Überlegungen Chr. Schwöbels zur Sünde als Dislokation und zum Glauben als Relokation des Menschen in Bezug auf die schöpfungsmäßige Relation von Gott, Mensch und Welt: Human Being as Relational Being: Twelve Theses for a Christian Anthropology, in ders./C. E. Gunton (eds.): Persons, Divine and Human, Edinburgh 1991, 141-165.

menschliche Existenz und Hoffnung allein auf die Güte Gottes gegründet
werden. Alle weiteren Überlegungen sind demgegenüber mehr oder weniger
plausible gedankliche Hilfskonstruktionen; sie beziehen sich auf den Weg,
den Gottes Barmherzigkeit geht. Daß die Lehre von der stellvertretenden Genugtuung Christi die einzige Möglichkeit sei, diesen Weg zu präzisieren, darf
bezweifelt werden. Die Bekenntnisschriften haben jedenfalls auf diese Frage
weniger Sorgfalt verwandt als auf die Herausarbeitung jener Grundalternative
als solcher.[22] –

Neben der reinen Predigt des Evangeliums wird der *rechte Gebrauch der
Sakramente* („et recte administrantur sacramenta") als Erkennungszeichen der
wahren Kirche genannt. Über die Sakramentslehre der CA als solche brauchen
wir hier nicht ausführlich zu werden.[23] Es liegt auch nicht viel an der Frage, ob
die CA die Buße zu den Sakramenten zählt, wie sich aus der Stellung der
Artikel über Beichte und Buße (11 u. 12) zwischen die den die Taufe (9) und das
Abendmahl (10) behandelnden Artikeln und dem Artikel „De usu sacramentorum" (13) zu ergeben scheint, oder ob, da der Buße das äußerliche Zeichen
fehlt, das aber zum Sakramentsbegriff in Art. 13 gehört, de facto doch nur der
späteren lutherischen Auffassung entsprechend an Taufe und Abendmahl gedacht ist.[24] Entscheidend ist vielmehr, daß die Sakramente „gegeben sind, um
den Glauben in den Empfangenden zu erwecken und zu befestigen. Darum
muß man die Sakramente so empfangen, daß der Glaube dabei ist, welcher
den Verheißungen traut, die durch die Sakramente dargeboten und vor Augen
gehalten werden." (Art. 13 in Granes Übersetzung). Die Sakramente bezeugen
den Glauben, und sie wirken daher auch nur im Glauben. Obgleich sie als
„Zeichen und Zeugnisse des Willens Gottes" auch ohne Glauben gültig sind –
ebenso gültig wie die verbale Verkündigung des Evangeliums –, wirken sie
doch nicht ex opere operato. Gültigkeit, Sinn und Wirkung der Sakramente

---

[22]  Es ist auch bemerkenswert, daß Luther in der Auslegung des Ersten Gebotes im
      Großen Katechismus seine Erklärung dessen, was Glaube ist, mit keiner christo-
      logisch-soteriologischen Implikation belastet.

[23]  Verwiesen sei auf Granes sorgfältigen Kommentar zu den Artikeln 9-13, der die
      lutherische Auffassung im Vergleich zur zwinglianischen und zur römischen
      herausarbeitet.

[24]  Melanchthon will auch keinen Streit über die Zahl der Sakramente führen, wie
      er in der Apologie zu erkennen gibt (BSLK, 292). Auch ist hier daran zu erinnern,
      daß, obwohl CA 11 die „absolutio privata" als fakultative Möglichkeit beibehält,
      das sog. Bußsakrament von Melanchthon und Bugenhagen mit der Abendmahls-
      feier verbunden wurde (vgl. Art. 25).

sind also genauso wie bei der mit ihnen verbundenen Verkündigung bestimmt. Was hinzukommt, ist das äußerliche Zeichen oder Element. Die Sakramente sind – mit dem gebräuchlichen Ausdruck – verbum visibile.

Auch wenn wir heute die Vorstellung der Reformatoren, die Sakramente seien von Christus selber eingesetzt worden, aus exegetischen Gründen nicht mehr teilen können oder jedenfalls einschränken müssen, so entsteht daraus doch kein Problem für die geforderte schriftgemäße Handhabung der Sakramente. Zu einer Reichung der Sakramente „lauts des Evangelii" bzw. „dem göttlichen Wort gemäß" (CA 7) gehört z.B. das Abendmahl in beiderlei Gestalt; das „trinket alle daraus" schließt das stellvertretende Trinken des Priesters aus. Die Frage, ob die in CA 9 ohne spezielle biblische Begründung geforderte Kindertaufe dem Kriterium der Schriftgemäßheit entspricht, muß unter Bezugnahme auf CA 13 beantwortet werden: Es ist zu zeigen, inwiefern die Kindertaufe einerseits die „Verheißung vor Augen stellt" (bzw. nach CA 9 „die Gnade darbietet") und inwiefern sie andererseits so empfangen werden kann, „daß der Glaube dabei ist".

2. Was *leistet* die Kirchendefinition der CA? Etliche Ausleger haben gemeint, sie leiste nicht viel, da sie ja wesentliche Punkte unberührt lasse. Man hat das Schlagwort vom „minimalistischen Kirchenverständnis" der Reformatoren geprägt.[25] Die Definition sei nicht erschöpfend, wurde gesagt, auch von lutherischen Theologen wie Friedrich Julius Stahl und Franz Delitzsch. CA 7 sage nichts über die Stiftung oder den Ursprung der Kirche, nichts über ihre Organisation und Ämter, nichts über ihren politischen Auftrag, nichts über die Diakonie, auch die Leib-Christi-Vorstellung fehle.

Zur Frage, ob diese Einwände dem Text gerecht werden, ließe sich zwar einiges sagen. Einerseits wurde ja schon deutlich, daß die Definition durchaus den Sachverhalt impliziert, daß die Kirche in der Welt auch eine bestimmte Sozialgestalt hat. Andererseits müßte bei solchen „Fehlanzeigen" berücksichtigt werden, daß doch einiges von dem, was in CA 7 (u.8) vermißt wird, in anderen Artikeln der CA zu finden ist und daß die Artikel der CA ja auch in einem gewissen Verweisungszusammenhang stehen und interpretiert sein wollen. Aber es ist zuzugeben, daß die Kirchendefinition von CA 7 auf den ersten Blick den Eindruck einer gewissen Dürftigkeit erweckt.[26] Folgt daraus auch

---

[25] So auch noch J. von Soosten, op.cit. 14.
[26] Noch „dürftiger" ist dann freilich Luthers Formulierung in den Schmalkaldischen Artikeln: „denn es weiß gottlob ein Kind von 7 Jahren, was die Kirche sei, nämlich die heiligen Gläubigen und ,die Schäflin, die ihres Hirten Stimme hören'." BSLK, 459.

eine Einbuße an Leistungsfähigkeit? Es könnte doch sein, daß gerade die Knappheit der Formel, ihre Beschränkung auf das dogmatisch Wesentliche, eine Bedingung ihrer Leistungsfähigkeit ist. Diese Pointe wird sich im folgenden bestätigen.

a) *Einheit der Kirche.* Die Wesensdefinition der Kirche faßt nur den Vollzug ihres spezifischen Lebens in den Blick. Kirche ist wesenhaft nichts anderes als das Geschehen der Verkündigung in der gottesdienstlichen congregatio sanctorum. Eben darin besteht auch ihre Einheit. Die Einheit der Kirche ist genau in dem begründet, worin sie auch ihr eigentliches Leben hat, in dem bestimmungsgemäßen Vollzug ihrer Grundfunktion. Ebenso verhält es sich mit ihrer Heiligkeit. Das gleiche wäre auch über ihre Katholizität und Apostolizität zu sagen, wenn die CA sich zu den klassischen notae internae in ihrer Vollständigkeit geäußert hätte.

„Et ad veram unitatem ecclesiae satis est consentire de doctrina evangelii et de administratione sacramentorum“; mit diesem „satis“ werden alle anderen denkbaren und tatsächlich geltend gemachten Mittel der Einheit als nur eine scheinbare Einheit zustande bringend zurückgewiesen. Als solche unzureichenden bzw. irreführenden Bindemittel werden in CA 7 nur gleiche Traditionen, Riten und Zeremonien genannt.[27] Die Confutatoren haben demgegenüber zwischen partikularen und universalen Traditionen und Zeremonien unterschieden und auf die Einhaltung der letzteren als Mittel der Einheit gedrungen. Melanchthon antwortet darauf, daß diese Unterscheidung belanglos ist angesichts des die wahre Einheit begründenden rechtfertigenden Glaubens.[28] Die vera unitas ecclesiae wird also auch nicht durch ein überall gleiches Gottesdienstschema und durch eine einheitliche Kirchenordnung konstituiert, soviel sich aus anderen Gründen für die Beibehaltung von Traditionen und eine gewisse Gleichförmigkeit sagen läßt. Was nicht Bedingung der Seligkeit ist – und das gilt für alle menschlichen Satzungen, und seien sie noch so altehrwürdig –, kann auch nicht Bedingung der Einheit sein.

Die eigentliche Spitze der Bemerkungen über die Einheit der Kirche besteht aber darin, daß der Papst hier mit keiner Silbe erwähnt wird. Oder sollte er stillschweigend unter die von Menschen eingesetzen Dinge gezählt worden sein? Daß man wußte, was man tat, indem man den Papst unerwähnt ließ, geht aus der ungemein polemischen Passage über das Papsttum in der Apologie hervor: „Aber es wollten gern die Widersacher ein neue römische Defini-

---

[27] Im deutschen Text ist allein von „allenthalben gleichformige Ceremonien, von den Menschen eingesetzt“ die Rede.

[28] BSLK, 241.

tion der Kirchen haben, daß wir sollten sagen, die Kirche ist die oberste Monarchia, die größte, mächtigste Hoheit in der ganzen Welt, darinnen der römische Pabst als das Haupt der Kirchen aller hohen und niedern Sachen und Händel, weltlicher, geistlicher, wie er will und denken darf, durchaus ganz mächtig ist, von welches Gewalt (er brauchs, mißbrauchs, wie er wolle), niemands disputieren, reden oder mucken darf ...".[29] Im Falle einer solchen Definition hätte man „nicht so gar ungnädige Richter" gehabt.[30]

Indem festgestellt wird, daß all jene Zeremonien und Ordnungen, die nicht konstitutiv für die Einheit der Kirche sind, traditio humana bzw. institutum ab hominibus seien, wird zugleich der Umkehrschluß ermöglicht, daß die Kirche in ihrem eigentlichen Sein und Bestehen, also die congregatio sanctorum et vere credentium, Gottes Werk ist. Damit ist das Predigtamt, besser: der Sachverhalt, daß das Evangelium gepredigt werden muß und die Sakramente „lauts des Evangelii" zu reichen sind, gewissermaßen – wenn man den Ausdruck verwenden will – iure divino. Das kann aber auch *nur* von diesem Gestaltungselement der Kirche gesagt werden.

Das berühmte „satis est" in CA 7 ist theologisch wiederum in der Rechtfertigungslehre begründet. Der beständige Vorwurf gegen Papst und Bischöfe[31] lautet ja, daß sie immer neue verpflichtende Satzungen, neue Glaubensartikel und „Aufsätze" machen und dadurch die Gewissen beschweren. Was hier zu beanstanden ist, ist nicht allein die Amtsanmaßung und innerkirchliche Tyrannei; schwerer wiegt, daß mit all solchen „Aufsätzen" unweigerlich der Wahn genährt wird, daß der Mensch Bedingungen erfüllen müsse – noch dazu äußerliche rituelle Bedingungen –, ehe er von Gott in Gnaden angenommen werde. Die Reformatoren sehen, daß hier eine Art Gesetzmäßigkeit waltet: je mehr Riten und Verpflichtungen, desto größer die Gefahr der Gesetzlichkeit und Werkgerechtigkeit.

b) *Freiheit in der Kirche*. Mit der Unterscheidung zwischen dem, was für den geistlichen Bestand der Kirche und für ihre Einheit unverzichtbar ist, und dem von Menschen zu verschiedenen Zeiten eingeführten Ordnungen und Zeremonien wird die Kirche in einem bisher nicht gekannten Maße offen für Vielfalt und Veränderung im kirchlichen Leben. Auch wenn der Satz „ecclesia

---

[29] BSLK, 239.

[30] BSLK, 240.

[31] Wobei allerdings der Papst in der CA expressis verbis nur en passant vorkommt. Vgl. dazu aber die zitierte Passage aus der Apologie in ihrer vollen Länge (BSLK, 239f) sowie dann später bes. Melanchthons Tractatus de potestate et primatu papae (BSLK, 469-498).

semper reformanda" erst in der Zeit der Aufklärung geprägt wurde, so ist die grundsätzliche Reformierbarkeit der Kirche in ihrer konkreten Gestalt in der CA doch klar anerkannt. Der Grundsatz, nach dem dabei zu verfahren ist, wird in Art. 15 formuliert: „Von Kirchenordnungen[32], von Menschen gemacht, lehret man diejenigen halten, so ohn Sund mugen gehalten werden und zu Frieden und guter Ordnung in der Kirche dienen, als gewisse Feier, Feste und dergleichen ... Darüber wird gelehret, daß alle Satzungen und Traditionen, von Menschen dazu gemacht, daß man dadurch Gott versuhne und Gnad verdiene, dem Evangelio und der Lehre vom Glauben an Christum entgegen sind ..." Als Beispiele für letzteres werden Klostergelübde, Speisebestimmungen und Fastentage genannt.[33] Ein besonders scharfer Angriff wird dagegen gefahren, daß die Bischöfe den Sonntag als christlichen Sabbat zu verstehen und zu begehen gelehrt haben.[34]

Die hier eröffnete und konkret in Anspruch genommene Gestaltungsfreiheit kann sich freilich auch darin äußern, daß man auf bestimmte Reformen verzichtet. Was immer man in der Kirche beläßt oder neu einführt – weil und sofern es nicht dem Rechtfertigungsglauben widerspricht –, muß daran seine positive Qualität erweisen, daß es *Frieden und Ordnung* befördert. So bedarf es des Sonntags, damit man weiß, wann man zusammenkommt. Das jeweils in Geltung Stehende muß in gewisser Weise auch *zeitgemäß* sein. Hier wird z.B. angeführt, daß die Apostel einiges empfohlen haben, was zu ihrer Zeit sinnvoll war (Verschleierung der Frau im Gottesdienst, Vermeidung von Götzenopferfleisch, Blut und Ersticktem), was man aber später aus gutem Grund wieder fallen ließ.[35] Vor allem aber muß die jeweilige Ordnung in Bezug auf die Grundaufgabe der Kirche *zweckdienlich* sein. Von daher ergibt sich dann auch eine gewisse Tendenz zur Vereinfachung.

c) *Abwehr von Schwärmerei und Fanatikern.* In CA 8 werden die Donatisten „et similes" verworfen, die die Gültigkeit der Sakramente von der Unbescholtenheit derer, die sie verwalten, abhängig machen. Mit den „similes" dürften auch all diejenigen mitgetroffen sein, die wie Müntzer und die Wiedertäufer alle aus der Kirche aussondern möchten, die in ihren Augen nicht „vere credentes" sind.[36] Die „admixti hypocritae" sind aber als solche in der Regel

---

[32] In der lateinischen Fassung: „De ritibus ecclesiasticis".

[33] BSLK, 70.

[34] So bes. im CA 28 „De potestate ecclesiastica".

[35] BSLK, 131 u.ö.

[36] Grane, aaO. 79: „Hier stehen die Reformatoren zusammen mit der Papstkirche gegen die Schwärmer, die alle ‚Donatisten' waren."

gar nicht erkennbar. Das Urteil Gottes ist nicht vorwegzunehmen. Mit der Verwerfung einer sichtbaren Scheidung ist ein kirchenpolitisch entscheidender Grundsatz etabliert, der in letzter Konsequenz auch den Weg zur Volkskirche freigehalten hat.

d) *Ökumenizität der Kirche.* Die eine wahre Kirche, so wie sie in Art. 7 definiert wird, ist als Kirche der Christenheit universal. Sie ist an keinen bestimmten Ort gebunden – weder Rom noch Wittenberg –, und schließt auch keinen Ort aus. Kirche ist überall, wo das geschieht, was in den beiden notae ausgesagt ist und wo diese Verkündigung durch Wort und Sakrament Glauben hervorruft. Und das kann auch innerhalb der Papstkirche der Fall sein. Auch ist hier daran zu erinnern, daß die CA aus der Sicht ihres Verfassers und ihrer Unterzeichner noch nicht das war, was sie wenig später wurde: das Grunddokument einer neuen Konfessionskirche. Es wird vielmehr vorausgesetzt, daß der ganze Streit nur „einige wenige Mißbräuche", die in Art. 22-28 behandelt werden, betreffe und daß ein Konsens über die Art. 1-21, also auch über den Kirchenartikel, keine allzu großen Schwierigkeiten bereiten dürfte.[37] Ob das nun blauäugige Fehleinschätzung oder eine taktische, jedenfalls den Einigungswillen dokumentierende Unterstellung war, so wird doch die faktische Ökumenizität des Kirchenartikels durch die römische Ablehnung nicht tangiert.

e) *Die kybernetische Leistungsfähigkeit der Kirchendefinition.* Wir knüpfen hier an den unter b angesprochenen Sachverhalt der Freiheit und Gestaltbarkeit der Kirche an. Dietrich Rössler hat auf die praktisch-theologische Bedeutung des Kirchenbegriffs der CA verwiesen und diese Bedeutung gerade aus der angeblichen Dürftigkeit der Formel abgeleitet.[38] Indem die CA in ihrer Kirchendefinition die Einheit, Heiligkeit, Ökumenizität und – implizit – auch die Apostolizität der wahren Kirche allein in ihrer Grundfunktion, der unverfälschten Kommunikation des Evangeliums, gewährleistet sieht und Ausführungen über Organisation, Ämter, Sozialformen der Kommunikation und Außenbeziehungen der Kirche nicht in diesen Zusammenhang hineinzieht, sondern anderen Artikeln überläßt und auch dort nicht festschreibt, gewährt sie der freien Gestaltung in Bezug auf die zuletzt genannten Punkte einen außerordentlich großen Spielraum. Das kirchliche Handeln ist damit auch nicht nur auf den Vollzug religiöser Kommunikation in festgelegten Hand-

---

[37] BSLK, 83c.

[38] D. Rössler: Der Kirchenbegriff der Praktischen Theologie. Anmerkungen zu CA VII, in: Kirche. FS G. Bornkamm, hg. von D. Lührmann und D. Strecker, Tübingen 1980, 465ff.

lungsformen beschränkt, vielmehr stehen diese Formen, die jeweiligen Rahmenbedingungen religiöser Kommunikation, und ihre Abstimmung aufeinander selbst zur Disposition. Sie sind Gegenstand desjenigen kirchlichen Handelns, das wir *kybernetisches* Handeln genannt haben. Mit dieser Freisetzung und Erweiterung des kirchlichen Handelns ist auch deren Theorie, nämlich der Praktischen Theologie, ein immenses Betätigungsfeld gegeben. Daß es die Praktische Theologie als besondere Disziplin damals bekanntlich noch nicht gab – der gesamte Prozeß der arbeitsteiligen Ausdifferenzierung der Theologie konnte und mußte erst viel später erfolgen –, ist hier sachlich nicht von Gewicht. Nach der Ausdifferenzierung fällt die Bearbeitung der durch die Reformation freigesetzten Gestaltungsaufgaben nun jedenfalls in den Zuständigkeitsbereich der Praktischen Theologie. Hätte die Reformation all jene Punkte in die Definition aufgenommen und damit festgeschrieben, dann bliebe der Praktischen Theologie nur die Aufgabe, über die ordnungsgemäße Verwaltung und Führung eines durchorganisierten Apparates zu wachen. Nun aber hat die Praktische Theologie „die Grundfunktion der Kirche so in die bestimmte Situation hinein auszulegen und zu gestalten, daß die Bestimmung dieser Funktion zu Worte kommt, nicht aber eine bloß äußerliche Identität gewahrt bleibt."[39]

Es gibt nach evangelischem Verständnis also prinzipiell keine sakrosankten institutionellen Formen der Kommunikation des Evangeliums, sondern bloß solche, die der Grundfunktion angemessen oder unangemessen sind; und unter den angemessenen Formen gibt es mehr oder weniger zweckdienliche.

> So können wir beispielsweise den Konfirmandenunterricht nach Zweckmäßigkeitsgesichtspunkten verlängern oder verkürzen, auf einen früheren oder späteren Termin legen; wir könnten ihn auch – wenn es denn zweckmäßig wäre, was freilich nicht der Fall ist – ganz abschaffen, ohne damit das Wesen der Kirche zu verfälschen. Umgekehrt bedeutete eine der „spektakulärsten" Neuerungen, die Einführung der Frauenordination, die den Frauen dann den Zugang auch zum Bischofsamt eröffnete, keine Wesensveränderung der Evangelischen Kirche, denn der römische Priesterbegriff, nach welchem die Priesterweihe nur Männern zuteil werden kann, ist aus dem reformatorischen Kirchenverständnis ausgeschlossen worden. Es handelt sich also bei der Frauenordination auch nicht um eine „Eroberung" der Kirche durch die Frauen, wie es immer wieder in der Öffentlichkeit dargestellt wird, sondern um eine vom evangelischen Kirchenverständnis selbst ermöglichte und, da sie zweckmäßig war, auch gebotene Erneuerung.

---

[39] Rössler, aaO. 467.

Die konkreten institutionellen Elemente der Kirche werden durch die Kirchendefinition der CA nicht vergleichgültigt, sondern in ein *instrumentelles* Verhältnis zur Grundfunktion der Kirche gesetzt. Dabei ist die selbst invariante Grundfunktion das theologische Kriterium der Angemessenheit der variablen Gestaltungsformen, deren Zweckmäßigkeit, der Kommunikation des Evangeliums in einer sich wandelnden Umwelt zu dienen, immer neu zu überprüfen ist. Das zu tun ist Aufgabe praktisch-theologisch-kybernetischer Reflexion. Die Evangelische Kirche ist somit von ihrer Grundidee her das *Musterbeispiel einer zur flexiblen Selbststeuerung fähigen Institution.* Die außerordentliche kybernetische Leistungsfähigkeit des reformatorischen Kirchenbegriffs besteht darin, daß er geistliche Identität mit einem Höchstmaß an Freiheit in der Gestaltung von Ämtern, Organisationen, Ordnungen und Veranstaltungsformen zu verbinden in der Lage ist.

Zu jener Zweckmäßigkeit gehört freilich auch ein gewisses Maß an Regelmäßigkeit und Gleichförmigkeit. Das wurde schon von den Reformatoren besonders für den Gottesdienst anerkannt. Es ist zweckmäßig, wenn wenigstens innerhalb eines landesherrlichen Territoriums eine gewisse Einheitlichkeit in der Gestaltung des Gottesdienstes herrscht. Da heute eine ausgedehntere gesellschaftliche Mobilität in Rechnung zu stellen ist, müssen wir den Gesichtspunkt anzustrebender agendarischer Einheitlichkeit auch auf größere politisch-gesellschaftliche Einheiten beziehen. Diese Tendenz in Richtung auf Gleichförmigkeit und Regelmäßigkeit tritt in eine naturgemäße Spannung zu dem, was je an seinem Ort und unter Berücksichtigung lokaler Traditionen zweckmäßig ist.[40] Diese Spannung auszugleichen bzw. erträglich zu machen, ist eine der Hauptaufgaben der Kybernetik.

Die Freiheit, die der reformatorische Kirchenbegriff ermöglicht, muß auch von Zeit zu Zeit durch einschneidende Veränderungen in Szene gesetzt werden. Natürlich geht es nicht um Veränderung aus bloßer Neuerungssucht; Luther polemisierte mit Recht dagegen.[41] Aber eine Kirche, die sich äußerlich in ihrem institutionellen Dasein überhaupt nicht oder immer weniger verändern, sondern in geheiligten Traditionen erstarren würde – und das in einer Situation rasanten gesellschaftlichen Strukturwandels –, die wäre mit Sicher-

---

[40] Es handelt sich hier um einen Gegensatz, der mit dem zwischen Institution und Individuum nicht identisch ist, aber sich mit ihm verbinden kann. Es geht vielmehr zunächst um eine Spannung, die bei der Gestaltung der Institution selber regelmäßig auftritt, wobei beide Spannungspole häufig je bestimmte innerkirchliche Traditionen für sich geltend machen.

[41] So aus Anlaß der Wittenberger Turbulenzen von 1521/22; vgl. etwa WA 12, 205.

heit keine reformatorische Kirche mehr. Sie stünde zumindest in der Gefahr, ihr reformatorisches Prinzip zu verleugnen. An die Stelle dessen, was wirklich invariant ist, der Kommunikation des Rechtfertigungsglaubens, träte unter der Hand ein anderer Stabilitätsfaktor: die Tradition einer bestimmten Praxis.

## II.  Die kirchlichen Ämter nach den Bekenntnisschriften

Wir haben gesehen, daß der reformatorische Kirchenbegriff ein Höchstmaß an Freiheit in der institutionellen Gestaltung der Kirche ermöglicht und dessen Ausschöpfung sogar zur Pflicht macht. Daraus folgt aber nicht, daß es gar keine erkennbare spezifische Gestalt der Evangelischen Kirche gäbe. Das Spezifikum der Evangelischen Kirche besteht in der Hochschätzung des Predigtamtes.[42] Sofern es – aus welchen Gründen auch immer – außer dem Amt des Pfarrers oder Predigers noch weitere Ämter in der Kirche gibt, muß ihr Sinn, d.h. ihre Zweckmäßigkeit, sich an ihrer Zuordnung zum Predigtamt erweisen lassen. Es ist also zu unterscheiden zwischen dem aus der Grundfunktion der Kirche unmittelbar abgeleiteten Predigtamt und anderen Ämtern, die dem Predigtamt in einer dienenden Funktion zugeordnet sind.

### 1.  Das Predigtamt

„Solchen Glauben zu erlangen, hat Gott das Predigtamt eingesetzt, Evangelium und Sakrament geben ...“; „Ut hanc fidem consequamur, institutum est ministerium docendi evangelii et porrigendi sacramenta.“ (CA 5). Göttlichem Willen entsprechend gibt es also nach lutherischem Verständnis nur *ein* Amt in der Kirche (ministerium ecclesiasticum), das Predigtamt. Das folgt unmittelbar aus der Wesensbestimmung der Kirche.

> Orientiert man sich dagegen reformierter Tradition gemäß an den im Neuen Testament erwähnten Ämtern, dann kommt man zu mehreren Ämtern, die es in der Kirche geben müsse. So nennt die Expositio simplex (Art. 18 „De Ministris Ecclesiae, ipsorum institutione et officiis“) Bi-

---

[42]  So kann Luther seine kirchlichen Reformbemühungen in der Bemerkung zusammenfassen, er wolle das Predigtamt „wieder in seinen rechten Stand“ bringen. WA 12, 35.

schöfe, Presbyter, Pastoren und Doktoren.[43] Dieser Ämter bedient sich
Gott selber „ad colligendam vel constituendam sibi Ecclesiam, eandemque
gubernandam et conservandam"[44]. Zwischen zeitweiligen und permanenten Ämtern unterscheidend nennt Calvins Institutio: pastores, doc-
tores, gubernatores (bzw. seniores) und diaconi.[45] Die Konvergenzer-
klärungen der Kommission für Glauben und Kirchenverfassung des
Ökumenischen Rates der Kirchen „Taufe, Eucharistie und Amt" rekurrieren in ihrem umstrittenen Amtskapitel unter Berufung auf die alte
Kirche auf „das dreifache Amt von Bischof, Presbyter und Diakon als
Struktur für das ordinierte Amt der ganzen Kirche" (Art. 19).

Demgegenüber hat die „Amtstheologie" der lutherischen Bekenntnisschriften
den Vorzug, nicht in kirchenhistorischen Gegebenheiten, und seien es die der
Urgemeinde, sondern unmittelbar in der Grundaufgabe der Kirche verankert
zu sein. Zu fragen ist nun allerdings, ob das Predigtamt in CA 5 als eine
berufssoziologische Bezeichnung, die mithin allein auf das Pfarramt zu beziehen wäre, zu verstehen ist, oder ob nur an eine unverzichtbare Funktion oder
Tätigkeit gedacht ist: das Predigen muß sein, gleich durch wen und an welchem Ort es geschieht.[46]
  Zu vermuten ist, daß die CA den Ausdruck „Predigtamt" in der gleichen
doppelten Bedeutung verwendet, wie es auch bei Luther zu beobachten ist.
Nach weitem funktionalem Begriffsverständnis treiben auch Schulmeister und
christliche Eltern je an ihrem Ort das Predigtamt.[47] Entsprechend wird auch
das Evangelium auf vielerlei Art weitergegeben, nämlich, wie Luther in den
Schmalkaldischen Artikeln sagt, „erstlich durchs mundlich Wort, darin gepredigt wird Vergebung der Sunde in alle Welt, welchs ist das eigentliche Ampt
des Evangelii, zum andern durch die Taufe, zum dritten durchs heilig Sakrament des Altars, zum vierden durch die Kraft der Schlussel und auch per

---

[43]  Bekenntnisschriften und Kirchenordnungen der nach Gottes Wort reformierten
      Kirche, hg. von W. Niesel, Zollikon-Zürich o.J., 254.
[44]  Ebd. 253.
[45]  Johannes Calvini opera selecta, Vol. V, München 1962, 46, 50f. Ein besonderes
      Bischofsamt kennt Calvin nicht, denn die Heilige Schrift erteile allen, die den
      Dienst am Wort ausüben, den Titel „Bischof"; aaO. 50, 2.5f.
[46]  Zu dieser funktionalen Interpretation neigt z.B. W. Joest: Die ekklesiologischen
      Grundaussagen der evangelisch-lutherischen Bekenntnisse und ihre Relevanz für
      die Kirche in der heutigen Gesellschaft, in: W. Lohff/L. Mohaupt (Hg.): Volks-
      kirche – Kirche der Zukunft? Hamburg 1977, 70-84, dort 73.
[47]  S. etwa WA 30/II, 528; 10/2, 301.

mutuum colloquium et consolationem fratrum …"[48] Zumindest das letzte
Element geht über das Pfarramt hinaus. Daneben finden wir bei Luther das
enge, auf einen besonderen Berufsstand bezogene Begriffsverständnis; so z.B.
wenn er sagt, er selbst wolle, wenn er das Predigtamt nicht ausüben dürfte, am
liebsten Schulmeister sein.[49] Wie bei Luther das weite Begriffsverständnis das
enge einschließt, so ist es wohl auch in CA 5 der Fall; „gemeint ist … das
Geschehen dieses Dienstes in seiner ganzen, sowohl die Aktivität des besonderen Amtes als die des allgemeinen Priestertums umfassenden Weite"[50]. Da
aber in der CA das Verhältnis von ordiniertem Amt und allgemeinem Priestertum nirgends zum Gegenstand gemacht wird, bleiben hier etliche Fragen –
insbesondere kirchenrechtlicher Art – offen. Aber wie auch immer man den
Ausdruck „Predigtamt" in CA 5 auslegt, so gilt doch jedenfalls, daß die Kirche
nicht als durch ein vorab gestiftetes, ihrem Sein vorhergehendes Amt konstituiert gedacht wird. Das Predigtamt ist eine Funktion der Kirche, nicht umgekehrt. Es ist, wie sich noch zeigen wird, aus dem allgemeinen Priestertum
der Glaubenden abgeleitet.[51]

Vom *besonderen* Amt ist nun aber in Art. 14 („De ordine ecclesiastico") die
Rede: „De ordine ecclesiastico docent, quod nemo debeat in ecclesia publice
docere aut sacramenta administrare, nisi rite vocatus." In der deutschen Fassung: „… ohn ordentlichen Beruf". „publice docere" meint die öffentliche, im
Gottesdienst geschehende Verkündigung im Unterschied zu derjenigen Bezeugung des Evangeliums, die jedem Christen aufgetragen ist. Durch welches
geregelte Verfahren jemand in das öffentliche Amt „gebührlich berufen"[52]
bzw. ordiniert wird, darüber werden keine näheren Angaben gemacht. Die
Apologie führt nur aus, daß man an sich das Ordinationsrecht der Bischöfe
nicht habe antasten wollen; da diese aber „die Unsern verfolget und wider ihre
eigene Recht ermordet" hätten, so müsse man „die Bischöfe fahren lassen und
Gott mehr gehorsam sein"[53]. Die Schuld an der sich abzeichnenden Kirchenspaltung, die natürlich durch ein eigenes Berufungsverfahren der Evangelischen vertieft wird, haben also die Bischöfe zu tragen.[54] Sie haben die Notsi-

---

[48]   BSLK, 449.

[49]   WA 30/II, 579f.

[50]   Joest, aaO. 73.

[51]   So auch W. Härle: Allgemeines Priestertum und Kirchenleitung nach evangeli-
       schem Verständnis, MJTh VIII/1996, 61-81, dort bes. 63.

[52]   So in der Apologie; BSLK, 296.

[53]   BSLK, 297.

[54]   BSLK, 297: „Die Bischöfe mögen zusehen, wie sie es verantworten wöllen, daß
       sie durch solche Tyrannei die Kirchen zerreißen und wüst machen."

tuation geschaffen, die die Lutherischen zu einem gegenüber der kanonischen Ordnung selbständigen Vorgehen zwingt. Aber ein solches Verfahren selbst, bei dem dann auch die Art der Mitwirkung der Gemeinde zu bestimmen wäre, wird hier nicht skizziert.[55] Wohl aber darf man schließen, daß zur Berufungsvoraussetzung gewisse Fähigkeiten des minister verbi gehören. Den Bischöfen wird vorgeworfen, sie ordinierten „grobe Esel"[56].

Dem Predigtamt wird durch Art. 5 und Art. 14 nur *eine* präzise *Aufgabe* zugewiesen. Ihm werden mit der öffentlichen Wortverkündigung und der Verwaltung der Sakramente jene „instrumenta" anvertraut, deren sich Gott selber bedient, wenn er nach seinem eigenen Gutdünken („ubi et quando visum est Deo") durch den Heiligen Geist den Glauben hervorruft.[57] Die „Amtstheologie" der CA fügt sich damit nahtlos in die Kirchendefinition ein. Zugleich wird hier die *Grenze* des Amtes deutlich. Das Predigtamt schafft durch die klare Ausrichtung des verbum externum nur eine unverzichtbare Möglichkeitsbedingung für die Entstehung des Glaubens; über diesen selbst hat es keine Gewalt. Aber der Geist wirkt nicht ohne die semantisch klare und glaubwürdige Bezeugung des Wortes, weshalb auch die Wiedertäufer und Schwärmer verworfen werden, die diese Verbindung zugunsten eines unmittelbaren Geistempfangs auflösen. Beides, das Bewußtsein des „Nicht-ohne" und das Bewußtsein des „Nicht-allein-durch" ist konstitutiv für die rechte Führung des auf den Glauben abzielenden Amtes.

Hinsichtlich der konkreten Strukturen des Amtes macht die CA ebensowenig Aussagen wie über die empirische Gestalt der Kirche ingesamt. Infolgedessen besteht hier die gleiche nach den Kriterien der Zweckmäßigkeit zu gebrauchende Freiheit. Festgeschrieben wird – mit gutem Grund wieder außerhalb des Artikels vom Predigtamt – nur eines: den Amtsträgern wird der Ehestand gestattet (Art. 23 „De coniugio sacerdotum").

---

[55] Verwiesen sei hier wieder auf Granes sorgfältigen Kommentar, der CA 14 im Zusammenhang mit Luthers einschlägigen Überlegungen (die wir später darstellen werden) interpretiert.

[56] BSLK, 397.

[57] Die in dem Ausdruck „efficit" enthaltenen Probleme – etwa: ob Gott bzw. der Heilige Geist den Glauben auf irresistible Weise bewirkt oder ob er ihn bloß ermöglicht – können hier nicht aufgegriffen werden. Zur Klärung der Sachfrage vgl. die subtile Untersuchung von W. Härle: Der Glaube als Gottes- und/oder Menschwerk in der Theologie Martin Luthers, MJTh IV, 1992, 37-77.

## 2. Das Bischofsamt

Hier ist vor allem CA 28 „De potestate ecclesiastica" („Von der Bischofen Gewalt") sowie die Auslegung dieses Artikels in der Apologie und schließlich der Abschnitt „De potestate et jurisdictione episcoporum" in Melanchthons „De potestate et primatu papae tractatus" (1537) einschlägig.[58] Dabei ist zu beachten, daß sich diese Texte auf ein schon vorgegebenes und mit bestimmten Privilegien und Befugnissen ausgestattetes Bischofsamt beziehen, nicht aber dieses Amt allerst begründen und hinsichtlich seines Aufgabenbereiches präzisieren wollen, wie es bei den auf das Predigtamt bezüglichen Artikeln der Fall war. Die Texte sind eine kritische, auch polemisch formulierte Auseinandersetzung mit dem katholischen Bischofsamt und seiner konkreten Führung. Statt auf eine Begründung laufen sie eher darauf hinaus, dem Bischofsamt überhaupt den Boden zu entziehen, jedenfalls aber seine Befugnisse drastisch zu beschneiden.

Ferner ist in Rechnung zu stellen, daß wir noch keine kirchenrechtlich und theologisch bis ins letzte durchgeführte römisch-katholische Lehre vom Bischofsamt voraussetzen können. Eine solche Ausformulierung erfolgte erst in späteren Lehrtexten, als deren vorläufiges Ende die Kirchenkonstitution des Zweiten Vatikanum „Lumen gentium"[59] gelten kann. Die Bekenntnisschriften nehmen expressis verbis nur auf die beiden klassischen bischöflichen potestates, die potestas jurisdictionis und die potestas ordinis, Bezug. Die Lehre von der apostolischen Sukzession der Bischöfe wird nicht erwähnt, wohl aber der Sache nach bestritten.

Die Bischöfe beziehen diejenigen Stellen des Neuen Testaments, in denen den Aposteln bestimmte Vollmachten gegeben werden (u.a. Joh 20, 22f: „Nehmt hin den heiligen Geist. Welchen ihr die Sünden erlaßt, denen sind sie erlassen; und welchen ihr sie behaltet, denen sind sie behalten" und Luk 10, 16: „Wer euch hört, der hört mich") auf sich selbst als besonderen Personenstand. Dagegen werden zwei Argumente geltend gemacht. Erstens: Hier werde nicht „universaliter" geredet[60]; hier werde kein unbestimmtes allgemeines Mandat („mandatum cum libera") erteilt[61], sondern ein „gemessener Befehl"[62],

---

[58]   Melanchthons Traktat ist bekanntlich als Ergänzung zur CA und zur Apologie, nicht zu den Schmalkaldischen Artikeln, verfaßt worden.

[59]   Dort das dritte Kapitel: „De constitutione hierarchica Ecclesiae et in specie de episcopatu".

[60]   BSLK, 402.

[61]   BSLK, 401.

[62]   BSLK, 400f.

nämlich der Befehl, das Evangelium zu verkündigen und die Absolution zu erteilen. Eine allgemeine Lehrgewalt, kraft derer die Bischöfe beispielsweise Todsünden definieren könnten[63], läßt sich also aus diesen Sprüchen nicht ableiten, ebensowenig wie eine Befugnis, Satzungen zu erlassen und diejenigen, die sich nicht daran halten, mit dem Bann zu bedrohen. Zweitens: Es geht in diesen Stellen um Vollmachten der ganzen Kirche, um Vollmachten aller Gläubigen bzw. der Versammlung aller Gläubigen, nicht um Vollmachten eines besonderen Amtes.[64] Das Amt der Schlüssel ist allen gegeben. Wenn es auch gewöhnlich von einem berufenen Diener der Kirche ausgeübt wird, so kann doch „in der Not auch ein schlechter Lai einen andern absolviern und sein Pfarrherr werden ..., wie S. Augustin ein Historien schreibet, daß zwene Christen in einem Schiffe beisammen gewesen, der einer den andern getaufet und danach von ihm absolviert sei."[65] Es gibt also überhaupt keine über den einzelnen Gläubigen stehende höhere geistliche Amtsgewalt. Auch nicht die des Pfarrers! Denn daß er öffentlich predigt, die Sakramente handhabt und die Vergebung der Sünden zuspricht, beruht nicht auf einer besonderen Amtsvollmacht, sondern ist *prinzipiell* aus dem abgeleitet, was überhaupt in der Kirche bzw. Gemeinde geschehen muß und wird konkret durch Gesichtspunkte der Zweckmäßigkeit und rechten Ordnung reguliert. Der römische, an eine bestimmte Weihe geknüpfte Priesterbegriff ist aufgehoben, obwohl die Bekenntnisschriften die Bezeichnung Priester/sacerdos weiter verwenden.

Die Pointe der in den Bekenntnisschriften enthaltenen Anschauung vom Bischofsamt tritt hervor, wenn man sieht, wie die *klassischen bischöflichen potestates* (ordinis und jurisdictionis) interpretiert werden. Diese Division als solche gefalle ihm nicht übel, sagt Melanchthon in der Apologie.[66] Nach offizieller römisch – katholischer Lehre ist unter der potestas ordinis die Weihegewalt (bezüglich Priesterweihe, Kirchweihe, Gültigkeit der Sakramente etc.) zu verstehen. Die bischöfliche Jurisdiktion umfaßt die Lehrgewalt (potestas docendi bzw. magisterii) und die Schlüsselgewalt (potestas clavium). Wie sich die Jurisdiktion der einzelnen Bischöfe zum Jurisdiktionsprimat des Papstes[67] verhält, ist ein besonderes, hier nicht zu behandelndes Kapitel.[68]

---

[63] BSLK, 127.

[64] Z.B. BSLK, 491.

[65] Ebd.

[66] BSLK, 400.

[67] Vgl. die „Constitutio dogmatica I ‚Pastor aeternus' de Ecclesia Christi" des Ersten Vatikanum; Denz. 3050-3075.

[68] Abschließende Regelung in dem Anm. 59 genannten Lehrtext des Zweiten Vatikanum.

Melanchthon dagegen faßt die beiden potestates anders zusammen: „So hat ein jeder christlicher Bischof potestatem ordinis, das ist, das Evangelium zu predigen, Sakrament zu reichen, auch hat er Gewalt eines geistlichen Gerichtszwangs in der Kirchen[69], das ist, Macht und Gewalt aus der christlichen Gemeine zu schließen diejenigen, so in öffentlichen Lastern funden werden, und dieselbigen, wenn sie sich bekehren, wieder anzunehmen, und ihnen die Absolution mitzuteilen."[70] Die Weihegewalt ist hier eliminiert. Vielmehr ist die potestas ordinis mit dem Predigtamt, die potestas iurisdictionis mit der Schlüsselgewalt gleichgesetzt. Dieses Festhalten an den beiden potestates geht freilich über CA 28 selbst hinaus. Wenn es dort heißt, daß das Amt der Schlüssel „allein mit der Lehre und Predigt Gottes Worts und mit Handreichung der Sakramente"[71] getrieben werde, so ist ein Unterschied der beiden potestates nicht mehr zu erkennen. Es handelt sich hier aber um keine sachliche, sondern nur um eine terminologische Differenz. Die Pointe ist also, daß die bischöflichen potestates nicht mehr und nicht weniger beinhalten als jenen „gemessenen Befehl", zu dessen Ausführung das Predigtamt eingesetzt ist.

Diese Deckungsgleichheit wird dann auch im Tractatus von 1537 unmißverständlich festgestellt. Sofern es um die geistliche Aufgabe geht, gibt es zwischen Bischöfen und Pastoren keinen Unterschied.[72] So habe auch Hieronymus gelehrt, daß alle hier aufgetretenen Unterschiede „allein aus menschlicher Ordnung kommen sei" („humana auctoritate").[73]

Ein auf diese Weise entstandenes bischöfliches Privileg ist das *Ordinationsrecht*. Dieses Privileg ist auch der einzige Unterschied zwischen Bischof und Pfarrer bzw. Priester, den man als in Notwendigkeiten der Kirche selber begründete sinnvolle Regelung gelten lassen kann.[74] Die Ordination ist aber kein Weiheakt[75], sondern ein kirchenrechtlich gültiger Akt, so wie die Ordination ursprünglich nur die rechtskräftige „Bestätigung" eines vom „Volk" vollzogenen Wahlaktes war.[76] Versagen die Bischöfe, indem sie „das Evange-

---

[69]  Im lateinischen Paralleltext steht hier „potestatem iurisdictionis".

[70]  BSLK, 400.

[71]  BSLK, 121.

[72]  BSLK, 490: „... iure divino non sint diversi gradus episcopi et pastoris"; vgl. 489: „... hanc potestatem iure divino communem esse omnibus, qui praesunt ecclesiis, sive vocentur pastores, sive presbyteri, sive episcopi."

[73]  BSLK, 490.

[74]  BSLK, 493.

[75]  Vgl. Luther: „ordinare non est consecrare"; WA 15, 721.

[76]  BSLK, 491f.

lion verfolgen und tuchtige Personen zu ordiniern sich wegern, hat ein iglich Kirch in diesem Fall guet Fueg und Recht, ihr selb Kirchendiener zu ordiniern ...[77]

Außer der Ordination im angegebenen Sinne obliegt es den Bischöfen wie auch den Pfarrern – beide Ausdrücke werden hier wie bei den geistlichen Funktionen des Predigtamtes mit Bedacht nebeneinander oder auch promiscue gebraucht –, für eine gewisse *Ordnung* in der Kirche zu sorgen. Diese Ordnungsfunktion betrifft vor allem den Sonntag und den Gottesdienst.[78] „Solch Ordnung gebuhrt der christlichen Versamblung umb der Lieb und Friedens willen zu halten, und den Bischofen und Pfarrern in diesen Fällen gehorsam zu sein, und dieselben soferne zu halten, daß einer den anderen nicht ärgere, damit in der Kirche keine Unordnung und wustes Wesen sei."[79] Daß man diese Dinge auch einer Synode oder einem Presbyterium anvertrauen könnte, kommt bei den Lutherischen damals noch nicht in den Blick.

Sofern die Bischöfe noch Befugnisse in Angelegenheiten haben, die die weltliche Gerichtsbarkeit betreffen (etwa in Ehesachen), so handelt es sich hier um von der weltlichen Obrigkeit übertragene oder von ihr geraubte Befugnisse.[80] Diese Dinge gehen „das Ambt des Evangeliums gar nichts an"[81]; sie sollten, so wird auf der Linie der Zwei-Regimente-Lehre argumentiert, an die weltliche Obrigkeit zurückfallen. –

Insgesamt wird man bezüglich der in den Bekenntnisschriften vollzogenen weitgehenden Einschränkung des Bischofsamtes feststellen können, daß die Bestimmungen über das Predigtamt den kritischen Maßstab zur Beurteilung des Bischofsamtes abgeben. Von daher muß den Bischöfen eine besondere höhere geistliche Vollmacht bestritten werden. Hinter diese Position kann auch keine evangelische Kirchenordnung oder Kirchenverfassung zurück.[82]

---

[77] BSLK, 491.

[78] In der „Formula missae et communionis" (1523) hat auch Luther noch einiges am Ablauf des Gottesdienstes in das Belieben des zuständigen Bischofs gestellt. In der „Deutschen Messe" (1526) wird dann der Bischof nicht mehr erwähnt.

[79] BSLK, 129.

[80] BSLK, 494 u.ö.

[81] BSLK, 123.

[82] So heißt es, um nur ein Beispiel herauszugreifen, in Art. 88 der „Verfassung der Nordelbischen Evangelisch-Lutherischen Kirche": „Die Bischöfe sind Pastoren, denen der leitende geistliche Dienst in der Nordelbischen Kirche übertragen ist."

Zugleich ist hier aber auch zu notieren, daß eine alle überparochialen und institutionellen Probleme berücksichtigende Theorie der Kirchenleitung bzw. des Kirchenregiments in den Bekenntnisschriften noch nicht entwickelt ist. Insbesondere wird auf Außenbeziehungen der Kirche zu anderen Institutionen kein Bezug genommen; nur der binnenkirchliche Regelungsbedarf tritt ansatzweise in den Blick. Auch hier aber ist die Freiheit gegeben, eine solche Theorie in Übereinstimmung mit den theologischen Grundentscheidungen der Reformation und unter Bezugnahme auf gewandelte historische und soziokulturelle Bedingungen zu entwerfen. Wir werden uns diesen Problemen an späterer Stelle zuzuwenden haben.

# § 6 Luthers Beitrag zur Kirchentheorie

Die ekklesiologischen Bestimmungen der Bekenntnisschriften befinden sich mit Luthers Einsichten nicht nur im Einklang, sie haben diese zum großen Teil auch zur Voraussetzung. Eine historische Darstellung der Entwicklung des reformatorischen Kirchenverständnisses hätte daher den umgekehrten Weg gehen müssen: von Luthers Kirchenlehre zu der der Bekenntnisschriften. In systematischer Absicht können wir aber Luthers einschlägige Äußerungen – ganz gleich, aus welcher Zeit sie stammen – im Sinne der *Vervollständigung der reformatorischen Grundlegung* unserer Kirchentheorie heranziehen.

Das umgekehrte Vorgehen hätte uns überdies mit theologiehistorischen Problemen belastet, die in der Lutherforschung immer noch kontrovers sind. Das gilt insbesondere für die Frage, wann Luthers „reformatorischer Durchbruch" stattgefunden bzw. in welchen Schritten und Schüben sich seine Rechtfertigungslehre entwickelt hat.[1] Es ist auch nicht zu verkennen, daß das Urteil darüber trotz allen Bemühens um werkimmanente Interpretation von der jeweiligen theologischen Position des Lutherforschers nicht unberührt ist. Das ließe sich an Karl Holls Frühdatierung[2] ebenso nachweisen wie etwa an Ernst Bizers[3] Spätdatierung. Was hält man für den Kernpunkt in Luthers Rechtfertigungslehre? Ist es der Begriff der iustitia Dei passiva? Und wann ist dann die Entwicklung der Rechtfertigungslehre abgeschlossen? Ist es die Erkenntnis des prommissio-Charakters des Wortes Gottes? Nicht strittig ist jedoch, daß Luthers Aussagen über die Kirche von seiner Rechtfertigungslehre her zu verstehen sind. Es waren die Konsequenzen der Rechtfertigungserkenntnis, die Luther in immer stärkere Spannung zum Kirchenverständnis und zur kirchlichen Praxis seiner Zeit brachten und ihn dazu trieben, die Grundlagen der römischen Kirche, die sich ihm nun auch äußerlich entgegenstellte, Stück für Stück zu demontieren und eigene Gedanken auszufor-

---

[1] Unter Einbeziehung des gesamten Forschungsstandes berichtet darüber detailliert M. Brecht: Martin Luther, Bd. 1, Sein Weg zur Reformation 1483-1521, Stuttgart 1981, bes. 215-230; vgl. ferner R. Schwarz: Luther (Die Kirche in ihrer Geschichte, Bd. 3, Lief.I), Göttingen 1986, 128-137.

[2] K. Holl: Gesammelte Aufsätze zur Kirchengeschichte I, Tübingen 1923[2/3], 193ff.

[3] E. Bizer: Fides ex auditu. Eine Untersuchung über die Entdeckung der Gerechtigkeit Gottes durch Martin Luther, Neukirchen-Vluyn 1966[3].

mulieren. „Seine *Rechtfertigungslehre* war es, die unmittelbar auch seine neue Auffassung der Kirche hervortrieb."[4]

Dieser Zusammenhang von Rechtfertigungslehre und Kirchenbegriff führt zunächst zur Konzeption der Kirche als „Kirche des Wortes" (I). Dieser Kirchenbegriff spitzt sich zu in der Lehre vom Priestertum aller Gläubigen (II). Das Pendant dieser Entwicklung ist die Kritik an der Papstkirche (III). Weiter ist dann das Verhältnis der Kirche zu anderen Institutionen, insbesonderer zur politischen Obrigkeit zu bestimmen, wofür die Zwei-Regimente-Lehre den gedanklichen Rahmen abgibt (IV). Ein Blick auf die Entstehung des landesherrlichen Kirchenregiments als derjenigen „Lösung", die die kirchenpolitischen Möglichkeiten für Jahrhunderte bestimmte, bildet den sachgemäßen Abschluß (V).

# I. Die Kirche des Wortes

Das Mittel, mit dem Gott den Rechtfertigungsglauben und damit das Heil des Menschen ermöglicht, ist das Wort, verstanden als in der Predigt verkündigtes Wort und als verbum visibile in den Sakramenten. Daher mußte sich Luthers Kirchenverständnis unmittelbar als neues Gottesdienstverständnis herausbilden. Was uns schon an CA 7 aufgefallen war, daß nämlich das Wesen der Kirche vom Wesen des Gottesdienstes her bestimmt wird, gilt in der gleichen Weise vorher schon für Luther. „Reformation – das war in den Anfangsjahren der Bewegung Kampf um den Gottesdienst."[5]

## 1. Das neue Gottesdienstverständnis

Das Heil wird dem Menschen nicht mehr sakramental-substanzhaft vermittelt, sondern wort- und entscheidungshaft.[6] Daher soll auch im Gottesdienst

---

[4]   K. Holl: Die Entstehung von Luthers Kirchenbegriff, in: Gesammelte Aufsätze zur Kirchengeschichte I, Tübingen 1923[2/3], 288-325, dort 289.

[5]   P. Cornehl: Öffentlicher Gottesdienst. Zum Strukturwandel der Liturgie, in: ders./H.-E. Bahr (Hg.): Gottesdienst und Öffentlichkeit. Zur Theorie und Didaktik neuer Kommunikation, Hamburg 1970, 118-196, dort 161.

[6]   Wie K.-H. Bieritz auf semiotischer Grundlage gezeigt hat, kann diese neue Akzentuierung des gottesdienstlichen Geschehens auch im Zusammenhang mit einem gesamtkulturellen Codewechsel von einer stärker gegenständlich-rituellen Wahrnehmung zu einer an das Medium Wort und Schrift gebundenen Kommu-

nichts anderes geschehen, „denn daß unser lieber Herr selbst mit uns redet durch sein heiliges Wort und wir wiederum mit ihm reden durch Gebet und Lobgesang"[7]. Damit sind die für jeden Gottesdienst unverzichtbaren Elemente genannt. Der Gottesdienst ist ein *dialogisches Geschehen* zwischen Gott und Mensch auf der Ebene sprachlicher Bewußtheit. Dabei fällt der *Predigt* eine führende Rolle zu. „Darumb wo nicht gotts wort predigt wirt, ists besser das man widder singe noch leße, noch zu samen kome."[8] Das Bibelwort bedarf der vergegenwärtigenden *Auslegung,* damit es zur Anrede wird; daher kann Luther auch die bloße Verlesung biblischer Texte mit dem „Zungenreden" vergleichen.[9] Konstitutiv für den Gottesdienst ist dann aber auch die Rolle, die der Gemeinde im Dialog mit Gott zugewiesen wird. Sie antwortet durch Gebet und Lobgesang.

Aus diesen einfachen Grundsätzen ergibt sich alles weitere, was über Luthers Gottesdienstverständnis auszuführen ist. Zunächst die *Abgrenzungen*: Die römische Meßopferlehre gilt Luther als satanisch, weil und sofern sie sich anheischig macht, durch die Wiederholung des Opfers Christi Gott zu versöhnen[10]; dadurch tritt die Kirche als handelndes Subjekt in Gestalt des geweihten Priesters zwischen Gott und die einzelnen Glaubenden und zerstört den unmittelbaren worthaften Dialog, der das Wesen des Gottesdienstes ist. Daher wird der canon missae gestrichen.[11] Auf der anderen Seite werden die Privat- und Winkelmessen verworfen, weil die Anwesenheit und Antwort der Gemeinde unverzichtbar für das gottesdienstliche Geschehen sind.

---

nikation verstanden werden. Vgl. seine aufschlußreiche Interpretation der Schrift „Von ordnung gottisdiensts ynn der gemeine" (1523): Daß das Wort im Schwang gehe. Reformatorischer Gottesdienst als Überlieferungs- und Zeichenprozeß, JLH 28/1985, 90-104. Zur Bedeutung des Visuellen in der spätmittelalterlichen Messe vgl. H.B. Meyer: Luther und die Messe. Eine liturgiewissenschaftliche Untersuchung über das Verhältnis Luthers zum Meßwesen des späten Mittelalters, Paderborn 1965, bes. das Kapitel über die Elevation, 261ff. P. Cornehl interpretiert den reformatorischen Gottesdienst als – freilich nur teilweise gelungene – Herstellung einer neuen Form von Öffentlichkeit (op. cit. 148-171).

[7]  WA 49, 588, Predigt zur Einweihung der Torgauer Schloßkapelle 1544.

[8]  WA 12, 35.

[9]  Ebd.

[10]  Vgl. damit Melanchthons scharfe Polemik gegen den"greulich Irrtumb", „Christus hab durch seinen Tod allein fur die Erbsund gnuggetan und die Messe eingesetzt zu einem Opfer fur die anderen Sunde." BSLK, 93.

[11]  Eine einzige Stelle möge hier genügen: „Proinde omnibus illis repudiatis, quae oblationem sonant, cum universo Canone, retineamus, quae pura et sancta sunt ..." WA 12, 211.

Positiv gilt für die *Predigt*: „nihil nisi Christus praedicandus."[12] Das schließt freilich die Predigt des Gesetzes ein.[13] An die Stelle der Erbauung der Gemeinde mit Heiligenviten – Luther spricht von eingedrungenen „unchristlichen Fabeln und Lügen"[14] – tritt die Vertiefung in das Handeln und Leiden Christi. Der Christus der Evangelien ist auf der einen Seite die Veranschaulichung des väterlichen Herzens Gottes. So wie Christus handelt, handelt Gott mit uns. Auf der anderen Seite ist Christus das Bild des Menschen vor Gott. Wir sollen mit seinem Glauben an den himmlischen Vater konform werden und unser eigenes ewiges Geschick in Christi Weg durch Leiden, Kreuz und Auferstehung erblicken. Denn Gott handelt so an den Glaubenden, wie er an Christus gehandelt hat. Die Kennzeichen der vita christiana werden an der lebendigen Person Christi, die ihrerseits mit der paulinischen Rechtfertigungslehre zusammengesehen wird[15], entwickelt und in einem ständigen Hin und Her zwischen Christus und Beispielen gegenwärtiger Erfahrung sowie zwischen biblischen Figuren, an denen Jesus handelt, und uns veranschaulicht. Der Prediger hat das verbum externum in Gestalt der Christuspredigt semantisch *klar* und *einfach*, d. h. in beständigem Wechsel zwischen definitio und illustratio und damit sowohl den Regeln der Dialektik (die sich an den Verstand wendet) als auch der Rhetorik (die an Herz und Wille appelliert)[16] folgend, vorzutragen. Zugleich redet der Prediger aber auch als *glaubwürdiger Zeuge*. Was er sagt, gilt für sein eigenes Leben, weshalb Luther auch auf der assertorischen Redeform besteht.[17] Die eigene Erfahrung und die des Zeitge-

---

[12]   WA 16, 113, in Anlehnung an 1 Kor 1, 23: „Wir aber predigen den gekreuzigten Christus".

[13]   Zu Luthers Christuspredigt vgl. E. Hirsch: Gesetz und Evangelium in Luthers Predigten, in: Luther 25/1954, 49-60, neu abgedruckt in: Homiletisches Lesebuch. Texte zur heutigen Predigtlehre, hg. von A. Beutel u.a., Tübingen 1986, 59ff; ferner H. M. Müller: Luthers Kreuzesmeditation und die Christuspredigt der Kirche, KuD 15/1969, 35ff.

[14]   WA 12, 35.

[15]   Nach Hirschs Urteil (aaO.65) hat Luther in seiner Predigt „die Evangelien ebenso unter der Bank hervorgeholt wie den Paulus". Dabei hat er gerade die Menschheit Jesu in neuer Form homiletisch zur Geltung gebracht.

[16]   Vgl. WATR 2, 359, Nr. 2199a.

[17]   Zu Luthers homiletischen Grundsätzen, die hier nicht ausführlich dargestellt werden können, vgl. außer der in Anm. 13 genannten Literatur besonders D. Rössler: Beispiel und Erfahrung. Zu Luthers Homiletik, in: Reformation und Praktische Theologie. FS W. Jetter, hg. von H. M. Müller und D. Rössler, Göttingen 1983, 202-215 sowie R. Preul: Luther und die Praktische Theologie. Beiträge zum kirchlichen Handeln in der Gegenwart, Marburg 1989, 92-100.

nossen ist zur Sprache zu bringen. Liegt schon in Luthers Anweisungen für eine dem Volke verständliche, erfahrungsbezogene und glaubwürdige Predigt ein Ernstnehmen der Gemeinde, so bemüht er sich etwa ab 1523, die selbständige Rolle der Gemeinde im Gottesdienst vor allem durch eine *Wiederbelebung des Gemeindegesangs* zu stärken. Man brauche „muttersprachliche Psalmen" bzw. „geistliche Gesänge, wodurch das Wort Gottes auch als Gesang unter den Leuten bleibt", schreibt Luther Ende 1523 an Spalatin.[18] Luther hat diesem Postulat vor allem durch die eigene Liederdichtung entsprochen. Über diesen erfolgreichen Bemühungen um das neue deutsche Kirchenlied darf allerdings nicht vergessen werden, daß Luther auch den lateinischen Gregorianischen Choral erhalten wollte, und zwar nicht nur in der lateinischen, sondern auch in der deutschen Messe. Der Hauptgrund war, daß dieser in die alte Kirche zurückgehende Gesang in seiner Tonführung ganz dem biblischen Wort sich anschmiegt und damit dessen Wirkung auf das menschliche Gemüt verstärkt.[19]

Die konkreten Ordnungen, die Luther für den evangelischen Gottesdienst entwirft[20], verstehen sich als Vorschläge mit dem Zweck, eine gewisse territoriale Einheitlichkeit herzustellen. Grundsätzlich ist jede Gemeinde frei, so oder anders zu verfahren. Macht man „ein Gesetz" daraus, so ist wieder alles verdorben. Diese Freiheit in der äußeren Gestaltung muß sich nicht zuletzt darin bewähren, daß man – im Unterschied zu den Bilderstürmern – auf radikale Neuerungen verzichtet und Rücksicht auf die Schwachen nimmt, also auch kompromißfähig ist. Luther hat diese Rücksicht u.a. dadurch geübt, daß er zwar alle Heiligenfeste eliminierte – und damit das ursprüngliche Kirchenjahr überhaupt wieder sichtbar machte –, aber bestimmte Marienfeste doch noch eine Zeitlang bestehen lassen wollte. Wichtiger als die konkreten Ordnungen, die Luther entwickelt, sind die reformatorischen Prinzipien, an denen er sich dabei orientiert. Neben der „Freiheit" in der Durchführung sind das die „Verstehbarkeit" und „Öffentlichkeit" des Gottesdienstes (,,öffentliche Reizung zum Glauben und zum Christentum")[21] sowie das Bestehen auf

---

[18] WAB 3, 220. In diesem lateinisch geschriebenen Brief finden sich auch Luthers Prinzipien für die sprachliche und inhaltliche Gestaltung der von ihm geforderten neuen Lieder.

[19] Vgl. hierzu B. Höcker: Lateinische Gregorianik im Lutherischen Gottesdienst? St. Ottilien (Dissertationen. Theologische Reihe Bd. 69) 1994.

[20] Vgl. bes. die Schriften „Von Ordnung Gottesdiensts in der Gemeine" (1523), „Formula Missae et Communionis" (1523) und „Deutsche Messe" (1526).

[21] WA 19, 75.

einer Sprache, die die Realpräsenz Christi in der gottesdienstlichen Versammlung ermöglicht.[22]

## 2. Die verborgene Kirche

Das Wort Gottes bewirkt, je nachdem ob es Glauben findet oder nicht, eine
radikale Scheidung, die mitten durch die bestehende Kirche hindurchgeht.
Nur ist für menschliches Auge nicht zu erkennen, wo die Linie verläuft. Au
ßerdem ist auch damit zu rechnen, daß sie sich beständig verschiebt. Die
wahre Christenheit, die Kirche der wahrhaft Gläubigen ist verborgen.

Diese Lehre von der verborgenen, „geistlichen, innerlichen Christenheit",
die eine „Versammlung der Herzen im Glauben" ist, sie ist der Grund dafür,
daß Luther die „leibliche äußerliche Christenheit"[23] – nach einem zunächst
anachronistisch klingenden Urteil Karl Holls – als „Volkskirche" sich denkt.[24]
Denn es ist gerade die Verborgenheit der wahren Kirche, die die Toleranz
gegenüber der gegebenen sichtbaren Kirche und ihren Mitgliedern begründet. Während Gott nach dem Maßstab des Glaubens urteilt und auch allein
dazu befähigt ist, haben wir uns an den Maßstab der Liebe zu halten: „Ich
nenne und halte sie als heilige, ich heiße und urteile sie als die Kirche Gottes,
nach der Regel der Liebe, nicht nach der Regel des Glaubens. Das ist, die
Liebe, als welche von jeglichem das allerbeste meinet und ist nicht argwöhnisch, und glaubt alles und versieht sich des Guten von ihrem Nächsten, heißt
einen jeglichen heilig, der da getauft ist, und ist ohn Gefahr, so sie irrt. Denn
es ist der Liebe Art, sich täuschen zu lassen, dieweil sie allem Brauch und
Mißbrauch von allen preisgegeben ist, eine Magd für alle, die Guten und die
Bösen, die Gläubigen und die Ungläubigen, die Wahrhaftigen und die Trügerischen."[25] Luther widersteht jeder Versuchung, diejenigen, die mit Ernst
Christen sein wollen, im Sinne einer Bekenntniskirche zu sammeln und die
übrigen auszusondern. Der entsprechende Versuch der Schwärmer mußte ihm

---

[22]  Vgl. dazu bes. das Kapitel „Was ist ein lutherischer Gottesdienst?" in: R. Preul,
aaO. 113ff. Dort auch die wichtigsten Einzelbelege.

[23]  Diese Unterscheidung, die keine Trennung von äußerlicher und innerlicher
Christenheit bedeutet, findet sich in der Schrift „Von dem Papsttum zu Rom
wider den hochberühmten Romanisten zu Leipzig" (1520); WA 6, 296f.

[24]  K. Holl, aaO. 308.

[25]  WA 18, 652. Die Passage aus „De servo arbitrio" wird hier nach der Übersetzung
von E. Hirsch zitiert: Hilfsbuch zum Studium der Dogmatik, Berlin 1964[4], 208.

schon deshalb frevelhaft erscheinen, weil hier verkannt wird, daß auch die „Heiligen" immer noch Sünder sind.[26]

Das Urteilen nach der Regel der Liebe hat übrigens auch zur Folge, daß Luther in puncto Kirchenzucht recht zurückhaltend ist. An deren Stelle tritt das katechetisch-pädagogische Bemühen Luthers, die Laien zu eigenem Urteilen und selbständigem Christenstand zu befähigen.

## II. Amt und allgemeines Priestertum

An die Stelle der Kirche von Unmündigen, die durch das kirchliche Lehramt geführt werden, tritt *„eine Gemeinschaft von Selbstbefugten und Urteilsberechtigten"*[27]. Darin ist die von Luther schon früh entwickelte Lehre vom Priestertum aller Gläubigen begründet. Die Magna Charta dieser Lehre ist die Schrift „Daß eine christliche Versammlung oder Gemeine Recht und Macht habe, alle Lehre zu urteilen und Lehrer zu berufen, ein- und abzusetzen, Grund und Ursach aus der Schrift" (1523).[28] Die dort entwickelten Gesichtspunkte gelten für Luther unbeschadet der Tatsache, daß in dieser Schrift das eigenmächtige Handeln der Leisniger Gemeinde nachträglich legitimiert wird. Der Gedanke des allgemeinen Priestertums war von Luther auch schon vorher, besonders in „De captivitate Babylonica ecclesiae praeludium" (1520), klar formuliert worden: „Wir sind alle gleichermaßen Priester"[29]. Was das beinhaltet, wird ebenso deutlich ausgesprochen: „Denn man weyß woll, was priesterschafft fur gewalt mit sich bringt, nemlich predigen, meß hallten, sacrament handelln unnd des hymels schlussel brauchen."[30]

Diese Vollmacht hat jeder Christ, weil und sofern er dem Wort glaubt, unmittelbar von Gott: „Denn das kan niemant leucken, das eyn iglicher Chri-

---

[26] W. Härle (Art. Kirche, dogmatisch, TRE XVIII, 287) hat gezeigt, daß der Ausdruck „verborgene Kirche" Luthers Anliegen besser gerecht wird als der Begriff der ecclesia invisibilis. Letzterem haftet „fast unvermeidlich die Vorstellung von einer sogenannten ‚civitas Platonica', also einer bloß idealen bzw. als Idee existierenden Gemeinschaft an". Es geht primär nicht um die Unsichtbarkeit der Gemeinschaft der Glaubenden, sondern um deren „Unabgrenzbarkeit".

[27] K. Holl, aaO. 319.

[28] WA 11, 408-416.

[29] Im Original: „Esto itaque certus ... omnes nos aequaliter esse sacerdotes"; WA 6, 566.

[30] WA 8, 248; vgl. WA 12, 180.

sten gottis wort hatt, und von gott gelert und gesalbet ist tzum priester."[31] Als
Schriftgrundlage zitiert Luther natürlich 1 Pt 2, 9 „Ihr seid das königliche
Priestertum ...", ferner Joh 6, 45 „Sie werden alle von Gott gelehrt sein" und
Ps 45, 8 „Darum hat dich der Herr, dein Gott, gesalbt mit Freudenöl wie
keinen deinesgleichen" – eine Stelle, die wir sicher nicht mehr heranziehen
können. Deshalb kann die sog. bischöfliche „Priesterweihe" nicht mehr sein
als bestenfalls die Anerkennung dieser schon verliehenen höchsten Weihe.

Entscheidend für das richtige Verständnis von Luthers Lehre vom allgemeinen Priestertum ist nun dreierlei:

a) Alle Befugnis, die Luther dem sog. Laien zuspricht, hat ihren Grund in
der *theologischen Urteilsfähigkeit* des Laien. Sie ist der Kern dessen, was Luther
inhaltlich unter dem allgemeinen Priestertum versteht. Ein jeglicher Christ ist
nur deshalb von Gott zum Priester gesalbt, weil und sofern er zuvor „von Gott
gelehrt" ist. Dieses Gelehrtsein besteht natürlich nicht in besonderen Einge-
bungen, sondern allein darin, daß er das verbum externum der christlich-
biblischen Verkündigung dank des Wirkens des Heiligen Geistes *verstanden*
und als wahr *angenommen* hat. Luther traut es jedem noch so einfältigen Christen zu, das, was das Evangelium besagt und bedeutet, klar zu verstehen. Dieses mit dem Christsein als solchem gegebene und für es konstitutive Verstehen
begründet zugleich die höchste Lehrgewalt in der Kirche. Sie äußert sich darin, daß der christliche Laie in der Lage ist, alle Lehre und alle Lehrer daraufhin
zu beurteilen, ob ihm eine evangeliumsgemäße Lehre bzw. Predigt vorgetragen wird, oder ob das nicht der Fall ist. Die Laien sind zu solchem Urteil nicht
nur berechtigt, sondern auch verpflichtet: Sie „sinds schuldig tzu urteylen bey
gottlicher maiestet ungnaden"[32]. Es ist natürlich ein Implikat dieser allgemeinen Urteilspflicht, daß jeder auch bereit sein muß, sich selber beurteilen zu
lassen.

Luther hat also das kirchliche Lehramt, sofern darunter eine letztinstanz-
liche Urteilsbefähigung und -befugnis zu verstehen ist, nicht einfach abgeschafft, sondern allgemein gemacht. Er nimmt es dem Papst, den Bischöfen,
den Konzilien und den Gelehrten und gibt es jedem wahrhaftigen Christen.[33]

---

[31]  WA 11, 411.

[32]  WA 11, 411.

[33]  WA 11, 409: „Denn Christus setzt gleich das widderspiel, nympt den Bischoffen,
      gelerten und Concilien beyde recht und macht, tzu urteylen die lere und gibt sie
      yderman und allen Christen ynn gemeyn."

Damit ist natürlich nicht die Notwendigkeit bestritten, daß es in der Kirche auch Gelehrte im üblichen Wortsinn geben müsse. Die Urteilskompetenz des Laien – man muß sagen: des Laien, wie Luther ihn sich wünscht und dem er alle seine katechetischen Bemühungen widmet – ist darin begründet und zugleich begrenzt, daß er über einen klaren und biblisch fundierten summarischen Begriff des Christlichen verfügt.[34] Er ist aber überfordert, wenn es darum geht, diese oder jene Schriftstelle gegen Fehlinterpretationen in Schutz zu nehmen. Dafür bedarf es des sprachkundigen, philologisch und hermeneutisch versierten Gelehrten, der zum öffentlichen Streit taugt; das Portrait eines solchen doctor biblicus zeichnet Luther in seiner Schrift „An die Ratsherren aller Städte deutsches Lands, daß sie christliche Schulen aufrichten und halten sollen" (1524).[35]

b) Besteht das allgemeine Priestertum im Kern in der Teilhabe am Lehramt, dann hat sich damit der *Priesterbegriff selbst in entscheidender Weise verändert.* Es ist nicht so, daß nun die Laien in demselben Sinne Priester wären, in welchem es die römischen Priester waren. Vielmehr ist jetzt umgekehrt der Sachgehalt des Begriffs des allgemeinen Priestertums maßgebend für jedes besondere Priestertum.[36] Es gibt nicht mehr den Opferpriester, der sein eucharistisches Amt kraft einer besonderen Weihe verrichtet (wobei zu diesem Gegensatz gegen das geweihte Priestertum auch noch der gegen das Mönchtum als besonderen Stand tritt). Wie schon das Verstehen des Evangeliums für das Christsein konstitutiv ist, so ist auch dessen Bezeugung jedem Christen aufgetragen. Priestersein heißt also *das Predigtamt treiben.* Und dieses Amt gibt es nun nicht nur als öffentliches Amt, sondern – im Sinne eines von Luther zugleich festgehaltenen weiten Wortverständnisses – als Lebensaufgabe jedes einzelnen Christen. Alle treiben je an ihrem Ort das Predigtamt; das gilt namentlich für Eltern[37] und Schulmeister[38] und ganz besonders für die Hausväter, die ihre Kinder und ihr Gesinde anhand des Katechismus unterweisen.[39]

---

[34] Das vielleicht anschaulichste Bild, wie Luther sich das denkt, gewinnt man aus der Vorrede zur Deutschen Messe (1526); vgl. bes. WA 19, 77f.

[35] Vgl. bes. WA 15, 40.

[36] Übrigens wird der Ausdruck „sacerdotes" neben und gleichbedeutend mit „pastores" noch in der Konkordienformel verwendet.

[37] Vgl. etwa WA 10/II, 301.

[38] WA 30/II, 528 u.ö.

[39] Wie das im Sinne Luthers geschehen soll, schildert eindrücklich W. Grünberg: Lernen im Rhythmus des Alltags, PTh 70/1981, 258ff.

Die Ersetzung des alten Priesterbegriffs durch einen neuen, am Predigtamt orientierten Priesterbegriff erhält auch dadurch einen besonders pointierten Ausdruck, daß Luther alle sonstigen priesterlichen Tätigkeiten in den Schatten des „höchsten Amtes des Wortes" stellt: „Darumb wem das predig ampt auffgelegt wirt, dem wirt das hohist ampt auffgelegt ynn der Christenheyt. Der selb mag darnach auch teuffen, meß hallten und alle seel sorge tragen odder so er nicht will, mag er an dem predigen alleyne bleyben und teuffen und andere unterampt andern lassen."[40]

c) Wie verhält sich nun aber das allgemeine Priestertum zum besonderen kirchlichen Amt? Wie verhält sich das Predigtamt im weiteren zu dem im engeren Sinne? Wenn an das allgemeine Priestertum bereits alle geistlichen Befugnisse von der Predigt über die Sakramentsverwaltung bis zur Absolution geknüpft sind, ist dann nicht die Amtsführung des Pastors eine Widerrufung oder Außerkraftsetzung des allgemeinen Priestertums? Diese häufig gestellte Frage ist mit Luther aus mehreren Gründen zu verneinen.

Einmal ist darauf zu verweisen, daß das Priestertum der Laien, auch wenn es die öffentliche Wortverkündigung durch Predigt und Sakrament (das publice docere, CA 14) dem ordinierten Pastor überläßt, keineswegs funktionslos wird, wie schon unter b dargelegt wurde. Die Bezeugung des Evangeliums durch die Hausväter ist Teilnahme am höchsten Amt in der Kirche und von nicht geringerer Würde und Wichtigkeit als die gottesdienstliche Predigt.

Sodann kann es nach Luther Situationen geben, in denen auch der schlichte Christ öffentlich das Evangelium verkündigen darf und muß, also so zu handeln hat, als wäre er ein formell berufener minister verbi. „Wenn er ist an dem ort, da keyn Christen sind, da darff er keyns anders beruffs denn das er eyn Christen ist ynnwendig von gott beruffen und gesalbet. Do ist er schuldig, den yrrenden heyden odder unchristen tzu predigen und tzu leren das Euangelion aus pflicht bruderlicher liebe, ob yhn schon keyn mensch datzu berufft."[41]

Anders verhält es sich, wenn man sich schon in der Christengemeinde vorfindet. Und das ist der Normalfall. Hier wäre es Anmaßung und Mißachtung der Rechte der Mitchristen, wenn einer das öffentliche Predigtamt einfach an sich reißen wollte. Gerade weil alle prinzipiell berechtigt sind, darf sich

---

[40] WA 11, 415f. – Der Begriff des allgemeinen Priestertums ist ein hervorragendes Beispiel für die „terminologiepolitische Strategie" der Reformatoren: nämlich ihren Neuansatz nicht durch die Prägung ganz neuer Bezeichnungen kenntlich zu machen, sondern dadurch, daß schon vorhandene Begriffe neu interpretiert bzw. auf ihren ursprünglichen Sinn zurückgeführt werden.

[41] WA 11, 412.

kein einzelner willkürlich hervortun.[42] In dieser Situation bedarf es der Beauftragung bzw. Berufung durch die Mitchristen. Sie delegieren die Aufgabe der öffentlichen Verkündigung an einen, der ihnen für dieses Amt besonders geeignet erscheint[43], damit er „an stad und befehl der andern predige und lere"[44]. Hier zeigt sich, daß das allgemeine Priestertum so etwas wie ein Prinzip der Gemeindeverfassung ist.[45] Das ordinierte Amt wird im Gegenüber zu einer mündigen Gemeinde aus urteilsfähigen Christen bestimmt, die den Amtsträger beruft und gegebenenfalls auch abberuft. Luther zieht daraus auch gleich die Konsequenz, daß eine Einsetzung von Predigern ohne Anerkennung der Gemeinde nicht zulässig ist; der Bischof kann allenfalls die Wahl der Gemeinde „bestätigen"[46]. Luther denkt hier an ein prinzipielles Recht der Gemeinde, nicht an eine Notregelung, die aus dem Versagen der damaligen Bischöfe zu begründen wäre. Denn selbst wenn man „rechtschaffene" Bischöfe hätte, die geeignete Prediger einsetzen wollen, „kunden und sollen sie dasselb nicht thun on der gemeyne willen, erwelen und beruffen, ausgenomen, wo es die nott ertzwunge"[47]. Auch Paulus, Titus und Timotheus hätten nie einen Priester „on der gemeyne erwelen und beruffen" eingesetzt.[48] –

Von diesen Grundsätzen ist Luther nie abgewichen, auch wenn die kirchenpolitische Entwicklung teilweise Wege eingeschlagen hat, die das Recht und die Würde der Gemeinde in den Hintergrund treten ließen. Die Stärke des Modells vom allgemeinen Priestertum in seiner Beziehung auf das kirchliche Amt, so wie es in der vorzugsweise herangezogenen Schrift Luthers entwickelt wird, liegt aber auch mehr auf der Seite der theologischen Klarheit im Prinzipiellen als auf der Seite kirchenrechtlicher Regelungen, die jeweils neu und

---

[42]  Ebd.

[43]  WA 11, 411: „die ienigen, so man geschickt datzu findet und die gott mit verstand erleucht und mit gaben datzu getziert hatt".

[44]  WA 11, 412.

[45]  So auch Holl, aaO. 319: „Wenn Luther aber weiter aus dem allgemeinen Priestertum folgert, daß eben *deshalb, weil es* ein allgemeines ist, niemand *ohne der Gemeinde Bewilligung* sich hervortun dürfe, so wüßte ich nicht, was dann das allgemeine Priestertum anders als ein ‚Verfassungsprinzip' sein sollte."

[46]  WA 11, 414.

[47]  Ebd.

[48]  Ebd. – Man hat mit Recht darauf hingewiesen, daß hier aus theologischen Gründen ein auch politisch verallgemeinerungsfähiges Modell konzipiert wurde, das den demokratischen Fundamentalsatz „Alle Macht geht vom Volke aus" eindrucksvoll illustriert. Vgl. W. Härle: Ausstieg aus der Kernenergie? Einstieg in die Verantwortung! Neukirchen-Vluyn 1986, 57.

den Umständen entsprechend daraus abzuleiten wären. Hier bleiben in Luthers Überlegungen einige Fragen offen, vielleicht sogar bewußtermaßen. Durch welches Verfahren erwählt und beruft die Gemeinde? So etwas wie einen seinerseits gewählten Kirchenvorstand kennt Luther noch nicht. Und woran erkennt man, daß jemand zur Übernahme des öffentlichen Predigtamtes qualifiziert („geschickt", „mit Verstand erleuchtet" und „mit Gaben geziert") ist? Welcher Art von Ausbildung und Auslese bedarf es dazu? Und schließlich: Durch welche Art der Zusammenwirkung von Laienschaft und kirchlicher Obrigkeit wird die Amtseinsetzung eines Pastors ein kirchenrechtlich gültiger Akt? Das sind die Fragen, die jeweils neu zu stellen und unter Bezugnahme auf Luthers Lehre vom allgemeinen Priestertum auf zweckmäßige Weise zu regeln sind. Verbindlich sind dabei die *Prinzipien* dieser Lehre, weil sie unmittelbar aus dem reformatorischen Verständnis des Wesens des Christseins abgeleitet sind, nicht aber Hinweise und Vorschläge zur kirchenrechtlichen Ausgestaltung des Modells, die sich etwa aus anderen Schriften Luthers gewinnen ließen.

Deutlich ist nach alledem jedenfalls, daß man die Lehre vom allgemeinen Priestertum und die vom kirchlichen Amt nicht gegeneinander ausspielen darf. Amt und allgemeines Priestertum setzen sich gegenseitig voraus und sind nur miteinander zu bestimmen. Das besondere ordinierte Amt entspringt aus dem allgemeinen Priestertum und dient dessen Schutz und Pflege.[49] Es zeugt von einem verengten Verständnis des allgemeinen Priestertums, wenn man dessen Gültigkeit und Wirklichkeit allein daran messen will, ob und in welchem Maße und wie oft die sogenannten Laien in einer Kirche dasselbe tun wie üblicherweise die Amtsträger. Damit soll natürlich nicht bestritten werden, daß das allgemeine Priestertum u.a. auch darin seinen Ausdruck finden kann, daß gelegentlich Laien predigen. Aber das allgemeine Priestertum hat ein weit größeres Betätigungsfeld – oder: sollte es haben! Es reicht von der aktiven Beteiligung der Laien am Gottesdienst[50] und der Wahrnehmung vielfältiger besonderer Aufgaben in der Gemeinde (Besuchsdienste etc.) über ihre Mitwirkung an der Gemeindeleitung und am Kirchenregiment bis zur Bezeugung des Evangeliums in Familie und Alltag. Und es hat sein Zentrum in der

---

[49] Das hat besonders deutlich herausgearbeitet W. Härle: Allgemeines Priestertum und Kirchenleitung nach evangelischem Verständnis, MJTh VIII/1996, 61-81.

[50] Auch Luther kennt und schätzt natürlich den Lektorendienst, er hat sich auch für die Beibehaltung der Choralschola ausgesprochen. Zu letzterem vgl. B. Höcker, op. cit. Vor allem aber hat er den Gemeindegesang als selbständigen Bekenntnisakt und damit als pointierten Ausdruck des allgemeinen Priestertums verstanden.

christlichen Urteilsfähigkeit und Zeugnispflichtigkeit aller Kirchenmitglieder. Die durch die Lehre vom Priestertum aller Gläubigen aufgeworfene Alternative lautet daher nicht „allgemeines Priestertum oder geistliches Amt" sondern „allgemeines Priestertum oder Pastorenkirche".

In diesem Sinne ist das allgemeine Priestertum des Protestantismus auch immer wieder aktiviert worden, so besonders im Pietismus, in der inneren Mission und im Kirchenkampf.[51] Auch die verschiedenen gegenwärtigen Programme zum „Gemeindeaufbau" wären in diesem Zusammenhang zu nennen. Und schließlich darf auch nicht vergessen werden, daß die Reformation selbst ohne die Mitwirkung der Laien (Humanisten, Künstler, Adel, Ratsherren, gebildetes Bürgertum) so nicht möglich gewesen wäre. – Auch auf katholischer Seite ist der Ausdruck „allgemeines Priestertum" oder „Apostolat der Laien" im Zusammenhang mit der Stärkung des Laienelements in Gebrauch.[52] Hier lassen sich durchaus sinnvolle Vergleiche anstellen und Entsprechungen benennen. Dabei darf aber nicht übersehen werden, daß im Katholizismus dem Priestertum der Laien nach wie vor sowohl das besondere bischöfliche Lehramt als auch das besondere Priestertum gegenübersteht.[53]

## III. Kritik des Papsttums

Luthers Aussagen über das Papsttum sind sachlich eine Ergänzung dessen, was wir schon aus den Bekenntnisschriften als reformatorische Kritik am katholischen Bischofsverständnis, insbesondere am bischöflichen Lehramt, erhoben haben. Wie den Bischöfen verwehrt wurde, neue „Artikel" und „Aufsätze" zu machen und damit die Gewissen zu beschweren, so wird auch vom Papst verlangt: „Er sol mir unter Christo bleyben unnd sich lassen richtenn durch die heyligen schrifft."[54]

Neu hinzu kommt jedoch die Frage, ob die Kirche, wenn sie nicht in verschiedene Religionsparteien zerfallen, sondern in der Welt als *eine* Sozietät sich darstellen will, auch *eines weltlichen Hauptes* bedarf. Es ist die Frage, die

---

[51]  Vgl. die entsprechende Darstellung bei G. Maron: Allgemeines Priestertum im Protestantismus, in: Jahrbuch des Evangelisches Bundes XXXIII, 1990, 67-79.

[52]  Ich verweise nur auf das Laienkapitel in „Lumen gentium".

[53]  Vgl. „Lumen gentium", Art. 10: „Das allgemeine Priestertum der Gläubigen aber und das Priestertum des hierarchischen Dienstes unterscheiden sich … dem Wesen und nicht bloß dem Grade nach." Im Protestantismus gilt das genaue Gegenteil.

[54]  WA 6, 322.

Luther durch die Schrift des Leipziger Franziskaners August von Alfeld „Super apostolica sede" gestellt wurde und die er in seiner Gegenschrift „Von dem Papsttum zu Rom wider den hochberühmten Romanisten zu Leipzig" (1520) beantwortet.[55] In dieser Abhandlung, einem glänzenden Beispiel für Luthers Kunst der Argumentation, sind bereits alle entscheidenden Gesichtspunkte Luthers zum Papsttum in systematischer wie in historischer und exegetischer Hinsicht entwickelt. Was sich später ändert, ist lediglich die Einschätzung des „real existierenden" Papsttums und der Ton der Polemik, der dann schließlich in dem Pamphlet „Wider das Papsttum zu Rom, vom Teufel gestiftet" (1545) seine schärfste und der Luther selbst widerfahrenen Behandlung würdige Zuspitzung erhält.[56]

Der Leipziger „Romanist" hat gegen Luther drei Argumente (so führt Luther ihn vor) auf Lager; das erste ist aus der Unvernunft, das zweite aus der Vernunft, das dritte aus der Heiligen Schrift genommen.[57] Das erste Argument, daß Luther ein Ketzer, Besessener, vergifteter Wurm und dergleichen sei, tut nichts zur Sache; Luther will „yhm disen grund lassen bleyben".[58]

Das zweite auf „naturlich vornunfft" beruhende Argument lautet: „A Ein iglich gemeyne auff erden, sol sie nit zurfallen, musz haben ein leyplich heubt under dem rechten heubt Christo. B Die weil dan die gantz Christenheyt ist einn gemeine auff erden, Musz sie ein heubt haben, und das ist der Bapst."[59] Das ist im Kern ein soziologisches Argument, auf das Luther auch eine entsprechende Antwort findet: Es gibt genügend Beispiele dafür, daß ein Gemeinwesen, etwa ein Fürstentum oder eine Stadt, von zwei Herren oder mehr zugleich regiert wird. Luther verweist auf das römische Reich und auf die Eidgenossenschaft.[60] Also: „wer wolt weren, das nit ein gemeyn yhr selb vil uberhern unnd nit eynen allein erwelet zu gleycher gewalt?"[61] Luther bestreitet also die Prämisse des gegnerischen Syllogismus, womit auch die Konklusion hinfällig wird.

In Luthers Antwort ist aber immerhin auch die Anerkenntnis enthalten, *daß* die Christenheit, sofern sie eben auch eine „leibliche" Versammlung ist,

---

[55]  WA 6, 285-324.
[56]  Zu Luthers späteren Äußerungen über das Papsttum vgl. M. Brecht: Martin Luther, Bd. 3, Die Erhaltung der Kirche, Stuttgart 1987, 351-361.
[57]  WA 6, 302.
[58]  WA 6, 290.
[59]  Ebd.
[60]  WA 6, 292.
[61]  Ebd.

irgendeiner Art von Obrigkeit bedarf: „Disze Christenheit wirt durchs geist-
lich recht und prelaten in der Christenheit regirt: hyrein gehoren alle Bepste,
Cardinel, Bischoff, prelaten, priester, Monich, Nonnen unnd alle, die ym
euszerlichen wesen fur Christen gehalten werden, sie sein warhafftig, grundlich
Christen odder nit …“.[62] Man mag es bedauerlich finden – wird aber auch für
die damalige Situation kaum etwas anderes erwarten dürfen –, daß Luther
hier nur den Ist-Zustand schildert, aber keine Überlegungen darüber anstellt,
wie die „äußerliche Christenheit" analog zu jenen weltlichen Gemeinwesen
auf plurale oder föderale Weise regiert werden könnte. Statt dessen will er die
Gewalt des Papstes, sofern sie ihre Grenzen kennt, also nichts als äußerliche
Obrigkeit wie andere auch sein will, nicht antasten. Zwar hat sich das Papsttum zu seiner derzeiten Machtfülle erst im Laufe der Geschichte entwickelt,
wie Luther unter Aufbietung erstaunlicher historischer Detailkenntnisse darlegt; bis zu Gregor dem Großen war alles anders[63], und überdies beweist das
Beispiel der Moskowiter, Weißrussen, Griechen und Böhmen[64], daß die Kirche immer noch auch ohne den Papst bestehen kann. Dennoch sei das Papsttum zu seiner jetzigen Macht wohl nicht „on gotlichen rad" gekommen, wenn
auch nicht „ausz gnedigem, sondern mehr ausz zornigen rad gotis … der zur
plag der welt zulessit, das sich menschen selbs erheben und andere unter-
trucken".[65] Daher will er nicht, „das yemant dem Bapst widderstreb, sondern
gotlichen rad furchte, die selb gewalt in ehren habe unnd trage mit aller gedult,
gleich als wenn der Turck uber uns were …"[66] Es ist also Luthers allgemeines
Obrigkeitsverständnis – wir werden uns damit im nächsten Abschnitt näher

---

[62] WA 6, 297.

[63] So schon 1517, WA 1, 591. Zu Luthers wohlwollendem Verhältnis zu Gregor
vgl. J. Schilling: Luther und Gregor der Große, in: Auctoritas Patrum. Con-
tributions on the Reception of the Church Fathers in the 15th and 16th Century,
hg. von L. Grane/A. Schindler/W. Wriedt, Mainz 1993, 175-184.

[64] WA 6, 287.

[65] WA 6, 321. Vgl. die Zusammenfassung der Schilderung dieser Unterdrückung
durch den Papst WA 6, 316: „Weyden auff Romisch heisset, die Christenheit mit
vielen menschlichen, schedlichen gesetzen beschweren, die bischoff mentel auffs
theurist vorkeuffen, Annaten von allen lehnen reyssen, alle stifftung zu sich
tziehen, alle Bischoff mit grewlichen eyden zu knechten machen, Ablas vorkeuffen,
mit brieffen, bullen, bley, wachs die gantzen welt schetzen, vorpieten das
Euangelium zu predigen, alle welt mit buffen von Rom besetzen, alle hadder zu
sich bringen, tzenck unnd hadder mehren, kurtz umb, niemant lassen zur warheit
frey kummen unnd frid haben."

[66] WA 6, 321.

befassen –, das hier noch den Rahmen der Tolerierung des Papsttums abgibt.

Im übrigen hat Luther relativ wenig Interesse an der Frage, wie die Einheit der Kirche als „äußerliche Christenheit" durch ein zentrales Kirchenregiment gewährleistet werden kann. Fragt man kirchenrechtlich nach Luthers Leitvorstellungen, so kommt es ihm vielmehr darauf an, die gleiche kirchliche Würde jeder Einzelgemeinde herauszustellen – ganz auf der Linie der Lehre vom allgemeinen Priestertum. „Jede Gemeinde ist daher der anderen ebenbürtig; Rom besitzt keinen Vorzug vor anderen Kirchen."[67] In der im vorhergehenden Abschnitt vorzugsweise herangezogenen Schrift, die drei Jahre später entstand, zieht Luther dann auch entsprechende Konsequenzen: Jede Einzelgemeinde hat das Recht, sich ihren eigenen Prediger zu wählen, und diese Wahl gilt notfalls auch ohne bischöfliche Bestätigung von oben.

Luthers ganze Argumentation läuft auf den Satz zu, daß „Romische ubirkeit auß menschlicher und nit gotlicher ordnung" ist.[68] Der Abstützung dieser These diente schon die Darlegung dessen, was die Kirche eigentlich sei bzw. in Luthers Worten: „was doch heysz die Christenheit unnd ein heubt der Christenheit".[69] Das „grobe hyrn" des Leipziger Romanisten unterstellt nämlich in seinem Syllogismus „christlich gemeyn sey gleych einer andern weltlichenn gemeyn".[70] Die Kirche ist ihrem Wesen nach „geystliche ynnerliche Christenheit", die von der leiblichen äußerlichen Christenheit zwar nicht zu scheiden, aber zu unterscheiden ist.[71] Diese Formulierung Luthers ist zwar insofern mißverständlich, als sie den Anschein erweckt, die leibliche Versammlung um Wort und Sakrament gehöre nicht zum Wesen der Kirche. Das zu behaupten – es hieße aus der Kirche eine societas platonica zu machen –, ist natürlich nicht Luthers Absicht. Vielmehr will er nur sagen, daß da nicht wahrhaft Kirche ist, wo nicht jene geistliche innerliche Christenheit wäre, die Versammlung derer, „die in rechtem glauben, hoffnung unnd lieb leben".[72] Das Haupt dieser Gemeinde kann nur Christus selbst sein. Denn: „Wer hat yhe ein thier lebendig gesehen mit einem todten kopff? das heubt musz das leben einflissenn, darumb ists clar, das auff erden kein ander heubt ist der geistlichen

[67] K. Holl, aaO. 315.

[68] WA 6, 315.

[69] WA 6, 292. Es ist schon oft bemerkt worden, daß Luther das Wort „Kirche" nicht besonders liebt und gern durch „Christenheit" einerseits und „Gemeinde" andererseits ersetzt.

[70] Ebd.

[71] WA 6, 296f.

[72] WA 6, 293.

Christenheit dan allein Christus", der auch in dieser Funktion keinen „vicarius odder stathalter" haben kann.[73] Dann aber besteht auch die wahre Einheit der Kirche allein in dieser Beziehung der Glaubenden zu ihrem Haupt. Was bloß aus menschlicher Ordnung ist, wie der Papst, kann die Einheit der Kirche nicht begründen. Denn „gleich wie unter der Romischen eynickeit sein nit Christen macht, alszo musz aussen der selben eynickeit sein nit ketzer noch unchristen machen".[74]

Vor allem aber wird dann der Vorstellung vom Papsttum als einer Einrichtung göttlichen Rechts die exegetische Grundlage entzogen. Das geschieht besonders durch Luthers geradezu klassisch zu nennende Auslegung von Mt 16, 18f.[75] Der „Fels", auf den die Kirche gegründet ist, bedeutet nicht „Obrigkeit" oder irgendein Amt, sondern meint „allein Christum und den glauben, widder wilche keine gewalt etwas vormag".[76] Und die Schlüssel, die Petrus gegeben werden, meinen keine „regierende gewalt", sondern nur die Vollmacht der Sündenvergebung, wie sie im „sacrament der puß" geübt wird.[77] Diese Vollmacht aber ist „sanct Petro an stadt der gantzen gemein unnd nit fur sein person" gegeben, wie auch aus Mt 18 und Joh 20 erhellt, wo die Gewalt des Bindens und Lösens der ganzen Gemeinde bzw. allen Jüngern übertragen wird.[78] Diese Vollmacht ist eben an den Glauben als solchen und nicht an ein bestimmtes Amt oder an bestimmte Personen gebunden. Petrus hatte nach biblischem Zeugnis auch keinerlei Gewalt über die anderen Jünger.[79]

---

[73]  WA 6, 298.

[74]  WA 6, 294. – Auch wenn Luther die Kirche unter dem Gesichtspunkt ihrer gleichsam transzendenten Begründung durch den Geist Gottes bzw. den erhöhten Christus von allen innerweltlichen Sozietäten unterscheidet, so läßt sich doch fragen, ob sein Einheitsargument nicht auch in Bezug auf einige von diesen eine gewisse Entsprechung finden kann. Eine politische Partei etwa, die nur noch durch ihre Organisation und ihren Parteivorsitzenden zusammengehalten würde, deren Mitglieder aber ganz unterschiedliche Ideen oder Zielvorstellungen verträten, wäre nicht mehr wirklich *eine* Partei.

[75]  Leichtes Spiel hat Luther mit dem typologischen Argument des Romanisten, der Hohepriester Aaron figuriere den Papst; nach dem Hebräerbrief figuriert das alttestamentliche Hohepriestertum vielmehr Christus als den „Priester nach der Weise Melchisedeks". WA 6, 302ff.

[76]  WA 6, 314.

[77]  WA 6, 312.

[78]  WA 6, 309f; vgl. 312.

[79]  WA 6, 307.

Ganz entsprechend ist nach Luther Joh 21, 15ff auszulegen. Auch hier ist mit „weiden" keine Art von obrigkeitlicher Herrschaft oder Gesetzgebung gemeint, sondern gehorsamer brüderlicher Dienst. Und dessen Voraussetzung ist die Liebe zu Christus.[80] Ergebnis: „Nu sehen wir, das die zween spruch Christi zu Petro gethan, darauff sie das bapstum bawenn, stercker widder das bapstum seinn, den kein andere …".[81]


## IV. Kirche im Horizont der Zwei-Regimente-Lehre

Hier geht es um das Verhältnis der Kirche zum Staat bzw. – wie man damals sagte – zur weltlichen Obrigkeit. Zur Lehre von der Kirche gehören auch ihre Außenbeziehungen. Auch in diesem Abschnitt können wir uns wieder exemplarisch auf eine Lutherschrift beziehen: „Von weltlicher Obrigkeit, wie weit man ihr Gehorsam schuldig sei" (1523).[82]

Wilfried Härle hat darauf aufmerksam gemacht, daß die Zwei-Regimente-Lehre Luthers verkürzt oder verzerrt in den Blick kommt, wenn man sie in erster Linie als einen sozialethischen Entwurf liest. Ein solcher ist in ihr enthalten, aber zunächst einmal ist sie eine Lehre vom *Handeln Gottes*.[83] Sie versucht zu beschreiben, wie Gott mit und in der Welt der Sünder handelt. Er tut es auf doppelte Weise. Äußerlich *erhält* er die Welt – gemeint ist die Menschenwelt[84] – durch obrigkeitliche Gewalt, durch Justiz, Zwang, das Gesetz im usus civilis samt den daran gebundenen Sanktionen. Zugleich *verwandelt* Gott die sündige Menschenwelt innerlich durch die Predigt des Evangeliums und die daran gebundene Wirksamkeit des Heiligen Geistes. Das ist der Grundgedanke, der sich übrigens in der Rede von zwei Regimenten Gottes besser ausdrücken läßt als in der mit etlichen Unklarheiten und Wider-

---

[80] WA 6, 321: „Er wil liebe habenn, odder weyden sol nichts seinn."

[81] WA 6, 321; vgl. 318.

[82] WA 11, 245-280.

[83] W. Härle: Luthers Zwei-Regimenten-Lehre als Lehre vom Handeln Gottes, MJTh I, 12-32.

[84] Daß Gott auch die physische Welt im ganzen durch Naturgesetze (bzw. durch den Akt der creatio continua) erhält und regiert, schließt sich hier gedanklich bruchlos an, wie Härle ebenfalls gezeigt hat (aaO. 25ff); die von Härle vorgenommene Einbeziehung dieses Handelns Gottes in das Regiment zur Linken geht aber über die von Luther selbst mit diesem Ausdruck verknüpften Vorstellungen hinaus.

sprüchen behafteten Rede von zwei Reichen.[85] Es geht um Erhaltung und Erlösung der Welt durch zwei ganz unterschiedliche Regierweisen Gottes: Erhaltung durch äußere Eindämmung des Bösen, Erlösung durch innere Überwindung des Bösen. „Darumb hatt Gott die zwey regiment verordnet, das geystliche, wilchs Christen unnd frum leutt macht durch den heyligen geyst unter Christo, unnd das welltliche, wilchs den unchristen und bösen weret, das sie eußerlich müssen frid hallten und still seyn on yhren danck.“[86] Dabei haben beide Regimente oder Regierweisen ihre Einheit in Gottes Willen: Gott erhält die Welt, damit sein Erlösungshandeln zum Ziel kommen kann.

Luthers gleichzeitige Rede von den zwei Reichen ist darüber allerdings nicht überflüssig geworden. Sie unterstreicht noch einmal, daß im Reiche Gottes, in welchem Christus inwendig die Herzen der Gläubigen regiert, keinerlei Zwang herrscht. „Dem gerechten ist keyn gesetz geben, sondern den ungerechten.“[87] Der Glaube führt zu guten Werken, er erfüllt die Gebote Gottes von sich aus, ohne Ankündigung von positiven und negativen Sanktionen.[88] Dem Reich Gottes steht – auf der Linie der augustinischen Unterscheidung von civitas Dei und civitas terrena – das Reich der Welt gegenüber, in dem Sünde und Unglaube ihr Wesen treiben.[89] Der Fürst dieses Reiches ist deshalb der Teufel. Hier setzt nun das große Mißverständnis der Zwei-Reiche-Lehre bzw. Zwei-Regimente-Lehre an. Die Staatsmacht und alle ihre Organe scheinen dann ebenfalls unter der Herrschaft des Teufels zu stehen; es wird nicht mehr gesehen, daß sie Instrumente Gottes *gegen* die Herrschaft des Teufels sind. Wo man nicht gleich den Satan bemühen mag, spricht man vielleicht nur von der Eigengesetzlichkeit der weltlichen Institutionen, womit sie aber ebenfalls dem Handeln Gottes entzogen werden. Das Theologoumenon von der Königsherrschaft Christi, das im Barthianismus an die Stelle der Zwei-Reiche-Lehre gesetzt wurde, scheint diesen Schaden zu beheben: Alle Lebensbereiche stehen unter der Herrschaft Christi und müssen ihm die-

---

[85]  Diesen Vorzug hat Härle in aller Klarheit herausgearbeitet, aaO. 17ff. Der Ausdruck Zwei-Reiche-Lehre ist bekanntlich erst in der Zeit des Kirchenkampfes geprägt worden.

[86]  WA 11, 251.

[87]  WA 11, 250.

[88]  Die Lehre vom tertius usus legis läßt sich von Luther her kaum begründen.

[89]  Zum Verhältnis von Luthers Rede von zwei Reichen zu Augustin vgl. H. Bornkamm: Luthers Lehre von den zwei Reichen im Zusammenhang seiner Theologie, Gütersloh 1960².

nen. Diese Reparatur wird aber überflüssig, wenn man sich von vornherein an die mit der Zwei-Regimente-Lehre gegebene Perspektive des zweifachen Handelns Gottes in der Welt hält und somit den Schaden gar nicht entstehen läßt. –

Die Zwei-Regimente-Lehre hat nun aber auch Auswirkungen auf das Verhältnis der hier involvierten gesellschaftlichen *Institutionen*.[90] Sie ist auch als sozialethischer Entwurf zu lesen. Stand hinter der Rede von den zwei Reichen die entsprechende augustinische Gegenüberstellung, so läßt sich die institutionstheoretische Schicht der Zwei-Regimente-Lehre mit der mittelalterlichen Zwei-Schwerter-Theorie in Beziehung bringen, allerdings in eine antithetische. Denn nach der klassischen Formulierung dieser Theorie in der Bulle „Unam sanctam" (1302) sind nach Gottes Willen beide Schwerter in die Macht der Kirche gegeben, wobei das geistliche Schwert von der Kirche selbst, das andere zwar von Königen und Soldaten, aber mit Duldung der Kirche und auf ihren Wink hin („ad nutum et patientiam sacerdotis") geführt wird.[91] Die weltliche, zeitliche Autorität sei der geistlichen Gewalt unterworfen.[92] Eben diese Unterordnung der staatlichen Gewalt unter die kirchliche und damit die Vermischung beider Institutionen wird von der lutherischen Zwei-Regimente-Lehre, ebenso dann in CA 28[93], bestritten. Jede der beiden Institutionen hat ihre eigene *Aufgabe*, ihr eigenes *Prinzip* oder Mittel und ihren eigenen *Objektbereich*. Die weltliche Obrigkeit hat die Aufgabe, Recht und Frieden und Sicherheit zu gewährleisten – wozu als positives Pendant die Sorge für das Wohl der Untertanen tritt[94] –; sie bedient sich dazu des Mittels des Gesetzes und des Zwanges; ihr Einflußbereich ist Leib, Gut und Leben der Menschen.[95] Die Kirche ist dazu da, durch das Zeugnis des Evangeliums den Glauben zu ermöglichen und damit dem Menschen zur Ergreifung seiner ewigen Bestim-

---

[90]  H. Bornkamm (op.cit.) unterscheidet drei Schichten oder Dimensionen der Zwei-Reiche-Lehre: eine theologische, eine institutionelle und eine ethische. Die erste haben wir schon unter dem Gesichtspunkt der doppelten Regierweise Gottes behandelt. Die dritte Dimension, in der es um die Frage geht, ob bzw. wie weit sich Christen am weltlichen Regiment beteiligen dürfen, braucht in unserem kirchentheoretischen Zusammenhang nicht ausführlich thematisiert zu werden.

[91]  Denzinger/Schönmetzer: Enchiridion Symbolorum, Nr. 873.

[92]  Ebd.: „Oportet autem gladium esse sub gladio, et temporalem auctoritatem spirituali subiici potestati."

[93]  BSLK, 120f.

[94]  WA 11, 273.

[95]  WA 11, 262 u.ö.

mung zu verhelfen; ihr Mittel ist allein das Wort – für Luther gehört es zur
Erscheinung der Kirche, daß sie äußerlich wehrlos ist –; ihr Objektbereich ist
die Seele des Menschen bzw. sein Gewissen.

In welchem *Verhältnis zueinander* stehen nun die so unterschiedenen Institutionen? Gerade dadurch, daß jede Institution bei ihrer Aufgabe bleibt,
sich an ihre eigenen Mittel hält und nicht Macht über die andere Institution
und ihren Objektbereich zu erlangen trachtet, fördern und unterstützen sie
sich gegenseitig und sind sie aufeinander angewiesen. Sie können nur *miteinander* gedeihen und zwar dadurch, daß sie je ihre spezifische Funktion erfüllen. Das ist die institutionstheoretische Pointe der Zwei-Regimente-Lehre.
Dieses Miteinander läßt sich unter wenigstens drei Aspekten verdeutlichen:

1. Die weltliche Obrigkeit kann nicht dem Evangelium zur Wirkung verhelfen – dazu gehört „eyn ander griff"[96] –; sie kann auch nicht die Ketzerei als
solche unterdrücken – diese ist „eyn geystlich ding, das kan man mitt keynem
eyßen hawen, mitt keynem fewr verbrennen, mitt keynem wasser ertren-
cken"[97] –; sondern sie soll die Rechtsordnung mit Hilfe der ihr zu Gebote
stehenden Sanktionen aufrechterhalten. Und davon profitiert auch die Kirche. Die Obrigkeit muß das Predigtamt schützen. Diese Forderung wird von
Luther besonders klar in der negativen Form erhoben: Der Fürst darf das
Predigtamt nicht behindern, etwa indem er das Neue Testament abzuliefern
befiehlt, wie in „Meyssen, Beyern und ynn der Marck und andern ortten"
geschehen[98]. Der aktive Schutz gegen Verfolgung durch andere Fürsten oder
durch den Kaiser wirft besondere Probleme auf, die hier nicht zu erörtern
sind.[99]

2. Die Predigt des Evangeliums schließt die des Gesetzes ein, und diese gilt
jedermann, also auch der Obrigkeit, vom Fürsten über die städtischen Magi-
strate bis zu den einzelnen Amtsleuten und Schreibern. Ein Prediger redet
allen ins Gewissen und unterweist sie, „wie sie eusserlich ynn yhren amptern
und stenden sich halten sollen, damit sie fur Gott recht thun", wie Luther an
anderer Stelle sagt.[100] Dabei kann die Predigt an das jeweilige Standesethos
anknüpfen. Sie bevormundet nicht, indem sie vorschriebe, was jeder in sei-

---

[96]  WA 11, 264.

[97]  WA 11, 268.

[98]  WA 11, 267.

[99]  Zu Luthers von daher begründeter Zurückhaltung gegenüber dem Schmal-
    kaldischen Bund vgl. M. Brecht: Martin Luther, Bd. 2, Ordnung und Abgren-
    zung der Reformation 1521-1532, Stuttgart 1986, 348f, 396ff. .

[100]  WA 30/II, 537.

nem Stande tun soll, sondern sie fordert nur, *daß* jeder das tut, was ihm sein
eigenes ethisches Bewußtsein schon als seine bestimmte Aufgabe bezeichnet.
So kann Luther dann geradezu sagen, daß Gott durch das Predigtamt „alle
welltliche stende foddert und halten hilfft".[101]

Die Kirche ist also ein *kritisches Gegenüber* zur weltlichen Obrigkeit, das
diese an ihre ihr schon bewußte Aufgabe erinnert. In diesem Sinne entwirft
Luther im letzten Teil der Obrigkeitsschrift seinen „Fürstenspiegel". Der Fürst
soll das Recht mit eigener Vernunft messen und handhaben und sich dabei
nicht zu sehr auf die Einflüsterungen seiner Räte verlassen. Er soll auf das
Wohl der Untertanen, nicht auf sein eigenes Wohl bedacht sein. Er soll Unrecht nicht mit noch größerem Unrecht strafen, sondern, eher milde, die Ver-
hältnismäßigkeit der Mittel im Auge haben. Er soll nicht Krieg führen gegen
eigene höhere Obrigkeit und gegen seinesgleichen keinen Krieg anfangen.[102]

Die Kirche hat von ihrem eigenen Auftrag her die Pflicht, die staatliche
Gewalt gegebenenfalls an ihre ihr von Gott übertragene Funktion zu erinnern. Gilt auch das Umgekehrte? Darauf wäre im Sinne der lutherischen Lehre zu antworten, daß der Staat von seinem Wesen her zwar nicht die Pflicht zur
Kirchenkritik, wohl aber wie jeder Mensch das Recht hat, die Kirche, wenn sie
ihre Grenzen überschreitet, zu ihrer eigenen Aufgabe zurückzurufen.[103] Das
Funktionieren dieser zwischen Staat und Kirche erforderlichen Kommunikation hat zweierlei zur Voraussetzung: Einmal, daß die staatlichen Organe bzw.
ihre jeweiligen Repräsentanten bereit sind, sich durch Gottes Gebot an ihre
spezifische Aufgabe und deren Grenzen erinnern zu lassen. Von daher wird es
stets Probleme mit einem atheistischen oder irgendwie ideologisch orientierten Staat geben. Zum andern schwingt bei Luther die Vorstellung mit, daß das
Predigtamt derjenige gesellschaftliche Ort ist, von dem aus das Zusammenspiel aller gesellschaftlichen Kräfte, d.h. aller in den jeweiligen Ständen und
Ordnungen getanen guten Werke, zu Nutz und Gedeihen des Ganzen am
klarsten in den Blick kommt. Auch diese Voraussetzung ist unter gegenwärti-

---

[101] WA 30/II, 527. Im Blick auf die ganze – also auch geistliche – Wirksamkeit des
   Predigtamtes fährt Luther fort: „Und zwar die wellt allzumal stehet und bleibt,
   allein umb dieses standes willen, sonst were sie lange zu boden gangen."

[102] Vgl. zu diesem Punkt auch die Schrift „Ob Kriegsleute auch in seligem Stande
   sein können" (1526) und Luthers Sendbrief zur Wurzener Fehde an Kurfürst
   Johann Friedrich und Herzog Moritz von Sachsen (1542).

[103] So W. Härle: Die politische Verantwortung der Kirche – aus evangelischer Sicht,
   in: Glaube-Bekenntnis-Kirchenrecht, FS H.Ph. Meyer, hg. von G. Besier und E.
   Lohse, Hannover 1989, 141-151, dort 148f.

gen gesellschaftlichen Bedingungen nicht mehr so leicht einzulösen, wie es sich Luther noch darstellte.[104] Mit diesen neuen Schwierigkeiten ist aber die in der Zwei-Regimente-Lehre vorgenommene klare Funktionsbestimmung der beiden Institutionen sowie die Zielvorstellung ihres gedeihlichen Zusammenwirkens keineswegs obsolet geworden. Denn sie beruhen auf theologischen Einsichten über das heilvolle Handeln Gottes in der Welt, die eine an den Prinzipien der Reformation orientierte Kirche nicht preisgeben kann.

Die Kirche verweist die Obrigkeit auf die ihr von Gott gesetzte Aufgabe und deren Grenzen. Dabei bevormundet sie nicht, instrumentalisiert den Staat auch nicht für ihre jeweiligen kirchenpolitischen Ziele, sondern sie erkennt die Staatskunst als ein von Vernunft und Erfahrung geleitetes Wissen und Können an. Unter diesem Gesichtspunkt ist ein Vergleich mit Luthers Definition des Menschen in der „Disputatio de homine" (1536) aufschlußreich.[105] Es zeigen sich erstaunliche Parallelen. Die theologische Definition des Menschen, die Luther in dem Ausdruck zusammenfassen kann „hominem iustificari fide" (These 32), überbietet die philosophische Definition des Menschen als „animal rationale" und definiert „hominem totum et perfectum" (These 20). Sie überbietet die aristotelisch-philosophische Definition aber in der Weise, daß sie sie in sich aufnimmt und als in einer bestimmten Beziehung gültig bestehen läßt. Der Vernunft als der köstlichsten Gabe des Schöpfers an den Menschen sind alle Künste und Wissenschaften zu verdanken; ihr obliegt die Regelung aller innerweltlichen Angelegenheiten einschließlich der Handhabung von Recht und Gewalt (These 5). Sie ist dem Menschen gegeben, damit er den schöpfungsmäßigen Auftrag des dominium terrae ausführen kann. Nur hat sie auch ihre Grenze: sie ist untauglich, etwas zur Erlösung des Menschen beizutragen. Hier wird sie von der theologischen Definition des Menschen in die Klammer genommen und an ihren Ort gestellt.[106] Theologische und philosophische Definition des Menschen verhalten sich also genauso zueinander wie Predigtamt und weltliche Obrigkeit, so daß man sagen kann, die Zwei-Regimente-Lehre sei qua Institutionenlehre die als soziale Lebenswelt vorstellig gemachte und konkret angeschaute zweiteilige Definition des Menschen. Theologische Soziallehre und theologische Anthropologie entsprechen sich vollständig.

---

[104] Zu Art und Ursachen dieses Erschwernisses vgl. vom Verf.: Luther und die Praktische Theologie. Beiträge zum kirchlichen Handeln in der Gegenwart, Marburg 1989, 18f.

[105] WA 39/I, 175-177. .

[106] Zum Verhältnis von theologischer und philosophischer Definition des Menschen vgl. G. Ebeling: Lutherstudien, Bd. II/2.

3. Die Christen sollen sich in den Dienst beider Regimente Gottes stellen. Am geistlichen Regiment sind sie schon auf Grund des allgemeinen Priestertums beteiligt. Sie sollen sich aber auch von den weltlichen Ämtern nicht fernhalten. „Denn das schwerd und die gewallt als eyn sonderlicher gottis dienst gepürt den Christen zu eygen fur allen andern auff erden."[107] Daß sie besonders – wenn auch nicht allein – zur Führung der weltlichen Ämter geeignet sind, beruht natürlich darauf, daß sie als Christen einen deutlichen Begriff von deren Auftrag und Grenze haben. Die Welt, die Politik wird also nach lutherischer Lehre gerade nicht sich selbst überlassen.

Mit dieser dritten Art der Beziehung zwischen den Institutionen, die damit gegeben ist, daß der einzelne Christ Gottes Mitarbeiter in beiden Regimenten ist[108], sind zwei ethische Fragen aufgeworfen, die in die Verantwortung des einzelnen fallen und die er von Fall zu Fall zu beantworten hat: a) Wie weit darf er staatliche Gewalt für sich selber, zur Durchsetzung eigener Rechte und Interessen, in Anspruch nehmen? b) Wie weit ist er der weltlichen Obrigkeit Gehorsam schuldig? Diese Frage war ja der Anlaß von Luthers Obrigkeitsschrift, weshalb sie auch schon in deren Titel genannt wird.

a) Die erste Frage wird von Luther mit dem scheinbaren Widerstreit zwischen den Weisungen der Bergpredigt einerseits – die ja nicht als consilia evangelica nur einem besonderen Stand, sondern allen Christen gelten – und den das Schwert bestätigenden Bibelsprüchen (bes. Röm 13, 1-7) andererseits verbunden. Luther löst dieses Problem durch den Gedanken, daß der Christ sich jeweils fragen muß, ob es nur um ein ihm selbst widerfahrenes Unrecht geht, dann soll er dem Übel nicht widerstehen, oder ob es um das Wohl und Recht des Nächsten geht, dem er zur Hilfe verpflichtet ist. „Ob du nicht bedarffest, das man deynen feynd straffe, so darffs aber deyn krancker nehister, dem solltu helffen, das er frid habe und seynem feynd gesteuret werde ..."[109]. Nach dieser Regel „gehets denn beydes feyn mit eynander, das du zu gleych Gottis reych und der wellt reich gnug thuest, eußerlich un ynnerlich, zu gleych ubel und unrecht leydest und doch ubel und unrecht straffest, zu gleych dem ubel nicht widderstehist unnd doch widderstehist. Denn mit dem eynen sihestu auff dich und auff das deyne, mit dem andern auff den nehisten und auff das

---

[107] WA 11, 258.

[108] Die übliche von Luther gedeckte Formulierung, daß der Christ Bürger beider Reiche ist, steht in unausgeglichener Spannung zu der anderen Aussage, daß Christen und Nichtchristen (bzw. Unchristen) je verschiedenen Reichen – nämlich Reich Gottes und Reich der Welt – angehören.

[109] WA 11, 254.

seyne."[110] Nach dem Sinn und nach der Praktikabilität dieser Regel wird noch zu fragen sein.

b) Es gibt Grenzen der Gehorsamspflicht gegenüber der Obrigkeit. Der weltlichen Obrigkeit ist der Gehorsam zu verweigern, wenn sie Zwang in Glaubenssachen ausübt, also ihre Befugnis überschreitet, oder wenn sie sonst etwas befiehlt, was offenkundig gegen Gottes Gebot verstößt. „Denn wider recht gepürt niemant zu thun, Sondern man muß Gotte (der das recht haben will) mehr gehorchen, denn den menschen."[111] Die Gewalt des Staates endet beim Gewissen; außerdem ist der Fürst an das Recht gebunden. Mehr als passiver Widerstand ist aber nicht erlaubt. Und das auch nur, wenn die Untertanen *sicher* sind, daß der Fürst Unrechtmäßiges verlangt. Wissen sie es nicht genau, „so mügen sie folgen on fahr der seelen".[112]

Der Widerstand gegen die Staatsgewalt wird von Luther an die gleichen Bedingungen geknüpft wie der Widerstand gegen die kirchliche Obrigkeit. Dennoch sind hier zwei charakteristische Unterschiede festzustellen. Der Fall, daß die Laien als urteilsfähige Christenmenschen nicht wissen können, ob der kirchliche Amtsträger – er sei Pfarrer oder Bischof – sein Amt im Kern recht führt, ist eigentlich nicht denkbar; die Lehre vom allgemeinen Priestertum spricht den Laien deutlich mehr Kompetenz zu, als den Untertanen im Verhältnis zur weltlichen Obrigkeit zugebilligt wird. Und weiter ist es den Christen im Falle des Versagens der kirchlichen Obrigkeit gestattet, mehr noch: es ist ihnen geboten, nun das Kirchenwesen nach eigener biblisch begründeter Einsicht selbst zu regeln. Es bleibt hier also nicht beim bloßen passiven Widerstand. –

Die Zwei-Regimente-Lehre Luthers darf als Lehre vom zweifachen Handeln Gottes in und an der Welt der Sünder samt der darin implizierten Institutionenlehre als ein Entwurf gelten, dessen orientierende Funktion sich bis in die Gegenwart bewährt, wann immer die Frage nach dem Verhältnis von Kirche und Staat und besonders nach der politischen Verantwortung der Kirche gestellt wird. Diese Orientierungsleistung bringt sie allerdings nur dann in sachgemäßer Weise, wenn man sie in einigen Punkten präzisiert, indem man die in ihr enthaltenen prinzipiellen Einsichten von zeitbedingten Anschauungen und Wertungen Luthers unterscheidet. In diesem Sinne sind die folgenden kritischen Anmerkungen zu verstehen.

a) Obwohl die Kirche dem geistlichen Regiment Gottes zugeordnet ist und von daher ihren Auftrag und die Art ihrer Wirksamkeit ableitet, ist sie

[110] WA 11, 255.
[111] WA 111, 277.
[112] Ebd.

doch ein Teil der von der Sünde beherrschten Welt. Das bedeutet, daß es auch in der Kirche Gesetze und Sanktionen geben muß. Über Art, Sinn und Funktion des Kirchenrechts wird an späterer Stelle zu handeln sein.

b) Die Zwei-Regimente-Lehre bestimmt den Staat von seiner *Funktion* aus. Diese Funktion muß es geben, so lange die Welt sich noch in unerlöstem Zustand befindet. Von dieser Funktion muß die Art, wie Macht zustande kommt, organisiert ist und ausgeübt wird, also die *konkrete Staatsform*, unterschieden werden. Daß „alle Obrigkeit von Gott" ist, muß primär auf jene Funktion, nicht aber auf die Art, wie sie wahrgenommen wird, bezogen werden. Die letztere ist dem geschichtlichen Wandel unterworfen und kann immer auf verschiedene Weise geregelt werden. Also darf man die Zwei-Regimente-Lehre nicht dazu benutzen, den jeweiligen Staat zu glorifizieren oder direkt mit göttlicher Würde auszustatten. Der sogenannte lutherische Obrigkeitsstaat folgt jedenfalls nicht geradlinig aus dem Geist der Zwei-Regimente-Lehre!

Zwar kennt Luther nicht nur die dynastisch-monarchische Form der Herrschaftsausübung; man erinnere sich an den Verweis auf die Eidgenossenschaft und auf die antiken Republiken in der Schrift wider das Papsttum. Das führt bei Luther aber nicht zu staatstheoretischen Erwägungen über Alternativen zur fürstlichen Obrigkeit, die er durchgängig voraussetzt.

> Die Voraussetzung dieser Art von Herrschaft ist freilich nicht mit konservativem Ordnungs- und Ständedenken, das man Luther immer wieder anhängen möchte, zu verwechseln. Allgemeine Bildung, wie sie Luther in seinen beiden Schulschriften[113] fordert, ist für ihn auch mit einem erheblichen Zuwachs an sozialer Mobilität, gerade auch im Sinne gesellschaftlichen Aufstiegs, verbunden: „Darumb las deinen son getrost studirn, und solt er auch die weil nach brot gehen, so gibstu unserm Herr Gott ein feines höltzlin, da er dir einen Herrn aus schnitzen kan. Es wird doch da bey bleiben, das dein und mein son, das ist: gemeiner leute kinder werden die welt müssen regirn, beide jnn geistlichem und weltlichem stande …".[114] Aber damit ist natürlich, was den weltlichen Stand betrifft, nicht mehr gemeint als eine Beteiligung am weltlichen Regiment, ein Mitregieren etwa in der Position von Räten.

Luther unterscheidet nicht deutlich genug zwischen der Funktion des Staates und der ihm vorgegebenen und von ihm nicht in Frage gestellten Form der

---

[113] „An die Ratsherren aller Städte deutschen Landes, daß sie christliche Schulen aufrichten und halten sollen" (1524), WA 15, 27-53; „Eine Predigt, daß man Kinder zur Schulen halten solle" (1530), WA 30/II, 517-588.

[114] WA 30/II, 577; vgl. ebd. 575f, 567 u.ö.

politischen Obrigkeit.[115] Tut man das aber und stellt man dabei nicht mehr dynastische, sondern moderne Verhältnisse in Rechnung, dann kann man auch bezüglich der beiden ethischen Probleme, die Luther dem Einzelnen in seinem Verhältnis zur Obrigkeit gestellt sah, zu etwas anderen Ergebnissen kommen.

c) Geht alle Macht vom Volke aus, dann ist im Falle des Versagens der Regierenden – unbeschadet des staatlichen Gewaltmonopols, das die Zwei-Regimente-Lehre ihrerseits unterstreicht – auch ein höheres Maß an Initiative der „Untertanen" in Richtung auf eine Änderung der Verhältnisse zu erwarten. Die Grenzlinie, die Luther zwischen passivem Widerstand und Aufruhr zieht, verläuft nun zwischen öffentlicher Unmutsbekundung, etwa in Gestalt von Demonstrationen, und illegaler Gewaltanwendung, Nötigung, Ausschreitung, Landfriedensbruch etc.

Ähnliches ist bezüglich der Unterscheidung zwischen eigener Leidensbereitschaft und privatem Rechtsverzicht einerseits und Inanspruchnahme von Recht und Gewalt für die Belange des Nächsten andererseits zu sagen. Zum einen kann es u. U. auch dem Staat einmal gut anstehen, auf unnachgiebige Strafverfolgung und Ahndung zu verzichten – ein Gedanke, der freilich schon Luther nicht fern war, wenn er der Obrigkeit eher Milde als Strenge in der Anwendung des Gesetzes anempfiehlt. Auch der Staat ist gut beraten, wenn er gelegentlich einmal ein Zeichen setzt im Sinne der paulinischen Mahnung „Überwinde das Böse mit Gutem" (Röm 12, 21). Zum andern ist der Fall, daß es nur um „mich und das Meine" geht, unter demokratischen Verhältnissen nur noch ausnahmsweise denkbar. Denn wenn jeder einzelne

---

[115] Auch W. Härle spricht von einer „ungedeckten Flanke" in Luthers Staatsverständnis, „die sich aus einer Tendenz der Gleichsetzung von Gesetz, weltlichem Regiment Gottes und politischer Obrigkeit ergab." AaO. (s. Anm. 83), 29. Härle hebt eine Unterscheidung hervor, die die von uns geltend gemachte gleichsam nach der anderen Seite ergänzt: Wie man zwischen der Funktion des Staates und seiner konkreten Form differenzieren muß, so auch zwischen den Gesetzen, die der Staat erläßt und exekutiert, und dem allgemeinen Sittengesetz: „Nicht irgendein formuliertes, rechtliches, staatliches Gesetz ist selbst und unmittelbar Instrument des weltlichen Regiments Gottes, sondern das *Sittengesetz*, das nicht als Kodex gegeben ist, sondern sich dem Prüfen und Suchen des Menschen erschließen muß (Röm 12, 2)." Ebd. Dieses Sittengesetz ist auch der kritische Maßstab allen positiven kodifizierten Rechtes. Das hat freilich Luther selbst schon gesehen: „Eyn recht gut urteyl das muß und kan nicht ausz büchern gesprochen werden, sondern ausz freyem synn daher, als were keyn buch. Aber solch frey urteyl gibt die liebe und naturlich recht, des alle vernunfft voll ist." WA 11, 279.

Bürger für die Gestaltung der politischen Verhältnisse mitverantwortlich ist,
dann muß es auch in seinem Interesse sein, daß die in seinem Namen erlasse-
nen Gesetze eingehalten werden, Rechtsbrecher also nicht ungestraft davon-
kommen – auch dann, wenn ich selbst der Geschädigte bin. Die Dreistigkeit
darf nicht über die Rechtsordnung, den Rechtsstaat obsiegen. Und dieser
Rechtsstaat ist ein Gut, das – im Unterschied zur Zeit Luthers – der Verantwortung jedes einzelnen anvertraut ist. Wenn das Volk selbst durch seine
gewählten Abgeordneten die Gesetze macht, muß es auch ein Interesse an
deren Einhaltung haben.

## V. Die Entstehung des landesherrlichen Kirchenregiments

Wir sind schon mehrfach auf den Tatbestand gestoßen, daß Luther bezüglich
des auch in der Kirche notwendigen Regimentes, seines Zustandekommens
und seiner Begründungen moderner denkt, gleichsam „demokratischer", als
sich das über seine Vorstellungen von der staatlichen Obrigkeit sagen läßt.
Daraus ergibt sich die Frage, ob die Entstehung des sog. landesherrlichen
Kirchenregiments dann als ein Rückfall hinter schon gewonnene kirchentheoretische Einsichten beurteilt werden muß. Um das Ergebnis vorweg zu nehmen: Man wird diese Frage wohl bejahen müssen, man wird aber gleichzeitig
Verständnis aufbringen müssen für eine geschichtliche Entwicklung, ohne die
der Protestantismus kaum eine Überlebenschance gehabt hätte. Zu bemerken
ist auch hier schon, daß das landesherrliche Kirchenregiment natürlich nicht
zu Luthers kirchlichem Reformprogramm gehörte. Insofern geht es in diesem
Abschnitt auch weniger um Luthers Beitrag zur Kirchentheorie, sondern eher
darum, was daraus geworden ist.

Karl Holl hat in einem bis heute nicht überholten Aufsatz die Entstehung
des landesherrlichen Kirchenregiments, wie sie sich im Wirkungskreis und vor
den Augen Luthers vollzog, beschrieben und dabei drei Etappen unterschieden: Luthers Schrift an den christlichen Adel; vom Reichstag zu Worms bis
etwa 1525; von 1525 bis zur kursächsischen Kirchenvisitation.[116] Das Modell, das sich hier durchsetzte, ist dann für das Luthertum richtungweisend
geworden.[117] Das dem gegenüberstehende hessische Modell, das schon 1526

---

[116] K. Holl: Luther und das landesherrliche Kirchenregiment, in ders.: Gesammelte
Aufsätze zur Kirchengeschichte, Bd. I, Tübingen 1923$^{2/3}$, 326-389.

[117] So auch J. Wallmann: Kirchengeschichte Deutschlands seit der Reformation,
UTB 1355, Tübingen 1988$^3$, 72f.

von der Homburger Synode beschlossen wurde und mehr in Richtung Freikirche mit energischer Kirchenzucht tendierte, hat sich – man muß sagen:
zum Glück – nicht durchgesetzt.[118]
    Luther hat die Obrigkeit verschiedentlich zu Hilfe gerufen, damit sie für
die Kirche tätig werde. Dabei unterscheidet Luther – so Holl – zwischen dem,
was die Obrigkeit als Glied der Gemeinde und auf deren Bitte tun soll, und
dem, was ihr als Obrigkeit immer schon zu tun obliegt. Im ersten Fall argumentiert Luther vom Gedanken des allgemeinen Priestertums aus, im zweiten
Fall gibt die Zwei-Regimente-Lehre den Orientierungsrahmen ab. So fordert
Luther in der Adelsschrift auf der Basis des allgemeinen Priestertums, daß die
Obrigkeit, d. h. Kaiser und Adel, das von vielen Seiten gewünschte Reform-
konzil einberufen soll: „Darumb, wa es die not foddert und der bapst ergerlich
der Christenheit ist, sol dartzu thun wer am ersten kan, als ein trew glid des
gantzen corpers, das ein recht frey Concilium werde, wilch niemandt so wol
vormag als das weltlich schwert, sonderlich die weyl sie nu auch mitchristen
sein, mitpriester, mitgeystlich, mitmechtig in allen dingen ...“[119] Die Obrigkeit wird hier als praecipuum membrum ecclesiae, wie man es später nannte,
zum Handeln aufgefordert. Demgegenüber ist es die Aufgabe der Obrigkeit
qua weltlicher Gewalt, der finanziellen Ausplünderung der deutschen Gemeinden durch die römische Kurie ein Ende zu setzen, und zwar notfalls auch
ohne Konzil; denn hier geht es einfach um einen Fall von „Räuberei“[120], den
die Obrigkeit als Obrigkeit nicht dulden kann.
    Luther ist bei dieser Unterscheidung geblieben und hat infolgedessen auch
von einer geistlichen Befugnis der Obrigkeit nichts wissen wollen; das wäre
auch gegen die Grundsätze der Zwei-Regimente-Lehre gewesen. Gottesdienstreform ist allein die Angelegenheit der Gemeinde und ihrer Pfarrer. Dennoch
hat Luther sich im Zuge der Neuregelung der kirchlichen Verhältnisse nach
1525 verstärkt an den Kurfürsten gewandt. Evangelische Prediger müssen
eingestellt und bezahlt, die Verwaltung des Kirchenguts muß geregelt werden.
Die von Luther als Gotteslästerung empfundene römische Messe soll abgeschafft werden.[121] Solche und weitere Dinge will Gott „durch die öberkeyt

---

[118] Vgl. dazu J. Wallmann, aaO. 71f.

[119] WA 6, 413.

[120] Ebd. 428; vgl. 427.

[121] Öffentliche Gotteslästerung beschwört nach Luthers Meinung die Gefahr von
„Gottes Zorngericht über Stadt und Land" herauf, daher ist die Obrigkeit gehalten, solchen Schaden abzuwenden; so Holl, aaO. 355 mit Anführung einschlägiger Zitate.

mit dem volck gethan haben"[122], also nicht durch die Obrigkeit allein, aber auch nicht an ihr vorbei. Der Erfolg der eigenen Sache läßt Luther über die zunächst primär ins Auge gefaßte einzelne Gemeinde, die ihre Angelegenheiten in eigener Zuständigkeit regelt, hinaus auf das größere Ganze des Kurfürstentums Sachsen (und anderer Territorien) blicken, und nach landeseinheitlicher Regelung der kirchlichen Verhältnisse streben. Das aber läßt sich nicht ohne den Landesherrn verwirklichen. Dieser ist zwar nicht für die inhaltliche Gestaltung einer der reformatorischen Lehre verpflichteten Gottesdienstordnung zuständig, wohl aber kann auf seine Mithilfe bei der landeseinheitlichen Einführung einer solchen Ordnung nicht verzichtet werden.

Daß auf diese Weise der Landesherr in bestimmte kirchenleitende Funktionen einrückt, hat Holl und anderen zufolge für Luther aber nur den Charakter einer Notmaßnahme; „für gewöhnlich, unter geordneten Verhältnissen ist die Stellung des Fürsten als Fürsten in der Kirche nicht sichtbar, geschweige daß sie ein Bestandteil der Christenheit wäre".[123] Da die von Amts wegen zuständige kirchliche Obrigkeit sich den erforderlichen Reformen entgegenstellt und solange eine neue evangelisch gesinnte Kirchenleitung noch nicht installiert ist, muß der Landesherr, in den freien Reichsstädten der Rat, die Dinge in die Hand nehmen. Ein eigenes Kirchenregiment konnte es zum damaligen Zeitpunkt schon deshalb nicht geben, weil eine Kirchenspaltung offiziell noch nicht vollzogen war und die Evangelischen eine solche auch nicht ihrerseits herbeiführen wollten.[124]

Die kursächsische Kirchenvisitation, in der es wesentlich um eine lehrmäßige Überprüfung und Vereinheitlichung von Gottesdienst, Predigt und Unterweisung geht, führt dann die Entwicklung zu einem dauerhaften Abschluß. Von Rechts wegen wäre die Durchführung einer solchen Visitation wieder die Angelegenheit des Bischofs. In der bestehenden Notlage aber soll, so Luthers Vorstellung, der Landesherr als Glied der Gemeinde und aus christlicher Liebe, nicht als Obrigkeit, geeignete Personen benennen, die den Besuchsdienst durchführen sollen. Nach Holls verläßlicher Darstellung beachtet der Landesherr aber diesen feinen Unterschied nicht. In seiner Instruktion „tritt der Kurfürst als derjenige auf, der *kraft seiner Befugnis als Landesherr* die Visitation anordnet und durchführt".[125] Er fühlt sich offenbar *„für das geistli-*

---

[122] WA. 18, 72.

[123] Holl, aaO. 349.

[124] In der CA wird die Möglichkeit eines Schismas wiederholt allein vom Verhalten der altgläubigen Bischöfe abhängig gemacht; vgl. etwa BSLK, 133.

[125] Holl, aaO. 372.

*che Wohl seiner Untertanen* ebenso verantwortlich … wie für das leibliche".[126] Damit ist gegen Luthers Absicht eine Entwicklung zum Abschluß gekommen, in der nicht nur ein Notrecht in reguläres Recht verwandelt, sondern auch der Inhalt der landesherrlichen Zuständigkeit über die von der Zwei-Regimente-Lehre gesetzte Grenze hinaus erweitert wird.

Die weitere Ausgestaltung der Lehre vom landesherrlichen Kirchenregiment im Zusammenhang mit dem Augsburger Religionsfrieden führt dann schließlich dazu, daß der Landesherr den Rechtstitel eines „summus episcopus" führt, aber nur im Sinne eines „episcopus in externis", dessen Befugnisse gelegentlich auch als „ius circa sacra", nicht „in sacris" bezeichnet wird.[127] Die Teilnahme der Geistlichkeit, der Theologen und Amtsträger der Kirche, an der Ausübung des Kirchenregiments bemaß sich dann de facto daran, in welchem Maße sie sich einen Einfluß auf und eine Mitwirkung in den Konsistorien, die in der Regel von den Landesherren als ständiges Organ ihrer Kirchenleitung eingerichtet wurden, zu verschaffen wußte. Der Gedanke an ein von der Kirche selbst auszuübendes Kirchenregiment und eine entsprechende Theorie konnten erst unter gewandelten geschichtlich-politischen Verhältnissen wieder entstehen. Es war Schleiermacher, der im Blick auf sich abzeichnende Möglichkeiten solcher Veränderung als erster eine systematisch angelegte Theorie des Kirchenregiments – genauer: das Programm einer solchen Theorie – im Rahmen der Praktischen Theologie konzipierte und der Lehre vom Kirchendienst, der Theorie des kirchlichen Handelns in der Gemeinde, als gleichgewichtiges Element an die Seite stellte.[128]

---

[126] Ebd.

[127] Vgl. hierzu sowie zur ganz unterschiedlichen Wahrnehmung der mit dem Summepiskopat verbundenen Aufgaben Chr. Link: Kirchenregiment, in: EKL Bd. 2, 1176ff.

[128] Dazu jetzt Chr. Dinkel: Kirche gestalten – Schleiermachers Theorie des Kirchenregiments, Berlin/New York 1996.

# § 7 Kirche als Institution in der modernen Gesellschaft

Wir betreten mit diesem Paragraphen ein neues Feld von Fragestellungen. Zwar waren wir schon bei der Erarbeitung der reformatorischen Grundlagen unserer Kirchentheorie auf institutionstheoretische Elemente gestoßen, die von einer modernen evangelischen Kirchentheorie als nach wie vor in Gültigkeit stehend festzuhalten sind. Das gilt insbesondere für alles, was für das Verhältnis von Kirche und Staat im Horizont der lutherischen Zwei-Regimente-Lehre entwickelt wurde. Wir haben damit aber noch nicht die Frage berührt, was es überhaupt heißt, die Kirche als eine *Institution* zu verstehen. Der neue Zugang in diesem Kapitel besteht also darin, daß wir beim Begriff der Institution selber ansetzen und diesen Begriff anthropologisch und gesellschaftstheoretisch, d.h. sozialphilosophisch und soziologisch entwickeln müssen. Was ergibt sich also für die Kirche, wenn wir sie auf diese Weise von einer allgemeinen Institutionentheorie her zu verstehen versuchen?

Daran schließt sich die weitere Frage an, welche *Art* von Institution die Kirche ist. Diese Frage setzt voraus, daß verschiedene Typen von Institutionen unterschieden werden können. Läßt sich so etwas wie ein *Spektrum von Institutionen* entwerfen, die in jeder Gesellschaft benötigt werden, und wie ist die Kirche, als organisiertes Religionssystem einer Gesellschaft, in dieses Spektrum einzuordnen? Da die verschiedenen Institutionen, die das Spektrum besetzen, nicht einfach isoliert nebeneinander, sondern in einem interaktionellen Verhältnis zueinander stehen, ist dann weiter zu fragen, in welchem *Funktionszusammenhang* die Kirche mit den anderen Institutionen steht: wie sie von diesen beeinflußt wird und welche Leistungen sie ihrerseits für diese anderen Institutionen erbringt bzw. erbringen kann.

Und schließlich sind all diese Gesichtspunkte auf die *moderne Gesellschaft* anzuwenden. Wie stellt sich das Spektrum der Institutionen und das Verhältnis der Institutionen unter gegenwärtigen Bedingungen dar? Und welche Probleme und Aufgaben kommen in diesem Zusammenhang auf die Kirche zu?

Dieser Problemskizze folgend werden wir unseren Gedankengang in diesem Paragraphen in drei Schritten entwickeln. Die weiteren Paragraphen werden sich dann hauptsächlich an den dritten Schritt anschließen.

In allen Abschnitten werden wir aber die reformatorische theologische Perspektive nicht aus dem Auge verlieren. Vielmehr geht es darum, jenen Begriff der Kirche, der mit dem des Glaubens unmittelbar mitgesetzt ist, mit der sozialwissenschaftlich-funktionalen Betrachtungsweise zu verbinden, statt, wie es häufig geschieht, beides gegeneinander auszuspielen. Daß die Kirche als creatura verbi entsprechend dem Selbstverständnis des christlichen Glaubens einen bestimmten Auftrag von Gott hat, wird auf ein Bedürfnis bezogen, das in der Gesellschaft schon da ist bzw. immer neu von ihr erzeugt wird – was natürlich nicht bedeutet, daß dieses Bedürfnis einfach zu bestätigen und zu bedienen sei. Aber ohne (kritische) Bezugnahme auf ein solches Bedürfnis, kann die Kirche nichts bewirken. Die beliebte Formel „Sammlung und Sendung", die als solche nicht falsch ist, bekommt diesen Sachverhalt noch nicht in den Blick. Sie ist daher als Grundlage einer Theorie der Kirche als Institution in der modernen Welt unzureichend.

## I. Kirche als „Institution"

### 1. Begriffsklärung: Institution

Was sind Institutionen? Ganz allgemein läßt sich antworten: *Institutionen sind regelmäßige Formen gemeinsamen menschlichen Handelns*. Diese Definition kann sich auf entsprechende sozialwissenschaftliche Formulierungen stützen. Nach Talcott Parsons etwa sind Institutionen „typisierte Orientierungsmuster in sozialen Handlungszusammenhängen"[1]; Helmut Schelsky spricht von „normativ bewußt gemachter auf Dauer gestellter Regelmäßigkeit sozialen Handelns"[2]. Was die vorgeschlagene Definition genau besagt, ergibt sich aus einer Erläuterung ihrer einzelnen Elemente.

Die Definition versteht Institutionen als Spezialfälle menschlichen *Handelns*. Der Handlungsbegriff ist also genus proximum. Da nur der Mensch Institutionen schafft, muß jede Institutionentheorie, die mehr sein will als eine empirische Beschreibung und Klassifizierung vorhandener Institutionen, auch auf das Wesen des Menschen rekurrieren und einen anthropologischen Grundbegriff zum Ausgangspunkt machen. Dafür kommt nur der Handlungsbegriff in Betracht. Der Mensch ist dadurch definiert, daß er ein handlungsfähiges Wesen ist. Das Tier handelt nicht, es agiert. Denn handeln heißt, einen gegebenen Zustand nach Zweckbegriffen und unter bewußtem Einsatz von Mitteln in einen anderen Zustand zu überführen. Sowohl Handlungsziele wie Handlungsmittel sind dabei Gegenstand einer bewußten Selektion aus einem begrenzten Bereich von Möglichkeiten.[3]

---

[1]  T. Parsons: Structure and Process in Modern Societies, Glencoe/Ill. 1960.

[2]  H. Schelsky: Zur soziologischen Theorie der Institution, in ders. (Hg.): Zur Theorie der Institution, Düsseldorf 1973², 10-26, dort 13.

[3]  Zu den konstitutiven Elementen des Handelns vgl. meine „Problemskizze zur Rede vom Handeln Gottes", MJTh I/1987, 3ff.

„Menschliches Handeln" ist eigentlich bereits ein Pleonasmus – es sei denn, wir unterstellten auch die Möglichkeit eines göttlichen Handelns. Das allerdings müssen wir als Theologen tun, gerade auch mit Rücksicht auf unsere Kirchentheorie, denn die Kirche als Gemeinschaft der vere credentes verdankt sich der Wirksamkeit des Heiligen Geistes, die ihrerseits an das von Menschen auszurichtende verbum externum des Evangeliums gebunden ist. Wir müssen also auch im Falle der Kirchentheorie menschliches und göttliches Handeln unterscheiden.

*Menschliches Handeln* ist Handeln unter *vorgegebenen* Bedingungen. Eine Analyse der Möglichkeitsbedingungen menschlichen Handelns führt auf alle konstitutiven Elemente menschlicher Existenz, menschlichen In-der-Welt-Seins: Sprache, Vernunft, Vorstellungskraft, Körperlichkeit, Sinneswahrnehmung, Raum und Zeit, Intersubjektivität, Interaktion, Kontingenz, Natur- und Sittengesetz. All diese Elemente müssen mit dem Begriff menschlichen Handelns als gleichursprünglich und gleichreal aufgeboten werden. Menschliches Handeln ist unablösbar mit dem ganzen Netz von Kategorien und Anschauungsformen a priori verzahnt. *Göttliches Handeln* müßte dagegen als ein Handeln unter *selbstgesetzten* Bedingungen gedacht werden, es wäre z.B. unsinnig, das Handeln Gottes stricto sensu mit irgendeiner Vorstellung von Körperlichkeit zu verbinden – was natürlich die Frage nach sich zieht, ob die in der Tat unverzichtbare Rede vom Handeln Gottes überhaupt noch mit einem univoken Handlungsbegriff operiert.[4] Aber wie auch immer diese Frage zu entscheiden ist, soll eine doppelte Ontologie vermieden werden, so dürfte es sich empfehlen, göttliches und menschliches Handeln dadurch zu korrelieren, daß das Handeln Gottes strikt als Bedingung der Möglichkeit menschlichen Handelns verstanden wird: Gottes Handeln als Schöpfer ermöglicht menschliches Handelnkönnen – in seiner Verflechtung mit dem damit verbundenen System von Kategorien und Vorstellungsformen – überhaupt; Gottes Erlösungshandeln in Christus und dem Heiligen Geist ermöglicht das richtige, d.h. der Intention der Schöpfung entsprechende menschliche Handeln, das Tun der „guten Werke". – Dieser vielleicht zunächst überflüssig erscheinende Exkurs über den Unterschied und das Verhältnis von

---

[4]   Zu den hier angedeuteten Problemen und ihrer „Lösung" s. R.Preul, op.cit. (Anm.3). Als Gegenentwurf (in einigen, nicht allen Punkten) vgl. Chr. Schwöbel: Die Rede vom Handeln Gottes im christlichen Glauben. Beiträge zu einem systematisch-theologischen Rekonstruktionsversuch, im selben Bd., 56-81. W. Härle versucht beiden Positionen dadurch gerecht zu werden, daß er den Terminus „Handeln Gottes" durch „Gottes Wirken" ersetzt: Dogmatik, Berlin/New York 1995, 283ff.

menschlichem und göttlichem Handeln macht nun auch aus der Perspektive
eines theologisch fundierten Wirklichkeitsverständnisses deutlich, daß eine
Theorie der Kirche als Institution wie eine Theorie aller Institutionen auf den
Begriff des Handelns gegründet sein muß. Dabei ist die interrelationierte
Doppelheit von Handeln Gottes und Handeln des Menschen prinzipiell zu
unterstellen, nur daß sich im Falle der Kirche die Existenz dieser Institution
beiden Handlungsweisen Gottes (Schöpfung und Erlösung) zugleich verdankt.[5]

Als Grundlage einer Theorie der Institutionen bedarf der Handlungsbegriff
noch einer weiteren Differenzierung. Auch alles planmäßig vollzogene Erkennen ist als eine Form des Handelns zu verstehen. Wir erhalten also zunächst
zwei prinzipiell zu unterscheidende Klassen von Handeln: ein Handeln, das
die Wirklichkeit gestaltet, indem es eine sinnlich wahrnehmbare Veränderung hervorbringt, und ein die Wirklichkeit abbildendes, darstellendes oder
deutendes Handeln. In Schleiermachers Terminologie: der Handlungsbegriff
zerlegt sich in „Organisieren" und „Symbolisieren".[6] Beide Handlungsweisen
sind natürlich weiter differenzierbar. So macht es z.B. einen bedeutenden
Unterschied, ob das Symbolisieren in einer wissenschaftlichen, deskriptiven
*Erkenntnis* oder in einer religiösen oder künstlerischen *Deutung*, die Gegebe-
nes in einen neuen aus ihm selbst nicht unmittelbar evidenten Zusammenhang stellt, sich vollzieht. Mit solchen Differenzierungen zeichnet sich auch
eine anthropologische Grundlage für ein mögliches Spektrum, für ein System
von Institutionen ab.

Ein anderer Differenzierungsgrund, der mit dem Gesichtspunkt verschiedener Handlungklassen zu verbinden wäre, ergibt sich aus dem Gesichtspunkt,
daß jedes Handeln auf einem *Motiv* beruht. Institutionen befriedigen verschiedene Bedürfnisse. Es muß so viele voneinander verschiedene Institutionen geben, als voneinander unterscheidbare und unvermeidbare Bedürfnisse
auszumachen sind. Der Ansatz bei verschiedenen Bedürfnissen oder Motiven

---

[5]   Schwöbel unterscheidet aaO. 69f drei Handlungsweisen Gottes: schöpferisches,
      offenbarendes und inspirierendes Handeln, was trinitätstheologisch sicher elegan-
      ter ist. Die Dreiheit kommt dadurch zustande, daß das oben als Einheit gedachte
      erlösende Handeln noch einmal unterteilt wird. Schließt man sich dieser Klassi-
      fizierung an, dann müßte man für die Existenz der Kirche in der Welt zwei
      Handlungsweisen Gottes mehr in Rechnung stellen als für alle anderen Institu-
      tionen.

[6]   Siehe dazu Fr. D. E. Schleiermacher: Ethik (1812/13). Auf der Grundlage der
      Ausgabe von Otto Braun herausgegeben und eingeleitet von H.-J. Birkner,
      Hamburg 1981, darin besonders die „Güterlehre".

oder Funktionen ist der bei weitem am häufigsten gewählte, wenn es darum geht, eine differenzierte Pluralität von Institutionen oder Organisationen zu begründen. Er vernachlässigt aber nicht selten den ihm an sich inhärenten Bezug zum Handlungsbegriff und drängt damit auch die Orientierung an verschiedenen Handlungsklassen (auf der Linie von Schleiermachers Kulturtheorie) in den Hintergrund.

Obwohl fast jede Handlung eines einzelnen Folgen für das Handeln anderer hat, weil es nämlich die Bedingungen, unter denen sie handeln können, mit beeinflußt, begründet das Handeln eines einzelnen Subjekts als solches noch keine Institution. Dazu bedarf es des *gemeinsamen* Handelns. Erst wo Interaktion den Charakter der Kooperation unter gemeinsamen Handlungszielen annimmt, kann eine Institution entstehen. Es gibt keine Institution ohne Ausbildung eines *Rollensystems*, in dem die Handlungen der einzelnen Interaktanten aufeinander abgestimmt werden.

Nun können solche Rollensysteme – d.h. Systeme der Aufgabenteilung – auch ad hoc und unter nur kurzfristig bestehenden Zwecken entstehen. Es bilden sich beispielsweise sogenannte Seilschaften im ursprünglichen wie im übertragenen Sinne; diese wird man kaum Institutionen nennen können, jedenfalls so lange nicht, wie sie passageren Charakter haben und nicht eine dauerhafte Organisation (wie die Mafia) annehmen. Spontan sich formierende und wieder auflösende Kooperationsverhältnisse sind nur eine Vorstufe von Institutionen, noch nicht diese selber. Dazu gehört das Moment der *Regelmäßigkeit* gemeinsamen Handelns. Ein Kooperationsverhältnis bzw. Rollensystem zu institutionalisieren heißt, ihm eine *dauerhafte Form und Regel* zu geben. Diese kann nur entstehen, wenn es bei dem gemeinsamen Handeln um die Befriedigung eines dauerhaften, d.h. nicht nur übergangsweise auftretenden Bedürfnisses[7] geht, das sich entweder mit Naturnotwendigkeit aufdrängt (Ernährung, Schutz vor äußeren Gefahren, Sicherung der Versorgung im Alter etc.) oder das doch von den Individuen als dauerhaftes Bedürfnis (beispielsweise Pflege von Kulturgütern, Forschung, religiöser Kultus) anerkannt wird.

Soweit die Erläuterung zu den Elementen der Definition. Zwei Bemerkungen schließen unsere Überlegungen zur Begriffsbestimmung „Institution" ab.

Da wir nur eine allgemeine Definition auslegen, kann und muß hier sowohl der Organisationsgrad und die Komplexität der dauerhaften Formen als

---

[7]   Um bei dem Beispiel der „Seilschaften" zu bleiben: wer im Zuge eines gesellschaftlichen oder politischen Wandels seine Schäfchen ins Trockene zu bringen sucht, folgt einem bloß übergangsweise auftretenden Bedürfnis.

auch ihre Größenordnung (ob das Rollensystem viele oder wenige Interaktanten involviert) offenbleiben. Auch über die Anzahl solcher Formen regelmäßigen gemeinsamen Handelns sowie über ihr wechselseitiges Verhältnis
kann auf der Grundlage der Definition noch nichts ausgemacht werden. Ferner bleibt vorerst offen, wodurch die Regelmäßigkeit bzw. dauerhafte Form
aufrechterhalten wird. Die Beachtung der zu befolgenden Regeln kann durch
Gewohnheit, durch Normeninternalisierung, durch vertragliche freie Über-
einkunft, durch Macht und Sanktionen (negative und positive) und durch die
Bande natürlicher oder gewachsener Zusammengehörigkeit sichergestellt sein.
All diese Möglichkeiten sowie Kombinationen zwischen ihnen kommen prinzipiell in Betracht. Diese Mittel der Regelabsicherung können ihrerseits noch
einmal höchst variabel gestaltet sein. So umfaßt etwa der Katalog von möglichen Sanktionen die Mittel des Strafrechts, der persönlichen Haftung und
Regreßpflicht, Prämien und ideelle Auszeichnungen, Rückstufungen und Be-
förderungen, den dauerhaften Ausschluß sowie den zeitweiligen Berechti-
gungsentzug (wie etwa die „Sperrung" beim Sport) einschließlich geregelter
Verfahren zur Wiederherstellung der vollen Berechtigung.

Die Gesellschaft als ganze ist keine Institution, auch keine Organisation
und vielleicht nicht einmal ein System.[8] Sie ist das als solches unsystematische
Ensemble von Institutionen und sozialen Systemen. Wohl aber läßt sich der
Staat als verfaßtes System der Machtausübung, als Subjekt und Exekutivorgan
politischen Handelns – d.h. eines Handelns, das zwangsläufig Auswirkungen
auf alle Individuen und Systeme in einem Staatswesen hat – und als Garant
einer allgemeinen Rechtsordnung unter den Begriff der Institution fassen. Er
ist gleichsam die Rahmeninstitution, da sich alle einzelnen Institutionen in
eine allgemeine Rechtsordnung einpassen müssen – was natürlich nicht aus-
schließt, daß sie ihrerseits auf die Ausgestaltung dieser Rechtsordnung Einfluß
zu nehmen versuchen –, staatlichen Rechtsschutz in Anspruch nehmen und
ihre Stellung im Rechts- und Berechtigungssystem definieren müssen, etwa
indem sie den Status einer Körperschaft öffentlichen Rechtes annehmen. Hier
ist freilich zu ergänzen, daß es auch Institutionen gibt, die über staatliche
Grenzen hinausgreifen, wie etwa den Weltsicherheitsrat, internationale Hilfsorganisationen, Amnesty International, die Katholische Kirche, den Ökumenischen Rat der Kirchen, den Lutherischen Weltbund etc. Aber auch diese
Institutionen bzw. Organisationen müssen sich natürlich mit den jeweiligen
Staaten und ihren Rechtssystemen in ein klar geregeltes Verhältnis setzen.

---

[8]   So jedenfalls die Meinung von H. Schelsky, aaO. 10f.

## 2. Sozialphilosophische Erklärung von Institutionen

Institutionentheorie umfaßt natürlich mehr als nur eine Definition. Auf der Grundlage einer Definition muß sie sich nach zwei Seiten hin weiter entfalten. Erforderlich ist einerseits eine *empirische historische Darstellung* der Beschaffenheit und der Entwicklung *bestimmter* Institutionen. Auf der anderen Seite stellt sich die Aufgabe einer *sozialphilosophischen Erklärung* oder *Konstruktion* von Institutionen, die auf eine Anschauung vom Wesen des Menschen zurückgreifen muß; daß dabei beim Handlungsbegriff anzusetzen ist, wurde schon im vorhergehenden Abschnitt begründet. Diese zweite Aufgabe geht der ersten sachlich voraus. Wir wenden uns ihr daher zuerst zu. Die empirischen Züge der Institution Kirche werden wir besonders im Paragraphen über die Volkskirche in den Blick bekommen. Mit der konkreten Gestalt anderer Institutionen in unserer Gesellschaft haben wir uns nur unter dem Gesichtspunkt ihrer Wechselwirkung mit der Kirche zu befassen. Das wird insbesondere in den letzten drei Paragraphen geschehen.

Grundsätzlich lassen sich zwei einander gegenüberstehende Ansätze in der sozialphilosophischen Ableitung von Institutionen unterscheiden. Beide Ansätze können dann in einem weiteren Schritt miteinander verbunden werden, wenn auch nicht ganz bruchlos.

a) Der erste Ansatz, für den exemplarisch das Werk Arnold Gehlens steht[9], geht von der morphologischen Sonderstellung des Menschen in der Welt der Lebewesen aus. Der Mensch wird „als handelndes Wesen" definiert.[10] Als solches stellt er aber ein biologisches Sonderproblem dar. Denn was den Menschen positiv auszeichnet, ist nur die Kompensation eines zunächst im Vergleich zu anderen Lebewesen festzustellenden *Mangels*. Der Mensch „*entbehrt* der tierischen Einpassung in ein Ausschnitt-Milieu"[11], er lebt nicht in einer artspezifischen, durch instinktgesteuerte Wahrnehmung strukturierten Umwelt, sondern in einer prinzipiell offenen Welt. Daraus ergibt sich Gehlens Leitfrage, wie ein derart instinktunsicheres, von Natur aus schutzloses, „monströses Wesen"[12] überhaupt überleben kann. Die anthropologische Antwort darauf lautet: Zwischen Bedürfnis und Befriedigung tritt das Handeln, ein

---

[9]    Primär einschlägig sind hier: Der Mensch. Seine Natur und seine Stellung in der Welt (1940), Wiesbaden 1976[11] und, als Fortsetzung der anthropologischen Untersuchung, vor allem: Urmensch und Spätkultur. Philosophische Ergebnisse und Aussagen (1956), Frankfurt a.M. 1977[4].

[10]   Der Mensch, 23.

[11]   Ebd., 35.

[12]   Ebd., 36.

bewußtes und planvolles, vom unmittelbaren Impuls entlastetes und gerade darin schließlich sein Ziel erreichendes Verhalten, samt allen seinen Implikaten wie z. B. der spezifischen Art menschlicher Bewegung, dem Antriebsüberschuß und der Sprache.[13] Die kulturphilosophisch-soziologische Antwort baut darauf auf. „Der Überschuß plastischer Antriebe, die Wandelbarkeit erlernbarer Bewegungen und die ,Weltoffenheit' der Sinne wie der Intelligenz bilden mithin *einen* Zusammenhang, der selbst wieder zu bewältigen ist, den es gilt zu stabilisieren, ihm Dauer abzunötigen."[14] Diese Stabilisierung geschieht dadurch, daß der Mensch Arbeitsteilung einführt, Werkzeuge erfindet und Institutionen schafft. Die Institutionen stabilisieren das handelnde Subjekt selber[15], sie nehmen es in Zucht und disziplinieren es, und sie sorgen für eine dauerhafte Befriedigung seiner Bedürfnisse. Diese auf die überlebensnotwendige Befriedigung von menschlichen Grundbedürfnissen abzielende Leistung der Institutionen nennt Gehlen „Hintergrundserfüllung".[16] „Tiere suchen Wärme und Unterschlupf auf Grund instinktiver Zuwendung und orientiert an Umweltsignalen, sie nehmen etwa Deckung in der nächsten Dunkelstelle. Der Mensch dagegen verändert die ,Umwelt', den zufälligen Umgebungsbestand in dem Sinne, daß er auch dauernde Erfüllungslagen herstellen kann und sich so von der Fälligkeit des Bedürfnisses und von der fallweisen Beschaffung der Hilfsmittel entlastet."[17] Aus dieser Aufgabe der Schaffung einer dauerhaften Erfüllungslage bezüglich der primären Lebensbedürfnisse leiten sich alle ursprünglichen Institutionen und Kulturerscheinungen (Ackerbau, Viehzucht, Blutsverwandtschaftsordnungen, Totemismus, religiöse Riten als Befestigung der Institutionen, Außenweltstabilisierung durch darstellende Kunst) ab.[18] Und erst diese auf Dauer gestellte Hintergrundserfüllung gibt dann auch die Möglichkeit zur Muße und zum Raffinement und damit zur Entwicklung weiterer kulturell höher stehender Institutionen.

b) Ging die skizzierte Institutionenlehre vom Begriff des Menschen als Mängelwesen, dessen natürliche Nachteile durch das Handeln in Institutio-

---

[13] Das erstgenannte Werk Gehlens arbeitet diese Implikate des Handelns und ihren Funktionszusammenhang detailliert aus.

[14] Urmensch und Spätkultur, 21.

[15] AaO. 42ff.

[16] AaO. 50ff.

[17] AaO. 51.

[18] Der Reiz von „Urmensch und Spätkultur" besteht nicht zuletzt darin, daß Gehlen eine Fülle von ur- und frühgeschichtlichen Forschungsergebnissen bzw. Hypothesen mit seiner Institutionentheorie zu verbinden versteht.

nen ausgeglichen wird, aus, so bezieht sich der andere Ansatz von vornherein auf das, was den Menschen gegenüber anderen Lebewesen *positiv auszeichnet* und überlegen macht: Vernunft, Sprache, Handlungsfreiheit. Infolgedessen geht es hier auch nicht nur oder primär um die Überlebensfähigkeit des Menschen als Spezies, sondern um seine wahre *Bestimmung,* um die Verwirklichung seines Wesens, die in seiner besonderen Ausstattung potentiell angelegt ist. Die Perspektive dieses Typus von Institutionenlehre ist *teleologisch.* Indem der Mensch als animal rationale die physische Natur bearbeitet, sie sich dienstbar macht und sich aus bloßer Abhängigkeit von ihr befreit, entsteht ein Kulturprozeß, in welchem sich Institutionen ausbilden, die das menschliche Leben – des Einzelnen wie der Gemeinschaft – zu der in ihm gelegenen wesensmäßigen und bestimmungsmäßigen Entfaltung bringen. Die Institutionen haben nicht nur die Funktion von Ersatzleistungen, sie sind auch nicht nur auf die unmittelbaren Bedürfnisse des Überlebens bezogen, sondern sie sind selbst Ausdruck und Gestaltungsmittel der wahrhaft humanen Bedürfnisse. Der Mensch verwirklicht sich selbst in seinen Institutionen, er entfaltet durch sie und in ihnen den Reichtum seiner spezifischen Möglichkeiten.

Dieser Typus von Institutionenlehre ist exemplarisch schon bei Aristoteles angelegt. Daß der Mensch ζῷον φύσει πολιτικόν (von Natur aus politisches bzw. gesellschaftliches Wesen; Pol.A,2) ist, impliziert einen nicht mehr in biologischen Kategorien gedachten Begriff von der Natur des Menschen. In den Gemeinschaftsformen des οἶκος (Haus), der κώμη (Siedlung) und der alles umgreifenden πόλις (Stadt) entwickeln sich dann auch, vermittelt durch Erziehung, die sittlichen Qualitäten des Menschen, die Tugenden der Freigiebigkeit, Besonnenheit, Großzügigkeit, Ehrliebe, Aufrichtigkeit, Gerechtigkeit. Institutionen sind sittliche Errungenschaften; sie sind unter dem Gesichtspunkt der Kompensation nicht angemessen zu begreifen.

Alle im Umkreis der idealistischen Philosophie entstandenen kultur- und damit auch institutionstheoretischen Entwürfe sind diesem zweiten Typus zuzuordnen. Stets geht es darum, daß der Mensch in den Institutionen des Staates, des Rechts, des Handels, der Kirche, der Familie, der Bildung, der Geselligkeit und der Kunst seine Bestimmung als zur Freiheit in Gemeinschaft und zur sittlichen Selbstbestimmung berufenes Wesen zu erfüllen trachtet, und zwar in einem Kulturprozeß, in welchem jene Institutionen ihrem jeweiligen Prinzip und Aufgabenbereich gemäß ausgebildet, fortlaufend verbessert und aufeinander abgestimmt werden. Diese Entwürfe und ihre spezifischen Unterschiede von Herder bis zu Fichte und Hegel vorzustellen und in ihren Unterschieden zu kennzeichnen, ist hier nicht erforderlich. Natürlich setzen diese Entwürfe nicht unmittelbar bei den vorfindlichen Institutionen an, sondern bei ihnen zugrundeliegenden Funktionen oder wie in Schleiermachers „Güterlehre" bei Klassen (Symbolisieren und Organisieren) und Charakteren der Vernunfttätigkeit (gemeinschaftlich und individuell).

c) Die verschiedenen Ansätze können auch miteinander verbunden werden. Sie widersprechen sich zwar, sofern sie grundverschiedene philosophisch-anthropologische Prämissen zu ihrem Ausgangspunkt wählen, dennoch kommen bei beiden Typen von Institutionstheorie prinzipiell alle Arten von Institutionen in den Blick. Als Beispiel für eine mögliche Kombination der beiden Ansätze kann Schelskys Konstruktion einer Stufenfolge und damit Entwicklungslinie der Institutionen gelten, obwohl Schelsky sich nicht expressis verbis auf die dem Idealismus entsprungenen Konzeptionen, sondern nur auf stärker empirisch-soziologisch arbeitende Theoretiker wie Herbert Spencer, Maurice Hauriou, Bronislaw Malinowski und Arnold Gehlen bezieht.

Eine fortschreitende Differenzierung und Höherentwicklung der Institutionen kommt dadurch zustande, *daß die Institutionen selbst neue Bedürfnisse erzeugen.* Ein auf ein System von Grundbedürfnissen, die erfüllt werden müssen, wenn überhaupt ein Überleben möglich sein soll, bezogenes Ensemble von Institutionen 1. Grades erzeugt Folgebedürfnisse 1. Grades, auf die sich dann Institutionen 2. Grades stützen, die wiederum Folgebedürfnisse 2. Grades hervorbringen und so fort. Damit ist ein prinzipiell unabschließbarer Differenzierungsprozeß angelegt. Stabiler sozialer Wandel besteht jedenfalls darin, „daß die Institutionen jeweils höchsten Grades (übrigens auch weiterhin die anderen) neue Bedürfnisse produzieren, die ihre institutionelle Erfüllung verlangen und damit immer neue Institutionen und damit wiederum neue Bedürfnisse aus sich hervortreiben"[19].

Allerdings besteht bei diesem Kreislauf der Erzeugung von Bedürfnissen und Institutionen keine strenge Punkt-für-Punkt-Relation. Es ist, das bringt die lebendige Entwicklung offenbar so mit sich, durchaus möglich und normal, daß eine Institution mehrere und verschiedene Bedürfnisse abdeckt und daß ein und dasselbe Bedürfnis durch mehrere und verschiedene Institutionen befriedigt wird. Natürlich ist die Frage zu stellen, bis zu welchem Grade solche Überlappungen noch als normal und erträglich anzusehen sind. Darauf erhält man bei Schelsky keine Antwort.

Weiter arbeitet Schelsky heraus, daß jede Institution unter drei Aspekten zu analysieren ist. In Bezug auf die jeweilige Bedürfnisstruktur ist sie Gegenstand *anthropologischer* (bzw. sozio-anthropologischer) Reflexion. Als Organisation mit bestimmten Bauelementen (Norm- und Regelsystem, Personal-

---

[19] Schelsky, aaO. 20; Zitat im Original teilweise gesperrt.

struktur, materiell-technischer Apparat) ist sie der eigentliche Gegenstand *soziologischer* Analyse. Sofern ihr eine „idée directrice" (Hauriou) oder ein Leitbild, eine irgendwie geartete Ideologie zugrunde liegt, verlangt sie auch nach einer *kultur- und ideengeschichtlichen* Interpretation.

Dieser letzte Aspekt verdient besondere Beachtung. Die idée directrice – etwa die Leitvorstellung, daß eine bestimmte Institution der Erforschung der Wahrheit oder dem gesellschaftlichen Fortschritt verpflichtet ist[20] – muß von dem konkreten Norm- oder Regelsystem unterschieden werden. Sie verleiht der Institution ihren Nimbus, insbesondere wenn diese Idee mit Gründerlegenden oder sogar mit Mythen von ihrer höheren Abkunft verbunden wird. Sie gewährleistet aber auch, daß der der Institution dienende Mensch dieser gegenüber einen gewissen Grad an subjektiver Selbständigkeit bewahrt. Er wird nicht einfach zu einem funktionierenden Moment degradiert.[21] Die idée directrice kann schließlich auch – das ist die Kehrseite – eine Überdetermination der Institution zur Folge haben; sie bewirkt, daß der Apparat über die spezifisch funktionalen Zweckmäßigkeiten hinaus aufgebläht wird und daß die Institution mehr Funktionen an sich zieht als diejenige, für die sie eigentlich da ist. Die Wirkung der idée directrice ist also ambivalent: Die idée directrice stabilsiert die Institution, sie gibt dem in ihr Handelnden das Bewußtsein, einer Idee oder einem sittlich gebotenen Zweck zu dienen; sie verschleiert aber möglicherweise auch die spezifische Funktion der Institution, verfestigt sie gegenüber notwendigem Wandel und begünstigt die Überschneidung der Funktionsbereiche der Institutionen und daher auch deren strukturelle Konkurrenz.

Es liegt nun im Zuge der historisch-gesellschaftlichen Entwicklung, daß die alten Leitideen überall verblassen. Die primäre „Ideenbestimmtheit" weicht der zweckrationalen Überprüfung: „Indem die Institutionen aber auf ihren Zweck, ihren lebensdienlichen Nutzen hin abgefragt werden, schwindet der Glaubenswert ihrer Leitideen gegenüber einem zweckrationalen Verhalten

---

[20] Schelsky nennt als Beispiel „die Götter und Gott, die monogame Familie, das Recht, das Eigentum, die Herrschaft, die Demokratie, die kritisch-rationale Wissenschaft, die Toleranz, die Meinungsfreiheit usw." AaO. 23.

[21] Vgl. den Seitenhieb auf die „funktional-strukturelle Systemtheorie": Indem diese „Ideen und binneninstitutionelle Normsysteme identifiziert und unter den Begriff der Systemfunktion subsumiert, wird von ihr die Autonomie des menschlichen Bewußtseins letztlich verneint und damit die Subjektivität des Individuums systemsoziologisch mediatisiert." AaO. 16.

ihnen gegenüber. Sie werden ‚entzaubert', wie das Max Weber genannt hat, analytisch, kritisch, zweckrational, funktional betrachtet und behandelt."[22]
Dieser Prozeß bedeutet nun aber nicht das Ende der idée directrice überhaupt. Gegen Gehlens Kulturpessimismus, der jene Entwicklung als Verfallsprozeß der Institutionen versteht, setzt Schelsky die These, daß gerade die zweckrationale Entmythologisierung der Institutionen die Heraufkunft einer neuen, nun allerdings die Institutionen übergreifenden, idée directrice befördert: „Man kann – und das ist mein Gegenargument – die Ansprüche der individuellen Subjektivität und der Funktionssachlichkeit selbst als eine neue Ideenebene, als ein Bewußtseinsbedürfnis wie das des ‚Glaubens', auffassen, die in neuen Institutionen oder im institutionellen Wandel der alten Institutionen ihre Erfüllung und Absättigung finden können, ohne damit die alte Institutions- und Kulturstruktur zu zerstören."[23] M.a.W.: anstelle der alten Leitbilder zieht die moderne Reflexionskultur in die Institutionen ein und etabliert sich dort als „Dauerreflexion" über deren Zweckdienlichkeit, ethische Legitimität und Subjektverträglichkeit. „Die Entzweiung zwischen dem Allgemeinen, das in den Institutionen von Alters her verkörpert ist, und der Subjektivität der modernen Menschen ... sie ist *die entscheidende Spannung unserer gegenwärtigen Kultur* und bedarf deswegen der Institutionalisierung."[24]
Und diese findet in den einzelnen Institutionen selbst statt und schafft sich ihren Ausdruck in der „Erneuerung und Verlebendigung des informatorisch-kommunikativen Systems einer Institution".[25] So kommt etwa das Militär – um ein bei Schelsky nicht genanntes Beispiel zur Veranschaulichung heranzuziehen – nicht mehr mit der Leitidee der Verteidigung des Vaterlandes aus; es bedarf der Diskussion über innere Führung, über Gehorsam und Befehlsverweigerung, über Kriterien des Einsatzes militärischer Mittel usf. Die Institutionen der Wirtschaft, ein weiteres Beispiel, veranstalten selbst Symposien darüber, unter welchen Bedingungen die freie Marktwirtschaft sich als soziale Marktwirtschaft bezeichnen darf.
Die von Schelsky angestellten Überlegungen zur Entwicklungstendenz des Institutionensystems sind nun aber auch kirchentheoretisch hochrelevant. Schelsky selbst hat ja die Kirche in die moderne Reflexionskultur einbezogen und sie als den Versuch der Institutionalisierung von Dauerreflexion beschrie-

---

[22] AaO. 23.
[23] AaO. 24.
[24] Ebd.
[25] AaO. 26.

ben.[26] Dabei hatte er freilich nur die Institutionalisierung derjenigen Dauer-reflexion im Blick, von der das religiöse Bewußtsein in der Moderne, eigent-lich schon seit der Reformation, ergriffen ist. Nun geht es aber bei dem von den verschiedenen gesellschaftlichen Institutionen selbst erzeugten Reflexions-bedarf nicht nur um deren Funktionalität und Zweckrationalität, sondern, wie Schelsky mit dem Stichwort „Subjektivität" andeutet, auch um Fragen ethischer Legitimität, um Strukturen des Menschseins unter modernen Be-dingungen und um Probleme der Letztbegründung des jeweiligen Handelns, also um Themen, mit denen die Kirche ihrerseits befaßt ist. Von daher legt sich die Frage nahe, ob die Kirche nicht das überall aufgetretene Reflexions-bedürfnis, sofern es dabei um den Sinnbezug des jeweiligen Handelns geht, als Gesprächsaufforderung auffassen und den *geregelten Vollzug* solcher Reflexion in der Gesellschaft zu ihrer eigenen idée directrice machen sollte. Jedenfalls ist mit Schelskys Beobachtungen und Überlegungen auch die Frage nach dem Verhältnis der Kirche zu den übrigen gesellschaftlichen Institutionen aufge-worfen und unter günstige Bedingungen gestellt.

## II. Kirche als „Bildungsinstitution"

Was im vorhergehenden Abschnitt über Institutionen überhaupt entwickelt wurde, gilt mutatis mutandis auch für die Kirche. Auch sie ist auf Bedürfnisse bezogen, und zwar – sofern sie sich auch auf das in modernen Gesellschaften auftretende Reflexionsbedürfnis bezieht – auf Bedürfnisse des derzeit höch-sten Grades. Auch die Kirche hat ihren „Apparat", den wir an späterer Stelle noch genauer analysieren werden. Auch die Kirche hat ihre idée directrice; das ist zunächst einmal der Gottesdienst im weitesten Sinne[27], dem dann aber der Gottesdienst im engeren Sinne als diejenige Veranstaltung, durch die die Kir-che unverwechselbar als sie selbst in der Öffentlichkeit auftritt, zugeordnet ist. Daß die Kirche aber in ihre idée directrice auch jene öffentliche Kommu-nikation über Grund, Grenzen und Richtungssinn menschlichen Handelns,

---

[26] H. Schelsky: Ist die Dauerreflexion institutionalisierbar? Zum Thema einer modernen Religionssoziologie, ZEE 1/1957, 153-174.

[27] Mit Schleiermacher kann die idée directrice der Kirche als „Erhalten, Ordnen und Fördern der Frömmigkeit" bezeichnet werden: Der Christliche Glaube nach den Grundsätzen der evangelischen Kirche im Zusammenhange dargestellt, hg. von M. Redeker, Berlin 1960, Bd. I, 16.

die sich vorwiegend über die sog. öffentlichen Medien vollzieht, aufnehmen muß, wurde im Anschluß an Schelskys Überlegungen ebenfalls schon deutlich.

Mit der These, daß die Kirche eine „Bildungsinstitution" ist, beziehen wir uns auf die am Beginn des Paragraphen gestellte Frage, welche *Art* von Institution die Kirche sei, wie sie sich in ein *Spektrum* von Institutionen einordnet und welche *Funktion* sie in diesem Zusammenhang zu übernehmen hat.

Die Bezeichnung „Bildungsinstitution" ist in einem formalen Sinne zu verstehen. Nicht gedacht ist an so etwas wie „höhere Bildung", und schon gar nicht soll die Kirche zu einer Institution des sog. Bildungsbürgertums erklärt werden. Der Ausdruck wurde gewählt, um die Kirche einer Gruppe von Institutionen zuzuordnen, die sich an das Bewußtsein, das Gefühl und das Erleben der Menschen wenden und somit in irgendeinem Sinne zu ihrer Bildung beitragen. Das sind die Institutionen des Bildungwesens (vom Kindergarten über die Schule bis zur Universität und Akademie der Wissenschaften), der Kunst aller Stilrichtungen und der öffentlichen Medien. Zugleich aber geht es darum, die Kirche mitsamt jener Gruppe von Bildungsinstitutionen in ein noch breiteres Spektrum von Institutionen einzuordnen. Wie kommt man zu einem solchen Spektrum? Das ist die erste der hier zu beantwortenden Fragen.

### 1. Das Spektrum der Institutionen

Für die Beantwortung der gestellten Frage bieten sich drei Wege an.

a) Die erste Möglichkeit ist der Weg über eine schlichte Bestandsaufnahme, die, wenn sie vollständig sein will, auch den interkulturellen Vergleich einschließen muß. So gibt es nach Herbert Spencer in jeder Gesellschaft mindestens „sechs Arten von Institutionen: familiäre, politische, industriell-ökonomische, religiöse, zeremonielle und professionelle Institutionen"[28], die als lebenswichtige Organe der Gesellschaft fungieren. Aber natürlich sind auch andere Einteilungen denkbar und tatsächlich entwickelt worden, zumal Spencers Aufzählung in sich nicht ganz stimmig ist. Sind z.B. industriell-ökonomische Institutionen in sich nicht schon professionell? Und wo wären die Institutionen des Rechts und der Gesundheit bzw. Medizin, der Bildung und der Kunst einzuordnen? Der heuristische Charakter dieses Verfahrens der Bestandsaufnahme ist nicht zu übersehen. Dennoch ist eine solche Durchmusterung bestehender Gesellschaften nicht wertlos. Denn natürlich müßte auch

---

[28] Schelsky, aaO. 12.

eine stringente Ableitung oder Konstruktion eines Spektrums von Institutionen zur Fülle der vorhandenen Institutionen ins Verhältnis gesetzt werden.

b) Einen anderen Weg gehen diejenigen, die den Prozeß der Ausdifferenzierung von Institutionen aus archaischen Anfangszuständen beschreiben. Die gegenwärtige Gesellschaft mit ihrem Institutionengefüge ist natürlich als Resultat einer langen historischen Entwicklung zu begreifen. Während in archaischen Kulturen die verschiedenen Funktionen, die zum Fortbestand dieser Kulturen benötigt werden, noch größtenteils ineinander liegen – der Häuptling fungiert etwa als Befehlshaber, Richter und Priester –, treten diese Funktionen in Hochkulturen auseinander und erzeugen entsprechende Institutionen mit spezifischem Personal: Priesterschaft, Krieger, Adel, Beamtenschaft, Ärzte etc. Die Ausdifferenzierung kann auch über ein Kastensystem erfolgen. Diese erste Art der Differenzierung nach Ständen mit unterschiedlichem Einfluß oder nach Kasten wird dann, wie etwa im Spätmittelalter zu beobachten, durch ein System funktionaler Differenzierung abgelöst bzw. überlagert.[29] Die verschiedenen Funktionsbereiche treten nun mit dem Ausdruck auf Selbständigkeit und Gleichberechtigung nebeneinander und bilden ihren je spezifischen Code (Geld, Herrschaft, Recht, Glaube etc.) aus. Für die Religion, die zunächst mit allem verquickt war, hat das die Folge, daß sie sich immer deutlicher zu einem eigenständigen Kulturbereich organisiert, neben dem die übrigen Kulturbereiche sogenannte Eigengesetzlichkeit beanspruchen. Dieser Vorgang setzt sich in der Neuzeit unter dem Stichwort der Säkularisation fort und führt am Ende zur Privatisierung von Religion und Kirche.[30]

Der ganze hier nur grob skizzierte Vorgang der Ausdifferenzierung der Institutionen aus Zuständen archaischer Funktionsverschränkung ist verschiedentlich beschrieben worden. Aber auf Details kommt es uns hier nicht an. Hervorgehoben sei nur noch Luhmanns Beobachtung, daß zugleich mit der funktionalen Differenzierung eine „Ebenendifferenzierung" stattfindet. „Gesellschaftssysteme, Organisationssysteme und Interaktionssysteme sind ver-

---

[29] Vgl. N. Luhmann: Funktion der Religion, Frankfurt a.M. 1977, 276: „Das Gesellschaftssystem selbst ändert die *Form seiner primären Differenzierung*, es stellt sich von Schichtung auf funktionale Differenzierung um."

[30] Säkularisierung bedeutet nach Th. Luckmann „keinen individuellen Glaubensverlust *en masse*, sondern die Lösung der *institutionellen* Normen und Werte aus dem Kosmos religiöser Sinngebung". Th. Luckmann: Religion in der modernen Gesellschaft, in: J.Wössner (Hg.): Religion im Umbruch. Soziologische Beiträge zur Situation von Religion und Kirche in der gegenwärtigen Gesellschaft, Stuttgart 1972, 3-15, dort 11.

schiedenartige Sozialsysteme, sie verfolgen verschiedenartige Strategien der Grenzziehung und Grenzerhaltung gegenüber ihrer jeweils systemspezifischen Umwelt, sie unterscheiden sich in ihren Strukturen, ihren Ordnungsleistungen, in der für sie erreichbaren Systemkomplexität."[31] Dieses Auseinandertreten von Systemebenen bringt es mit sich, „daß Organisation als eigenständiger Typus entsteht und wichtiger wird als je zuvor".[32] Die daran anschließende Theorie der Organisation werden wir, wie es Luhmann auch schon getan hat, später auf die Kirche anwenden und dabei zu anderen Einschätzungen über die Organisierbarkeit des Religionssystems kommen als Luhmann.

c) Man kann schließlich eine *systematische* Ableitung eines Spektrums von Institutionen versuchen. Eine solche ist, wie schon erwähnt, in *Schleiermachers* philosophischer Ethik vorgenommen worden. Durch Kreuzung der Handlungsarten (Symbolisieren und Organisieren) mit den Charakteren des Handelns (identisch und individuell)[33] entsteht der Entwurf von vier notwendigen, mit dem Handeln der Vernunft auf die Natur als solchem gegebenen Sphären der Vergesellschaftung und dementsprechenden Institutionen. Das identische Symbolisieren ergibt die Sphäre der Wissenschaft. Das identische Organisieren liegt der Ausbildung des Rechts, der Staatsmacht und der Wirtschaft zugrunde. Kunst und Religion bzw. Kirche sind Ausdrucksformen individuellen Symbolisierens. Durch individuelles Organisieren entsteht die Sphäre der freien Geselligkeit. Allen Sphären liegt die Dualität von Geist und Natur zugrunde, überall geht es darum, daß die Natur zum Organ des Geistes gebildet wird, so wie Natur und Geist schon ursprünglich in der konkreten leib-seelischen Ganzheit der menschlichen Person, der auch bereits die Charaktere des Identischen und Individuellen anhaften, geeint sind. „Die Familie enthält die Keime aller vier relativen Sphären, welche erst in der weiteren Verbreitung auseinandergehen."[34] Jede dieser Sphären enthält auch Elemente der jeweils anderen in sich. Jedem identischen Organisieren oder Symbolisieren haftet ein individuelles Moment an[35]; jedes individuelle Organisieren oder

---

[31] Luhmann, aaO. 277.

[32] AaO. 278.

[33] Die Terminologie ist in den verschiedenen Entwürfen der Güterlehre nicht ganz einheitlich. Statt von Symbolisieren und Organisieren kann auch von Erkennen und Gestalten, statt von Identischem und Individuellem kann von Universellem und Eigentümlichem die Rede sein.

[34] Aao. 33 (§ 71).

[35] Es ist etwa auf die Individualität einer Sprachgemeinschaft bezogen.

Symbolisieren ist mit Momenten des Identischen verbunden[36]; Institutionen, die dem Symbolisieren dienen, haben auch eine Organisationsgestalt; und allem Organisieren liegt die erkennende Funktion (also ein Symbolisieren) zugrunde. Somit handelt es sich bei der ganzen Konstruktion von Sphären der Gemeinschaftsbildung um relative Unterschiede. Es gibt aber nichts auf dem Gebiet der Kulturleistungen, das sich mit dieser Systematik von Handlungsklassen und -charakteren nicht erfassen ließe. Entscheidend ist, daß jede der Sphären bzw. jede der ihnen zugeordneten Institutionen ihr jeweiliges Prinzip hat, mittels dessen Übergriffe und unsachgemäße Vermischungen identifiziert und zurückgewiesen werden können. Ein solcher Übergriff liegt beispielsweise vor, wenn der Staat, statt Wissenschaft als solche zu fördern (z.B. durch finanzielle Mittel), ihr auch die Forschungsziele oder sogar -ergebnisse vorschreiben will oder wenn er, statt Religion und Kirche Rechtsschutz zu gewähren, eine bestimmte Gestalt der Frömmigkeit durchzusetzen versucht.[37] Das Verderben in der menschlichen Geschichte besteht stets in bzw. resultiert aus einer Vermischung der Prinzipien. – Die Vollendung aller Gemeinschaftsformen miteinander ergibt die Idee des höchsten Gutes.[38] Es läßt sich zeigen, daß die Annäherung des Kulturprozesses an dieses Ziel nach Schleiermachers Meinung nur auf der Grundlage christlicher Gesinnung und Gesittung zu erwarten ist.[39]

Einfacher, aber nicht minder leistungsfähig ist das Schema der Interaktionsordnungen, das Eilert *Herms* entwickelt und in mehreren Aufsätzen vorgestellt hat.[40] In jeder Gesellschaft müssen durch Kooperation vier Grund-

---

[36] So ist z. B. die Kirche als eine Gemeinschaft, die der Pflege einer individuellen Gestaltung des religiösen Bewußtseins dient, auf die Theologie als Wissenschaft, die als solche dem identischen Symbolisieren angehört, angewiesen.

[37] Diese Gefahr wurde im sogenannten Agendenstreit akut.

[38] Vgl. die diesem Begriff gewidmeten beiden Akademieabhandlungen Schleiermachers; SW III/2, 446-495.

[39] Philosophische Ethik und Christliche Sittenlehre bilden insofern eine Einheit. Vgl. dazu E. Herms: Reich Gottes und menschliches Handeln, in: D. Lange (Hg.): Friedrich Schleiermacher 1768-1834. Theologe – Philosoph – Pädagoge, Göttingen 1985, 163-192.

[40] E. Herms: Gesellschaft gestalten. Beiträge zur evangelischen Sozialethik, Tübingen 1991, 73ff (ausführlichste Darstellung), 351ff, 359ff, 391ff; ferner ders.: Pluralismus aus Prinzip, in: R. Bookhagen u.a. (Hgg.): „Vor Ort" – Praktische Theologie in der Erprobung, FS P.C. Bloth, 1991, 77ff (knappste Darstellung). Zur Theologischen Einordnung des Schemas in die Lehre von der Schöpfungsordnung vgl. ders.: Offenbarung und Glaube. Zur Bildung des christlichen

leistungen erbracht werden, „die unterschiedlicher Art, aber gleichursprünglich
sind und darum nicht aufeinander zurückgeführt werden können, sondern
voneinander abhängen und sich durchgehend wechselseitig bedingen".[41] Erstens muß dafür gesorgt werden, daß überhaupt Kooperationsregeln etabliert
und befolgt werden. Das geschieht „durch die – Herrschaft und Rechtssicherheit produzierende – politische Interaktion".[42] Zweitens muß die materielle
Versorgung einer jeden Gesellschaft durch Erzeugung, Verbesserung und
Verteilung von Gütern sichergestellt werden. Diese Leistung erbringt das jeweilige ökonomische Interaktionssystem. Drittens wird „empirisches Regelwissen" benötigt, Wissen über physische, psychische und soziale Fakten und
Gesetzmäßigkeiten. Da dieses Wissen „die Identifikation und Wahl von gün-
stigen Wegen zu feststehenden Zielen"[43] ermöglicht, nennt Herms dieses
Wissen „technisch orientierend".[44] Es wird durch das jeweilige System der
empirischen Wissenschaften produziert und kommuniziert. Wo die entsprechenden Wissenschaften noch nicht ausgebildet sind, wird Erfahrungswissen
gesammelt und etwa in Gestalt von „Weisheit" tradiert.[45] Schließlich müssen
viertens die durch Kooperation anzustrebenden lebensdienlichen Handlungsziele selbst bestimmt werden. Es bedarf des ethisch orientierenden Wissens,
das nur im Zusammenhang mit Vorstellungen über die „Bestimmung des
Menschen" zu gewinnen ist. Die Hervorbringung und Kommunikation dieser Art von Wissen obliegt dem jeweiligen Religionssystem. Der Zustand der
politischen und ökonomischen Interaktion ist von der Art und Effizienz des
produzierten Wissens in beiderlei Form abhängig. Dieses Schema der vier
interdependenten Leistungsbereiche, das natürlich an Schleiermachers Ableitung erinnert, aber im Unterschied zu Schleiermacher nicht bei einer Differenzierung des Handlungsbegriffs sondern bei notwendigen Bedürfnissen
ansetzt, ist in allen Gesellschaften in verschiedenen Variationen realisiert. Die
historisch feststellbaren Unterschiede betreffen „die Ausdifferenzierung der

---

Lebens, Tübingen 1992, 448ff. Pointe: Die abgeleiteten Leistungsbereiche sind
nicht selber Schöpfungsordnungen, sondern gleichursprüngliche und sich gegenseitig bedingende Implikate der *einen* Schöpfungsordnung, nämlich der Deo
creante existierenden Praxissituation endlicher Freiheit, und als solche Mandate
des Schöpfers.

[41] Herms: Pluralismus aus Prinzip, 77.

[42] Ebd.

[43] Pluralismus aus Prinzip, 78.

[44] Gesellschaft gestalten, 353.

[45] Pluralismus aus Prinzip, 78.

Leistungsbereiche gegeneinander und die Binnendifferenzierung der Leistungsbereiche. Beides muß mit der Größe der jeweiligen Gesellschaft zunehmen."[46] Es sind aber auch Alterationen möglich, insofern nämlich, als das
naturgemäße Interdependenzverhältnis pervertiert werden kann: Das Religionssystem kann aus seiner schlechterdings fundierenden Position verdrängt
werden, indem die anderen Teilsysteme die Funktion der Generierung von
ethisch orientierendem Wissen stillschweigend oder programmatisch usur-
pieren. Wie Herms in seiner Analyse des neuzeitlichen Geschichtsprozesses
diagnostiziert, ist auf diesem Wege das ökonomische System faktisch zum
dominanten Teilsystem geworden.[47]

Die beiden hier skizzierten systematischen Konstruktionen[48] wollen keine
Ableitung des tatsächlichen Bestandes von Institutionen leisten. Sie entwerfen Sphären der Bildung von Gemeinschaftsformen bzw. notwendige Lei-
stungs- oder Funktionsbereiche und bestimmen die Beziehungen zwischen
diesen Sphären oder Bereichen. Diese systematischen Herleitungen müssen
auf das historisch gewachsene jeweilige Ensemble von Institutionen bezogen
werden. Die Entwürfe von Schleiermacher und Herms ermöglichen eine systematische Klassifikation und kritische Beurteilung der vorhandenen Institutionen. Das gilt auch für die Einordnung und Funktionsbestimmung der
Kirche.

---

[46] Ebd.

[47] Gesellschaft gestalten, 21f, 359ff, 393f. Der derzeitige Zustand wurde präludiert
durch die im 16. und 17. Jahrhundert beginnende Verquickung von national-
politischem und religiösem Denken; aaO. 21.

[48] Gegenüber der griffigen und für unsere Zwecke hinreichenden Konstruktion von
Herms hat Schleiermachers auf philosophisch fundamentalerer Ebene ansetzen-
der Entwurf vielleicht den Vorzug, daß er von vornherein auch den Bereich der
Kunst als ein zum Kulturprozeß konstitutiv hinzugehöriges Phänomen ausweist.
An Herms' Systematik ist die zusätzliche Frage zu richten, ob die Kunst als ein
Epiphänomen zu beurteilen sei oder ob sie eine gesellschaftlich notwendige
Leistung erbringt und, wenn das der Fall ist, wie sie sich dann zu den Bereichen
der Wissensproduktion, insbesondere zum Religionssystem verhält. Eine zumin-
dest vorläufige Antwort auf diese Frage ist Herms' Aufsatz zu entnehmen: Die
Sprache der Bilder und die Kirche des Wortes, in: ders.: Offenbarung und
Glaube, 221-245. In der bisher reflektiertesten Darstellung und Anwendung des
Vier-Felder-Schemas wird die Kunst dem Funktionsbereich des ethisch orientierenden Wissens zugeordnet. Siehe E. Herms: Kirche in der Zeit, in ders.: Kirche
für die Welt. Lage und Aufgabe der evangelischen Kirchen im vereinigten Deutschland, Tübingen 1995, 231-317.

## 2. Die Kirche im Spektrum der Institutionen

Die Kirche hat nach diesen systematischen Entwürfen eine Affinität zur Kunst und ihren Institutionen sowie – im nicht ganz so engen Sinne – zu allen empirisches Fakten- und Regelwissen produzierenden Institutionen. Sie repräsentiert mit ihnen zusammen die *Gruppe der Bildungsinstitutionen*. Institutionen, die es mit Erfahrung, Wahrnehmung und Bewußtsein (Weltbewußtsein, Selbstbewußtsein, Gottesbewußtsein) in ihrem Bezug aufeinander zu tun haben, die dieses dreidimensionale Bewußtsein entwickeln, schulen, in bestimmte Richtung lenken, mit Mitteln der Kunst abbilden, darstellen, zur Aufführung bringen, sind Bildungsinstitutionen. Mit diesem Begriff werden all diejenigen Institutionen zusammengefaßt, deren Aufgabe in irgendeiner Weise das gemeinschaftliche oder individuelle Symbolisieren ist.

Die Kirche rückt somit in eine Reihe mit der Schule, von der Grundschule bis zur Universität, deren Aufgabe überwiegend das gemeinschaftliche Symbolisieren ist; ferner mit Theater, Film, Konzertwesen, Museen, Einrichtungen, die, sofern es sich um „Kunst" handelt, dem überwiegend individuellen Symbolisieren zuzuordnen sind; schließlich mit den öffentlichen Medien, in denen Symbolisierungsleistungen beider Art erbracht werden.

Diese Affinität findet ihren derzeitigen Ausdruck in einer Reihe von Verzahnungen der Kirche mit jenen Bildungsinstitutionen. Das gilt etwa für den Religionsunterricht, der nach geltender grundgesetzlicher Regelung (Art. 7, 3 GG) auf Kooperation zwischen öffentlicher Schule und den Kirchen angelegt ist. Der „in Übereinstimmung mit den Grundsätzen der Religionsgemeinschaften" erteilte Religionsunterricht ist zwar nicht „Kirche in der Schule" (Martin Rang), aber er nimmt dennoch Elemente von Kirche in das öffentliche Bildungswesen auf. Ähnliches gilt für die Theologischen Fakultäten. Die der Kirche zugeordnete Wissenschaft gehört in den Kanon der an der Universität gepflegten Wissenschaften und muß sich auch als ein notwendiger Bestandteil des allgemeinen Wissenschaftssystems legitimieren. Kirche nimmt ferner Kunst aller Stilrichtungen in ihren Dienst: Architektur, bildende Kunst, Musik, Dramaturgie.[49] Kirche hat ferner ein eigenes Publikationswesen und verfügt über eigene Medien. Sie hat aber auch Zugang zu den öffentlichen Medien Funk und Fernsehen. All diese Berührungen und Überschneidungen werden als mit der Kirche verträglich empfunden.

---

[49] Die reformierte Tradition macht hier keine Ausnahme. Sie dringt höchstens auf eine engere Beziehung alles Gestalthaften auf das Wort.

Die Verzahnung mit den anderen Bildungsinstitutionen nötigt die Kirche aber auch, sich am öffentlichen Streit um das Welt-, Menschen- und Gottesverständnis zu beteiligen. Das gilt insbesondere unter den Bedingungen einer zunehmend pluralistischen Gesellschaft. Die Auseinandersetzung über die weltanschaulich-religiösen Prämissen des gesellschaftlichen und privaten Handelns findet nicht nur auf der Kanzel statt, sondern muß auch über öffentliche Stellungnahmen der Kirche[50] und nicht zuletzt im Religionsunterricht der öffentlichen Schule erfolgen. Diese Teilnahme der Kirche an der öffentlichen Diskussion wird auch von der gesellschaftlichen Öffentlichkeit selbst erwartet.

Bekanntlich hat die Kirche auch Berührungspunkte mit dem *Vereinsleben*, also mit Institutionen der freien Geselligkeit. Die Geschichte der christlichen Jugendarbeit ist das hervorragendste Beispiel für diese der Kirche ebenfalls zuträgliche Verzahnung. An ihr kann auch das Hauptproblem, das auf diesem Gebiet in immer neuen Variationen auftritt, am besten studiert werden: ob das den Regeln der freien Geselligkeit entsprechende Erleben nur eine vielleicht erfreuliche, aber an sich entbehrliche Zutat sei oder ob es selbst zum Medium der Erfahrung und Verbreitung des Evangeliums werden kann.[51] Ein Zusammenhang aller geselligen Veranstaltungen der Kirche mit ihrem eigentlichen Auftrag ist in der Tat erforderlich. Nur wurde dieser Zusammenhang, weil man die Qualitäten und Möglichkeiten des geselligen Erlebens theologisch nicht zu würdigen vermochte, oft nicht gesehen, obwohl er gegeben war.[52]

Das Verhältnis der Kirche zu den Institutionen der *politischen Machtausübung*, der *Gesetzgebung* und der *Rechtsprechung* ist schon durch die Zwei-Regimente-Lehre theoretisch hinreichend geklärt. Die Kirche hat wohl das Recht und zunehmend auch die Pflicht zur Stellungnahme in politischen Fragen[53], aber sie hat kein politisches Mandat, d.h. sie darf nicht selbst zu einer politischen Partei werden oder die politischen Organe in ihre Abhängigkeit zu

---

[50]   Näheres dazu bei R. Preul: Das öffentliche Auftreten der Kirche in der pluralistischen Gesellschaft, in: J. Mehlhausen (Hg.): Pluralismus und Identität, Gütersloh 1995, 505-517.

[51]   Vgl. dazu die gründliche Untersuchung von B.-M. Haese: Erfahren und Erleben. Freizeiten als Methode kirchlicher Jugendarbeit, Marburg 1994.

[52]   Haeses Arbeit weist ein solches theologisches Defizit im Begreifen von Jugendfreizeiten detailliert an den Erlebnisbereichen „Natur", „Erotik" und „Geselligkeit" nach.

[53]   Näheres zu den Prinzipien und Grenzen solcher Einflußnahme in § 12, II.

bringen versuchen oder die Schaltstellen der Macht unter der Hand mit ihren Leuten besetzen. Überschreitet die Kirche die ihr hier gesetzten Grenzen, so wird mit Recht Protest erhoben. Das einzige legitime Mittel kirchlicher Wirksamkeit ist auch hier das Wort. – Auch eine Trennung der Kirche vom allgemeinen Recht ist notwendig. Die Zivilehe ist als ein gesamtgesellschaftlicher Fortschritt zu bewerten; schon Luther war der Auffassung, daß der Rechtsakt der Eheschließung die Kirche eigentlich nichts angeht.[54] Umgekehrt haben kirchliche Rechtsakte keine staatliche Bedeutung. Es war eine sowohl das staatlich-öffentliche wie das kirchliche Recht korrumpierende Verquickung, wenn noch im Reformationszeitalter der Kirchenbann die Reichsacht nach sich zog (wie im Falle Luthers) und kirchliche Ketzerurteile durch weltliche Gerichtsbarkeit vollstreckt wurden. Diese und weitere Vermischungen mußten infolge der reformatorischen Rückbesinnung auf das Wesen der Kirche sowie im Zuge der durch die Aufklärung beförderten Entwicklung des säkularen und konfessionsneutralen Staates verschwinden.

Die Abgrenzung gegen Staat und öffentliches Rechtswesen wird nicht dadurch in Frage gestellt, daß es auch in der Kirche ein mit Sanktionen verbundenes Recht – etwa das Pfarrerdienstrecht – und eine geregelte Form von Herrschaft (Kirchenleitung und Synode) gibt. Denn beides, Kirchenrecht und Kirchenregiment haben nicht die Funktion, die Regeln gesellschaftlicher Interaktionen überhaupt sicherzustellen, sondern sie dienen der Ausübung der geistlichen Funktion der Kirche und sind unter dem Gesichtspunkt ihrer diesbezüglichen Zweckmäßigkeit zu beurteilen und ggf. – de facto: fortlaufend – zu verändern.

Aber ist dann vielleicht die *Diakonie* ein Einwand gegen die hier vorgenommene Einordnung der Kirche in das Spektrum der Institutionen? Hier handelt es sich ja um Aufgaben, die sich die Kirche mit dem modernen Sozialstaat und den Verbänden der freien Wohlfahrt teilt. Und kann man die Kirche als Bildungsinstitution bezeichnen, wenn tätige Nächstenliebe und materielle Hilfe zum Wesen der Kirche gehören, die ja schon nach altkirchlichem Verständnis ihr Leben in Martyria, Leiturgia, Koinonia und Diakonia[55] verwirklicht?

Dieser Einwand läßt sich nun nicht mit dem gleichen Argument entkräften wie der vorherige. Man kann nicht sagen, daß die Liebestätigkeit der Kir-

---

[54] So in der Einleitung zum Traubüchlein; WA 30/III, 74. Nach CA 28 haben sich die Bischöfe das Recht der Eheschließung unrechtmäßig angeeignet; BSLK, 125, vgl. 494.

[55] Aus Gründen, die hier nicht weiter zu untersuchen sind, spielt diese Vierheit allerdings in der reformatorischen Kirchenlehre so gut wie keine Rolle.

che mit ihrer eigentlichen Funktion nicht identisch sei, sondern – wie Kirchenrecht und Kirchenregiment – ihr bloß diene. Sie ist vielmehr ein Element dieser Funktion selber; die Seelsorge der Kirche – Seelsorge im weiten Sinne der cura animarum, nicht in dem engeren Sinne eines bestimmten pastoralen Praxisfeldes – wäre unecht und unsachgemäß, wenn sie nicht aus dem Geist und dem Impuls der Liebe geschähe und daher auch die Diakonie einschlösse. Die Diakonie ist nicht Mittel zum Zweck, sie geschieht nicht etwa, um Werbung für die Kirche zu machen. Aber sie ist ein Teil des ganzen Dienstes der Kirche und verweist als solcher auf das Ganze dieses Dienstes: die aus seelsorgerlicher Motivation geschehende Kommunikation des Evangeliums. Diese Verweisung auf das Ganze des kirchlichen Zeugnisses nicht wahrzunehmen, dürfte auch dem Empfänger kirchlicher Hilfeleistung kaum möglich sein; wohl aber kann er diese Verweisung auf sich beruhen lassen und die Diakonie nur als soziale, materielle, finanzielle oder therapeutische Hilfe akzeptieren, ganz so, als käme diese Hilfe aus der öffentlichen Hand des Staates oder von irgendeinem beliebigen Wohltäter. Auch in diesem Fall wird die Kirche ihren diakonischen Dienst nicht verweigern oder einschränken. – Weiter ist hier anzumerken, daß die christlicher Motivation entspringende soziale Liebestätigkeit natürlich nicht nur über die organisierte Kirche erfolgt. Die Kirche ist nicht das einzige Organ sozialer Hilfeleistung. Auch der Staat kann sich von dieser Aufgabe nicht dispensieren, und wo staatliche Mittel und Finanzen nicht ausreichen, müssen sich freie Verbände der Wohlfahrtspflege und diverse – auch internationale – Hilfsorganisationen bilden. So wie sich in all diesen Organen das soziale und humanitäre Engagement des Christen im Verbund mit anderen hilfsbereiten Menschen betätigt, so ist auch die verfaßte Kirche mit ihrer Diakonie auf Kooperation mit diesen Institutionen angewiesen, und sie muß das jeweilige Quantum ihrer diakonischen Praxis im Blick auf deren Leistungsfähigkeit bestimmen. Es darf jedoch schon um der Glaubwürdigkeit und Vollständigkeit des christlichen Zeugnisses willen nie gegen Null reduziert werden. Aber umgekehrt kann und darf die Kirche sich in der Öffentlichkeit auch nicht allein durch ihre humanitären Hilfeleistungen – also durch ein Tun, das auch von anderen übernommen werden kann und zum großen Teil übernommen wird – als gesamtgesellschaftlich notwendige Institution legitimieren, weil dadurch ihre Identität als Kirche unerkennbar würde.[56] Diese Identität verdeutlicht die Kirche vielmehr dadurch, daß sie etwas Bestimmtes zu sagen hat, daß sie als Kommunikationspartner präsent ist, der bestimmte

[56] Vgl. zu dieser Problematik K.-F. Daiber: Diakonie und kirchliche Identität. Studien zur diakonischen Praxis in der Volkskirche, Hannover 1988.

Fragen auf die Tagesordnung setzt, auf die er auch bestimmte Antworten geben kann, die freilich, um glaubwürdig zu sein, auch eine diakonische Praxis einschließen. Die ganze Überlegung ergibt also: Diakonie ist deshalb kein Einwand gegen die Einordnung der Kirche in die Gruppe der Bildungsinstitutionen, weil Diakonie ein integrales Element des umfassenden Kommunikationsauftrages der Kirche ist. Eine Kirche, die nur – und nicht auch – soziale Hilfe leisten würde, wäre nicht mehr Kirche, sondern ein Teil des ökonomischen Systems der Gesellschaft.

Abschließend sei darauf hingewiesen, daß die Bezeichnung der Kirche als Bildungsinstitution keineswegs so neu und anstößig ist, wie es zunächst erscheinen mag. Es gibt andere Versuche in der gleichen Richtung. So hat z.B. Trutz Rendtorff, freilich ohne Bezugnahme auf ein Institutionenspektrum, von der Kirche als „Schule des Christentums" gesprochen[57], eine Formulierung, die von anderen aufgegriffen wurde.[58] „Die Kirche hat dort, wo es um sie als sachlich und empirisch unterscheidbare Größe in der Welt des Christentums geht, elementar die Aufgabe der Schule des Christentums, oder auch der Einrichtung, die der Einführung in den christlichen Glauben dient."[59] Rendtorff will damit hervorheben, daß die verfaßte Kirche eine dienende Funktion in Bezug auf das christliche Leben hat, das sich nicht allein in der Teilnahme am Leben der Kirche erschöpft, sondern seinen wesentlichen Ort in der Welt („Gottesdienst im Alltag") hat. Rendtorff beruft sich u.a. auf die hervorragende Bedeutung des „docere" im reformatorischen Kirchenverständnis (CA 7) sowie auf den stark didaktisch-katechetischen Zug in Luthers Gottesdienstreform. Rendtorff zieht aus dieser primär religionspädagogischen Funktionsbestimmung der Kirche die Folgerung: „Es wäre darum mißverständlich, von einer nicht gelungenen Erfüllung dieser Aufgabe zu sprechen, wenn sie in ein Heraustreten der Christen aus der Abhängigkeit von der Kirche als manifeste Einrichtung mündet."[60] Dieser Folgerung, mit der natürlich

---

[57]  T. Rendtorff: Kirche als Schule des Christentums. Eine Skizze, EvErz 26/1974, 295ff.

[58]  Beispielsweise von W. Lück: Lebensform Protestantismus. Reformatorisches Erbe in der Gegenwart, Stuttgart u.a.1992, 118. E. Langes Programm einer Didaktisierung des kirchlichen Handelns, insbesondere der Amtshandlungen, am Leitfaden des menschlichen Lebenszyklus liest sich wie der zu Rendtorffs Formel passende Lehrplan. Vgl. E. Lange: Bildung als Problem und als Funktion der Kirche, in ders.: Sprachschule für die Freiheit, hg. von R. Schloz, München/Gelnhausen 1980, 159-200.

[59]  Rendtorff, aaO. 301.

[60]  AaO. 302.

nicht der formelle Kirchenaustritt gemeint ist[61], und der damit bezweckten Entlastung der Kirche bzw. ihrer Amtsträger, die davon ablassen müssen, Gottesdienstfrequenz und Beteiligung am kirchlichen Leben als alleiniges Kriterium der Christlichkeit zu verwenden, wird man zustimmen können, sofern mit diesem „Heraustreten" die selbständige christliche Urteilsfähigkeit und Mündigkeit des Christenstandes jedes Einzelnen gemeint ist, die sich nun in den verschiedenen gesellschaftlichen und privaten Lebensbereichen zu erweisen und zu bewähren hat. Auf solche Selbständigkeit zielen in der Tat alle pastoralen Bemühungen in Predigt, Seelsorge und Unterricht. Man wird jedoch widersprechen müssen, sofern auch der Gottesdienst, die manifeste Vollzugsform der congregatio sanctorum, unter den Begriff der „Schule" gefaßt und damit instrumentalisiert wird. Der Sinn des Gottesdienstes wäre unterbestimmt, würde man ihn auf seine didaktische Funktion – die er nach Luther *auch*, aber eben *nicht nur* hat – reduzieren. Das ist nun sicher nicht Rendtorffs Absicht, aber er versäumt es doch, seinen empirisch-soziologischen Kirchenbegriff mit einer Theorie des Gottesdienstes zu vermitteln. Der Gottesdienst ist nicht nur Mittel zum Zweck, nicht nur Zurüstung für ein christliches Leben außerhalb seiner selbst – ebenso wenig wie das Gebet als ein Mittel zu irgendeinem anderen Zweck verstanden werden kann –, sondern in seinem elementaren Vollzug tatsächlich „Selbstzweck". Mit Recht wurde daher für den Gottesdienst die Kategorie des Festes, das seine Erfüllung in sich selbst trägt, aufgeboten.[62] Der Gottesdienst ist in theologischer Perspektive Dialog zwischen Gott und Mensch, in anthropologischer Perspektive – nach Schleiermacher[63] – „darstellendes", nicht „wirksames" oder „geschäftsmäßiges" Handeln. Unsere eigene Bestimmung der Kirche als Bildungsinstitution hebt die Kirche über die Funktion der Schule hinaus: Es geht nicht nur um Schulung und Formung des christlichen Selbstverständnisses, sondern auch um dessen Ausdruck, Betätigung, Darstellung, Gestaltwerdung. Wichtiger als diese Korrektur ist jedoch die in Rendtorffs Formel sich aussprechende institutionstheoretische Parallele zu unseren Erwägungen.

---

[61]  Ebd.

[62]  G. M. Martin: Fest und Alltag. Bausteine zu einer Theorie des Festes, Stuttgart 1973. Vgl. auch P. Cornehl/M. Dutzmann/A. Strauch (Hg.): In der Schar derer, die da feiern. Feste als Gegenstand praktisch-theologischer Reflexion. FS Fr. Wintzer, Göttingen 1993.

[63]  SW I/13, 68-82, bes. 71.

## III. Kirche als System der Kommunikation des christlichen Wirklichkeitsverständnisses

In diesem Abschnitt geht es um eine Präzisierung der Bestimmung von Kirche als einer Bildungsinstitution unter dem Gesichtspunkt des spezifischen *Inhalts* kirchlicher Kommunikation. Die vielleicht etwas kompliziert klingende Formulierung „Kirche als System der Kommunikation des christlichen Wirklichkeitsverständnisses" ist der prägnanteste Ausdruck des in unserer Kirchentheorie vertretenen Kirchenverständnisses. Sie will die Wesensaussagen über die Kirche auf der Linie der Reformation mit den institutionstheoretischen Überlegungen zur Kirche als Bildungsinstitution verbinden.

Die Formulierung enthält aber auch ein neues Element, das zunächst zu explizieren ist (1). Der Terminus Bildungsinstitution wird spezifiziert als „Kommunikationssystem". Daß die Kirche ein Kommunikationssystem ist, freilich ein solches, das auf einen bestimmten Inhalt, das christliche Wirklichkeitsverständnis, bezogen ist, qualifiziert die Kirche innerhalb der Gruppe der Bildungsinstitutionen in der modernen Gesellschaft. Nachdem die Kirche qua Bildungsinstitution von anderen gesellschaftlichen Institutionen abgegrenzt wurde, muß nun auch noch ihre Besonderheit innerhalb der ihr zugeordneten Institutionengruppe hervorgehoben werden. Ferner enthält der Terminus Kommunikation die Annahme, daß das, was die Kirche zu sagen hat, auf einen gewissen entsprechenden Bedarf der modernen Gesellschaft, wie er nach Schelskys Theorie in allen Institutionen als gesteigertes Reflexionsbedürfnis auftritt und insbesondere in den verschiedenen Bildungsinstitutionen – nicht zuletzt in den öffentlichen Medien – formuliert wird, bezogen werden kann. Dieser Sinnbedarf soll in einem zweiten Abschnitt thematisiert werden (2). Abschließend ist unter Bezugnahme speziell auf die Rechtfertigungslehre nach der Aktualität des kirchlichen Sinnangebots zu fragen (3).

### 1. Kirche als Kommunikationssystem

Kirche als Bildungsinstitution könnte dann mißverständlich sein, wenn „Kirche" in ein zu enges Verhältnis zu einem bestimmten Verständnis von „Schule" gebracht wird, so als würde hier ein lehrmäßig ausformulierter Inhalt von ausgebildeten Theologen lediglich unter das Volk gebracht, das sich dabei rein rezeptiv verhält. Demgegenüber verweist „Kommunikation" auf die Einbeziehung und Mitbeteiligung aller. Das allgemeine Priestertum im Sinne Luthers besagt ja, daß auch die Laien am Lehramt der Kirche beteiligt sind. Lehre – d.h. die situationsadäquate Auslegung der biblischen Botschaft, ihre Beziehung auf immer neue Erfahrungsinhalte, ihre denkerische Durchdringung

und Verantwortung angesichts immer neuer alternativer Sinnentwürfe – tritt
seit der Reformation in positionaler Gebrochenheit und auf verschiedenen
Systemebenen auf: denen des kirchlichen Amtes, der akademischen Theologie und der sogenannten Laien einschließlich der theologisch interessierten
Intellektuellen. Kommunikation im Raum der Kirche meint also – mit einem
Ausdruck Schleiermachers – die „Zirkulation"[64] des religiösen Bewußtseins,
partnerschaftliche Kommunikation zwischen Subjekten, die allesamt wahr-
heitsfähig sind und als solche ernstgenommen sein wollen. Diese Zirkulation
schließt den Unterschied von Kommunikationspositionen und -möglichkeiten
nicht aus, sondern ein. Die Amtsträger haben die Aufgabe, diese Zirkulation
in Gang zu halten, zu strukturieren und zu moderieren. Das geschieht durch
die positionsspezifische Art und Weise, wie sie das Lehramt auf der Kanzel
und im Unterricht wahrnehmen, aber auch durch besondere Interventionen.
So gehört es zu den Grundaufgaben jedes Pfarrers, das Gespräch zwischen
verschiedenen Gruppen in der Gemeinde zu fördern und unter Bezugnahme
auf den theologisch-bekenntnismäßigen Grundkonsens der Kirche vermit-
telnd tätig zu sein. Bei dieser innerkirchlichen Kommunikation haben gerade
die Laien auch Unverzichtbares einzubringen: die Erfahrung in verschieden-
sten Bereichen des öffentlichen und privaten Lebens, insbesondere auch solche Erfahrungen, die dem Pfarrer von Hause aus fremd und in Ausübung
seiner Berufsfunktion nicht ohne weiteres zugänglich sind. Die Idee des
herrschaftsfreien Dialogs, die von Jürgen Habermas, Karl Otto Apel u.a. im
Blick auf gesamtgesellschaftliche Prozesse entwickelt und propagiert wurde,
ist für innerkirchliche Verhältnisse und Steuerungsprozesse schon längst unter dem Titel der freien Zirkulation des religiösen Bewußtseins konzipiert
worden, und sie dürfte auch in diesem Bereich die größten Verwirklichungschancen haben, weil die Kirche als Bildungsinstitution von Hause aus Kom-
munikationsinstitution ist. Kommunikationstheoretisch formuliert, gilt für
die Kirche, daß es in ihr zwar sowohl „komplementäre" (auf unterschiedlichen
Rollenpositionen beruhende) als auch „symmetrische" (auf gleichen Rollenpositionen beruhende) Kommunikation geben darf[65], daß aber „einwegige"
durch „zweiwegige" Kommunikation zu ersetzen ist.[66]

---

[64]  F. D. E. Schleiermacher: Die praktische Theologie nach den Grundsätzen der
    evangelischen Kirche im Zusammenhange dargestellt, hg. von J. Frerichs, SW I/
    13, Berlin 1850, 216, 567, 627.

[65]  Vgl. zu dieser Unterscheidung P. Watzlawick u.a.: Menschliche Kommunikati-
    on. Formen, Störungen, Paradoxien, Berlin u.a. 1980[5], 68ff..

[66]  Hierzu W.-D. Bukow: Entwicklung sozialer und deutungsbezogener Kompetenz
    im alltäglichen Leben, in: M. Arndt (Hg.): Religiöse Sozialisation, Stuttgart u.a..
    1975, 50-70, dort 58f.

Kirche ist ein Kommunikations*system*. Die Zirkulation des religiösen Bewußtseins erfolgt nicht auf diffuse Weise, sondern in den Bahnen eines dieser
Zirkulation dienenden und sie regulierenden sozialen Systems. Ein System ist
in jedem Fall die Verbindung von verschiedenen Elementen zu einem Funktionszusammenhang. Das gilt für technische Regelkreissysteme, für sog. natürliche und ökologische Systeme wie auch für soziale Systeme, die durch die
freie Befolgung von Interaktionsregeln zustande kommen.[67] Freie Befolgung
bedeutet dabei nicht, daß soziale Systeme grundsätzlich ohne Zwang, Recht
und Sanktionen auskämen, sondern nur, daß die Befolgung der system-
konstitutiven Regeln von den Interaktanten qua entscheidungsfähigen Subjekten auch verweigert werden kann. Wünschenswert und anzustreben ist
natürlich eine solche Befolgung der Interaktionsregeln, die weder auf äuße-
rem noch auf internalisiertem Zwang, sondern auf Einsicht in den Sinn der
Regeln beruht; nur so kann eine dauerhafte Stabilität sozialer Systeme erreicht
werden.

Die funktionale Interrelation der Systemelemente kann so dicht sein, daß
das ganze System zusammenbricht bzw. seine Leistung einstellt, wenn eines
der Elemente versagt. Das trifft besonders für bestimmte technische Regelkreissysteme zu: Der Apparat kommt zum Stillstand oder wird automatisch abge-
schaltet. Soziale Systeme sind in der Regel flexibler und fehlerfreundlicher.
Das trifft auch auf das Kommunikationssystem Kirche zu. Fällt etwa der Religionsunterricht an der öffentlichen Schule aus, wie in der ehemaligen DDR
geschehen, so besteht die Möglichkeit, diesen Schaden durch andere Einrichtungen abzufangen oder doch zu mildern. Das System schrumpft in diesem
Falle vielleicht, bricht aber nicht zusammen.

Das Kommunikationssystem Kirche, das System der Kommunikation
christlichen Wirklichkeitsverständnisses ist unter drei Aspekten näher zu bestimmen. Es vereinigt in sich

verschiedene *Kommunikationssituationen* (a),
verschiedene *Kommunikationspositionen* (b),
verschiedene *Kommunikationsmedien* (c).

Es handelt sich also um ein differenziertes soziales System, dessen vollständige
Beschreibung natürlich eine Kombination der drei Aspekte erfordern würde.
An jeder Kommunikationssituation sind bestimmte Kommunikationsposi-

---

[67]  Vg. E. Herms: Erfahrbare Kirche, Tübingen 1990, 55, der sich seinerseits stützt
       auf L.v. Berthalanffy: General System Theory. Foundations, Development,
       Applications, New York 1968.

tionen beteiligt, die sich bestimmter Kommunikationsmedien bedienen. Ich erläutere hier jedoch nur die einzelnen Elemente.[68]

a) Mit den *Kommunikationssituationen* werden alle regulären und alle gelegentlich sich bildenden Praxisfelder der Kirche ins Auge gefaßt: Gottesdienst, Unterricht, Seelsorge, Amtshandlungen, Gemeindearbeit, Jugendarbeit, Öffentlichkeitsarbeit; aber auch alle Formen des mutuum colloquium, etwa in der Familie, gehören dazu. Diese Praxisfelder differenzieren sich ihrerseits weiter in klassifizierbare Typen von Praxissituationen. So unterscheidet sich beispielsweise die situative Struktur der Krankenhausseelsorge tiefgreifend von der der Telefonseelsorge oder der der Seelsorge in Strafvollzugsanstalten usw. Die Praxisfelder und ihre jeweiligen Kommunikationssituationen sind der Gegenstand der üblichen praktisch-theologischen Teildisziplinen. Die unterschiedlichen Kommunikationssituationen verdanken sich unterschiedlichen Bedürfnissen und Problemlagen religiöser Kommunikation. Unter dem Gesichtspunkt der Kommunikationssituation kommt die Vielfalt des kirchlich-christlichen Lebens unter den soziokulturellen Bedingungen der Gegenwart in den Blick.

b) Unter den *Kommunikationspositionen* sind zu verstehen: alle Ämter der verfaßten Kirche, besonders das Pfarramt und Ämter mit episkopaler Funktion (Bischof bzw. Kirchenpräsident oder Präses, Propst bzw. Superintendent), ferner die Ämter des Kirchenvorstehers, des Jugendwarts, des Diakons, des Gemeindehelfers, der Gemeindeschwester, des Kirchenmusikers, alle synodalen und kirchenleitenden Ämter sowie alle ehrenamtlichen „Posten" in den Gemeinden; weiter aber auch der Beruf des Religionslehrers (der durch die Vocatio noch mit der verfaßten Kirche verbunden ist), die Rolle des kirchlich interessierten Publizisten oder Journalisten und nicht zuletzt auch die Positionen des kirchlich engagierten Laien und der Eltern, die ihre Kinder im Geist des Evangeliums erziehen wollen. Die Praktische Theologie befaßt sich mit dem Handeln all dieser Personen und Amtsträger. Sie darf nicht auf Pastoraltheologie reduziert werden, auch wenn praktisch-theologische Lehrveranstaltungen in den Theologischen Fakultäten naturgemäß unmittelbar auf die Berufskompetenz der späteren Pfarrer und Religionslehrer bezogen sind; zur Berufskompetenz des Pfarrers gehört aber auch die Fähigkeit zur Kooperation mit Personen, die andere Kommunikationspositionen im Leben der Kirche innehaben und dafür teilweise auch speziell ausgebildet sind.[69]

---

[68] Vgl. zum Folgenden auch R. Preul: Was leistet die Praktische Theologie für die Einheit der Theologie? PThI 13/1993, 77-92, bes. 84ff.

[69] Dieser Gesichtspunkt wird in der Ausbildung der Pfarrer und Pfarrerinnen – jedenfalls in der universitären Ausbildungsphase – vernachlässigt. – Mit Recht

Die Vielfalt der unter a und b in den Blick genommenen Situationen und Positionen zeigt, daß das System der Kommunikation des christlichen Wirklichkeitsverständnisses nicht zu eng gefaßt werden darf. Es umfaßt auch solche Kommunikationsvollzüge, die keiner kirchlich-dienstrechtlichen Regelung mehr unterliegen. Die eigentümliche Gattung „kirchlicher Lebensordnungen"[70] versucht diesem Sachverhalt Rechnung zu tragen, indem sie die aus dem christlichen Wirklichkeitsverständnis sich ergebenden Obliegenheiten aller Kirchenmitglieder zu den geregelten Zuständigkeiten des kirchlichen Amtes ins Verhältnis setzt.

c) Die *Kommunikationsmedien* sind das dritte Element einer Formenlehre für das Kommunikationssystem Kirche. Die Kommunikation des christlichen Wirklichkeitsverständnisses erfolgt wie alle menschliche Kommunikation mittels semiotischer Prozesse, in denen verschiedene Arten von *Zeichen* zum Einsatz kommen.

Wir folgen hier nicht der beispielsweise in der Pastoralpsychologie üblich gewordenen, von Alfred Lorenzer[71] übernommenen Unterscheidung von Zeichen, Symbol und Klischee, sondern halten uns an den allgemeinen Zeichenbegriff, wie er grundlegend in der Zeichentheorie von Charles W. Morris bestimmt wurde.[72] Lorenzers Klassifikation mag im Zusam-

---

fordert U. Wagner-Rau (Zwischen Vaterwelt und Feminismus. Eine Studie zur pastoralen Identität von Frauen, Gütersloh 1992, 187) eine Umwandlung des „hierarische(n) Gegenüber(s) von Amt und Gemeinde in Strukturen gemeinsamen Wirkens und geteilter Verantwortung". Auch wenn, wie Wagner-Rau annimmt, gerade Frauen im kirchlichen Amt „für Gemeindestrukturen und Amtsverständnis eine gemeinschaftliche und partizipatorische Perspektive entwickeln" (aaO. 189), so ist doch das Postulat einer Kooperation zwischen den verschiedenen kirchlichen Ämtern und Positionen in erster Linie nicht von hier aus, sondern aus der Perspektive einer evangelischen Kirchentheorie zu begründen und zu entwickeln, und erst im Rahmen dieser übergeordneten Perspektive kann dann auch der von den Frauen im Amt ausgehende Impuls voll zur Geltung kommen.

[70] Die Lebensordnungen „entziehen sich einer Kategorisierung nach der herkömmlichen Unterscheidung der Rechtsformen" und sind „durch das Ineinandergreifen innerer und äußerer Ordnung" bestimmt. So H.A.W. Niemann: Art. „Lebensordnungen", EKL, 3. Aufl.

[71] A. Lorenzer: Sprachzerstörung und Rekonstruktion. Vorarbeiten zu einer Metatheorie der Psychoanalyse, Frankfurt a.M. 1973.

[72] Ch.W. Morris: Grundlagen der Zeichentheorie (Ullstein Buch Nr. 35006), am. 1938.

menhang psychoanalytischer Diagnostik sinnvoll und hilfreich sein, eignet sich aber nicht für einen darüber hinausgehenden Gebrauch, da sie den zeichentheoretischen Oberbegriff zur Bezeichnung eines defizitären Spezialfalles herabsetzt.

Die Gesamtheit der zum Zwecke der Kommunikation des christlichen Wirklichkeitsverständnisses in den verschiedenen Kommunikationssituationen verwendeten Zeichen zerfällt in zwei Hauptklassen: sprachliche oder verbale (Rede, Erzählung, begriffliche Darlegung und Argumentation, Symbole, Metaphern) und nonverbale Zeichen. Der Reichtum des nonverbalen Zeichengebrauchs wird vor allem im Gottesdienst als der überhaupt medienreichsten und positionsreichsten kirchlichen Kommunikationssituation anschaulich. Hier begegnen akustische und musikalische Zeichen (Glocken, Instrumentalmusik, Gesänge), visuelle Zeichen (Bilder, Räumlichkeit, Ornamente, ikonische Symbole, liturgische Farben und Gewänder), rituelle Handlungen (Sakramente, Liturgie als Ritus) und gestische Zeichen (Gebetshaltung, Segen). Dabei besteht der Zeichengebrauch nicht nur in den semiotischen Einzelelementen, sondern auch in deren syntaktischer Verknüpfung. Man kann die Predigt nicht ans Ende des Gottesdienstes stellen oder den Segen in dessen Mitte.[73] Veränderungen in der Syntax der gottesdienstlichen Zeichen (Umstellung, Auslassung, Ausdehnung und Verkürzung) haben Auswirkungen auf den Gesamtcharakter des Gottesdienstes. Bezüglich der pragmatischen Dimension der Zeichenprozesse ist noch die Unterscheidung zwischen bewußtem, zielgerichtetem und unbewußtem sowie unabsichtlichem Zeichengebrauch von Bedeutung. Während die Sprache der Predigt durch überwiegend bewußten und zielorientierten Zeichengebrauch gekennzeichnet ist, kann Diakonie, jeder Liebesdienst eines Christen sowie seine gesamte Alltagspraxis zum Zeichen für das christliche Wirklichkeitsverständnis werden, auch dann, wenn das gar nicht beabsichtigt ist. Wenn nach reformatorischem Verständnis der Glaube zum Tun der wirklich guten Werke befreit, dann können alle guten Werke auch wiederum zeichenhafte Bedeutung gewinnen. Aufgrund dieses Zusammenhangs ist beispielsweise der ganze Umgang des Christen mit seinem Nächsten in die Kommunikation des christlichen Wirklichkeits-

---

[73] Zur Bedeutung des aaronitischen Segens am Ende des Gottesdienstes vgl. E. Herms: Gottesdienst als Religionsausübung. Erwägungen über die „jugendlichen Ritualisten", in ders.: Theorie für die Praxis – Beiträge zur Theologie, München 1982, 337-364 dort 363.

verständnis integriert.[74] – Mittels all dieser Zeichen oder Kommunikationsmedien werden teils die Inhalte des christlichen Wirklichkeitsverständnisses
ausgedrückt (semantische Dimension), teils die diesem Wirklichkeitsverständnis entsprechenden Beziehungen zwischen den Kommunikanten gepflegt
(pragmatische Dimension).

Der unter den Kriterien „Situation", „Position" und „Medien" vorgeführ-
te Formenreichtum kirchlichen Handelns macht auch deutlich, daß die Formel „Kirche als System der Kommunikation des christlichen Wirklichkeitsverständnisses" keinerlei restriktive Bedeutung hat, sondern vielmehr dazu
anleitet, jede Form kirchlichen kommunikativen Handelns in ihrer je spezifischen Gestalt und Möglichkeit zu erfassen. Das entwickelte analytische In-
strumentarium dient aber nicht nur der präzisen Beschreibung der vorhandenen Praxisfelder im Kommunikationssystem Kirche. Es wird auch benötigt,
wenn es darum geht, die Flexibilität dieses Systems unter Beweis zu stellen,
d.h. den Bestand an regulär vorgesehenen Praxisfeldern und -situationen –
etwa als Reaktion auf die Umwelt des Systems Kirche – entweder zu erweitern
oder auch zu reduzieren und das kirchliche Handeln in den verschiedenen
Bereichen aufeinander abzustimmen. Diese Komposition, Veränderung und
Koordination zu bedenken ist die Aufgabe der Kybernetik als einer den be-
reichsspezifischen praktisch-theologischen Teildisziplinen vorgelagerten Disziplin.[75]

Anzustreben ist ein flexibles und differenziertes System, in dem die verschiedenen Praxisfelder und das jeweilige positions- und medienspezifische kirchliche Handeln sich gegenseitig ergänzen und entlasten. Die Einheit dieses
Systems ist nicht schon durch die in ihm anzutreffende Vielfalt der Kommunikationssituationen, -positionen und -medien und entsprechende Spezialisierung und Professionalisierung bedroht; es gerät erst dann in innere
Spannung und in den Selbstwiderspruch, wenn auf den verschiedenen Praxisfeldern Handlungsziele verfolgt werden, die sich gegenseitig ausschließen.
Auch die Einheit der Praktischen Theologie ist letztendlich allein unter dem
Gesichtspunkt der Zielkonkordanz zu erörtern.[76]

---

[74] Den hier angesprochenen Zusammenhang habe ich am Beispiel der Erziehung zu
verdeutlichen versucht: Erziehung als „gutes Werk", MJTh V/1993, 95-115; vgl.
auch den einführenden Beitrag von J. Track: Von der Freiheit, Gutes zu tun,
aaO. 1-16.

[75] Daß unsere Kirchentheorie nicht zuletzt dazu verhelfen will, diese praktisch-
theologische Disziplin neu zu profilieren, wurde bereits in § 1 dargelegt.

[76] Vg. dazu meinen Anm. 68 genannten Aufsatz.

## 2. Sinnproblematik und Religionsbedarf in der modernen Gesellschaft

Die Kirche als ein Kommunikationssystem mit einem bestimmten Inhalt (dem christlichen Wirklichkeitsverständnis) gerät dann in eine gesellschaftlich instabile oder abseitige Position, wenn sie sich nicht mehr offenkundig auf einen in der Lebensgeschichte der Individuen wie in den Institutionen auftretenden Sinnbedarf beziehen kann. Beziehung muß dabei nicht reibungslose Anknüpfung bedeuten, sie kann auch durch den Widerspruch gegen ein in der Gesellschaft herrschendes Denken, Urteilen und Bewerten erfolgen. Letzteres ist sogar regelmäßig zu erwarten, es sei denn, man striche den Begriff der Sünde aus dem das christliche Wirklichkeitsverständnis strukturierenden Kategoriensystem heraus. So oder so aber ist der Bezug auf einen im individuellen und gesellschaftlichen Leben selbst erzeugten Sinnbedarf unausweichlich. Der Bedarf von ethisch orientierendem Wissen und Deutungskompetenz ist Voraussetzung jeder gesellschaftlichen und lebensweltlichen Funktion der Kirche.

Dieser Sinnbedarf muß von der Kirche oder der Theologie nicht konstruiert werden, er wird von der Soziologie mit Hilfe des *funktionalen Religionsbegriffs* erhoben. Dabei wird nicht – jedenfalls nicht primär – nach der Wahrheit von Religion gefragt, sondern nach ihrer Leistung für die Gesellschaft. Es geht in soziologischer Perspektive nicht um den Inhalt der Religion bzw. um die Frage, ob den religiösen Bewußtseinsgehalten irgendeine Wirklichkeit als ihr Gegenstand entspricht – das kann, wenn überhaupt, nur religionsphilosophisch geklärt werden –, Gegenstand der Soziologie als empirischer Wissenschaft kann nur die Funktion solcher Vorstellungen für das private und öffentliche Leben sein. Allerdings muß sich die Soziologie auf einen Religionsbegriff stützen, den sie auch ihrerseits definieren muß, nur darf diese soziologische „Definition", die die gesellschaftliche und lebenspraktische Funktion von Religion in den Blick nimmt, nicht mit dem Anspruch verbunden werden, daß sie als solche bereits das „Wesen" der Religion erschöpfend erfaßt. Wo eine erschöpfende Definition angestrebt wird, ist der Übergang zu theologischen und philosophischen Überlegungen erforderlich. Jedenfalls muß der bescheidenere soziologische Religionsbegriff mit den empirisch erhebbaren Erscheinungsformen von Religion kompatibel sein, indem er deren Leistungsfähigkeit in Bezug auf bestimmte gesellschaftlich grundlegende Funktionen erfaßt und „funktionale Äquivalente" im Blick auf verschiedene Funktionsträger festzustellen erlaubt. Dabei enthebt der Begriff der funktionalen Äquivalenz von der Notwendigkeit, zwischen Religion und Ersatzreligion bzw. Pseudereligion sowie zwischen Glaube und Aberglaube scharf zu unterscheiden; diese Unterscheidung kann der theologischen oder religionsphilosophischen Reflexion der in Rede stehenden Phänomene überlassen werden. Gerade die Beschränkung

auf die Funktion von Religion und auf funktionale Äquivalenz im Wandel der
Funktionsträger läßt die Gesamtheit der religiösen und religionsähnlichen
Phänomene in den Blick treten. Daher weigert sich die moderne Religionssoziologie auch, sich allein auf kirchensoziologische Fragestellungen festlegen
zu lassen.[77]

Soziologen wie Th. Luckmann[78], P. L. Berger[79] und N. Luhmann[80] be-
scheinigen der Religion auf je verschiedene Weise eine gesellschaftlich unverzichtbare und fundamentale Funktion. Diese kann beispielsweise als Verarbeitung von Kontingenzerfahrungen ausgelegt werden.[81] Immer aber geht
es in irgendeiner Weise um einen Beitrag zur *Integration und Stabilisierung der
Gesellschaft*. Das geschieht nicht einfach dadurch, daß durch Religion Herrschaft stabilisiert wird oder daß bestimmte Pflichten unter Berufung auf höhere Autorität ins Gemüt eingebrannt werden. Das mag freilich hinzukommen
und ist auch bekanntlich oft genug geschehen. Aber dieser Integrationsmodus
ist nicht der fundamentale. Denn auch Herrschaftskritik sowie die Kritik an
entsprechenden bürgerlichen Tugenden und Normen können religiös moti-
viert sein, und auch dafür gibt es genügend Beispiele. Die sozialintegrative
Funktion der Religion erfolgt auf einer tieferen Ebene als der religiös motivier-
ter Affirmation oder Negation jeweils bestehender Kräfteverhältnisse. Die übliche Frage, ob Religion „stabilisiert" oder „emanzipiert" greift daher zu kurz.

Die sozialintegrative Funktion der Religion besteht darin, daß das Handeln der Individuen innerhalb der Sinnstrukturen *gemeinsamer Wirklichkeitskonstruktionen* verortet wird. Denn unter Religion ist, so resümiert E. Herms
die soziologische, von allem Inhalt abstrahierende funktionale Religionstheorie, „die jeweils in einer Gesellschaft relevante Weise, die ontologische

---

[77]  Vgl. dazu J. Matthes: Religion und Gesellschaft. Einleitung in die Religionssoziologie I, Reinbek 1967 sowie bes. den in diesem Bande 208-229 abgedruckten Aufsatz von T. Rendtorff: Zur Säkularisierungsproblematik. Über die Weiterentwicklung der Kirchensoziologie zur Religionssoziologie.

[78]  Th. Luckmann: Religion in der modernen Gesellschaft, in: J. Wössner (Hg.):
Religion im Umbruch, Stuttgart 1972, 3-15; ders.: Das Problem der Religion in
der modernen Gesellschaft. Institution, Person und Weltanschauung, Freiburg i.
Br. 1963.

[79]  P.L. Berger: Zur Dialektik von Religion und Gesellschaft. Elemente einer soziologischen Theorie, Frankfurt a.M. 1973; ders.: Auf den Spuren der Engel. Die
moderne Gesellschaft und die Wiederentdeckung der Transzendenz, Frankfurt
a.M. 1972.

[80]  N. Luhmann: Funktion der Religion, Frankfurt a.M. 1977.

[81]  So auch H. Lübbe: Religion nach der Aufklärung, Graz 1986, 14 u.ö.

Frage kommunikativ zu bearbeiten", zu verstehen.[82] Alles mehr als routine-mäßige Handeln ist auf ethisch orientierende Gewißheiten angewiesen, und diese gründen ihrerseits in Annahmen über die Struktur der Wirklichkeit und den darin enthaltenen Vorstellungen über Natur und Bestimmung des Menschen. Genauer läßt sich der hier obwaltende Funktionszusammenhang so beschreiben: Handeln orientiert sich – außer an situativen Gegebenheiten – an bestimmten *Normen*; diese sind von ethischen *Prinzipien* aus zu beurteilen (und ggf. zu korrigieren); diese Prinzipien sind auf *Wertvorstellungen* bezogen, um deren Realisierung es geht; und diese Wertvorstellungen sind ihrerseits in kommunikativ zu etablierenden *Wirklichkeitskonstruktionen*[83] begründet. Bei dieser differenzierten Begründungshierarchie ist nicht an ein lineares Deduktionsverhältnis zu denken, so als könnten die konkreten Handlungsnormen direkt aus der Art der Wirklichkeitskonstruktion abgeleitet werden, sondern es handelt sich um einen spannungsvollen Verweisungszusammenhang, der von jedem Glied der Funktionskette aus gestört und aktuell thematisiert werden kann. Ferner erfolgt diese Fundierung des Handelns beim handelnden Subjekt nicht nur über den Intellekt in Gestalt sprachlich-bewußter In-beziehungsetzung, sondern ebenso über das Gefühl. Denn jene Vorstellungen über die Natur und Bestimmung des Menschen im Zusammenhang mit Annahmen über die Struktur der gesamten Wirklichkeit begründen ein Lebens-gefühl, das alles Handeln begleitet; und diese Formatierung der Psyche und ihrer Strebungen wirkt auch wieder verstärkend auf die sprachlich formulier-ten Wirklichkeitskonstruktionen zurück.

Solche Annahmen über die Wirklichkeit – man darf auch sagen: welt-anschauliche Gewißheiten – strukturieren nun aber auch, sofern und soweit sie *gemeinsame* Gewißheiten darstellen, den gemeinsamen *Handlungsraum* auf

---

[82]  E. Herms: Die Fähigkeit zu religiöser Kommunikation und ihre systematischen Bedingungen in hochentwickelten Gesellschaften, in ders.: Theorie für die Pra-xis – Beiträge zur Theologie, München 1982, 257-287, dort 262.

[83]  Der Ausdruck „Wirklichkeitskonstruktion" meint natürlich nicht, daß es sich hier um Fiktionen handele; „Konstruktion" verweist nur auf das lebendige mensch-liche Bewußtsein als Ort und Träger des so oder so gearteten Wirklichkeits-verständnisses. Über Wahrheitsansprüche wird im Rahmen funktionaler soziolo-gischer Religionstheorie nicht geurteilt. – Über die Problematik, aber dann auch Möglichkeit, Notwendigkeit und Sachhaltigkeit von Aussagen über die Er-fahrungswirklichkeit im ganzen, über ihre Grundverfassung, Struktur etc. reflek-tiert ausführlich E. Herms: Mit dem Rücken zur Wand? Apologetik heute, in ders.: Offenbarung und Glaube. Zur Bildung des christlichen Lebens, Tübingen 1992, 484-516, bes. 493ff.

eine intersubjektiv verläßliche Weise. Das gemeinsame Wissen um Begründung, Grenzen und Richtungssinn menschlichen Handelns etabliert zugleich eine von allen Individuen geteilte Erwartungsstruktur, die den Spielraum der möglichen Handlungen definiert, die von mir berechtigterweise erwartet werden können und die ich meinerseits von den anderen erwarten darf. Das ist die eigentliche sozialintegrative Funktion der Religion. Die „Praxissituation endlicher Freiheit"[84] erhält die Gestalt einer in allen Individuen gleicher religiöser Überzeugung verankerten reziproken Erwartungshaltung: Nicht alles, was im Möglichkeitsbereich menschlicher Freiheitsausübung liegt, ist dem anderen zuzutrauen und kann vom anderen von mir erwartet werden. Die Verläßlichkeit von Aktion und Reaktion, von Handlung und Anschlußhandlung, von Erwartung und Erwartungserwartung zwischen personalen Instanzen gründet in gemeinsamen Wirklichkeitskonstruktionen. Und der konkrete Möglichkeitsspielraum von Interaktionen ist von der jeweiligen inhaltlichen Beschaffenheit dieser gemeinsamen Wirklichkeitskonstruktionen abhängig.

Die Religionsgeschichte bietet eine Fülle von Beispielen, an denen man sich diese religiös bedingte Strukturierung des Handlungsraums und der Erwartungsstruktur klarmachen kann. Man denke etwa an Tabuvorstellungen in archaischen Religionen oder an die Unterscheidung von sakralen und profanen Bereichen. Man denke weiter an die unterschiedlichen Möglichkeiten, wie das Handeln Gottes und das Handeln des Menschen zueinander in Beziehung gesetzt werden können: ob etwa Gott oder irgendwelche „höheren Wesen" wunderhaft in den menschlichen Handlungszusammenhang bzw. in das „natürliche" Geschehen eingreifen, oder ob Gott durch „Fügung" den Seinen zu Hilfe eilt (etwa im „Heiligen Krieg"), oder ob er das Weltgeschehen auf geheime Weise insgesamt so lenkt, daß schon im üblichen Tat-Folge-Zusammenhang die Gerechtigkeit siegt, oder ob er die Dinge nach weltimmanenten Gesetzen – die gleichwohl von seiner Weisheit zeugen können – ihrem eigenen Lauf überläßt, und so fort. Vor allem aber frage man nach den jeweiligen religiös verankerten Vorstellungen von der Würde des Menschen – ob beispielsweise allen Menschen die gleiche Würde zugestanden wird oder ob diese etwa durch ein Kastensystem abgestuft wird – und nach der Art des dadurch begründeten interpersonalen Verhältnisses, das allen einzelnen Akten und Regelungen vorausliegt.

---

[84] Systematische Reflexion dieses von Herms beständig benutzten Ausdrucks in dem Aufsatz: Die Lehre von der Schöpfungsordnung, in ders., op.cit. (Anm.83), 431-456.

Die gesellschaftsintegrierende und damit -stabilisierende Wirkung der Religion besteht also darin, daß sie das Handeln der Individuen auf einen gemeinsamen letzten Sinnhorizont bezieht und damit überhaupt verläßliches, weil auf einer gemeinsamen Erwartungsstruktur beruhendes gemeinsames Handeln ermöglicht. Daß dieses gemeinsame Handeln i.d.R. durch ein Rollensystem arbeitsteilig differenziert wird, tut der Gemeinsamkeit keinen Abbruch. Denn es ist darauf zu insistieren, daß die integrative Funktion der Religion zutiefst nicht durch Legitimation des jeweiligen Rollensystems und der entsprechenden Autoritätsverhältnisse erfolgt – es sei denn per nefas –, sondern dadurch, daß sie überhaupt intersubjektive Verläßlichkeit erzeugt. Und gerade dadurch, daß sie Intersubjektivität und Sozialität auf einer fundamentaleren Ebene als der des gesellschaftlichen Rollensystems befestigt, erscheint dieses als kritisierbar und veränderbar, auch im Namen der Religion.[85] Religion stabilisiert die Gesellschaft somit auf eine solche Weise, die diese zu einer planmäßigen und nicht ziel- und regellosen Selbstveränderung allererst instand setzt.

Die optimale Voraussetzung dieser durchaus wünschenswerten Stabilität wäre natürlich ein gesamtgesellschaftlicher Konsens bezüglich des Wirklichkeitsverständnisses. Da dieser in der pluralistischen Gesellschaft nicht zu erreichen ist, muß ein *öffentlicher Diskurs* darüber geführt werden, ob und inwieweit die verschiedenen weltanschaulich-religiösen Positionen sich auf einen gemeinsamen Begriff von *Gerechtigkeit* als Mindestbedingung gesellschaftlicher Stabilität und Selbstkorrektur verständigen können. Denn eine gerechte Gesellschaft ist nicht erreichbar, wo sich gegenseitig ausschließende Vorstellungen von Gerechtigkeit im Spiel sind.

Diese gesamtgesellschaftlich notwendige Kommunikation über ein allgemein akzeptables Konzept von Gerechtigkeit, das eine Art Minimalgrundlage für verläßliche Interaktion in der pluralistischen Gesellschaft abgeben soll, wird aber im Endeffekt nur dann erfolgreich sein, wenn sie die verschiedenen religiös-weltanschaulichen Prämissen und die dahinterstehenden religiösen und philosophischen Traditionen nicht ausklammert, sondern in den öffentlichen Diskurs programmatisch einbezieht. Die Notwendigkeit einer solchen Debatte, welche die verschiedenen Positionen und Traditionen nicht einfach ignoriert, ergibt sich schon aus den angestellten grundsätzlichen religionssoziologischen Überlegungen zum Zusammenhang von Handeln und Wirklichkeitsverständnis, Religion und Sozialintegration. Sie muß aber gegen den zur Zeit noch anhaltenden gegenläufigen Trend in den theoretischen Bemühungen um eine Begründung des Gemeinwesens, insbesondere des Staates,

---

[85]  Die prophetische Kult- und Sozialkritik ist dafür ein anschauliches Beispiel.

der mit seiner Rechtsordnung und seinen Organen die Rahmenbedingung für eine pluralistische Gesellschaft abgeben soll, noch zur Geltung gebracht werden. Die derzeit hoch im Kurs stehenden theoretischen Angebote reichen von der Konzeption einer alle Gegensätze unter sich lassenden Zivilreligion[86] über den sogenannten Verfassungspatriotismus[87] bis zu neoliberalistischen Theorien wie der von John Rawls, der sein Konzept von „Gerechtigkeit als Fairneß" als einen „intuitiven" und dem demokratischen Verfassungsstaat eingestifteten Gedanken versteht, der keiner vorgelagerten religiösen oder metaphysischen oder auch nur ethischen Begründung bedürfe, sondern als rein politisches Konzept lebensfähig und wirkungskräftig sei[88]. Alle derartigen Begründungsansätze, die sich durch Positionsabstinenz dem verbreiteten Vorurteil, daß Religion Privatsache sei, angleichen und von daher einen Teil ihrer öffentlichen Akzeptanz beziehen, argumentieren jedoch an der faktischen Situation des weltanschaulich-religiösen Pluralismus vorbei, die dadurch gekennzeichnet ist, daß die verschiedenen weltanschaulich-religiösen Positionen eben doch gesamtgesellschaftlich relevante Handlungsperspektiven – Perspektiven, die nicht nur die Wege zu bestimmten Zielen, sondern die Ziele selbst betreffen – zeitigen und diese zur Geltung zu bringen trachten. Das Wiedererstarken des religiösen Fundamentalismus (im Islam wie im Christentum) sowie der nationalistischen Ideologien ist der zur Zeit deutlichste Hinweis auf diesen Sachverhalt, ein Hinweis, der auch vom öffentlichen Bewußtsein kaum noch übersehen werden kann.

---

[86] Vgl. R.N. Bellah: Zivilreligion in Amerika, in: H. Kleger/A. Müller (Hg.): Religion des Bürgers, München 1986, 19-41. Der oben durchgeführte Gedankengang zeigt, daß man die fundierende Bedeutung von Religion für die Gesellschaft auch ohne Rückgriff auf den problematischen Begriff der Zivilreligion (civil religion) deutlich machen kann. Zu den verschiedenen Fassungen des civil-religion-Konzepts und ihrer Kritik vgl. meinen TRE-Artikel „Religion. Praktisch-theologisch", Ziff. 2.2. Verwiesen sei auch auf R. Schieder: Civil Religion. Die religiöse Dimension der politischen Kultur, Gütersloh 1987. Die jahrzehntelange Debatte in den USA zeichnet nach R. E. Crouter: Civil Religion in America. Invention of Scholars or Social Reality, in: Der bezwingende Vorsprung des Guten, FS W. Harnisch, hg. von U. Schoenborn und S. Pfürtner, Münster/ Hamburg 1994, 264-277.

[87] Vgl. D. Sternberger: Schriften, Bd. X (Verfassungspatriotismus), Frankfurt a.M. 1990.

[88] J. Rawls: A Theory of Justice, Cambridge/Mass. 1971 (deutsch Frankfurt a.M. 1975), ders.: Gerechtigkeit als Fairneß: politisch und nicht metaphysisch, in: A. Honneth (Hg.): Kommunitarismus. Eine Debatte über die moralischen Grundlagen moderner Gesellschaften, Frankfurt a.M. 1993, 36-67.

Die Frage ist dann nur, wie weit die heutige Gesellschaft *willens* und *fähig* ist, den hier skizzierten und als notwendig erwiesenen öffentlichen Dialog zu führen. Die Zeichen dafür stehen nicht gerade günstig. Und zwar aus mehreren Gründen:

a) In der hochdifferenzierten, arbeitsteilig organisierten und von den Gesetzen des Marktes beherrschten Industriegesellschaft wird der „Mechanismus sinnvermittelter Integration", der, wie wir gesehen haben, fundamental ist, zunehmend durch einen anderen Mechanismus überlagert und verdrängt: den einer bloß „technischen Integration".[89] Das heißt: die Individuen werden dadurch zu Interaktanten des gesellschaftlichen Gesamtsystems, daß sie die spezifischen Aufgaben, die ihnen als geregelte Tätigkeiten in den gesellschaftlichen Teilsystemen abverlangt werden, regelgerecht erfüllen und hier ihre Lebenserfolge verbuchen. Die Notwendigkeit und Möglichkeit, die gesellschaftliche Lebenswelt und ihre verschiedenen Funktionsbereiche durch Interaktion nach bestimmten Zielen und unter dem Kriterium sinnvollen gemeinsamen Lebens *allererst zu gestalten*, wird systematisch verschleiert. Integration erfolgt nicht durch sinnvermitteltes Handeln, sondern durch schlichten Mitvollzug. Die Strukturen des gesellschaftlichen Lebens – besonders des Produzierens und Konsumierens – sind in sogenannten Sachzwängen begründet und jedenfalls der freien Entscheidung des Normalbürgers entzogen, und die Folgen des Handelns des Einzelnen sind ohnehin nicht übersehbar. Hier sind also, auch wenn man es verbal bestreitet, Anpassung und Mitvollzug die einzig adäquaten Verhaltensweisen. Und im übrigen ist die moderne Gesellschaft auch so flexibel und permissiv, daß sie auch abweichendes Verhalten, sogar Protest, noch in sich zu integrieren und in das Marktgeschehen mit einzubeziehen versteht.[90] Auch bedeutet Integration durch Mitvollzug nicht – jedenfalls nicht in der Regel – „stromlinienförmige" Anpassung. Die zugemutete Anpassung innerhalb vorgegebener Rollen läßt in den meisten Fällen durchaus einen gewissen Handlungsspielraum offen. Aber das tut der Wirksamkeit dieses Integrationsmechanismus keinen Abbruch, sondern verstärkt ihn vielmehr. Denn gerade der zum System der freien Marktwirtschaft gehörende Verzicht auf tendenziell vollständige Entmündigung des Individuums eröffnet die Chance auf hier mögliche selbsterrungene Lebenserfolge. Der Mechanismus technischer Integration ist in modernen Industriegesellschaften nicht

---

[89] Diese Unterscheidung ist aus dem Anm. 82 genannten Aufsatz von E. Herms übernommen.

[90] Die erfolgreiche Vermarktung von Protestsongs ist ein sprechendes Beispiel dafür.

nur unumgänglich, er ist auch mit den Prinzipien sozialer Gerechtigkeit, nach denen gesellschaftlicher Erfolg nicht durch Privilegien und Vetternwirtschaft, sondern durch „Leistung" geregelt wird, vereinbar.[91]

Die gesellschaftsstrukturell bedingte Dominanz des technischen Integrationsmechanismus hat für den fundamentaleren Mechanismus sinnvermittelter Integration nicht direkt dessen Abschaffung, wohl aber dessen Abdrängung in den privaten, vor allem familiären, Lebensbereich zur Folge. Religion wird gesamtgesellschaftlich marginalisiert. Der unübersehbare Prozeß einer sich weltweit ausbreitenden gleichen Technologie über unterschiedliche religiös-kulturelle Traditionen hinweg läßt die letzteren auch für das öffentliche Bewußtsein immer stärker als mehr oder weniger wirkungsloses Lokalkolorit erscheinen. Diese der Logik der technischen Zivilisation folgende Sichtweise würde sich auch fortlaufend verstärken, wenn sie nicht durch die Erfahrung neu aufkommender Fundamentalismen und Ideologien und deren absehbare gesamtgesellschaftliche Auswirkungen konterkariert würde.

b) Die durch funktionale technische Integration beförderte Privatisierung und Intimisierung von Religion und Weltanschauung hat zumindest zwei weitere Folgen. Sie verbindet sich erstens mit einer starken *Auskunftsunwilligkeit*. Man hat seine Überzeugungen über den „Sinn des Lebens" – nicht den Sinn des Lebens überhaupt, sondern seines eigenen Lebens –, diese Überzeugungen mögen sich auch noch wandeln, denn sich ein für allemal festzulegen erscheint als unklug und undynamisch; aber das alles geht eigentlich niemanden etwas an, jedenfalls niemanden, mit dem man nicht enge persönliche Beziehungen pflegt.[92] Wird es, was im „Zeitalter des Narzißmus" nicht selten vorkommt, doch veröffentlicht[93], so hat man das als einen Akt ungeschuldeter Selbstoffenbarung zu respektieren. Autobiographische Selbstpreisgabe verfolgt i.d.R. nicht den Zweck, sich einer öffentlichen Diskussion zu stellen.

---

[91] E.H. Erikson (Jugend und Krise. Psychodynamik im sozialen Wandel, Berlin/ Wien 1981, 28f) vermutet, daß nicht nur in unserer, sondern in jeder Kultur die Identitätsbildung des weitaus größten Teils der Jugend über das Hineinwachsen in die jeweils herrschende Technologie erfolgt.

[92] Diese Haltung ist auch bei Schülern beobachtet worden. Siehe dazu W. Bergau: Der Traditionsabbruch bei Jugendlichen – Ursachen und Folgen, in: Arbeitshilfe für den evangelischen Religionsunterricht an Gymnasien, H. 47, hg. von W. Bergau u.a., Hannover 1989, 17-46.

[93] Die derzeitige Blüte autobiographischer Literatur wird kritisch analysiert bei Chr. Lasch: Das Zeitalter des Narzißmus, München 1982 (amerik. 1979), 35ff.

Die andere Folge besteht in einer *Dichotomisierung* des persönlichen Lebenskonzepts und Lebensgefühls. Die um ihre sozialethische Potenz gebrachte Religion wird mit den privaten Lebensthemen verschmolzen, sie dient der psychischen Stabilität und Selbstfindung gegenüber Kontingenz- und Grenzerfahrungen, wohl auch noch der Pflege von persönlichen Beziehungen, während für das Leben in den öffentlichen Bezügen die (jeweilige) Klugheit der Welt zuständig ist, es wird nicht als vom Glauben gestaltbare Praxis begriffen. Soweit diese Dichotomie und die damit verbundene Depotenzierung von Religion und Weltanschauung bewußt wird, resultiert eine tiefgreifende Verunsicherung, die sich auf die Lebensperspektive der Individuen auswirkt. Die Rede von der jedem aufgegebenen Identitätsfindung erscheint als irreführende Phrase, da das Leben in keiner Weise mehr als irgendwie einheitlicher, im Lichte einer Welt- oder Lebensanschauung[94] stimmiger Prozeß zu begreifen ist. Daraus erklären sich wiederum die vielfältigen „religiösen Suchbewegungen", die für die gegenwärtige soziokulturelle Gesamtsituation typisch zu sein scheinen. Religionsbedarf ist also vorhanden, sogar in gesteigertem Maße. Es fragt sich nur, wie er bearbeitet wird. Solange diese Bearbeitung primär mit der sogenannten Psychoszene verbunden bleibt, also in Klein-, Intim- und Experimentiergruppen erfolgt, kommt jedenfalls – so sinnvoll solche Bearbeitung in individualbiographischen Zusammenhängen sein mag – jener *öffentliche* Kommunikationsprozeß, der oben aus soziologischer Perspektive im Blick auf die Lebensbedingungen pluralistischer Gesellschaften gefordert wurde, nicht recht in Gang.

c) Die öffentliche Reflexion der in Rede stehenden Probleme verlangt nach einer gewissen Sprachkultur, die sich ebenfalls unter den strukturellen Bedingungen der technisch hochentwickelten Gesellschaft nur schwer entwickeln kann. Die Differenzierung der Lebenswelt in öffentliche und private Bereiche, die nicht mehr auf *einen* umfassenden Sinnhorizont bezogen sind, hat die Entstehung von ebenso differenten Sprachspielen zur Folge. Auf der einen Seite kommt es zur Ausbildung *funktionsspezifischer*, teilweise hochpräziser *Fachsprachen*, die der Verständigung über einzelne Sachverhalte dienen; auf

---

[94]    Der Ausdruck „Weltanschauung" sollte theologisch nicht diskreditiert werden, denn er weist darauf hin, daß jeder religiöse Glaube, also auch der christliche, einen kosmologischen und nicht nur existentiellen Gehalt hat, eine Vorstellung von der Welt, in der wir leben, die uns als physische Welt vorgegeben ist und die wir als soziale Welt mitgestalten. Der Weltbegriff, der in der christlichen Lehre enthalten ist, aber auch unabhängig von ihr entwickelt werden kann, ist Welt oder Schöpfung als Praxissituation endlicher Freiheit.

der anderen Seite entstehen *gruppenspezifische Privatsprachen*, die der ganz-
heitlichen Kommunikation und Begegnung dienen. Eine alle Sprachspiele
übergreifende *Bildungssprache* gibt es offenbar immer weniger. Damit ist keine nur den sogenannten Gebildeten vorbehaltene und klassische Texte zitie-
rende, sondern eine solche Sprache gemeint, die das in je eigener Lebenserfahrung und -praxis bewährte ethisch orientierende Wissen allgemeinverständlich
kommuniziert.

Die im Medium gruppenspezifischer Privatsprache vielleicht noch in An-
sätzen gepflegte religiöse Kommunikation eignet sich nicht dazu, unmittelbar
in die öffentliche Diskussion übertragen zu werden und dort die Funktion
einer bereichsübergreifenden Bildungssprache wahrzunehmen. Denn zum einen unterliegt diese Kommunikation gemäß dem Ort, an dem sie stattfindet,
zumeist einer thematischen Reduktion, in welcher die gesellschaftsgestaltende
Potenz religiöser Überzeugungen ausgespart bleibt. Und zum andern mangelt
der in Primär- und Intimgruppen ausgebildeten Sprache gewöhnlich auch
jene semantische Genauigkeit und syntaktische Differenziertheit – kurz: jene
elaborierte Reflexivität –, wie sie für den öffentlichen Diskurs, sofern dieser
eine tatsächliche Diskussion und nicht nur ein Austausch von symbolisch-
verschlüsselten Bekenntnissen sein soll, benötigt wird. Die Stärke jener Privatsprachen liegt, gemäß dem Charakter des „restringierten Codes", in der pragmatischen Dimension von Zeichenprozessen. Die dort ausgebildeten sprachlichen Symbole – erst recht die Fülle der hier anzutreffenden nonverbalen
Zeichen – haben expressive Funktion, sie dienen der Pflege der Gemeinschaft
und der gefühlsmäßigen Beziehungen zwischen den im restringierten Code
kommunizierenden Personen.

d) Gegenüber den genannten Hindernissen könnte man ins Feld führen, daß
doch die *öffentlichen Medien* ein Forum für die geforderte öffentliche Diskussion bereitstellen, ein Forum, das ja auch in Anspruch genommen werde. Hier ist
in der Tat ein positiver Ansatzpunkt gegeben. Aber die sich hier bietende Möglichkeit muß auch in ihrer Ambivalenz in den Blick genommen werden. Positiv
ist das Vorhandensein des Forums als solchem und das sich hier auch zunehmend bekundende öffentliche Interesse. Auf der anderen Seite aber sind die dort
verhandelten religions- und kirchenspezifischen Themen (noch) überwiegend
auf die privaten und intimen gruppenspezifischen Fragestellungen (insbes. Fragen der Sexualmoral) bezogen, die in der Tat die Fragen fast aller einzelnen sind.
Zugleich ist fraglich, ob diese Debatten, die etwa im Fernsehen stellvertretend
für die vielen Betroffenen geführt werden, auch deren Artikulations- und entsprechende Handlungskompetenz befördern. Die vom Zuschauer wahrgenommene Aufforderung dürfte in vielen Fällen darin bestehen, sich einfach mit einem der Gesprächspartner zu identifizieren, statt sich selbst in die Debatte zu

begeben.[95] Es wird wohl immer umstritten bleiben, ob und wie weit ein den Zuschauern vorgeführter Dialog – sogar vorausgesetzt, er gelingt – deren Urteilsfähigkeit befördert. Daß ein argumentativ klar und fair geführtes Streitgespräch hier mehr bewirkt, darf allerdings angenommen werden.

Der geforderte öffentliche Dialog über Grund, Grenzen und Richtungssinn des menschlichen Handelns in allen Bereichen, also auch dem ökonomischen und politischen Bereich, bedarf daher der *professionellen Pflege*. Der ohne Zweifel objektiv gegebene und subjektiv zunehmend wahrgenommene Religions- und Sinnbedarf wird nur dadurch angemessen aufgenommen, daß bestimmte Institutionen sich die öffentliche Kommunikation über Wirklichkeitskonstruktionen und das darin enthaltene ethisch orientierende Wissen zur eigenen Aufgabe machen. Die öffentliche Akzeptanz der Kirche als Institution in der modernen Gesellschaft hängt davon ab, ob es ihr gelingt, sich als kompetente Sachwalterin des angegebenen Themas darzustellen.[96]

Über die Prinzipien, die die Kirche zu beachten hat, wenn sie sich in der pluralistischen Gesellschaft in den öffentlichen Dialog begibt, wird an späterer Stelle zu handeln sein. Hier ist nur festzuhalten: Es bedarf einer Institution (oder mehrerer), die die kommunikative Erstellung von Sinnhorizonten professionell pflegt, sie also nicht dem privaten Ungefähr überläßt. Dabei wird diese Institution zweierlei zugleich zu beachten haben: daß solche Sinnentwürfe tatsächlich individuell zu verantworten sind, sie müssen dem je Enzelnen einleuchten, *und* daß sie gleichwohl einen Geltungs- und Bestimmungsanspruch erheben, der über das Private hinausgeht, von öffentlicher gesellschaftlicher Relevanz ist.[97] Der je individuell anerkannte Lebenssinn ist öffentlich zu kommunizieren.

---

95  Diesem Rezeptionsmodus entsprechend werden meistens auch die Teilnehmer solcher Debatten ausgewählt: Gefragt sind Symbolfiguren, die insbesondere extreme Positionen verkörpern, nicht Experten, die sich durch ein systematisches und methodisches Vorgehen auszeichnen. – Interessant wäre hier ein Vergleich mit den medialen Möglichkeiten öffentlicher religiöser Kommunikation vor dem Zeitalter der elektronischen Medien. Daß Zeitschriften wie das „Protestantenblatt", die „Allgemeine Evangelisch-Lutherische Kirchenzeitung" und „Die christliche Welt", obwohl in ihrer Wirksamkeit im wesentlichen auf den binnenkirchlichen Raum beschränkt, ihre Adressaten in günstigerer Weise in die Kommunikation einzubeziehen vermochten, ergibt sich aus der Untersuchung von R. Schmidt-Rost: Verkündigung in evangelischen Zeitschriften. Elemente eines publizistisch-homiletischen Prozesses, Frankfurt a.M./ Bern 1982.

96  Womit nicht behauptet wird, daß die Kirche dafür ein Monopol beanspruchen dürfte.

97  Der Satz „Religion ist Privatsache" ist somit in einer Beziehung wahr, in einer anderen falsch.

3.  Die Aktualität des christlichen Wirklichkeitsverständnisses

Die Kirche begibt sich aber nicht nur deshalb in den öffentlichen Dialog, weil bestimmte Fragen nicht verstummen dürfen, genauer: weil das Thema „Grund, Grenzen und Richtungssinn menschlichen Handelns" auf der Tagesordnung bleiben muß. Sie ist sich zugleich bewußt, daß sie auch eine Antwort auf den Sinnbedarf der Gesellschaft zu geben in der Lage ist. Damit ist die Frage nach der Aktualität des christlichen Wirklichkeitsverständnisses gestellt. Ist dieses Wirklichkeitsverständnis eine mögliche und hilfreiche Antwort auf den Religionsbedarf der modernen Gesellschaft?

Zwar verweisen Religionssoziologen auf die unter den Bedingungen der Moderne eingetretene „Entkoppelung von Religion und kirchlich verfaßtem Christentum"[98], demzufolge die individualisierte Religion und Spiritualität, wie sie als alltagsweltliches Phänomen ein Gegenstand der Humanwissenschaften ist, sich in den angeblich engen Grenzen der großkirchlichen Institutionen nicht entfalten könne.[99] Aber dieser Einwand tut hier nichts zur Sache. Denn wir fragen jetzt nicht nach der Differenz von Religiositätsprofilen oder Frömmigkeitstilen, auch nicht nach den heute anzutreffenden Einstellungen zur Institution Kirche[100], sondern danach, ob die Kirche von ihrem spezifischen Inhalt und Selbstverständnis her etwas zu dem angegebenen Thema zu sagen hat. Außerdem kann es auch nicht die Aufgabe der Kirche sein, alle Formen von frei vagabundierender Religiosität in sich aufzufangen – auch nicht unter dem Titel „Charisma"[101], es sei denn, sie würde ihren reformatorischen Grundlagen untreu.

Nach reformatorischer Theologie wird das christliche Wirklichkeitsverständnis zentral durch die *Rechtfertigungslehre* zum Ausdruck gebracht. Rechtfertigung sola gratia und sola fide ist nicht ein Glaubensartikel neben anderen, sondern derjenige Artikel, von dem her alle anderen Artikel (Schöpfung, Erlösung, Versöhnung, gute Werke, Vollendung) ihren spezifischen Sinn erhalten.[102] Ein vergleichbarer Status kommt nur noch der Trinitätslehre als

---

[98]  So F.-X. Kaufmann: Religion und Modernität. Sozialwissenschaftliche Perspektiven, Tübingen 1989, 2.

[99]  Kaufmann, aaO. 27.

[100]  Siehe dazu oben § 2.

[101]  Zum Verhältnis von Charisma und Institution vgl. den gleichnamigen Kongreßband, hg. von T. Rendtorff, Gütersloh 1985.

[102]  Das systematisch durchreflektiert zu haben, ist das Verdienst des Buches von W. Härle und E. Herms: Rechtfertigung. Das Wirklichkeitsverständnis des christlichen Glaubens, Göttingen 1979. In ihrer Bedeutung für die Grundlegung der

erschöpfender Lehre vom Wesen und Handeln Gottes zu, freilich in enger Bezogenheit auf die Rechtfertigungslehre.[103]

Nun läßt sich die Aktualität der Rechtfertigungslehre (bzw. der Rechtfertigungsbotschaft) natürlich immer wieder über einzelne aktuelle *Stichworte* unter Beweis stellen. So ist beispielsweise Kritik an der sog. *Leistungsgesellschaft* im Namen der Rechtfertigungslehre das Thema zahlreicher Predigten, aber auch offizieller kirchlicher Verlautbarungen. Diese Kritik ist dann verfehlt, wenn sie sich gegen den Zusammenhang von Leistung und gesellschaftlichem Erfolg wendet; die Alternative wäre eine Gesellschaft, in der der soziale Aufstieg durch Privilegien und durch Vetternwirtschaft reguliert oder auch – wie in (tendenziell) totalitären Gesellschaften – über Gesinnung und Parteizugehörigkeit vermittelt würde. Sie ist aber zutreffend, wenn die Würde des Menschen von seiner Leistung oder auch nur Leistungsfähigkeit abhängig gemacht wird. Solches Leistungsdenken ist dann von der Rechtfertigungslehre her als eine Art säkularisierter Gesetzesreligion zu kritisieren.[104] Im Anschluß an die Verhältnisbestimmung von Leistung und Rechtfertigung sind dann auch die Grundlinien eines christlich-sozialethischen Konzepts von *Gerechtigkeit* zu entwickeln.

Ebenso läßt sich die Relevanz der Rechtfertigungsbotschaft am Thema *Schuld und Vergebung* festmachen. Dieses Thema hat als solches keine Affinität zu irgendeiner besonderen Gesellschaftsform; niemand kann so leben, daß er keinerlei Schuld auf sich lädt, also auch der Vergebung nicht bedürfte.

> Damit ist freilich nicht jenem vermeintlichen theologischen Tiefsinn das Wort geredet, nach welchem man in jeder Entscheidungssituation, bei der man zwischen der Rücksicht auf verschiedene Personen zu wählen hat, unausweichlich schuldig würde, man handele so oder so. Gewissen-

---

Praktischen Theologie und als Voraussetzung und Inhalt christlichen Handelns wird die Rechtfertigungslehre thematisiert bei W. Gräb/D. Korsch: Selbsttätiger Glaube. Die Einheit der Praktischen Theologie in der Rechtfertigungslehre, Neukirchen-Vluyn 1985. Der Formulierung, Praktische Theologie sei „Kommunikationstheorie vom Rechtfertigungsglauben" (aaO. 86) kann ich mich unter der Voraussetzung voll anschließen, daß diese Kommunikationstheorie auch die institutionellen Bedingungen der Kommunikation des Rechtfertigungsglaubens – also Kybernetik – mitzubehandeln hat.

[103] Zu diesem Zusammenhang vgl. Chr. Schwöbel: The Triune God of Grace. The Doctrine of the Trinity in the Theology of the Reformers, in: J.M. Byrne (Ed.): The Christian Understanding of God Today, Dublin 1993, 49-64.

[104] Vgl. die Denkschrift „Leistung und Wettbewerb. Sozialethische Überlegungen zur Frage des Leistungsprinzips und der Wettbewerbsgesellschaft", hg. von der Kirchenkanzlei im Auftrag des Rates der EKD, Gütersloh 1978.

haftes Handeln muß unter bestimmten Umständen einer Seite Schmerz oder Verlust zufügen, um größeres Unheil zu vermeiden. Hier ist Mitgefühl angebracht, aber kein Schuldgefühl – vorausgesetzt, man handelt gewissenhaft, d.h. nach verantwortbaren und selbsteingesehenen Grundsätzen sowie unter Abwägung aller erkennbaren Umstände und Folgen des Handelns.[105]

Obwohl Schulderfahrung zum menschlichen Leben als solchem gehört – theologisch genauer: zum Leben in der *gefallenen* Schöpfung –, kann und muß das Thema Schuld und Vergebung auch unter Bezugnahme auf das Leben in einer bestimmten Gesellschaft, unserer Gesellschaft, aktualisiert und mit der Rechtfertigungsbotschaft in Beziehung gesetzt werden.

Dabei müssen einige typische Fehler vermieden werden. Man darf nicht unter dem Gesichtspunkt, daß in einer Demokratie jeder für nahezu alles in irgendeiner Weise mitverantwortlich ist, die Schuld an irgendeinem Unrechtszustand gleichermaßen über alle Individuen verteilen, sondern man muß – sofern das erkennbar ist – Schuld konkret als Versagen in bestimmten Positionen und Ämtern identifizieren. Man muß sich weiter klarmachen, daß Schuld und Vergebung nicht allein die Relation Gott-Mensch betrifft, sondern immer auch das zwischenmenschliche Verhältnis[106], insbesondere wenn es sich um Schuld in der Geschichte handelt.[107] Kann Vergebung einfach unter Übergehung der Geschädigten – also derer, die zunächst einmal in freier personaler Entscheidung Vergebung gewähren oder verweigern können – verkündigt werden? Ferner ist zu beachten, daß Schuldgefühle gewöhnlich nicht isoliert, sondern im Zusammenhang mit anderen Gefühlen auftreten und Schuldprobleme insofern auch durch keine Separatlösung bewältigt werden können. Lehrreich ist hier Paul Tillichs berühmte Typologie der Angst mit ihrer schwerpunktmäßigen Zuweisung der drei Grundängste (Todes- und Vernichtungsangst, Schuld- und Verdammungsangst, Angst der Sinnlosigkeit) zu bestimmten Epochen der Geschichte, wonach der zuletzt genannte Typus, nicht die

---

[105] Zum hier vorausgesetzten Verständnis von Gewissen und gewissenhaftem Handeln vgl. R. Preul: Luther und die Praktische Theologie. Beiträge zum kirchlichen Handeln in der Gegenwart, Marburg, 1989, 72ff.

[106] Ein Sachverhalt, der z.B. in Thurneysens Seelsorgelehre systematisch vernachlässigt wird. Vgl. dagegen die sorgfältige Phänomenanalyse bei V. Brümmer: Was tun wir, wenn wir beten? Eine philosophische Untersuchung, Marburg 1985 (engl. 1984), 77-84.

[107] Vgl. zum Thema E. Herms: Schuld in der Geschichte. Zum „Historikerstreit", in ders.: Gesellschaft gestalten. Beiträge zur evangelischen Sozialethik, Tübingen 1991, 1-24.

Verdammungsangst, das Signum der Moderne ist.[108] Schließlich und vor allem darf man die Lehre von der Rechtfertigung nicht auf das Thema der Schuldvergebung reduzieren.[109] Wer das tut, steht in der Gefahr, die Relevanz der Rechtfertigungsbotschaft auf nur ein, wenn auch zentrales, nach wie vor aktuelles und zum Menschsein als solchem gehöriges Moment der Selbsterfahrung zu fokussieren. Die Aktualität des christlichen Glaubens bemäße sich dann allein daran, in welchem Maße sich einzelne heutige Menschen schuldig fühlen bzw. ob und wie weit sie kirchliche und anderweitige Schuldzuweisungen für sich selber gelten lassen.

Die Rechtfertigungslehre ist gedankliche Artikulation des christlichen *Wirklichkeitsverständnisses*. Sie interpretiert die „Praxissituation endlicher Freiheit" als solche. Und zwar unter drei Gesichtspunkten:

a) Sie versteht sie als *Schöpfung* Gottes. Die welthafte Wirklichkeit existiert nicht aus sich heraus, sondern verweist auf einen sie dasein lassenden Existenzgrund. Diesen verborgenen, nur als „Geheimnis der Existenz"[110] an dieser selbst offenbaren Grund „Gott" zu nennen – und nicht das Absolute, das Transzendente, das Sein selbst oder dergleichen, was sich zunächst im Rückgriff auf diese oder jene philosophische Daseinsanalyse nahelegt –, macht allerdings nur dann Sinn, ist nur dann nicht die Ersetzung einer unbekannten Größe durch eine andere, wenn über Gott *nicht allein* unter dem Gesichtspunkt der Ursprungsrelation der Welt (verstanden als Praxissituation endlicher Freiheit) geredet werden kann, anders gesagt: wenn mindestens noch eine weitere Aussage über Gott gemacht werden kann.[111] Und zwar eine solche, die als Prädikation über das Absolute etc. wenig Sinn ergeben würde. Diese zweite Aussage lautet: „Gott war in Christus und versöhnte die Welt mit sich selber" (2. Kor. 5, 19a). Wir werden auf diese Aussage noch zurückkommen. Auf sie war aber schon jetzt zu verweisen, damit deutlich wurde, daß die drei Aspekte, unter denen die Rechtfertigungslehre (bzw. der Rechtfertigungsglaube) die Welt als Praxissituation endlicher Freiheit qualifiziert, nicht in

---

[108] P. Tillich: Der Mut zum Sein, Stuttgart 1964⁵, 33-49.

[109] Das ist cum grano salis auch gegen Melanchthons Auslegung des Rechtfertigungsartikels in der Apologie der CA (BSLK, 158-233) einzuwenden.

[110] So in Anlehnung an E. Jüngel/E. Herms: Grundprobleme der Gotteslehre, in ders.: Offenbarung und Glaube, Tübingen 1992, 352.

[111] Um die Logik dieses auf den ersten Blick vielleicht verwirrenden Gedankens an einem einfachen Beispiel zu explizieren: Die Mitteilung, ein bestimmtes Bild sei von „Klaus" gemalt worden, ist so lange ohne jeden Informationswert, als nicht in einer weiteren Aussage mitgeteilt wird, wer denn „Klaus" ist; erst im Zusammenhang mit der zweiten Aussage ist die erste Aussage gehaltvoll.

einem bloß additiven Verhältnis stehen, sondern einen systemischen Zusammenhang bilden.

b) Die Rechtfertigungslehre thematisiert die Welt als *gefallene* Schöpfung. Der Mensch verfehlt den Sinn seiner Existenz in der Praxissituation endlicher Freiheit, nach der er selbst ein begrenztes, zu verantwortlichem Handeln fähiges und gemeinschaftlich existierendes Wesen ist, indem er, statt diese Situation mit Dank gegen den Schöpfer anzunehmen und zu gestalten, die genannten Strukturmomente seiner Existenz (Begrenztheit, Verantwortlichkeit und Gemeinschaftlichkeit) in seinem Wollen, Denken und Tun mißachtet. Der Mißbrauch der Freiheit beruht dabei in jedem Fall auf einer Fehlleitung oder Fehlhaltung des menschlichen Herzens, einem amor sui, der ein freiwilliges Erfüllen des Willens Gottes unmöglich macht.

c) Die Rechtfertigungslehre behauptet schließlich die Möglichkeit der Befreiung aus der selbstverschuldeten Verblendung und damit die Möglichkeit der Wiederherstellung des wahren schöpfungsmäßigen Verhältnisses. Diese ist, da der Mensch auf Grund einer falschen Ausrichtung seines Gefühls, seines innersten Strebens in seinem Willen gefangen ist, nicht als Selbstbefreiung, sondern nur dank eines Geschehens, das ihn von außen trifft und zutiefst verwandelt, möglich. Dieses Geschehen ist die *Christusoffenbarung*, d.h. die durch den Heiligen Geist am menschlichen Herzen selbst gewirkte Erkenntnis, daß Gott in Christus war und die Welt mit sich versöhnte. Der dadurch ermöglichte Glaube, in welchem der Mensch die Welt wieder als Schöpfung erkennt und selbst die ihm darin zukommende Stelle wieder einnimmt, ist dann die Kraft aller guten Werke, eines Handelns, das die Praxissituation endlicher Freiheit in ihren positiven Möglichkeiten entdeckt und ausschöpft: „Gott zur Ehre und dem Nächsten zum Nutzen" (Luther). Der Mensch verwirklicht dann handelnd seine Würde und Bestimmung als cooperator Dei, und zwar – wie die lutherische Zwei-Regimente-Lehre darlegt – in *allen* Bereichen des Handelns, den privaten wie den öffentlichen. – Die Rechtfertigungslehre ist als Existenztheorie die existentielle Verbindlichmachung der Lehre von der Schöpfung. Als Lehre vom Handeln Gottes thematisiert sie die Treue Gottes zur gefallenen Schöpfung. Gott läßt sich nicht aus der Wirklichkeit herausdrängen, sondern bringt seinen Willen durch die Christusoffenbarung und das Wirken des diese Offenbarung als Offenbarung erschließenden Geistes *in* ihr zur Geltung. Im Blick auf diese wirksame Präsenz Gottes in der Welt wird die Geschichte als „Heilsgeschichte" qualifiziert.[112]

---

[112] Von Heilsgeschichte kann, nota bene, nur unter *diesem* soteriologisch-pneumatologischen Aspekt gesprochen werden, nicht im Blick auf den bloßen Ablauf der politischen Ereignisse.

Das durch die Rechtfertigungslehre auf den Begriff gebrachte christliche Wirklichkeitsverständnis faßt also die Welt als Praxissituation endlicher Freiheit nicht nur in ihrem Geschaffensein, ihrer Qualität als Schöpfung, sondern auch hinsichtlich ihrer Grundmöglichkeiten, die durch die Sünde einerseits und durch den zu guten Werken führenden Glauben andererseits realisiert werden, in den Blick. Dem christlichen Glauben ist ein dynamisches Wirklichkeitsverständnis eigen, das die ganze Geschichte als den Bereich des Mißbrauchs *und* rechten Gebrauchs der Praxissituation endlicher Freiheit einschließt.

Diese dem Rechtfertigungsglauben eigene Reichweite *und* Konkretheit ist der eigentliche Grund seiner permanenten Aktualität. Da der Rechtfertigungsglaube Erkenntnis der dynamischen Struktur der Wirklichkeit ist und da er einen Zielbegriff der gestaltbaren Wirklichkeit enthält, ist in der Tat kein Bereich des geschichtlich-gesellschaftlichen Lebens seiner Interpretation, seiner Kritik und seiner Verantwortung entzogen.[113]

Der in der Rechtfertigungslehre zusammengefaßte spezifische Inhalt des Kommunikationssystems Kirche ist nun auf allen Systemebenen – denen der face-to-face-Kommunikation, der Parochie und der Gesamtgesellschaft –, in allen Situationen kirchlichen Handelns, von allen Positionen kirchlichen Handelns aus und mit Hilfe der jeweiligen Kommunikationsmedien zur Sprache zu bringen. Dabei ist dieser Inhalt mit allen Lebensthemen der Individuen wie der Gesellschaft in Beziehung zu setzen: als deren Interpretationsmatrix, kritisches Gegenüber und Lösungsansatz.

Die auf der Ebene der öffentlichen Diskussion, die uns hier besonders interessiert, von der Kirche aufzugreifenden Themen betreffen dabei nicht nur solche Probleme, vor die sich die Gesellschaft in mehr oder weniger kontingenter Weise gestellt sieht (wie etwa das der Asylsuchenden), auch nicht nur solche, die von der Gesellschaft erzeugt werden (wie etwa die mit dem Stichwort „Leistung" verknüpften Probleme oder die ökologischen Folgeprobleme der Industriegesellschaft). Ebenso eindringlich ist nach der Art des Funktionierens des gesamtgesellschaftlichen Systems zu fragen: nach den

---

[113] Entsprechende Überlegungen für andere Religionen durchzuführen, ist hier nicht der Ort. Vermutet sei nur, daß der anzustellende Religionsvergleich primär nicht nach einzelnen „Dogmen" wie etwa dem der Inkarnation, sondern nach dem jeweils implizierten Wirklichkeitsverständnis, insbesondere dem Existenzverständnis in seiner Bezogenheit auf Geschichte, zu fragen hat. So nicht zu verfahren, ist der Grundfehler des vielgelesenen Buches von P.F. Knitter: Ein Gott – viele Religionen. Gegen den Absolutheitsanspruch des Christentums, München 1988 (amerk. 1985).

Motiven gesellschaftlichen Handelns, nach der Einheit und der Steuerbarkeit der Gesellschaft, nach den das Handeln der Individuen bewußt oder unbewußt beeinflussenden Ideologien und Symbolen, nach dem Verhältnis von Proklamation und Realisation von Wertvorstellungen und nicht zuletzt nach dem, was „Pluralismus" eigentlich ist, wie er entsteht und wie damit sachgemäß umzugehen ist.[114]

---

[114] Vgl. auch die von E. Herms in der Anm. 82 genannten Veröffentlichung behandelten Beispiele, dort 276f.

# § 8 Kirche als Volkskirche

Die konkrete Gestalt der Kirche in unserer Gesellschaft pflegen wir „Volkskirche" zu nennen. Dabei liegt es keineswegs auf der Hand, was eigentlich unter „Volkskirche" zu verstehen ist. Daß hier keine Eindeutigkeit anzutreffen ist, liegt nicht zuletzt daran, daß die sogenannte Volkskirche bereits eine längere und wechselvolle Geschichte durchlaufen hat, in der der Ausdruck „Volkskirche" in unterschiedlichen gesamtgesellschaftlichen Konstellationen und in verschiedenen kirchenpolitischen Frontstellungen verwendet worden ist.

Für die verschiedenen Möglichkeiten, den Begriff der Volkskirche zu verstehen, hat Wolfgang Huber griffige Formulierungen gefunden.[1] „Volkskirche" kann verstanden werden 1. als Kirche *durch* das Volk im Gegensatz zur konsistorial geleiteten Staatskirche; 2. als Kirche *hin* zum Volk, als eine Kirche also, die in Anknüpfung an J. H. Wichern die volksmissionarische Aufgabe ins Zentrum stellt; 3. als Kirche *eines* Volkes, in der der aus dem vorigen Jahrhundert stammende Gedanke der Nationalkirche hochgehalten wird; 4. als Kirche *für* das Volk, die durch Offenheit für alle einzelnen und alle Bevölkerungsgruppen geprägt ist und sich als Dienstleistungskirche in Anspruch nehmen läßt. Dazu kommt 5. ein Verständnis von Volkskirche, das diesen Namen durch einen kirchlichen Öffentlichkeits- und Integrationsanspruch im Blick auf das Volks*ganze* bzw. die ganze Gesellschaft rechtfertigt. In ganz ähnlicher Weise unterscheidet Wilfried Härle vier Bedeutungsmöglichkeiten: „Volkstumskirche", „volksmissionarische Kirche", „Kirche des ‚ganzen' Volkes" und „Volkskirche als gesellschaftlich-politisch anerkannte und geförderte Kirche".[2]

Diese verschiedenen Verstehensmöglichkeiten lassen sich teilweise auch miteinander kombinieren. Fragt man, wozu das Programm der Volkskirche

---

[1] W. Huber: Welche Volkskirche meinen wir? in ders.: Folgen christlicher Freiheit. Ethik und Theorie der Kirche im Horizont der Barmer Theologischen Erklärung, Neukirchen-Vluyn 1985², 131-145.

[2] W. Härle: Kirche, dogmatisch, TRE, Bd. XVIII, 306. Zu den im Ausdruck „Volkskirche" beschlossenen gegenläufigen Tendenzen und Bedeutungspotentialen vgl. auch M. Welker: Der Mythos „Volkskirche", in ders.: Kirche im Pluralismus, Gütersloh 1995 (KT 136), 58-77. Welker geht es u.a. um eine Selbstreflexion der Volkskirche im Horizont der ökumenischen Kirche, ein Thema, das wir hier nicht ausführlich behandeln können, obwohl es das verdient hätte.

eine Gegenposition darstellen soll, dann läßt sich die Bedeutungsvielfalt auf
zwei Hauptpunkte reduzieren, die auch heute noch bestimmend sind und die
sich zugleich als integrationsfähig in Bezug auf die Vielfalt und Buntheit der
Volkskirche erweisen.

## I. Volkskirche im Gegensatz zur „Obrigkeitskirche"

Der hier nur zögerlich gewählte Ausdruck „Obrigkeitskirche"[3] ist nicht identisch mit „Staatskirche". Denn der Terminus Staatskirche bezeichnet als solcher bloß eine kirchen- und staatsrechtlich geregelte, besonders enge Verbindung der Staatsmacht mit nur einer bestimmten Konfessionskirche, wobei das
Staatsoberhaupt in der Regel auch die Funktion des (weltlichen) Oberhauptes
dieser privilegierten Kirche bekleidet, also an der Spitze des jeweiligen Kirchenregiments steht. In welcher Weise und in welchem Umfang der Souverän das
Kirchenregiment tatsächlich ausübt – ob er beispielsweise die kirchlichen
Ämter selber besetzt und in eigener Vollmacht Kirchengesetze erläßt oder ob
er diese Aufgaben einem Konsistorium überträgt oder, wie in der anglikanischen Kirche, dem Parlament, dem Oberhaus und dem Premierminister – das
alles kann bzw. konnte in den verschiedenen europäischen Ländern höchst
variabel geregelt werden und hing nicht unwesentlich von der Art und Gestalt
der jeweiligen Monarchie selber[4] ab, gestaltete sich auch in katholischen und
evangelischen Ländern auf unterschiedliche Weise.[5] Volkskirche ist auch innerhalb des Rechtskonzepts der Staatskirche möglich; niemand käme auf den
Gedanken, etwa dem kirchlichen Leben in Dänemark den volkskirchlichen
Charakter abzusprechen, auch wenn der Ausdruck „Volkskirche" außerhalb
des deutschen Sprachraums weniger gebräuchlich ist. Jedenfalls impliziert die
Rechtsform der Staatskirche nicht automatisch, daß das gesamte kirchliche
Leben von oben her streng reglementiert wird. Das aber soll der hier gewählte
Hilfsbegriff der Obrigkeitskirche aussagen, wobei offenbleiben kann, ob die
Reglementierung durch weltliche oder geistliche Obrigkeit oder durch beide
zugleich ausgeübt wird.

---

[3]  Er wird z.B. auch von R. Müller-Schwefe im einschlägigen RGG-Artikel benutzt.
[4]  In einer absoluten Monarchie ist ein anderer, direkterer Einfluß auf die Kirche
     zu erwarten als in einer konstitutionellen Monarchie.
[5]  Vgl. die dazu einschlägigen Passagen bei L. Grane: Die Kirche im 19. Jahrhun-
     dert. Europäische Perspektiven, Göttingen 1987.

Im Gegenüber zu einer solchen autoritär geführten Kirche besagt das Programm der Volkskirche, daß das Leben des Volkes – seine Sitten und Gebräuche, seine Geselligkeit und seine Sprache, sein Lebensrhythmus und seine Traditionen, sein Geschmack und seine Lieder – im kirchlichen bzw. gemeindlichen Leben zum Ausdruck kommen soll. Was es an lebendigem Volkstum gibt, soll auch in der Kirche in Erscheinung treten dürfen, es sei denn, es verstieße eklatant gegen unaufgebbare Grundsätze der evangelischen bzw. katholischen Kirche. Dieser Faktor „Volkstum" wird greifbar etwa in der Aufnahme folkloristischer Elemente bei der Gestaltung kirchlicher Feste und Feiertage; die Primiz eines Priesters kann etwa als einwöchiges Volksfest gefeiert werden. Er äußert sich in der Entstehung und Pflege des Vereinswesens auch innerhalb der Kirche. Er verschafft sich Geltung in der Sprache der Predigt, in der Erneuerung von Agenden und Kirchengesangbüchern, in der lokalen Ausgestaltung der Liturgie und in der Pflege des Musiklebens, und selbstverständlich gehört auch die Schaffung institutionell geregelter Mitbeteiligungsmöglichkeiten der Laien – vom Kirchengemeinderat bis zur landeskirchlichen Synode – zur Ausgestaltung der Volkskirche.

Das Programm der Volkskirche im Gegenüber zur Obrigkeitskirche verdankt sich demokratischen und zugleich „romantischen" Impulsen. Es war mit der Vorstellung eines in der Sprach- und Kulturgemeinschaft der Nation begründeten Volkscharakters verbunden. Daher muß sich Volkskirche in jeder Nation anders gestalten und deren Eigentümlichkeit – wenn man will: die jeweilige „Volksseele" – auf dem Gebiet der praxis pietatis zum Ausdruck bringen.

Damit ist auch schon der Punkt bezeichnet, von dem aus dieses Konzept von Volkskirche in eine weniger harmlose Variante pervertierbar ist. Die romantische Vorstellung von Nation, Volk und Kirche kann von nationalstaatlichem Denken erobert, ins Nationalistische gesteigert und schließlich mit „völkischem" Gedankengut durchsetzt werden. In dieser letzten Zuspitzung wird aber die Volkskirche selbst von Grund auf ruiniert. An die Stelle volkstümlicher Vielfalt, die sich gemäß jeweiliger regionaler Eigenart im Rahmen ekklesiologischer Grundsätze frei entfalten darf, tritt ein normativer Begriff von Volksgemäßheit (bzw. von deutscher Art), dem das kirchliche Leben sich insgesamt anzupassen hat und dem selbst die ekklesiologischen Prinzipien der evangelischen Kirche noch unterworfen werden. Der Versuch der Einführung des Führerprinzips in der Kirche war die Besiegelung dieser Entwicklung, deren Endpunkt wieder genau jener Typus von Kirche gewesen wäre, gegen den das Programm der Volkskirche aufgeboten wurde: eine Obrigkeitskirche, die, unduldsam nach innen und außen, das lebendig Gewachsene anhand eines der Kirche wesensfremden Prinzips musterte und Säuberungsprozessen unterwirft. Es gilt jedoch festzuhalten, daß dieser hierzulande erlebte Umschlag in die negative Variante die berechtigten Anliegen der positiven Variante als solche nicht diskreditiert. Eine Volkskirche, die sich gegen alle volkstümlichen Elemente rigoristisch verhielte, wäre kein sinnvolles und lebensfähiges Konzept. Bewegtheit durch das Laienelement, Offenheit für kulturelle Traditionen und Anpassung an regionale Besonderheiten sind unverzichtbare Momente volkskirchlichen Lebens. Dabei muß allerdings strikt beachtet werden, daß die eine Kirche Gottes eine alle Volks-, National- und Kulturgrenzen überschreitende Größe ist. „Deswegen kann dem Volkstum keine ekklesiologische Relevanz zugebilligt werden – wenngleich eine faktische ekklesiale Relevanz so lange nicht ausgeschlossen werden kann, als nationale Lebens- und Organisationsformen eine Realität darstellen."[6]

## II. Volkskirche im Gegensatz zur Freiwilligkeits- und Bekennerkirche

Dieser zweite mit dem Gedanken der Volkskirche von Anfang an verbundene Gegensatz ist heute der ungleich wesentlichere. Unter „Freiwilligkeits- und Bekennerkirche" ist nicht die Form der staats- oder bekenntnisunabhängigen Freikirche gemeint, sondern ein Konzept von Kirche, wie es von all denjenigen befürwortet wird, die den Gedanken einer formellen, i.d.R. durch Säuglingstaufe, Zahlung von Kirchensteuern und Inanspruchnahme kirchlicher Amtshandlungen gewährleisteten Kirchenmitgliedschaft für unzureichend halten und statt dessen einen Akt persönlicher Glaubensentscheidung – evtl. an die Erwachsenentaufe geknüpft – als Mitgliedschaftsbedingung fordern. Kirche, nicht nur die verborgene Kirche, sondern die sichtbare Gemeinde soll nach Möglichkeit nur diejenigen umfassen, die mit Ernst Christen sein wollen und die sich entsprechend auch am kirchlichen Leben beteiligen.[7] Gegenüber diesem Kirchenverständnis ist das Konzept und die Wirklichkeit der Volkskirche durch zwei Momente gekennzeichnet. Dem Drängen auf Entscheidung als Vorbedingung kirchlicher Vollmitgliedschaft setzt sie ein Vertrauen auf das entgegen, was sich als mehr oder weniger *selbstverständlich* eingespielt hat (1). Wichtiger noch: dem elitären Element der Freiwilligkeitskirche, die

---

[6]  W. Härle, aaO. 307.

[7]  Das kann durchaus noch nicht Getaufte, die sich auf ihren durch die Taufe zu besiegelnden Christenstand ernsthaft vorbereiten, einschließen.

als solche dem von Ernst Troeltsch beschriebenen Typus der „Sekte" nahe-
kommt[8], begegnet sie mit dem Programm, Kirche *für alle* sein zu wollen (2).
Dabei sind beide Momente bzw. Motive eng miteinander verbunden.

## 1. Das Gewicht des Gewohnten

Die Volkskirche lebt davon, daß vieles nicht hinterfragt wird, sondern als das
Übliche, Normale und Bewährte stehengelassen wird. Bestimmte Dinge gelten als selbstverständlich, so daß derjenige unter Begründungszwang gerät,
der davon abweicht. Dieses Hinnehmen und Geltenlassen kann natürlich
stumpfe Gedankenlosigkeit und Bequemlichkeit sein, es kann auf der Angst
vor Alternativen und damit möglicherweise ausgelösten Einbrüchen in den
Bestand der Volkskirche beruhen. Es kann aber auch das Empfinden dahin-
terstehen, daß gerade bewährte und nicht von Mal zu Mal veränderte Formen
dem Leben, das sich in sie fügt, ein Gefühl der Sicherheit und überindividueller Würde geben. Das ad hoc Inszenierte und als solches aller Ritualisierung
Entbehrende kann solche Würde gerade nicht verleihen. Der Mensch gewinnt
seine Identität nicht nur dadurch, daß er in immer neuen Anläufen seine
individuelle Biographie in eigener Zuständigkeit „schreibt", sondern auch

---

[8]  E. Troeltsch: Die Soziallehren der christlichen Kirchen und Gruppen, in: Gesammelte Schriften, Bd.1, Tübingen 1912. Troeltschs berühmte Unterscheidung von
Kirche und Sekte will keine theologische Wertung enthalten. Sie ist als soziologische Typologie konzipiert: „Der Typus Kirche ist die überwiegend konservati-
ve, relativ weltbejahende, massenbeherrschende und darum ihrem Prinzip nach
universale, d.h. alles umfassen wollende Organisation. Die Sekten sind demgegenüber verhältnismäßig kleine Gruppen, erstreben eine persönlich-innerliche
Durchbildung und eine persönlich-unmittelbare Verknüpfung der Glieder ihres
Kreises, sind eben damit von Haus aus auf kleinere Gruppenbildung und auf den
Verzicht der Weltgewinnung angewiesen; sie verhalten sich gegen Welt, Staat,
Gesellschaft indifferent, duldend oder feindlich, da sie ja nicht diese bewältigen
und sich eingliedern, sondern vermeiden und neben sich stehen lassen oder etwa
durch ihre eigene Gesellschaft ersetzen wollen." AaO. 362. Um Mißverständnisse
zu vermeiden, sei betont, daß sich nicht alle in dieser idealtypischen Konstruktion
genannten Züge der Sekte auf die Freiwilligkeitskirche übertragen lassen. Sie muß
keineswegs ein indifferentes Verhältnis zu Welt, Staat und Gesellschaft einnehmen. Entsprechendes gilt für das Verhältnis der Volkskirche zum Typus Kirche.
Die Volkskirche ist nicht per definitionem konservativ, wohl aber muß sie als
„Kirche für alle" vielfältige Beziehungen zum Staat und zu einzelnen gesellschaftlichen Institutionen pflegen und diese damit im Prinzip als ihr legitimes Gegenüber akzeptieren.

dadurch, daß er sich Gegebenheiten zuordnet, die als solche relativ stabil sein müssen; und der Wunsch nach solchen Zuordnungsmöglichkeiten wächst in dem Maße, wie der Zwang, die eigene Lebensgeschichte selbst selektiv und perspektivisch zu interpretieren und damit nur stets fragmentarische Biographie zu komponieren, zunimmt.[9]

Zu diesen gewohnten Formen, durch deren Inanspruchnahme dem individuellen Lebenslauf überindividuelle Bedeutung und Würde verliehen wird, gehören die Amtshandlungen der Kirche: Taufe, Konfirmation, Trauung, Beerdigung. Ob diese herkömmlichen Kasualien schon hinreichend sind, Strukturierungshilfe für die Lebensgeschichte des einzelnen unter modernen Bedingungen zu leisten, ist an späterer Stelle zu erörtern.[10] Zu dieser Form gehört weiter die Teilnahme an den großen kirchlichen Festen, insbesondere der Besuch der Christvesper. Wichtig ist hier ferner die Erfahrung oder wenigstens das Wissen davon, daß man *seinen* Pfarrer (seine Pfarrerin) hat, der (die) sich zuständig weiß und gegebenenfalls als Gesprächspartner, Seelsorger oder Vollzugsorgan von Amtshandlungen in Anspruch genommen werden kann.

Auf diesem dreifachen Angebot und seiner durchgängigen Akzeptanz auf seiten der Kirchenmitglieder beruht nun auch die relative Stabilität der Volkskirche selber.[11] Wer die Volkskirche ruinieren will, der muß die Amtshandlungen, insbesondere die Kindertaufe, in Frage stellen, das Weihnachtsfest madig machen und das Parochialprinzip antasten.

Der Bereich dessen, was man für selbstverständlich und bewährt hält, ist aber noch größer. Zwar wird die Kirchensteuer als das hierzulande praktizierte Finanzierungssystem immer häufiger kritisiert – meist in Unkenntnis seiner genauen Handhabung und Leistung –, aber daß die Kirche soziale Einrich-

---

[9]  Zur Unterscheidung von Lebensgeschichte und Biographie vgl. A. Hahn: Identität und Selbstthematisierung, in: A. Hahn/V. Kapp: Selbstthematisierung und Selbstzeugnis: Bekenntnis und Geständnis, Frankfurt a.M. 1987, 9-24. Der Zwang zur selektiven Selbstthematisierung im Zusammenhang von „Modernisierungs- und Individualisierungsschüben" ist im übrigen ein fast durchgängiges Thema moderner Soziologie. Exemplarisch seien genannt: P.L. Berger: Der Zwang zur Häresie. Religion in der pluralistischen Gesellschaft, Freiburg u.a.. 1992; N. Luhmann: Individuum, Individualität, Individualismus, in ders.: Gesellschaftsstruktur und Semantik. Studien zur Wissenssoziologie der Moderne, Bd. 3, Frankfurt a.M. 1989, 149-258; U. Beck: Risikogesellschaft. Auf dem Weg in eine andere Moderne, Frankfurt a.M. 1986.

[10]  S.u. § 10, II, 2.

[11]  Das wird auch durch die jüngste EKD-Mitgliedschaftsumfrage „Fremde Heimat Kirche" (Hannover 1993) noch einmal bestätigt.

tungen betreibt (Kindergärten, Krankenhäuser, Beratungsstellen, Obdachlo-
sen- und Behindertenarbeit etc.) und dafür Geld benötigt, wird nicht bestritten. Auch die Präsenz der Kirche in den öffentlichen Medien, etwa durch das
„Wort zum Sonntag", wird trotz Kritik im einzelnen als legitim angesehen,
wie auch überhaupt die Präsenz der Kirche auf allen Ebenen der Gesellschaft
akzeptiert wird. Und schließlich äußert sich das Gewicht des Gewohnten auch
in stereotypen Vorstellungen und Erwartungen, insbesondere bezüglich der
Person des Pfarrers, die die ganze Institution der Volkskirche repräsentiert.
Der Pfarrer soll volkstümlich und kommunikativ, hilfsbereit und engagiert
sein, in seiner persönlichen Lebensführung, einschließlich seines Ehe- und
Familienlebens, ein Vorbild. Der Pfarrer als Inbegriff bürgerlicher Tugenden
ist zwar mittlerweile ein als solches durchschautes Klischee, aber er soll doch,
trotz zugestandener und seine Menschlichkeit hervorhebender Schwächen,
eine vertrauenswürdige Person sein, jemand, an dessen Existenz erkennbar
wird, was Christsein heute heißen soll.

In all diesen Dingen lebt die Volkskirche von stabilen Bewußtseins-
strukturen und entsprechender Praxis. Es ist nun kein Geheimnis, daß die
Kirche unter diesem Aspekt nicht mehr so stabil ist wie noch zur Zeit der
ersten EKD-Mitgliedschaftsbefragung. Schon die zweite Umfrage konstatiert
einen beginnenden Prozeß des Unselbstverständlichwerdens des Selbstverständlichen und spricht von „relativer Stabilität" der Volkskirche.[12] Um so
wichtiger wird dann das zweite Element in der Entgegensetzung zur Frei-
willigkeits- und Bekennerkirche.

## 2. Kirche für alle

Das Konzept der Volkskirche steht und fällt nicht damit, daß alle ihr zugehören, sondern *daß sie sich auf alle, die ihr zugehören, einstellt.* Zu Recht bemerkt
Eilert Herms: „Nichts verrät größere Unkenntnis von Wesen und Auftrag der
Kirche, als wenn schwindende Mitgliederzahlen zum Anlaß von Gedanken
über das ‚Ende der Volkskirche‘ werden."[13] Die geforderte Ausrichtung auf
alle hat drei wesentliche Konsequenzen.

---

[12]  Was wird aus der Kirche? Ergebnisse der zweiten EKD-Umfrage über Kirchenmitgliedschaft, hg. von J. Hanselmann, H. Hild und E. Lohse, Gütersloh 1984,
16f.

[13]  E. Herms: Erfahrbare Kirche. Beiträge zur Ekklesiologie, Tübingen 1990, 244. –
Das hier vertretene Verständnis von Volkskirche ist ähnlich auch schon von Fr.
Niebergall formuliert worden: „Darum kann vorläufig der Sinn des Wortes

a) Für alle dazusein stellt Anforderungen an das *Programm der kirchlichen Arbeit*. Die Kirche darf sich in ihrem Angebot nicht an einer bestimmten *Bildungsschicht* orientieren, etwa dem früher so genannten Bildungsbürgertum. Das hat z.b. Auswirkungen auf Sprache und Thematik der Predigt, auf die Adressierung öffentlicher Verlautbarungen und auf die Gemeindepädagogik. Dasselbe gilt natürlich für alle sozialen Unterschiede sowie für die Unterschiede des Alters und des Geschlechts. Die Kirche muß ein *differenziertes Angebot* machen, das alle verschiedenen Gruppen im Blick hat, differenziert hinsichtlich der Thematik und des Stils der Durchführung. Es ist daher auch ein Test auf die Glaubwürdigkeit des volkskirchlichen Konzepts, ob die Kirche sich um sogenannte Randgruppen und Minderheiten bemüht, und das um so stärker, je mehr diese Gruppen unter öffentlichen Druck geraten. Auch für die „Frommen im Lande", diejenigen, die auf entschiedenes Christsein drängen, einerseits und für kritische Intellektuelle, die Zweifler wie die Gottsucher, andererseits muß ein Angebot gemacht werden, das ihnen die Entfaltung innerhalb der Volkskirche ermöglicht. Und schließlich muß sie in ihrem Angebot, ihrer Gesprächsbereitschaft auch noch für diejenigen offen sein, die ihr kirchliches Desinteresse durch gänzliche Abstinenz von allen kirchlichen Veranstaltungen bekunden oder die ihr bereits durch formellen Kirchenaustritt den Rücken gekehrt haben. Nicht daß sie den letzteren auf ihren oder ihrer Angehörigen Wunsch auch mit ihren Amtshandlungen zu Dienste sein sollte, das widerspräche nicht nur den dienstrechtlichen Grundsätzen pfarramtlicher Praxis, sondern würde auch die durch den Rechtsakt des Kirchenaustritts bekundete Entscheidung nicht ernstnehmen. Aber Gesprächsbereitschaft und Bereitschaft zur Seelsorge sollte dennoch signalisiert werden.

b) Kirche für alle verlangt ferner, daß die Kirche *flächendeckend präsent* sein muß. So verletzt z.B. der Vorschlag, den sonntäglichen Gottesdienst aus Gründen der Kostenersparnis einzustellen, sofern nicht eine bestimmte durchschnittliche Teilnehmerzahl erreicht wird, volkskirchliche Grundsätze, es sei denn, es könnte auf andere sonntägliche Gottesdienste in leicht erreichbarer Entfernung verwiesen werden. Auch die Präsenz der Kirche in den öffentlichen Medien ist durch das volkskirchliche Konzept einer Kirche für alle begründet und verdankt sich nicht allein dem öffentlichen Interesse. Dasselbe gilt von dem kirchlichen „Kleinverteilungsapparat", der den Gemeindebrief und das Kirchenblatt in jeden Haushalt befördert.

---

Volkskirche nur der sein: nicht die Kirche, die das ganze Volk umfaßt, sondern eine Kirche, die sich auch der Aufgaben des Volkslebens annimmt." Praktische Theologie. Lehre von der kirchlichen Gemeindeerziehung auf religionswissenschaftlicher Grundlage, Bd. 1, Tübingen 1918, 249.

c) Kirche für alle hat dann weiter die Konsequenz, daß man einerseits die Kirchenmitgliedschaft derer, die nicht mehr als einen finanziellen Beitrag zur Kirche leisten, nicht in Zweifel zieht, sich also die Rede von bloßen Namens- oder Taufscheinchristen verbietet, schon gar nicht ihnen den Kirchenaustritt als Konsequenz ihrer Einstellung nahelegt, daß man aber andererseits die verschiedenen *Arten von Kirchenmitgliedschaft* bzw. von Verbundenheit mit der Kirche deutlich in den Blick nimmt, dabei aber natürlich nicht alles gleichermaßen akzeptabel finden muß. Das ist eine der Spannungen, die in der Volkskirche ertragen werden müssen.

Natürlich stellt sich dann die Frage nach dem kirchensoziologisch angemessenen Schema, unter dem die innerhalb der Volkskirche anzutreffenden Verschiedenheiten zu erfassen sind. Sieht man von dem gängigen und allzu undifferenzierten Schema von „Rand und Kern" ab, dann bieten sich zumindest drei einander ergänzende Gesichtspunkte für eine detaillierte Beschreibung des gesamten Mitgliedschaftsbestandes an. Man kann differenzieren erstens nach Art und Grad der Beteiligung am kirchlichen Leben (aa), zweitens unter dem Gesichtspunkt verschiedener Frömmigkeitsprofile und Interessen (bb) und drittens aus der Perspektive der Erwartungen, mit denen sich der Pfarrer im Amt konfrontiert sieht (cc).

aa) Unter dem zuerst genannten Gesichtspunkt unterscheidet Niklas Luhmann innerhalb der großen volkskirchlichen Organisation „(1) rein *rechnerische*, lediglich Geldleistungen beitragende Mitglieder, (2) *aktive*, auch Anwesenheit und Interaktion beitragende Mitglieder und (3) *Amtsträger*, die hauptberufliche Arbeitsleistungen beisteuern und dafür ein Gehalt beziehen."[14] Zwischen der dritten und den beiden anderen Gruppen besteht eine formelle Grenze, während zwischen der ersten und zweiten Gruppe ein fließender Übergang zu beobachten ist: „Manche Mitglieder vermeiden jede Interaktion und benutzen ihre Mitgliedschaft erst, wenn feststeht, daß keine Interaktion mehr in Betracht kommt: bei ihrer Beerdigung. Andere bahnen zumindest ihren Kindern versuchsweise den Weg zur Kirche, halten gelegentlich Kontakt mit dem Pfarrer oder besuchen sogar die Festtagsgottesdienste und wissen sich in einer Position, die es ermöglicht, den Kontakt zu verstärken, wenn die eigene Lebenslage den Wunsch danach weckt."[15] Die zuletzt genannte, gleichsam abwartende Haltung ist nach der zweiten EKD-Umfrage verstärkt anzutreffen.[16]

---

[14] N. Luhmann: Funktion der Religion, Frankfurt a.M. 1977, 300. Luhmann vergißt allerdings zu erwähnen, daß nur etwa ein gutes Drittel der Kirchenmitglieder auch kirchensteuerpflichtig ist.

[15] AaO. 300f.

[16] Was wird aus der Kirche, aaO. 38.

bb) Immer noch aufschlußreich und anregend, wenn auch nicht modifikationslos auf die Gegenwart übertragbar, ist die schon Ende der 50er Jahre von Hans-Otto Wölber entworfene „Reliefkarte der Religiosität".[17] Wölber unterscheidet verschiedene Intensitätsgrade von „Verhalten" und „Reflexion", wobei „Verhalten" nicht das individuell gelebte Christentum, sondern Interaktion, Teilnahme an Formen gemeinschaftlicher Religionsausübung und „Reflexion" nicht persönliche Zustimmung, sondern intellektuelle Auseinandersetzung meint. Anhand dieser Parameter konstruiert Wölber vier Gruppen innerhalb der Volkskirche. „Verhaltensschwaches und reflexionsschwaches Meinen": unter diese Formel läßt sich die traditionstreue und zugleich distanzierte volkskirchliche Mehrheit stellen. „Verhaltensstarkes und reflexionsschwaches Meinen" trifft nach Wölber auf einen großen Teil der Kerngemeinde zu. „Verhaltensstarkes und reflexionsstarkes Meinen" ist die Signatur der meist ebenfalls innerhalb der Kerngemeinde anzutreffenden reformerischen Gruppen. „Verhaltensschwaches und reflexionsstarkes Meinen" bezeichnet die Minderheit der Zweifler, der Gott- und Sinnsucher, für die es in der Volkskirche so gut wie keine gemeinschaftlich praktizierbaren Sozialformen gibt.

Unter Zugrundelegung dieses Schemas wird man für die Gegenwart der Kirche zu teilweise anderen Gewichtungen kommen als Wölber. Ob der zum Gottesdienst gehenden sogenannten Kerngemeinde tatsächlich immer noch Reflexionsschwäche im Sinne Wölbers zu attestieren ist, wird man doch bezweifeln dürfen. Es wäre andernfalls ein vernichtendes Urteil über die moderne, wohl nicht mehr durch gespenstische Monotonie[18] ausgezeichnete Predigt. Vor allem aber ist hier darauf zu verweisen, daß die durch Verhaltens- und Reflexionsstärke gekennzeichneten Gruppen nicht mehr auf die Ortsgemeinde und ihre Organisationsformen beschränkt sind. „Initiativen, Aktionsgruppen, Bewegungen haben das Bild unserer Gesellschaft und unserer Kirche in den vergangenen eineinhalb Jahrzehnten erheblich verändert", stellt die zweite EKD-Umfrage fest.[19] Inzwischen, nach mehr als einem weiteren Jahrzehnt, dürfte sich dieser Trend zur Entwicklung einer Kirche der „Bewegungen", die die institutionell geordnete Volkskirche durchdringt und zu ihr in eine gewisse Spannung tritt, noch verstärkt haben: etwa unter dem Titel des „konziliaren Prozesses". Dabei geht es um die gleichen Themen, die schon in

---

[17] H.-O. Wölber: Religion ohne Entscheidung. Volkskirche am Beispiel der jungen Generation, Göttingen (1959) 1965³, 104ff.
[18] So einst M. Doerne: Art. Homiletik, RGG³, Bd.3, 440.
[19] Was wird aus der Kirche? AaO. 85.

der Umfrage genannt wurden: „Dritte Welt, Umwelt, Frieden, Frauenemanzipation".[20] Im übrigen ist hier auf jene Erwartungsprofile und Vorstellungen von Kirche in der außer- und innerkirchlichen Öffentlichkeit zurückzuverweisen, die in § 2 unserer Kirchentheorie umrissen wurden.

cc) Eine Aufteilung der volkskirchlichen Mitgliedschaft aus der Perspektive des Pfarrers (als der volkskirchlichen Zentralfigur), der zwischen verschiedenen Erwartungen zu wählen und Prioritäten in Bezug auf unterschiedliche Gruppeninteressen zu setzen hat, kann sich natürlich unmittelbar auf die unter bb konstruierten Frömmigkeitsprofile und gruppenspezifischen Präferenzen zurückbeziehen. Es kann aber auch eine stärker aus den Erfahrungen des pfarramtlichen Alltags gewonnene Einteilung versucht werden. Eine solche hat beispielsweise Ernst Lange entworfen.[21] Sie wird hier in dem gleichen exemplarischen Sinne vorgestellt wie die einschlägigen Entwürfe von Luhmann und Wölber.

Lange unterscheidet vier Bezugsgruppen, denen der Pfarrer nicht gleichermaßen gerecht werden könne und deren divergierende Erwartungen den Konflikt des Pfarrerberufs „in der Horizontalen" konstituieren.[22]

Da ist zunächst die größte Gruppe mit typisch volkskirchlichem Bedürfnisprofil. Es geht hier um eine kirchliche Begleitung normaler bürgerlicher Existenz. Es handelt sich um diejenigen Erwartungen an das Pfarramt bzw. an die Kirche, die schon Karl Wilhelm Dahm namhaft gemacht hat[23] und die auch durch die verschiedenen empirischen Erhebungen der EKD und der VELKD bestätigt worden sind, nämlich „Darstellung und Vermittlung von grundlegenden Deutungs- und Wertsystemen" und „helfende Begleitung in Krisensituationen und an Knotenpunkten des Lebens".[24] Dabei tritt die zuerst genannte Funktion für die distanzierte volkskirchliche Mehrheit in den Hintergrund. Man erwartet zwar, daß die Kirche diese Leistung Sonntag für Sonn-

---

[20]  Ebd.

[21]  E. Lange: Die Schwierigkeit, Pfarrer zu sein, in ders.: Predigen als Beruf, hg. von R. Schloz, Stuttgart 1976, 142-166; vgl. auch Langes im gleichen Bande abgedruckten Aufsatz „Der Pfarrer in der Gemeinde heute".

[22]  Lange unterscheidet davon zwei weitere Konflikte: in der „Vertikalen" zwischen Institution bzw. Kirchenleitung und Pfarralltag und in der „Temporalen" zwischen Tradition und Zukunftsorientierung. Das letztere, daß der Pfarrer Bürge der Tradition und zugleich lebendiger Zeitgenosse ist, macht ihn zur interessanten und in gewissem Sinne unentbehrlichen Figur in unserer Gesellschaft.

[23]  K.-W. Dahm: Beruf: Pfarrer. Empirische Aspekte, München 1971, 303ff.

[24]  Dahm, aaO. 305f.

tag erbringt, macht aber selbst nur ausnahmsweise davon Gebrauch. Wichtiger ist die „helfende Begleitung". Es ist die Kirche der Amtshandlungen, die hier gefragt ist.[25]

Die zweite Gruppe, die einen Großteil der Arbeitskraft des Pfarrers in Anspruch nimmt, ist durch ein „vereinskirchliches" Bedürfnisprofil gekennzeichnet. Die Vereinskirche ist „die kirchliche Version des gesellschaftlichen Vereinswesens, die sich erst sekundär parochialisiert und dem volkskirchlichen Pfarramt überantwortet hat".[26] In ihr „hat es der Pfarrer durchweg mit Defiziten und Frustrationen zu tun … also etwa im Blick auf Geborgenheit, Gemeinschaft, Status, Unterhaltung, aber auch im Blick auf Begabungen, die die Gesellschaft brachliegen läßt".[27] In Bezug auf all diese Bedürfnisse leistet der Pfarrer kraft seiner persönlichen Begabung oder kraft seiner Talente als Organisator von Gruppen und Lernprozessen Hilfe zur Selbsthilfe.

Die Kirche der Bewegungen, wie sie innergemeindlich nur vereinzelt, manifest aber etwa auf den Kirchentagen in Erscheinung tritt, bildet die dritte Bezugsgruppe. Lange spricht von „reformkirchlichem" Bedürfnisprofil.[28]

Dazu kommt als vierte Gruppe, ähnlich wie bei Wölber, die der Ausgeschiedenen, insbesondere derjenigen unter ihnen, in deren Denken und Verhalten der Pfarrer „einen Geist spürt, den er für Geist vom Geist des Protestantismus halten muß, den Geist einer entschränkten Christlichkeit".[29] Dieser Personenkreis ist für den Pfarrer deshalb beunruhigend, weil dessen Emanzipation von der Kirche aus Motiven geschah, die eigentlich ihren Ort in der Kirche haben sollten.

Die drei hier vorgestellten Differenzierungsansätze lassen sich durchaus miteinander kombinieren; Zusammenhänge und Überschneidungen wurden im Vorhergehenden auch schon deutlich. Für eine Morphologie der Volkskirche sind sie jedenfalls allesamt unentbehrlich. –

Volkskirche versteht sich als Kirche für alle, für das ganze Volk, für alle Sozial- und Bildungsschichten, für alle Altersstufen, für Männer und Frauen, für aktive und distanzierte Mitglieder. Diese Zuwendung zu allen muß sich in

---

[25]  Die Erwartungen dieser Gruppe treten in eine gewisse Spannung zu dem herkömmlichen Pfarrerselbstverständnis, da viele Pfarrer sich gemäß ihrer theologischen Ausbildung in erster Linie als Prediger verstehen und somit die Priorität in Bezug auf die beiden volkskirchlichen Bedürfnisse anders setzen.

[26]  Lange, aaO. 153.

[27]  Ebd.

[28]  Lange, aaO. 152, vgl. 154f. Langes besondere Sympathie gilt dieser Gruppe.

[29]  Lange, aaO. 152.

der Differenziertheit ihres Angebots, ihrem Bestreben nach flächendeckender und alle Gesellschaftsebenen durchdringender Präsenz, ihren „Verbänden", „Diensten" und „Werken", in der Zweckmäßigkeit ihrer regionalen Gliederung (in Gemeinden, Kreisen, Sprengeln), in ihrer Organisation und nicht zuletzt auch in den Strukturen des Pfarramtes ausdrücken: es muß Gemeindepfarrämter geben *und* funktionale Pfarrämter. Es stellt sich die Frage, ob diese Gestalt von Kirche nur unter dem Gesichtspunkt der Effektivität bzw. als optimale Strategie der Bestandserhaltung unter modernen Bedingungen zu verstehen ist. Ist sie auch theologisch geboten?

## III. Das theologische Konzept der Volkskirche

Trutz Rendtorff bemerkt, „es fehle an einem theologischen Begreifen der Volkskirche", und er stellt von daher die Frage, wie „das Verständnis der Kirche als Volkskirche mit elementaren und zugleich normativen theologischen Einsichten plausibel zu verbinden" sei.[30] Ist die Volkskirche als eine empirische Gegebenheit, die sich aus zahlreichen und weitgehend kontingenten Gründen so entwickelt hat, wie sie sich uns heute präsentiert, nicht letztlich nur historisch zu begreifen? Und wäre dann über die Weiterentwicklung der Volkskirche, über alle „strategischen" Fragen, welchen Kurs sie einschlagen soll, nicht wiederum mit historischen, wenn auch mehr mit historisch-divinatorischen Argumenten zu entscheiden?

Wenn wir diese Problemstellung aufgreifen, so brauchen wir – wie es auch Rendtorff getan hat – nur einige Grundsätze reformatorischer Kirchenlehre in Erinnerung zu rufen. Zugleich können wir an unsere Ausführungen über die Kirche als System der Kommunikation des christlichen Wirklichkeitsverständnisses, insbesondere an das § 7, III, 3 Gesagte, anknüpfen. Denn, um diesen Grund gleich zu Beginn geltend zu machen, es ist die *Aktualität* des in der Rechtfertigungslehre zusammengefaßten christlichen Wirklichkeitsverständnisses, es ist die diesem Wirklichkeitsverständnis eigene *Reichweite*, welche sich in der Interpretation jeder Gestaltung der Praxissituation endlicher Freiheit und aller Lebensbereiche bewährt, die den eigentlichen Rechtfertigungsgrund dafür abgibt, daß die diesem Wirklichkeitsverständnis zuge-

---

[30] T. Rendtorff: Theologische Probleme der Volkskirche, in: W. Lohff/L. Mohaupt: Volkskirche – Kirche der Zukunft. Leitlinien der Augsburgischen Konfession für das Kirchenverständnis heute, Hamburg 1977, 104-131, dort 104.

ordnete Institution sich als Kirche für alle verstehen muß. Böte die christliche Botschaft dagegen nur eine Mittelstandsideologie oder spitzte der christliche Glaube sich zu irgendeiner Form des „Bildungschristentums"[31] zu, dann könnte die Kirche in ihrem Programm und ihrer organisatorischen Gestalt sich auch nicht als Kirche für alle präsentieren.

Die zur Legitimation der Volkskirche aufzugreifenden reformatorischen Grundsätze müssen nun jedenfalls von der Art sein, daß sie die in der Volkskirche anzutreffende und nur historisch zu erklärende regionale Vielfalt und – sofern noch vorhanden – volkstümliche Buntheit sowie alles, was in der Kirche historisch gewachsen ist, nicht einfach ersticken oder marginalisieren, sondern vielmehr als Grund für deren Zulassung oder sogar Situationsgemäßheit in Betracht kommen. Nicht daß all jene kontingenten Elemente dogmatisch abgeleitet und als geradezu notwendig erwiesen werden müßten, das wäre auch ein Widerspruch in sich selbst. Die volkskirchliche Wirklichkeit wird sich niemals als direkt nachvollziehbare Umsetzung eines ekklesiologischen Normbegriffs verstehen lassen. Eine die ekklesialen Einzelheiten betreffende theologische Konzeptualisierung der Volkskirche ist prinzipiell unmöglich, und auch eine verbesserte oder, wenn man will, „gereinigte" Volkskirche ist nicht am Reißbrett zu entwerfen. Gefordert ist nur ein Grundverständnis von Kirche, das einerseits Raum für situativ zu praktizierende Freiheit bis hin zu risikofreudigen Experimenten gibt und daß andererseits doch auch dieser Freiheit bestimmte Grenzen setzt, so daß jedenfalls nicht alles erlaubt und als zuträglich angesehen werden kann. Für eine theologische Begründung der Volkskirche, die dieses leistet, können wenigstens drei reformatorische Einsichten geltend gemacht werden.

Zu erinnern ist – erstens – an die durch die ekklesiologische Grundformel von CA 7 ermöglichte *Freiheit* bezüglich der institutionellen Gestaltung der Kirche, die sich in dem Satz ausspricht, daß es zur wahren Einheit der Kirche nicht nötig sei, „daß überall gleiche menschliche Traditionen oder Riten oder von Menschen eingerichtete Zeremonien" angetroffen werden. Das gibt Raum für neue Experimente und Einfälle, ermöglicht aber auch, an liebgewordenen Traditionen festzuhalten, es sei denn, sie vertrügen sich nicht mit der ebenfalls in CA 7 genannten Grundfunktion der Kirche, der reinen Verkündigung des Evangeliums[32] und der dieser Verkündigung gemäßen Handhabung der Sa-

---

[31] Zur Abwehr dieser Fehlform vgl. R. Preul: Christentum und Bildung oder Bildungschristentum? Ein Programm, in: F. W. Graf (Hg.): Liberale Theologie. Eine Ortsbestimmung (Troeltsch-Studien, Bd.7), Gütersloh 1993, 149-167.

[32] „Reinheit" der Predigt des Evangeliums heißt nur (wie oben § 4, I, 1 dargelegt wurde), daß antimeritorisch und mit Verweis auf die Barmherzigkeit Gottes als

kramente. Solange das nicht der Fall ist, gibt es keinen theologischen Grund, den volkskirchlichen Traditionalisten, die gesteigerten Wert auf die herkömmliche Amtshandlungspraxis legen, auf der einen Seite und den reformfreudigen Gruppen, die beispielsweise eine erweiterte, den individuellen Biographieverläufen in der modernen Gesellschaft gerecht werdende Amtshandlungspraxis befürworten, auf der anderen Seite entgegenzutreten.

Zu erinnern ist – zweitens – an Luthers Begriff der *verborgenen Kirche bzw. der verborgenen Christenheit*. Denn dieser Begriff ist der theologische Ermöglichungsgrund des Konzeptes der Volkskirche, die programmatisch darauf verzichtet, die nur Gottes Augen offenbare verborgene Gemeinschaft durch klare Grenzziehung sichtbar zu machen. Das bedeutet, daß es den Kirchenmitgliedern selber überlassen bleiben muß, sich über ihren Glauben oder Unglauben zu erklären. Wer Luthers Empfehlung folgt, nach der „Regel der Liebe" zu verfahren[33], befürwortet auch das Konzept der Volkskirche, d.h. einer Kirche, die mit allen rechnet und die sich mit ihrer Arbeit auf alle einstellt.

Aufgrund dieser Offenheit ist das Konzept der Volkskirche auch – drittens – das Konzept von Kirche, das mit dem Gedanken des *allgemeinen Priestertums* am besten vereinbar ist und diesem Gedanken die größten Verwirklichungschancen gibt. Daß die Mehrheit der Mitglieder der Volkskirche von diesem Priestertum keinen oder fast keinen Gebrauch macht, ist dagegen kein Einwand. Entscheidend ist vielmehr, daß die Inhaber des kirchlichen Amtes ihrer eigenen Tätigkeit ein Konzept von Kirche zugrundelegen, welches der Gestaltwerdung des allgemeinen Priestertums förderlich ist. Die gleichsam distanzierteste Form der Wahrnehmung des allgemeinen Priestertums besteht in der Kritik der Kirchenmitglieder – auch derjenigen, die den Gottesdienst nur zu besonderen Anlässen besuchen – an der sogenannten Amtskirche, sofern diese Kritik nicht pure Ablehnung bedeutet, sondern noch einen gewissen Geist der Solidarität mit den Inhabern des kirchlichen Amtes erkennen läßt.[34] Diese Kritik ist ernstzunehmen, und die Fähigkeit zu ihrer kompeten-

---

hinreichenden zeitlichen und ewigen Lebensgrund gepredigt wird. Die Röm 3, 28 auf den Begriff gebrachte existentielle Grundalternative bleibt immer die gleiche, unabhängig davon, was sich im Wandel der Zeiten jeweils als mögliche Werke des Gesetzes präsentiert, unabhängig auch davon, mit welchen theologischen Erlösungstheorien und christologischen Konzepten die Haltung des Glaubens an Gottes Güte interpretatorisch in Zusammenhang gebracht wird.

[33] S.o. § 6, I, 2.

[34] In diesem Sinne läßt sich auch das auf den ersten Blick sophistisch erscheinende Argument Rendtorffs rezipieren, das sogar noch solche Kritik an der Volkskirche,

ten Ausübung ist zugleich, wo irgend möglich (z.B. durch alle Bildungsanstrengungen der Kirche), zu fördern: Das allgemeine Priestertum ist das
kritisch-solidarische Gegenüber zum ordinierten Amt. Das allgemeine Priestertum kommt weiter in allen Formen kirchlicher Laienaktivität zum Ausdruck, in regulären Ämtern ebenso wie in Ehrenämtern und nicht zuletzt in
spontanen Aktivitäten im übergemeindlichen und gemeindlichen Rahmen.
Gemeindeaufbaukonzepte, die ihren Impuls aus der paulinischen Charismenlehre empfangen, gehören somit zur Strategie der Volkskirche.[35] Und schließlich ist auf die durch die Kirchenverfassungen geregelte Beteiligung der Laien
an den Leitungsorganen der Volkskirche auf allen Ebenen zu verweisen, eine
Teilnahme sowohl an den legislativen wie an den exekutiven Funktionen.[36]

Die drei reformatorischen Argumente zur theologischen Begründung der
Volkskirche sind je einzeln wie hinsichtlich des Zusammenhangs, den sie untereinander bilden, von der Art, daß sie der nur historisch zu verstehenden
und pragmatisch zu rechtfertigenden konkreten Vielfalt Raum geben. Sie
bestätigen auch nicht einfach alles, was aus kontingenten Anstößen entstanden ist, sondern sie limitieren auch und bewähren sich innerhalb der von
ihnen der Volkskirche gesetzten Grenzen als regulative Gestaltungsprinzipi-
en: Alle volkskirchlichen Einrichtungen und Gebräuche müssen sich daraufhin befragen lassen, ob sie zur Grundfunktion der Kirche in einem dienenden
Verhältnis stehen; allen mit Mitteln der Gewissenserforschung und des geistlichen Mißtrauens arbeitenden Selbstreinigungsstrategien oder Gesund-
schrumpfungskonzepten ist zu widerstehen; das Prinzip des allgemeinen Priestertums ist ein Impuls zu immer neuer und kreativer Förderung einer aktiven

---

die auf die Realisierung alternativer Konzepte zur gegebenen volkskirchlichen
Realität hinauswill, „im Rahmen und im Zusammenhang der Kirche als Volkskirche selbst ihren Ort" hat. AaO. 113.

[35] Als exemplarisch für diesen Zusammenhang sei auf das Gemeindekonzept von
Christoph Bäumler verwiesen: Kommunikative Gemeindepraxis. Eine Untersuchung ihrer Bedingungen und Möglichkeiten, München 1984. Auch die Konzeptionen von Manfred Seitz und Christian Möller können hier genannt werden.

[36] Schon Schleiermacher hob in seiner Theorie des Kirchenregiments den Zusammenhang zwischen dem allgemeinen Priestertum und der von ihm gegenüber der
episkopalen und der konsistorialen Form der Kirchenleitung favorisierten Syn-
odal- oder Presbyterialverfassung hervor: Die Praktische Theologie nach den
Grundsätzen der Evangelischen Kirche im Zusammenhang dargestellt, hg. von J.
Frerichs, SW I/13, Berlin 1850, 552. Dazu Chr. Dinkel: Kirche gestalten –
Schleiermachers Theorie des Kirchenregiments, Berlin/NewYork 1996. Auch sei
daran erinnert, daß Luther den Ausdruck allgemeines Priestertum im Zusammenhang mit Befugnisfragen (Ein- und Absetzung von Predigern) einführt; s.o. § 6, II.

und mündigen kirchlichen Laienschaft als kritisch-solidarischem Gegenüber
und als Ergänzung zum kirchlichen Amt. Mit der Berufung auf diese drei
reformatorischen Prinzipien, die aus dem Wesen der Kirche abgeleitet sind
und sich zugleich als regulative Prinzipien zu ihrer Gestaltung bewähren, ist
auch Rendtorffs Forderung Genüge getan, daß es nicht darum gehen könne,
„die geschichtliche Wirklichkeit an einer einheitstheoretischen, dogmatischen
Theorie der Kirche [zu messen] mit dem Ziel, sie dieser Theorie anzupassen",
sondern daß „die dogmatische Theorie der Kirche sich als durch eine bestimmte geschichtliche Realisierung von Kirche ausgelegt begreifen" können
muß.[37]

## IV. Probleme der Volkskirche

Entgegen weitverbreiteter Auffassung besteht das Hauptproblem der Volkskirche nicht darin, daß die Zahl ihrer Mitglieder abnimmt und entsprechend
die Zahl der Konfessionslosen zunimmt. Die Stichhaltigkeit der im vorhergehenden entwickelten Argumente vorausgesetzt, müßte im Extremfall auch
eine nur noch die Minderheit des Volkes repräsentierende Kirche am Konzept
der Volkskirche festhalten und in Programm und Gestaltung des kirchlichen
Lebens deutlich machen, daß sie Kirche für alle sein will. Und in diesem
Willen, Kirche für alle zu sein, ist natürlich auch die Sorge um den zahlen-
mäßigen Bestand eingeschlossen. Dennoch: ob überhaupt Volkskirche oder
nicht, ist keine Frage der Quantität.

Wohl aber ist es ein beständiges Problem der Volkskirche, die *öffentliche
Plausibilität ihres Konzepts* zu erhalten bzw. neu zu befestigen. Sie muß sich
selbst als Volkskirche verständlich machen, sowohl gegenüber ihren eigenen
Mitgliedern wie gegenüber einer breiteren gesellschaftlichen Öffentlichkeit.
Dabei kann sie sich, was die volkskirchliche Mehrheit betrifft, an folgendem
von der zweiten EKD-Mitgliedschaftsbefragung erhobenen und wohl auch
noch für längere Zeit gültigen Befund orientieren: Kirche und Christentum
fungieren mit ihrem Sinnangebot, für das die Pfarrer und Theologen als religiöse Experten einstehen, als „ein allgemeiner religiöser und kultureller Hintergrund"[38], der als solcher akzeptiert wird und auf den man bei Bedarf zurückkommen kann. Ferner wird Kirche „vorrangig mit Nächstenliebe und

---

[37]  Rendtorff, aaO. 107.
[38]  Was wird aus der Kirche? Ergebnisse der zweiten EKD-Umfrage über Kirchen-
      mitgliedschaft, hg. von J. Hanselmann u.a., Gütersloh 1984, 46.

Hilfe, Diakonie und sozialer Betreuung identifiziert"[39], woraus freilich im Umkehrschluß folgt, daß man als „normaler Erwachsener" in der Kirche eigentlich kein Betätigungsfeld für sich findet. „Wer kein Kind mehr ist und noch nicht alt, wer keine besonderen Probleme hat und auch nicht unbedingt den Wunsch verspürt, aktiver Helfer zu sein – der kann sich im Grunde nur als ein passiver Förderer verstehen, der durch seine Kirchensteuern und Spenden dafür sorgt, daß anderen und bei Bedarf vielleicht auch einmal ihm selbst geholfen wird."[40]

Die Kirche kann sich natürlich mit diesem Befund nicht zufrieden geben. Aber sie muß sich auf ihn einlassen und muß ihn als Minimalbedingung ihres eigenen Bestehens sogar zu erhalten suchen. Das hat drei Konsequenzen für das kirchliche Handeln:

Will die Kirche mit ihrem Sinnangebot für das Bewußtsein ihrer distanzierten Mitglieder präsent bleiben und als „religiöser und kultureller Hintergrund" weiterhin geschätzt werden, dann muß sie ihre öffentliche Relevanz immer neu unter Beweis stellen. Das geschieht z.B. durch Pflege derjenigen Themen, die am Ende des letzten Paragraphen genannt wurden, aber auch durch öffentliche Äußerungen zu den Problemen der persönlichen Lebensorientierung und Sinnfindung. In dem Maße, wie es der Kirche gelingt, so ihre öffentliche Relevanz sichtbar zu machen, wird sie auch gegenüber der verbreiteten Vorstellung von einer (protestantischen) Christlichkeit, welche der Kirche nicht bedürfe, an Boden gewinnen. Eine radikal individualisierte und privatisierte Religiosität ist nicht nur per se öffentlich bedeutungslos, sie ist auch als kommunikationslose und von der christlichen Tradition abgeschnittene Religiosität gar nicht bestandsfähig, erweist sich auch in vielen Fällen als ausgesprochen synkretismusanfällig.[41] Sie müßte sich beispielsweise auch ihre spirituellen Ausdrucksformen, ihre Texte und Lieder selber schaffen, was nur ganz wenigen Personen gelingen kann. Die Volkskirche muß sich als „Institution der Freiheit" präsentieren, d. h. in diesem Zusammenhang als eine Institution, in deren Rahmen individuelle Frömmigkeitsgestaltung gerade dadurch möglich wird, daß man sich zur Tradition in ein eigenes Verhältnis setzen kann.

---

[39]  Aao. 44.

[40]  Ebd.

[41]  Zur modernen Synkretismusproblematik vgl. V. Drehsen: Die Anverwandlung des Fremden. Zur wachsenden Wahrscheinlichkeit von Synkretismen in der modernen Gesellschaft, in ders.: Wie religionsfähig ist die Volkskirche? Sozialisationstheoretische Erkundungen neuzeitlicher Christentumspraxis, Gütersloh 1994, 313-345.

Sofern die Kirche in ihrer begleitenden Funktion in Krisensituationen und bei lebensgeschichtlich bedeutsamen Ereignissen gefragt ist, muß sie alle Sorgfalt auf ihre Amtshandlungspraxis, auch eine erweiterte Amtshandlungspraxis[42], und die damit verbundene Seelsorge verwenden.[43] Auch das dem Moment der Gewohnheit zugeordnete Bedürfnis nach ritueller Begleitung und überindividueller Formgebung ist ernstzunehmen.

Und schließlich muß die Kirche dafür sorgen, daß all das, was sie auf dem Gebiet der Sozialhilfe in Zusammenarbeit mit dem modernen Sozialstaat und mit anderen Hilfsorganisationen leistet, auch öffentlich hinreichend bekannt wird. Das ist vor allem im Blick auf diejenigen Kirchenmitglieder entscheidend, die nur einen finanziellen Beitrag durch Kirchensteuer und gelegentliche Spenden leisten. Es ist wichtig, daß man ihnen diesen Beteiligungsmodus beläßt und dessen Sinn publik macht. Zugleich muß allerdings deutlich gemacht werden, daß man seine Kirchensteuern nicht nur für diese sozialen Dienste zahlt, sondern dafür, daß die Kirche ihre eigentliche kommunikative Aufgabe erfüllt.[44]

---

[42]  Anstöße dazu bei J. Matthes: Volkskirchliche Amtshandlungen, Lebenszyklus und Lebensgeschichte. Überlegungen zur Struktur volkskirchlichen Teilnahmeverhaltens, in ders. (Hg.): Erneuerung der Kirche, Gelnhausen 1975, 83-112. Vgl. auch: Christsein gestalten. Eine Studie zum Weg der Kirche, hg. vom Kirchenamt im Auftrag des Rates der EKD, Gütersloh 1986.

[43]  H. Luther verweist, allerdings ohne Bezug auf die Amtshandlungen, auf die Chancen, die mit den in der modernen Gesellschaft begründeten biographischen Übergängen und Zwischensituationen gegeben sind: Schwellen und Passage. Alltägliche Transzendenzen, in ders.: Religion und Alltag. Bausteine zu einer Praktischen Theologie des Subjekts, Stuttgart 1992, 212-223.

[44]  In der immer wieder aufflammenden öffentlichen Debatte über die Kirchensteuer kommt das eigentliche Problem dieses Finanzierungssystems gar nicht in den Blick. Es besteht nicht darin, daß die Kirche ihre Steuer mit Hilfe der staatlichen Finanzämter einzieht – wofür der Staat je nach Bundesland zwischen drei und vier Prozent der Kirchensteuermittel erhält, während die Kirche selber für den entsprechenden Verwaltungsaufwand nach einigen Schätzungen bis zu 20 Prozent abzweigen müßte –, sondern darin, daß das Finanzvolumen der Kirche von der staatlichen Steuerpolitik abhängig ist. Die Kirche wird daher auch grundsätzlich nicht auf weitere Einnahmequellen verzichten können. Zum Zwecke der Versachlichung der Debatte ist ein Höchstmaß an Transparenz bezüglich Herkunft, Verwaltung und Verwendung der kirchlichen Finanzmittel anzustreben. Zum Thema Kirchensteuer vgl. J. Giloy/W. König: Kirchensteuerrecht und Kirchensteuerpraxis in den Bundesländern, Wiesbaden 1988[2]; ferner W. Lienemann: Kirchenfinanzen im Spannungsfeld von Kirche und Gesellschaft, PThI 13/1993, H. 1, 41-65.

Die Kirche kann bei bestandserhaltenden Maßnahmen nicht stehenbleiben. Sie muß einerseits ihr schon durch solche Maßnahmen unter Beweis gestelltes Konzept als Kirche für alle auch selber verständlich machen, indem sie es öffentlich propagiert und verteidigt; sie muß andererseits aber auch alle Anstrengungen unternehmen, das zu verdeutlichen, wovon sie als Kirche eigentlich lebt, damit bloß passive Mitgliedschaft in verstandene, bejahte und aktive Mitgliedschaft verwandelt werden kann. Das allgemeine Priestertum, so haben wir bei Luther gesehen, bedeutet Teilhabe am Lehramt der Kirche, und das impliziert wiederum, daß der sogenannte Laie versteht, was es heißt, Christ und Mitglied der Kirche zu sein.

Indem die Kirche sich bemüht, solches Verstehen zu befördern, produziert sie das, was man etwas dramatisierend das *Bildungsdilemma der Volkskirche* genannt hat.[45] Die Bildungsanstrengungen der Kirche, die darauf hinauslaufen, die durch die Taufe erworbene bzw. bloß zugeschriebene Mitgliedschaft in eine selbst angeeignete, verstandene und bejahte Mitgliedschaft zu überführen, bewirke nämlich zugleich ein Unselbstverständlichwerden des Selbstverständlichen. Sie schaffen die Möglichkeit kritischer Distanzierung von der Tradition und entziehen damit dem Gewohnheitschristentum den Boden. Das koinzidiert mit dem schon durch die erste EKD-Umfrage erhärteten allgemeinen Befund: „Je höher das Bildungsniveau, rein formal, von den Ausbildungsabschlüssen her betrachtet, desto wahrscheinlicher sind Distanz und Kritik gegenüber der Kirche."[46] Besonders wirksam in dieser Richtung ist der „Faktor Bildung", wo er sich mit der „Ablösungsproblematik" der Jugendlichen verbindet. Da es sich bei der Bildungsarbeit, die die Kirche durch Unterricht, Predigt und Gemeindepädagogik zu leisten hat, unter modernen Bedingungen nicht um eine schlichte Belehrung handeln kann, da vielmehr auch die sich präsentierenden Alternativen zum christlichen Wirklichkeitsverständnis mit zu reflektieren sind, hat man das Bildungsdilemma sogar zu einer neuen Klassenentscheidung der Kirche hochstilisiert: Soll die Kirche auf das vorkritische Bewußtsein in der Unterschicht setzen und darauf bezogen ihre Bildungsanstrengungen minimieren? Oder soll sie umgekehrt in einen elitären Avantgardismus ausbrechen, wobei die zuerstgenannten Bevölkerungsschichten sich abgehängt fühlen müßten? Hiergegen ist zu fragen, ob es im

---

[45] E. Lange: Bildung als Problem und als Funktion der Kirche, in ders.: Sprachschule für die Freiheit, hg. von R. Schloz, München u. Gelnhausen 1980, 160-200, bes. 168ff.

[46] Lange, aaO. 171. Vgl.: Wie stabil ist die Kirche? Bestand und Erneuerung, hg. von H. Hild, Gelnhausen u. Berlin 1974, 201f.

Zeitalter der Medien überhaupt noch jenes vorkritische Bewußtsein gibt. Und auf der anderen Seite müssen die bildenden Bemühungen der Kirche ihren Zielpunkt auch nicht in der Etablierung einer neuen Elite haben. Daher ist doch wohl die einfache Konsequenz zu ziehen, daß die Kirche sich schlicht auf die vorhandenen und schichtspezifisch verschiedenen religiösen Bildungsinteressen einlassen und entsprechend ein differenziertes, vor allem an den jeweiligen Handlungs- und Identitätsproblemen orientiertes Bildungsangebot machen muß. Wenn sich daraus tatsächlich ein Dilemma ergeben sollte, dann muß die Kirche es aus Gründen ihres theologischen Selbstverständnisses ertragen. Die Kirche minimiert durch ihre Bildungsanstrengungen auch zunächst einmal nur jene oben genannte negative Variante des Gewohnheitschristentums, die unverstandene Anpassung an das Herkömmliche. Gerade im Zusammenhang des an lebensgeschichtlichen Knotenpunkten auftretenden Bedürfnisses nach Form und Ritus ergibt sich die Möglichkeit, den Sinn solcher Formen einsehbar und bewußt erlebbar zu machen. Demgemäß hat Ernst Lange selbst die Konsequenz einer Didaktisierung des kirchlichen Lebens innerhalb eines lebenszyklischen Orientierungsrahmens gezogen und ein entsprechendes Programm skizziert.[47] Und schließlich ist darauf hinzuweisen, daß es auch im Kreise der kritisch Aufgeklärten, deren Reflexion sich auch nicht nur auf die lebenszyklisch bedingten Probleme bezieht, „hochverbundene" Kirchenmitglieder gibt.

Von besonderer Brisanz sind die permanenten *Strukturprobleme* der Volkskirche, zu deren Lösung ein klares *kybernetisches Konzept* benötigt wird. In ihrem Bemühen, Kirche für alle zu sein, sich auf alle Bevölkerungsgruppen, Bildungsschichten und Bedürfnislagen einzustellen, muß die Kirche entsprechend zur Differenzierung der Gesellschaft sich selbst in ihren Aktivitäten differenzieren und immer neue Arbeitsfelder eröffnen. Die derzeit zunehmende Pluralisierung der Lebenswelt, der Lebensformen und der religiös-weltanschaulichen Umwelt wird als Impuls wahrgenommen, die Palette der kirchlichen Angebote zu erweitern. So ist, spätestens seit Wicherns Programm der Inneren Mission und dem damit verbundenen Auf- und Ausbau der diakonischen Arbeit[48], die Vielzahl kirchlicher Dienste, Werke, Beratungsstellen und Arbeitsformen entstanden, die nun das Erscheinungsbild der Volkskirche ganz wesentlich mitbestimmen. Die Parochie mit ihrem Zentrum im sonntäglichen Gottesdienst präsentiert sich nur noch als eine unter vielen Möglichkei-

---

[47]  Lange, aaO. 177ff.
[48]  Vgl. die knappe und zuverlässige Darstellung bei D. Rössler: Grundriß der Praktischen Theologie, Berlin/New York 1994², 160-175.

ten, wie und wo Kirche erfahren werden kann. Nicht selten wird auch die ekklesiologische Priorität der Parochie zugunsten eines Gleichgewichts zwischen parochialen und überparochialen Arbeitsformen infrage gestellt[49], bis dann wieder der Ruf zur Mitte erschallt. Jedenfalls: die Modernität der Kirche scheint sich in ihrer strukturellen Entsprechung zur Differenziertheit der gesellschaftlichen Moderne zu erweisen.

Die Organisation dieser Dienste, Werke und Arbeitszweige nach verbandstypischen Regeln, die Professionalisierung und Spezialisierung all dieser Tätigkeiten und die von der Sache her gebotene enge Zusammenarbeit mit anderen Institutionen, insbesondere denen des staatlichen Fürsorge- und Bildungswesens, generieren das permanente Strukturproblem der Volkskirche. Die Kirche steht in der Gefahr, in eine Vielzahl von verselbständigten Aktionszentren und Unternehmen zu zerfallen, deren Koordination und Gewichtung keinem einheitlichen kybernetischen Konzept mehr unterliegt. In den Horizont von Synoden, in denen all jene Dienste und Werke und Arbeitsgemeinschaften ja personal vertreten sind, tritt das kybernetische Strukturproblem in der Regel nur noch als Problem des von Jahr zu Jahr neu zu verabschiedenden Haushalts, und hier folgt man dann in den meisten Fällen den Empfehlungen des vorbereitenden Ausschusses, ohne über notwendige inhaltliche Akzentsetzungen der kirchlichen Arbeit zu diskutieren.

Es versteht sich, daß das Strukturproblem in Zeiten kirchlicher Finanznot besonders virulent wird, wobei für die inner- und außerkirchliche Öffentlichkeit leicht der Eindruck entsteht, als sei es primär ein Problem der kirchlichen Ökonomie, das nun auch durch ökonomische Konzepte, insbesondere durch Sparkonzepte, zu lösen sei – als ob es sich nicht um ein ganz unabhängig von der kirchlichen Finanzlage stets zu bedenkendes und immer neu zu lösendes Problem handelte. Da aber Synoden und Kirchenleitungen offenbar nicht über alle Stellen und Sachmittel in gleicher Weise disponieren können, wird dann am ehesten dort gekürzt, wo sich das am leichtesten und ohne rechtliche Komplikationen und ohne organisierten Protest verwirklichen läßt, etwa bei den Pfarrstellen.[50] So droht das inhaltlich-kybernetische Strukturproblem

---

[49] So jüngst etwa bei M. Nüchtern: Kirche bei Gelegenheit: Kasualien – Akademiearbeit – Erwachsenenbildung, Stuttgart 1991.

[50] Es muß offen ausgesprochen werden: Es ist ein kaum zu übertreffendes und das öffentliche Ansehen der Kirche schädigendes Armutszeugnis, wenn junge, hinreichend ausgebildete oder sogar besonders qualifizierte Theologinnen und Theologen nicht in den kirchlichen Dienst übernommen werden, und das in einer Situation, in der ein späterer Pfarrermangel sich bereits abzeichnet.

unter der Hand durch Gesichtspunkte ökonomischer Rationalität und ein
entsprechendes Krisenmanagement ersetzt zu werden.

Um dieser Gefahr zu begegnen, ist auf wissenschaftlich-theologischer Ebene die Neukonzeption einer praktisch-theologischen Kybernetik zu fordern,
welche die Kirche *als System* in der modernen Gesellschaft zum Gegenstand
hat und Gesichtspunkte zur Gestaltung dieses Systems erarbeitet, an denen
sich Synoden und Kirchenleitungen orientieren können. Solche Gesichtspunkte sind in unserer Kirchentheorie auch schon an verschiedenen Stellen entwikkelt worden. Daran kann hier angeknüpft werden.

Die Bekenntnisschriften, auf die sich die Präambeln unserer Landeskirchen neben der Heiligen Schrift beziehen, definieren das Wesen der Kirche,
indem sie formulieren, was im Gottesdienst, in der regelmäßigen congregatio
sanctorum, geschieht: die reine Verkündigung des Evangeliums und die schriftgemäße Darreichung der Sakramente. Damit ist der *Gottesdienst* – und zwar
nicht irgendein Kasualgottesdienst, sondern die reguläre sonntägliche Zu-
sammenkunft – *als Zentrum und Ausgangspunkt des gesamten kirchlichen Lebens* ausgezeichnet. Dem entspricht auch, daß die protestantischen Kirchenordnungen des 16. Jahrhunderts die Fragen der Gottesdienstordnung an erster
Stelle – vor denen des Schulwesens, der Sitte und der Armenpflege – zu behandeln pflegen.[51] Der Gottesdienst ist diejenige Veranstaltung und Sozialform, durch welche die Kirche unmißverständlich als Kirche öffentlich in
Erscheinung tritt. Die Pflege des Gottesdienstes und die Stärkung der Kraft
der öffentlichen Verkündigung muß also für eine Kirche auf reformatorischer
und biblischer Grundlage das erste und oberste Anliegen sein und bleiben. Es
wird auch unter den Pflichten der kirchen- und gemeindeleitenden Gremien
an erster Stelle genannt.

In institutionstheoretischem Kontext haben wir die *Kirche als eine Komm-
unikations- und Bildungsinstitution* bestimmt. Wir haben auch gezeigt, inwiefern die Diakonie integraler Bestandteil der Kirche als System der Kommunikation des christlichen Wirklichkeitsverständnisses ist. Diese unsere institutionstheoretischen Darlegungen treffen sich mit den systematisch-theologischen Überlegungen von Christoph Schwöbel, der die Gestalt der Kirche als
„Kommunikationsgemeinschaft", „Interpretationsgemeinschaft", „Hand-

---

[51] Vgl. E. Sehling (Hg.): Die evangelischen Kirchenordnungen des 16. Jahrhunderts, Leipzig 1902ff, Tübingen 1955ff. Zur Funktion der Kirchenordnungen
vgl. J. Mehlhausen: Kirchenordnungen und die Weitergabe des Glaubens und der
Lehre, in: W. Pannenberg/Th. Schneider (Hg.): Verbindliches Zeugnis II, Schrift-
auslegung – Lehramt – Rezeption, Freiburg i.Br./Göttingen 1995, 284-308.

lungsgemeinschaft" und „Sozialisationsgemeinschaft" bestimmt.[52] Daraus
folgt zweierlei: Einmal, daß alle kirchlichen Einrichtungen, die die Bildungs-
funktion der Kirche in dem hier zugrundegelegten Sinn von „Bildung"[53] stärken, vorrangig zu pflegen sind, von der Primärsozialisation bis zur Erwachsenenbildung, von der Individual- und Gruppenseelsorge bis zur öffentlichen
Akademiearbeit und Wirksamkeit in den Medien. Zum anderen: Alle Aktivitäten der Kirche, in denen sie sich als am Gebot der Nächstenliebe orientierte
Handlungsgemeinschaft äußert, müssen dadurch vor verbands- und vereins-
spezifischer Verselbständigung bewahrt werden, daß sie in engem Kontakt und
nach Möglichkeit auch in lokaler Verklammerung mit jenen Sozialformen geschehen und organisiert werden, in denen die Kirche als Kommunikations-,
Interpretations- und Sozialisationsgemeinschaft in Erscheinung tritt. Nur die
Wahrung dieses Zusammenhangs zwischen Zeugnisdienst und exemplari-
schem Liebeshandeln[54], das die Diakonie in die Kommunikation des Evangeliums einbezieht[55], gewährleistet auch ein einigermaßen kohärentes Profil der
Kirche gegenüber der Öffentlichkeit. Daß beides im Zusammenhang nicht
nur in der Gemeinde, sondern gemäß der gesamtgesellschaftlichen Differenzierung auch auf übergemeindlicher Ebene und in durchaus professionell besetzten besonderen Einrichtungen zu geschehen hat, sei eigens betont. Es gibt
auch kirchliche Angebote und Formen volkskirchlicher Präsenz, die gleichsam
in der Mitte zwischen beidem liegen; so etwa die offenen Gesprächs- und
Diskussionszentren, die die Kirche – teilweise, wie etwa bei dem Projekt „In-

---

52  Chr. Schwöbel: Kirche als Communio, MJTh VIII/1996, 11-46; vgl. vorher
    schon ders.: Das Richtige tun. Kirche auf der Schwelle zum dritten Jahrtausend,
    EK 29/1996, 24-27.
53  Außer auf die einschlägigen Darlegungen in § 7, II sei verwiesen auf § 11, III und
    auf meinen Aufsatz: Zur Bildungsaufgabe der Kirche. Überlegungen im Anschluß
    an die EKD-Denkschrift „Identität und Verständigung. Standort und Perspekti-
    ven des Religionsunterrichts in der Pluralität", MJTh VIII/1996, 121-138.
54  Der Zusatz „exemplarisch" ist mit Bedacht gewählt. Denn es ist zu beachten, daß
    der christliche Dienst am Nächsten auch – und sogar primär – außerhalb kirch-
    licher Organisation, also in den „weltlichen" Ämtern und Berufen, insbesondere
    mittels einer christlich vertretbaren Sozialpolitik, wie auch im Privatleben der
    Christen zu erfolgen hat.
55  Das entspricht auch dem Selbstverständnis von Diakonie, so wie es etwa formu-
    liert wird bei J. Degen: Diakonie als ganzheitlicher Dienst am Menschen, in:
    Einheit und Kontext. Praktisch-theologische Theoriebildung und Lehre im ge-
    sellschaftlichen Umfeld, FS P.C. Bloth, hg. von J. Henkys und B. Weyel, Würz-
    burg 1996, 77-89.

sel" in München, auch in ökumenischer Trägerschaft – in den großen Cities
unterhält und mit denen offenbar gute Erfahrungen gemacht werden. Dasselbe gilt für die Möglichkeiten der Meditation, Andacht und Einkehr, die große
Stadtkirchen, etwa in Hamburg, zu den Geschäftszeiten in für alle offener und
unverbindlicher Form anbieten. Da aber alle überparochialen Einrichtungen
die Parochie und die in ihr anzutreffenden bzw. zu befördernden überschaubaren Strukturen kirchlichen Gemeinschaftslebens voraussetzen, gilt: „Kirche
vor Ort sollte die Basis der Strukturpflege wie der Strukturentwicklung in der
Kirche sein."[56]

Da kirchliche Strukturreformen immer auch mit sozialen Härten, die von
den Betroffenen als ungerecht empfunden werden können, verbunden sind,
bedarf es eines orientierungskräftigen *kybernetischen Begriffs von Gerechtigkeit
in der Kirche.* Hat man einen solchen Begriff nicht, dann wird das Problem
kirchlicher Strukturveränderung einem innerkirchlichen Machtkampf ausgeliefert, der durch den Mechanismus von Druck und Gegendruck entschieden
wird. Das kybernetisch handhabbare Konzept von innerkirchlicher Gerechtigkeit ist daher auch im Zusammenhang dessen, was *Macht in der Kirche* bedeutet bzw. bedeuten soll, zu entwickeln. Macht im intern differenzierten
Sozialsystem Kirche[57] heißt geregelte positionsgebundene Teilhabe am kirchlichen Handeln in seinen beiden schon in § 1 eingeführten Grundformen, dem
kommunikativen und dem disponierenden Handeln.[58] Das kybernetisch zu
lösende Macht*problem* in der Kirche resultiert dann daraus, daß diese Teilhabe
und die damit verbundenen Einflußmöglichkeiten von Position zu Position
verschieden und diese Verschiedenheiten immer neu zu bemessen und aufeinander abzustimmen sind. Zu lösen ist dieses Problem anhand eines auf das
kirchliche System und seine Gesamtaufgabe bezogenen Konzeptes von Gerechtigkeit: Gerecht ist eine solche Gestalt der Kirche als differenziertes Kommunikationssystem, in welcher die Fähigkeiten und Talente aller Kirchenmit-

---

[56]  Chr. Schwöbel: Das Richtige tun, aaO. 26.

[57]  Davon ist die Frage nach der Macht (bzw. Ohnmacht) des Sozialsystems Kirche
im Verhältnis zu den anderen gesellschaftlichen Institutionen zu unterscheiden.

[58]  M. Webers bekannte Definition von Macht als „jede Chance, innerhalb einer
sozialen Beziehung den eigenen Willen auch gegen Widerstreben durchzuführen,
gleichviel worauf diese Chance beruht" (Wirtschaft und Gesellschaft, Tübingen
1972[5], 28) wird hier, weil zu eng (nämlich primär auf die Mittel der Durchsetzung von Macht und auf Gehorsamspflichten bezogen), nicht aufgenommen.
Macht innerhalb eines sozialen Systems ist zunächst einmal als systembedingte
Zuschreibung von positionsspezifischen, quantitativ und qualitativ bemessenen
Handlungskompetenzen zu verstehen.

glieder so zum Einsatz kommen und honoriert werden, daß sie der einheitlichen Aufgabe der Kirche, der Kommunikation des christlichen Wirklichkeitsverständnisses, in jeweils bestmöglicher Weise dienen können. In seinem positiven Aussagesinn formuliert dieses kybernetische Gerechtigkeitskonzept Gerechtigkeit als *Systemgerechtigkeit*. Es bezieht alle Funktionspositionen in der Kirche, also auch die der sog. Laien ohne besonderes Amt und die der ehrenamtlichen Mitarbeiter, ein und versteht „Honorierung" in dem Doppelsinn von Honorar und honor, sozialer Anerkennung. In ihrem negativen Aussagesinn weist diese Leitidee innerkirchlich zu praktizierender Gerechtigkeit jedes Gerechtigkeitskonzept als defizitär und damit tendenziell schädlich zurück, das nicht primär an der allbefassenden Aufgabe der Kirche und ihrer daran zu bemessenden Funktionstüchtigkeit orientiert ist, oder das gar diese Aufgabe systematisch ausblendet, indem etwa mit Gerechtigkeitsvorstellungen operiert wird, welche die Kirche *nur* als „Arbeitgeber" oder *nur* als „Solidargemeinschaft" in den Blick bringen. Allgemeine Gesichtspunkte sozialer Gerechtigkeit sind nicht gegen Systemgerechtigkeit auszuspielen, sondern müssen in ihrem Rahmen berücksichtigt und so gut wie möglich gelöst werden.

Ein letztes Problem der Volkskirche, das hier nur zu nennen ist[59], besteht darin, daß das gesamte *Spektrum von Meinungen* über politische, soziale, technologische und ökologische Fragen, das in der Gesellschaft anzutreffen ist, auch innerhalb der Kirche auftritt. Die Kirche wird daher, soweit es um konkrete Entscheidungen, Programme und Strategien geht, nie mit einer Stimme und im Sinne nur einer gesellschaftlichen Gruppe sprechen können. Vielmehr muß ihr Bemühen auf innerkirchlich zu praktizierende *Toleranz* einerseits und auf eine in der Kirche selbst zu etablierende *Streitkultur* andererseits gerichtet sein. Beides könnte im Falle des Gelingens modellhafte Bedeutung für die Gesellschaft im ganzen gewinnen.

---

[59] Es ist in § 12 eingehender zu behandeln.

# § 9 Kirche als Organisation

Daß die Kirche als Institution auch eine organisatorische Gestalt hat, wurde bereits an früherer Stelle deutlich. Aber in dem Kapitel über die Kirche als Institution in der modernen Gesellschaft ging es primär um die prinzipiellen Aufgaben der Kirche im Verhältnis zu anderen Institutionen und im Blick auf den Sinnbedarf, der in modernen, insbesondere pluralistischen Gesellschaften auftritt. Die Binnenstruktur der Kirche wurde dabei nur unter dem Gesichtspunkt, daß die Kirche ein Kommunikationssystem ist, berührt. Sie ist nun eigens zu thematisieren. Unter Bezugnahme auf moderne Organisationstheorie wird zunächst die Frage nach der Organisierbarkeit des Religionssystems erörtert (I). Danach geht es um einzelne Elemente der Kirche als Organisation: die Leitung der Kirche (II), das Kirchenrecht (III) und die Repräsentation der Kirche in der Öffentlichkeit (IV).[1]

## I. Organisationstheorie und Kirche

Institutionen werden dadurch zu Organisationen, daß sie ein Gefüge von Positionen und aufeinander abgestimmten Rollen ausbilden, wobei das Verhalten der Rollenträger, des Personals einer Institution, bestimmten Regeln unterworfen ist. Auch die technischen Hilfsmittel, derer sich das Personal in der Ausübung seiner positionsspezifischen Funktionen bedient, kann man zur Organisation rechnen, weil sie gewissermaßen zum „Apparat" gehören.

Dieses landläufige Verständnis von Organisation ist nun nach moderner Organisationstheorie zwar zutreffend, es trifft jedoch nur gleichsam die sekundäre materialisierte Außenseite dessen, was eine Organisation eigentlich ist. Eine Organisation ist, so Niklas Luhmann, dem wir uns im folgenden anschließen, ein *System der Relationierung von Entscheidungen.*[2] Organisatio-

---

[1] Da es bei all diesen Fragen um Probleme der Organisation der Volkskirche (als der historisch gewachsenen empirischen Gestalt der evangelischen Kirche) geht, konnte dieser Paragraph nicht unmittelbar auf den über die Kirche als Institution folgen.

[2] N. Luhmann: Funktion der Religion, Frankfurt a.M. 1977, 284ff; ders.: Funktionen und Folgen formaler Organisation, Berlin 1976³. Luhmann stützt sich seinerseits u.a. auf J. G. March/H.A. Simon: Organizations, New York 1958.

nen als einem besonderen Typus sozialer Systeme eignet „selbstreferentielle Geschlossenheit", die dadurch entsteht, daß „Entscheidungen auf Entscheidungen bezogen werden und darin ihre Begründung finden".[3] Indem jene Entscheidungen bestimmten Stellen zugeschrieben werden, die berechtigt sind, sie zu treffen, entsteht jenes Gefüge von Positionen, in denen die Organisation äußerlich greifbar wird. Die Entscheidungen, die solchermaßen relationiert werden, werden auf drei verschiedenen Ebenen gefällt: erstens auf der Ebene konkreter einzelner Handlungen. Die Organisation existiert ja nur, um bestimmte Handlungsziele zu realisieren, wie man sich am Beispiel politischer Parteien oder irgendwelcher Zweckverbände am leichtesten klarmachen kann. Diese Entscheidungen werden aber nicht völlig nach Belieben, sondern aufgrund von *Entscheidungsprämissen* getroffen. Da diese Prämissen aber ihrerseits nicht ein für allemal feststehen, sondern als kontingent verstanden werden, sind sie selbst Gegenstand von Entscheidungen. So gibt es also über der Ebene der Entscheidungen über konkrete Handlungen die Ebene der „Entscheidung über Entscheidungen". Hier wird etwa das Grundsatzprogramm einer Organisation beschlossen. Die Entscheidungen auf der konkreten Handlungsebene sind nur insoweit legitim, als sie sich von diesen Entscheidungen auf der höheren Ebene her rechtfertigen lassen. Die dritte Art oder Ebene von Entscheidungen wird durch den *Beitritt* zu bzw. den *Austritt* aus einer Organisation konstituiert. Die positive *Mitgliedschaftsentscheidung*, die zugleich die Grenze zwischen dem System und seiner Umwelt markiert, impliziert in der Regel die Zustimmung zu den jeweiligen Entscheidungsprämissen sowie auch zu bestimmten entsprechenden Aktionen und Handlungszielen. Die Mitgliedschaftsentscheidung ist insofern gleichsam der Kredit, mit dem die Organisation, besonders ihre Spitze, arbeitet. Werden die Entscheidungsprämissen geändert, so kann das dazu führen, daß die Mitglieder – bzw. ein Teil von ihnen – ihre Mitgliedschaftsentscheidung revidieren. Ähnliches ist von bestimmten Entscheidungen auf der Ebene unmittelbarer Handlungen zu erwarten. Rücksichtnahme auf den Mitgliedschaftsbestand mag dann wiederum zur Modifikation der Entscheidungen über die Prämissen sowie über einzelne Handlungen führen.

Indem jene drei Arten von Entscheidungen aufeinander verweisen und zugleich in Spannung zueinander geraten können, erweist sich die Organisation als ein geschlossenes, elastisches und zu beständiger Selbstkorrektur motiviertes System. Daß im Sinne der Logik des Systems Entscheidungen der einen Art durch Entscheidungen auf den jeweils anderen Ebenen begründet

---

[3] Luhmann: Funktion der Religion, 286.

werden, schließt natürlich nicht aus, daß die die Entscheidungen treffenden
Personen sich gleichzeitig an ihren jeweiligen ethischen Prinzipien orientieren.[4] Diese werden nicht einfach mit dem Beitritt zur Organisation außer
Kraft gesetzt, sondern dürften in der Regel schon der Bejahung der Mitgliedschaft zugrunde liegen. Auch bei den organisationseigenen Entscheidungen
werden sie eine Rolle spielen. Aber daß es sich um Entscheidungen im Sinne
der Organisation und ihrer Ziele handelt, ergibt sich gleichwohl allein aus der
organisationsinternen Interrelationierung der Entscheidungen.

Bei der Anwendung dieser Organisationstheorie auf die Kirche als organisiertes Religionssystem ergeben sich einige Probleme, die letztlich allesamt
darin ihre Ursache haben, daß die Kirche mehr als ein Zweckverband ist.

a) Da die *Kirchenmitgliedschaft* durch die Kindertaufe und damit nicht
durch einen spezifisch motivierten Eintritt in die Organisation erworben wird,
bezweifelt Luhmann mit einigem Recht, daß der Nichtaustritt als positive
Entscheidung zu den Grundsätzen der Kirche gewertet werden könne. Zwar
darf unterstellt werden, daß der beibehaltenen Mitgliedschaft eine ganz allgemeine Zustimmung, ein „hochgeneralisiertes Motivations- und Entschei-
dungsmuster" zugrunde liege, aber dieses werde eben nicht „respezifiziert".[5]
Ebensowenig wie eine allgemeine demokratische Gesinnung schon den Grund
für die Mitgliedschaft in einer *bestimmten* demokratischen Partei abgibt, ist es
auch noch keine hinreichende Begründung für die Mitgliedschaft beispielsweise in der lutherischen Kirche, daß man Christ, oder noch vager: daß man
kein Atheist sein will; diese generalisierte Zustimmung müßte in eine Zustimmung zu spezifisch lutherischen Grundsätzen fortentwickelt werden, wenn
sich eine Begründung der Mitgliedschaft gerade in dieser Kirche ergeben soll.
Denn die Grenze eines jeden sozialen Systems wird durch seine Spezifika
konstituiert, und der Beitritt zum System beinhaltet die Überschreitung *dieser*
Grenze von außen nach innen. In diesem Sinne aber könne von einer positiven Mitgliedschaftsentscheidung bei der Mehrzahl der Kirchenmitglieder nicht
die Rede sein. Das aber „hat einschneidende Konsequenzen. Es bedeutet nämlich, daß die Kirchenleitung nicht in der Lage ist, ihre eigenen Entscheidungen auf die der Kirchenmitglieder zu beziehen. Insofern fehlt das für Organisationssysteme kennzeichnende Merkmal: die durchgehende Entscheidungs-
verknüpfung".[6] Die Kirchenspitze arbeitet also gleichsam ohne Kredit.

---

[4]  Luhmann selbst reflektiert leider nicht explizit auf die Funktion des ethischen
     Bewußtseins der Individuen, das für diese sowohl innerhalb wie außerhalb der
     Mitgliedschaftsrolle relevant ist.

[5]  AaO. 295.

[6]  Ebd.

Dazu kommt eine weitere Komplikation. Organisationen im üblichen Sinne rechnen von vornherein mit einer numerisch begrenzten Mitgliedschaft. Die Ausformulierung der spezifischen Entscheidungsprämissen hat gewolltermaßen eine selegierende und damit zugleich ausgrenzende Wirkung. Es ist gar nicht beabsichtigt, daß jeder der Organisation beitritt. Das würde die Organisation um ihr Profil bringen und ihre Flexibilität, die die System-Umwelt-Relation zur Voraussetzung hat, aufheben. Anders die Kirche. Sie versteht sich als prinzipiell offen für alle Menschen. Aufgrund ihres Wahrheitsanspruches muß sie wünschen und darum werben, daß möglichst alle ihr beitreten. Und gerade das, was von außen betrachtet ihr Spezifikum, ihr Proprium darstellt, ist im Sinne ihres Selbstverständnisses das, was für alle gilt und die Universalität der Kirche begründet.

> So versteht sich beispielsweise die lutherische Rechtfertigungslehre mit ihren particulae exclusivae (sola gratia, sola fides, solus Christus, sola scriptura), von der sich die tridentinische Rechtfertigungslehre wesentlich unterscheidet[7], als für die menschliche Existenz überhaupt gültige Lehre. Die in diesem Sinne „reine Verkündigung des Evangeliums" ist nach CA 7 das Kriterium der Einheit der Kirche und daher auch der Maßstab der Anerkennung anderer Partikularkirchen als wahre Kirche. Und wo dieses Merkmal der Einheit der wahren Kirche angetroffen wird, ergibt sich auch ein Impuls zur organisatorischen Vereinigung, von föderativen Verbindungen bis zur realen Union im Sinne eines die bisherigen Kirchentümer übergreifenden Kirchenregiments.

Beide Faktoren, die meist unspezifisch motivierte Kirchenmitgliedschaft und die Offenheit der Kirche für alle, bringen die Kirche in Spannung zu jener Vorstellung von der Art und Funktion der Mitgliedschaftsentscheidung, die sich aus der Logik moderner Organisationstheorie ergibt.

Ist dieses Dilemma zu beheben oder wenigstens zu erleichtern? Die vielleicht prima vista entstehende Vermutung, hier liege gar kein reales, sondern nur ein theoretisch induziertes Dilemma vor, das sich daraus ergebe, daß eine primär nicht am Typus Kirche entwickelte Organisationstheorie auf die Kirche übertragen wird, läßt sich nicht aufrechterhalten. Denn die Vorstellung, daß die Kirchenleitung bei ihren Entscheidungen auf die Kirchenmitglieder gar keine Rücksicht zu nehmen brauche, ist für die Evangelische Kirche – und

---

[7]   Das Trienter Konzil formulierte die katholische Rechtfertigungslehre bekanntlich bewußtermaßen als Antithese zur reformatorischen Position; vgl. die Canones de iustificatione, Denzinger-Schönmetzer 1551-1583, bes. Canones 9, 12, 21, 24.

nicht nur für sie – inakzeptabel. Also muß die Kirche sich bemühen, das angegebene Dilemma aufzuheben, zumindest zu minimieren.

Nach Luhmann behilft sich die Kirche damit, daß sie sich auf eine abgestufte Mitgliedschaft einstellt. „Unterschiedliche Ausprägungen von Mitgliedschaft – das wird die Form, mit der auf die unzureichende Bestimmtheit der Mitgliedschaftsbedingungen reagiert werden kann. Nach dem Prinzip der Artischocken wird die gleiche Form gestaffelt, und erst im Inneren findet man die feineren, reichhaltigeren, wohlschmeckenderen Blätter."[8] Und nur auf diese inneren Blätter bezieht sich dann die Kirchenleitung in ihren Entscheidungen.

Im Prinzip wird man dieser Notlösung zustimmen können und auch müssen, es sei denn, man gäbe das Konzept der Volkskirche auf. Das bedeutet aber nicht, daß man sich mit dem von Luhmann beschriebenen Status quo zufrieden geben könne; denn der Kreis der spezifisch motivierten Kirchenmitglieder wird nach Luhmanns Darstellung zum größten Teil durch die Pfarrerschaft besetzt.[9] Um im Bilde zu bleiben: Das Artischockenmodell der Mitgliedschaft wird sich in der Volkskirche zwar nie ganz überwinden lassen, es wird immer diffus motivierte Mitglieder geben; aber es käme doch darauf an, die Zahl der „feineren, reichhaltigeren, wohlschmeckenderen Blätter" zu vermehren. Und hier ist gar nicht einzusehen, weshalb die diesbezüglichen Bemühungen der Kirche so skeptisch beurteilt werden müssen, wie Luhmann es tut. Die üblichen Bildungsanstrengungen der Kirche – Unterricht, Predigt, Gemeindepädagogik, Öffentlichkeitsarbeit –, die darauf abzielen, bloß zugeschriebene Mitgliedschaft in erworbene und bejahte Mitgliedschaft zu verwandeln, hält er offenbar gar nicht für erwähnenswert – als ob die „feineren Blätter", soweit es sie gibt, nicht eben diesen Bemühungen zu verdanken wären. Dann ist aber auch zu erwarten, daß eine Optimierung, d.h. eine didaktisch besser reflektierte und planvollere Ausrichtung dieses Bildungsangebots auch zu besseren Ergebnissen führt. Denn, um ein Mißverständnis auszuschließen, die Qualität der Mitgliedschaftsrolle bzw. Mitgliedschaftsentscheidung hängt ja nicht allein von der Entstehung, Intensität oder Festigkeit des persönlichen Glaubens ab, was allemal ein Werk des Heiligen Geistes ist, entscheidend ist vielmehr, daß *verstanden* wird, was christlicher Glaube ist (bzw. wäre) und wofür die Kirche da ist. Und dieses Verstehen ist durchaus ein sinnvolles, realistisches und im Prinzip auch realisierbares religionspädagogisches Bildungsziel. Es zeigt sich, daß die Organisationsprobleme der Kirche offenbar nicht einfach durch organisatorische Maßnahmen zu bewältigen sind.

---

[8]    AaO. 299. Wie Luhmann sich diese Staffelung denkt, wurde § 8, II, 2, c, aa referiert.

[9]    Vgl. aaO. 302.

Zumindest *ein* pessimistisches Urteil Luhmanns läßt sich nicht unerheblich entkräften, weil die historischen Voraussetzungen, unter denen es gilt, nicht mehr gegeben sind. Luhmann reflektiert ausführlich die Funktion der Dogmatik im Blick auf die Organisation der Kirche. Da die Dogmatik seit der Christianisierung des römischen Reiches, in deren Folge die Grenzen der Kirche mit denen der Gesellschaft identisch wurden, nicht mehr genötigt war, sich thematisch auf den Unterschied zwischen Heidentum und Christentum zu konzentrieren[10], versage sie „in ihrer Funktion, Mitgliederverhalten über Entscheidungsprämissen zu respezifizieren oder gar Entscheidungen zu provozieren".[11] Hier stellt sich nun aber doch die Frage, ob die Kirche unter den Bedingungen einer pluralistischen Gesellschaft nicht zunehmend in eine der Alten Kirche vergleichbare Lage versetzt wird. In dieser Situation wird die Mitgliedschaft in der Kirche zwangsläufig immer mehr zum Gegenstand einer bewußten Option. Dann aber wird auch die kirchliche Lehrbildung verstärkt genötigt sein, sich auf diese Option zu beziehen. Wie nach der These Werner Jaegers die altkirchliche Apologetik dadurch erfolgreich war, daß sie den christlichen Glauben als die der antiken Popularphilosophie überlegene Paideia plausibel zu machen verstand[12], so dürfte es sich auch unter pluralistischen Bedingungen nahelegen, den Unterschied christlicher Existenz im Vergleich zu konkurrierenden – säkularen oder von alternativen weltanschaulich-religiösen Prämissen bestimmten – Lebensauffassungen primär *bildungstheoretisch* auszuformulieren.[13] Und dieser Aufgabe wird sich nicht nur die wissenschaftliche Selbstauslegung des Glaubens (die Dogmatik) zu stellen haben, sondern auch die öffentliche Verkündigung der Kirche.

b) Auch bezüglich der Ebene der *Entscheidungen über Entscheidungen* will die Anwendung der allgemeinen Organisationstheorie auf die Kirche, jedenfalls auf die Evangelische Kirche, nicht ohne weiteres gelingen. Denn der unterstellte Grundkonsens, das Bekenntnis zu Jesus Christus nach den

---

[10] AaO. 291; vgl. 292: „Die Kirche war also nicht genötigt, ihre Dogmatik auf die Motivstruktur von Personen zu beziehen, die sowohl Mitglieder als auch Nichtmitglieder hätten sein können."

[11] AaO. 292.

[12] W. Jaeger: Das frühe Christentum und die griechische Bildung, Berlin 1963.

[13] Daß „Bildung" unter gegenwärtigen Bedingungen nicht in Wissensbegriffen, sondern im Blick auf Handlungsfähigkeit der Person zu bestimmen ist, habe ich andernorts zu begründen versucht. Siehe R. Preul: Christentum und Bildung oder Bildungschristentum? Ein Programm, in: Fr. W. Graf (Hg.): Liberale Theologie. Eine Ortsbestimmung (Troeltsch-Studien, Bd. 7), Gütersloh 1993, 149-167. S.a.u. § 11, III.

Grundsätzen der Reformation, kann nicht in dem Sinne Gegenstand von
Entscheidungen sein, daß irgendein Gremium oder Amt in der Kirche ihn
willkürlich verändern dürfte. Sofern einzelne Kirchenmitglieder die pura
doctrina evangelii[14] persönlich nicht länger bejahen können, bringen sie sich
dadurch in einen Gegensatz zur Evangelischen Kirche, und es liegt nichts
Ehrenrühriges darin, wenn sie daraus auch persönliche Konsequenzen ziehen, indem sie die Kirche verlassen und sich evtl. einer anderen religiösen
Gemeinschaft anschließen; bei Amtsträgern kann ein solcher Grunddissens
auch ein Lehrbeanstandungsverfahren nach sich ziehen. Aber kein einzelner
in der Kirche, auch keine Kirchenleitung oder Synode, kann namens der
ganzen Organisation die der Kirche zugrundeliegenden Lehrentscheidungen
verwerfen, verändern oder durch neue Prämissen ersetzen.

Es gibt also in der Kirche keine Entscheidung der Gesamtorganisation
oder für sie, die der Änderung der Grundsätze einer Partei voll und ganz
vergleichbar wäre. Dennoch fällt die in Rede stehende Art von Entscheidungen in der Kirche nicht völlig aus. In Betracht kommen hier alle *kybernetischen Entscheidungen* kirchenleitender Organe, die mit Rücksicht auf die im
Evangelium enthaltenen Aussagen über die Bestimmung des Menschen
einerseits und im Blick auf aktuelle situative Bedingungen – also Probleme,
die in der System-Umwelt-Relation der Kirche ihren Ursprung haben –
andererseits getroffen werden und die somit die Funktion von Rahmenbedingungen für das gegenwärtige kirchliche Handeln im einzelnen haben.
Wie etwa das Beispiel der Einführung der Ordination von Frauen zeigt,
können solche Entscheidungen auch einzelne Kirchenmitglieder zu einer
oppositionellen Haltung veranlassen und somit den für Organisationen
typischen Konflikt zwischen Mitgliedschaftsentscheidung und Prämissen-
entscheidung provozieren, ein Konflikt der in der Kirche – anders als in
sonstigen Organisationen – letztlich nicht einfach durch einen Machtkampf
beendet werden darf, sondern dadurch, daß gezeigt und nach Möglichkeit
zur allgemeinen Einsicht gebracht wird, daß die umstrittene Entscheidung
sich durch eine aktuelle Auslegung der reformatorischen Grundlagen rechtfertigen läßt – was ja auch im Falle der Frauenordination durchaus möglich
ist.[15] Entscheidend ist, daß die Kirchenleitung bzw. die beschließende Synode diesen Zusammenhang auch tatsächlich deutlich macht und sich nicht
einfach auf Mehrheiten oder Trends beruft. Letzteres ist schon deshalb

---

[14]  Wie der Ausdruck zu verstehen ist, wurde oben § 5, I, 1 erläutert.
[15]  Vgl. Chr. Globig: Frauenordination im Kontext lutherischer Ekklesiologie, Göttingen 1994.

unstatthaft, weil jeder Machtkampf als solcher gemäß seiner eigenen Logik den möglichen Austritt der Unterlegenen billigend oder gleichgültig in Kauf nimmt, was jedenfalls nicht im Sinne der Kirche sein kann. Wer anstelle der mittlerweile fast durchgängig akzeptierten Frauenordination nach aktuelleren Beispielen fragt, denke etwa an die Einführung der Erneuerten Agende und des revidierten Evangelischen Kirchengesangbuches oder an den gegenwärtigen Streit über die kirchliche Anerkennung neuer Lebensformen und vor allem über die Zulassung von Homosexuellen zum Pfarramt.

c) Wie steht es schließlich mit der Ebene der *Entscheidungen über einzelne Handlungen?* Auch unter diesem Aspekt stoßen wir auf den Sonderstatus der Kirche als Organisation. Die üblichen Organisationen sind überwiegend Mittel zu Zwecken, die außerhalb ihrer selbst liegen. Die Organisation der Kirche jedoch dient in erster Linie dem Leben ihrer eigenen Mitglieder. Sie ist dazu da, daß das kirchliche Leben selber auf allen Ebenen sich entfalten kann. Die in Betracht kommenden Handlungen sind daher die im Geist des Evangeliums geschehenden Handlungen der Einzelnen je an ihrem Ort: in der Gemeinde und ihren Gruppen, in der Familie und in der Gesellschaft. Diese einzelnen Personen – sie seien Amtsträger oder sog. Laien – handeln dabei nicht namens der Kirche als Organisation bzw. als deren ausführende Organe, sondern als *selbständige* Subjekte, die ihr sie bestimmendes christliches Wirklichkeitsverständnis allerdings der Wirksamkeit der Kirche, genauer: der in ihr stattfindenden Verkündigung, verdanken. Die Beschlüsse der Organisation als Organisation – Beschlüsse kybernetischen Charakters wie unter b dargelegt – haben daher den Sinn, den örtlichen Instanzen zu ihrer je spezifischen Wirksamkeit zu verhelfen.

Nun gibt es freilich auch Handlungen der organisierten Kirche als ganzer, die nicht kybernetischen Charakter im engeren Sinn haben: Handlungen der Kirche in Bezug auf ihre Umwelt. Dabei handelt es sich entweder um reine Rechtsakte (Staats-Kirchen-Verträge, Abmachungen mit anderen Institutionen) oder um Handlungen, die der Sicherung der materiellen Grundlage der Kirche dienen (Kauf oder Anmietung von Gebäuden, Erhebung von Kirchensteuern, wenn auch mit Hilfe des Staates, Anlage von Geldern etc.), wobei diese Handlungen freilich ebenfalls entweder zugleich Rechtsakte sind oder auf rechtlicher Grundlage beruhen, oder um Handlungen, die sich allein des Mittels des Wortes bedienen (kirchliche Verlautbarungen an die Öffentlichkeit). Nur in den zuletzt genannten Handlungen kann sich auch der eigentliche Zweck bzw. Auftrag der Kirche unmittelbar aussprechen. Die übrigen Handlungen der Kirche nach außen sind ihrerseits notwendig, damit die Kirche ihre eigentliche Aufgabe an ihren eigenen Mitgliedern und an der Gesellschaft erfüllen kann, und sie sind auch nur insoweit erforderlich, als sie dieses ermöglichen. Obwohl die Kirche bekanntlich einer der größten Arbeitgeber ist, so ist sie doch nicht dazu da, einen Beitrag zur Vollbeschäftigung zu leisten; obwohl die Kirche erhebliche Finanzmittel benötigt und damit ökonomisch umgehen muß, gehört Vermögensbildung nicht zu ihren eigentlichen Zwecken.[16] –

Aus unserer Erörterung ergibt sich, daß die von Luhmann zusammengefaßte moderne Organisationstheorie, obwohl sie ursprünglich im Blick auf ganz andere und typische Organisationen entwickelt wurde, doch hervorragend geeignet ist, den Organisationsproblemen auch der Kirche auf die Spur zu kommen. Überdies ergaben sich aus dem Versuch, diese Theorie auf die Kirche anzuwenden, auch wichtige Hinweise darauf, welche Aktivitäten die Kirche verstärken muß, um als moderne Organisation zu funktionieren und ihren Zweck zu erfüllen.


## II. Die Leitung der Kirche

Schleiermachers enzyklopädischem Entwurf der Theologie als Wissenschaft und des theologischen Studiums ist es zu verdanken, daß der Ausdruck „Kirchenleitung" nicht nur die in organisatorischem Sinne leitenden Organe der Kirche bezeichnet, sondern, dem Doppelsinn des Wortes „Predigtamt" bei Luther vergleichbar[17], zugleich in einem weiteren Sinne verstanden werden kann. „Kirchenleitung" ist eine Funktion, die von jedem wahrgenommen wird, der in irgendeiner Weise bemüht ist, einen förderlichen Einfluß auf die Gemeinschaft der Christen – sei es auf die einzelne Gemeinde, sei es auf den Verband der Gemeinden – auszuüben und der sich dabei auf theologische Kenntnisse stützen kann.[18] Dieser allgemeine Begriff der Kirchenleitung trägt auch dem Gedanken des allgemeinen Priestertums im Protestantismus Rechnung. Die Kirche wird nicht einfach von oben regiert, sondern auf gemeinschaftliche Weise.

---

[16]  Diese Sachverhalte sind bereits in der Alten Kirche klar erkannt und benannt worden; vgl. dazu R. Staats: Deposita pietatis – Die alte Kirche und ihr Geld, ZThK 76/1979, 1-29.

[17]  S.o. § 5, II,1.

[18]  Fr. D. E. Schleiermacher: Kurze Darstellung des theologischen Studiums zum behuf einleitender Vorlesungen (im folgenden: KD). Kritische Ausgabe hg. von H. Scholz, Leipzig 1910, §§ 3, 11ff u.ö.

In einem stärker organisationstechnischen Sinne unterteilt sich dann Schleiermachers Begriff der Kirchenleitung in den „Kirchendienst" und das „Kirchenregiment"[19], wobei „Kirchendienst" der Inbegriff aller in den einzelnen Gemeinden wahrzunehmenden Leitungsfunktionen ist[20], während das „Kirchenregiment" sich auf den größeren kirchlichen Zusammenhang bezieht.[21] Diese begriffliche Differenzierung dient Schleiermacher dann auch zur Einteilung der Praktischen Theologie als technischer Disziplin, d.h. einer Disziplin, der die Entwicklung von Verfahrensregeln zur Ausübung der Kirchenleitung auf gemeindlicher und übergemeindlicher Ebene obliegt.

Der Begriff des Kirchenregiments unterliegt nun nach Schleiermacher noch einer weiteren Unterteilung. Er unterscheidet ein „gebundenes" und ein „ungebundenes" Element.[22] Das ungebundene Element wird durch die „freie Geistesmacht" repräsentiert. Dazu gehören all diejenigen Personen, die durch das Mittel des veröffentlichten Wortes auf Gang und Organisation der Kirche einen Einfluß nehmen. Schleiermacher denkt in erster Linie an die akademische Theologie, die ja nach seinem funktionalen Theologieverständnis[23] ihre Forschung und Lehre aus Interesse an der Kirchenleitung betreibt und dadurch in ihren verschiedenen Disziplinen (philosophische, historische und praktische Theologie) zusammengehalten und als ein Ganzes konstituiert wird. Das gebundene Element wird durch die „kirchliche Autorität"[24], d.h. die Leitungsorgane der verfaßten Kirche, verkörpert.

Von der Leitung der Kirche ist im folgenden nur insoweit die Rede, als sie mit dem gebundenen Element des Kirchenregiments identisch ist. Der Einsatz bei Schleiermachers Terminologie und ihrem Gefüge war aber dennoch notwendig, weil nur so die Gesamtheit der Faktoren in den Blick kommt, die Einfluß auf die Gestalt und das Leben der Kirche nehmen und die auch von den im engeren Sinne kirchenleitenden Organen stets in Rechnung zu stellen sind.

---

[19] KD, § 274.

[20] KD, §§ 277ff. Über die Gründe und die in Kauf genommenen Unstimmigkeiten dieser Begriffswahl informiert Chr. Dinkel: Kirche gestalten – Eine Studie zu Schleiermachers Theorie des Kirchenregiments, Berlin/New York 1996, 131ff.

[21] KD, §§ 309ff.

[22] KD, § 312.

[23] Vgl. dazu außer der Arbeit von Chr. Dinkel M. Rössler: Schleiermachers Programm der Philosophischen Theologie, Berlin u. New York 1994, bes. 203ff.

[24] KD, aaO., §§ 313, 315-327.

## 1. Die kirchenleitenden Organe

Die Grundlage jeder sich selbst leitenden, also nicht mehr dem landesherrlichen Kirchenregiment unterstehenden, Partikularkirche ist ihre *Verfassung*, in der die Gliederung der Kirche in Gemeinden, Kirchenkreise, Sprengel
etc., ferner die Art ihrer leitenden Organe, deren Funktionen und gegenseitige Abhängigkeit und schließlich das Verfahren der Besetzung aller Ämter
festgelegt wird. Dem Wesen der Evangelischen Kirche gemäß kann diese
Verfassung der Kirche nicht von irgendeiner höheren geistlichen oder weltlichen Instanz aufgedrückt werden. Die Kirche muß sich ihre Verfassung
selbst geben, was dadurch geschieht, daß sie von einer repräsentativen, auch
das Laienelement enthaltenden Kirchenversammlung bzw. verfassungs-
gebenden Synode beraten und beschlossen wird.

> Wie langwierig solche Beratungen sein können, zeigt das z.Z. noch
> jüngste Beispiel der Konstituierung einer neuen Landeskirche, die Ent-
> stehungsgeschichte der Verfassung der Nordelbischen Kirche. Die auf
> der Grundlage des nordelbischen Kirchenvertrages (1970), der die Ver-
> einigung der Kirchen von Schleswig-Holstein, Lübeck, Hamburg und
> Eutin festschrieb, gebildete verfassungsgebende Synode benötigte nicht
> weniger als 44 Tagungen bis zur endgültigen Verabschiedung der neu-
> en Kirchenverfassung (1976).

Bei der Festsetzung der Leitungsorgane, ihrer Funktionen, ihres gegenseitigen Verhältnisses und des Verfahrens ihrer personellen Besetzung muß sich
die Evangelische Kirche von zwei Gesichtspunkten leiten lassen, die bereits
in ihrem ekklesiologischen Selbstverständnis impliziert sind.

Die Kirche ist die Gemeinschaft von Christen, die, sofern sie vere
credentes (CA 8) sind, alle gleichen geistlichen Standes sind. Die Lehre vom
Priestertum aller Gläubigen bringt diesen Sachverhalt auf den klarsten Ausdruck. Eine solche Personengemeinschaft aus Gleichen kann auch nur auf
gemeinschaftliche Weise geleitet werden. Das Kirchenregiment ist also nicht
von einer irgendwie vorgeordneten Instanz, etwa einem vorab legitimierten
Bischofsamt, aus zu konstituieren, sondern die Kirche muß unter Beteiligung der Gesamtheit ihrer Mitglieder, d.h. auf „demokratische" Weise
geleitet werden.[25]

---

[25]  Dieser in Schleiermachers Theorie des Kirchenregiments klar entwickelte Grund-
satz (vgl. die in Anm.20 genannte Arbeit Chr. Dinkels) ist insbesondere gegen W.
Pannenbergs Ausführungen zur Kirchenleitung (Systematische Theologie, Bd. 3,
Göttingen 1993, 404-469) geltend zu machen.

Diese Personengemeinschaft aus Gleichen ist aber eine Gemeinschaft aus gerechtfertigten *Sündern*, die als solche nicht über jede Anfechtung erhaben sind. Das gilt auch für die Anfechtungen, die mit der Ausübung von „Macht" verbunden sind. Auch wer in ein leitendes Amt in der Kirche berufen wird, bekommt Macht übertragen und ist den Versuchungen des Machtmißbrauchs ausgesetzt.[26]

Es entspricht diesen beiden Voraussetzungen, daß die kirchlichen Verfassungen sich in der Gestaltgebung ihrer Leitungsorgane an denselben Prinzipien der Herrschaftskontrolle und -begrenzung orientieren wie der moderne demokratische Verfassungsstaat: an den Prinzipien der Gewaltenteilung, der zeitlichen Limitierung von Herrschaft durch Legislaturperioden und der Bindung an das Recht, das die Ausübung der geteilten und limitierten Befugnisse zu kontrollieren und ggf. sogar vorzeitig zu beenden ermöglicht.[27]

Die konkreten institutionellen Konsequenzen verdeutlichen wir uns am Beispiel der schon genannten Nordelbischen Kirchenverfassung.[28]

---

[26] M. Josuttis hat mit Recht darauf insistiert, daß dieser Sachverhalt in der Kirche klar zur Kenntnis genommen werden muß und nicht durch eine theologische Verpönung des Terminus „Macht" verschleiert werden darf. Vgl. ders.: Der Pfarrer ist anders. Aspekte einer zeitgenössischen Pastoraltheologie, München 1982, 70ff; ders.: Petrus, die Kirche und die verdammte Macht, Stuttgart 1993.

[27] Es ist aber hervorzuheben, daß die dem Wesen der Evangelischen Kirche entsprechenden demokratischen Strukturen in der Kirche nicht einfach durch Übertragung aus dem weltlich-politischen in den kirchlichen Bereich zustande kommen oder aus der angeblichen Notwendigkeit solcher Übertragung legitimiert werden dürfen. Manches läßt sich auch nur zum Schaden der Kirche übertragen. Das gilt besonders für das in einigen Synoden nach politischem Vorbild um sich greifende Parteien- und Fraktionswesen, das zu unwürdigen Schauspielen und Demonstrationen kirchlicher Zerrissenheit führt bzw. solche Zerrissenheit allererst produziert und Spaltungen vertieft. Zwar brauchen nicht immer einstimmige Entscheidungen erwartet zu werden; es zeugt aber von einem unevangelischen Geist, wenn Abstimmungen über wesentliche, möglicherweise sogar das Bekenntnis berührende Fragen herbeigeführt werden, sobald sich eine einfache Mehrheit abzeichnet.

[28] Verfassung der Nordelbischen Evangelisch-Lutherischen Kirche vom 12. Juni 1976. Stand: 1. Januar 1990, abgedruckt in: Das Verfassungsrecht der Nordelbischen Evangelisch-Lutherischen Kirche, Zweite ergänzte und überarbeitete Auflage, Lutherische Verlagsgesellschaft Kiel 1991, 19-53; dazu: Verfassung der Nordelbischen Evangelisch-Lutherischen Kirche. Erläutert von K. Göldner und K. Blaschke, im selben Verlag 1978. Um die Lektüre nicht zu erschweren, wird im folgenden nicht nach der den Regeln geschlechtergerechter Sprache angepaß-

Das gesetzgebende Organ (die Legislative) ist die aus 144 Mitgliedern bestehende *Synode*. Mit der Bestimmung, daß 69 Synodale weder Pastoren noch hauptamtliche Mitarbeiter sein dürfen (Art. 71.2), wird der Berücksichtigung des Laienelementes Rechnung getragen. Auch der Präsident der Synode darf weder Pastor noch hauptamtlicher Mitarbeiter sein (Art. 73). „Die Synode verkörpert Einheit und Mannigfaltigkeit der Kirchengemeinden, der Kirchenkreise und der Dienste und Werke. Sie ist zur gemeinsamen Willensbildung der Nordelbischen Kirche berufen." (Art. 66) Der Synode allein kommt das „Recht der kirchlichen Gesetzgebung" zu (Art. 67). Die Befugnisse der Synode gehen noch weiter: Sie wählt die Mitglieder der Kirchenleitung[29] und die Bischöfe sowie die Vertreter der Nordelbischen Kirche in den Synoden der VELKD und der EKD; und: sie kann sich mit Kundgebungen an die Öffentlichkeit wenden (ebd.).

Es zeigt sich also, daß der Synode, dem „Kirchenparlament", eine schlechterdings beherrschende Position zukommt. Schleiermachers Wunschvorstellung, die er an sein Plädoyer für die Einführung einer Synodalverfassung knüpfte, daß die Synode eigentlich alle Angelegenheiten der Kirche regeln solle[30], scheint hier weitgehend eingelöst. Es wäre ja auch denkbar – wenngleich nicht empfehlenswert –, daß die Bischöfe nicht von der Synode, sondern etwa direkt vom Kirchenvolk oder daß sie nicht allein durch die Synode, sondern auch durch regionale Gremien, etwa die Kirchenvorstände oder die Kreissynoden oder den Pröpstekonvent zu wählen wären. Ebenso wäre es denkbar, daß die Bischöfe die Kirchenleitung (im engeren Sinn) einfach einsetzen, so wie der vom Parlament gewählte Kanzler sich seine Minister aussucht, ohne daß diese vom Parlament bestätigt werden müssen. Der Vergleich mit dem parlamentarischen Verfassungsstaat läßt also die vergleichsweise größere Bedeutung des „Kirchenparlaments" klar hervortreten.

---

ten neuesten Auflage zitiert. Auf ekklesiologische Besonderheiten der nordelbischen Verfassung wie etwa den in Art. 19 festgeschriebenen konfliktträchtigen Satz „Das der Kirche anvertraute Amt gliedert sich in verschiedene Dienste" wird hier nicht eingegangen.

[29] „Kirchenleitung" begegnet hier in einer dritten, noch einmal spezielleren Bedeutung: Sie ist eines der die Kirche leitenden Organe.

[30] Schleiermacher, SW I/13, 543ff, 553ff. Vgl. auch ders.: Vorschlag zu einer neuen Verfassung der protestantischen Kirche im preußischen Staate (1808), in: Schriften zur Kirchen- und Bekenntnisfrage, bearb. v. H. Gerdes: Schriften und Predigten, Bd. 2, Berlin 1969, 117-136. Dieser Verfassungsentwurf wird bei Dinkel (aaO. 177-187) ausführlich vorgestellt und kommentiert.

Die Mitglieder der Synode werden aus den Kirchenkreissynoden, dem Pröpstekonvent und der Kammer für Dienste und Werke gewählt. Dazu kommen von der Kirchenleitung berufene Synodale, Abgesandte der Theologischen Fakultäten und der Nordschleswigschen Gemeinde sowie eine bestimmte Anzahl gewählter hauptamtlicher Mitarbeiter aus den drei Sprengeln. Diese Art der Zusammensetzung und Besetzung der Synode entspricht dem Prinzip einer ausgewogenen Repräsentation aller in der Kirche anzutreffenden Aktionseinheiten, Kräfte und Instanzen in ihrem zentralen Organ.

Das kirchliche Exekutivorgan ist die *Kirchenleitung*. Sie „leitet die Nordelbische Kirche im Rahmen der Gesetze und Beschlüsse der Synode" (Art. 78.1) und besteht „aus den Bischöfen und zehn von der Synode aus ihrer Mitte gewählten Mitgliedern, darunter drei Pastoren oder hauptamtlichen Mitarbeitern, darunter mindestens einem Pastor und einem hauptamtlichen Mitarbeiter" (Art. 84.1). Den Vorsitz der Kirchenleitung führt ein von ihr in diese Funktion gewählter Bischof. Die Kirchenleitung ist gesetzliche Vertreterin der Nordelbischen Kirche; im Rechtsverkehr handelt die Kirchenleitung durch ihren Vorsitzenden und ein weiteres Mitglied (Art. 78.3). Der Kirchenleitung ist das Nordelbische Kirchenamt als „Verwaltungsbehörde der Nordelbischen Kirche mit Sitz in Kiel" (Art. 102.1) zugeordnet.[31] „Das Kollegium des Nordelbischen Kirchenamtes besteht aus dem Präsidenten und hauptamtlichen Mitarbeitern, die von der Kirchenleitung berufen werden", wozu auf Zeit berufene nebenamtliche Mitarbeiter kommen können (Art. 107.1). Die Kirchenleitung kann in dringenden Fällen auch Beschlüssen der Synode vorgreifen. Die Bestimmung, daß die Mitglieder der Kirchenleitung und ihre Stellvertreter „auf der dritten Tagung der jeweiligen Synode" (Art. 84.4), also mitten in einer synodalen Legislaturperiode, zu wählen sind, gewährleistet, daß die Kirche jederzeit in allen wesentlichen Belangen handlungsfähig ist.

Zu Synode und Kirchenleitung tritt als drittes selbständiges, aber ebenfalls der „Exekutive" zuzuordnendes Leitungsorgan das *Kollegium der Bischö-*

---

[31] Mit kirchenamtlichen Strukturen und mit Fragen des kirchlichen Managements befaßt sich ausführlich A. Jäger: Konzepte der Kirchenleitung für die Zukunft. Wirtschaftsethische Analysen und theologische Perspektiven, Gütersloh 1993. Zur Anwendung von Erkenntnissen der Betriebswirtschaftslehre auf Gemeindeebene vgl. H.-U. Perels: Wie führe ich eine Kirchengemeinde? Möglichkeiten des Managements, Gütersloh 1990; ders.: Wie führe ich eine Kirchengemeinde? Bd. 2: Modelle des Marketing, Gütersloh 1991.

*fe.* „Die Bischöfe sind Pastoren, denen der leitende geistliche Dienst in der Nordelbischen Kirche übertragen ist." (Art. 88.1) Diese Funktion nehmen sie „selbständig" wahr (Art. 88.2). Die Bischöfe können, allerdings nur gemeinsam, „Kundgebungen an die Öffentlichkeit und Stellungnahmen zu gesamtkirchlichen und ökumenischen Fragen für die Nordelbische Kirche" abgeben (ebd.).[32] Da auch Synode und Kirchenleitung zu Voten an die Öffentlichkeit berechtigt sind, ist die Möglichkeit eines Konfliktes bzw. öffentlichen Dissenses gegeben. Diese Gefahr muß jedoch in Kauf genommen werden, denn sie entspricht der in der Kirche geltenden Meinungsfreiheit und der relativen Selbständigkeit der kirchenleitenden Organe gegeneinander. Der in der Präambel und in den Grundartikeln (Art. 1-6) ausgedrückte Lehr- und Auftragskonsens der Kirche ist damit auch nicht aufgehoben. Er wird als normative Bezugsgröße aller kirchlichen Äußerungen (wie auch aller gesetzgebenden Tätigkeit der Synode) vorausgesetzt. Allerdings verlangt die durch die Kirchenverfassung geschaffene Konfliktmöglichkeit nach einer Klärung der Frage, wer für wen und in welcher Angelegenheit zur Abgabe einer öffentlichen Stellungnahme befugt ist.[33]

Die Selbständigkeit der kirchlichen Organe und damit das Prinzip der „Gewaltenteilung" kommt weiter darin zum Ausdruck, daß die Bischöfe und die Mitglieder des Kirchenamtes nicht zugleich Mitglieder der Synode sein können (Art. 72.1).[34] Die Bischöfe und der Präsident des Kirchenamtes nehmen an den Sitzungen der Synode lediglich mit beratender Stimme, die allerdings jederzeit gehört werden muß, teil (Art. 72.2.). Die gleiche Art der Teilnahme an den Sitzungen der Kirchenleitung steht dem Synodenpräsidenten zu (Art. 85.1). Gegen Entscheidungen und Gesetzesbeschlüsse der Synode können sowohl die Bischöfe wie die Kirchenleitung Einspruch erheben. Wird dieser auch gegen erneute Beschlußfassung aufrechterhalten und mit Unvereinbarkeit mit dem Bekenntnis begründet, dann wird der Beschluß unwirksam (Art. 70). Diese Bestimmung gewährleistet, daß in der Kirche nicht schlechterdings alles beschlossen werden kann, sofern sich nur Mehrheiten dafür finden, sondern daß dem unterstellten Bekenntniskonsens auch eine gewisse Rechts*kraft* zukommt. Das Zusammenspiel der kirchen-

---

[32] Göldner/Blaschke (aaO. 263) verweisen auf die vergleichsweise schwache Stellung der nordelbischen Bischöfe, die schon darin zum Ausdruck kommt, daß sie nicht auf Lebenszeit, sondern nur auf 10 Jahre gewählt werden.

[33] Diese Frage wird in Abschnitt IV dieses Paragraphen aufgegriffen werden.

[34] In etlichen anderen Landeskirchen ist der Bischof bzw. Kirchenpräsident dagegen kraft Amtes Mitglied der Synode.

leitenden Organe ist also nicht nur durch ihre relative Selbständigkeit, sondern auch dadurch geregelt, daß sie sich in bestimmten, genau bezeichneten Punkten auch gegenseitig blockieren können.

Die Theorie der politischen Gewaltenteilung kennt neben der Legislative und der Exekutive die von der Verfassung zu gewährleistende unabhängige richterliche Gewalt. Auch dieses Element findet seine Entsprechung in den Kirchenverfassungen. So sieht die Nordelbische Kirchenverfassung die Einrichtung *kirchlicher Gerichte* „für Verfassungs- und Verwaltungsstreitigkeiten und für Amtspflichtsverletzungen" vor (Art. 117.1). Ebenso wird das „Verfahren bei Lehrbeanstandungen" durch Kirchengesetz geregelt (ebd.). Dem Prinzip der Gewalten*teilung* entsprechen die Bestimmungen, daß Mitglieder der Synode, der Kirchenleitung und des Kirchenamtes nicht Mitglieder des kirchlichen Gerichts für Verfassungs- und Verwaltungsstreitigkeiten (Art. 117.4) und Mitglieder der Kirchenleitung und des Kirchenamtes nicht Mitglieder eines kirchlichen Gerichts für Amtspflichtsverfahren (Art. 117.5) sein dürfen. Das Recht zu Gegenvorstellungen, Beanstandungen und Beschwerdeeinlegung, und damit zur Anrufung der kirchlichen Gerichte, wird jedem Gemeindeglied zugestanden (Art. 116). Die Ausführungen über die kirchliche Gerichtsbarkeit sind daher sinnvollerweise unter die Überschrift „Rechtsschutz" gestellt.

## 2. Kirchenpolitik

Die Wirksamkeit der leitenden Organe der verfaßten Kirche hat *kirchenpolitischen* Charakter. Durch ihre Beschlüsse und deren Ausführung betreiben Synoden und Kirchenleitungen ipso facto Kirchenpolitik. Handlungen von Einzelpersonen und Gruppen sind politische Handlungen, wenn sie Auswirkungen auf das verfaßte soziale System haben, dem diese Personen oder Gruppen angehören und für das sie tätig werden. Die Verabschiedung eines Kirchengesetzes oder der Abschluß eines Vertrages der Kirche mit dem Staat oder einer gesellschaftlichen Institution hat solche Auswirkung auf die Kirche als verfaßtes soziales System und damit auch auf alle ihre Mitglieder. Demgegenüber ist das Handeln eines Gemeindepastors, selbst wenn dieser aufsehenerregende politische Predigten hält, noch kein kirchenpolitisches Handeln im strikten Sinne. Es ist allenfalls, sofern es einen Regelungsbedarf erzeugt, ein kirchenpolitische Akte provozierendes Handeln. Die Regelung, wenn sie erfolgte, würde dann nämlich nicht nur ihn und seine Amtsführung betreffen, sondern alle Pastoren. Ob man das Handeln eines Einzelnen oder einer Gruppe, das bestimmte politische Akte bewußtermaßen anregt – indem es sie fordert, dafür wirbt und eine entsprechende Diskussion entfacht – ein Handeln also, in welchem sich ein politischer Wille kundgibt, auch schon „politisch" nennen will, ist eine reine Definitions- und Sprachregelungsfrage. Wenn man sie bejaht, wie es dem allgemeinen Sprachgebrauch entspricht, dann sollte man auch in irgendeiner Weise zum Ausdruck bringen, daß es sich hier um eine indirekte, auf Politik einwirkende politische Tätigkeit handelt, die von den eigentlichen politischen Akten, denen stets Rechtsgültigkeit und damit Verbindlichkeit zukommt, zu unterscheiden ist.

Das politische Handeln sozialer Systeme bezieht sich entweder auf diese selber oder auf ihr Verhältnis zu anderen Systemen. So ist auch der Gegenstand kirchenpolitischer Akte einerseits – und in den meisten Fällen – das soziale System der Kirche selber, andererseits das Verhältnis der Kirche zu anderen Institutionen und Organisationen. Es gibt ein kirchenpolitisches Handeln nach innen und nach außen.

Für die Kirchenpolitik *nach innen*, die unmittelbar kybernetischen, systemsteuernden Handlungen, gelten folgende Grundsätze:

a) Die Beschlüsse und Verordnungen der kirchenleitenden Organe dürfen die Kompetenz des ordinierten Amtes nicht aufheben, einschränken oder behindern, sondern müssen ihr dienen. Das bedeutet z.B., daß eine Kirchenleitung die Funktionen des Kirchendienstes nicht etwa ad hoc an sich reißen oder fallweise da hineinregieren darf. Sie darf also beispielsweise nicht die Textwahl der Predigt, die immer auch im Blick auf die Situation vor Ort zu geschehen hat, bindend vorschreiben; die Perikopenordnungen verstehen sich lediglich als Empfehlungen, denen zu folgen in der Regel ratsam ist. Es gibt kein höheres geistliches Amt als das der öffentlichen Wortverkündigung. Das Visitationsrecht der Bischöfe und Pröpste (bzw. Superintendenten, Dekane) steht dazu nicht im Gegensatz.

b) In gleicher Weise darf auch nicht die Kompetenz des sog. Laien – seine geistliche Urteilsfähigkeit und Zeugnispflicht, die ihm nach der Lehre vom allgemeinen Priestertum zukommen[35] – angetastet werden. Ihr ist vielmehr Raum zu geben, auch über die Parochie hinaus.

c) Das kirchenleitende Handeln muß sich daher darauf beschränken, lediglich *Regeln* für das kirchliche Leben und für das Zusammenwirken der einzelnen Positionen im Kommunikationssystem Kirche zu fixieren. „Leitungsentscheidungen als solche betreffen inhaltlich nicht den Einzelfall und seine Behandlung, sondern das, was grundsätzlich gilt, in wechselnden Situationen und an verschiedenen Orten."[36] Es zeigt sich: gerade die Be-

---

[35] S.o. § 6, II.

[36] E. Herms: Was heißt „Leitung in der Kirche"? in ders.: Erfahrbare Kirche. Beiträge zur Ekklesiologie, Tübingen 1990, 80-101, dort 83.

schränkung des kirchenleitenden Handelns auf kirchen*politisches* Handeln ist das, was Freiheit und Selbständigkeit vor Ort ermöglicht. „Ihre spezifische Regelungsfunktion nehmen die ‚führenden' Positionen nur dann wahr, wenn sie den Rahmen pflegen – also erhalten und fortschreiben –, der für das Funktionieren aller Teilsysteme gilt, dies aber nur kann, weil er allgemein und offen ist und in dieser Allgemeinheit und Offenheit darauf angewiesen bleibt, vor Ort ausgefüllt zu werden."[37] Diese Allgemeinheit und Offenheit impliziert aber nicht nur das Verbot selbstmächtiger kirchenamtlicher Einzelfallregelung[38], sondern auch die Abstandnahme von dem Versuch, die Verantwortlichkeit der „nachgeordneten" Instanzen und Personen (vgl. oben a und b) durch ein zu enges Netz von Verordnungen einzuschränken. Kasuistische Perfektion ist nicht einmal im Prozeßrecht, geschweige denn in der Kirche angebracht.

d) Die Regeln, nach denen sich das Handeln und Leben in sozialen Systemen richten sollen, müssen nach Möglichkeit aus *Einsicht*, und nicht wegen der mit den Regeln evtl. verbundenen Sanktionen, befolgt werden. Diese Einsicht in den Sinn der Regeln – etwa der von der Synode beschlossenen Kirchengesetze – muß daher nach Möglichkeit vermittelt werden. Es muß gezeigt werden können, inwiefern die Regeln dem Gedeihen der Kirche als sozialem Interaktionssystem förderlich sind, indem sie beispielsweise Konfliktregelung ermöglichen, gegenseitige Verläßlichkeit der Handlungspartner begründen und Stabilität wie Flexibilität der Interaktion gewährleisten, und zugleich muß deutlich gemacht werden, inwiefern diese dem Funktionieren der Kirche als moderner Organisation dienlichen Regeln auch dem Wesen der Kirche nach reformatorischem Verständnis und ihrer Aufgabe in der Welt entsprechen. Synoden und Kirchenleitungen sind diesbezüglich auskunftspflichtig, und es gehört zur Aufgabe des kirchlichen Pressewesens, diese Auskunft an die betroffenen Kirchenmitglieder sowie an jeden, der sich in der Gesellschaft dafür interessieren mag, weiterzuleiten. Eine solche öffentliche Vermittlung des Sinnes kirchlicher Beschlüsse sowie die dadurch evtl. ausgelöste Diskussion trägt dem kybernetischen Grundsatz Rechnung, daß die Evangelische Kirche allein durch die situationsadäquate

---

[37] Ebd.

[38] Das schließt nicht aus, daß die Entscheidung über bestimmte Einzel- oder Grenzfälle – Fälle, in denen z.B. ein Ermessensspielraum in Rechnung gestellt werden muß – der Kirchenleitung bzw. einzelnen Dezernaten übertragen wird. Solche Übertragung auf der Grundlage genau beschreibbarer Ermessensspielräume hat als solche selbst den Charakter einer allgemeinen Regelung.

Auslegung ihrer Lehre gesteuert wird, ohne daß bei dieser Auslegung auf
Amtsautorität oder auf irgendeine Sonderhermeneutik rekurriert wird.

e) Aus all dem folgt schließlich, daß die „Differenz zwischen ‚führenden‘
und ‚nachgeordneten‘ Positionen ... nicht eine hierarchische zwischen Positionen ‚oben‘ und Positionen ‚unten‘, sondern eine rein funktionale (ist);
nämlich die Differenz zwischen der Festsetzung und Fortschreibung von
allgemeinen Verfahrensregeln und der materialen Konkretion durch die
Bearbeitung von Einzelfällen."[39] Die übergreifenden Regelungen der vorgeordneten Positionen haben allein den Sinn, daß die Funktionen der nachgeordneten Positionen zum Zuge kommen können. Von „Vorordnung" der
kirchlichen Ämter und Gremien läßt sich auch nur unter diesem funktionalen Gesichtspunkt sprechen. Im Blick auf die Aufgabe der Kirche gilt vielmehr ihre Nachordnung gegenüber denjenigen Ämtern der Kirche, „die der
Verkündigung durch Wort und Sakrament unmittelbar dienen"[40]. „Erst
dort, wo sich schon eine um Wort und Sakrament versammelte Gemeinschaft gebildet hat, bedarf es solcher Ämter, die der Leitung dieser Gemeinschaft dienen."[41]

Die Kirchenpolitik *nach außen*, das mittelbare kybernetische Handeln
der Kirche, muß von dem Beitrag, den die Kirche durch ihr öffentliches
Wort zur Politik leistet, unterschieden werden, obwohl sie damit natürlich
auch in einem inneren Zusammenhang steht: Die Vereinbarungen und
Verträge, die die Kirche mit den Sozialsystemen ihrer Umwelt anstrebt,
dürfen den Vorstellungen, die die Kirche in Bezug auf die politische Gesamt-
kultur entwickelt und verbreitet, nicht widersprechen. Der Einfluß, den die
Kirche als Gesprächspartner im öffentlichen politischen Diskurs auf die
politische Kultur und auch auf das Handeln anderer Institutionen mit dem
Mittel des Wortes zu nehmen versucht, fällt nach der oben getroffenen
Unterscheidung im Politikbegriff unter die Kategorie des indirekten, mittelbaren politischen Handelns.[42] Der eigentliche Gegenstand der Kirchenpolitik nach außen sind die Verträge und Vereinbarungen, die die Kirche
mit dem Staat, mit Verbänden verschiedenster Art und mit anderen Religionsgemeinschaften bzw. Kirchen schließt.

Für die Kirchenpolitik nach außen, die mittelbaren kybernetischen Handlungen der Kirche, gelten folgende Grundsätze:

---

[39]  E. Herms, ebd.

[40]  W. Härle: Art. Kirche, dogmatisch, TRE, Bd. XVIII, 301.

[41]  Ebd.

[42]  Dieses Handeln der Kirche wird in § 12 thematisiert.

a) Alle zu schließenden Verträge oder Vereinbarungen dienen der Kooperation der Kirche mit den betreffenden Institutionen, und diese Kooperation hat wiederum den Zweck, für die eigentliche Wirksamkeit der Kirche, nämlich die Kommunikation des christlichen Wirklichkeitsverständnisses, bessere institutionelle Bedingungen zu erreichen. Sie haben *nicht* den Zweck, direkten Einfluß auf die Politik zu nehmen, also die politische Willensbildung, Machtübertragung und -ausübung, wie sie im demokratischen Rechtsstaat durch Verfassung und geltendes Recht geregelt sind, in irgendeiner Weise zu unterlaufen.

b) Das politische Handeln der Kirche nach außen darf den für ihr Handeln nach innen aufgestellten Grundsätzen nicht nur nicht widersprechen, es ist vielmehr den dort genannten Zielen selbst verpflichtet. Das mittelbare kybernetische Handeln der Kirche steht im Dienste ihres unmittelbaren kybernetischen Handelns.

c) Bei den in Betracht kommenden Abmachungen mit anderen Institutionen geht es vor allem darum, die Möglichkeiten der auftragsgemäßen Wirkung der Kirche zu erhalten, zu erweitern oder zu verbessern (etwa auf den Gebieten des Religionsunterrichts und des Bildungswesens, der Militärseelsorge, der Seelsorge in Strafvollzugsanstalten, der öffentlichen Medien). Hier sind nun zwei Gesichtspunkte zu beachten. Erstens: Die Kirche darf hier nichts für sich fordern, was sie nicht im Prinzip und de facto auch anderen vergleichbaren Religions- oder Weltanschauungsgemeinschaften zuzugestehen bereit ist. Die Kirche muß sich dabei auf ein Pluralismuskonzept beziehen können, das ihrem eigenen Selbstverständnis entspricht und eben *deshalb* auch anderen gleiche Chancen einräumt.[43] Zweitens: Die Kirche muß sich vor Augen halten, daß sie bei allen Verhandlungen dieser Art in der Gefahr steht, einem Mechanismus zu erliegen, der jedem Produzenten in der Wettbewerbsgesellschaft fast zwangsläufig aufgenötigt wird. Herms hat ihn den Mechanismus „ökonomischer Steuerung" genannt, dem er das Prinzip der „ethischen Steuerung" gegenübergestellt.[44] Während die ökonomische Art der Systemsteuerung darauf aus ist, das Unternehmen „am Markt zu erhalten bzw. seine Position am Markt zu verbessern durch optimale Anpassung an die jeweils gegebenen und ständig im Fluß befindlichen Marktbedingungen" und darüber hinausgehende Steuerungsregeln nicht

---

[43] Zur Art dieses Konzeptes vgl. E. Herms: Pluralismus aus Prinzip, in: „Vor Ort" – Praktische Theologie in der Erprobung. FS P. C. Bloth, hg. von R. Bookhagen u.a., 1991, 77-95.

[44] E. Herms: Was heißt „Leitung in der Kirche"? AaO. 85f.

kennt, ist der Typ der ethischen Systemsteuerung „nicht nur am Ziel der
Selbsterhaltung orientiert, sondern an einem inhaltlich gefüllten Wissen um
das Wesen und die Bestimmung des Menschen".[45] Das ökonomische
Steuerungsprinzip schließt seinem Wesen nach das ethische aus, wohingegen
das ethische Steuerungsprinzip das ökonomische einschließt, aber zugleich
relativiert. Für die Kirche kann allein der Typus der ethischen Steuerung in
Geltung stehen.

> Als Anwendungsbeispiel sei nur die kirchliche Schulpolitik genannt.
> Hier begegnet man immer wieder der fragwürdigen Denkfigur, als habe
> der Staat bzw. die staatliche Bildungspolitik die Kompetenz, übergrei-
> fende und damit auch für alle Fächer normative Bildungsziele festzuset-
> zen; die Kirche müsse sich dann kooperativ erweisen im Blick auf die
> Einrichtung und didaktische Gestaltung eines Religionsunterrichts, der
> zu diesen staatlich verordneten Zielen einen sinnvollen Beitrag leistet,
> und nur soweit der Nachweis eines solchen Beitrages erbracht werden
> könne, sei der Religionsunterricht an der öffentlichen Schule überhaupt
> legitim. Religionspädagogik und Kirche haben sich oft allzu bereitwillig
> auf diese Denkfigur eingelassen und den entsprechenden Legitimitäts-
> nachweis in den Präambeln der Lehrpläne für den Religionsunterricht
> zu führen versucht. Demgegenüber gilt: Wenn in der pluralistischen
> Gesellschaft überhaupt ein allen Fächern vorgelagertes verbindliches
> Bildungskonzept formuliert werden kann und soll, dann müssen sich
> Kirche und Religionspädagogik schon an der Erarbeitung dieses allge-
> meinen Konzeptes beteiligen. – Das Beispiel illustriert auch, daß rein
> ökonomische Steuerung den „Markt" unverändert läßt, während ethi-
> sche Steuerung ihn im Rahmen der in der Demokratie geltenden Re-
> geln mitzugestalten versucht.

## III.  Das Kirchenrecht

Dieser Abschnitt kann nicht die summarische Information über Geschichte,
Gestalt, Sinn und Probleme des Kirchenrechts ersetzen, wie sie von den
einschlägigen Lexikonartikeln oder monographischen Darstellungen geboten wird.[46] Hier soll nur kurz diejenige Fragestellung thematisiert werden,
die schon im Ausdruck „Kirchenrecht" selbst enthalten ist: Was heißt denn

---

[45]  AaO. 85.

[46]  Überblick bei A. Frh. von Campenhausen: Kirchenrecht (Grundkurs Theologie,
Bd. 10, 1), Stuttgart u.a.1994, 5-63.

„Kirchenrecht"? Inwiefern ist das Kirchenrecht „Recht"? Wie verhält sich das Kirchenrecht zu demjenigen Recht, das im Staate gilt und das an juristischen Fakultäten gelehrt wird? Ist das Kirchenrecht ein Recht sui generis, oder ist es die bereichsspezifische Anwendung eines allgemeinen Rechtsbegriffs? Falls das erste der Fall sein sollte, wie ist das in der Kirche geltende Recht dann zu anderweitig geltendem Recht in Beziehung zu setzen? Gelten dann etwa bestimmte verfassungsmäßig garantierte Grundrechte in der Kirche nicht?[47] Und nach welchem Rechtsbegriff trifft dann die Kirche rechtliche Vereinbarungen mit anderen Institutionen? Wenn dagegen das Zweite zutreffen soll, wie muß dann der allgemeine Rechtsbegriff selber beschaffen sein und wie ist er zu begründen? Kann diese Begründung irgendwelchen Rechtsgelehrten überlassen bleiben, und muß die Kirche sich einfach deren Rechtsverständnis, sofern es allgemeine Zustimmung findet, anpassen?

Die Antwort auf diese Fragen zum Verständnis des Kirchenrechts sei vorweggenommen: Ein evangelisches Kirchenrecht kann es nur geben als Bestandteil eines allgemeinen, d.h. alle vom Recht zu regelnden Zusammenhänge betreffenden Rechtsverständnisses, das aber als solches nicht einer angeblich weltanschaulich neutralen Rechtsphilosophie zu überlassen ist, sondern theologisch, also aus dem christlichen Wirklichkeitsverständnis, begründet werden muß. Zur Erläuterung und Begründung dieser These vier Bemerkungen:[48]

a) Die oben genannte erste Alternative ist zurückzuweisen. Die Annahme, das Kirchenrecht sei ein Recht sui generis und somit mit allem übrigen Recht inkompatibel, etabliert ein schlechterdings untragbares semantisches Chaos bezüglich des Rechtsbegriffs. Es müßten dann nämlich wenigstens drei qualitativ verschiedene Arten von Recht unterschieden werden: ein auf eigenen Rechtsquellen – etwa der biblischen Offenbarung oder einem besonderen Lehramt – beruhendes Kirchenrecht; ein entweder naturrechtlich

---

[47] Die Frage ist vielleicht nicht ganz so abwegig, wie sie auf den ersten Blick erscheinen mag, wenn man beispielsweise bedenkt, daß Frauen – aufgrund ihres Geschlechts – noch vor einigen Jahrzehnten die Ordination verweigert wurde. Die Ausübung einer kirchlichen Zensur auf katholischer Seite steht in Spannung zum Grundrecht der Meinungs- und Pressefreiheit. Diese Spannung wird auch durch eine liberale Interpretation des Sinnes des bischöflichen Imprimatur nicht gänzlich aufgehoben.

[48] Wesentliche Einsichten verdanke ich der gründlichen Studie von E. Herms: Das Kirchenrecht als Thema der theologischen Ethik, ZEvKR 28/1983, 199-277.

oder rechtspositivistisch begründetes „weltliches" Recht, das für alle anderen
Institutionen in der Gesellschaft gültig ist; schließlich ein Recht, an das sich
die Kirche und andere gesellschaftliche Institutionen gemeinsam gebunden
fühlen, sofern sie miteinander rechtsverbindliche Verträge schließen, und
dessen Rechtsquelle gänzlich unbestimmt bleibt. Ein alle drei Arten von
Recht übergreifender univoker Rechtsbegriff, nach welchem dann weiter zu
fragen wäre, kommt überhaupt nicht in Sicht. Diese qualitative Verschiedenheit im Rechtsverständnis und die daraus folgenden Äquivokationen im
Rechtsbegriff resultieren in der Regel aus einem falschen Verständnis der
Zwei-Reiche-Lehre, demzufolge häufig verdunkelt wird, daß auch das sogenannte weltliche Recht (Zivilrecht, Strafrecht, Vereinsrecht, Wirtschafts-
recht, Verkehrsrecht, Völkerrecht, Staatskirchenrecht) ein vom Christen
nach den Grundsätzen des für ihn maßgeblichen Wirklichkeitsverständnisses
mitzugestaltendes Recht ist.[49]

b) Grundlegend für die Gewinnung eines einheitlichen – auch das
Organisationsrecht der Kirche umfassenden – Rechtsbegriffs ist die Verständigung über Gegenstand und Funktion des Rechts. Der Begriff des Rechts
darf nicht von vornherein mit dem Begriff der *sozialen Ordnung* gleichgesetzt
werden. Obwohl Ordnungen und Regelungen intersubjektive Verbindlichkeit beanspruchen und Zuständigkeiten sowie entsprechende Erwartungen
definieren, haben sie doch noch keinen eigentlichen Rechtscharakter, nicht
einmal den Charakter unkodifizierten Rechts. So etablieren beispielsweise
innerfamiliäre Absprachen über die Verteilung und kooperative Erledigung
von Aufgaben, die innerhalb des Sozialsystems der Familie zu bewältigen
sind, zwar ein differenziertes Gefüge von gegenseitigen Erwartungen und
entsprechend wahrgenommenen Verpflichtungen, aber noch kein Rechtssystem. Die Schwelle zum Rechtssystem wird erst überschritten, wenn Regelungen die Form von Gesetzen, die mit Sanktionen verbunden sind,
erhalten. Die Verhängung und Festschreibung von Sanktionen gibt den
Willen von an der Rechtsgemeinschaft partizipierenden Personen (einiger
oder aller Personen) zu erkennen, die Einhaltung der Regeln notfalls zu
erzwingen. Der Rechtsbegriff verweist daher grundsätzlich auf das Vorhandensein irgendeiner Form von „Herrschaft" und auf die Möglichkeit der
Anwendung von „Gewalt".

Dabei macht es natürlich einen großen Unterschied, wie Herrschaft
ihrerseits organisiert ist: ob sie auf natürlich gegebener oder irgendwie usur-
pierter Machtfülle eines Einzelnen (oder einer Gruppe bzw. Klasse oder

---

[49]  Daß Letzteres nicht unvermeidbare Konsequenz ist, zeigt E. Herms am Beispiel
des Rechtsdualismus von Erik Wolf, aaO. 268f.

Kaste) beruht und somit die vom sanktionsbewehrten Recht erzwungene
Einhaltung der Regeln möglicherweise nur den Interessen des Alleinherr-
schers dient oder ob über demokratische Formen der Delegation und Kontrolle von Macht eine Beteiligung aller Mitglieder des Gemeinwesens an der
Herrschaft gewährleistet ist, womit dann auch die politische Voraussetzung
dafür gegeben ist, daß die Gestaltung des Rechtssystems[50] den gemeinschaftlichen Willen der an der Rechtsgemeinschaft Partizipierenden zum Ausdruck bringen kann. Ebenso hat natürlich auch die Art der zum Einsatz
kommenden bzw. angedrohten Gewaltmittel sowie deren Verhältnismäßig-
keit in Bezug auf mögliche Regelverstöße einen wesentlichen Einfluß auf die
Qualität des Rechtssystems. Und schließlich ist auf den Vorteil des kodifizierten Rechts gegenüber dem unkodifizierten Recht hinzuweisen: In Systemen kodifizierten und für jedermann nachlesbaren Rechts kann die genau
umschriebene Androhung von Gewalt weitgehend deren tatsächliche Ausübung ersetzen; wo der Grundsatz „nulla poena sine lege" gilt, wird das
Rechtssystem nicht erst durch den Vollzug von Gewalt etabliert und allgemein bewußt gemacht.

Zusammenfassend läßt sich sagen: Die Funktion des Rechts besteht
darin, daß sie verschiedenartige Ansprüche von Personen und Gruppen
dadurch schützt, daß sie deren Verletzung durch Regelverstoß in vorherseh-
barer Weise mit kraft politischer Herrschaft und Macht wirksamen Sanktionen belegt und damit den Zustand eines – als solchen ungerechten und
unsteuerbaren – bellum omnium contra omnes beendet bzw. verhindert.
Keinen anderen Sinn hat auch das in der Kirche geltende und von ihr selbst
gestaltete Recht. Es definiert nicht nur Zuständigkeiten und Befugnisse,
sondern schützt diese auch vor Übergriffen. Daß die der Kirche als Kirche
zur Verfügung stehenden Sanktionen gleichsam milderer Art sind, ist dagegen kein Einwand. Die Kirche kann und will zwar keine Freiheits- oder
Geldstrafen verhängen – ein Delikt wie beispielsweise die Veruntreuung von
Kirchengeldern würde unter die bürgerliche Gerichtsbarkeit fallen –, aber
auch Kirchenzucht, wie nachsichtig auch immer sie praktiziert wird, Amts-
enthebungen, zeitweilige Suspendierung vom Amt oder Versetzung sind
Sanktionsmittel.[51]

---

[50]  Nach der oben (S. 219) gegebenen Definition ist die verbindliche Fixierung von
     Rechten und Sanktionen ein Fall politischen Handelns.
[51]  Vgl. dazu die Dokumentation von W. Härle/H. Leipold (Hg.): Lehrfreiheit und
     Lehrbeanstandung (Bd. 1: Theologische Texte, Bd. 2: Kirchenrechtliche Doku-
     mente), Gütersloh 1985. Ein Meilenstein in der Entwicklung kirchlicher
     Sanktionspraxis ist das von der altpreußischen Generalsynode 1909 beschlossene

c) Der Rechtsbegriff darf auch nicht mit dem Begriff des *sittlich Guten* gleichgesetzt werden. Die faktische Geltung von Normen und Gesetzen verbürgt noch nicht ihre inhaltliche Richtigkeit.[52] Das Recht will bzw. soll zwar der Gerechtigkeit dienen, in Anlehnung an Schelskys Institutionenlehre läßt sich sagen: das Rechtsinstitut ist auf die idée directrice der Gerechtigkeit bezogen. Aber gerade diese Bezogenheit muß als Bezogenheit in kategorialer Unterscheidung gedacht werden. Lediglich in der metaphorischen Rede von Gottes Recht, Gericht und Gerechtigkeit kann völlige Identität von Rechtspraxis und Gerechtigkeit ausgesagt werden: sein Gericht ist gerecht, oder es wäre nicht *sein* Gericht. Abgesehen von diesem „Sonderfall" darf keine Identität, jedenfalls keine vollständige, unterstellt werden; vielmehr ist am Strukturmodell der Bezogenheit in kategorialer Differenz festzuhalten. Obwohl bzw. gerade weil ein Einfluß der Rechtssprechung und -praxis auf das sittliche Bewußtsein der Bürger nicht zu leugnen ist, kann nicht genug betont werden, „daß nicht die Rechtsinstitution die ethischen Überzeugungen seiner Teilnehmer, sondern die ethischen Überzeugungen seiner Teilnehmer den Aufbau, die Kontinuität und den Wandel der Rechtsinstitution *in ihrer jeweiligen inhaltlichen Bestimmtheit* konstituieren. Die inhaltliche Ambivalenz der Institution Recht wird auf dem weit über das Recht – die Institutionalisierung von Gewalt – hinausgreifenden, das Ganze der sozialen Interaktion umfassenden Felde der Sittlichkeit entschieden."[53] Diese Unterscheidung und Verhältnisbestimmung hat für jeden, der sie einsieht und sich zueigen macht, mehrere – und zwar heilsame – Konsequenzen.

Erstens: Aus der prinzipiellen Gegenüberstellung von Recht und Sittlichkeit ergibt sich die beständige Relativierung, Reformbedürftigkeit und Reformfähigkeit des jeweils geltenden Rechtssystems nach dem Maßstab der ihm vorgeordneten ethischen Einsicht.

---

und durch Erlaß des preußischen Königs 1910 in Kraft gesetzte sog. Irrlehregesetz („Kirchengesetz, betreffend das Verfahren bei Beanstandung der Lehre von Geistlichen"), das eine klare Trennung zwischen Disziplinar- und Lehrbeanstandungsverfahren brachte und Vorbildfunktion für spätere Lehrbeanstandungsordnungen erhielt. Deren wichtigste ist die „Lehrordnung der Vereinigten Evangelisch-Lutherischen Kirche Deutschlands" von 1956 in der Fassung vom 3. Januar 1983. Zu beachten ist, daß nach allen derartigen neueren Ordnungen die Amtsenthebung eines Geistlichen nur als ultima ratio in Betracht kommt und daß auch in diesem Falle die materielle Versorgung des Betreffenden sichergestellt ist (vgl. etwa § 15 des „Irrlehregesetzes"; Härle/Leipold, aaO. 112f).

[52]  So Herms mehrfach op.cit.

[53]  E. Herms, aaO. 235.

Zweitens: Wer von Rechts wegen durch ein menschliches Gericht verurteilt wird, verfällt deshalb nicht auch automatisch und in jedem Fall einer ethisch negativen Beurteilung. Das gilt sogar im Falle höchstrichterlicher Entscheidung durch das Bundesverfassungsgericht.[54]

Drittens: Aus der Unterscheidung von Recht und Sittlichkeit und der inhaltlichen Vorordnung der Sittlichkeit vor das Recht folgt schließlich, daß immer auch mit der Möglichkeit eines ethisch legitimen Verstoßes gegen geltendes Recht gerechnet werden muß. Und das gilt nicht nur für den allgemein zugestandenen Fall eines das Recht brechenden oder unterlaufenden Handelns in Diktaturen, in Staaten und Gesellschaften also, deren Rechtspraxis selbst schon evidentermaßen nicht der Gerechtigkeit dient, sondern auch in solchen politischen Systemen, die die Prinzipien der Rechtsstaatlichkeit und der Gewaltenteilung respektieren. Ein solches vom Rechtssystem nicht gedecktes oder sogar mit Sanktionen belegtes Handeln sollte freilich mit der Absicht verbunden sein, das geltende Recht so umzugestalten, daß aus der illegalen Handlung eine legale Handlung wird. Da auch das Kirchenrecht sich als nicht frei von Unvollkommenheit begreifen muß, ist auch hier prinzipiell mit entsprechenden Reformanstößen zu rechnen.

Um Mißverständnissen vorzubeugen, sei noch ausdrücklich darauf hingewiesen, daß aus der hier nicht erst eingeführten, sondern lediglich in Erinnerung gerufenen Unterscheidung und Zuordnung nicht folgt, daß das jeweils erreichte und fortlaufend verbesserte Rechtsinstitut nicht als eine sittliche Errungenschaft betrachtet werden könne. Das Recht will Ausdruck sittlicher Überzeugungen sein, es will der Verwirklichung von Gerechtigkeit dienen. Aber gerade deshalb darf es sich nicht selbst als letztinstanzlichen Ort ethischer Urteilsfindung begreifen.

d) Da das der Kirche als Organisation zugeordnete und von ihr selbst ausgebildete Recht keine andere Funktion wahrnimmt als das im außerkirchlichen Bereich geltende und entwickelte Recht und da das Kirchenrecht auch denselben Abgrenzungen gegenüber Ordnung und Ethik unterliegt, kann das Kirchenrecht als bereichsspezifisches Regulationsinstrument doch qua Recht nicht als Sonderrecht verstanden und gestaltet werden. Vielmehr

---

[54] So ist es, um ein aktuelles Beispiel aufzugreifen, eine kategoriale Überbewertung der Funktion des Bundesverfassungsgerichts, wenn diejenigen, die das umstrittene Urteil vom 28.5.1993 zur Reform des Paragraphen 218 kritisieren, geltend zu machen versuchen, das Urteil diskriminiere irgend jemanden „moralisch". Zur Interpretation des genannten Urteils vgl. E. Stock: Nachtrag zum § 218 – Urteil des Bundesverfassungsgerichts, LM 34/1995, H.3, 16ff.

kann es nur nach Gesichtspunkten behandelt werden, die aus ethisch-rechtstheologischer Sicht für das Rechtsinstitut insgesamt gelten bzw. gelten sollen. Damit kommen wir zur positiven Erläuterung unserer oben formulierten These:

Zunächst ist festzustellen, daß sie der faktisch geltenden Einordnung der Kirche in das bürgerliche Recht entspricht. Nach dem in das Grundgesetz (Art. 140) aufgenommenen Artikel 137 der Weimarer Verfassung sind die Kirchen (bzw. „Religionsgesellschaften") „Körperschaften des öffentlichen Rechtes", die ihre „Rechtsfähigkeit nach den allgemeinen Vorschriften des bürgerlichen Rechtes" erworben haben. „Jede Religionsgesellschaft ordnet und verwaltet ihre Angelegenheit selbständig innerhalb der Schranken des für alle geltenden Gesetzes." Innerhalb dieser vom Gesetzgeber vorgeschriebenen Schranken entfaltet und gestaltet sich somit auch das Organisationsrecht der Kirche.

Die These geht aber über die Anerkennung des bestehenden Rechtszustandes hinaus, ohne ihn anzutasten. Schon die Tatsache, daß die Kirche sich nicht jedem Rechtssystem widerspruchslos anpassen kann, verweist darauf, daß im christlichen Wirklichkeitsverständnis Einsichten enthalten sind, die den Sachverhalt Recht insgesamt betreffen. Die Theologie, genauer: die theologische Ethik muß sich also an der Erarbeitung des allgemeinen Rechtsverständnisses und an der Interpretation der jeweils gegebenen rechtlichen Rahmenbedingungen – beziehungsweise an der Interpretation der in der Verfassung festgeschriebenen Grund- und Menschenrechte – beteiligen und von daher den Dialog mit der Rechtswissenschaft, insbesondere der Rechtsphilosophie, suchen.

Der Bezug auf das Recht überhaupt ergibt sich daraus, daß das christliche Wirklichkeitsverständnis die Praxissituation endlicher Freiheit, an der alle Menschen partizipieren, insgesamt in den Blick nimmt und qualifiziert und daß die Etablierung von Recht ein unverzichtbares Element in der Gestaltung dieser gemeinsamen Praxissituation darstellt. Der Blick des christlichen Glaubens richtet sich also nicht nur auf einzelne soziale Daseinsbereiche, sondern vorab auf die geschaffene und Deo creante kontinuierlich existierende Verfassung menschlicher Existenz, in der die mit begrenzten und je spezifischen Möglichkeiten freien Handelns ausgestatteten Individuen sich vorfinden und in deren Rahmen sie durch die Betätigung ihrer endlichen Freiheit die verschiedenen sozialen Interaktionsordnungen und Institutionen erst hervorbringen und fortlaufend verändern. Schöpfungstheologisch formuliert: Es gibt nicht mehrere Schöpfungsordnungen, sondern nur eine, nämlich die Praxissituation endlicher Freiheit, aus der alle Ordnungen der sozialen Welt durch menschliches Handeln entstehen.

Wie im Abschnitt über das Spektrum der Institutionen (§ 7, II, 1) deutlich wurde, gehören Herrschaft (Staat) und Recht zu den in jeder Gesellschaft mit Notwendigkeit auszubildenden und institutionell zu gestaltenden Leistungsbereichen. Sofern es in der Praxissituation endlicher Freiheit überhaupt geregelte Interaktionen geben soll, ist die Etablierung eines Rechtssystems, das die Einhaltung der Interaktionsregeln notfalls erzwingt, indem es den Regelverstoß mit Sanktionen belegt, offenbar nötig. Es wäre nur dann überflüssig, wenn alle Individuen die Regeln immer und freiwillig befolgen würden. Das wiederum ist nur unter zwei Bedingungen denkbar: Die Regeln müßten von allen Individuen geschaffen und als gut bzw. gerecht angesehen werden. Und: die menschliche Natur müßte sich von Grund auf ändern, nämlich dahingehend, daß niemand mehr den Hang verspürt, sich irgendwelche Vorteile auf Kosten anderer zu verschaffen.

Die erste Bedingung scheint – zumindest in Annäherung – realisierbar, und damit ergibt sich auch die Möglichkeit einer Minimierung des Rechts bzw. der Sanktionen. Je gerechter[55] die Ordnungen, Gesetze und Interaktionsregeln einer Gesellschaft werden und je demokratischer die Verfahren ihrer Fixierung, desto weniger wird die Justiz zu tun haben, desto weniger werden auch Sanktionen benötigt werden.

Die andere Bedingung jedoch, die Verwandlung der menschlichen Natur, wird sich auch durch die beste Erziehung nicht realisieren lassen – schon deshalb nicht, weil der Mensch immer in seinem Handeln vor der gleichen Alternative stehen wird: ob er das Wohl und die Interessen des Nächsten (oder auch der Allgemeinheit) in sein Handeln einbeziehen will oder nicht. Diese mit menschlichem Handeln als solchem verbundene Alternative konstituiert den Unterschied von Gut und Böse im Sinne christlicher (und humanistischer) Ethik. Eine grundsätzliche Verwandlung der menschlichen Natur, genauer: des menschlichen Herzens, die zwar nicht jene Alternative aufheben, wohl aber die Wahl der unguten Möglichkeiten beenden würde, steht nicht in der Macht planmäßiger menschlicher Einwirkung. Sie realisiert sich nach christlichem Wirklichkeits- und Existenzverständnis nur durch die Einwirkung des göttlichen Geistes: Die Ermöglichung des Glaubens und der damit gegebenen libertas christiana setzt, da sie ein Vorgang am menschlichen Herzen ist, auch die Liebe als ethische Grundkraft frei.[56] Und auf

---

[55] Dabei wäre vorauszusetzen, daß die Gerechtigkeit von Zuständen nach einem den allgemeinen Konsens findenden Gerechtigkeits*verständnis* beurteilt wird.

[56] Hierzu im einzelnen R. Preul: Wurzel und Wachstum christlicher Freiheit, ZThK 92/1995, S. 251-277.

diese Weise realisiert sie sich auch nur jeweils bei einzelnen Personen und auch bei diesen nur im Sinne einer anfangenden, stets von Rückschlägen bedrohten Erneuerung. Daß diese heilsame Wirksamkeit des Geistes nicht ohne menschliche Vermittlung des christlichen Wirklichkeitsverständnisses vonstatten geht und insofern auch die Anstrengung christlicher Bildungsarbeit in Familie, Schule und Kirche impliziert, ändert nichts an dem Grundsachverhalt, daß die Umwandlung der menschlichen Person nicht schon das Werk planvollen menschlichen Handelns ist. – Die so verstandene prinzipielle Nichterfüllbarkeit der zweiten Bedingung setzt freilich auch der Realisierung der ersten Bedingung gewisse Grenzen. Da die gemeinschaftlich zu schaffenden Regeln immer auch von Subjekten geschaffen werden, deren Personkern jene Verwandlung der menschlichen Natur nicht oder nur anfangsweise erfahren hat, ist prinzipiell damit zu rechnen, daß die Unvollkommenheit der regelschaffenden Personen auch die Qualität der Regeln sowie die Qualität des zu ihrer Beurteilung benötigten Gerechtigkeitsverständnisses trüben wird.

Aus dieser dem christlichen Wirklichkeitsverständnis eigenen realistischen Einschätzung der Praxissituation endlicher Freiheit ergeben sich Folgerungen für das allgemeine, alle Rechtsbereiche betreffende Rechtsverständnis.

Erstens: Soweit wir noch in einer unerlösten, durch die Verblendungsmacht der Sünde beherrschten Welt leben, hat das Recht nicht die Funktion, die Guten vor den Bösen zu schützen, sondern die Bösen vor den Bösen.[57] Das gilt auch innerhalb der Kirche. Die congregatio sanctorum ist die Gemeinschaft der glaubenden und damit begnadigten und geheiligten Sünder.[58] Weil die wahre Kirche, wie sie Gegenstand des Glaubens ist, aus glaubenden *Sündern* besteht und weil sich in der empirischen Kirche[59]

---

[57] So auch Herms, aaO. 236.

[58] In der Formulierung des neuen Kirchendokuments der Leuenberger Kirchengemeinschaft: „Am Anfang aller Überlegungen zur Kirche steht darum die Erkenntnis: Kirche – das sind wir Christen, als sündige und sterbliche Menschen von Gott zur Gemeinschaft der Heiligen im Glauben verbunden; die Kirche ist darum die Gemeinschaft der von Gott begnadigten und geheiligten Sünder, wie sie konkret in Gemeinden und Kirchen gelebt wird." Leuenberger Kirchengemeinschaft: Die Kirche Jesu Christi. Der reformatorische Beitrag zum ökumenischen Dialog über die kirchliche Einheit (Beratungsergebnis der vierten Vollversammlung, Wien-Lainz, 9. Mai 1994), epd-Dokumentation Nr. 25/94, 11.

[59] Es sei daran erinnert, daß die Unterscheidung zwischen wahrer oder geglaubter Kirche und sichtbarer oder empirischer Kirche *nicht* identisch ist mit der Unter-

überdies auch noch nicht glaubende Sünder (admixti hypocritae, CA 8)
befinden, deshalb hat das Kirchenrecht keine andere Funktion als das Recht
überhaupt: die Bösen vor gegenseitigen Übergriffen zu schützen. Dieses
Rechtsverständnis, das als theologisch begründetes Rechtsverständnis einer
tieferen Sicht des Menschen und der menschlichen Verhältnisse entspringt
als der übliche bürgerliche Moralismus, der die Menschen in Gute und Böse
einteilt, je nachdem, ob sie mit dem geltenden Recht in Konflikt geraten
oder nicht, korrespondiert der oben getroffenen Unterscheidung von Recht
und Ethik und bekräftigt sie aus theologischer Perspektive; es rekurriert aber
zugleich auf eine solche Ethik, die dem theologischen Begriff der Sünde als
der „Dislokation" des Menschen aus den schöpfungsgemäßen Relationen
zum Schöpfer und zum Mitgeschöpf Rechnung trägt. „Gut" und „gerecht"
im eigentlichen Sinne ist nur, wer durch den Glauben die „Relokation" in
die schöpfungsgemäßen Relationen erfährt.[60] Daher bewahrt dieses Rechtsverständnis jeden, der sich keines Gesetzesverstoßes schuldig macht, vor
pharisäerhafter Selbstgerechtigkeit.

Zweitens: Die Verbesserung des Kirchenrechts (des Organisationsrechts
der Kirche) muß daher stets den Zweck mitverfolgen, der Verbesserung des
gesamten und einheitlichen Rechtswesens zu dienen. „Arbeit an der Rechts-
gestalt der Kirche heißt Arbeit an all den Teilen des allgemeinen Rechts-
instituts, an denen die Kirche de facto partiziert: also am Strafrecht, am
Bürgerlichen Recht, am Öffentlichen Recht, am Vereinsrecht, am Staatskirchenrecht etc. Ebenso wie die sprachlichen Regelungen, die für die kirchliche Interaktion von Christen gelten, innerhalb der einheitlichen Metainstitution der Umgangssprache liegen, ebenso liegen auch die rechtlichen
Regelungen, welche die Interaktion von Christen betreffen, samt und son-
ders innerhalb der einheitlichen Metainstitution des gesamtgesellschaftlich
geltenden Rechts."[61] Diese Verhältnisbestimmung, die dem Sachverhalt

---

scheidung zwischen wahrer und falscher Kirche. Gegenstand der letzteren Unterscheidung ist die sichtbare und erlebbare Kirche, die je nach dem, ob sie die notae
ecclesiae von CA 7 aufweist oder nicht, als wahre oder falsche Kirche zu gelten
hat. So auch das in der vorigen Anm. zitierte Leuenberger Kirchendokument,
aaO. 15.

[60] Die Ausdrücke „Dislokation" und „Relokation" sind übernommen von Chr.
Schwöbel: Human Being as Relational Being: Twelve Theses for a Christian
Anthropology, in ders./C.E. Gunton (eds.): Persons, Divine and Human,
Edinburgh 1991, 141-165.

[61] E. Herms, aaO. 250.

Rechnung trägt, daß die Praxissituation endlicher Freiheit durch Interaktion von Christen mit Nichtchristen gestaltet wird, schließt nicht aus, sondern ein, daß die Ausgestaltung des Kirchenrechts auch eine Vorbildfunktion für die gesamte Rechtsentwicklung und Rechtspflege haben und innovative Wirkungen über den eigenen Regelungsbereich hinaus ausüben kann.

Drittens: Diejenigen Theologen und Rechtswissenschaftler, die sich theoretisch mit dem Kirchenrecht befassen, werden den Dialog und die Kooperation mit den Theoretikern anderer Rechtsgebiete, insbesondere mit der allgemeinen Rechtsphilosophie suchen. Die Dominanz von rechtstheologischen Konzeptionen, die auf ein eigenständiges und qualitativ verschiedenes Kirchenrecht hinausliefen, hat zum weitgehenden Abbruch der Beziehungen zur allgemeinen Rechtswissenschaft geführt. Die Wiederaufnahme des Dialogs muß aber in mehr als bloß äußerer Kontaktpflege bestehen; entscheidend ist, worüber man sich zu verständigen bzw. auseinanderzusetzen hat. Das kann nun nicht nur die Verzahnung einzelner rechtlicher Bestimmungen innerhalb und außerhalb der Kirche sein. Die theologische Lehre vom Recht ist die exemplarische Verdeutlichung des Sachverhalts, daß alle Arbeit am Recht nur sachgemäß geschieht, wenn dabei bis auf Grundlinien eines Wirklichkeitsverständnisses zurückgegangen wird, in deren Rahmen auch über die ethischen Grundüberzeugungen von Individuen, die ihrerseits konstitutiv für die Fixierung, Beurteilung und Korrektur von Regeln, Rechten und Gesetzen aller Art sind, entschieden wird. Solche ontologischen Grundannahmen können freilich nur je individuell evident sein und verantwortet werden. De facto liegen sie auch der theoretischen Arbeit solcher Rechtsgelehrter zugrunde, die ihre weltanschaulich-religiöse Ausrichtung nicht zu erkennen geben oder sogar methodisch dissimulieren. Aber genau darüber ist, wenn ein wirklicher Dialog entstehen soll, der öffentlich-wissenschaftliche Diskurs zu führen.[62] Die früher aufgestellte gesellschaftliche Sinnbestimmung der Kirche, eine Institution öffentlicher Kommunikation je individuell erkannten Lebenssinns zu sein[63], muß sich insbesondere auch am Beispiel öffentlicher Kommunikation über die Grundlagen des Rechts bewähren.

---

[62] Die Notwendigkeit eines solchen Diskurses wird auch betont von R. Dreier: Rechtstheorie und Rechtstheologie, in: U. Nembach (Hg.): Begründungen des Rechts, Göttingen 1979, 87-106.

[63] S.o. § 7, III, 2.

# IV. Die Repräsentation der Kirche

Unter diesem Titel soll nicht der alte Begriff der ecclesia repraesentativa erneuert werden. Er hatte auch nur vorübergehende Bedeutung im Rahmen eines von der lutherischen Orthodoxie entworfenen Begriffsgefüges, durch welches die Gesamtheit der Kirche als Personengemeinschaft aller Heiligen gegliedert wurde. Diese zusammenfassende Gemeinschaft nannte man „synthetische Kirche", „welche besteht aus der ganzen Gesamtheit der Gläubigen, sowohl der Lehrenden wie der Hörenden, der gegenwärtigen, vergangenen und zukünftigen Zeit, und der Ausdruck bezeichnet die innere und äußere Gemeinschaft (societatem) der Gläubigen (fidelium) in Einer Kirche ...“[64] Diese synthetische Kirche wurde dann weiter differenziert in den Kreis der Berufenen und den Kreis der Erwählten, in sichtbare und unsichtbare Kirche, in ecclesia militans und ecclesia triumphans. Unter gleichsam kirchensoziologischem Aspekt tritt die ecclesia repraesentativa in Erscheinung: „Repräsentative Kirche heißt die Versammlung der Lehrer und Vorsteher der Kirchen, sei es aller, sei es einzelner, welche die synthetische Kirche repräsentiert und von ihr gleichsam eine Idee (ideam) darbietet und eine Abkürzung (compendium) macht ... Diese Versammlung der Doktoren und Bischöfe heißt anders ein Konzil, griechisch Synode.“[65] Dieser Begriff der ecclesia repraesentativa müßte, wollte man ihn in die Gegenwart übertragen, zumindest auch die in jeder Synode und jedem Kirchenvorstand vertretenen Laien sowie auch die ebenfalls Nichttheologen enthaltende Kirchenleitung und das Kirchenamt umfassen, wäre also nicht mehr auf den Gegensatz von „Lehrenden" und „Hörenden" bezogen. Auch müßte er mit dem Gedanken des allgemeinen Priestertums, zu dem er wohl von Anfang an in Spannung stand, in Einklang gebracht werden. Das dürften hinreichende Gründe sein, diesen Begriff jedenfalls nicht wieder im Sinne eines ekklesiologischen bzw. kirchentheoretischen Terminus aufzugreifen. Allenfalls die allgemeine Vorstellung, daß der Pastor/die Pastorin die Kirche verkörpert, könnte man für einen Nachklang halten. Vor Ort ist es die Person des zuständigen Pastors, die durch ihre Amtsführung und ihr Leben für die Kirche „steht" und ihr Ansehen verbürgt.

Auf der Ebene überregionaler Öffentlichkeit wird diese Funktion durch Bischöfe und Kirchenpräsidenten sowie durch weitere Personen, die über-

---

[64] So J. A. Quenstedt in seiner Theologia didactico-polemica (1691), zit. nach E. Hirsch: Hilfsbuch zum Studium der Dogmatik, Berlin 1964[4], 371.

[65] Quenstedt nach Hirsch, aaO. 372.

parochiale Ämter bekleiden (Synodenpräsidenten, Pröpste, Leiter kirchlicher Einrichtungen), wahrgenommen. Diese kirchliche Prominenz von Amts wegen tritt bei Festakten und Empfängen in Erscheinung. Ihre Äußerungen finden auch die Beachtung der öffentlichen Medien, und diese veröffentlichten Äußerungen gelten dann – mehr oder weniger – als Stimme der Kirche. Jedenfalls prägen sie das Bild von der Kirche, auch dann, wenn sie aus dem Rahmen fallen. Diese nicht nur äußerliche, sondern inhaltliche Repräsentation der Kirche wird freilich nicht nur durch Personen ausgeübt, die ihre Prominenz einem herausragenden kirchlichen Amt verdanken. Prominenz wird auch durch Erregung öffentlichen Aufsehens erworben. So gesellt sich zur Prominenz von Amts wegen die Prominenz derjenigen, die durch irgendwelche Vorgänge – meistens durch Konflikte mit der sogenannten „Amtskirche" – zu Symbolfiguren wurden.[66] Sie vertreten bestimmte Richtungen in der Kirche, nicht selten erheben sie auch den Anspruch, die Stimme einer schweigenden Mehrheit zu sein.

In Bezug auf beiderlei Prominenz stellt sich nun aber die Frage, wer eigentlich in wessen Namen und in welcher Angelegenheit etwas öffentlich zu sagen befugt ist. Obwohl diese Frage oft, u.a. auch von einer Denkschrift der EKD[67], behandelt wurde, kann von allgemeiner Klarheit bezüglich ihrer Beantwortung derzeit nicht die Rede sein. Daß Symbolfiguren für all diejenigen Kirchenmitglieder sprechen, die sich mit ihnen in einem bestimmten Anliegen solidarisieren, ist ein vergleichsweise unproblematischer Fall. Umso dringlicher ist die Frage zu stellen, ob und inwiefern ein einzelner, etwa der Bischof, für die *ganze* Kirche, für *alle* Kirchenmitglieder sprechen kann.

Das ist nun sicher dann der Fall, wenn es darum geht, die Grundlagen der Evangelischen Kirche, den unterstellten Basiskonsens also, in Erinnerung zu rufen. Sofern nur zum Ausdruck gebracht werden soll, was ein jeder Christenmensch im evangelischen Sinne glaubt, kann dieses Bekenntnis im Namen aller von einem einzelnen formuliert werden. Im Fall des Bekenntnisses kann freilich *jeder* Christ, er sei Bischof, Pfarrer oder Laie, für alle

---

[66] Man denke etwa an Hans Küng oder Eugen Drewermann.

[67] Aufgaben und Grenzen kirchlicher Äußerungen zu gesellschaftlichen Fragen (1970), in: Die Denkschriften der Evangelischen Kirche in Deutschland, Bd. 1/ 1, hg. von der Kirchenkanzlei der EKD, Gütersloh 1978, 43-76. Zur Interpretation der Denkschrift vgl. K. Tanner: Organisation und Legitimation. Zum internen Stellenwert politischer Stellungnahmen der EKD, in: H. Abromeit/G. Wewer (Hg.): Die Kirche und die Politik. Beiträge zu einem ungeklärten Verhältnis, Opladen 1989, 201-220.

Kirchenmitglieder sprechen. Die Fähigkeit und Pflicht des christlichen Laien zu einem solchen Bekenntnis war ja auch der wesentliche Inhalt des Begriffs des allgemeinen Priestertums. Wieviele Kirchenmitglieder tatsächlich zu einem solchen Bekenntnis in der Lage sind, steht auf einem anderen Blatt. Wer auch immer den „als vorgegeben unterstellten identitätsstiftenden Grundkonsens"[68] angemessen – sei es in traditionellen oder auch in ganz neuen Wendungen[69] – öffentlich artikuliert, darf nicht nur den Anspruch erheben, nicht allein für sich selbst zu sprechen, sondern er spricht de facto für die ganze Kirche.

In allen anderen Fällen als dem des Bekenntnisses ist diese Art der Stellvertretung in der Evangelischen Kirche nicht möglich. So verhält es sich bei allen kirchlichen Stellungnahmen zu sozialen, politischen, kulturellen, technologischen, ökologischen, militärischen, rechtlichen Problemen sowie auch zu Fragen, die aus aktuellem Anlaß gerade die Öffentlichkeit bewegen. Hier ist eine alle einschließende Stellvertretung schon deshalb nicht möglich, weil die gesamtgesellschaftliche Meinungsvielfalt sich auch innerhalb der Kirche wiederfindet, es also *die* Meinung der Kirche gar nicht geben kann. Dennoch werden Stellungnahmen auch von kirchlicher Seite erwartet. Und eine Kirche, die sich mit Rücksicht auf den innerkirchlichen Meinungspluralismus prinzipiell in Schweigen hüllen würde, die würde eben damit auch der gesellschaftlichen Öffentlichkeit etwas schuldig bleiben. Mehr noch: sie würde sich u. U. auch schuldig machen, ganz abgesehen davon, daß sie sich selbst um einen Teil ihrer gesellschaftlichen Relevanz bringen würde. Wenn auch Zurückhaltung in manchen Fragen angebracht ist – die Kirche muß nicht zu allem etwas sagen –, so kommt doch eine gänzliche Verweigerung nicht in Betracht. Dann stellt sich aber die Frage, wie bei den genannten Punkten so etwas wie Repräsentanz der Kirche möglich sein soll. Sie wird de facto wahrgenommen durch Kammern und Synoden, die von sich aus ein Votum in die öffentliche Diskussion hineingeben, sowie durch einzelne prominente Christen und Kirchenleute, die um Stellungnahmen gebeten, interviewt oder zu Talkshows eingeladen werden. Solche Stellungnahmen von Gremien und herausragenden Einzelnen repräsentieren so oder so das Ganze der Kirche, sie prägen das Bild von Kirche in der Öffentlichkeit mit, indem sie ihr Ansehen stärken oder schwächen. Die Frage ist aber, wie solche Repräsentanz der Kirche von den jeweils öffentlich Hervortretenden selbst und wie sie in der inner- und außerkirchlichen Öffentlichkeit verstanden wird.

---

[68] Tanner, aaO. 214.
[69] Letzteres gilt z.B. für jede gelungene Predigt.

Zur Beantwortung dieser Frage möchte ich drei *Repräsentanzmodelle* unterscheiden und auf die Evangelische Kirche anwenden, Modelle, die unterschiedliche Möglichkeiten darstellen, wie überhaupt ein soziales Ganzes durch seine organisatorische Spitze oder auch durch Symbolfiguren, die ihre Prominenz der Medienkultur verdanken, repräsentiert werden kann.[70]

1. Das soziale System kann nach einem *hierarchisch* oder *autoritativ* zu nennenden Modell repräsentiert werden. Danach gilt das, was die Organisationsspitze sagt, zwangsläufig für alle Mitglieder der Organisation, einfach deshalb, *weil* es die Spitze sagt. Dieses Gelten für das Ganze und für alle darin eingeschlossenen Mitglieder ergibt sich daraus, daß sich die Spitze entweder auf besondere Amtsvollmacht bzw. höheren Beistand berufen darf oder daß ihr per Satzung eine entsprechende Kompetenz zugestanden wird, oder auch – wo beides fehlt – ergibt sich diese Geltung aus gruppendynamisch erklärbaren Projektions- und Identifikationsprozessen, durch welche die Spitze in die Position des opinion leaders gebracht wurde. Widerspruch gegen Verlautbarungen der Spitze wird von dieser, sofern der Widerspruch nicht von außen, sondern von der eigenen Basis kommt, als ein Zeichen von Insubordination und Illoyalität gewertet. Um solche Spannung möglichst gering zu halten, ist das Modell hierarchischer Repräsentanz i. d. R. mit einem System abgestufter Verbindlichkeiten, das den Widerspruch als mehr oder weniger gravierend erscheinen läßt, verknüpft.[71]

Es bedarf keiner ausführlichen Begründung, daß dieses Modell dem Wesen der Evangelischen Kirche nicht gemäß ist[72], obwohl es auch in ihr vergleichbare gruppendynamische Vorgänge gibt, die dann auch etwa das

---

[70]  Die Modelle wurden bereits vorgestellt bei R. Preul: Das öffentliche Auftreten der Kirche in der pluralistischen Gesellschaft, in: J. Mehlhausen (Hg.): Pluralismus und Identität, Gütersloh 1995, 505-517.

[71]  Klassisches Beispiel: das katholische System genau definierter abgestufter Gewißheits- und Gültigkeitsgrade: sententiae fide divina credendae, sententiae fide catholica credendae, sententiae communes, sententiae probabiliores (probabiles, bene fundatae), opiniones toleratae. Dieser positiven Reihe abnehmender Gewißheiten entspricht eine ebenso präzise Stufenfolge von Verwerflichkeitsgraden.

[72]  Die in Anm. 67 genannte Denkschrift weist es auch in aller Deutlichkeit zurück: „Ebensowenig wie die Predigt eines Bischofs authentischere und verbindlichere Auslegung des Evangeliums ist als die Predigt eines Gemeindepfarrers, ebensowenig ist eine kirchliche Äußerung zu gesellschaftlichen und politischen Fragen allein deshalb authentischer und verbindlicher als die Stellungnahme eines Gemeindekreises oder einzelner Christen, weil sie von einer Kirchenleitung oder einer Synode verabschiedet worden ist." AaO. 59.

Verhältnis von Symbolfiguren zu ihren Anhängern bestimmen. – Mit dem letztgenannten Beispiel kommt schon eine positive und zugleich schwächere Variante des Modells in den Blick, das von dem Verdikt auszunehmen ist. Wer sich *in* einem leitenden Amt, nicht *durch* es, persönliches Ansehen erwirbt, eine Autorität, die auf erwiesener Integrität und Kompetenz beruht, hat auch berechtigterweise einen größeren Einfluß auf die Meinung der Mitglieder. Diese auch in der Evangelischen Kirche wünschenswerte Art von Kreditwürdigkeit und entsprechender Gefolgschaft entsteht aber nicht durch ein Amt als solches, sondern dadurch, daß sich jemand einem Amt gewachsen zeigt.

2. Das zweite Modell könnte man das *Kommuniqué-Modell* der Repräsentanz nennen. Hier geht es um öffentliche Artikulation dessen, was Konsens und communis opinio ist, was zumindest von der breiten Majorität für richtig gehalten wird. Die Spitze repräsentiert das Ganze nach diesem Modell dadurch, daß sie tunlichst bemüht ist, nur das zum Ausdruck zu bringen, was entweder unstrittig ist oder was bereits beschlossene Sache ist oder was sich schon als gemeinsamer Nenner oder wenigstens als Mehrheitsposition abzeichnet. Sprachlich zeichnen sich solche Verlautbarungen durch abgewogene oder offengehaltene, auf Konsens- und Integrationsfähigkeit bedachte Formulierungen aus. Sofern auch Minderheitsvoten in das Kommuniqué aufzunehmen sind, werden sie als solche kenntlich gemacht. Parteivorsitzende und Parteisprecher, aber auch Kirchenführer verhalten sich häufig nach diesem Repräsentanzmodell. Es ist in der Tat unverzichtbar, auch in der Kirche. Es gewährleistet, daß sich die Gesamtheit der Kirchenmitglieder wenigstens in einigen öffentlichen Stellungnahmen vertreten fühlen kann, z. B. in solchen, in denen auf der Grundlage christlicher Ethik gegen offensichtliches Unrecht Einspruch erhoben wird. Ferner führt es dazu, daß bestimmte Tugenden des öffentlichen Auftretens kultiviert werden, Tugenden, die auch schon für den im vorhergehenden genannten Bekenntnisfall erforderlich sind. Andererseits ist es offenkundig, daß dieses Repräsentanzmodell, wenn es *allein* maßgeblich ist, auch Gefahren in sich birgt, etwa die Gefahr, daß überwiegend solche Personen an die Spitze von sozialen Systemen gelangen, die kein eigenes Profil, vielleicht nicht einmal den Mut dazu, zu erkennen geben, sondern sich nur durch einen ausgeprägten Sinn für common sense und sich abzeichnende Mehrheiten und Trends auszeichnen. Von einem Bischof beispielsweise ist aber mehr zu erwarten, als daß er sich nur als Sprachrohr der kirchlichen Gesamtheit oder Mehrheit betätigt.

3. Das Kommuniqué-Modell muß daher durch ein drittes Modell ergänzt werden, das ich das Modell der *exemplarischen Repräsentanz* nennen möchte. Die Spitze, oder wer auf andere Weise ins Rampenlicht der Öffentlichkeit

geraten ist, verdeutlicht durch profilierte Meinungsäußerung auf exemplarische Weise jene *Freiheit, die im Rahmen und auf der Grundlage der jeweiligen Organisation möglich ist und die jedem Mitglied in entsprechender Weise zukommt.* Im Falle der Evangelischen Kirche bedeutet das: Der Bischof – oder ein anderer prominenter Christ[73] – tritt als einzelner evangelischer Christ in Erscheinung und macht für seine Person exemplarischen Gebrauch von der Freiheit eines jeden Christenmenschen. Er verdeutlicht, wie er als Christ und Mitglied seiner Kirche ein bestimmtes Problem wahrnimmt und welche Lösung er für möglich, verantwortbar, erwägenswert hält. Stellungnahmen kirchlicher Prominenz nach dem Modell der exemplarischen Repräsentanz des Ganzen sind demnach dadurch gekennzeichnet, daß einerseits bezüglich der ganz konkreten Einschätzung von gesellschaftlich relevanten Problemen und ihrer Lösung kein dahinterstehender allgemeiner Konsens oder auch nur eine Mehrheitsposition unterstellt zu werden braucht und daß andererseits doch die Vereinbarkeit der individuellen Meinung mit den Grundlagen der Kirche verdeutlicht werden muß. Diese Grundlage, auf der und in deren Rahmen die profilierte Meinung sich gebildet hat, ist also nach Möglichkeit mitzuartikulieren. Daher ist das Verhalten prominenter Christen nach diesem Modell nicht nur ein Spezialfall der in der Staatsverfassung ohnehin garantierten Meinungs- und Gewissensfreiheit, denn nicht darauf beruft sich der betreffende Christ – jedenfalls nicht allein-, sondern auf den in der Kirche geltenden Bekenntniskonsens, auf dessen Grundlage ihm seine spezielle Option möglich und geboten erscheint.

Das Modell exemplarischer Repräsentanz ist nicht auf die Evangelische Kirche beschränkt[74], es entspricht aber in besonderem Maße ihrem Selbstverständnis und dürfte in ihr auch die größten Anwendungsmöglichkeiten finden. Gelangt es zu öffentlicher Anerkennung, dann ermöglicht es nicht nur pointierte Stellungnahmen, es verlangt auch seiner eigenen Logik gemäß nach einer gewissen *Ausführlichkeit,* nicht Weitschweifigkeit: Man kann sich nicht damit begnügen, nur kommuniquéartig das jeweilige Ergebnis oder die Quintessenz mitzuteilen – im Extremfall bloß, welcher von mehreren

---

[73]  Dieses Modell unterscheidet sich schon formal dadurch von den beiden anderen Repräsentanzmodellen, daß die Repräsentanz des Ganzen hier nicht allein durch die organisatorische Spitze, die Inhaber der höchsten offiziellen Ämter, wahrgenommen wird. Exemplarische Repräsentanz des Ganzen kann prinzipiell durch *jedes* Mitglied ausgeübt werden, sofern es nur als Mitglied *dieses* Ganzen öffentlich hervortritt.

[74]  Auch katholische Bischöfe treten nicht nur als Amtsträger und Repräsentanten der Einheit in Erscheinung! Im übrigen kommt das Modell auch bei Mitgliedern „weltlicher" Organisationen, etwa politischer Parteien, zur Anwendung.

Lösungsalternativen man den Vorzug gibt –, vielmehr ist auch der *Begründungszusammenhang* mitzuteilen, so daß sogar theologische Argumente (Argumente, die auf die Struktur des christlichen Wirklichkeitsverständnisses im Sinne der Reformation rekurrieren), für die sich die Presse in der Regel nicht interessiert, in die Öffentlichkeit gelangen können. Das Modell hat weiter den nicht zu unterschätzenden Vorteil, daß Meinungsäußerungen, die nicht der communis opinio entsprechen, auch ertragen werden können. Man muß nicht gleich seine Kirchenzugehörigkeit überdenken, wenn man sich inhaltlich nicht mit der Stellungnahme seines Bischofs identifizieren kann. Die Durchsetzung dieses Repräsentanzmodells als Modell von Äußerungen wie als Modell der Rezeption von Äußerungen wäre ein entscheidender Beitrag zur innerkirchlichen „Streitkultur".

Erhebliche Kommunikationsstörungen und Mißverständnisse könnten vermieden werden, wenn diese drei Repräsentanzmodelle in der kirchlichen und gesellschaftlichen Öffentlichkeit säuberlich unterschieden würden. Diejenigen, die öffentliche Stellungnahmen abgeben, müßten zu erkennen geben, nach welchem Modell sie sich äußern, und alle Rezipienten der Äußerung müßten danach einschätzen können, *in welchem* Sinne hier die Kirche repräsentiert wird und welche Folgerungen aus der Äußerung dementsprechend zulässig sind und welche nicht. De facto ist die durch kirchliche Stellungnahmen ausgelöste öffentliche Kommunikation von solcher Klarheit weit entfernt, weshalb auch der denkbar ärgste Fall von verzerrter Kommunikation nicht selten begegnet: Eine etwa von einem Bischof (oder einem anderen Inhaber eines leitenden kirchlichen Amtes) abgegebene dezidierte Stellungnahme, die also unausgesprochen dem dritten Modell folgt, wird von der Kirchenbasis, besonders der sog. Kerngemeinde, nach dem Kommuniqué-Modell aufgenommen und löst entsprechende Irritationen aus, während die Presse – etwa weil sie nicht hinreichend zwischen katholischen und evangelischen Bischöfen unterscheiden kann oder will – dieselbe Äußerung nach dem hierarchischen Modell interpretiert und entsprechende Parolen über den Kurs der Kirche in Umlauf setzt. Der öffentliche Diskurs, in den die Kirche wie alle gesellschaftlichen Kräfte einbezogen ist[75], bedarf bestimmter Kommunikationsregeln, die allen Diskursteilnehmern bewußt sein und von ihnen eingehalten werden müssen. Die deutliche Orientierung an den genannten Repräsentanzmodellen ist *eine* der hier erforderlichen Regeln.

---

[75] Die in Anm. 67 genannte Denkschrift der EKD bekennt sich klar zur Teilnahme der Kirche an einem solchen Dialog aller gesellschaftlichen Kräfte und Gruppen, vgl. aaO. 49ff.

# § 10 Kirche und Lebensgeschichte

Mit diesem Paragraphen beginnen wir die Erörterung einzelner *Funktionen der Kirche in der modernen Gesellschaft*. Dabei orientieren wir uns an den Funktionsbereichen, die schon § 1, II entwickelt wurden und die sich dadurch konstituieren, daß der seelsorgerliche Auftrag der Kirche mit bestimmten gesamtgesellschaftlichen Interessen oder Erfordernissen zusammentrifft. Die Funktionen, die die Kirche als Institution der modernen Gesellschaft zu erfüllen hat, kämen dagegen nur teilweise und mittelbar in den Blick, wenn wir, der üblichen und auch sinnvollen Aufteilung der Praktischen Theologie in Spezialdisziplinen folgend, bloß nach den verschiedenen Praxisfeldern des pastoralen Handelns fragen würden. Denn das Handeln des Pastors auf den verschiedenen Feldern seiner Praxis (Gottesdienst, Unterricht, Seelsorge, Kasualien) ist stets auf die Probleme und Bedürfnisse der je einzelnen Gemeindeglieder, mit denen er es zu tun hat, bezogen; es ist um so sachgemäßer, je mehr es diesem seinem konkreten Gegenüber vom Evangelium her gerecht wird. Daß er eben damit auch zu gesamtgesellschaftlich auftretenden bzw. erzeugten Problemen einen Beitrag leistet, ist gewiß wahr; als *mittelbare* Folge seines Handelns ist dieser Funktionszusammenhang jedoch seinem Blick in der Regel entzogen, jedenfalls ist diese Perspektive für ihn nicht unmittelbar praxisleitend. So leistet beispielsweise jede Predigt auch einen Beitrag zur Sprachkultur der Gesellschaft, aber das ist nicht das primäre Ziel einer Predigt. Daher bedarf es der Versetzung in eine besondere, eben durch die Frage nach den gesellschaftlichen Funktionen eröffnete Perspektive, um solche Zusammenhänge und damit die gesamte gesellschaftliche Wirksamkeit der Kirche als Institution in den Blick zu bekommen. Ferner besteht die in den abschließenden Paragraphen unserer Kirchentheorie zu behandelnde gesellschaftliche Wirksamkeit der Kirche auch nicht nur in den unmittelbaren Auswirkungen der pfarramtlichen Tätigkeiten. Sie schließt diese ein, geht aber darüber hinaus. Das ist bei der durch kirchliche Stellungnahmen, und nicht nur durch einzelne Predigten, ausgeübten Einwirkung der Kirche auf die Politik besonders evident.

Wir beginnen mit derjenigen Funktion der Kirche in der modernen Welt, die tatsächlich überwiegend durch das kirchliche Handeln im Pfarramt ausgeübt wird. Das ist die Funktion der *Lebensbegleitung*, die durch die kirchlichen *Amtshandlungen* wahrgenommen wird. Die Theorie der Amtshandlungen ist auch in keiner der praktisch-theologischen Subdisziplinen anzusiedeln; die für die Ausübung der Amtshandlungen benötigte theologi-

sche und pastorale Kompetenz integriert seelsorgerliche, homiletische, liturgische und religionspädagogische Elemente. Wir wenden uns zunächst den
Motiven zu, die hinter der Inanspruchnahme der Amtshandlungen zu vermuten sind (I), um dann in einem weiteren Schritt die Aufgabe der Amtshandlungen zu bestimmen (II).

## I. Amtshandlungen und volkskirchliche Bedürfnisse

Die Stabilität der Volkskirche hängt zu einem guten Teil von der selbstverständlichen Inanspruchnahme der Amtshandlungen bzw. Kasualien ab,
auch wenn die entsprechenden Zahlen, wie ein Vergleich der EKD-
Mitgliedschaftsbefragungen zeigt, im ganzen rückläufig sind. Für viele Kirchenmitglieder vermittelt diese Inanspruchnahme – neben dem Besuch der
Christvesper – das Gefühl, noch zur Evangelischen Kirche zu gehören. Für
das Selbstverständnis derer, die nur aus kasuellen Anlässen die Kirche besuchen, „gilt dieses Verhalten als ,normal'; sie kommen bei den genannten
Gelegenheiten nicht nur ,mal', sondern ,überhaupt' zur Kirche".[1] Nach
Matthes sollten aber auch die Pastoren diese Form von Beteiligung am
kirchlichen Leben ernst nehmen, nicht nur aus Interesse an der Stabilität der
Volkskirche, sondern vor allem deshalb, weil die Kirche bei diesen Anlässen
für die Leute tatsächlich wichtig wird. Jedenfalls begehren sie die Amtshandlungen aus persönlichen Motiven, wie auch immer die im einzelnen aussehen.

Über Art und theologische Valenz dieser Motive und infolgedessen auch
über den Stellenwert und die Chancen der Kasualpraxis gehen nun freilich
die Meinungen auseinander. Als Beleg für überzogene Erwartungen pflegt
man Friedrich Niebergall zu zitieren: „So bekommen die Pfarrer ... gar
manchen vor die Flinte, der der kirchlichen Beeinflussung sonst unzugäng-
lich bliebe. Welche Gelegenheit, unaufdringlich das Evangelium an den
Mann zu bringen, wenigstens einmal zu sagen, was Evangelium ist und
welchen Wert es für das Leben hat ... Die Kasualreden sind die vorgescho-
benen Posten der Kirche, vorgeschoben in das zu erobernde Land der
Gleichgültigkeit und Gegnerschaft."[2] Man sollte freilich nicht übersehen,

---

[1]   J. Matthes: Amtshandlungen, Lebenszyklus und Lebensgeschichte. Überlegun-
      gen zur Struktur volkskirchlichen Teilnahmeverhaltens, in ders. (Hg.): Erneue-
      rung der Kirche, Gelnhausen 1975, 83-112, dort 110.
[2]   Fr. Niebergall: Die Kasualrede, Göttingen 1905, 27f.

daß Niebergall hier nur von einer „Gelegenheit", also Möglichkeit, nicht
vom tatsächlichen Erfolg der Kasualreden spricht. Auf der entgegengesetzten
Seite wird aber selbst diese Möglichkeit bestritten. So sind die Kasualien
nach Rudolf Bohren gerade keine missionarische Gelegenheit.[3] Denn nach
Bohrens pauschaler Einschätzung begehren die Leute gar nicht das geistliche
Wort zum Kasus, sondern nur den zeremoniellen Akt als solchen. Was der
Pfarrer redet, wird in Kauf genommen, wenn es nur der Pfarrer selbst ist, der
den Akt vollzieht. Die Punktualität des Kontaktes an dieser „Nahtstelle
Kirche – Welt"[4] spricht gegen den Erfolg der Kasualpraxis. „Die Tatsache,
daß die Amtshandlungen zum bürgerlichen Leben hinzugenommen werden,
ohne daß man das geistliche Leben will, läßt vermuten, daß sich die Menschen gegenüber der Botschaft bei den Kasualien immunisieren. So könnte
sich die gepriesene seelische Bereitschaft wohl als Bereitschaft zu religiösen
Praktiken und damit als Verstocktheit dem Evangelium gegenüber erweisen."[5] Begehrt werde die Segnung des kreatürlichen Lebens, wobei Christus
„zum Gott der Fruchtbarkeit, zum Garanten von Eheglück und gelungener
Erziehung" werde.[6]

Diese radikalkritische Einschätzung, der Bohren so beredten Ausdruck
verleiht, ist keineswegs singulär; sie ist von vielen geteilt worden, die das von
ihm in Umlauf gesetzte Schlagwort vom Pfarrer als „Zeremonienmeister"
und „Amtshändler" bereitwillig aufgenommen haben.[7] Sie mag in manchen
Fällen zutreffen, ist aber als pauschales Urteil nicht zu halten. Ihr ist nicht
nur namens einer differenzierteren Kenntnis und Würdigung der volks-

---

[3]    R. Bohren: Unsere Kasualpraxis – eine missionarische Gelegenheit? (TEH 147),
      München 1960.

[4]    Bohren, aaO. 16.

[5]    AaO. 19.

[6]    Ebd. Bohrens weitere Kritik an den Bedürfnissen derer, die die Amtshandlungen
      begehren, sowie an Pfarrern, die sich auf diese bürgerlichen Bedürfnisse einlassen
      und durch pastorale „Lyrik" die „Baalisierung" des Kasus vollenden, kann hier
      ebenso außer Betracht bleiben wie die von Bohren empfohlene Radikalkur.
      Bohrens Schrift hat eine lebhafte Debatte entfacht. Eine theologisch angemessene
      Erwiderung erfuhr sie durch M. Seitz: Unsere Kasualpraxis – eine gottesdienstliche
      Gelegenheit! In ders.: Praxis des Glaubens. Gottesdienst, Seelsorge und Spirituali-
      tät, Göttingen 1978, 42ff. Eine verläßliche Darstellung und kritische Würdi-
      gung der wichtigsten Positionen zum Thema der Amtshandlungen bei J. Dierken:
      Amtshandlungen in der Volkskirche. Zum theologischen Umgang mit Kasual-
      frömmigkeit (ThSt 137), Zürich 1991.

[7]    Nur wegen dieses exemplarischen Charakters der Kritik Bohrens setzen wir uns
      im folgenden mit ihr auseinander.

kirchlichen Wirklichkeit zu widersprechen, vor allem ist gegen sie geltend zu machen, daß der Maßstab, der hier angelegt wird, einem auf den Aspekt des Mitsterbens mit Christus reduzierten christlichen Wirklichkeitsverständnis und einem ebenso verengten Verständnis von religiöser Kommunikation entnommen ist. Die zugrundeliegende, bei Theologen der dialektischen Richtung besonders häufig anzutreffende Denkfigur ist die Reduktion eines strukturellen Ganzen – hier: der christlichen Existenz – auf sein Spezifikum. Das Spezifikum ist gewiß kein bloßes Additum, das man eventuell auch einmal ausklammern könnte, es liefert vielmehr den Schlüssel zum Verständnis des Ganzen, aber es ist nicht das Ganze.[8] So ist die reformatorische Rechtfertigungslehre, um deren Relevanz es auch Bohren zentral geht, kein Artikel neben anderen Glaubensartikeln, sondern der den Sinn und Zusammenhang aller Glaubensartikel bzw. Lehrtopoi qualifizierende Aspekt, aber sie ist auch nicht schon die inhaltlich erschöpfende Darstellung des christlichen Wirklichkeitsverständnisses.[9]

Somit ist gegenüber Bohrens Attacke die Frage zu stellen, ob denn das kreatürliche Leben theologisch irrelevant sei. Gibt es nicht eine Beziehung zwischen der christologisch akzentuierten Rechtfertigungsbotschaft – oder in Bohrens Zuspitzung: zwischen dem Thema von Sünde, Buße und Vergebung – und dem, wovon die Lehre von der Schöpfung handelt? Und ist nicht eine Trauung oder eine Taufe ein guter Anlaß, gerade diese Verbindung erfahrensnah zur Sprache zu bringen? Ferner ist zu fragen, ob der von Bohren abgewertete Ritus nicht auch eine Form der Kommunikation des Rechtfertigungsglaubens sein könne – eine Frage, die bei Bohren gar nicht auftaucht.[10] Aufgrund einer verengten theologischen Perspektive kommen nur die möglichen Abirrungen, nicht aber die ebenso gegebenen Chancen der Kasualien in der Volkskirche in den Blick.

Wie steht es mit den Motiven derjenigen, die diesen Dienst der Kirche für sich in Anspruch nehmen? Hier ist natürlich mit der gesamten Bandbreite möglicher Einstellungen zu rechnen.

---

[8]  Zur Kritik jener reduktionistischen Denkfigur in einem anderen, aber vergleichbaren Zusammenhang s. R. Preul: Religion – Bildung – Sozialisation. Studien zur Grundlegung einer religionspädagogischen Bildungstheorie, Gütersloh 1980, 87ff.

[9]  Dieser Zusammenhang ist exemplarisch durchreflektiert worden bei W. Härle/E. Herms: Rechtfertigung. Das Wirklichkeitsverständnis des christlichen Glaubens, Göttingen 1979.

[10]  Zu dieser Frage vgl. bes. W. Jetter: Der Kasus und das Ritual. Amtshandlungen in der Volkskirche, WPKG (PTh) 65/1976, 208-223.

Auf der einen Seite begegnet gewiß auch jene durch den besonderen Anlaß selbst begünstigte Aufgeschlossenheit und Ansprechbarkeit für die Verkündigung der Kirche, die wohl auch Niebergall voraussetzte, auch wenn er sie nicht so angemessen formulierte wie beispielsweise Wolfgang Trillhaas: Dem „Weltverstand derer, welche die kirchlichen Dienste begehren … geht es darum, daß die unvermeidlichen ,Feierstunden' des Lebens nicht schal, sondern durch Ausweitung des Horizontes lohnender werden, daß ein ,religiöser' Sinn dieser Augenblicke zum Ausdruck kommt, den der Mensch des profanen Alltags heute nicht mehr oder nur ganz unbeholfen zu artikulieren vermag … Aber der Mensch verfügt über die Ausweitung seines Lebenshorizontes nicht selber, und darum bittet er um den Dienst der Kirche, um zu seinen wichtigen Lebenswendungen und Todesbegegnungen ein Wort aus einer anderen Dimension zu vernehmen. Der Prediger, welcher diese oft unaussprechliche und doch so handfeste Motivierung verachten würde, wäre nicht wohlberaten."[11] Außerdem wäre es auch unklug, die Konzeption der Amtshandlungen ausschließlich auf solche Kirchenmitglieder einzustellen, die dem Gottesdienst im übrigen ganz fernbleiben. Gerade bei den Kasualgottesdiensten ist mit einem höchst gemischten Publikum zu rechnen.

Auf der anderen Seite gibt es natürlich auch diejenigen, die tatsächlich nur eine „schöne Feier" wollen und die Zeremonie als sentimentale Überhöhung ihres bürgerlichen Lebens mißbrauchen. Sie wollen sich selbst möglichst wenig beteiligen – die Lieder werden als Peinlichkeit empfunden – und die Sache zwar gerührt, aber als Zuschauer miterleben.

Die Motive der volkskirchlichen Mehrheit liegen zwischen echter Aufgeschlossenheit für das Wort der Kirche und bloßem Dekorationsbedürfnis. Die durch Umfragen erhobenen und immer wieder bestätigten Erwartungen werden seit Karl Wilhelm Dahms Buch über den Pfarrerberuf üblicherweise in zwei Gruppen eingeteilt: „Darstellung und Vermittlung von grundlegenden Deutungs- und Wertsystemen" und „helfende Begleitung in Krisensituationen und an Knotenpunkten des Lebens".[12] Dazu kommt in jüngeren Untersuchungen wie der zweiten EKD-Mitgliedschaftsumfrage ein weiterer aus vielfältigen Elementen zusammengesetzter Erwartungskomplex, der aber eher auf einzelne Gruppen in der Kirche zu beziehen ist: Die Kirche soll sich

---

[11]  W. Trillhaas: Einführung in die Predigtlehre, Darmstadt 1974, 73; vgl. auch den der Kasualrede gewidmeten § 15 in W. Trillhaas: Evangelische Predigtlehre, München 1964⁵, 162ff.

[12]  K. W. Dahm: Beruf: Pfarrer. Empirische Aspekte, München 1971, 305f; diese Erwartungskomplexe werden dort als „Funktionsbereiche" bezeichnet.

engagieren in politischen, sozialen und ökologischen Fragen und sich um die verschiedenen Rand- und Problemgruppen in der Gesellschaft kümmern. Diese Kirche der „Bewegungen" ist Sache engagierter Minderheiten.[13]

Unmittelbar einschlägig für die Theorie der Amtshandlungen ist natürlich der zweite Erwartungskomplex, der auch bei vielen Kirchenmitgliedern im Vordergrund steht und das Erwartungsbild einer seelsorgerlichen Kirche prägt. Dem ersten Erwartungskomplex wird vor allem die sonntägliche Predigt zugeordnet; man wünscht bzw. hält es für selbstverständlich, daß dieses Sinnangebot regelmäßig erfolgt, auch wenn man selbst keinen regelmäßigen Gebrauch davon macht. Man rechnet aber auch damit, daß man mit diesem Sinnangebot anläßlich der Kasualien in Berührung kommt, auch wenn sie nur vorübergehender Art ist. Insofern ist ein – vielleicht undeutliches – Verlangen nach dem, was Trillhaas „Ausweitung des Lebenshorizontes" nennt, bei vielen Kirchenmitgliedern zu vermuten. Ferner ist jenes schon im Kapitel über die Volkskirche als Gegengewicht zum Individualisierungszwang der modernen Gesellschaft analysierte Bedürfnis nach Einpassung in bewährte und stabile Formen des Umgangs mit lebensgeschichtlich bedeutsamen Ereignissen in Rechnung zu stellen[14], ein Bedürfnis, das insbesondere durch die rituelle Gestaltung des Kasus befriedigt wird. Dieses Bedürfnis kann sich aber auch in dem Gefühl oder Zutrauen äußern, daß der Pfarrer/die Pfarrerin noch am ehesten in der Lage sein wird, zu schwerwiegenden und zunächst sprachlos machenden Ereignissen das angemessene Wort zu finden. Der Wunsch nach einer seelsorgerlichen Kirche, die Hilfe in Krisensituationen leistet, impliziert eben auch das Eingeständnis eigener Hilfsbedürftigkeit. Man weiß, daß man in eine Lage kommen kann, in der die eigene „Autonomie" überfordert ist und seelsorgerliche Begleitung nötig wird, und sei es nur in der Form, daß der Pfarrer/die Pfarrerin als Bezugs- und Vertrauensperson zur Verfügung steht. Dieses geheime Wissen um die eigene Hilfsbedürftigkeit und Schwäche geht weit über die von Bohren als normal unterstellte Motivationsstruktur hinaus.

Als Defizit unserer Kasualpraxis, das aber auch durch eine geänderte Kasualpraxis kaum zu beheben sein wird, ist freilich festzustellen, daß es in der Regel nicht gelingt, über die Kasualien einen Gemeindebezug der Betroffenen herzustellen. Kasualgemeinde und Gottesdienstgemeinde sind verschiedene Gruppen. Was eine Angelegenheit der ganzen Gemeinde sein

---

[13] Was wird aus der Kirche? Ergebnisse der zweiten EKD-Umfrage über Kirchenmitgliedschaft, hg. von J. Hanselmann/H.Hild/E. Lohse, Gütersloh 1984, 85.

[14] S.o. § 8, II, 1.

sollte, bleibt eine Angelegenheit zwischen dem Pfarrer und der ad hoc zusammentretenden und sich wieder auflösenden Kasualgemeinde. Der Vorschlag von Klaus-Peter Jörns, nicht nur – wie schon weithin üblich – die Taufe, sondern alle Kasualien in den normalen Gemeindegottesdienst zu integrieren[15], wird sich kaum realisieren lassen. Es gelingt also in den meisten Fällen nicht, die beiden volkskirchlichen Erwartungskomplexe und Funktionsbereiche dauerhaft zu verbinden.

## II. Rekonstruktion der Lebensgeschichte – Zur Funktion der Amtshandlungen

Im Sinne einer seelsorgerlichen Kirche sollen die Kasualien ein Stück Lebensbegleitung leisten – nicht kontinuierlich, sondern an herausgehobenen Punkten im Lebenslauf. Nun sind die Kasualien tatsächlich auf solche Punkte bezogen. Es fragt sich freilich, ob es die wesentlichen Punkte sind, die auch subjektiv als solche erfahren werden. Daher können wir nicht einfach von den gegebenen Kasualien ausgehen und ihre jeweilige Aufgabe bestimmen. Vielmehr muß zunächst der Begriff des Lebenslaufs bzw. das, was er bezeichnet, für sich thematisiert werden. Läßt sich so etwas wie eine Struktur des Lebenslaufs unter modernen Lebensbedingungen ermitteln? Welche „Knotenpunkte" sind denn zu erkennen, und lassen sich typische Phasen unterscheiden?

### 1. Lebenslauf, Lebenszyklus, Lebensgeschichte

Joachim Matthes hat den Begriff des Lebenslaufs durch die Unterscheidung von „Lebenszyklus" und „Lebensgeschichte" zu differenzieren versucht.[16] Unter „Lebenszyklus" soll „die gesamtgesellschaftlich geregelte und geltende Bestimmung des ‚normalen' Lebenslaufs mit seinen ‚typischen' Einschnitten, Höhepunkten und Krisen verstanden werden". Dazu gehört auch die Art, wie diese gesellschaftliche Gliederung des natürlichen Wachstums- und Alterungsprozesses „in institutionalisierte Überleitungsregelungen mit sie

---

[15]  K.-P. Jörns: Der Lebensbezug des Gottesdienstes. Studien zu seinem kirchlichen und kulturellen Kontext, München 1988, bes. 139ff.

[16]  J. Matthes, aaO. 88ff; dort auch die folgenden Zitate.

begleitenden Ritualen umgesetzt wird". Mit diesem Aspekt der institutionellen und rituellen Regelung wird der Sache nach der Begriff des Passageritus[17], der in der Theorie der Amtshandlungen vielfältige Verwendung erfuhr[18] mit dem Begriff des Lebenszyklus verbunden. „Unter ‚Lebensgeschichte' sollte demgegenüber die biographische *Verarbeitung* der lebensgeschichtlichen ‚Vorgabe' in der konkreten Lebenserfahrung des einzelnen Gesellschaftsmitglieds verstanden werden." Die Lebenserfahrung wird vom Einzelnen unter Bezugnahme auf die Lebenszyklusstruktur geordnet und zu seiner Biographie strukturiert. Diese auf dem Hintergrund vorgegebener und gesellschaftlich geregelter Verlaufsstruktur erfolgende Verarbeitung der konkreten einzelnen Lebenserfahrungen zu einer Biographie oder Lebensgeschichte kann freilich – so fügen wir über Matthes' Begriffsgefüge hinausgehend hinzu – nur gelingen durch eine *Interpretation*, die der Einzelne selber zu leisten und deren Sinnkriterien er selber zu erarbeiten hat.

Hier ist nun auch die Funktion der Kasualien zu verorten. Sie sollen einen maßgeblichen Beitrag dazu leisten, daß der Einzelne sich seine Biographie im Sinne einer Interpretation seiner bisherigen Lebenserfahrungen konstruieren kann. Die Kasualien sind also eine Hilfe zur Autobiographie.[19] Hier stellen sich nun zwei Fragen: Inwiefern fallen die Kasualien mit denjenigen Einschnitten, Höhepunkten oder Krisen im Lebenslauf zusammen, denen sie zugeordnet sind (a)? Und: Sind damit alle wesentlichen Ereignisse dieser Art abgedeckt (b)?

a) Die erste Frage kann mit einem vorsichtigen Ja beantwortet werden. Ein Vorbehalt ist angebracht, weil die volkskirchliche Kasualpraxis der zugrundeliegenden Konzeption nicht immer entspricht.

---

[17] Grundlegend, obwohl in vielen Einzelheiten überholt: A. van Gennep: Übergangsriten (Les rites de passage), Frankfurt/New York 1986 (französische Originalausgabe 1909).

[18] Verwiesen sei nur auf F. Ahuis: Der Kasualgottesdienst. Zwischen Übergangsritus und Amtshandlung, Stuttgart 1985.

[19] Zu den Elementen autobiographischer Reflexion vgl. R. Preul: Lebenserfahrung und Glaube, MJTh III, 1-22, bes. 1-6. Autobiographie im oben verwendeten vorliterarischen Sinne ist von der entsprechenden Literaturgattung schon insofern zu unterscheiden, als sie manches enthält, was einem lesenden Publikum nicht unterbreitet zu werden pflegt. Interessante Beobachtungen zur zeitgenössischen literarischen Biographie und Autobiographie in dem Forschungsbericht von R. Staats: Die zeitgenössische Theologenautobiographie als theologisches Problem, VuF 39/1994, 62-81.

Eine vollständige Kongruenz ist eigentlich nur bei der *Bestattung*[20] gegeben; denn diese läßt sich nicht nach Belieben aufschieben. Woran es hier
jedoch häufig fehlt, ist die Begleitung der Hinterbliebenen in ihrem Trauer-
prozeß. Fast immer fehlt auch die Begleitung im vorhergehenden Sterbe-
prozeß sowie die vorbereitende und akute Begleitung der Angehörigen; der
Pfarrer wird i.d.R. erst nach Eintritt des Todesfalles gerufen.

Auch die *Säuglingstaufe* fällt mit dem Ereignis, das für das Kind selber
und für die Eltern einen Wendepunkt bedeutet, zusammen, sofern man sie
nicht, wie es immer häufiger geschieht, allzulange hinauszögert. Die Erwachsenentaufe (oder eine kurz vor der Konfirmation nachgeholte Taufe)
ließe den durch die Geburt markierten Einschnitt im Leben des Kindes wie
der Eltern unbesetzt.

Die Eheschließung ist ohne Zweifel ein Wende- oder Höhepunkt im
Lebenslauf, der u.U. auch mit einer Krise verbunden ist, wenn nicht für das
Paar, dann vielleicht für die Eltern, die „ihr Kind" nun endgültig freigeben
und diesen Statuswechsel verarbeiten müssen. Mit diesem Akt fällt die
kirchliche *Trauung* zusammen, falls man nicht der Unsitte folgt, zwischen
standesamtlicher und kirchlicher Trauung erst einmal etliche Monate ver-
streichen zu lassen; von einem kirchlich gestalteten Übergangsritus kann
dann kaum mehr die Rede sein. Ferner ist hier zu bedenken, daß auch im
günstigsten Falle die kirchliche Trauung nicht mit dem lebensgeschichtlich
entscheidenden persönlichen Entschluß der Partner und i.d.R. auch nicht
mit der Aufnahme intimer Beziehungen koinzidiert, sondern nur mit dem
staatsbürgerlichen Akt der Veröffentlichung, Verrechtlichung und Vergesellschaftung einer schon bestehenden Beziehung. Es hat freilich seinen guten
Sinn, daß die Kirche nicht bei dem gefühlsmäßig einschneidenden Erlebnis
und bei dem gegenseitig bindenden Versprechen präsent sein kann, sondern
erst dann, wenn daraus öffentlich verbindliche Konsequenzen gezogen werden.

Die *Konfirmation* schließlich, die früher häufig mit dem Ende der Schul-
zeit und dem Beginn der Berufsausbildung und Erwerbstätigkeit, also mit
einem objektiven Statuswechsel zusammenfiel, ist heute i.d.R. mit keinem
lebenszyklisch herausgehobenen Ereignis mehr verknüpft. Die Konfirmation als Passageritus zu verstehen und auszugestalten, will daher noch weniger
einleuchten als eine entsprechende Interpretation der anderen Kasualien.

---

[20] Dem Ausdruck „Bestattung" ist vor dem der „Beerdigung" der Vorzug zu geben,
weil er auch die – jedenfalls evangelischerseits – nicht mehr unter theologischen
Vorbehalt gestellte Feuerbestattung (und andere Bestattungsformen) umfaßt.

Zwar kann man versuchen, die Konfirmation auf die Probleme der Ablösung vom Elternhaus und des Erwachsenwerdens zu beziehen, wie es in eindrücklicher Weise Walter Neidhart vorgeschlagen hat.[21] Aber man muß sich zugleich klarmachen, daß es sich hier um einen längeren und in viele einzelne Schritte zerfallenden Prozeß handelt[22], der jedenfalls nicht durch ein einzelnes Fest zu forcieren ist.

Die Musterung unserer Kasualien unter lebenszyklischem Aspekt ergibt also, daß sie – mit gewissen Abstrichen bei der Konfirmation – tatsächlich von ihrer Konzeption her bestimmten Höhe- oder Knotenpunkten im Lebenslauf zugordnet sind, auch wenn in der Praxis Verschiebungen zu beobachten sind. Aber diese Verschiebungen sind als solche auch nur auf dem Hintergrund des an sich stimmigen und plausiblen lebenszyklisch-lebensgeschichtlichen Konzepts erkennbar und kritisierbar.

b) Die Frage, ob mit unseren Kasualien alle wesentlichen Punkte im Lebenslauf erfaßt sind, nötigt uns dazu, nach Gliederungsgesichtspunkten im Lebenslauf Ausschau zu halten, die zunächst einmal von aller rituellen und institutionellen Gestaltung solcher Situationen absehen. Dazu muß als erstes die Matthes' Begriff des Lebenszyklus zugrundeliegende Vorstellung von einem gesamtgesellschaftlich geregelten „normalen" Lebenslauf problematisiert werden. Fragt man nach Momenten, die sich in allen oder fast allen nicht vorzeitig beendeten Lebensläufen finden lassen, um aus ihnen einen Inbegriff von Normalität zu gewinnen, so läßt sich nur sehr weniges nennen: Geburt, Schulbildung, Berufsausbildung, evtl. Wehr- oder Zivildienst, Berufstätigkeit, Familiengründung, Rente, Lebensende. Ein solches Schema erfaßt nicht, daß heute vieles als normal – im Sinne von gesellschaftlich akzeptabel – gilt, was früher als defekt eingestuft wurde wie beispielsweise uneheliche Geburt, Scheidung, Konfessionslosigkeit, Alternativen zur Ehe, Verzicht auf Nachwuchs, psychische Erkrankung, wechselnde Intimbeziehungen, zunehmend auch die Homosexualität. „Normal" ist nicht nur das statistisch Häufige, sondern die *Vielfalt des Möglichen und Tolerierten*.[23] Vor allem aber erfaßt das Schema nicht die Vielzahl *gravierender Ereignisse*,

21 W. Neidhart: Die Bedeutung der nichttheologischen Faktoren für die Konfirmation, PTh 55/1966, 435ff.
22 Differenziert hierzu: H. Luther: Kirche und Adoleszenz. Theoretische Erwägungen zur Problematik des Konfirmandenunterrichts, ThPr 14/1979, 172-181.
23 Ausführliche Beschreibung des Sachverhalts, der im übrigen so bekannt ist, daß soziologische Belege eigentlich überflüssig sind, bei U. Beck: Risikogesellschaft. Auf dem Weg in eine andere Moderne, Franfurt a.M. 1986.

die völlig unabhängig von lebenszyklischen Einschnitten und Phasen Krisen auslösen können und die Biographie tiefgreifend beeinflussen, Ereignisse wie plötzliche Invalidität, lebensgefährliche Erkrankung, Zerbrechen von Liebesbeziehungen und Freundschaften, berufsbedingter Ortswechsel, Verlust des Arbeitsplatzes, Verfolgung, ungerechte Beschuldigung, Intrigen usf. Dabei darf nicht vergessen werden, daß auch glückliche Ereignisse, plötzliche Erfolge aller Art, sofern sie den Horizont realistischer Erwartung überschreiten, den Menschen aus der Bahn werfen können. All diese *kontingenten* Erfahrungen sind für die betroffenen Personen lebensgeschichtlich ebenso bedeutsam und krisenträchtig[24] wie diejenigen Ereignisse, die sich einem lebenszyklischen Schema „normaler" Erwartungen zuordnen lassen. Bei all diesen Widerfahrnissen ist die Kirche nicht von Amts wegen präsent; sie werden günstigstenfalls Anlaß zu individueller Seelsorge. Es ließe sich auch kein Kasualsystem erfinden, das all diesen unvorhersehbaren Wechselfällen gerecht werden könnte.

Orientiert man sich an *psychologischen Theorien* zum Lebenslauf bzw. Lebenszyklus, so treten weitere Knotenpunkte und Konfliktphasen in den Blick, die in erster Linie etwas mit den Bedingungen menschlicher Reifung und Identitätsgewinnung sowie mit der Selbsterfahrung und der Bewältigung der Zeitlichkeit und Begrenztheit des menschlichen Lebens zu tun haben. Zu denken ist etwa an Erik H. Eriksons berühmtes epigenetisches Schema der in jeder Entwicklung zu durchlaufenden acht Konfliktphasen.[25] In diesem Schema sind die klassischen psychosexuellen Entwicklungsphasen, wie sie die psychoanalytische Forschung erhoben hat, enthalten und zugleich im Blick auf den vollständigen Lebenszyklus erweitert worden. Ich hebe hier nur die fünfte Phase „Identität gegen Identitätsdiffusion" und die siebte Phase „Generativität gegen Selbstabsorption" hervor, Phasen, in denen es um die zentralen Selbstfindungsprobleme in der Adoleszenz und um die Bewältigung von Problemen in der Lebensmitte geht. Auch hier stellt sich die Frage nach der Präsenz der Kirche. Die hier erforderliche Lebensbegleitung kann freilich kaum durch Kasualien – etwa im Sinne der von

---

[24] Krisen des „personalen Systems" treten stets in dreifacher Gestalt auf: als psychische Krise, als Orientierungs- oder Handlungskrise und als Sinnkrise. Näheres zur Theorie der Krise bei R. Preul: Seelsorge als Bewältigung von Lebenssituationen, in: J. Scharfenberg (Hg.): Freiheit und Methode. Wege christlicher Einzelseelsorge, Göttingen u. Wien 1979, 61-81, bes. 69ff.

[25] E.H. Erikson: Identität und Lebenszyklus, Frankfurt a.M. 1966 (am. 1959); ders.: Kindheit und Gesellschaft, Stuttgart 1968³ (am. 1950), 241-270.

Matthes angeregten „multiplen, mehrdimensionalen Amtshandlungspraxis"[26] – erfolgen, sondern eher durch einfallsreiche Veranstaltungen ge-
meindepädagogischer Art.

In eine ähnliche Richtung weisen die Ergebnisse der sog. *Lebenslaufforschung,* die sich insbesondere mit den „vergessenen Jahren" der Lebensmitte befaßt hat.[27] Die hier, zwischen dem 30. und 60. Lebensjahr, „norma-
lerweise" ablaufenden Prozesse, zu denen neben stabileren Phasen auch die
sog. midlife crisis gehört, werden im einzelnen recht unterschiedlich beschrieben. Man wird jedoch Simmons' gut abgesicherter Feststellung zustimmen können, daß es sich insgesamt um einen Prozeß handelt, in welchem ohne Rückzug aus äußeren Aktivitäten eine „Wendung nach innen"
vollzogen wird. Die Erfahrung, den Höhepunkt eigener Kraft und eigener
Möglichkeiten überschritten zu haben, die Notwendigkeit, nachwirkende
Elemente des Jugendalters mit reiferen Lebenserfahrungen verbinden und
die Wertigkeiten des Lebens neu bestimmen zu müssen, die Unmöglichkeit,
den Tod als reale Bedrohung dauerhaft verdrängen zu können und eine
Reihe weiterer Erfahrungsmomente bewirken eine verstärkte Aufmerksamkeit der Person auf sich selbst, auf ihre inneren Wandlungen. Eine kirchliche
Begleitung des Menschen auf seiner quiet journey kann sich nicht auf sog.
marker events – an denen diese ausgedehnte Lebensphase eher arm ist –
konzentrieren. Sie muß in erster Linie Gelegenheiten schaffen, die eigene
Lebensgeschichte zu erzählen, anderen mitzuteilen und mit der Lebensgeschichte anderer zu vergleichen. Es geht um „recognizing inner development,
sharing inner development and speaking to inner development in faith".[28]

---

[26] J. Matthes, aaO. 97ff.

[27] Verwiesen sei bes. auf R.L. Gould: Lebensstufen. Entwicklung und Veränderung
im Erwachsenenleben, Frankfurt a.M. 1979 (am. 1978); D.J. Levinson u.a.: Das
Leben des Mannes. Wirkungskrisen, Wendepunkte, Entwicklungschancen, Köln
1979 (am. 1978). Ausweitung auf die religionspädagogische Entwicklung bei
J.W. Fowler: Stufen des Glaubens. Die Psychologie der menschlichen Entwick-
lung und die Suche nach Sinn, Gütersloh 1991 (am. 1981). Sehr informativ:
H.C. Simmons: The Quiet Journey. Psychological Development and Religious
Growth from Ages Thirty to Sixty, in: Religious Education 71/1976, 132-142.
Zur religionspädagogischen Rezeption der Lebenslaufforschung vgl. bes. K.E.
Nipkow: Erwachsenwerden ohne Gott? Gotteserfahrung im Lebenslauf, Mün-
chen 1987.

[28] H.C. Simmons, aaO. 140.

## 2. Eine neue Amtshandlungspraxis?

Die humanwissenschaftliche Forschung zum Lebenszyklus und Lebenslauf hat eine Fülle von Wendepunkten und Krisen, Weichenstellungen und Prozessen ausfindig gemacht, die durch die übliche Kasualpraxis noch nicht hinreichend abgefangen und bearbeitet werden. Dazu kommen die zahlreichen unvorhersehbaren und die Lebensgeschichte des Menschen tiefgreifend verändernden Ereignisse, die zumindest einen seelsorgerlichen Bedarf signalisieren. Die durch gesellschaftliche Prozesse bewirkte Individualisierung und Fragmentierung von Biographien und die damit ermöglichte Vielzahl von Lebensformen ist zu einer ernsthaften Anfrage an die Modernität der am „normalen" Lebenszyklus orientierten Kasualpraxis geworden.[29] Müssen wir also eine ganz neue Kasualpraxis entwerfen? Zur Beantwortung dieser Frage sind folgende Gesichtspunkte in Rechnung zu stellen:

a) Zunächst ist daran zu erinnern, daß die Evangelische Kirche ihrem Wesen nach prinzipiell frei ist, ihre Amtshandlungspraxis auch radikal zu verändern, wenn es die Situation erfordert. Alle Formen kirchlichen Handelns unterliegen dem Kriterium der Zweckmäßigkeit in Bezug auf die Grundfunktion und -aufgabe der Verkündigung des Evangeliums in der jeweiligen Gegenwart. Die Kirche könnte danach auch die Zahl der Amtshandlungen erweitern oder reduzieren. Nur die Taufe steht – als Sakrament – grundsätzlich nicht zur Disposition. Aber es gibt kein dem Taufbefehl vergleichbares biblisches Mandat für Konfirmation, Trauung und Bestattung – was freilich nicht bedeutet, daß beispielsweise Trauung und kirchliche Bestattung keiner biblischen Begründung fähig und bedürftig wären. Und speziell im Blick auf die Konfirmation läßt sich geltend machen, daß zwar nicht der – wie auch immer zu gestaltende – Konfirmationsakt, wohl aber der Unterricht, der durch diesen Akt abgeschlossen wird, wegen seines Bezuges auf die Taufe im Taufbefehl von Mt. 28, 19f mitenthalten ist. Eine nur taufende, nicht aber die getaufte Jugend unterweisende Kirche würde dem widersprechen.

b) Weiter ist in Rechnung zu stellen, daß jedenfalls die herkömmlichen Kasualien nach wie vor begehrt werden und gerade als überlieferte Formen in volkskirchlicher Sitte und in den entsprechenden kirchlichen Lebensordnungen abgesichert sind. Nicht *ihre* Sinnhaftigkeit und Funktionsfähigkeit stehen zur Debatte, sondern nur die Frage, ob man sich weiteres

---

[29]    Vgl. hierzu I. Karle: Seelsorge in der Moderne. Eine Kritik der psychoanalytisch orientierten Seelsorgelehre, Neukirchen-Vluyn 1996.

einfallen lassen soll – etwa im Blick auf homosexuelle Paare, die für ihre lebenslange Partnerschaft ebenfalls einen kirchlichen Segensakt begehren. Es ist kaum damit zu rechnen, daß weitere kasualienähnliche Formen den gleichen Grad an Akzeptanz erlangen würden wie die traditionellen Amtshandlungen.

c) Allen Überlegungen zu einer „sekundären Amtshandlungspraxis" (Matthes) muß die Frage vorhergehen, welche Art von Begebenheiten im menschlichen Lebenslauf überhaupt einer regulären Beteiligung der Kirche bedürftig sind. Die Kirche kann ja nicht bei allen Anlässen von Amts wegen präsent sein. Eine reguläre, gleichsam habitualisierte Beteiligung der Kirche ist nur dann sinnvoll, wenn entweder im Leben der betroffenen Person(en) eine Entscheidung zu treffen ist, die sich auf das *ganze* weitere Leben auswirkt, oder wenn ein Ereignis eintritt, das Auswirkungen auf das ganze weitere Leben und alle darin noch zu treffenden Entscheidungen hat. Unter diesen Kriterien ist beispielsweise ein Jubiläum noch *kein* amtshandlungsbedürftiges Ereignis; denn Jahrestage sind zunächst rein mentale, vom Dezimalsystem abhängige Ereignisse. Die Anlässe der üblichen Kasualien – mit Ausnahme der Konfirmation, die jedoch im Zusammenhang mit der Taufe zu bedenken ist – genügen diesem Kriterium. Freilich gibt es, wie wir gesehen haben, eine Reihe weiterer Anlässe, die vor ihm bestehen können und daher auch Ausgangspunkt zusätzlicher Kasualien werden könnten.

Berücksichtigt man die drei genannten Gesichtspunkte, dann wird man die von Matthes gezogene Konsequenz einer integralen und erweiterten Amtshandlungspraxis für im ganzen realistisch und sachgemäß halten. Dabei geht es zunächst darum, die mit der Teilnahme an den Kasualien gegebenen Möglichkeiten optimal zu nutzen. Daher ist einmal das mit den Kasualien verbundene Seelsorgeangebot auszubauen. Weiter geht es darum, die unterschiedliche Art des Involviertseins aller am Kasualgottesdienst teilnehmenden Personen bzw. Personengruppen zu beachten. So betrifft eine Trauung nicht nur das in den Stand der Ehe tretende Paar, sondern auch dessen Familien, für die ebenfalls eine objektive Statusveränderung eintritt.[30] Ähnliches gilt für Taufe, Konfirmation und Bestattung. Und schließlich kann sich auch eine „sekundäre Kasualpraxis" entwickeln, in der kirchliche Regelungsformen für weitere Einschnitte im Lebenslauf gefunden werden. Hier kann es sich freilich nur um ein sehr flexibles und fakultatives Angebot kirchlicher Lebensbegleitung handeln. Bei solchen auf den Einzel-

---

[30] Vgl. dazu bes. W. Steck: Die soziale Funktion der kirchlichen Trauung, WPKG (PTh) 63/1974, 27-46.

fall bezogenen Formen – etwa besonderen Gottesdiensten, Andachten oder Feiern in der Kirche – werden die im Vordergrund stehenden seelsorgerlichen Elemente mit liturgisch-rituellen Elementen in je spezifischer Weise zu verbinden sein. Dauerhafte agendarische Formen werden sich kaum herausbilden.[31] In den Kontext dieser sekundären Kasualpraxis gehören auch Veranstaltungen, die Lebensdaten gewidmet sind, welche den o.g. strengen Kriterien der Amtshandlungsbedürftigkeit nicht standhalten: Erinnerungen an ein wesentliches Ereignis, Ortswechsel, Abschied und Trennung, Eintritt in den Ruhestand und ähnliche Anlässe.

Die Auseinandersetzung darüber, wie die Kirche in ihrer Seelsorge- und Amtshandlungspraxis auf den Tatbestand zunehmend individualisierter Lebensläufe und entsprechender „neuer Lebensformen" reagieren soll, wird vorerst nicht zum Stillstand kommen. Es kann nicht die Aufgabe dieser Kirchentheorie sein, hier neuen und konkreten Lösungen vorzugreifen. Sie müssen in situationsadäquater Anwendung der genannten drei Gesichtspunkte gefunden bzw. ausgehandelt werden. Das gilt nicht zuletzt auch für das besonders umstrittene Problem, wie kirchlicherseits mit hetero- und homosexuellen Lebenspartnerschaften und dem Begehren solcher Paare nach Alternativen und Äquivalenten zur herkömmlichen kirchlichen Trauung umzugehen ist. Ohne konkrete Lösungen vorzuschlagen, seien hier nur exkursweise ein paar Kriterien benannt, die dabei zusätzlich zu den schon geltend gemachten Gesichtspunkten zu beachten wären.

Erstens: Die Ehe wird als lebenslange Partnerschaft verstanden. Die hohe Zahl von Scheidungen ändert nichts daran, daß Ehen nicht auf Zeit geschlossen werden. Die Eheschließung erfüllt damit die o.g. Bedingung, eine Entscheidung zu sein, die für das ganze weitere Leben einschneidende Folgen hat. Persönliche Entscheidungen für andere Formen von Partnerschaft können daher nur in dem Maße Anspruch auf äquivalente kirchliche Berücksichtigung erheben, wie sie nachweisen können, daß sie ebenfalls jener Bedingung entsprechen. Was unter der durch die Ehe erfüllten Norm *lebenslanger* Partnerschaft bliebe, kann mit der Ehe nicht konkurrieren, es fiele gewissermaßen in eine andere Klasse von Beziehungen, auch wenn es subjektiv zwingende Gründe für sich haben mag.

---

[31]  Ob man diese speziellen Kasualfeiern „Gottesdienste" nennen sollte, stellt ein besonderes Problem dar, das hier nicht diskutiert werden kann. Es ist jedenfalls daran festzuhalten, daß die Vollgestalt des Gottesdienstes das Abendmahl einschließt. Zur Begründung dieser Auffassung vgl. E. Herms: Überlegungen zum Wesen des Gottesdienstes, in ders.: Kirche für die Welt. Lage und Aufgabe der evangelischen Kirchen im vereinigten Deutschland, Tübingen 1995, 318-348.

Zweitens: Der Nachweis, daß man eine lebenslange Partnerschaft mit allen entsprechenden Verbindlichkeiten einzugehen gewillt ist, wird im Falle der Ehe durch den rechtsverbindlichen Akt der standesamtlichen Eheschließung erbracht. Die Unterschriften der Eheleute, der Trauzeugen und des Standesbeamten besiegeln die Gültigkeit des Aktes. Die Beendigung einer Ehe kann dementsprechend auch nicht durch ein bloßes Auseinandergehen der Partner vollzogen werden, es bedarf dazu ebenfalls eines Rechtsaktes. Es stellt sich von hierher die Frage, ob jener Nachweis durch eine vor dem Pfarrer abgegebene mündliche oder schriftliche – jedenfalls zivilrechtlich unverbindliche – Absichtserklärung vollgültig ersetzt werden kann. Oder muß die Kirche voraussetzen, daß das Eingehen – wie gegebenenfalls die Auflösung – einer hetero- oder homosexuellen Lebensgemeinschaft, die nicht Ehe im üblichen zivilrechtlichen Sinne sein will oder kann, ebenfalls zumindest durch eine rechtsverbindliche Unterschrift vollzogen wird?[32] In dem Maße, wie die dadurch übernommenen Verbindlichkeiten denen der Ehe entsprächen, würde sich freilich – im Falle heterosexueller Partnerschaft – der Unterschied zur Ehe relativieren.

Drittens: Hinter dem Verlangen nach Äquivalenten zur herkömmlichen kirchlichen Trauung verbirgt sich auch der Wunsch, auf diesem Wege mehr gesellschaftliche Anerkennung für die in Rede stehenden neuen Lebensformen zu erlangen: Wozu die Kirche ihren Segen gibt, das kann auch gesellschaftlich nicht länger diskriminiert werden. Obwohl ein solcher Zusammenhang nicht zu bestreiten ist, darf der Stellenwert dieses Arguments kirchlicherseits nicht zu hoch veranschlagt werden. Auch der Gesichtspunkt der Wiedergutmachung im Blick auf frühere Abwertung oder sogar Diskriminierung ist für sich noch kein hinreichendes Argument; für das Abtragen moralischer Schuld gibt es eben immer auch verschiedene Wege. Für die Kirche muß grundsätzlich der seelsorgerliche Aspekt im Vordergrund stehen. Auch sollte die Kirche zurückhaltend sein, die ihr hier angetragene Rolle eines Zensors gesellschaftlicher Maßstäbe zu übernehmen. Nur was schon aus seelsorgerlichen Gründen geboten ist, darf dann auch unter dem Aspekt der Rehabilitierung gutgeheißen werden.

Viertens: Bezüglich der ethischen Bewertung, der Erklärung und der Klassifizierung der Homosexualität in verschiedene Arten gehen die Meinungen, auch die der Sexualwissenschaftler, auseinander.[33] Grundsätzlich

---

[32] Dabei geht es natürlich nicht um die Veröffentlichung einer Beziehung, sondern um deren Realisierung im Sinne einer zivilrechtlich definierten Sozialform.

[33] Vgl. R. Lautmann (Hg.): Homosexualität. Handbuch der Theorie- und Forschungsgeschichte, Frankfurt u. New York 1993. Zur Diskussion in Theologie

muß aber gelten und auch von der Kirche anerkannt werden, daß die lebenslange Partnerschaft eines homosexuellen Paares die beste und höchste unter den bei dieser sexuellen Veranlagung oder Ausrichtung gegebenen Möglichkeiten darstellt. Diese Beurteilung ist zwingend, solange man Monogamie und gegenseitige Treue für ein ethisches Gut hält. Sie muß dann aber auch als ein starkes Argument für eine – wie auch immer im einzelnen zu gestaltende – Beteiligung der Kirche beim Eingehen einer solchen Lebensgemeinschaft ins Gewicht fallen. Den Ausdruck „Trauung", der schon eine festgelegte Bedeutung hat, sollte man hier aber auf keinen Fall verwenden.

Fünftens: Ein sachgemäßer Umgang der Kirche mit dem Problem der neuen Lebensformen ist nur möglich, sofern die Unterschiede zwischen den verschiedenen Formen nicht verwischt, sondern klar ins Auge gefaßt werden. Das ist nun nicht möglich, wenn man, wie es in der öffentlichen Diskussion fast die Regel ist, die verschiedenen Formen nur unter dem Gesichtspunkt gelingender oder mißlingender Intimbeziehung zwischen zwei Partnern würdigt. Aus dieser Perspektive kann dann sehr schnell eine prinzipielle Gleichwertigkeit aller Formen von Zweierbeziehung, in die dann freilich auch die Freundschaft mit einbezogen werden müßte, gefolgert werden. Jede dieser Formen hat ihre spezifischen Chancen und Gefährdungen, und in jeder kann auch ein Optimum an gelungener Zweierbeziehung realisiert werden. Falls wir verläßliche Zahlen hätten, aus denen sich eine unterschiedliche Stabilität dieser Formen ergäbe, so würde das noch nichts über die Qualität der in ihnen möglichen Beziehungen aussagen. Diese vorwiegend *psychologische*, weil am Modell befriedigender Zweierbeziehung orientierte Betrachtungsweise muß jedoch durch eine *soziologische* Würdigung ergänzt werden, und hier ergibt sich nun eine deutliche Ungleichwertigkeit zugunsten der Ehe als etablierter und mit dem Gesellschaftsgefüge verzahnter *Institution*. Die Ehe ist Integral des größeren Sozialgebildes *Familie*. Die Eheschließung stiftet eine ganze Fülle von Verwandtschaftsbeziehungen, nicht nur im biologischen, sondern im sozialen und juristischen Sinne. In den weitaus meisten Fällen ist mit der förmlichen Eheschließung auch die Bereitschaft zur Elternschaft und der Wunsch nach Kindern vorhanden. Sofern dieser Wunsch in Erfüllung geht, entsteht ein

und Kirche vgl. B. Kittelberger/W. Schürger/W. Heilig-Achneck (Hg.): Was auf dem Spiel steht. Diskussionsbeiträge zu Homosexualität und Kirche, München 1993. Ausdrücklich verwiesen sei auch auf die Studie: Mit Spannungen leben. Eine Orientierungshilfe des Rates der Evangelischen Kirche in Deutschland zum Thema „Homosexualität und Kirche", EKD-Texte 57, 1996.

drei Generationen umfassendes Rollengefüge mit mehr als zwei Dutzend
verschiedenen Beziehungen (ohne Beziehungen wie Onkel-Neffe mitzuzäh-
len), die sich allesamt unterschiedlich gestalten können und gelebt sein
wollen. All diese Beziehungen sind aber nicht nur rein persönliche Beziehungen wie beispielsweise Freundschaften; dank der förmlichen Eheschließung implizieren sie auch *rechtlich geregelte* Verbindlichkeiten, Zuständigkeiten, Ansprüche und Pflichten. Mit der zivilen Trauung wird ein ganzes
Bündel von Rechten und Pflichten übernommen, in das alle Verwandtschaftsbeziehungen, die bestehenden wie die durch Nachkommen noch
entstehenden, automatisch einbezogen sind.[34] Diese Rechte und Pflichten
müssen nicht erst ausgehandelt werden, obwohl privatrechtliche Abmachungen – etwa besondere Eheverträge – in einzelnen Fällen hinzukommen
mögen. In dem Maße, wie durch staatliche Sozialgesetzgebung auch für die
„eheähnlichen Verhältnisse" entsprechende Absicherungen geschaffen werden, verringert sich wiederum die Differenz zur Ehe. Aber gerade dieses
„Nachziehen" bestätigt das Muster der Ehe als gesellschaftlich relevanter
Sozialform und Institution. Dieser sich unter soziologischem Aspekt erge-
bende „Vorsprung" der Ehe als Integral eines vollentwickelten, mehrere
Generationen umfassenden Familiensystems und als wesentliche Soziali-
sationsleistungen erbringender Institution darf auch bei der Frage, wie die
Kirche sich auf die Vielfalt und Individualisierung der Lebensformen einstel-
len soll, nicht außer Acht gelassen werden.

### 3. Die Aufgabe der Amtshandlungen

Nach Wilhelm Gräb besteht der Sinn der Amtshandlungen in der „Rechtfertigung von Lebensgeschichten".[35] Diese Formel könnte sich als zu eng

---

[34] Auch Singles, die einen ausgeprägten Familienhorror entwickeln, pflegen beispielsweise bei Erbschaftsangelegenheiten familienrechtliche Ansprüche geltend
zu machen. Solange dieses Gefüge familienrechtlicher Bestimmungen besteht
und auch fortlaufend noch verfeinert wird, macht es wenig Sinn, von einer
„Deinstitutionalisierung" von Ehe und Familie zu sprechen (Vgl. H. Tyrell: Ehe
und Familie – Institutionalisierung und Deinstitutionalisierung, in: K. Lyscher/
F. Schultheis/ M. Wehrspaun [Hg.]: Die „postmoderne" Familie. Familiale Strategien und Familienpolitik in einer Übergangszeit, Konstanz 1990², 145-156).
Daß Ehe und Familie im Bewußtsein vieler Zeitgenossen ihre Monopolstellung
verlieren, tangiert noch nicht den Institutionscharakter von Ehe und Familie.

[35] W. Gräb: Rechtfertigung von Lebensgeschichten. Erwägungen zu einer theologischen Theorie der kirchlichen Amtshandlungen, PTh 76/1987, 21-38.

erweisen, sofern es darum geht, die Gesamtheit der wünschenswerten Funktionen dieser Handlungen zu erfassen. Denn sie läßt, so wie sie lautet, das Moment des Vollzugs der Handlung außer acht: Eine Taufe ist ein gemeinsamer Akt, in welchem ein Kind getauft und in die Kirche aufgenommen und nicht nur über den Sinn der Taufe reflektiert wird.[36] Eine kirchliche Bestattung ist nicht nur ein Anlaß, das abgelaufene irdische Leben im Lichte des christlichen Wirklichkeitsverständnisses zu bedenken oder zu deuten, sie ist selbst jedenfalls auch ein Teil der Biographie des Verstorbenen (wie auch der Biographie der Angehörigen); den Angehörigen liegt viel daran, daß ihm die Ehre der kirchlichen Bestattung zuteil wird. Die kirchliche Trauung setzt zwar die standesamtliche Eheschließung als rechtsverbindlichen Akt voraus, aber ist sie selbst dann nur noch ein „Gottesdienst anläßlich der Eheschließung"[37], ist mit ihr gar kein Statuswechsel mehr verbunden? Die Antwort darauf können nur die Beteiligten selbst geben, und man hat Anlaß anzunehmen, daß sie oft negativ ausfallen würde. In dem Satz „Pfarrer N. hat uns getraut" schwingt eben mehr mit als „Er hat etwas zu unserer Trauung gesagt". Wir müssen also das performative Element der Kasualien mit dem Thema „Rechtfertigung von Lebensgeschichten" verbinden, und zwar nach Möglichkeit so, daß das Vollzugsmoment, das in erster Linie durch den Ritus wahrgenommen wird, selbst als eine Form dieser Rechtfertigung erfahren werden kann.

„Rechtfertigung der Lebensgeschichte" eignet sich deshalb als Generalthema der Kasualien, weil es das spezifisch christliche Existenzverständnis auf die Motive der Teilnehmer zu beziehen erlaubt. Natürlich kann es sich nicht um eine bloße Bestätigung dieser Motive handeln. Jeder Mensch hat ja die Neigung, sich seine eigene Lebensgeschichte so zu konstruieren, daß

---

[36] „In nicht auslöschbarer Weise wird über die zur Taufe Kommenden die Zusage der Gemeinschaft mit Christus und die Eingliederung in dessen Herrschaftsbereich ausgesprochen. Das bedeutet, daß jeder getaufte Mensch im Machtbereich Christi lebt und kein hoffnungsloser Fall ist." Fr. Wintzer: Die Taufe als Lebensdeutung und ihr Bezug zum Abendmahl, in: Der „ganze Mensch". Perspektiven lebensgeschichtlicher Individualität. FS D. Rössler, hg. von V. Drehsen u. a., Berlin/New York 1997, 241-147, dort 244.

[37] So H. Fischer: Trauung aktuell. Analysen, Erwägungen und Impulse zum kirchlichen Handeln bei der Eheschließung, München 1976, 130. Sein Vorschlag, den Terminus „Trauung" durch diesen Ausdruck zu ersetzen, entspricht zwar dem rechtlichen Tatbestand der schon vollzogenen Eheschließung, nicht aber dem immer noch vorherrschenden volkskirchlichen Verständnis dieser Amtshandlung.

im ganzen doch eine positive Bilanz gezogen werden kann: Es war ein reiches Leben. Es hat sich gelohnt. Man hat etwas zustande gebracht. Man hat zwar auch Fehler gemacht, aber man hat dazugelernt. Man hat auch schwere Zeiten erlebt, aber man hat sich nicht unterkriegen lassen. Die Fernsehsendung „Das war ihr Leben", in welcher prominente Personen, etwa Schauspieler, mit Etappen ihres öffentlichen und privaten Lebens in Gestalt von Rückblenden konfrontiert werden, ist eine besonders deutliche Veranschaulichung dieses Typus von Rekonstruktion und Rechtfertigung der Lebensgeschichte. Hier geht es letztlich um Rechtfertigung der eigenen Lebensgeschichte nach allgemein anerkannten Standards dessen, was man für ein gelungenes und ehrbares Leben hält. Wer eine diesen Kriterien genügende Rekapitulation seines Lebens nicht ohne weiteres auf die Reihe bekommt, es sei denn um den Preis des Selbstbetruges, der verspürt zumindest den Wunsch, es möchte doch noch irgendwie möglich werden.

Diese Art von Rechtfertigung der Lebensgeschichte nach humanen Maßstäben – Erfolgsmaßstäben und ethischen Maßstäben – ist nun theologisch nicht einfach zu verwerfen, sondern an ihren legitimen Ort zu stellen. Das Schema dafür hat Paulus formuliert: „Ist Abraham durch Werke gerecht, so kann er sich wohl rühmen, aber nicht vor Gott." (Röm 4, 2) Es gibt so etwas wie eine – natürlich immer nur relative – Gerechtigkeit aus Werken coram hominibus, nicht coram Deo: „Ehre, wem Ehre gebührt". (Röm 13, 7) Jeder Mensch reflektiert auf sich selbst vor einem menschlichen Forum, und sei es nur ein vorgestelltes Forum. Es gar nicht zu tun, hieße das Urteil der Mitmenschen und damit auch diese selbst zu verachten. Nur Zyniker und hoffnungslos Selbstgerechte sind dazu in der Lage. Jeder Mensch braucht Anerkennung und Selbstbestätigung durch die anderen. Daß Kinder, denen jedes Lob versagt blieb, an schweren narzißtischen Störungen erkranken, ist ein gut gesichertes Ergebnis der psychologischen Forschung.[38] Eine Gesellschaft, in der tatsächlich erbrachte Leistungen und Verdienste nicht anerkannt, geehrt und öffentlich honoriert würden, wäre zutiefst inhuman. Der Wunsch, daß auch der Pastor/die Pastorin – etwa in einer Beerdigungsansprache – würdigt, was hier jeweils ohne Schönfärberei zu würdigen ist, darf also nicht als illegitim angesehen werden. In welcher Weise kann und darf die Kirche sich also an der Rekonstruktion und Rechtfertigung von Lebensgeschichten nach menschlichen Maßstäben beteiligen?

---

[38] Grundlegend H. Kohut: Narzißmus. Eine Theorie der psychoanalytischen Behandlung narzißtischer Persönlichkeitsstörungen, Frankfurt a.M. 1973 (am. 1971).

Hier ist zunächst eine allgemeine Einschränkung geltend zu machen, die noch nicht aus theologischen Einsichten abgeleitet ist. Es fragt sich nämlich, ob der Einzelne unter modernen Bedingungen überhaupt kompetenter Autor seiner Lebensgeschichte sein kann. Ist ihm seine Lebensgeschichte eigentlich so durchsichtig, daß er sie als ein Ganzes darstellen kann, daß er ein abschließendes Urteil fällen oder eine Quintessenz formulieren kann? Oder zerfällt das Leben für die meisten Zeitgenossen in ein Mosaik aus vielen Elementen, ohne daß so etwas wie ein Muster erkennbar wäre? Wie auch immer ein Individuum diese Frage für sich beantwortet, grundsätzlich ist darauf hinzuweisen, daß jede Biographie bzw. Autobiographie, jede Rekonstruktion der eigenen Lebensgeschichte eine *Konstruktion* ist, eine selektive und zwangsläufig simplifizierende Wahrnehmung und Kombination einzelner Elemente aus der Fülle der den tatsächlichen Lebenslauf ausmachenden Momente.[39]

Walter Sparn hat die Möglichkeit „autobiographischer Autarkie" unter modernen gesellschaftlichen Bedingungen überhaupt bestritten.[40] Die große Zeit autobiographischer – und biographischer – Autarkie war nach Sparn die des klassischen Bildungsromans, der auf zwei Voraussetzungen beruhte: daß der Held der Erzählung sich selbst trotz aller Wechselfälle des Lebens als Hauptakteur seiner Lebensgeschichte verstehen konnte und daß das Leben einer teleologischen Betrachtung mit dem Zielpunkt der gebildeten und lebenstüchtigen Persönlichkeit unterworfen wurde.[41] Beide Voraussetzungen sind aber – jedenfalls für die meisten Zeitgenossen – hinfällig geworden. Dann aber können auch andere nicht meine Lebensgeschichte erzählen. Wir haben uns daran gewöhnt, das Leben als etwas Offenes, Fragmentarisches, von unvorhersehbaren Wendungen und Rückschlägen Bedrohtes, nicht aber als einen kontinuierlichen und auf seine Erfüllung zulaufenden Reifungsprozeß zu verstehen.

Henning Luther hat diese Betrachtungsweise weiter zugespitzt, indem er die Kategorie des „Fragments" gegen die der „Identität" im Sinne einer vom

---

[39] Vgl. dazu bes. A. Hahn: Identität und Selbstthematisierung, in ders./V. Kapp (Hg.): Selbstthematisierung und Lebenszeugnis: Bekenntnis und Geständnis, Frankfurt a.M. 1987, 9-24. Vgl. ferner das Kap. „Identität als Konstruktion", in: I. Karle, op.cit. (s. Anm. 29).

[40] W. Sparn: Autobiographische Kompetenz. Welchen christlichen Sinn hat lebensgeschichtliches Erzählen heute? MJTh III/1990, 54ff.

[41] Als Beleg kann Goethes „Wilhelm Meister" dienen.

Individuum zu erreichenden Ganzheit und Dauerhaftigkeit ausgespielt hat.[42] Gegenüber dieser Verabschiedung des humanwissenschaftlich gebräuchlichen Identitätsbegriffs sind jedoch Rückfragen zu stellen. Sollte es nicht möglich sein, das Leben wenigstens als *ein* Fragment zu verstehen, oder muß man sich mit einer Vielzahl von heterogenen Bruchstücken abfinden? Und *von welchem Ganzen* ist das Leben dann ein Fragment?[43] Damit ergibt sich aber die Möglichkeit, die Alternative Fragment *oder* Identität zu überwinden. Seine Identität zu finden heißt, sich der prinzipienlosen Zerstückelung des Lebens in mehrere Fragmente erfolgreich zu widersetzen *und* zu wissen, wovon es ein Fragment ist, auf welche in diesem Leben unerreichbare Ganzheit es verweist. Die Pointe dieses Gedankens ist, daß die Identitätsproblematik prinzipiell und prononciert unter gegenwärtigen soziokulturellen Bedingungen nach einer eschatologischen Perspektive menschlicher Existenz verlangt.[44]

Die Konsequenzen für die Theorie der Amtshandlungen liegen auf der Hand. Auf der einen Seite ist die Kategorie des Fragments ernstzunehmen. Der Pfarrer kann in seiner Ansprache zwar einzelne Momente aus dem Leben des oder der Betroffenen hervorheben, er kann aber nicht die Biographie liefern – ganz unabhängig davon, wie gut er etwa den Verstorbenen gekannt hat. Er kann und soll nicht auf menschliche Weise Bilanz ziehen. Er darf auch nicht, wenn er genügend eingeweiht wäre, die intimsten (und meistens eindrücklichsten) Erfahrungen eines Verstorbenen oder derer, die hier getraut werden, offen ausbreiten. Auf der anderen Seite muß jene eschatologische Perspektive menschlicher Existenz verdeutlicht werden, aus der heraus die Identität des Fragmentarischen erkennbar und das Fragmentarische damit ertragbar wird.

Die Kirche behandelt das Thema „Rechtfertigung der Lebensgeschichte" in kritischer Anknüpfung an diejenige Rechtfertigung der eigenen Lebensgeschichte, die jeder schon für sich betreibt. Sie stellt das individuelle Leben, ohne charakteristische Einzelheiten der jeweiligen „Biographie" auszublenden, in die Perspektive Gottes des Schöpfers, Versöhners und Vollenders. Mit Gräb ist zu vermuten, daß die Teilnehmer das auch irgendwie erwarten.

---

[42] H. Luther: Identität und Fragment. Praktisch-theologische Überlegungen zur Unabschließbarkeit von Bildungsprozessen, in ders.: Religion und Alltag. Bausteine zu einer Praktischen Theologie des Subjekts, Stuttgart 1992, 160-182.

[43] Diese Frage ist ganz im Sinne von H. Luther selbst, der den Verweischarakter des Fragments auf seine Vollendungsgestalt betont.

[44] So auch H. Luther, aaO. 175: „Mit dem Gedanken der ausstehenden Vollendung sind wir schließlich in den Horizont der *Eschatologie* verwiesen."

Sie erwarten einmal, daß die Veranlassung, die sie zur Kirche führt, auch dort in konkreter Weise thematisch wird. Zugleich ahnen sie, daß die Rechtfertigung der Lebensgeschichte, um die es ihnen geht, im „Rahmen familiärer Beziehungen letztlich gar nicht geleistet werden kann"[45], weshalb sie auch eine andere Deutungskompetenz in Anspruch nehmen. Es ist also in Anknüpfung an die dem Kasus inhärenten Erwartungen deutlich zu machen, daß die in Rede stehende Rechtfertigung der Lebensgeschichte „gerade nicht aus den Motiven und Leistungen, die diese Lebensgeschichte selber bereitzustellen vermag"[46], zu gewinnen ist.[47]

Bei der Art, wie diese Rechtfertigung aus der Perspektive Gottes vermittelt wird, spielt nun neben der Kasualpredigt auch die *agendarische* Form mit ihren *rituellen* Elementen eine wesentliche Rolle. Der Ritus als solcher hebt die allgemeinen Strukturmomente des menschlichen Lebens hervor: des Menschen Endlichkeit und Sterblichkeit (Bestattung), seine Sozialität in der Bezogenheit auf den Partner (Trauung), sein Abhängigsein in der Generationenfolge und die Passivität seines Sichvorfindens in der Welt (Taufe). Der Ritus schafft Distanz zum Alltag, er sistiert die vita activa und befreit vom Leistungsdruck. Er ordnet das individuelle Schicksal in das allgemeine menschliche Schicksal ein; das Besondere erscheint als Variation eines Allgemeinen. Als durch seine Gebete, Lieder und biblischen Voten geprägter und durch die Ansprache interpretierter christlicher Ritus leistet der Kasualgottesdienst, was Ernst Lange als Funktion des Gottesdienstes überhaupt bezeichnet hat: Er unternimmt es, „den Menschen von außerhalb seiner selbst her zu identifizieren als den Geschaffenen, als den von Gott Gerufenen und Bestallten".[48]

Die Leistung des agendarisch festgelegten Ritus, der Liturgie ist erst dann ganz begriffen, wenn gesehen wird, daß die Liturgie den Teilnehmer sich selbst in einer Weise erfahren läßt, die wesentlichen inhaltlichen Aussagen des vom Rechtfertigungsglauben bestimmten christlichen Wirklichkeitsverständnisses entspricht. Der gottesdienstliche Ritus, der Ritus jedes Gottesdienstes wie auch des Kasualgottesdienstes, suspendiert für die Dauer seines Vollzugs jede Einzelleistung und verbannt jedes Leistungsdenken, indem er

---

[45] W. Gräb, aaO. 33.

[46] Ebd.

[47] Was hier unter schlichtem Rückgriff auf die reformatorische Rechtfertigungslehre formuliert wurde, wird von J. Dierken (aaO. 39-48) in tiefgreifenden Überlegungen als Übergang von Religion zu Theologie beschrieben.

[48] E. Lange: Was nützt uns der Gottesdienst? In ders.: Predigen als Beruf, hg. von R. Schloz, Stuttgart 1956, 83-95, dort 85.

jeden Teilnehmer allein in der Rolle des Gottesdienstbesuchers voll in das gemeinsame Geschehen integriert. Er nimmt auch keinerlei Rücksicht auf menschliche Rangunterschiede, auf Bildungsunterschiede oder den Unterschied des Geschlechts; jeder und jede ist willkommen. So gilt auch vor Gott kein Ansehen der Person, wohl aber unterschiedslos und bedingungslos jede Person. Einschränkend muß allerdings hinzugefügt werden, daß das Erfahrungspotential der Liturgie nicht alle Momente der Selbsterfahrung der vita christiana einfängt. Es darf nicht übersehen werden, daß die Gottesbeziehung des Christen auch den sog. Gottesdienst im Alltag (als Inbegriff der aus dem Glauben fließenden und aus der Liebe geschehenden „guten Werke") mitumfaßt. Dieser wird durch den gemeinsamen Gottesdienst unterbrochen, aber nicht einfach ausgeblendet, er ist vor allem als ein Gegenstand der Predigt, aber auch in verschiedenen Lesungen und Gebeten präsent.

Ein wichtiges die Erlebnisqualität des Ritus bestimmendes Moment ist schließlich noch die Erfahrung des Hineingenommenseins in einen *gemeinsamen* Handlungsvollzug. Jeder Gottesdienst – so auch der Kasualgottesdienst – ist so etwas wie eine gemeinsame Aufführung, auch wenn die Dramaturgie dieser Aufführung nicht von jedem Gottesdienstbesucher in actu mitbestimmt wird. Es ist der Pastor, der den Ablauf des Gottesdienstes im Rahmen eines agendarischen Schemas festlegt und die Elemente – vor allem durch die Auswahl der Lieder, Lesungen und Gebete – aufeinander abstimmt.[49] Aber das tut der Tatsache keinen Abbruch, daß die Feier des Gottesdienstes eine gemeinsame Aktion der aktuell versammelten Gemeinde ist.[50] Insofern kann man auch sagen, daß nicht einfach der Pastor tauft, traut oder beerdigt, er ist nur Vollzugsorgan der aktuell versammelten Gemeinde, die das eigentliche Subjekt ist.

---

[49] Der Sachverhalt wird ausführlich diskutiert bei M. Josuttis: Kommunikation im Gottesdienst. Lernen oder Trösten? In ders.: Die Praxis des Evangeliums zwischen Politik und Religion, München 1980, 164-187. Es fragt sich aber, ob Josuttis dem Erfahrungspotential des agendarisch geregelten Gottesdienstes schon genügend gerecht wird, wenn er den Gottesdienst auf dem Hintergrund der folgenden idealtypischen Unterscheidung würdigt: „Es gibt Kommunikationssituationen, in denen angeborenes und erlerntes Verhalten repetiert und bestätigt wird; es gibt andere Situationen, in denen neues Verhalten und neue Einstellungen gelernt werden sollen." AaO. 183.

[50] Es ist zu vermuten, daß dieser Sachverhalt einer der Haupthinderungsgründe für den Gottesdienstbesuch ist. Denn hier wird eine Interaktion gefordert bzw. auferlegt, die weit über das Rezeptionsverhalten, wie man es von den Medien gewohnt ist, hinausgeht.

Der Ritus entfaltet seine Wirksamkeit aber nicht nur für sich, sondern ganz wesentlich im Zusammenhang mit dem individuellen Wort des Pfarrer/der Pfarrerin in der *Kasualpredigt*. Diese Ansprache hat nicht wiederum nur das Allgemeine, das, was strukturell für alle Menschen gilt und was aus der Perspektive Gottes über sie zu sagen ist, zur Sprache zu bringen. Hier kommt gerade das Individuelle, von dem der Ritus absehen muß, zur Geltung. Die Kasualrede ist ja auch als der bewegliche Teil innerhalb der feststehenden Form des Ritus aus dem gemeinsamen Vollzug herausgenommen. Was der Pfarrer sagt, hat nur er zu verantworten, auch wenn er natürlich die Zustimmung der Zuhörer wünscht. Aber er ist nicht einfach deren Sprachrohr, er muß u.U. auch Dinge sagen, die sie nicht zu hören wünschen. Die Kasualpredigt knüpft an den allgemeinen Akt und seine Erlebnisinhalte an, sie hat „ihre Beweglichkeit so zu nutzen, daß sie den objektiven Bedeutungsgehalt des Ritus auf die betreffenden Individuen hin in Bewegung bringt"[51].

Die Kasualpredigt hat einen engeren Bezug zu der sie umgebenden Liturgie als die Predigt im Hauptgottesdienst. Während diese nur ausnahmsweise expliziert, was der Gottesdienst bedeutet und was in ihm geschieht, muß jede Taufansprache den Sinn des Taufaktes und jede Trauerpredigt den Sinn der gemeinsamen Bestattungshandlung verdeutlichen. Ebenso muß jede Traupredigt den Sinn der Trauung im Zusammenhang mit dem christlichen Eheverständnis zur Sprache bringen.[52] Dabei ist aber zugleich der Bezug zur konkreten individuellen Lebensgeschichte herzustellen. Die Gefahr der Glorifizierung, die gelegentlich als Begründung für eine gänzliche oder weitgehende Ausblendung des Individuellen angeführt wurde, ist kein durchschlagender Einwand. Als Grundregel läßt sich formulieren: *Die Bezugnahme auf die individuelle Lebensgeschichte muß so erfolgen, daß deren gesetzliche Betrachtung und Rechtfertigung in die evangeliumsgemäße Betrachtung und Rechtfertigung verwandelt wird.* Das sei abschließend am Beispiel der Traueransprache verdeutlicht.

Was der Verstorbene gab und leistete, ist nicht zu verschweigen, aber unter den Gesichtspunkt des *Dankes* zu stellen, der sich nun nicht mehr an ihn selbst richten kann, sondern, wenn er nicht sprachlos bleiben soll, nur noch an den Schöpfer, der dieses Leben mit all seinen positiven Wirkungen

---

[51]  W. Gräb, aaO. 35.

[52]  Diese Differenz zur Gemeindepredigt bleibt auch dann bestehen, wenn man E. Langes Vorschlag folgen würde, jede Predigt auf einen „Kasus" (ein die Gemeinde bewegendes Ereignis) zu beziehen. Die Kasualpredigt kann nicht in jeder Beziehung zum homiletischen Muster erklärt werden. Vgl. E. Lange, op.cit., 22f.

hat möglich werden lassen. Die Traueransprache hat Sprachhilfe für diese Umformulierung des Dankes zu leisten. Hier ist sogar mit einem großen Maß an Aufgeschlossenheit zu rechnen: Gefühle der Dankbarkeit gegenüber einem Mitmenschen und Gotteslob schließen sich nicht aus, sondern bilden eine sinngemäße Einheit, sofern man das menschliche Leben wie alles kreatürliche Leben in seine Ursprungsrelation hineinstellt. Der Übergang von gesetzlicher Rechtfertigung nach zwischenmenschlichen Maßstäben zur evangeliumsgemäßen Rechtfertigung vollzieht sich – vergleichsweise – mit einer gewissen Leichtigkeit. Die Überführung humaner Erfahrung in christliches Existenzverständnis ist hier – im Unterschied zu anderen Lebenserfahrungen – naheliegend.

Soll die Traueransprache ein Beitrag zur Rekonstruktion und zur evangeliumsgemäßen Rechtfertigung der Lebensgeschichte sein, dann dürfen aber auch die dunklen Momente der betreffenden Lebensgeschichte nicht systematisch ausgeblendet werden. Ohne Einzelheiten indiskret und unbarmherzig ans Licht zu zerren, muß doch ausgesprochen werden, daß auch dieser Verstorbene seinen Mitmenschen etwas schuldig geblieben ist – und sie ihm. Andernfalls bliebe den Teilnehmern die wesentliche Erfahrung oder wenigstens deren Bezeugung verschlossen, daß das Unabgegoltene coram Deo aushaltbar ist. Beschönigung verhindert gerade die Art von Rechtfertigung der Lebensgeschichte, um die es hier geht. Auch das unverschuldete Fragmentarische einer Lebensgeschichte kann – wenn überhaupt – coram Deo ausgehalten werden; es darf als Klage vor ihn gebracht werden.

Eines abschließenden Urteils darüber, ob und in welchem Maße der Verstorbene sein Leben nach menschlichen und göttlichen Maßstäben gemeistert hat, wird sich die Trauerpredigt prinzipiell enthalten. Sie wird dieses Urteil dem barmherzigen Gott allein anheimstellen. Indem die Trauerpredigt Positives wie Negatives aus dem Leben des Verstorbenen in diese Perspektive stellt, und zwar in einer die Gefühle der Teilnehmer aufnehmenden Sprache, führt sie mit innerer Folgerichtigkeit zum Gebet, einem solchen Gebet, das *alle* expressiven und kommunikativen Gebetselemente aktualisiert und die „originäre Bewegung des Gebets, die bei der Klage anhebt, in die Bitte übergeht und in Dank und Lob einmündet", vollzieht.[53] Dieser fast zwangsläufige Übergang der eine konkrete Lebensgeschichte bedenkenden Trauerpredigt in das Gebet kann als ein Hinweis darauf verstanden werden, daß das menschliche Leben überhaupt unter der Bestimmung steht, sich im Dialog mit Gott zu vollziehen. Die in Trauerfeiern gern verwendete Sprache der Psalmen macht diesen Hinweis explizit.

---

[53] W. Härle: Den Mantel weit ausbreiten. Theologische Überlegungen zum Gebet, NZSTH 33/1991, 231-247, dort 234.

# § 11 Kirche und Kultur

Wenn wir nach dem Beitrag der Kirche zur Kultur fragen, somit die Kirche auch als Kulturträger in den Blick nehmen, dann müssen wir zunächst festlegen, auf welchen Begriff von Kultur wir uns beziehen. Unsere Alltagssprache kennt einen weiteren und einen engeren Kulturbegriff.

Nach dem weiteren Begriffsverständnis ist „Kultur" der Inbegriff *aller* Hervorbringungen des Menschen in einer bestimmten Gesellschaft. Wir verwenden ihn, wenn wir etwa von der Kultur der alten Ägypter sprechen. Damit sind dann nicht nur die Kunst, die Religion, die Mythen, die magischen Praktiken, der Totenkult und die Sprache dieses Volkes gemeint, sondern auch die Technik, mit der die Pyramiden errichtet wurden, die Art der Kriegsführung, das Bewässerungssystem und die Agrarwirtschaft, der Handel, schließlich auch die Mittel der Lebensverfeinerung. Wir verwenden den umfassenden Kulturbegriff immer dann, wenn von der untergegangenen Kultur früherer Völker die Rede ist. Sprechen wir dagegen von der eigenen Kultur, dann halten wir uns gewöhnlich an den engeren Kulturbegriff, der den Bereich der Ökonomie, der Technologie und der meisten gesellschaftlichen Institutionen nicht mitumfaßt, sondern nur die sog. „höheren" geistigen Produktionen in den Blick nimmt: Kunst, Literatur, Theater, Film, Entertainment, Mode, Brauchtum, wohl auch Wissenschaft, Philosophie und Religion. Das aus diesem engeren Kulturbegriff Ausgeklammerte, nämlich all das, was unser Leben zunächst einmal faktisch bestimmt, wird dann oft als „Zivilisation" bezeichnet. Der Gegenbegriff zur Kultur im engeren Sinne ist die Barbarei oder das Banausentum.

Natürlich ist das eine höchst künstliche Trennung. Denn zum einen sind all jene „kulturellen" Produktionen nur auf der Grundlage der jeweiligen technologischen Entwicklung und entsprechender funktionaler Differenzierung möglich, und zum anderen sind die gesellschaftlichen Institutionen – wie wir mit Schelsky gesagt haben – auf ihre je spezifische idée directrice bezogen, die ihrerseits nicht ad hoc gebildet wird, sondern einer entsprechenden geistigen Tradition entnommen und i.d.R. durch eine der Institution zugeordnete Wissenschaft reflektiert wird. Sachlich angemessen ist also nur der umfassende Kulturbegriff.[1] Da wir aber das grundsätzliche Verhält-

---

[1] Aus der Perspektive des christlichen Glaubens und seiner Selbstauslegung wird das verdeutlicht bei Chr. Schwöbel: Glaube und Kultur. Gedanken zu einer Theologie der Kultur, NZSTh 38/1996, 137-154.

nis der Kirche zu den anderen gesellschaftlichen Institutionen schon an früherer Stelle erörtert haben[2] und da unter speziellerer Fragestellung davon auch im folgenden Paragraphen noch einmal die Rede sein wird, beziehen wir uns hier aus lediglich pragmatischen Gründen auf den engeren Kulturbegriff. In diesem Sinne fragen wir nach dem Beitrag der Kirche zur Kultur der Sprache (I) und der öffentlichen Argumentation (II), zur Bildung (III) und zur Kunst (IV).

## I. Der Beitrag der Kirche zur Sprachkultur

Um uns vor Augen zu führen, daß die Kirche hier tatsächlich einen wesentlichen Beitrag leisten kann und geleistet hat, genügt die Erinnerung an Luthers Deutsche Bibel, deren sprachprägende Kraft bekanntlich kaum überschätzt werden kann.[3] Es geht im folgenden allerdings weniger um den Beitrag der Kirche zur Gestaltung oder Reinerhaltung der gesprochenen und geschriebenen Sprache im allgemeinen. Eine solche Erwartung wird man heute auch kaum noch an die Kirche richten. Angesichts der Vielzahl der Köche, die hier am Werke sind und, wie üblich, den Brei verderben, wäre das eine völlig unrealistische Erwartung. Von einem nicht zu verachtenden Beitrag zur Sprachkultur kann aber schon dann die Rede sein, wenn und solange es der Kirche gelingt, innerhalb eines nicht nennenswert beeinflußbaren Pluralismus von Sprachspielen ein *bestimmtes Sprachspiel* zu pflegen und damit spezifische Ausdrucksmöglichkeiten und eine spezifische Sprachkompetenz der Allgemeinheit zur Verfügung zu stellen. Diese Annahme soll durch die folgenden Überlegungen erhärtet und illustriert werden.

### 1. Pastorale Kompetenz als sprachliche Kompetenz

Die spezifische Sprachkompetenz, die die Kirche für die Gesellschaft entwikkelt und bereithält, ist gewiß nicht auf den Pfarrer bzw. die Pfarrerin

---

[2]  S.o. § 7, II.

[3]  Zur Vor- und Entstehungsgeschichte der ersten deutschen Gesamtbibel von 1534 vgl. J. Schilling: Martin Luthers Deutsche Bibel, in: D. Korsch/J. Schilling: Die Bibel – Wort der Freiheit, Passau 1993, 7-33. Schilling zitiert aaO. 29 das Urteil des Grammatikers Johannes Clajus, der Luthers Bibel zur Grundlage einer Grammatik der deutschen Sprache erklärte, daß hier der Hl. Geist deutsch geredet habe.

beschränkt, sie kann aber in herausgehobener Weise an den sprachlichen Leistungen verdeutlicht werden, die mit der Ausübung des Pfarrerberufes verbunden sind. Der Pfarrerberuf unterscheidet sich dadurch von allen anderen Berufen, daß der minister verbi divini in der Lage sein muß, in der denkbar differenziertesten Weise mit der Sprache umzugehen.

Der Pfarrer muß öffentlich reden können im Gottesdienst und in Versammlungen, in denen er – gebeten oder ungebeten – von seiner Sprachkompetenz Gebrauch macht. Beredsamkeit, auch geistreiche Eloquenz gehört zum traditionellen Erscheinungsbild des Pfarrers. Dabei wird Allgemeinverständlichkeit ohne zur Schau gestellte Gelehrsamkeit erwartet. Seine Rede soll begrifflich klar und zugleich anschaulich sein. Lutherische Deutlichkeit, u. U. sogar Derbheit, wird ebenso erwartet wie trockener Humor und erzählerische Plastizität. Das Gegenbild zum rhetorisch begabten Pfarrer ist der salbadernde und weitschweifig daherredende Pfaffe.

Vor allem aber muß der Pfarrer mit Angehörigen aller Sozial-, Bildungs- und Altersklassen reden können. Er muß die unterschiedlichsten Sprachspiele – vom Jugendjargon bis zur Sprache der „Bildungsbürger" – verstehen und sich ihrer in gewissem Maße auch selber bedienen können. Auch regional bedingte Idiome muß er zumindest kennen. Sofern er in Verständigungsprozesse zwischen verschiedenen Gruppen in der Gemeinde eingreift, muß er zu Übersetzungsleistungen zwischen den verschiedenen Sprachwelten imstande sein. Als Seelsorger muß er den Sinn biographisch bedingter Symbole und Metaphern entschlüsseln und in dieser verklausulierten Sprache eventuell auch antworten können.[4] Der Gottesdienst, den der Pfarrer zu planen hat[5], ist ein Kosmos von Sprachspielen, von der archaisierenden Sprache bestimmter liturgischer Stücke bis zur elaborierten modernen Sprache der Predigt. Im Gottesdienst müssen die sprachlichen Äußerungen nicht nur untereinander, sondern zugleich mit den nonverbalen, aber aussagekräftigen Zeichen (Musik, Gesten, visuelle Zeichen) in Einklang gebracht werden. Natürlich gibt es auch andere Berufe, in denen es auf sprachliche Kompetenz ankommt, man denke etwa an den Beruf des Lehrers, aber die Sprachkompetenz des Pfarrers, wenn er sie denn in erforderlichem Maße besitzt, ist unvergleichlich.

---

[4]	Beispiele bei H.-C. Piper: Perspektiven klinischer Seelsorge, in: R. Riess (Hg.): Perspektiven der Pastoralpsychologie, Göttingen 1974, 137-151, dort 145f.

[5]	Auch wenn die Verantwortung für den Gottesdienst kirchenrechtlich dem Kirchenvorstand anvertraut ist, so ist es doch fast immer der Inhaber des ordinierten Amtes, der den jeweils einzelnen Gottesdienst plant.

Neben all jenen in lebendige Kommunikation einbezogenen Sprachspielen muß der Pfarrer als Theologe natürlich auch die einschlägige Fachsprache beherrschen. Wenn pastorale Kompetenz als Sprachkompetenz richtig definiert ist, dann schließt pastorale Kompetenz theologische Kompetenz ein, kann aber nicht auf sie reduziert werden. Natürlich muß der Pfarrer zunächst einmal theologisch gut gebildet sein. Er muß aber das, was er weiß und als Einsicht verfügbar hat, auch ausdrücken können, und zwar in wechselnden Situationen und unter Bezugnahme auf unterschiedliche Adressaten. Auf die jeweilige Verstehbarkeit seiner sprachlichen Äußerungen kommt es an, und das begründet den Reichtum seines sprachlichen Repertoires.

Die sprachliche Kompetenz des Pfarrers ist aber als *kommunikative* Kompetenz erst vollständig beschrieben, wenn auch die sog. metasprachlichen Zeichen mit in den Blick genommen werden. Nach P. Watzlawick und anderen Kommunikationsforschern hängt das Gelingen von Kommunikation auf der inhaltlichen Ebene von ihrem Gelingen auf der Ebene zwischenmenschlicher Beziehung ab: „Der Inhaltsaspekt vermittelt die ‚Daten‘, der Beziehungsaspekt weist an, wie diese Daten aufzufassen sind."[6] Wird beispielsweise die Beziehung zwischen zwei Personen durch Mißtrauen bestimmt, so wird jede sprachlich zum Ausdruck gebrachte Freundlichkeit als Bestechungs- oder Manipulationsversuch beargwöhnt. Die Kommunikation auf der Inhaltsebene erfolgt nach Watzlawick überwiegend durch „digitale" Zeichen, die auf der Beziehungsebene überwiegend durch „analoge" (ikonische) Zeichen. Diese analogen Zeichen haben metasprachlichen Charakter, weil ihr Gebrauch und Verständnis den durch digitalen Zeichengebrauch zum Ausdruck gebrachten Kommunikationsinhalt interpretiert.

Die große verbal-sprachliche Kompetenz des Pfarrers kommt also erst im Zusammenhang mit einer entsprechenden metasprachlichen Kommunikation zur angemessenen Wirkung. Diese metasprachliche Kommunikation wird nicht nur durch den bewußt selektiven Gebrauch analoger Zeichen (wie beispielsweise die Auswahl und Übergabe eines Geschenkes) bestimmt, sondern auch durch unreflektierten Zeichengebrauch: Die Art des Umgangs mit Kommunikationspartnern ist immer auch unreflektierter Ausdruck innerer Einstellung. Dieser Zusammenhang zwischen verbal-sprachlicher und metasprachlicher Kommunikation gilt für jede menschliche Kommunikation in vis-à-vis-Situationen, auch wenn er uns nicht immer bewußt sein muß.

---

[6] P. Watzlawick/J.H. Beavin/D. Jackson: Menschliche Kommunikation. Formen, Störungen, Paradoxien, Bern u.a. 1980[5], 55.

Die Forderung, sich diesen Zusammenhang klarzumachen und auf Kongruenz der Kommunikationsvorgänge auf beiden Ebenen zu achten, ist für den
Seelsorger mit Recht erhoben worden. Erinnert sei nur an die drei auf Carl
Rogers zurückgehenden und weithin anerkannten Regeln der seelsorgerlichen Gesprächsführung, zu denen auch „Echtheit" bzw. „Selbstkongruenz"
gehört.[7] In allen wesentlichen pfarramtlichen Tätigkeiten kommuniziert der
minister verbi divini gewissermaßen mit seiner ganzen Person.

## 2. Christliche Rede im Kontext verschiedener Sprachspiele und Sprachstile

„Christliche Rede" soll heißen: die sprachliche Darstellung des christlichen
Wirklichkeitsverständnisses. Diese Darstellung erfolgt nicht nur in der Predigt, wenn auch in ihr auf exemplarische Weise. In der Predigt kommt auch
am deutlichsten zur Anschauung, daß die christliche Rede in ihrer unmittelbaren Form *Selbst*darstellung des christlichen Wirklichkeitsverständnisses
ist. Sie bringt das dem Redenden selbst eigene Wirklichkeitsverständnis als
Welt-, Gottes- und Selbstverständnis zur Darstellung: für ihn selber, für
diejenigen, die dieses Wirklichkeitsverständnis teilen, aber auch für andere,
die ihm distanziert oder sogar ablehnend gegenüberstehen.

Vielleicht lassen sich *drei Reflexionsstufen* oder auch Gattungen christlicher Rede unterscheiden: *Erstens* – und elementar – das unmittelbare bekenntnishafte Aussprechen des Gehaltes des christlichen Glaubens, in der
Form „Ich glaube (oder wir glauben) an bzw. daß ..." Solche Rede ist die
angemessene Antwort auf die Anrede durch die christliche Verkündigung. In
dieser unmittelbaren Weise Auskunft geben zu können über den eigenen
Glauben, ist jedem Christen zuzumuten; denn diese Kompetenz ist das Kennzeichen des allgemeinen Priestertums aller Glaubenden. *Zweitens* die Darstellung des Gehaltes des christlichen Glaubens zum Zwecke der „Erbauung",
wie man es früher nannte. Das ist eine Rede, die auf die Antwort des Glaubens abzielt oder auf seine Befestigung und Stützung, eine Rede also, die *für
andere*, seien es Glaubende, seien es Nichtglaubende gehalten wird. Der exemplarische Fall solcher Rede ist die Predigt. Die dieser Reflexionsstufe entsprechenden Redeformen gehören vor allem – nicht ausschließlich – zum
sprachlichen Repertoire des minister verbi divini, dessen Berufsaufgabe in
dem besonnenen Umgang mit fremder Religiosität und Irreligiosität besteht.

---

[7]   Vgl. dazu A. J. Hammers: Gesprächstherapeutisch orientierte Seelsorge, in: J.
      Scharfenberg (Hg.): Freiheit und Methode. Wege christlicher Einzelseelsorge,
      Göttingen 1979, 83-101.

*Drittens* die Darstellung des christlichen Wirklichkeitsverständnisses in wissenschaftlicher Form auf der Ebene der Theologie. Christliche Rede auf dieser Reflexionsstufe setzt christliche Rede auf den zuvor genannten Reflexionsstufen voraus. Sie ist der *Gegenstand* theologischer Wissenschaft in all ihren Disziplinen. Deshalb muß sich die wissenschaftlich-theologische Sprache auch deutlich sowohl von der konfessorischen Redeweise wie von der auf Erbauung abzielenden Darstellung unterscheiden. Diese Sprache ist freilich nicht teilnahmslose Objektsprache; es ist ja das Interesse des Theologen an der unmittelbaren Sprache des Glaubens wie an den Sprachhandlungen des minister verbi divini, das zu deren kritischer, systematischer und historischer Darstellung treibt. Daß diese Sprache auch eine Gestalt der christlichen *Rede* genannt werden darf, erweist sich an der mündlich vorgetragenen und adressatenbezogenen theologischen Vorlesung, die mit der literarischen Sprache theologischer Bücher und Aufsätze weitgehend identisch ist; jedenfalls würde es keinen Sinn machen, zwischen beides eine weitere Reflexionsstufe einzuschieben.

Bevor wir uns dem „Kontext verschiedener Sprachspiele und Sprachstile" zuwenden, ist eine Äquivokation aufzulösen, die sich daraus ergeben hat, daß wir einerseits den Beitrag der Kirche zur Sprachkultur in der Pflege *eines bestimmten* Sprachspiels, das wir jetzt als „christliche Rede" bezeichnet haben, erblicken und daß wir andererseits die sprachliche Kompetenz des Pfarrers durch seine Teilnahme an *unterschiedlichen* Sprachspielen gekennzeichnet haben und nun auch noch verschiedene Weisen christlicher Rede unterschieden haben, die man ebenfalls als mehrere Sprachspiele verstehen könnte. Alle Formen christlicher Rede als *ein* Sprachspiel zu verstehen, ist unter *inhaltlichem* Gesichtspunkt gerechtfertigt; es handelt sich stets um Kommunikation des christlichen Wirklichkeitsverständnisses. Der Anschein einer Pluralität von Sprachspielen, exemplarisch illustriert an der Sprachkompetenz des Pfarrers/der Pfarrerin, ergibt sich aus dem *formalen* Gesichtspunkt der situationsabhängigen Verwendung unterschiedlicher Sprachmittel. Dem Sachverhalt, daß das eine christliche Sprachspiel sich in unterschiedlichen Kommunikationssituationen mit Hilfe unterschiedlicher Sprachmittel realisiert, korrespondiert unsere Bestimmung der Kirche als „System der Kommunikation des christlichen Wirklichkeitsverständnisses", eines Systems, das durch verschiedene Kommunikationssituationen, -positionen und -medien intern differenziert wird.[8]

---

[8] Vgl. oben § 7, III.

Christliche Rede tritt als inhaltlich bestimmtes Sprachspiel in Konkurrenz zu anderen Sprachspielen, die jeweils einem anderen Inhalt, einem anderen Wirklichkeitsverständnis, zugeordnet sind, aber sie verbindet sich auch mit unterschiedlichen Sprachmitteln, -stilen oder -formen, die als solche inhaltsunabhängig, offen für verschiedene Inhalte zu denken sind.

Die in Gebrauch befindlichen vielfältigen Sprachformen, -stile und -mittel lassen sich unter wenigstens vier Gesichtspunkten klassifizieren:

a) Sie können erstens verschiedenen *Milieus* und *Bildungsschichten* zugeordnet werden; die Zugehörigkeit eines Menschen zu einer bestimmten sozialen Schicht oder Gruppe läßt sich nicht selten schon an seiner Sprache erkennen.

b) Zweitens können *berufsbezogene Objekt- oder Fachsprachen* identifiziert werden. So unterscheiden sich beispielsweise die in einer Anwaltskanzlei „abgefaßten Schriftsätze" nicht unwesentlich von normaler Ausdrucksweise. Auch ein schon oft karikiertes Pastorendeutsch, das die banalsten Vorgänge mit tieferer Bedeutung auflädt, mag hier, allerdings als ein negatives Beispiel, erwähnt werden. Es verdankt sich einerseits einem bestimmten existentialtheologischen Jargon; andererseits kann es als eine Art Notbehelf angesichts der Verschiedenheit der kommunikativen Anforderungen an den Pfarrerberuf erklärt werden.

Während die beiden genannten Klassifikationsmöglichkeiten von konkreten *soziologischen* Beobachtungen ausgehen und verschiedene Sprachformen einem je konkreten Sitz im Leben zuordnen, nehmen die folgenden Differenzierungsmöglichkeiten die sprachliche Vielfalt von gleichsam übergeordneten theoretischen Gesichtspunkten aus in den Blick.

c) In Anlehnung an die *allgemeine Zeichentheorie*[9], nach welcher jedes Zeichen in Beziehung zu einem Denotat, zu anderen Zeichen und zu einem Zeichenbenutzer oder Interpreten steht, an jeder Semiose entsprechend eine semantische, eine syntaktische und eine pragmatische Dimension zu unterscheiden ist, läßt sich fragen, in welcher dieser Relationen eine gegebene Sprachform sich als besonders leistungsfähig erweist. So ist semantische Präzision – bzw. das Streben danach – das Kennzeichen aller Fachsprachen. Die Sprache der Dichtung, insbesondere der Lyrik, gewinnt ihre Aussagekraft in erster Linie aus der Art, wie die Zeichen miteinander verknüpft sind, sowie aus dem Kontrast der poetischen Semiose zu alltäglichen Zeichen-

---

[9]    Grundlegend: Ch.W. Morris: Grundlagen der Zeichentheorie, München 1972 (am. 1938).

prozessen.[10] Ähnliches gilt für die Sprache der Werbung. Auch sie spielt mit syntaktischen Möglichkeiten, ohne freilich das syntaktische Experiment als solches zu pflegen, wie es bei bestimmten artistischen Stilrichtungen der Fall ist. Gruppenspezifische Jargons schließlich, man denke etwa an den Jargon von Jugendgruppen, scheinen vor allem die Funktion zu erfüllen, Gruppenzugehörigkeit durch Sprache herzustellen bzw. den Gruppenmitgliedern den Ausdruck von Gefühlen in gruppenkonformer Weise zu ermöglichen. Diese durch immer neue modische Ausdrücke und idiomatische Wendungen gekennzeichnete Sprache ist semantisch unpräzise und syntaktisch arm, dafür aber besonders wirksam auf der pragmatischen Ebene.

Das aus der allgemeinen Zeichentheorie gewonnene Klassifikationsschema hat den Vorteil, die Gesamtheit der sprachlichen Äußerungen im Zusammenhang mit den metasprachlichen Zeichen zu erfassen. Es eignet sich daher auch als allgemeines Ordnungsschema, innerhalb dessen bereichsspezifische und detaillierte Untersuchungen zur Sprache bzw. zum Sprachgebrauch, wie der folgende, lokalisiert werden können.

d) Von besonderem Interesse ist in unserem Zusammenhang der von Basil Bernstein entwickelte *soziolinguistische* Ansatz.[11] Die ursprüngliche Zuordnung der beiden Codes, des restringierten und des elaborierten, zu unterschiedlichen Sozialschichten wurde später dahingehend revidiert, daß zwar für den Erwerb der Codes unterschiedliche soziale Bedingungen, insbesondere Familienstrukturen, eine Rolle spielen, daß aber jeder Mensch de facto beide Codes benötigt, je nachdem, ob er sich in einer Situation kontextabhängiger oder kontextunabhängiger Kommunikation befindet. Während der Gebrauch des restringierten Codes Kommunikation auf der Basis schon vorhandenen oder zumindest unterstellten Einverständnisses ermöglicht, die Beziehungen zwischen den Kommunikationspartnern einschließlich der sie verbindenden sozialen Strukturen durch den Ausdruck gemeinsamer Gefühle verstärkt und sich im Extremfall auf den Austausch von Signalen oder Symbolen beschränken kann, erlaubt es der elaborierte, alle syntaktischen Möglichkeiten der Sprache ausnutzende Code, nicht nur

---

[10] Dieser Sachverhalt, der durch die Metapherntheorie P. Ricoeurs weiter expliziert wird, ist auch für die Interpretation der neutestamentlichen Parabeln von vorrangiger Bedeutung.Vgl. W. Harnisch: Die Gleichnisreden Jesu. Eine hermeneutische Einführung, Göttingen 1985; sowie P. Ricoeur: La métaphore vive, Paris 1975.

[11] B. Bernstein: Studien zur sprachlichen Sozialisation, Düsseldorf 1972; ders./ W. Brandis/D. Henderson: Soziale Schicht, Sprache und Kommunikation, Düsseldorf 1973.

die Welt der Objekte sowie die individuelle innere Befindlichkeit von Personen detailliert zu verbalisieren, sondern auch das Verhältnis der Subjekte untereinander und zu den Gegenständen sowie die Strukturen der Sprechsituation selber ins Bewußtsein zu heben und sprachlich zu artikulieren. Der elaborierte Code schafft Distanz und gewährleistet damit die Möglichkeit einer vom Kontext unabhängigen Kommunikation. Demgegenüber bringt der restringierte Code immer die Gefahr der Manipulation mit sich.

Die beiden Codes implizieren somit unterschiedliche Weisen des Sichselbsterlebens: Man erfährt sich – tendenziell – entweder als Teil eines Ganzen oder als autonomes einzelnes Subjekt im Gegenüber zu einer Welt einzelner Objekte. Beherrschte der Mensch nur den restringierten Code, so würde er seiner Freiheit als sprachlich reflektierendes und als handelndes[12] Subjekt verlustiggehen; verfügte er nur über den elaborierten Code, so würde er in seiner Freiheit vereinsamen. Versucht man, die mit den beiden Codes verbundenen Erlebnisweisen in psychoanalytische Terminologie zu übersetzen, so läßt sich sagen, daß die restringierte Kommunikation Regression zu primärnarzißtischen psychischen Zuständen, die elaborierte Kommunikation hingegen Progression im Sinne des sekundären gestalteten Narzißmus bewirkt. Somit läßt sich auch aus psychologischer Sicht die Angewiesenheit des Menschen auf beide Codes feststellen; denn „gesund" im Sinne einer ausgeglichenen psychischen Dynamik ist weder die eine noch die andere Bewegung als solche, sondern vielmehr die Oszillation zwischen Regression und Progression.

Zusammenfassend läßt sich die Funktion oder Leistung der von Bernstein entwickelten Codes in den folgenden Zuordnungen ausdrücken:

| *Restringierte Kommunikation* | *Elaborierte Kommunikation* |
|---|---|
| Dominanz des Gruppenbewußtseins | Dominanz des Ichbewußtseins |
| kontextabhängige Sprache | kontextunabhängige Sprache |
| Reaktivierung und (teilweise) Verbalisierung kollektiver Erfahrungen | Verbalisierung der Erfahrung der äußeren Welt und des inneren Erlebens |

---

[12] „Handeln" impliziert die bewußte und sprachlich artikulierbare Wahl von Handlungszielen und -mitteln, was wiederum die sprachliche Objektivierbarkeit der Handlungs- und Kommunikationssituation voraussetzt. Zum Handlungsbegriff vgl. R. Preul: Problemskizze zur Rede vom Handeln Gottes, MJTh I, 1987, 1ff sowie Chr. Schwöbel: Imago Libertatis: Human and Divine Freedom, in: C.E. Gunton (Ed.): God and Freedom. Essays in Historical and Systematic Theology, Edinburgh 1995, 57-81, bes. 59ff.

| Erfahrung von Welt im ganzen | Erfahrung von Welt im einzelnen |
|---|---|
| Partizipation | Individuation |
| Regression | Progression |
| archaischer Narzißmus | gestalteter Narzißmus |

Das Verhältnis der beiden Codes ist also nicht als ein quantitatives Steigerungs- oder Überbietungsverhältnis zu verstehen, wie es die Ausdrücke „restringiert" und „elaboriert" nahelegen könnten. Dieses Mißverständnis hat zu teilweise fragwürdigen pädagogischen Programmen kompensatorischer Spracherziehung geführt: Unterschichtkinder, die angeblich allein den restringierten Code beherrschten, sollten statt dessen die elaborierte Sprachkompetenz erwerben. Tatsächlich benötigt jeder Mensch beide Codes, und infolgedessen bedient er sich ihrer auch.[13] Die Individuen unterscheiden sich nur hinsichtlich des Grades, in dem sie über den einen wie den anderen Code verfügen und beide Codes situationsadäquat anzuwenden in der Lage sind. Die Beherrschung beider Codes muß erlernt werden. Das ist bei der elaborierten Sprachkompetenz unmittelbar evident, die durch Diskussion, Lektüre, muttersprachlichen und fremdsprachlichen Unterricht geschult wird. Aber auch die Ausdrucksmittel der restringierten Kommunikation müssen erworben werden; sozial isolierte, vereinsamte Personen haben keine Möglichkeit zu restringierter Kommunikation.

Müssen beide Codes erlernt werden, dann stellt sich die Frage nach den optimalen Lernbedingungen in Bezug auf das gesamte sprachliche Repertoire. Für eine umfassende Beantwortung dieser Frage müßte die Gesamt-

---

[13] Das gilt schon für den Bereich der familialen Kommunikation. Bernstein unterschied den positionsorientierten und den personorientierten Familientyp; der erste Typ begünstigt die restringierte, der zweite Typ die elaborierte Sprachkompetenz. Es ist nun aber ein Kennzeichen der „modernen" Familie, daß Rollenmuster, die sich auch in ihr einspielen, doch immer wieder durchbrochen werden und die Rollen und Funktionen neu ausgehandelt und verteilt werden müssen. Solange und so oft die Familie auf der Basis gegenseitigen Einverständnisses als eingespieltes Interaktionssystem funktioniert, wird sie entsprechend restringiert kommunizieren; sobald jedoch Selbstverständlichkeiten in Frage gestellt werden, muß sie zur elaborierten Kommunikation übergehen. Ein Übermaß elaborierter Kommunikation – etwa als Dauerreflexion in der Ehe über die Ehe – droht aber das ganze Sozialsystem zu ruinieren, weil es jedes Einverständnis problematisiert und keine Unverbrüchlichkeit der Beziehungen gelten läßt, die nur in der restringierten Sprache der Vertraulichkeit überleben kann.

heit der heutigen Sozialisationsbedingungen einschließlich der Wirksamkeit
der öffentlichen Medien in den Blick genommen werden. Wir beschränken
uns jedoch auf den Beitrag der Kirche. Dabei geht es in einem ersten Schritt
um den *prinzipiellen inhaltlichen Bezug des christlichen Sprachspiels* auf die
mit den beiden Codes verbundenen Erlebnisqualitäten (aa). In einem zweiten Schritt fragen wir nach dem Beitrag, den der *Gottesdienst* als zentrale
Form der Kommunikation des christlichen Wirklichkeitsverständnisses zu
leisten vermag (bb).

aa) Eine inhaltliche Analyse des christlichen Wirklichkeitsverständnisses
läßt die These gerechtfertigt erscheinen, daß das gelebte und sprachlich
symbolisierte christliche Wirklichkeitsverständnis beide Codes voll ausschöpft, die entsprechenden Erlebnisweisen aktualisiert, Regression und
Progression aufeinander bezieht und eine beständige Bewegung zwischen
diesen beiden Polen stimuliert.

Machen wir uns diesen Sachverhalt an einem Gegenbeispiel klar. Peter
L. Berger hat unter den Stichworten „Jerusalem" und „Benares" zwei gegensätzliche Religionsformen unterschieden[14]: den vorderasiatisch-biblischen
Typ, in welchem das Göttliche als persönlicher Wille dem Glaubenden
entgegentritt und ihn selbst zur Person werden läßt, und den indischen Typ,
in welchem das Göttliche dem Menschen nicht von außen gegenübertritt,
sondern „in ihm selbst als göttlicher Grund seines Seins und des Kosmos
gesucht werden"[15] muß. „Wenn der göttliche Seinsgrund erst einmal erreicht ist, verblassen Mensch und Kosmos zur Bedeutungslosigkeit oder
sogar zur Unwirklichkeit, zur Täuschung. Die Individualität wird nicht
geschärft, sondern absorbiert, und sowohl Geschichte wie Moralität werden
radikal relativiert."[16] Sofern der Mensch sich von der Religion bestimmen
läßt, muß er sich lösen von der Welt der Objekte und Einzelsubjekte; die
„Gier" muß zum Erlöschen gebracht werden, und mit ihr verschwindet auch
das Leiden. Tritt der Mensch aus dem meditativen Zustand begierde- und
leidensloser Gemütsruhe wieder heraus, dann können sich die weltlichen
Leidenschaften u.U. um so hemmungsloser austoben. Zwar kann man mit
Berger und anderen darauf hinweisen, daß beide Religionstypen Elemente
des jeweils anderen Typs in sich enthalten. Dennoch zeigt ein Vergleich des

---

[14]  P.L. Berger: Der Zwang zur Häresie. Religion in der pluralistischen Gesellschaft,
      Freiburg u.a. 1992, 171-195. Berger nimmt natürlich eine religionswissen-
      schaftlich geläufige Typisierung auf.

[15]  AaO. 175.

[16]  Ebd.

Typs mystischer Versenkung und Weltüberwindung mit der vollausgebildeten Sprachkultur beider Codes und mit der zugeordneten ganzen Erlebnisstruktur, also der Polarität von Progression und Regression, Individuation und Partizipation, gestaltetem und archaischem Narzißmus, daß die Gesamtstruktur hier einseitig belastet wird. Der Akzent fällt auf Regression, Partizipation, archaischen Narzißmus, Erlebnis von Welt im ganzen.

Demgegenüber sind die Gewichte im christlichen Wirklichkeitsverständnis günstiger verteilt. Die Hingabe an Gott, die meditative Versenkung in sein Schöpfungs- und Heilswerk enthält zugleich den Impuls, besser: schlägt in den Impuls um, der Treue Gottes zu seiner Schöpfung zu entsprechen und im Glauben als Cooperator Dei den Absichten Gottes mit und in seiner Schöpfung in guten Werken zu dienen. Der Mensch wird also gerade auch als aktives, die Welt durch interaktive Praxis gestaltendes Handlungssubjekt religiös gewürdigt. Er ist der Gärtner, der den Garten Gottes bebauen und bewahren (Gen 2, 15) und daran seine Freude haben soll, wozu er die Einzelheiten in der Schöpfung studieren und durch elaborierte Sprache zur Darstellung bringen muß (vgl. Gen 2, 19ff). Die Herrlichkeit Gottes kommt in seiner Schöpfung und in Gottes Heilshandeln in der gefallenen Schöpfung zum Ausdruck. Die Welt der Erscheinungen wird nicht abgewertet, aber sie ist abhängiges Sein, das auf den Schöpfer verweist, den es in allen Dingen zu lieben und zu ehren gilt. Auf der Grundlage der Unterscheidung von Schöpfer und Schöpfung einerseits und der Art, wie die Beziehung zwischen beidem im Blick auf Gottes Heilshandeln in der Welt vorgestellt wird, andererseits werden die primärnarzißtischen Geborgenheitsbedürfnisse über jedes innerweltliche Objekt hinausgetrieben.[17] Und zugleich können die Möglichkeiten des gestalteten Narzißmus in der „Freude an dem, was sein soll"[18], und in der aktiven Teilnahme an dessen Gestaltung durch Gott

---

[17] Daß ein erneutes Sichfestmachen primärnarzißtischer Wünsche und Träume an innerweltlichen Objekten (etwa mächtigen und faszinierenden Personen, die zur Identifikation und Verschmelzung einladen) verhindert wird, begründet die ideologiekritische Kraft des christlichen Glaubens, die sich insbesondere gegen pseudoreligiöse Phänomene wenden muß. Pseudoreligion ist die existentiell verbindliche, aber nicht mehr authentische (d.h. auf die Relation von Gott und Welt als Relation kategorial unterschiedener Relate bezogene) Verwendung religiöser Sprache.

[18] Ich übernehme diese Formulierung von K. Stock: Grundlegung der protestantischen Tugendlehre, Gütersloh 1995, bes. 146ff; vgl. auch ders.: Freude an dem was sein soll. Grundriß einer protestantischen Tugendlehre, MJTh V, 1993, 41-62.

wohlgefällige Werke sich entfalten. Passive Hingabe schlägt um in den
Impuls neuer Lebensgestaltung, und Selbstbejahung im Vollzug aktiver
Lebensgestaltung geht wiederum über in Gefühle des Vertrauens und Dankes gegenüber dem Schöpfer. Auf diese Weise werden Regression und Progression produktiv aufeinander bezogen und als sich gegenseitig hervor-
treibende Momente zu *einer* Bewegung verbunden. Auch eine Interpretation
des Doppelgebots der Liebe könnte diese Bewegung verdeutlichen.[19]

bb) Dem aus der Struktur des christlichen Wirklichkeitsverständnisses
erhobenen Befund entspricht nun auch die konkrete Gestalt religiöser Kommunikation im christlichen Gottesdienst[20], der den Reichtum beider Codes
in Dienst nimmt und die beschriebene Wechselbewegung gleichsam in
Szene setzt.

Nach Luthers Auffassung – vgl. aber auch die ekklesiologische Grundformel in CA 7 – ist die Predigt des Evangeliums oder jedenfalls doch irgendeine Form vergegenwärtigender Auslegung des biblischen Wortes unver-
zichtbarer Bestandteil des Gottesdienstes. Da die Predigt teils einzelne
Aspekte der vita christiana, teils die ganze Struktur des christlichen Wirk-

---

[19] Zu einer ausführlichen Interpretation des christlichen Wirklichkeitsverständnisses
mit den Mitteln der Narzißmustheorie vgl. das Kapitel „Gottesbezug und
Elternimago" in R. Preul: Religion – Bildung – Sozialisation, Gütersloh 1988,
215-238.

[20] Aus der Vielzahl kirchlicher Kommunikationssituationen wird der Gottesdienst
hier aus drei Gründen herausgegriffen: a) Er ist diejenige Kommunkationssituation
und Sozialform, durch die die Kirche unmittelbar und ursprünglich in der Welt
in Erscheinung tritt. Die wesentlichen institutionellen Elemente der Kirche
entstanden im Zusammenhang mit dem Gottesdienst, und die Fortexistenz der
Kirche in der Welt verdankt sich dem Gottesdienst als der „regelmäßigen Einkehr
der Glaubenden in die Ursprungssituation des Glaubens", d.h. in die Mahlgemeinschaft mit dem Gekreuzigten als dem Erhöhten. (Zu diesem Gottesdienstverständnis vgl. E. Herms: Überlegungen zum Wesen des Gottesdienstes, in
ders.: Kirche für die Welt, Tübingen 1995, 318-348.) b) Der Gottesdienst
nimmt bereits Funktionen wahr, die zur Herausbildung anderer Kommunikationssituationen im Kommunikationssystem Kirche geführt haben. Während es wenig
Sinn macht, von einer gottesdienstlich-liturgischen Dimension in der (speziellen)
Seelsorge oder im Unterricht zu reden, läßt sich umgekehrt sehr wohl sagen, daß
der Gottesdienst poimenische (vgl. Chr. Möller: Seelsorgerlich predigen, Göttingen 1983 und – in ganz anderer Zuspitzung – H.-J. Thilo: Die therapeutische
Funktion des Gottesdienstes, Kassel 1985) und didaktisch-katechetische Funktionen wahrnimmt. c) Wie an früherer Stelle schon ausgeführt (§ 7, III, 1, c), ist
der Gottesdienst die medienreichste Kommunikationssituation der Kirche.

lichkeitsverständnisses diskursiv und deskriptiv[21] zur Sprache bringt, muß sich der Prediger des elaborierten Codes bedienen. Alles, was der Prediger sagen will, muß er auch voll verbalisieren. Er darf sich nicht hinter Formeln und vermeintlichen Selbstverständlichkeiten verstecken, sondern muß klar formulieren, was er meint und empfindet, wie er bestimmte Dinge sieht und wie andere von ihm unterschiedene Subjekte sie aus ihrer Perspektive sehen. Alle in der Predigt aufgebotenen Perspektiven[22] müssen sprachlich voll ausgeleuchtet werden.

„Elaboriert" heißt nicht „ kompliziert". Die Sprache der Predigt wird i.d.R. eher schlicht sein. Im übrigen kann die ganze Fülle der im vorhergehenden unterschiedenen Sprachstile, zitatweise sogar der restringierten Kommunikation entnommene Wendungen, in der Predigt vorkommen. Die Predigt ist von ihrer Funktion her zwar auf der mittleren der oben auseinandergehaltenen drei Ebenen christlicher Rede ansässig, das schließt aber nicht aus, daß Stilelemente der anderen Ebenen in sie aufgenommen werden können. Daß die Predigt auch bekenntnishafte Rede ist, versteht sich von selbst: Der Prediger redet nicht hypothetisch über den christlichen Glauben, sondern assertorisch; seine Rede ist Ausdruck der eigenen Wahrheitsgewißheit. Aber auch Ausdrücke der theologischen Fachsprache sind entgegen den üblichen homiletischen Empfehlungen nicht kategorisch aus der Predigt auszuschließen. Denn auch der sog. Laie will ja teilhaben an der gedanklichen Durchdringung und Rechtfertigung des eigenen Glaubens und benötigt daher so etwas wie eine „elementare Theologie", die er teilweise auch schon aus eigenem Antrieb entwickelt.[23] Die Sprache der Predigt ist

---

[21] Zur Aufgabe, sprachlichen Gestalt und Rezeption der Predigt vgl. das Kapitel „Deskriptiv predigen! Predigt als Vergegenwärtigung erlebter Wirklichkeit" in R. Preul: Luther und die Praktische Theologie. Beiträge zum kirchlichen Handeln in der Gegenwart, Marburg 1989, 84-112.

[22] Zu diesen möglichen Perspektiven hat M. Josuttis unter dem Gesichtspunkt verschiedener Formen des Ich in der Predigt sinnvolle Vorschläge gemacht: Der Prediger in der Predigt. Sündiger Mensch oder mündiger Zeuge? In ders.: Praxis des Evangeliums zwischen Politik und Religion, München 1980², 70-94, bes. 87ff.

[23] Der Ertrag der hauptsächlich in der Religionspädagogik geführten Elementarisierungsdebatte ist jetzt gültig zusammengefaßt worden bei Fr. Schweitzer/ K.E. Nipkow/G. Faust-Siehl/B. Krupka: Religionsunterricht und Entwicklungspsychologie. Elementarisierung in der Praxis, Gütersloh 1995. Es ist erstaunlich, daß das Problem der Elementarisierung bisher kaum auch als homiletisches Thema reflektiert wurde.

gerade als dem elaborierten Code verpflichtete Sprache gewissermaßen po-
lyglott. Nur in dieser Form gelingt es der Predigt, den Gehalt des christlichen Wirklichkeitsverständnisses *semantisch klar, glaubwürdig und zwanglos*
zum Ausdruck zu bringen.[24]

Auf der anderen Seite finden sich in der Liturgie, insbesondere in den
zum Ordinarium gerechneten Teilen, unzweifelhaft Elemente restringierter
Kommunikation.[25] Das kann freilich nur im Blick auf die Funktion, die
diese Texte im Zusammenhang des gegenwärtigen gottesdienstlichen Erlebens haben, behauptet werden. Denn Texte wie das Gloria Patri, das
Credo oder die Präfation haben in ihrem Wortlaut natürlich einen präzisen
semantischen Sinn – zumindest hatten sie ihn für diejenigen, die sie einst
geprägt haben. Das muß unabhängig von unserer Kenntnis bzw. Unkenntnis ihrer Entstehungsgeschichte unterstellt werden. In ihrem Gebrauch im
Rahmen des gottesdienstlichen Ritus fungieren diese Texte aber schon deshalb als Träger restringierter Kommunikation, weil sie nicht unmittelbar
dem gegenwärtigen religiösen Bewußtsein der einzelnen Gemeindeglieder
entspringen und von daher gestaltet werden. Im Unterschied zur Kanzelrede
haben sie nicht den Charakter aktueller, situationsbezogener Auslegung,
vielmehr verdienen sie es, gelegentlich selbst zum Gegenstand homiletischer
Auslegung gemacht zu werden. Ihre gottesdienstliche Funktion beruht zu
einem guten Teil gerade darauf, daß sie nicht von uns formuliert wurden.[26]
Denn als Texte, in denen sich der Glaube der „Väter" niedergeschlagen hat,
als „altehrwürdige" christliche Texte transportieren sie das schon durch den
gottesdienstlichen Ritus als solchen hervorgerufene Gemeindebewußtsein
und Gemeinschaftsgefühl über die hier und jetzt versammelte Gemeinde
hinaus auf die Christenheit als ganze: Die Gemeinde betet und lobt Gott
mit den Vätern (und wohl auch Müttern) der alten Kirche wie mit den
räumlich getrennten Brüdern und Schwestern der ökumenischen Christen-

---

[24] Mehr zu diesen drei Kriterien einer angemessenen Verkündigung in meinem
Aufsatz: Wurzel und Wachstum christlicher Freiheit, ZThK 92/1995, 251-277,
dort 261f.

[25] Darauf hat früher u.a. schon W. Jetter hingewiesen: Symbol und Ritual. Anthropologische Elemente im Gottesdienst, Göttingen 1978, 180ff und passim.

[26] Unter diesem Gesichtspunkt ist es eben kein Ausdruck von Unaufrichtigkeit,
wenn das Credo nicht um Elemente verkürzt wird, mit denen fast jeder Protestant heute intellektuelle Schwierigkeiten hat. Und selbst für die „seligen
Seraphim", die nach der Erneuerten Agende aus dem Präfationsgebet verbannt
wurden, während man bei den Engeln, Mächten und Gewalten Gnade walten
ließ, könnte man ein gutes Wort einlegen.

heit, die die gleichen Texte verwenden und im gleichen Geist versammelt sind. Der Gottesdienst darf daher auch nie so gestaltet werden, als wäre er nur der Gottesdienst der aktuell versammelten Gemeinde eines bestimmten Ortes und einer bestimmten Zeit. Er muß über das hic et nunc hinausgehende identische Zeichen verwenden[27], und er darf auch die Spuren seiner eigenen Geschichte, jedenfalls soweit sie reformatorischem Glaubensverständnis nicht widersprechen, in sich aufbewahren.[28]

Gerade jene ältesten Texte fungieren in ihrem aktuellen liturgischen Gebrauch als Signale und Träger jenes Miteinanderverständigtseins, auf dessen Grundlage restringierte Kommunikation, wie sie sich dann beispielsweise im gemeinsamen Singen und Feiern Ausdruck verschafft, möglich ist und ihre psychischen Wirkungen entfalten kann. Es ist jedoch zu vermuten, daß sich hinter der ehrfürchtigen Verwendung jener alten Zeugnisse des christlichen Glaubens noch weit mehr verbirgt als der Wunsch nach Verbundenheit und Geborgenheit in einer Gemeinschaft Gleichgesinnter und Gleichgestimmter, die sogar die zeitlich und räumlich getrennten Schwestern und Brüder miteinbezieht. Daß jene alten und vorgeprägten Wendungen sich noch als Träger gegenwärtigen Glaubenssinnes verwenden lassen, daß biblische Texte als zum heutigen Menschen sprechende Texte verlesen und ausgelegt werden, daß die Mahlgemeinschaft des irdischen Jesus mit seinen Jüngern und Jüngerinnen in jedem Abendmahl, nun als Mahlgemeinschaft mit dem Gekreuzigten und Erhöhten, fortgeführt wird – das alles entspricht dem universalen, nicht nur auf Menschen einer bestimmten Zeit und Kultur bezogenen Wahrheitsanspruch des Evangeliums selber. Ein Glaube, der nur in brandneuen Formulierungen leben und sich keiner alten, ja uralten Elemente bedienen könnte, geriete in den Verdacht, auch nur eine vorübergehende, wenn nicht modische Erscheinung zu sein. Es ist also paradoxerweise gerade der aktualisierende Gebrauch des Alten, der hier die Befürchtung des alsbaldigen Veraltens zerstreut. Die Erfahrung, daß mittels biblischer Texte und altkirchlicher liturgischer Stücke eine die Zeiten und

---

[27] Es artikuliert eine dem Gottesdienst eigene und unverzichtbare Erlebnisqualität, daß wir „mit der ganzen Christenheit auf Erden" unseren Glauben bekennen, auch wenn das regelmäßige gemeinsame Sprechen des Apostolikums erst durch die Bekennende Kirche eingeführt wurde.

[28] Das gilt auch für die Baugeschichte einer Kirche und ihre Innenraumgestaltung. Eine barocke Kanzel muß nicht in jedem Fall aus einer gotischen Kirche im Namen angeblicher Stilreinheit entfernt werden. Es kann sehr sinnvoll sein, die besten und charakteristischen Stücke aus den verschiedenen Stil- und Frömmigkeitsepochen aufzubewahren und so die Geschichte vor Ort präsent zu halten.

Kulturen übergreifende Kommunikation möglich ist, ist so etwas wie ein signum veritatis, wenn auch kein für sich schon hinreichendes Zeichen; aber sie bestätigt gewissermaßen in actu die vom Glauben unablösbare Gewißheit, daß das Evangelium allen Menschen gilt. Jedenfalls ist zu vermuten, daß diese Korrespondenz von Gottesdienstbesuchern zwar nicht ins Bewußtsein gehoben und ausformuliert, aber doch mehr oder weniger deutlich empfunden wird. Es zeugt daher von schierem liturgischem Unverständnis, von Unverständnis dessen, was im Gottesdienst erlebt wird, wenn eine geläufige Art von Gottesdienstkritik im Blick auf archaisch anmutende liturgische Elemente von „Leerformeln" spricht und der Gemeinde ein bloß konservatives Interesse unterstellt.

Was der gottesdienstliche Ritus als solcher für das Erleben der an ihm teilnehmenden Individuen bedeutet, wurde schon an früherer Stelle beschrieben.[29] Das ist hier nicht noch einmal zu wiederholen, wohl aber mitzubedenken und nun auf die Polarität von restringiertem und elaboriertem Code, Regression und Progression, archaischem und gestaltetem Narzißmus zu beziehen. Der Ritus als solcher bewirkt als gemeinschaftlich vollzogene Handlung eine Rückkehr zu früheren Erlebniszuständen; denn schon die frühesten Sozialerfahrungen in der Mutter-Kind- und Eltern-Kind-Beziehung hatten, wie vor allem Erikson nachgewiesen hat, den Charakter ritueller Interaktion.[30] In allen späteren rituellen Erfahrungen, so auch im Gottesdienst, werden diese früheren Erlebniszustände gleichsam reaktiviert, meistens ohne daß man sich dessen bewußt ist.

Es ist nun aber keineswegs das Ziel des Gottesdienstes, einfach frühere Gemüts- und Gefühlszustände heraufzubeschwören und dem Menschen die regressive Wiedereinkehr in frühkindliche Geborgenheits- und Gemeinschaftserlebnisse, in welcher alle konkreten Konturen verschwimmen, zu ermöglichen, so wichtig auch eine solche regressive Kontaktaufnahme mit sich selbst für den psychischen Haushalt des Menschen sein mag.[31] Vielmehr ist es geradezu der Pfiff am Gottesdienst, daß er den Ritus zwar seine ihm eigene Wirkung tun läßt, diese Wirkung aber zugleich auffängt und in einer dem christlichen Wirklichkeitsverständnis (Gottes-, Welt- und Selbstverständnis) entsprechenden Weise *überformt*. Das läßt sich an wenigstens vier Besonderheiten studieren.

---

[29]  S.o. § 10, II, 3.
[30]  E.H. Erikson: Die Ontogenese der Ritualisierung, Psyche 7/1968, 481ff.
[31]  Die psychoanalytische Forschung ist bekanntlich weit davon abgerückt, Regression bloß negativ als Reinfantilisierung zu bewerten.

Erstens ist darauf hinzuweisen, daß schon bestimmte zum Ordinarium gehörende Stücke selber interpretierende Elemente enthalten. So wird beispielsweise im „Kyrie" nicht eine anonyme Macht angerufen, vielmehr wird durch den Wechsel vom „Kyrie eleison" zum „Christe eleison" die aus der Kindheit vertraute Situation der Abhängigkeit und Hilfsbedürftigkeit schon durch die bloße Nennung eines Namens in spezifischer Weise strukturiert und gedeutet.[32] Vielleicht noch deutlicher läßt sich der Sachverhalt der Überformung am aaronitischen Segen, mit dem der Gottesdienstteilnehmer in den Alltag entlassen wird, veranschaulichen. Die durch bestimmte sprachliche Elemente („behüten", das „leuchtende Angesicht") und durch die angedeutete Geste der Handauflegung heraufbeschworene Szene (das über dem beunruhigten Kind auftauchende Gesicht der Mutter oder des Vaters: ich bin ja da, es ist alles in Ordnung!) wird dadurch umstrukturiert, daß das Vertrauen nicht wiederum auf eine konkrete Person, etwa die des Liturgen, sondern auf Gott als die letztlich allein vertrauenswürdige Instanz verwiesen wird. Die Lebensgeschichte jedes Menschen läßt sich ja nicht zuletzt als eine Geschichte der gelungenen oder mißlungenen Neuverteilung von (Ur-)Vertrauen und Erwartungshaltungen verstehen: Was ist von welcher Instanz zu erwarten? Der Gottesdienst hat eine wesentliche Funktion in der Regulation von Erwartungen.

Zweitens: Wie das zuletzt genannte Beispiel schon zeigt, evoziert der Gottesdienst nicht nur bestimmte Gefühle und Stimmungslagen, sondern ineins damit bestimmte lebensgeschichtlich bedeutsame Szenen. Der Gottesdienst entfaltet seine Wirksamkeit im Medium des „szenischen Erinnerns".[33] Das gilt für die Liturgie wie für die Predigt, sofern sie als deskriptive Predigt das Bild des Gekreuzigten mit Bildern der vita christiana

---

[32]  Falls, wie einige Liturgiewissenschaftler annehmen, der Kyrie-Ruf aus der vorchristlichen Antike übernommen wurde, also die Huldigung an den weltlichen Herrscher assoziiert werden konnte, so ist auch in liturgiehistorischer Perspektive unverkennbar, daß mit der Gregor dem Großen zu verdankenden Hinzufügung des „Christe eleison" eine interpretierende Absicht verfolgt wurde. Vgl. B. Hökker: Lateinische Gregorianik im Lutherischen Gottesdienst? St. Ottilien 1994, 163.

[33]  Auf die Bedeutung des szenischen Erinnerns für jede Theorie der Kommunikation des christlichen Wirklichkeitsverständnisses hat E. Herms hingewiesen: Die Sprache der Bilder und die Kirche des Wortes, in ders.: Offenbarung und Glaube. Zur Bildung des christlichen Lebens, Tübingen 1992, 221-245. Diesen Anstoß hat aufgenommen K. Stock: Grundlegung der protestantischen Tugendlehre, Gütersloh 1995, bes. § 4 „Das innere Bild Jesu Christi".

verbindet. Und es gilt insbesondere für die Feier des Abendmahls, die selbst
eine Szene ist, die biblische Szene fortführt und zur Assoziation mit lebensgeschichtlichen Szenen der Teilnehmer einlädt: als deren Reaktivierung,
Überbietung oder Kontrast. Auch der Gottesdienst als ganzer kann als
gemeinschaftlich vollzogene Handlung, als eine Aufführung, bei der Darstel-
ler und Publikum identisch sind, als eine Szene verstanden werden, in der
die in sie involvierten Personen sich selbst in bestimmter Weise erfahren,
und zwar so, daß die durch den Gottesdienst konstituierte Erlebnisgegenwart
durch die Beziehung auf erinnerte und, wie an früherer Stelle schon deutlich
wurde[34], teilweise ganz anders strukturierte Szenen und szenische Arrange-
ments oder Rollenmuster mitbestimmt wird. Dabei ist die „Logik" der
erinnernden und bestimmte Erwartungsbilder entwerfenden Assoziation
bekanntlich unberechenbar. Welche lebensgeschichtlich bedeutsamen Bilder assoziiert und imaginiert werden, ist dem Liturgen ebenso entzogen wie
dem Prediger, wenngleich der letztere immerhin bestimmte Erinnerungen
und Erwartungen konkret benennen und vor allem beschreiben kann. Wohl
aber kann dafür Sorge getragen werden, daß das, was in der Erlebnisgegenwart des Gottesdienstes als erinnerndes Bild fungiert, eine klar kontu-
rierte und eindrückliche Gestalt gewinnt.[35]

Drittens: Der christliche Gottesdienst zeichnet sich dadurch als ein
besonderer Ritus aus, daß er innerhalb seines Ablaufes einem *nichtrituellen
Element* einen festen Platz einräumt. Nach reformatorischem Gottesdienstverständnis darf die Predigt – oder eine funktional gleichwertige vergegen-
wärtigende Auslegung – in keinem Gottesdienst fehlen.[36] Denn es ist die
verständliche und glaubwürdige Auslegung des Wortes Gottes, die den
Gottesdienst davor bewahrt, zum Ort bloßer „Zungenrede"[37] zu werden, die
ihn davor schützt, als frommes Sonderwerk, „damit Gottes Gnade und
Seligkeit zu erwerben"[38], mißverstanden und mißbraucht zu werden. Der
uninterpretierte Ritus wird zum „loren und dohnen"[39], das als solches allen

---

[34]  S.o. § 10, II, 3.
[35]  Unter diesem Gesichtspunkt sind die Vorschläge zur thematischen Gestaltung
der Propriumsstücke des jeweiligen Gottesdienstes, die C. Schoeler (Das Ich im
Gottesdienst, Diss.Kiel 1995) aus Analysen der karolingischen Messe ableitet,
bedenkenswert.
[36]  S.o. § 6, I, 1.
[37]  WA 12, 35.
[38]  Ebd.
[39]  WA 12, 37.

subjektiven Projektionen preisgegeben ist. Die Predigt ist kein rituelles, sondern ein *rhetorisches* Phänomen. Es ist daher nicht erstaunlich, daß die Predigt von einigen Liturgieliebhabern als „Störfaktor" empfunden wurde, den man, wenn man ihn schon aus theologischen Rücksichten nicht aus- schalten kann, so doch möglichst geringhalten müsse: nicht nur durch enge zeitliche Begrenzung, sondern auch durch Einbau von oder Ersetzung durch meditative Elemente oder auch durch inhaltliche Beschränkung auf Thema- tik oder Motivmaterial des jeweiligen Propriums. Solche Verknappung, stilistisch-stimmungsmäßige Angleichung und thematisch-leitmotivische Fokussierung kann gelegentlich sehr sinnvoll sein, generell aber muß gelten, daß der christlichen Redekunst keine Fesseln angelegt werden dürfen, die eine optimale Entfaltung ihrer eigenen Möglichkeiten verhindern. Und wer aus angeblich liturgischen Rücksichten oder aus Furcht vor „Intellektua- lisierung" des Kultus solche christliche Redekultur im Gottesdienst nicht zulassen will, muß sagen, wo sie denn dann stattfinden soll[40], worauf sich schwerlich eine befriedigende Antwort finden läßt.[41] In Wirklichkeit han- delt es sich aber auch gar nicht um eine Störung, sondern um eine beständige heilsame *Spannung* im Gottesdienst, die auch aus Gründen einer dem christ- lichen Wirklichkeitsverständnis entsprechenden Liturgie durchgehalten wer- den muß. Nicht Heterogenität, sondern *Polarität* ist die hier sachgemäße Kategorie. Polarität – oder Komplementarität – ist Einheit in wechselseiti- ger Bezogenheit, die auch dann nicht aufgehoben wird, wenn die Eigenart der polar zugeordneten Elemente akzentuiert wird. Die Predigt entspricht dieser Polarität von ihrer Seite, wenn sie die im Gottesdienst gemachten Erfahrungen im Lichte der Rechtfertigungslehre interpretiert und damit zu- gleich fokussiert; sie entspricht ihr auch durch das Bemühen, dem jeweiligen

---

[40] So gewiß die Predigt im Kontext von Liturgie betrachtet werden muß – schon deshalb, weil es zur Identität dieses Genres gehört, eine Rede innerhalb des Gottesdienstes zu sein –, so notwendig ist es andererseits, die Kanzelrede auch im Kontext öffentlicher Kommunikation und ihrer Medien zu bedenken. Dieses Erfordernis wird systematisch von denjenigen negiert oder zumindest übersehen, die Homiletik nur im Rahmen von Liturgik gelehrt sehen wollen.

[41] Eine gute Predigt läßt, auch wenn sie sich etwa auf der Grundlage ihres Textes in ein spezielles Thema vertieft, immer das Strukturganze des christlichen Wirklichkeitsverständnisses aufscheinen. Die Stärke des Religionsunterrichts ist die beharrliche Arbeit am Detail. Die elektronischen Medien geben aufgrund ihrer Produktions- und Disseminationsgesetze keinen Raum für eine verbal aus- geführte Darstellung des christlichen Wirklichkeitsverständnisses; nur fragmenta- rische Ausblicke und bestenfalls einige gedankliche Impulse sind hier möglich.

Gottesdienst im Zusammenhang mit den Propriumstexten und den Liedern eine gewisse thematische Einheit zu verschaffen. Im übrigen aber muß sie ihren Blick auf die Vielfalt und Disparatheit gegenwärtiger Lebenssituationen überhaupt richten.

Viertens: Schließlich ist auch die Reihenfolge der liturgischen Stücke nicht unwesentlich. Die Predigt kann nicht ans Ende und der Segen nicht in die Mitte des Gottesdienstes gerückt werden, ohne ihre jeweilige Funktion einzubüßen. Wird das Credo, wie es der Entwurf der „Erneuerten Agende" vorsieht, hinter die Predigt gesetzt, so erhält es eine veränderte Funktion; es ist dann nicht mehr die Antwort der Gemeinde auf die Evangelienlektion als exemplarische Zitation der biblischen Grundlagen und zugleich Bezeichnung des gemeinsamen Horizontes, innerhalb dessen sich die Predigt bewegen soll, sondern Antwort auf die vom Prediger zu verantwortende Auslegung, womit die Predigt funktional überfordert wird. Die durch die Abfolge der gottesdienstlichen Stücke gebildete Syntax des gottesdienstlichen Geschehens bestimmt den Aussagesinn des Ganzen und der einzelnen Teile. Zugleich reguliert sie den Wechsel zwischen den Codes und den entsprechenden Erlebnisformen. Die unter Liturgiewissenschaftlern übliche Einteilung in „Eröffnung", „Wortgottesdienst", „Mahlgottesdienst" und „Sendung" erweist sich gegenüber der erlebten Struktur als recht formal; daß beispielsweise das Kollektengebet (das früher einmal in Ektenieform vorgebrachte Bitten zusammenfaßte) den Abschluß des Eingangsteils bilden soll, dürfte von kaum einem Gottesdienstbesucher wahrgenommen werden. Die von Manfred Josuttis vorgestellte Abfolge körperlicher Bewegungen und Zustände (Gehen, Sitzen, Sehen, Singen, Hören, Essen, Gehen – wo bleibt das Sprechen?) dürfte der erfahrenen Struktur schon näherkommen.[42] Demgegenüber sei hier die These vertreten, daß das Gottesdiensterleben auf tiefster Ebene durch den Wechsel der Sprachformen bestimmt wird.

Der Gottesdienst ist also so etwas wie ein geordneter Mikrokosmos aller Sprachstile unter Einschluß nonverbaler Zeichenelemente. Er hält die Vielfalt sprachlicher Möglichkeiten präsent und setzt sie in ein geregeltes Verhältnis. Damit kommt ihm eine sprachbildende Funktion innerhalb der soziokulturellen Sprachwelt zu, auch wenn er natürlich nicht primär aus sprachpädagogischen Motiven gefeiert wird. Aber gerade indem der Gottesdienst seinem eigenen Selbstverständnis, seinem theologischen Motiv und seiner daraus folgenden Konstitutionsregel, Einführung in die Ursprungs-

---

[42] M. Josuttis: Der Weg ins Leben. Eine Einführung in den Gottesdienst auf verhaltenswissenschaftlicher Grundlage, München 1991.

situation des Glaubens sein zu wollen, treu bleibt, entfaltet er zugleich seine Wirksamkeit als wesentliche Sozialisationsinstanz.[43]

### 3. Die Sprache der Kirche als Bildungssprache und als religiöse Sprache

Auch in diesem Abschnitt wird noch einmal auf die sprachliche Leistung des Gottesdienstes, insbesondere die der Predigt, Bezug genommen. Dabei hebt der Ausdruck „Bildungssprache" auf eine bestimmte Funktion von Sprache ab, an der die Sprache der Kirche – die christliche Rede – teil hat, die sie aber nicht allein wahrnimmt. „Religiöse Sprache" (religious language) meint eine bestimmte Qualität der christlichen Rede.

a) *Bildungssprache.* Wir haben die Kirche in eine Institutionengruppe eingeordnet, die wir als Bildungsinstitutionen bezeichnet haben.[44] Damit ist die Gesamtheit der Institutionen und Sozialisationsinstanzen gemeint, die auf die Bildung von Personen Einfluß nehmen, indem sie ihre Erlebens-, Erkenntnis- und Ausdrucksmöglichkeiten erweitern und damit auch ihre Handlungsfähigkeit bestimmen. Bildung ist grundsätzlich nicht einfach als ein Bestand an erworbenem Wissen zu verstehen, sondern als durch Erfahrung und Reflexion, durch Erleben, Erkennen und Kommunizieren gebildete Handlungsfähigkeit.[45] So verstandene Handlungsfähigkeit ist mehr und etwas anderes als die Fähigkeit, vorgegebene Handlungsmuster, Rollen und Funktionen zu übernehmen. Sie setzt, auch wo solche Anpassung geboten erscheint[46], immer die *ethische Reflexion* der Person auf ihr Handeln voraus, eine Reflexion, in der das Handeln als zweckbestimmtes und folgeträchtiges

---

[43] Es versteht sich von selbst, daß die im vorhergehenden unter der Leitfrage nach dem Beitrag der Kirche zur Sprachkultur skizzierte Theorie des Gottesdienstes keinen Anspruch auf systematische Vollständigkeit erheben will, auch wenn sie sich gelegentlich vom thematischen Bezugspunkt etwas entfernt hat.

[44] S.o. § 7, II.

[45] Zur prinzipiellen und speziell gegenwartsbezogenen Begründung dieses Bildungsverständnisses vgl. R. Preul: Christentum und Bildung oder Bildungschristentum? in: F.W. Graf (Hg.): Liberale Theologie. Eine Ortsbestimmung, Gütersloh 1993, 149-167.

[46] Da Handeln durchweg als Interaktion mit anderen Aktanten sich vollzieht, ist Anpassung nicht als prinzipielle Einschränkung von Selbstbestimmung, sondern als deren Implikat zu verstehen. Der Sachverhalt ist grundlegend von G.H. Mead als Dialektik von I and Me reflektiert worden. Vgl. dazu R. Preul: Religion – Bildung – Sozialisation, Gütersloh 1980, 238-271 („Identität und Interaktion. Sozialisation und Bildung in der Sicht George Herbert Meads").

Verhalten auf weitreichende Zielvorstellungen bezogen und beides, sowie deren Verhältnis, überdacht und bewertet wird. Solche *evaluative Reflexion* orientiert sich nicht einfach an bestimmten übernommenen und internalisierten Normen und Imperativen – Imperative sind immer sekundär –, sondern primär an dem, was uns als ein erstrebenswertes „Gut" erscheint. Dieses aber gewinnt seine bezwingende Anmutungsqualität im Zusammenhang mit einem Wirklichkeitsverständnis, das als solches bestimmte Vorstellungen über die Bestimmung des Menschen – nicht nur die Bestimmung der einzelnen Person – enthält.[47]

Die Sprache, in der diese Reflexion vollzogen wird, nennen wir angemessenerweise Bildungssprache. Damit ist selbstredend nicht die mit Lesefrüchten gespickte Sprache von Schöngeistern gemeint. Bildungssprache ist nicht einer Bildungselite vorbehalten[48], sondern ein Medium, in dem sich die Bildung *jeder* Person zur Handlungsfähigkeit im Sinne selbstverantworteter Lebensführung vollzieht. Eine solche Sprache, in der tragfähiger Lebenssinn und verbindliche Handlungsmaximen im Zusammenhang mit eigenem Erleben in sorgfältig erwogenen Worten teils bildhaft, teils begriffsscharf formuliert und, je nach „Bildungshorizont", mit fremdem Erleben und daraus entspringenden Einsichten ins Verhältnis gesetzt werden, wurde früher beispielsweise in Briefen, Tagebüchern und Reiseberichten gepflegt. Die weitgehende Zerstörung dieser Ausdruckskultur durch die modernen Kommunikationsmittel hat die Bildungssprache jedenfalls einer ihrer Sitze im Leben beraubt. Daß der moderne Roman hier stellvertretende Formulierungshilfe zu leisten vermag, wird man, von wenigen Ausnahmen abgesehen[49], kaum erwarten dürfen; eher kämen schon zeitgenössische Autobiographien in Betracht, aber auch in ihnen haben religiös oder weltanschaulich reflektierende Passagen Seltenheitswert.

Dabei besteht durchaus ein Bedarf an Bildungssprache im angegebenen Sinne, unabhängig davon, ob dieser Bedarf von den Individuen gespürt wird. Unter den Bedingungen einer zunehmend pluralistischen Gesellschaft, in der die Alternativen zum christlichen Glauben nicht nur quantitativ

---

[47]  Zur systematischen Entfaltung dieses Zusammenhangs vgl. jetzt K. Stock: Grundlegung der protestantischen Tugendlehre, Gütersloh 1995.

[48]  Schleiermacher knüpfte in seinen Reden „Über die Religion" zwar an ein solches elitäres Bildungsverständnis an, es ist aber nicht zu überhören, daß er es zugleich ironisierte.

[49]  Zu ihnen würde ich etwa den großartigen Roman von Tschingis Aitmatow „Ein Tag länger als ein Leben" zählen.

zugelegt, sondern vor allem als gelebte Alternativen in den Erfahrungs-
bereich jedes Einzelnen eingetreten sind, besteht sogar ein gesteigerter Bedarf an in Bildungssprache zu vollziehender Reflexion.

> Erhöhter Reflexions- und Artikulationsbedarf ist freilich schon ein
> kulturelles Kennzeichen des Protestantismus seit der Reformation, die
> den Laien an der Lehrbildung der Kirche beteiligte, indem sie das
> „allgemeine Priestertum" als allgemeine christliche Urteils- und Zeugnis-
> fähigkeit bestimmte.[50] Er erhielt verstärkende Impulse durch das Ein-
> dringen erkenntniskritischer Ideen und Parolen in das allgemeine Be-
> wußtsein, ein Sachverhalt, der Helmut Schelsky zu seiner bekannten
> Beschreibung des modernen religiösen Bewußtseins als „Dauerreflexion"
> veranlaßte.[51] Durch den in der pluralistischen Situation erfolgenden
> vermehrten Input an konkreten Reflexionsinhalten wird dieser Bedarf
> noch einmal gesteigert.

Dem vermehrten Reflexions- und Artikulationsbedarf steht eine gesellschaftsstrukturell bedingte verminderte sprachliche Artikulationsfähigkeit gegenüber. Die Ausdifferenzierung der Lebenswelt in verschiedene system-
spezifische öffentliche und private Bereiche, die nicht mehr auf einen
umfassenden Sinnhorizont bezogen sind, die „partielle Inklusion" der Individuen in gegeneinander verselbständigte und je spezifischen „Codes" folgende Funktionsbereiche und die dadurch bewirkte „Exklusion" und Zu-
rückwerfung des Individuums auf sich selbst, das nun seine einheitliche und
ganzheitliche Identität selber organisieren soll[52], spiegelt sich in der Herausbildung ebenso differenzierter Sprachwelten. Deren Spektrum reicht von
hochpräzisen normierten Fachsprachen, die als solche das individuelle Erleben gar nicht ausdrücken wollen[53], über Gruppenjargons aller Art, die

---

[50]  S.o. § 6, II.

[51]  H. Schelsky: Ist die Dauerreflexion institutionalisierbar? Zum Thema einer
      modernen Religionssoziologie, ZEE 1/1957, 153-174.

[52]  Detailliert beschrieben bei G. Kneer/A. Nassehi: Niklas Luhmanns Theorie so-
      zialer Systeme. Eine Einführung, München 1993, bes. 155ff.

[53]  Auch die Fachsprache der Psychologie bzw. Tiefenpsychologie kann nicht mehr
      leisten, als Strukturmomente und bestimmte Gesetzmäßigkeiten des Erlebens,
      nicht dieses selbst in seiner je spezifischen Gestalt und Bedeutsamkeit zu verba-
      lisieren. Wohl aber kann das Angebot von Symbolen und narrativen Elementen
      in Therapie und Seelsorge eine Sprachhilfe für solche Verbalisierung erinnerter
      Lebensgeschichte sein. Vgl. dazu J. Scharfenberg/H. Kämpfer: Mit Symbolen
      leben. Soziologische, psychologische und religiöse Konfliktbearbeitung, Olten

gleichsam einen begrenzt öffentlichen – nämlich auf die Öffentlichkeit der
Insider und Sympathisanten einer Bewegung bezogenen – Status haben und
die individuelles Erleben und „Feeling" in stereotypisierter, von Gruppen-
normen zensierter Form zum Ausdruck bringen, bis zu idiosynkratischen
Privatsprachen, die individuelles Erleben nur noch innerhalb der Grenzen
einer Intimgruppe zu kommunizieren in der Lage sind. Die Bedingungen
für die Ausbildung einer alle verschiedenen Lebensbereiche übergreifenden
und den Lebensvollzug in seinem Zusammenhang – bzw. gestörten Zusammenhang – reflektierenden Bildungssprache sind ungünstig. Allein durch
den beständigen Wechsel, den das Individuum zwischen Lebensbereichen
und Sprachwelten zu vollziehen hat, kommt sie noch nicht zustande, obwohl dieser Wechsel und die dazwischenliegenden Brüche Anlaß zur Besinnung geben.[54]

In einer so gekennzeichneten „Sprachkultur" ist das Individuum, auch
das im herkömmlichen Sinne „gebildete", überfordert, wenn es die Pluralität
sowohl der Lebens- und Sprachwelten als auch der Weltanschauungen selbständig reflektieren und sprachlich bewältigen soll. Es wird in der Regel über
den Ausdruck je einzelner Impressionen nicht hinauskommen. Auch die
über die Medien verbreiteten anspruchsvolleren Produktionen der Film-
schaffenden haben ihre Stärke eher darin, solche Impressionen und entsprechende Betroffenheit eindrucksvoll zu vermitteln, als Zusammenhänge zu
artikulieren. Vielleicht ist demgegenüber die Kanzel einer der letzten Orte
in der Gesellschaft, an denen noch die Möglichkeit besteht, Bildungssprache
im angegebenen Sinne zu pflegen. Die strukturell gegebenen Differenzen
können damit zwar nicht überwunden, aber doch als solche zur Anschauung
gebracht und zumindest mit der Frage nach einem in sich konsistenten
Lebensvollzug, wie ihn die christliche Verkündigung zu vermitteln beansprucht, konfrontiert werden. Die damit gegebene Chance darf nicht für
gering gehalten werden, auch wenn die Predigt als *Rede* ungewöhnliche
Ansprüche an das Rezeptionsvermögen des Zeitgenossen stellt, der sich an
polyphone – Sprache, Bild und Ton kombinierende – Darstellungsformen
gewöhnt hat.[55] Denn was hier zu leisten ist, kann nur durch elaborierte
sprachliche Darstellung geleistet werden.

---

1980. Die situativ zum Einsatz kommenden Symbole müssen freilich von denjenigen Symbolen, die in der psychoanalytischen Fachsprache für bestimmte
Theoriekonstrukte stehen (Ödipus, Narziß etc.) unterschieden werden.

[54] Auf diese Chance hat bes. H. Luther aufmerksam gemacht: Religion und Alltag.
Bausteine zu einer Praktischen Theologie des Subjekts, Stuttgart 1992.

[55] Auch die deskriptiv verfahrende und damit rezeptionsästhetisch günstige Bedin-

b) *Religiöse Sprache*. Die von der Kirche gepflegte Sprache, die christliche Rede, ist ein Fall von religiöser Sprache (religious language). Dieser Terminus verlangt nach einer Erklärung, die natürlich nicht schon dadurch geleistet werden kann, daß auf den Gottesdienst als den primären Ort oder die Sozialform, wo religiöse Sprache anzutreffen sei, verwiesen wird. Eine solche Erklärung wäre eine Tautologie, die freilich darin einen gewissen Sachgrund hat, daß jedes Sprachspiel unablösbar mit sozialen Handlungssituationen verknüpft, also mehr als ein reines Sprachereignis ist.[56] Aber jedes Wort, das im Gottesdienst gesprochen wird – vielleicht mit Ausnahme des „Kyrie" –, kommt auch außerhalb des Gottesdienstes vor, und umgekehrt begegnet im Gottesdienst eine Fülle von Ausdrücken und Aussagen, die nicht den Anschein erwecken, einem besonderen, religiösen Sprachspiel anzugehören. Die der religiösen Sprache zugeordnete Praxis kann nur die gesamte Lebensführung derer, die diese Sprache benutzen, sein.

Religiöse Sprache[57] als ein besonderes Sprachspiel wäre nicht möglich und lebensfähig, wenn diejenigen, die sie benutzen, nicht von einer doppelten Gewißheit geleitet wären: daß sie einen distinkten, nicht auf anderes reduzierbaren Wirklichkeitsaspekt oder Sachverhalt symbolisiert und daß dieses Intentum der religiösen Sprache nicht ebensogut durch irgendeine andere Sprache, etwa die der Philosophie oder der Naturwissenschaft oder der Psychologie, zum Ausdruck gebracht werden kann. Mit dem Wegfall der ersten Gewißheit würde religious language sich in ein fiktives, vielleicht poetisches, Sprachspiel verwandeln und auf die Dauer vermutlich ganz verschwinden bzw. nur noch in alltagssprachlich säkularisierten Wendungen („weiß Gott" als gleichbedeutend mit „weiß der Kuckuck") fortexistieren. Mit dem Erlöschen der zweiten Gewißheit würde die spezifisch religiöse Sprache sich in ein linguistisches „Epiphänomen" verwandeln; sie wäre vielleicht so etwas wie die – moralisch immer noch nützliche – Lebensphilosophie des unaufgeklärten Volkes. Wer religiöse Sprache nicht nur zitat-

gungen schaffende Predigt hat noch mit der Schwierigkeit zu kämpfen, daß die Medienkultur (im Unterschied zur Buchkultur) die am Wort sich entzündende Imaginationskraft durch elektronisch erzeugte Imagination und Illusion ersetzt.

[56]  Schon L. Wittgensteins stipulative Definition enthält diesen Zusammenhang: „Ich werde auch das Ganze: der Sprache und der Tätigkeiten, mit denen sie verwoben ist, das ‚Sprachspiel' nennen." (Philosophische Untersuchungen, § 17)

[57]  Die verzweigte Debatte zum Thema „religious language" kann hier nicht referiert werden. Vgl. dazu I. U. Dalferth (Hg.): Sprachlogik des Glaubens. Texte analytischer Religionsphilosophie und Theologie zur religiösen Sprache, München 1974, insbes. Dalferths Einleitung und die in Teil II („Sprachspiele und die Grammatik des Glaubens") zusammengestellten Texte.

weise, sondern ernsthaft, d.h. als Ausdruck eigener Selbstgewißheit, verwendet – im Gottesdienst, im Gebet, in privater Andacht, im Gespräch und in der Selbstbesinnung –, wehrt sich gegen jeden Übersetzungsversuch in eine andere Sprache, etwa in die abstrakte Begrifflichkeit der Philosophie.

Ob die der religiösen Sprache inhärente doppelte Gewißheit auf Wahrheit beruht, läßt sich nicht mit dem Verweis auf Evidenzen beantworten, die außerhalb der den religiösen Glauben selbst schon begründenden kontingenten Evidenzerfahrung liegen. Lediglich die nachgängige kritische Selbstreflexion des Glaubens führt zu Überlegungen, die den Zweck verfolgen, der religiösen Sprache als Rede von „Gott" den Status *möglicher* ontologischer Valenz zu sichern, also nachzuweisen, daß der Intension des Gottesbegriffs Extension zukommen *kann*.[58] Eine solche Überlegung ermittelt etwa durch eine Analyse dessen, was überhaupt „Wirklichkeit" heißen soll, einen allgemeinen Platzhalter, der die Möglichkeit der Realitätshaltigkeit der Rede von Gott sicherstellt.[59] Würde sie sich in jeder Form als unhaltbar erweisen, dann müßte die religiöse Rede von Gott ontologisch ins Leere gehen. Der Platzhalter kann verschieden benannt sein, er bezeichnet jedenfalls den uns entzogenen, aber gleichwohl als „real" vorauszusetzenden Grund aller begrifflich und erfahrungswissenschaftlich erkennbaren und als Feld möglicher Interaktion endlicher Instanzen erschlossenen welthaften Wirklichkeit. Solche religionsphilosophische Argumentation entzündet sich am Verdacht der Sinnlosigkeit religiöser Sprache und hat insofern sekundären Charakter. Was in ihr gedacht wird, hat aber seinen Vorläufer in Gestalt unmittelbarer transzendierender, vom Endlichen zum Unendlichen, vom Bedingten zum Unbedingten übergehender Bewußtseinsakte[60], die das konkrete religiöse

---

[58] Ob mit dem Nachweis der logischen Nichtunmöglichkeit der „Existenz" Gottes auch gemäß der neuen Fassung des ontologischen Gottesbeweises durch C. Hartshorne auf deren Notwendigkeit geschlossen werden kann, sei hier nicht erörtert. Vgl. dazu H.G. Hubbeling: Einführung in die Religionsphilosophie, Göttingen 1981, 78ff; ferner W. Härle: Welchen Sinn hat es, heute noch von Gott zu reden? MJTh II, 1988, 43-68.

[59] Zu diesem Platzhalterargument, seiner Unverzichtbarkeit und seinem prinzipiellen Unterschied vom sog. Lückenbüßerargument vgl. R. Preul: Gottesdienst und religiöse Sprache, ZThK 88/1991, 388-406, dort 390f.

[60] In seinen „Vorlesungen über die Beweise vom Dasein Gottes" (1831) hat Hegel den kosmologischen und den teleologischen Gottesbeweis auf solche transzendierende Bewußtseinsakte zurückgeführt. Statt Beweise im eigentlichen Sinne zu sein, sind sie Explikationen dessen, was das religiöse Bewußtsein unmittelbar und mit einer gewissen Zwangsläufigkeit tut.

Bewußtsein begleiten und insbesondere die Gottesvorstellung mitbestimmen, indem sie die Verwechslung Gottes mit der Schöpfung oder mit einem Teil der Schöpfung verhindern und damit den Referenzbereich der religiösen Sprache kategorial festlegen.

Dieser Referenzbereich ist die Relation Gott – Mensch / Welt. Ein authentischer Gebrauch religiöser Sprache liegt nur dann vor, wenn das betreffende Sprachspiel sich semantisch auf ein Wirklichkeitsverständnis bezieht, welches als solches bestimmte Vorstellungen über die Verfassung und Bestimmung menschlichen Daseins und der Welt unter Einschluß des transzendenten Grundes der gesamten phänomenalen Wirklichkeit enthält. Der Unvergleichlichkeit der Gottesbeziehung entsprechen bestimmte sprachliche Zeichen, die man als „einheimische Begriffe" der Religion bezeichnen könnte, weil sie auch nur innerhalb religiöser Sprachspiele Sinn machen: Worte wie „Religion/Religiosität", „Frömmigkeit", „Gott", „Heil", „Sünde", „Heiligkeit", „Gebet", samt den entsprechenden Verben und Adjektiven. Auch zusammengesetzte Ausdrücke und Prädikationen wie „Welt als Schöpfung", „Erlösung des Menschen" sind diesem Kernbestand zuzuordnen.

Mit den einheimischen Begriffen ist jedoch nur ein geringer Teil des lexikalischen Gesamtbestandes der religiösen Sprache benannt. Die Gottesbeziehung wird – jedenfalls in den biblischen Religionen und im Islam – als persönliche Beziehung, nämlich als Rechtsbeziehung und als Liebesbeziehung, Gottes zu seiner Gemeinde und zum Einzelnen und umgekehrt erlebt. Infolgedessen wird diese Beziehung in personalen Kategorien und in sozio- und anthropomorphen Ausdrücken, Bildern, Vergleichen symbolisiert: Gott als „König", „Vater", „Mutter", „Richter", „Freund" usf.; er „liebt", „zürnt", „vergibt", „redet" usw. Der Mensch seinerseits „liebt", „fürchtet", „verehrt" Gott, er „hofft" auf ihn, „vertraut" ihm, „verstößt" gegen seinen Willen, „gehorcht" ihm. All diese Ausdrücke, die ihren ursprünglichen Sitz im Leben in zwischenmenschlichen Beziehungen und im sozialen und politischen Leben haben, werden nur dadurch zu Bestandteilen der religiösen Sprache, daß sie mit den einheimischen Ausdrücken syntaktisch verbunden werden.

Die religiöse Sprache, in unserem Kulturkreis: die biblisch bestimmte religiöse Sprache, ist auf vielfältige Weise bedroht: durch Trivialisierung und Moralisierung, durch Verfall und Mißbrauch. Religion bzw. Religiosität ist der existentiell *verbindliche* und *authentische*, d.h. auf das Gottesverhältnis bezogene, Gebrauch religiöser Sprache. *Nichtverbindlicher*, aber *authentischer* Gebrauch religiöser Sprache begegnet in der sachgemäßen Fremdwahrnehmung religiöser Phänomene, wie sie beispielsweise von jedem Religionswissenschaftler zu fordern ist; aber auch jede Respektierung von Andersgläubigkeit, jede echte Toleranz impliziert diesen Gebrauchsmodus.

Problematisch ist dagegen die *unverbindliche* und *nichtauthentische* Verwendung religiöser Sprache oder Sprachelemente. Sie führt zur Trivialisierung (etwa in Schlagern) und Moralisierung (wie beispielsweise der Gleichsetzung von irgendwelchen Verfehlungen oder auch nur Begehrlichkeiten mit „Sünde") oder zur sachfremden Instrumentalisierung religiöser Symbole.[61] Der fatalste Verwendungsmodus aber ist der zwar existentiell *verbindliche*, aber *nichtauthentische* Gebrauch religiöser Sprache. Wird sie, insbesondere ihre einheimischen Begriffe, statt auf Gott und die Gottesbeziehung auf irgendwelche innerweltlichen Instanzen oder Verhältnisse – etwa auf den Staat oder die Nation oder den Eros oder auch auf einzelne Bezugspersonen und Symbolfiguren – bezogen, und zwar so, daß auch die religiöse Leidenschaft in entsprechender Weise verlagert wird, dann entsteht das, was vom Standpunkt der Religion aus als Pseudo- oder Ersatzreligion und theologisch als Götzendienst zu beurteilen ist.[62] Wie die Ideologiegeschichte des neunzehnten und besonders des zwanzigsten Jahrhunderts lehrt, kann Pseudoreligion und Abgötterei auch durch den gezielten Mißbrauch religiöser Sprache – wie auch religiöser Riten und Gebräuche – induziert werden. Der sogenannte Hitlergruß ist vielleicht das krasseste Beispiel dafür.[63]

Angesichts dieser Unterscheidungen am Begriff und am Phänomen religiöser Sprache kommt der Kirche und besonders dem Gottesdienst die Aufgabe zu, den verbindlichen und authentischen Gebrauch religiöser Sprache in exemplarischer Weise zu pflegen und diesen Gebrauch implizit und explizit von den anderen Gebrauchsformen abzugrenzen. Ohne die Spracharbeit der Kirche würde die religiöse Sprache christlich-biblischer Herkunft verwildern und verkümmern oder dem – teils gedankenlosen, teils absichtlich-manipulativen – Mißbrauch anheimfallen. Diese Spracharbeit muß sich

---

[61]  Zahlreiche Beispiele bei H. Albrecht: Die Religion der Massenmedien, Stuttgart 1993, vgl. bes. das Kapitel über die Werbung, aaO. 42-62.

[62]  In seiner Auslegung des Ersten Gebots im Großen Katechismus (BSLK, 560ff) thematisiert Luther denselben Sachverhalt auf der Ebene der je einzelnen Person, die ihr „Herz" entweder an den wahren Gott oder an etwas anderes (Reichtum, Ehre, Ansehen etc.) hängt und damit einen „Abgott" schafft. Auf die mit solcher Fehlausrichtung des Herzens zwar nicht notwendigerweise, aber doch häufig verbundenen sprachlichen Übertragungen reflektiert Luther nicht, wohl weil er das überindividuelle Phänomen pseudoreligiöser Ideologiebildung noch nicht so deutlich vor Augen hat, wie es uns inzwischen bekannt ist.

[63]  Dezidierte Irreligiosität, die von Pseudoreligiosität zu unterscheiden ist, kann das religiöse Sprachspiel allenfalls noch zitatweise, aber nicht mehr in irgendeinem persönlich verbindlichen Sinne gebrauchen.

in zwei Richtungen entfalten: als lebendige *Sprachentwicklung* und als *Sprachkritik.*

Die biblische Sprachtradition wird besonders durch die gottesdienstlichen
*Lesungen* präsent gehalten.[64] Während Schleiermacher deren Sinn noch
bezweifeln konnte, da sie als uninterpretierte Texte den Ablauf des gottesdienstlichen Geschehens „stören"[65], wird man darüber in einer Zeit, in der
die Sitte regelmäßiger Bibellektüre selbst bei den regulären Gottesdienstbesuchern nicht mehr vorausgesetzt werden kann[66], anders urteilen. Die
solchermaßen erinnerte biblische Sprache wird dann durch die *Predigt* aktuell differenziert und fortentwickelt. Solche Differenzierungs- und Inno-
vationsmöglichkeit ist besonders im Blick auf die anthropo- und sozio-
morphen Metaphern und Vergleiche gegeben, mit denen wir die Symbolik
biblischer Texte interpretieren und damit das biblische Sprachspiel erweitern. Auch die von feministischer Seite gewünschten Korrekturen an der
gottesdienstlichen Sprache können in der homiletischen Spracharbeit volle
Beachtung finden, während man sich in der Frage der Umgestaltung litur-
gisch festgeprägter Stücke naturgemäß mehr Zurückhaltung auferlegen
muß.[67] Die sprachbildende Bedeutung der Predigt betrifft jedoch nicht nur
die Akzeptanz und Popularität einzelner Bilder und Symbole, ihr obliegt
auch die syntaktische Ausarbeitung der religiösen Sprache zu einem rezipier-
baren Zeichen*system.*[68] Neben der Predigt ist auch auf die sprachbildende

---

[64]   Daneben ist zu nennen: die Rezitation des hymnologischen Gutes im Gemeindegesang, die Aufführung von Kantaten, Oratorien und Passionen, die Zitation
doxologischer Formeln in der Liturgie.

[65]   SW I/13, 136ff.

[66]   Auch Religionsunterricht und Konfirmandenunterricht leisten hier bekanntlich
weniger als früher.

[67]   In welchem Maße patriarchalische Sprache und Denkmuster auch ein Problem
theologischer Dogmatik und Ethik darstellen, zeigt J. C. Janowski: Zur paradigma-
tischen Bedeutung der Geschlechterdifferenz in K. Barths „Kirchlicher Dogmatik", MJTh VII, 1995, 13-60.

[68]   Es ist ein häufiges Kennzeichen feministischer Sprachkritik, daß diese mehr auf
einzelne Ausdrücke und Analogien, in denen das Sein bzw. das Personsein Gottes
symbolisiert wird, fixiert ist als auf deren *syntaktischen Zusammenhang* und die
Weise, in der das *Handeln* des dreieinigen Gottes an der Welt und am Menschen
zum Ausdruck gebracht wird. Daß Gott die Welt und den Menschen „schafft",
„erhält", „erlöst" und „vollendet" – Ausdrücke, denen nichts Geschlechtsspezifi-
sches anhaftet –, ist für die Struktur christlicher Frömmigkeit nicht weniger
bedeutsam als die Anrede Gottes als „Vater".

Leistung des *Allgemeinen Kirchengebets* zu verweisen, dessen situations-, gemeinde- und bekenntnisadäquate Formulierung erhebliche Sorgfalt und Mühe verlangt. Dieses Gebet macht die „Praxissituation endlicher Freiheit" (E. Herms) als von Gott abhängiger und zugleich vom Menschen gestaltbarer empirischer Wirklichkeit konkret, d.h. als nach Erlebnis- und Handlungsbereichen gegliederte Sphäre vorstellig. Die reformatorische Grundunterscheidung zwischen dem, was nur Gott bzw. sein Geist bewirken kann, und dem was dem Menschen – einzelnen wie Gruppen, der Kirche, dem Staat und gesellschaftlichen Institutionen – in „guten Werken" zustande zu bringen aufgetragen ist, wird an konkreten Beispielen durchgeführt.[69] Die durch das Allgemeine Kirchengebet in exemplarischer Weise erbrachte sprachbildende Leistung besteht nicht zuletzt darin, daß einer Abkapselung des religiösen Zeichensystems dadurch entgegengewirkt wird, daß es mit den verschiedenen Sprachspielen, die uns zum Zwecke bereichsspezifischer Wirklichkeitserfassung und Handlungsorientierung zur Verfügung stehen, syntaktisch in Verbindung gebracht wird.

Indem die Kirche exemplarisch den verbindlichen und authentischen Gebrauch religiöser Sprache vollzieht und die einheimischen religiösen Begriffe auf ihrem eigenen Gebiet zusammenhält, wehrt sie schon implizit jedem unsachgemäßen pseudoreligiösen Gebrauch und damit dem Götzendienst in jeder Form, der eben auch über die Sprache sich einen Eingang in das Bewußtsein verschafft. Wie man spricht, ist keineswegs harmlos. Die Kirche hält die Sprachspiele auseinander, indem sie durch ihren authentischen Gebrauch die Differenz markiert. Explizite *Sprachkritik* ist eine Aufgabe der Predigt wie des Unterrichts, auch der kirchlichen Erwachsenenbildung. Die ideologiekritische Kraft des christlichen Glaubens äußert sich nicht zuletzt als Sprachkritik, die darauf achtet, daß die profane Sprache nicht sakralisiert und die religiöse Sprache nicht gedankenlos oder absichtsvoll säkularisiert und instrumentalisiert wird. Durch das Insistieren auf Unterscheidung und durch die Pflege der genuin religiösen Sprache leistet die Kirche einen wichtigen Dienst an der Sprachkultur der Gesellschaft.

---

[69] Zur Theorie des gottesdienstlichen Gebetes, nicht des Gebetes überhaupt, sei vorzugsweise auf das Lehrstück „Vom Gebet im Namen Jesu" in Schleiermachers Glaubenslehre, zweite Aufl., §§ 146 und 147 verwiesen.

## II. Der Beitrag der Kirche zur Kultur öffentlicher Argumentation

Die demokratisch verfaßte Gesellschaft ist auf einen öffentlichen Dialog aller gesellschaftlich einflußreichen Kräfte und Gruppen angewiesen. Diesen Grundsatz hat sich auch die Evangelische Kirche zu eigen gemacht: „Die Willensbildung, besonders in der von industriellen Arbeitsformen geprägten Gruppengesellschaft, erfordert einen Dialog zwischen den gesellschaftlichen Kräften und Gruppen. Wesentlich erscheint dabei auch die heute nahezu allgemeine Einsicht, daß die Gesellschaft nicht nur durch staatliche Organe gestaltet wird. Vielmehr üben oft auch andere Kräfte, deren Machtmittel nicht selten äußerst wirksam sind, einen großen Einfluß auf die gesellschaftlichen Verhältnisse aus."[70] Damit ist auch schon die Gefahr angesprochen, daß an die Stelle öffentlicher Auseinandersetzung, die mit den Mitteln eines argumentativ geführten Dialogs zu vollziehen ist, die geheime Einflußnahme tritt. Um so mehr ist auf die Etablierung einer öffentlichen „Streitkultur" zu drängen, an deren Pflege auch die Kirche beteiligt ist. Dabei kommt es ganz darauf an, daß die Kirche sich nicht nur am öffentlichen Diskurs *inhaltlich* beteiligt, sondern daß sie die dafür erforderlichen *Regeln* und *Stilmittel* genau beobachtet und ins öffentliche Bewußtsein hebt.[71]

Grundbedingung für die Etablierung einer öffentlichen Argumentationskultur ist die klare Unterscheidung von zwei Systemarten und das Durchhalten der zwischen ihnen bestehenden Spannung. Die moderne Gesellschaft benötigt *Entscheidungssysteme* und von ihnen unterschiedene *Kommunikationssysteme*. Diese Differenz besagt natürlich nicht, daß in Entscheidungssystemen nicht kommuniziert, d.h. informiert und diskutiert, werden sollte und daß in Kommunikationssystemen keine Entscheidungsprozesse zu gestalten wären. Vielmehr geht es um die schwerpunktmäßige Zuordnung von Systemen zu differenten Funktionen. Dabei können beide Systeme durchaus auch in ein und derselben Institution oder Organisation ausgebildet werden, wie es z.B. bei den Institutionen der staatlichen Legislative und Exekutive unter demokratischen Bedingungen der Fall ist: Das Parlament diskutiert *und* entscheidet, ebenso die Regierung. Diese differen-

---

[70] Denkschrift „Aufgaben und Grenzen kirchlicher Äußerungen zu gesellschaftlichen Fragen", 1970, zit. nach: Die Denkschriften der Evangelischen Kirche in Deutschland, Bd. 1/1, Gütersloh 1978, 51f.

[71] Das im folgenden Ausgeführte ist teilweise ein Vorgriff auf § 12 (Kirche und Politik). Es geht aber beim Thema der öffentlichen Argumentations*kultur* nicht nur um die Kultur *politischer* Auseinandersetzungen.

ten Funktionen unterliegen unterschiedlichen Gesetzmäßigkeiten und Regelungen. Zu ihnen gehört beispielsweise, daß Entscheidungen an zuständige Instanzen delegiert werden können, nicht aber Meinungen und Überzeugungen. Die Relationierung von Entscheidungen, wie sie für Organisationen charakteristisch ist[72], weicht grundlegend von der Relationierung von Überzeugungen und Meinungsbildungsprozessen ab.[73]

Benötigt wird einerseits – auf gesamtgesellschaftlicher Ebene wie in einzelnen Handlungsbereichen – ein Gefüge von Entscheidungsinstanzen mit je bestimmten Befugnissen, deren Entscheidungen dann auch jeweils gelten. Dabei sind Kompetenzunklarheiten ebenso zu vermeiden wie Kompetenzüberschneidungen. Im Zweifelsfall muß die Möglichkeit einer Entscheidungsrevision durch Schlichtungs- oder Appellationsinstanzen gegeben sein. Ohne Entscheidungssysteme, die natürlich auch laufend zu verbessern sind, könnte jede gesellschaftliche Kraft versuchen, das Heft des Handelns an sich zu reißen.

Ebenso deutlich muß nun aber auch darauf gedrungen werden, daß die *Urteilsbildung* über die von den entscheidungsbefugten Instanzen zu treffenden Entscheidungen nicht allein diesen Instanzen überlassen werden darf. Expertokratie und betriebsblinde Bürokratie wären die Folgen. Es bedarf also einer instanzenübergreifenden Kommunikation, und zwar sowohl innerhalb der jeweiligen Entscheidungssysteme (beispielsweise in den einzelnen Unternehmen) als auch auf der Ebene unbeschränkter Öffentlichkeit.[74] Die organisierte Gestalt dieser öffentlichen Kommunikation ist das Ensemble der öffentlichen Medien. Es muß soweit wie möglich über alles von allen, natürlich einschließlich der jeweiligen Experten und Entscheidungsträger, geredet und geurteilt werden, und dafür müssen geeignete Kommunikationssysteme geschaffen werden, aber es darf nicht – schon gar nicht unmittelbar – alles von allen entschieden werden. Letzteres ergäbe eine radikal plebiszitäre Demokratie, die schon deshalb nicht funktionieren könnte, weil

---

[72] S.o. § 9, I.

[73] Zur Unterscheidung und zum Verhältnis von kooperativer und kommunikativer Interaktion vgl. R. Preul: Religion – Bildung – Sozialisation, Gütersloh 1980, 268ff.

[74] Die den gesellschaftlichen Teilsystemen von Systemtheoretikern wie N. Luhmann zugeschriebene je spezifische, weil aus der jeweiligen Funktionslogik folgende, Betriebsblindheit, darf gerade nicht als normal hingenommen werden, will man die mit dem Prinzip der funktionalen Differenzierung gegebene Gefahr der Unsteuerbarkeit des Gesellschaftsprozesses nicht auch noch theoretisch legitimieren.

der Sachverstand der Experten nicht in gebührendem Maße entscheidungsrelevant wäre, sondern beständig überspielt werden könnte. Nicht die Vermischung von Entscheidung und Kommunikation, sondern das durch Ausbildung von differenten Systemen organisierte Gegenüber von beidem ist die Bedingung gelingender gesellschaftlicher Prozesse unter demokratischen Verhältnissen.

Die solchermaßen auf den Ebenen beschränkter und unbeschränkter Öffentlichkeit ausdifferenzierten Kommunikationssysteme bedürfen der Argumentationskultur. Inwiefern ist die Kirche in der Lage, dazu etwas beizutragen? Sie bringt dafür in mehrfacher Hinsicht günstige Voraussetzungen mit.

a) Es gehört zum Wesen der Evangelischen Kirche, daß sie jene Systemdifferenz von Anfang an in spezifischer Weise in sich selbst ausgebildet hat, ja sich als konkrete Sozialgestalt geradezu durch diese Differenz konstituiert und fortentwickelt. Dem ordinierten Amt werden vom allgemeinen Priestertum bestimmte Kompetenzen, nämlich die der öffentlichen Wortverkündigung und Sakramentsverwaltung, übertragen, und zugleich unterliegt das ordinierte Amt beständig dem Urteil des allgemeinen Priestertums, das sich eben diese Urteilskompetenz vorbehält und sie als mündige Gemeinde auch auszuüben in der Lage ist.[75] Voraussetzung für das Funktionieren des ganzen Kommunikationssystems Kirche ist natürlich, daß der Laie einen Begriff des christlichen Glaubens erworben hat und entsprechend mit der Schrift umzugehen versteht. Ihn dazu zu befähigen, ist wiederum die Aufgabe des Amtes. Charakteristisch für das evangelische Kirchentum – sagen wir vorsichtiger: für sein Konzept – ist die freie Zirkulation des religiösen Bewußtseins (Schleiermacher) bei gleichzeitiger Regelung bestimmter Zuständigkeiten. Was für das Gegenüber von Amt und allgemeinem Priestertum gilt, trifft in analoger Weise für das Gegenüber von kirchenleitenden Organen und „Kirchenvolk" zu. Auch dieses Verhältnis ist in die binnenkirchliche Differenz von Entscheidungs- und Kommunikationssystem einzuzeichnen.

b) Schon in bezug auf die Ausrichtung ihres spezifischen Auftrages muß die Kirche auf Argumentationskultur bedacht sein. Das gilt für die Höhen der Systematischen Theologie, der auch die argumentative Auseinanderset

---

[75] De facto ist die gleiche Systemdifferenz natürlich auch im modernen Katholizismus anzutreffen, aber hier artikuliert sie sich in Spannung zur dogmatisch-ekklesiologischen Lehre vom bischöflichen Amt, dem jure divino sowohl die potestas ordinis wie die potestas jurisdictionis und damit die Einheit von Entscheidungs- und Urteilungsbefugnis zukommt.

zung mit Alternativgestalten des Wirklichkeitsverständnisses sowie mit der
neuzeitlichen Religions- und Christentumskritik obliegt, wie auch für die
schlichte Verkündigung. Zur klaren Bezeugung des verbum externum gehört die randscharfe Formulierung und das sachgemäße, nicht manipulative
Eingehen auf Einwände und kritische Fragen, wie sie bei jedem Predigthörer
vorauszusetzen sind. Auf fast jeden Pfarrer kommt auch die Aufgabe zu,
innergemeindliche Gegensätze in ein faires Gespräch zwischen den Gruppen
zu überführen und dieses Gespräch sachgemäß zu moderieren.

c) Die Kirche beansprucht nicht, letzte Sachkompetenz in allen ethischen, sozialen und politischen Fragen zu besitzen. Sie muß die Kompetenz
anderer anerkennen und kann sich nur dialogisch an gesellschaftlichen Auseinandersetzungen beteiligen. Natürlich muß die Kirche dabei ihr christliches Menschenverständnis und die dementsprechenden ethischen Prinzipi-
en vertreten. Diese Prinzipien aber sind weitgehend, über die explizite
Zustimmung zum christlichen Wirklichkeitsverständnis hinaus, konsens-
fähig geworden. „Selbst wenn Religion im Sinne christlicher Religion kontrovers ist und deshalb nur in einer höchst generalisierten Gestalt (Gottesbegriff) einen gesellschaftlichen Integrationsfaktor darstellt, gibt es eine
Integration durch Übereinstimmung in Grundwerten", so Karl-Fritz Daiber
auf der Grundlage empirischer Religionsforschung.[76] Auch wenn die Gesellschaft hier der inhaltlichen Belehrung teilweise nicht bedarf, so wird die
Kirche doch gut daran tun, der Gesellschaft ihre formale Argumentations-
fähigkeit zur Verfügung zu stellen. Aufgrund ihrer theologischen Tradition
verfügt die Kirche ja beispielsweise über ein erhebliches Repertoire an Distinktionen, das der Kirche nicht nur in eigener Sache, sondern auch bei der
Aufgabe öffentlicher Argumentationshilfe von Nutzen sein kann.[77]

d) Der Kirche wird immer noch ein gewisser Kredit als ehrlicher Makler
gewährt, ein Kredit, der nicht verspielt werden darf. Man gesteht ihr zu, die
Vertreter verschiedener Interessenrichtungen an einen Tisch zu bringen und
auskunftspflichtig zu machen, auch wenn den Evangelischen (und Katholischen) Akademien durch die Medienkultur immer mehr der Rang abgelau-
fen wird. Gerade die Volkskirche, die keiner gesellschaftlichen Gruppe und

---

[76]  K.-F. Daiber: Religion unter den Bedingungen der Moderne. Die Situation in der
       Bundesrepublik Deutschland, Marburg 1995, 173.
[77]  Schon bei der Ausbildung des theologischen Nachwuchses sollte darauf geachtet
       werden, daß dieses Repertoire nicht in Vergessenheit gerät. Mephistos Empfeh-
       lung „Zuerst Collegium logicum" ist keine schlechte Studienberatung. Auch an
       Luthers Traktaten läßt sich die formale Kunst der Argumentation studieren.

keiner politischen Richtung in besonderem Maße verpflichtet ist, gerät, wenn sie sich nicht ganz ungeschickt anstellt, weniger als andere Institutionen in den Verdacht, lediglich pro domo zu reden. Sie kann glaubhaft machen, daß sie einen Dienst an der ganzen Gesellschaft leisten will, da sie weder Wahlen gewinnen noch bestimmte wirtschaftliche Interessen durchsetzen will, sondern allen Bevölkerungsgruppen zugewandt ist. Daß die Kirche durch ein solches uneigennütziges Auftreten auch ihr eigenes Image bestimmt, ist ein gerechter Lohn.

e) Der Beitrag der Kirche zur Kunst öffentlicher Argumentation beruht auf ihrer *Moderationsfähigkeit*. Damit ist natürlich nicht gesagt, daß die Kirche so etwas wie ein Moderationsmonopol in allen öffentlichen Auseinandersetzungen anstreben sollte oder auch nur könnte. Wohl aber ist daran festzuhalten, daß nicht jeder zur Moderation befähigt ist. Denn zur Moderation gehört mehr, als daß man alle Beteiligten zu Worte kommen läßt oder vielleicht nur eine Liste von Wortmeldungen abarbeitet. Ein Gespräch zu moderieren heißt immer auch, es zu strukturieren, zumindest mitzustrukturieren, und das ist nicht ohne eine gewisse Vertrautheit mit dem Gegenstand des Gesprächs möglich. Die Kirche ist nun nicht deshalb moderationsfähig, weil sie besondere Sachkunde bezüglich aller jeweils debattierten konkreten Fragen besäße, sondern weil sie soziale, politische und kulturelle Auseinandersetzungen nicht nur als jeweilige Interessenkonflikte versteht. Auf der Grundlage theologischer Ethik verfügt sie über einen *profunderen Begriff menschlicher Auseinandersetzung* als den des Gegensatzes von Interessen. Sie weiß, daß zielorientiertes menschliches Entscheiden und Handeln so oder so mit weltanschaulichen und religiösen, das Verständnis von Wirklichkeit überhaupt betreffenden Optionen korreliert ist, die ihrerseits erst den Umkreis erstrebenswerter und damit wählbarer Handlungsziele abstecken. Sie weiß weiter, daß diese Optionen auf jeweiligen positiven Werterfahrungen beruhen, die das Gefühl affizieren, weshalb auch alle Appelle, solche Optionen zu verändern, fruchtlos sind; Änderungen wären nur möglich, wenn es gelänge, Andersdenkenden die Erfahrung eines neuen und besseren „Gutes" nahezubringen. Und sie weiß schließlich, daß solche weltanschaulich-religiösen Optionen in den meisten Fällen nicht zu begrifflicher Klarheit ausgearbeitet sind, sondern in gedanklich eher verworrener Form existieren.

Es ist also dieses tiefere, den jeweiligen Horizont weltanschaulich-religiöser Optionen nicht ausblendende Wissen um die Bedingungen und Möglichkeiten menschlichen Handelns, das die Moderationskompetenz der Kirche konstituiert. Dieses Wissen ist aber nicht exklusiv an die Kirche und ihren theologischen Standpunkt gebunden. Es ist durchaus verallgemeinerungsfähig, da es sich um einen *strukturellen Sachverhalt* handelt, der von verschiedenen inhaltlichen Positionen aus in den Blick treten kann. Und deshalb ist auch jede andere Instanz, die ihn in Rechnung stellt, moderationsfähig. –

Worin besteht nun aber die Kunst der Moderation und damit der Beitrag, den eine moderationsfähige Instanz wie die Kirche zur Argumentationskultur leisten kann? Sie besteht, kurz gesagt, darin, daß im konkreten Streitfall die verschiedenen Argumente, die von den Diskussionsteilnehmern aufgeboten werden, *hinsichtlich ihrer Art unterschieden*, auf ihre jeweiligen *Voraussetzungen* und ihre *Tragweite* hin analysiert und untereinander in ein *Abhängigkeitsverhältnis* gesetzt bzw. in eine *Reihenfolge* gebracht werden. Kein Votum, auch nicht das von der Moderationsaufgabe zu unterscheidende eigene Votum der Kirche, kann richtig gewürdigt werden und zu sachgemäßer Wirkung kommen, wenn es in eine unstrukturierte, unüberschaubare, chaotische Diskussionslage hineinplatzt. Es ist jeweils zu klären, wer mit welchen Mitteln wozu etwas beitragen kann und wie sich diese Beiträge zueinander verhalten. Folgende Arten von Argumenten sind zu unterscheiden:

a) Argumente, die mit *empirischen Faktenannahmen* operieren. Hier ist u.a. zu klären, mit welchen Mitteln diese Faktenannahmen erhoben wurden und welcher Grad an Sicherheit dabei erzielt wurde, ferner ob zugängliche und hinreichend abgesicherte Fakten(annahmen) vollständig oder einseitig berücksichtigt wurden. Weiter ist zu fragen, welche empirischen Erkenntnisse evtl. zusätzlich benötigt werden, um über eine hinreichende Argumentationsbasis zu verfügen, und mit welchen Mitteln diese Erkenntnisse gewonnen werden könnten und ob diese Mittel derzeit überhaupt zur Verfügung stehen. Was wissen wir eigentlich genau, und was vermuten wir nur? Was können wir wissen, und was müssen wir offenlassen? Die Qualität der ganzen weiteren Argumentation hängt wesentlich davon ab, ob bezüglich dieser Fragen zur Faktenlage ein einigermaßen klares Bild erstellt werden kann.[78] Nicht selten wird das, was mit den Mitteln empirischer For-

---

[78] Ein einfaches Beispiel zur Illustration: Einige Tierschützer behaupten, aus Versuchen an tierischen Organen könne man überhaupt keine Schlüsse über den menschlichen Organismus ziehen, Tierversuche seien also für die pharmazeutische und medizinische Forschung ohne Wert. Falls diese Annahme sich empirisch erhärten ließe, würde sich die ganze ethische Diskussion über Tierversuche erübrigen. Erst wenn die Annahme, daß man Schlüsse ziehen kann, einigermaßen abgesichert ist, stellt sich die ethische Frage. Auch dann erst entsteht ein Bedarf an rechtlichen Regelungen; andernfalls genügt das Verbot der Tierquälerei.

schung geklärt werden müßte, durch quasi-dogmatische Überzeugungen ersetzt.

b) *Ethische Argumente* in der Form „Man darf X" bzw. „Man darf X nicht", „Man sollte X", „Man sollte X nicht". Soll ein solches Argument nicht als bloße Wunschbekundung oder als autoritäre Verfügung auftreten, dann bedarf es ausweisbarer ethischer *Kriterien*, aus denen sich ergibt, ob man X darf oder nicht. Nach diesen Kriterien ist zu fragen. Sie können bloß konventioneller Art sein, indem einfach auf das verwiesen wird, was üblich oder nicht üblich ist. Wird so argumentiert, dann wird sich die Frage nach dem Akzeptanzbereich der hier namhaft gemachten Sitte stellen. Ethische Argumente können aber auch ihr Kriterium in Wertvorstellungen haben, die in einem unterstellten Wertekonsens begründet sind. Dann wird also, genau betrachtet, an ein solches konsensfähiges Wertbewußtsein appelliert. Das Argument „zieht" in dem Maße, wie der unterstellte Wertekonsens tatsächlich von den Opponenten geteilt wird. Es kann also eine sinnvolle Moderationsaufgabe sein, zu klären, ob ein solcher Konsens vorhanden und formulierbar ist. Weiter kann es erforderlich werden, nach der Begründung dieses Wertkonsenses selbst bzw. nach der Begründung einzelner Werturteile zu fragen. Wird mit Evidenzen operiert, etwa in Gestalt des argumentum ad hominem? Und wird diese Evidenz von den Opponenten gelten gelassen? Oder wird auf eine Vorstellung von der Natur und Bestimmung des Menschen Bezug genommen, die als solche stets weltanschaulichen und/oder religiösen Charakter hat, ein Wirklichkeitsverständnis impliziert? Hier ist also auf den Zusammenhang zwischen ethischen Urteilen und weltanschaulichen Überzeugungen hinzuweisen. Die ethische Argumentation erweist sich somit als abhängig von empirischen Urteilen (Faktizitätsannahmen) einerseits und von religiös-weltanschaulichen Urteilen andererseits.[79]

c) *Biographisch bedingte Argumente.* Sie kommen ziemlich häufig vor. Der Sprecher beruft sich auf gravierende Erfahrungen in der eigenen Lebensgeschichte, die ihn nun zwingen, so und nicht anders zu denken und Partei zu ergreifen. Dabei appelliert er entweder an andere, sofern sie ähnliche Erfahrungen gemacht haben, und erwartet, daß sie auf diesem Hintergrund ebenso urteilen wie er, oder er weiß, daß die anderen ihn mangels entsprechender Erfahrungen eigentlich gar nicht verstehen können. Vielleicht können sie sich etwas einfühlen, aber manche Erlebnisse, etwa der Trauer, sind

---

[79] Aufschlußreich zur Struktur und zum Bedingungsgefüge ethischer Urteile ist die Untersuchung von U. Forell: Gerechtigkeit, Pflicht und ethische Beurteilung, Lund University Press 1993.

auch durch Phantasie und Empathie nicht antizipierbar: Wie es ist, weiß man erst, wenn man es selbst erlebt. In diesem Fall rechnet der Sprecher aber immerhin mit Respekt; man soll sein Urteil gelten lassen auf der Grundlage des Wissens darum, daß es diese Art von Urteilen gibt. Wenigstens das klar zu machen, kann eine sinnvolle Moderationsaufgabe sein. Es gibt zu respektierende biographisch bedingte Grenzen der Überzeugbarkeit und Beeinflussung.

d) *Ästhetische Argumente* und *Geschmacksurteile*. Diese sind den biographisch bedingten Urteilen insofern verwandt, als sie ebenfalls ein lebensgeschichtlich erworbenes und mehr oder weniger kultiviertes Empfinden zum Ausdruck bringen. Äußerungen der Faszination oder des Abscheus, der Sympathie und der Antipathie, des Wohlgefallens und der Verärgerung sind oft mit ethischen, aber auch religiösen Urteilen und Werthaltungen eng verbunden; als ästhetische Urteile erweisen sie sich dadurch, daß sie auf sinnlich konkret Wahrgenommenes oder Vorgestelltes bezogen sind und sich als unmittelbare Reaktion darauf zu erkennen geben. Oft sind sie durch assoziative Anklänge und Verknüpfungen provoziert: Die Äußerung des Opponenten wird in einen ihm gegenüber fremden imaginierten bzw. erinnerten situativen Kontext transponiert. Auch hier gibt es für den Moderator u.U. einiges zu entwirren: Wie arbiträr – und fair – ist eine solche Übertragung? Läßt sich der ästhetische Anteil einer Stellungnahme von ihren ethischen und religiösen Anteilen trennen? Steht sie mit biographischen Schlüsselszenen in einem zwingenden Zusammenhang?

e) Nicht selten kommen *juristische Argumente* ins Spiel. Hier ist der vorschnellen Gleichsetzung mit ethischen Argumenten und Überzeugungen entgegenzutreten. Das Recht muß sich an der Ethik messen lassen, nicht umgekehrt, so sehr Rechtssicherheit selbst ein hohes ethisches Gut darstellt.[80] Ebenso ist auf die Abhängigkeit eines rechtlichen Regelungsbedarfs von empirischer Faktensicherung hinzuweisen; die quaestio juris folgt der quaestio facti.

f) *Weltanschauliche und religiöse Argumente*, die ein so oder so geartetes Wirklichkeitsverständnis erkennen lassen. Die auf dieser Ebene bezogenen Positionen können, wenn sie ernsthaft und nicht nur versuchsweise eingenommen werden, nicht willkürlich verändert oder auch nur zur Disposition gestellt werden. Wohl kann auch über sie diskutiert und gestritten werden, aber niemand darf zugemutet werden, seine religiöse Identität auf Verlangen eines anderen aufzugeben. Hier ist also die Pluralismusfähigkeit der Streit-

---

[80] Vgl. die einschlägigen Überlegungen in § 9, III.

parteien auf die Probe gestellt. Man kann nur testen, ob die aus diesen Positionen abgeleiteten konkreten Folgerungen tatsächlich stringent sind und ob sich nicht doch ähnliche Handlungsfolgen aus unterschiedlichen Positionen begründen lassen. Ist die erste Frage positiv und die zweite negativ zu entscheiden, dann ist die Grenze der Verständigungsfähigkeit erreicht. Damit ist aber auch der Punkt erreicht, an dem das Kontroversbleiben von Lösungsvorschlägen zu Handlungsproblemen – zu politischen, sozialen, ökologischen, rechtlichen Problemen – im gegenseitigen Respekt ausgehalten werden kann. Es ist daher von entscheidender Bedeutung für die Argumentationskultur in einer (zunehmend) pluralistischen Gesellschaft, daß der Streit überhaupt bis zu diesem Punkt geführt wird und die ganze weltanschaulich-religiöse Begründungsebene nicht als angeblich rein private Angelegenheit ausgeklammert wird. Erst wenn diese tiefsten Wurzeln eines offenbar unüberbrückbaren Dissenses aufgedeckt werden, kann der Verdacht, er beruhe auf bloßer Halsstarrigkeit und Rechthaberei oder auf dem puren Durchsetzungswillen und Machtstreben oder auf sonstigen Charakterfehlern der Kontrahenten bzw. einer der streitenden Parteien, entkräftet werden.[81] –

Es ist die Aufgabe jeder guten Moderation, diese verschiedenen Arten von Argumenten im konkreten Fall zu unterscheiden und je an ihren Ort zu stellen, ihre jeweilige Leistungsfähigkeit und Relevanz zu testen und die zwischen ihnen bestehenden Bedingungsverhältnisse hervorzuheben. Dabei ist natürlich auch auf die formale Schlüssigkeit von Argumenten zu achten.[82] Äquivokationen im Begriffsgebrauch, eine häufige Quelle von Mißverständnissen oder scheinbarem Einverständnis, müssen aufgedeckt werden. Und natürlich ist es auch eine Aufgabe der Moderation, auf die Einhaltung von Verfahrensregeln der Diskussion zu dringen und denen, die im Abseits stehen und eines Anwalts bedürfen, Artikulationshilfe zu leisten.

---

[81] Damit soll natürlich nicht bestritten werden, daß dieser Verdacht oft zu Recht besteht. Es verrät jedoch ein flaches Verständnis vom Wesen menschlicher Auseinandersetzung, wenn wie selbstverständlich der Psychologe, Psychoanalytiker oder Psychiater als diejenige Instanz betrachtet wird, die letztendlich erklärt, warum ein Mensch sich so und nicht anders verhält und warum Leute sich nicht einigen können.

[82] Zu den Grundzügen traditioneller Logik, die jeder sich leicht aneignen kann, vgl. W. Härle: Systematische Philosophie. Eine Einführung für Theologiestudenten, München/Mainz 1982, 73-89.

Sofern die Kirche, sooft sie sich in öffentliche Debatten einschaltet oder um Vermittlung gebeten wird, diesen Moderationsstil pflegt, leistet sie über ihr spezifisch theologisches Votum hinaus einen wesentlichen Kulturbeitrag.

## III. Der Beitrag der Kirche zur allgemeinen Bildung

Hier soll nicht noch einmal wiederholt werden, was unter dem Stichwort „Bildungssprache" schon an früherer Stelle ausgeführt wurde, obwohl es natürlich zum Thema gehört. Vielmehr geht es jetzt um das, was man die „Bildungsverantwortung" der Kirche genannt hat, d.h. ihre Mitverantwortung für das gesamte Bildungswesen und ein dafür leitendes allgemeines und zeitgemäßes Bildungsverständnis.[83]

Diese Mitverantwortung für die gesamte Bildung entspricht schon der Einbeziehung der Kirche in den öffentlichen Kommunikationsprozeß, auf den die demokratische Gesellschaft angewiesen ist. In diesem Dialog ist auch die Kirche nach ihrem Bildungsverständnis gefragt. Die Kirche kann und braucht sich nicht damit zufriedenzugeben, daß das Grundgesetz in Art. 7.3 den Religionsunterricht als ordentliches Lehrfach an öffentlichen Schulen vorsieht, und zwar als ein Fach, auf dessen Inhalt die Kirche Einfluß nehmen soll: „Unbeschadet des staatlichen Aufsichtsrechtes wird der Religionsunterricht in Übereinstimmung mit den Grundsätzen der Religionsgemeinschaften erteilt." Der eigentliche Sachgrund für das über den Religionsunterricht hinausgehende bildungspolitische Engagement der Kirche besteht darin, daß das christliche Wirklichkeitsverständnis als solches auch ein bestimmtes Bildungsverständnis enthält. Das Praktischwerden des Glaubens ist sogar primär am Thema „Bildung und Erziehung" zu explizieren. Nach Luther ist Erziehung – natürlich eine dem Geiste des Evangeliums entsprechende Erziehung – dasjenige gute Werk, das im Sinne einer conditio sine qua non das Tun aller anderen guten Werke ermöglicht: Sie ist „auff erden das aller edlist theurist werck"[84].

---

[83] Zu dieser Thematik vgl. bes. K. E. Nipkow: Bildung als Lebensbegleitung und Erneuerung. Kirchliche Bildungsverantwortung in Gemeinde, Schule und Gesellschaft, Gütersloh 1990.

[84] WA 10/II, 302. Luther gibt dem vierten Gebot, das für ihn auch ein an die Eltern gerichtetes Gebot ist, als erstem Gebot der zweiten Tafel eine Sonderstellung. Zu Luthers Erziehungsverständnis vgl. meinen Aufsatz: Erziehung als „gutes Werk", MJTh V, 1993, 97-115; dort auch die wichtigsten Belegstellen.

Ihre Verantwortung bzw. Mitverantwortung für die gesamte Bildung kann die Kirche auf wenigstens vierfache Weise wahrnehmen:

a) Die Kirche muß *eigene Bildungseinrichtungen* unterhalten, in denen es nicht nur um die Vermittlung spezifisch religiöser Inhalte geht, sondern in denen in exemplarischer Weise darzustellen versucht wird, was eine Bildungsarbeit auf der Grundlage des christlichen Glaubens zu leisten vermag. Neben den schon bestehenden Einrichtungen – Kindergärten, Jugendarbeit und Erwachsenenbildung – ist dabei auch an Schulen in kirchlicher Trägerschaft zu denken.[85] Daß solche Schulen, die Luthers Programm einer christlichen Schule[86] unter modernen Bedingungen fortführen würden, konfessionalistischer Enge zum Opfer fallen müßten, ist zwar ein leicht geäußerter Verdacht, der sich auch auf einzelne mißlungene Experimente auf diesem Gebiet stützen kann; aber eine solche Engführung folgt keineswegs schon aus dem Konzept einer evangelischen Schule. Um so weniger darf sie sich in einer pluralistischen Gesellschaft auf die Pflege christlicher oder gar konfessioneller Binnenperspektiven beschränken. Das gilt für die Inhalte ihres Lehrplans wie für die Art ihrer unterrichtlichen Behandlung. Auch muß eine solche Schule für Schüler und Schülerinnen anderer Bekenntnisse offen sein.

Ein solcher besonderer Schultyp kann freilich nur überzeugen, wenn er sich als ein attraktives zusätzliches Wahlangebot präsentiert; er kann und soll die öffentliche Schule (jedenfalls vorerst) nicht ersetzen. Auch kann die Kirche kein bildungspolitisches Sonderrecht für sich in Anspruch nehmen. Sie wird vielmehr wünschen und dafür eintreten, daß auch andere Religions- und Weltanschauungsgemeinschaften entsprechende Schulen unterhalten, wie es ja beispielsweise die Anthroposophen schon lange und mit Erfolg tun.[87] Daß

---

[85] Überblick zu den Möglichkeiten, aber auch Gefährdungen freier Schulen in kirchlicher Trägerschaft bei K. E. Nipkow, op.cit., 496-554.

[86] Entwickelt in der Schrift „An die Ratsherren aller Städte deutschen Landes, daß sie christliche Schulen aufrichten und halten sollen"; WA 15, 27-53.

[87] Es ist als ein deutlicher Hinweis in diese Richtung zu verstehen, wenn die EKD-Denkschrift „Identität und Verständigung. Standort und Perspektiven des Religionsunterrichts in der Pluralität" (Gütersloh 1994) feststellt: „Das Interesse an ‚alternativen' Schulen, nämlich Schulen, die ‚anders' sind als die eigene ‚Normal'schule, hat deutlich zugenommen. Als ‚anders' werden sie vor allem dann wahrgenommen, wenn sie entweder den Kindern, Jugendlichen und jungen Erwachsenen einen pädagogisch bedachten und verantworteten Lebensraum eröffnen wollen oder wenn sie die Inhalte schulischen Lernens daraufhin befragen, welche Weltsicht und welche Handlungsmaximen sie vermitteln wollen und welchen Beitrag sie zur Persönlichkeitsentwicklung leisten." AaO. 21f.

es in einer zunehmend multikulturellen Gesellschaft freie Schulen in der
Trägerschaft verschiedener Religions- und Weltanschauungsgemeinschaften
als ein Element in der schulpolitischen Landschaft geben sollte, ist ein Gedanke, der sowohl aus kirchlicher Perspektive als auch aus der Sicht gesellschaftlicher Öffentlichkeit plausibel erscheint.

b) Zusammen mit Kritikern aus den Reihen der Pädagogen muß die
Kirche sich für eine *humane Schule* einsetzen, eine Schule, die bestimmte
Mechanismen und Gesetzmäßigkeiten der sog. Leistungsgesellschaft nicht
einfach ungebrochen in sich aufnimmt oder sogar verstärkt. Bei dieser Kritik
geht es weniger um die Inhalte des schulischen Curriculums als vielmehr um
die Auswirkungen dessen, was radikale Schulkritiker wie I. Illich als das
hidden curriculum bezeichnet haben.[88] Wie wird Erfolg oder Mißerfolg in
der Schule erlebt? Welche Wertmaßstäbe und Verhaltensmuster werden
durch schulische Rollen und durch die Art des Umgangs zwischen den
Schülern und zwischen Schülern und Lehrern vermittelt? Wie wirkt Schule
als Sozialisationsinstanz? Inwieweit reproduziert sie Mechanismen und Symbole einer Leistungs- und Konsumgesellschaft?[89] Welche Möglichkeiten der
Persönlichkeitsentwicklung werden durch die Schule als Erlebnisraum gefördert, und welche werden behindert? Welche „identitätsfördernden Fähigkeiten"[90] können in der Schule entwickelt werden und welche nicht? Welche
Grundeinstellungen zum Leben, zum Mitmenschen und zur Gesellschaft
werden durch den Schulalltag eingeübt?

c) Die Kirche muß sich an der Diskussion über das, was unter gegenwärtigen Bedingungen „Bildung" heißen soll und über die dementsprechenden
allgemeinen Bildungsziele beteiligen. Die Kirche, das heißt in diesem Falle
insbesondere die der Kirche verpflichtete Religionspädagogik, kann die
Debatte über das Bildungsverständnis nicht einfach der allgemeinen Pädagogik anheimstellen in der Erwartung, diese werde eine Rahmenvorstellung
entwickeln, innerhalb deren dann auch das, was von theologischer Anthro-

---

[88]  Die meistzitierte Schrift dieser Richtung ist I. Illich: Entschulung der Gesell-
      schaft, München 1970. Zur Problematik vgl. R. Preul: Kritik an der Schule als
      Aufgabe der Religionspädagogik, EvErz 35/1983, 448-463.

[89]  Zur Leistungsproblematik vgl. bes. K. E. Nipkow: Religionsunterricht in der
      Leistungsschule. Gutachten – Dokumente, Gütersloh 1979.

[90]  Erinnert sei an die schon klassische Beschreibung dieser Fähigkeiten („Rollen-
      distanz", „Empathie", „Ambiguitätstoleranz", „Identitätsdarstellung") bei L.
      Krappmann: Soziologische Dimensionen der Identität. Strukturelle Bedingungen
      für die Teilnahme an Interaktionsprozessen, Stuttgart 1973³, 132-173.

pologie aus zur Bildung des Menschen zu sagen ist, einen Platz finden könne. Daß diese Erwartung enttäuscht werden kann, zeigt die Klage der bereits zitierten Denkschrift darüber, daß die von Wolfgang Klafki formulierten und in Umlauf gebrachten „epochaltypischen Schlüsselprobleme", die ein neues Allgemeinbildungskonzept konturieren sollen[91], den Gottesbezug des Menschen sowie das ganze Thema der Religion bzw. der Religionen schlicht übergehen.[92]

Will man in einen erfolgversprechenden Dialog mit pädagogischen Bildungstheoretikern eintreten, dann sollte man sich vorab klarmachen, was Pädagogik zu leisten vermag und was nicht. Eine abstrakt verstandene, isolierte Pädagogik wäre gar nicht funktionsfähig; denn das spezifisch Pädagogische ist ja nur eine bestimmte Perspektive, nämlich die Perspektive auf den Sachverhalt Erziehung und dort auftretende Aufgaben. Diese Perspektive wird stets von einem so oder so gearteten weltanschaulichen Standpunkt aus wahrgenommen, einem Standpunkt, der durch bestimmte Lebensgewißheiten im Zusammenhang eines mehr oder weniger deutlich symbolisierten Wirklichkeitsverständnisses gebildet wird. Die Appellation an eine wert- und religionsneutrale, gleichsam „reine" Pädagogik führt zu einer gespenstischen Diskussion.[93] Pädagogik, sofern sie mehr sein möchte als empirisch beschreibende Erziehungswissenschaft, sondern in normativer Absicht eine Bildungs- und Schultheorie entwerfen will, kann nur von je individuell bestimmten Lebensgewißheiten aus betrieben werden, und sie ist dann auch als ganze, als allgemeine Bildungstheorie von solchen Gewißheiten mitgeprägt. Der religiöse und weltanschauliche Pluralismus macht auch vor der Pädagogik nicht halt. Wenn also etwas, das uns theologisch geboten erscheint, pädagogisch plausibel gemacht werden soll, so kann das nur heißen, daß die pädagogischen Bildungstheoretiker auf die sie schon leitenden religiösen und weltanschaulichen Gewißheiten und auf die ihnen von daher zugänglichen theologischen Einsichten hin angesprochen werden müssen.[94]

---

[91] W. Klafki: Grundzüge eines neuen Allgemeinbildungskonzepts. Im Zentrum: Epochaltypische Schlüsselprobleme, in ders.: Neue Studien zur Bildungstheorie und Didaktik, Weinheim 1984⁴, 43-81; vgl. ders.: Die Bedeutung der klassischen Bildungstheorien für ein zeitgemäßes Konzept allgemeiner Bildung, ebd., 15-41.

[92] Identität und Verständigung, aaO. 31ff.

[93] Ihr verfällt auch die genannte Denkschrift gelegentlich, wenn sie erwartet, daß aus der Perspektive theologischer Anthropologie erhobene Forderungen an die Bildung und das Bildungswesen zunächst einmal „rein pädagogisch" einleuchten sollen.

[94] Die Parole von der Eigenständigkeit der Pädagogik gegenüber Theologie und

Der von Theologie und Kirche mitzuerarbeitende Bildungsbegriff muß jedoch auch auf *allgemeine Plausibilität* bedacht sein, er darf also nicht nur positionell begründet werden. Man kann z.B. nicht einfach ein aus christologischen Prämissen abgeleitetes Bildungsverständnis in die allgemeine Debatte werfen, wie es seinerzeit Karl Barth getan hat: Christus allein ist der wahrhaft gebildete und die Bestimmung des Menschen erfüllende Mensch, weil er der „durch Gott selbst nach dem Bilde Gottes selbst ‚gebildete‘ Mensch" ist.[95] Auch die theologische Beteiligung an der Formulierung eines zeitgemäßen Allgemeinbildungskonzepts muß also die Forderung allgemeiner Akzeptanz beachten. Daraus folgt zweierlei:

Erstens: Das Konzept muß so offen formuliert sein, daß es aus der Sicht theologischer Anthropologie weiter präzisierbar ist, aber auch für andere Formen des Existenzverständnisses – wenn auch nicht für alle – einen Interpretationsspielraum bereithält. Man muß sich also auf das Niveau von *Generalisierungen* begeben, die anschlußfähig bzw. auslegungsfähig für verschiedene Standpunkte sind, und zwar ohne den Anschein zu erwecken, daß diese Generalisierungen schon die inhaltliche Substanz abgeben – was die individuellen Standpunkte zu etwas bloß Akzidentiellem herabsetzen würde.[96] Das heißt konkret: allgemeine Bildung ist formal so zu bestimmen, daß darin auch der Gottesbezug des Menschen enthalten ist, aber nicht im Sinne einer bestimmten theologischen Position, sondern im Sinne eines *Themas*, das nur zum Schaden des Ganzen, dessen was Bildung heißen soll, zum Verschwinden zu bringen wäre. Die Einbindung des Gottesbezuges (Transzendenzbezuges) des Menschen in den Begriff der Bildung geschieht durch Bezeichnung eines Platzhalters, der für konkrete theologische oder religionsphilosophische oder weltanschauliche Benennung und Präzisierung offen

---

Philosophie hat viel zur Entstehung jener abstrakten Vorstellung von Pädagogik beigetragen. Diese von Pädagogen beanspruchte Autonomie kann aber der Sache nach nur bedeuten, daß sie sich von anderen Fakultäten nicht mehr einfach in Dienst nehmen lassen, sondern vielmehr in eigener Person nun auch Theologen und Philosophen sein möchten, wogegen im Prinzip nichts einzuwenden ist. Einige Vertreter der sog. geisteswissenschaftlichen Pädagogik wie beispielsweise H. Nohl und Th. Litt haben diesen Anspruch auch eingelöst.

[95] K. Barth: Evangelium und Bildung (Th ST 2), Zürich 1947[2] (Vortrag aus dem Jahre 1938). Zur Kritik der bildungstheoretisch-theologischen Überlegungen Barths vgl. R. Preul: Religion – Bildung – Sozialisation, Gütersloh 1980, 72ff.

[96] Es ist die Gefahr jeder Beschwörung von „Zivilreligion" als gesellschaftlichem Einheitsband, das dann auch lehrmäßig verbindlich zu vermitteln wäre, eine solche Substanz-Akzidenz-Verteilung anzustreben.

ist. Wichtig ist dabei die Einsicht, daß man sich nicht mit der abstrakten Form des Platzhalters begnügen kann, sondern daß dieser Platzhalter je individuell besetzt werden *muß* und daß dieses auch faktisch immer schon – mehr oder weniger explizit, deutlich oder undeutlich symbolisiert – geschieht. Die Gottes*frage* wird immer auch so oder so *beantwortet*.

Für die Art, wie der Gottesbezug der Bildung in offener Weise formuliert werden kann, hat der Pädagoge Herman Nohl ein Beispiel geliefert. Er bestimmt Bildung formal als „die subjektive Seinsweise der Kultur, die innere Form und geistige Haltung der Seele, die alles, was von draußen an sie herankommt, mit eigenen Kräften zu einheitlichem Leben in sich aufzunehmen und jede Äußerung und Handlung aus diesem einheitlichen Leben zu gestalten vermag."[97] An diese der sog. geisteswissenschaftlichen Pädagogik verpflichtete und gewiß nicht modifikationslos übernehmbare Definition schließt Nohl den Gedanken an, diese „vollendete Lebensform" der Bildung habe „ihre letzte Grundlage ... in seiner (sc. des Menschen, R. P.) Stellung zur Welt, in dem, was man Weltanschauung, Metaphysik oder Religion nennt. Wie ich die Form eines Kunstwerks schließlich nur aus dem metaphysischen Verhältnis seines Schöpfers zum Leben verstehe, so ist auch die Lebensform der Bildung nur zu begründen aus solchen letzten Überzeugungen vom Ganzen des Lebens und der Stellung des Menschen in ihm. Kein bloß empirisches Dasein kann das geben, denn es bleibt immer verzettelt, fragmentarisch und ohne dauernde Flugkraft, die allein aus einem lebendigen Verhältnis zu der Lebenstiefe und ihrer Sinneinheit entsteht. Nennt man ein solches Verhältnis Glauben, dann ist wahre Bildung ohne ihn nicht möglich ..."[98] Dieses Beispiel verdeutlicht natürlich nur das Muster, nach welchem ein konsensfähiger, die religiöse Dimension implizierender Bildungsbegriff unter gegenwärtigen Bedingungen zu formulieren wäre.

Zweitens bedarf es einer anthropologischen Kategorie, auf deren Grundlage ein modernes allgemeines Bildungsverständnis entwickelt werden kann und die zugleich geeignet ist, den Religionsbezug von Bildung evident zu machen. Jeder Versuch, „Bildung" einfach dadurch zu bestimmen, daß verschiedene Wissensbestände als sogenannte „Bildungsgüter" zusammengetra-

---

[97]  H. Nohl: Die pädagogische Bewegung in Deutschland und ihre Theorie, Frankfurt a.M. 1949³, 140.
[98]  AaO. 148.

gen werden – unter ihnen vielleicht auch solche, die der Theologie und den Religionswissenschaften entnommen wären – erweist sich als ein willkürliches und letztlich undurchführbares Verfahren; es muß schon an der ins Unübersehbare angewachsenen Fülle des heutzutage Wißbaren scheitern. Es bedarf eines Selektionskriteriums, und dieses kann nur gefunden werden, wenn vorab nach einer anthropologischen Kategorie gefragt wird, die Auskunft darüber gibt, was es denn heißen soll, den *Menschen* zu bilden.

Als eine solche Kategorie bietet sich der *Handlungsbegriff* an. Denn der Mensch selber wird im Kern dadurch definiert, daß er sich als handelndes Wesen begreift. Er handelt in Ausübung seiner endlichen Freiheit; er handelt als Einzelner wie als Kollektiv immer unter vorgefundenen Bedingungen, unter Bedingungen, die teilweise durch Naturgesetze, teilweise durch das Handeln anderer Individuen, die seine soziale Lebenswelt im ganzen wie die konkrete Handlungssituation produziert haben, gesetzt sind. Handeln heißt, einen gegebenen Zustand nach einer Zielvorstellung unter Einsatz bestimmter Mittel in einen anderen Zustand zu überführen, wobei sowohl die Zielvorstellung als auch die eingesetzten Mittel das Ergebnis einer Selektion aus einem begrenzten Bestand von Möglichkeiten sind. Von hier aus läßt sich nun auch die Ergiebigkeit des Handlungsbegriffs für die Bestimmung des Bildungsverständnisses ersichtlich machen. Eine Analyse des Menschen als handelndes Subjekt unter je konkreten Bedingungen bringt prinzipiell alle Wissensgebiete und damit auch Bildungsfelder in den Blick, und zwar so, daß diese nicht bloß additiv nebeneinander gestellt werden. Das sei im folgenden nur kurz verdeutlicht.

Eine *philosophische* Analyse des Handlungsbegriffs, d.h. eine Analyse der Implikate und Möglichkeitsbedingungen und Arten des menschlichen Handelns, führt zu einer kategorial vollständigen Ontologie aus der Perspektive des sich selbst erfassenden Handlungssubjekts: Alle Strukturmomente des menschlichen In-der-Welt-Seins wie Sprache, Vernunft, Leiblichkeit, Vorstellungskraft, Interaktion, Kontingenz und Notwendigkeit, Raum und Zeit erweisen sich als mit dem Sachverhalt Handeln gleichursprünglich und gleichreal mitgesetzte Elemente. Die Frage nach den Bedingungen der Möglichkeit, daß wir überhaupt handeln können und daß wir unserer menschlichen Bestimmung gemäß handeln können, macht die Bildungstheorie anschlußfähig zur *Theologie*, zur Lehre von der Schöpfung in Verbindung mit der Lehre von der Rechtfertigung; vor allem die bildungstheoretische Relevanz der reformatorischen Bestimmung des Verhältnisses von Glaube und guten Werken ist auf diesem Wege zwanglos evident zu machen. Die Wahl von Handlungszielen und -mitteln unterliegt der *ethischen* Beurteilung, die wiederum nicht losgelöst von religiösen und weltanschaulichen Prämissen erörtert werden kann.[99] Der Sachverhalt, daß zielgerichtetes und erfolgreiches Handeln die Erfassung der in einer Handlungssituation gegebenen verschiedenen Handlungsmöglichkeiten, die Abschätzung der infrage kommenden Mittel und die Unterscheidung von realistischen und illusionären Handlungszielen erfordert, eröffnet den Zugang zur *Geschichtswissenschaft* und zu den empirischen Humanwissenschaften, insbesondere zur *Soziologie* und zur *Psychologie*. Empirisches Regelwissen aller Art, auch solches, das *naturwissenschaftliche* und *mathematische* Kenntnisse impliziert, muß erworben werden, wenn zielsicheres Handeln möglich sein und das Risiko unerwünschter Nebenfolgen gering gehalten werden soll. Da menschliches Handeln immer in der Wechselwirkung von Passivität und Aktivität, Rezeptivität und Spontaneität erfolgt, schließt Handlungsfähigkeit auch die Entwicklung der Wahrnehmungs- und Erlebnisfähigkeit des Menschen durch *ästhetisch-musische* Bildung ein. Sie erfüllt diese Funktion gerade auch dann, wenn sie nicht auf einzelne, schon gegebene Handlungsziele bezogen, sondern relativ zweckfrei betrieben wird. Alles Erleben und Handeln vollzieht sich immer schon im Medium und Kontext gesamtkulturell konstituierter Zeichenprozesse, deren Entzifferung und eigene individuelle Beherrschung vornehmlich durch *sprachliche* (muttersprachliche und fremdsprachliche) Bildung gefördert wird.

Geht man all diesen Implikationen des Handlungsbegriffs nach, dann erscheint es nicht als unzulässige Vereinfachung, Bildung als Handlungsfähigkeit zu definieren. Man ist nicht um so gebildeter, je mehr man weiß, sondern je mehr man handlungsfähig ist. Dabei schließt Handlungskompetenz, wie ersichtlich geworden ist, sowohl Deutungskompetenz als auch Erlebnisfähigkeit ein. Bildung in diesem Sinne ist auch nicht allein durch das sog. Bildungswesen und durch institutionell vermitteltes Wissen auf verschiedenen Gebieten zu erlangen, sie entsteht ebenso im Medium freier Lebenserfahrung. Bildung als Handlungsfähigkeit hat auch nichts mit Aktivismus oder gar mit bloßer Anpassung an gesellschaftliche Rollenmuster zu tun.[100]

---

[99] Programme der Moral- und Werterziehung, die sich nur an einer angeblich invarianten Stufenfolge der Entwicklung des moralischen Urteilsvermögens orientieren, sind abstrakt. Zu der durch L. Kohlbergs Entwicklungstheorie ausgelösten Debatte vgl. die Beiträge in G. Portele (Hg.): Sozialisation und Moral. Neuere Ansätze zur moralischen Entwicklung und Erziehung, Weinheim/Basel 1978.

[100] Zur Abgrenzung des hier umrissenen Bildungsverständnisses gegen Mißverständnisse sowie gegen andere Möglichkeiten der Bestimmung des Bildungsbegriffs

Der auf diese Weise neu bestimmte Bildungsbegriff umfaßt Allgemeinbildung wie Spezialbildung, und er enthält zugleich ein Kriterium zur Differenzierung von beidem. Zur *Allgemeinbildung* gehört alles, was zur besseren Bewältigung derjenigen Handlungsaufgaben gehört, die auf jeden Bürger
zukommen. Dazu zählen erstens alle Aufgaben der persönlichen Lebensführung (Umgang mit Familie und Partnern, Erziehung, Fragen des Lebensstils
und der Freizeitgestaltung, Mediengebrauch und Konsumverhalten, musi-
sche Betätigung und Verhältnis zur technischen Zivilisation), zweitens die
Wahrnehmung der jedem Bürger verfassungsmäßig garantierten und aufer-
legten politischen und sozialen Mitverantwortung und drittens jene Probleme, vor die sich die Menschheit im gegenwärtigen Stand ihrer Entwicklung
insgesamt gestellt sieht und von denen jeder in irgendeiner Weise betroffen
ist.[101] Das Maß an Kompetenz, mit dem diese Aufgaben vom Einzelnen
selbständig wahrgenommen und bewältigt werden, ist dann auch das Maß
seiner Allgemeinbildung. Daher ist Allgemeinbildung steigerungs- und
vertiefungsfähig. Sie kann bei der Organisation des Bildungswesens und der
Curricula nicht ausschließlich einer bestimmten Stufe im Bildungsgang
zugewiesen werden; auch „höhere" und „akademische" Bildung sind daraufhin zu beurteilen, ob sie einen Beitrag zur Allgemeinbildung leisten. Sie
haben aber zugleich die Aufgabe, *Spezialbildung* zu befördern, d.h. sie dienen dem Kompetenzerwerb in Bezug auf solche Handlungsaufgaben, die
sich nur jeweils einzelnen Personen – insbesondere in speziellen Berufs-
situationen und Ämtern – stellen.

Läßt sich das hier umrissene allgemeine Bildungsverständnis im Gespräch mit der Erziehungswissenschaft und mit anderen gesellschaftlichen
und weltanschaulichen Positionen zu allgemeiner Anerkennung bringen –
und es spricht einiges dafür, daß das prinzipiell möglich ist[102] –, dann ist
auch dem prinzipiellen Religionsbezug von Bildung, wie ihn paradigmatisch
schon Herman Nohl formulierte, und damit auch dem speziellen Anliegen
von Theologie und Kirche ein fester Platz in einem konsensfähigen modernen Begriff von Allgemeinbildung gesichert.

---

vgl. R. Preul: Christentum und Bildung oder Bildungschristentum?, in: Fr. W.
Graf (Hg.): Liberale Theologie. Eine Ortsbestimmung (Troeltsch-Studien 7),
Gütersloh 1993, 149-167.

[101] Der von W. Klafki in die pädagogische Debatte eingeführte Begriff der „epochaltypischen Schlüsselprobleme" (s.o. Anm. 91) bezieht sich vor allem auf diesen
dritten Bereich von Allgemeinbildung.

[102] Verwiesen sei nur auf Klafkis bildungstheoretische Überlegungen, die damit
weitgehend konvergieren.

d) Die Kirche muß schließlich ein Interesse daran haben, daß ihr spezifisch eigener Bildungsbeitrag, der verfassungsgemäße Religionsunterricht, so in der öffentlichen Schule wirksam wird, daß er einen Beitrag zur allgemeinen Bildung darstellt. Das ist nicht schon dann der Fall, wenn der Religionsunterricht bloße Christentums- und Religionskunde betreibt oder sich darauf beschränkt, die Bedeutung des Christentums für die Entstehung der modernen Welt darzustellen und zu würdigen. Das seinerzeit von Martin Stallmann geltend gemachte wirkungs- und kulturgeschichtliche Begründungsargument verweist zwar nach wie vor auf eine wichtige Aufgabe des Religionsunterrichts in der öffentlichen Schule; es erscheint aber nur dann als ein hinreichendes Begründungsargument, wenn man auch Stallmanns Bildungsverständnis und seine Schultheorie zugrunde legt, nach welcher es die zentrale Aufgabe der Schule ist, dem Schüler die produktive Auseinandersetzung mit der seine Welt prägenden Überlieferung zu ermöglichen. [103] Orientiert man sich dagegen an dem oben umrissenen Bildungsverständnis, dann wird die Thematik des Religionsunterrichts zentral auf das Verhältnis von Glaube (bzw. Religion, Weltanschauung) und Handeln und insofern auf die Probleme der Identitätsbildung des Schülers in seiner aktuellen Gegenwart bezogen sein müssen. Dabei werden Religion und Glaube natürlich nicht als Inbegriff moralischer Anweisungen verstanden, vielmehr geht es im Sinne der bereits aufgewiesenen theologischen Dimension von Bildung um den Glauben als Grund von Handlungsfähigkeit, als Befreiung zum Tun „guter Werke".

Diesen Inhalt muß der Religionsunterricht so in die allgemeine Bildung einbringen, daß die Art der Mittlung den Bedingungen eines freien Bildungsprozesses entspricht. Zu diesen Bedingungen gehört auf der einen Seite, daß der Lehrer sein persönliches Selbstverständnis als Christ nicht verschleiert, sondern offen zu erkennen gibt. Die Bedeutung der Lehrerpersönlichkeit für das Gelingen von Bildungsprozessen wird auch in der allgemeinen Pädagogik wieder stärker betont. [104] Auf der anderen Seite muß das christliche

---

[103] M. Stallmann: Christentum und Schule, Stuttgart 1958. Stallmann bleibt mit diesem Bildungsverständnis, das der Beziehung Individuum-Kulturtradition den Vorrang vor der Beziehung Individuum-gegenwärtige Lebenswelt gibt, im Banne der geisteswissenschaftlichen Pädagogik. Zu deren Bildungsverständnis vgl. R. Preul: Religion – Bildung – Sozialisation, aaO. 16-48.

[104] Zum Selbstverständnis des Religionslehrers/der Religionslehrerin vgl. vom Verf.: Rolle und Bildung des Religionslehrers, EvErz 44/1992, 322-336; dort auch einschlägige Literatur.

Wirklichkeitsverständnis in seiner Relevanz für die Person als Handlungssubjekt so erschlossen werden, daß auch jene Alternativen zum christlichen
Wirklichkeitsverständnis auf faire Weise in den Blick kommen, die sich in
der pluralistischen Gesellschaft als erlebbare und wählbare Alternativen anbieten. Wie die Äußerungen der EKD zu Fragen des Religionsunterrichts
zeigen[105], hat die Evangelische Kirche verstanden, daß ein solcher freier
Religionsunterricht, der, obwohl verfassungskonform und insofern immer
noch „konfessionell", doch nicht auf gezielte konfessionelle Prägung hinausläuft, durchaus mit ihren „Grundsätzen" (Art. 7.3 GG) übereinstimmt und
ein notwendiges Element in der Kommunikation des christlichen Wirklichkeitsverständnisses unter den gegenwärtigen soziokulturellen Bedingungen
darstellt.[106]

## IV. Der Beitrag der Kirche zur Kunst

Die Kirche leistet schon insofern einen Beitrag zur Kunst, als sie bis auf den
heutigen Tag Kunst aller Arten und Stilrichtungen fördert und für ihre
Zwecke, insbesondere den Gottesdienst, einsetzt. Unter diesem Gesichts-
punkt tritt die Kirche aber nur in eine Reihe mit anderen Förderern der
Kunst wie dem Adel oder dem Bürgertum, die ebenfalls die Kunst in ihren
Dienst zu stellen wußten. Deshalb ist nach den inhaltlichen und formalen
*Berührungspunkten zwischen Religion und Kunst* zu fragen. Gibt es Zusammenhänge zwischen dem, was die Kirche zu sagen hat, und dem, was Kunst
ausdrücken kann? Und gibt es Übereinstimmungen in der Art, wie beide,
Kunst und Kirche, sich an ihre Adressaten wenden, lassen sich also Parallelen
zwischen religiöser und künstlerischer Kommunikation auffinden?

a) Schleiermacher hat die Affinität von Religion und Kunst durch den
gemeinsamen Oberbegriff des *individuellen Symbolisierens* zum Ausdruck
gebracht.[107] Die Wahrheit eines religiösen Glaubens vermittelt sich über je
individuelle Erschließungsakte. Die christliche Theologie entspricht diesem

---

[105] Vgl. noch einmal die in Anm. 87 genannte Denkschrift.

[106] Entsprechendes läßt sich auch für etliche Verlautbarungen auf katholischer Seite
feststellen. Vgl. vor allem das den Beschluß der Würzburger Synode von 1974
weiterführende „Plädoyer des Deutschen Katecheten-Vereins" von 1992, abgedruckt u.a. in EvErz 45/1993, 34-44.

[107] Zum systematischen Zusammenhang sei auf die Darstellung in § 7, II, 1, c
verwiesen.

Sachverhalt durch die Lehre von der Wirksamkeit des Heiligen Geistes (testimonium spiritus sancti internum). Der universale Wahrheitsanspruch des christlichen Glaubens bleibt durch diese Art der Vermittlung unberührt. Er kann nur eben nicht auf diskursivem Wege demonstriert werden. Denn die identische Art der Vernunfttätigkeit, auf die dabei Bezug genommen würde, enthält noch nicht die positiven Beweggründe, die zur persönlichen Aneignung einer bestimmten religiösen Weltsicht führen.

Ähnlich verhält es sich mit dem Aussagegehalt eines Kunstwerkes. Dieser Aussagegehalt ist von der konkreten Gestalt des Kunstwerkes, etwa eines Gemäldes, nicht zu unterscheiden. Das Kunstwerk ist nicht das beliebige Medium der Übermittlung einer auch anders formulierbaren Aussage, sondern es *ist* die Aussage: Deshalb ist es vom Künstler so und nicht anders – oft bis ins kleinste Detail – gestaltet, komponiert, ausgefeilt worden. Mut zur Unvollkommenheit ist offenbar keine Künstlertugend. Die These von der Vieldeutigkeit eines Kunstwerkes kann nur mißverstanden werden, wenn nicht zuvor die *Eindeutigkeit der Gestalt des Werkes* zur Kenntnis genommen und gewürdigt wird.[108] Das sich so präsentierende Werk – ein Roman, ein Gedicht, ein Drama, ein Bild, eine Skulptur, eine Komposition, ein Bauwerk – ist nun ganz und gar individuell geprägt, und zwar in doppelter Hinsicht: in seiner einmaligen konkreten Gestalt und als Ausdruck einer individuellen Künstlerpersönlichkeit. Diese individuelle Gestalt und Perspektive schließt freilich nicht aus, sondern i. d. R. ein, daß sich sowohl im Werk als auch in sonstigen Selbstzeugnissen des Künstlers Bezugnahmen auf Zeittypisches, Übergreifendes, Allgemeines finden lassen. Aber dieses Allgemeine ist im Kunstwerk nicht als solches, sondern stets in höchst individueller Wahrnehmung präsent.

> Im Unterschied zu einem Kunstwerk, etwa einem Bild, muß ein *Symbol* keine individuelle Gestalt haben. Zwar ist auch beim Symbol das *Ideelle*, die Realität oder Macht, auf die es verweist, in der sinnlich wahrnehmbaren Materialität des Symbols anwesend, anders könnte nicht von der Wirkmächtigkeit des Symbols geredet werden. Aber die Gestalt des Symbols kann durchaus stereotyp ausfallen, bis zur mechanischen Reproduzierbarkeit. Eine individuell ausgestaltete Wiedergabe des Symbols hält sich dann im Rahmen eines dem Symbol eigenen Schemas, das dessen allgemeine Erkennbarkeit sichert. – Ein wesentliches Kennzei-

---

[108] Dem entspricht es, wenn beispielsweise Dirigenten um „Werktreue" bemüht sind und deshalb ihre – dann immer noch persönliche – Interpretation auf eine genaue Analyse der Partitur aufbauen.

chen des Symbols, auch des religiösen Symbols, ist ferner seine Anerkennung durch eine Gemeinschaft. „Ohne diese Anerkennung kann
kein repräsentatives Symbol entstehen und lebendig bleiben. Wenn die
Gemeinschaft aufhört, es anzuerkennen, dann sinkt es zu einer Meta-
pher oder einem poetischen Bild herab, wie es mit den alten Göttern
geschah, als sie ihre religiöse Bedeutung verloren hatten."[109] Solche
Anerkennung kann einem Kunstwerk durchaus versagt bleiben, ohne
daß es deshalb aufhört, ein Kunstwerk zu sein. Wenn daher oft gesagt
wird, man könne von Gott nur in Bildern und Symbolen reden – eine
Behauptung, die auch nur für die unmittelbare, direkte religiöse Kommunikation zutrifft[110] –, so muß hier doch deutlich differenziert werden. Es handelt sich nicht um ein Hendiadyoin; religiöse Kunst ist auch
kein Spezialfall kirchlich-religiöser Symbolik, sondern deren Ergänzung
durch einen anderen Kommunikationsmodus. Wie beides sich aufeinander bezieht, dürfte eine der fruchtbarsten Fragen zur Ästhetik religiöser Kommunikation sein.[111] Religiöse Kunst, eine Kunst, die (bzw.
deren Autor) einen religiösen Aussagewillen hat, spricht als solche zu
ihrem Rezipienten vermutlich nur und in dem Maße, wie sie von
diesem zu traditioneller religiöser Normalsymbolik in ein syntaktisches
Verhältnis gesetzt wird: als deren individuelles analytisches Prädikat,
erweiterndes synthetisches Interpretament oder auch negierendes Korrektiv. Und diese Wahrnehmung religiöser Kunst hat dann wiederum
Auswirkungen auf das intellektuelle Verständnis und die gefühlsmäßige
Rezeption der herkömmlichen Symbole.

Die unbestreitbare Offenheit und Vieldeutigkeit des Kunstwerkes, wie sie in
neuerer Zeit besonders von U. Eco beschrieben und gepriesen wurde[112],

---

[109] P. Tillich, GW, Bd. V, 238. Zu Tillichs Symboltheorie insgesamt vgl. ebd. 187-
244.

[110] Vgl. Tillich aaO. 239f: „Gibt es nicht-symbolische Aussagen über das im religiösen Symbol Gemeinte? Wenn wir auf diese Frage keine positive Antwort finden
könnten, dann würde unsere ganze Symbollehre zusammenfallen, weil ein Bezugspunkt fehlte, von dem aus man begründen könnte, warum symbolische
Aussagen notwendig sind." Einen solchen Bezugspunkt ausfindig zu machen und
damit allen auf Gottes Wesen und Sein bezogenen Symbolen (den „primären"
religiösen Symbolen) einen möglichen Realitätsgehalt zu sichern, ist nach Tillich
die Aufgabe einer „ontologischen" Reflexion.

[111] In A. Grözingers zu Problemen der Rezeptionsästhetik so ergiebigem Buch „Praktische Theologie und Ästhetik" (Göttingen 1991²) wird diese Frage leider nicht
eigens thematisiert.

[112] U. Eco: Das offene Kunstwerk, Frankfurt a.M. 1977.

verdankt sich vor allem zwei Faktoren auf Seiten des jeweiligen Rezipienten. Einmal: Bei dem Versuch, die Frage zu beantworten, was denn der Schöpfer eines Kunstwerkes, etwa eines Gemäldes, aus *seiner* Sicht in dem Kunstwerk aussagen oder ausdrücken wollte, wird der mit der individuell einmaligen Gestalt des Werkes verschmolzene und von ihr eigentlich nicht ablösbare „Sinn" nun doch davon abstrahiert und in ein anderes semantisches Medium, i. d. R. das der prosaischen Sprache, übersetzt. Diese Übersetzung, werkimmanente Interpretation genannt, ist nun schon wegen ihrer Differenz zur Einheit von Aussage und Gestalt im Medium des Kunstwerkes ungenau und unabschließbar. Zum anderen: Sofern das Werk zum Rezipienten spricht, ihm etwas sagt und bedeutet, wird es in einen dem Autor gegenüber neuen Kontext eingeordnet, den der Rezipient mitbringt. Es wird, wie schon am Beispiel des Verhältnisses von religiöser Kunst und kirchlicher Symbolik verdeutlicht, syntaktisch neu verknüpft. Es antwortet nun etwa auf Fragen, die aus der Lebensgeschichte des Rezipienten entstanden sind, tritt in bestätigende, ergänzende, präzisierende oder kontrastierende Beziehung zu dessen szenischer Erinnerung[113] und beeinflußt über diese Verbindung nun dessen Wirklichkeitswahrnehmung und -verständnis. Sofern Kunst zum Medium der Kommunikation wird, verändert sich ihre Wirkung in Abhängigkeit von den kommunizierenden Individuen. Auch dieser Prozeß ist prinzipiell unabschließbar.

b) Die kirchliche Verkündigung hat nicht nur ein Interesse an religiöser Kunst. Die Affinität von Kunst und Religion betrifft die Kunst als solche, also auch eine Kunst, die nach dem Selbstverständnis ihrer Schöpfer keine religiösen bzw. religiös-kommunikativen Ambitionen hat. Die Kunst hat Eigenes zu sagen, sie *erschließt erlebbare Wirklichkeit auf eigene Weise*. Und gerade diese selbständige Sprache und Wirkung der Kunst ist für die Kommunikation des christlichen Wirklichkeitsverständnisses alles andere als irrelevant. Die Kunst kann Fragen stellen, auf die die Verkündigung sich als Antwort versteht. Sie kann ein Welt-, Menschen-, Lebens- oder Naturverständnis artikulieren, das die Verkündigung als Widerspruch und Herausforderung empfinden muß. In beiden Fällen bietet sich die Kunst als Kommunikationspartner der Kirche an. Sie kann aber auch Sachverhalte, lebensweltliche Strukturen und menschliche Erfahrungen in den Blick rükken, an deren Wahrnehmung auch der kirchlichen Verkündigung gelegen sein muß, weil sie sich mit Elementen des christlichen Wirklichkeits-

---

[113] Grundlegend hierfür E. Herms: Die Sprache der Bilder und die Kirche des Wortes, in ders.: Offenbarung und Glaube, Tübingen 1992, 221-245.

verständnisses decken. Eine solche Konvergenz ist nun gerade für das Verhältnis von christlicher Verkündigung und zeitgenössischer Kunst festzustellen:

Sie ergibt sich vor allem aus dem, *was* moderne Kunst überwiegend darstellt und zum Ausdruck bringt. Sie weiß sich i. d. R. nicht mehr einem klassischen Schönheitsideal verpflichtet, dessen Widerschein sie in der erfahrbaren Wirklichkeit findet oder das sie, wenn die Realität sich als Enttäuschung erweist, in Visionen oder in einer ästhetischen Welt oberhalb des tatsächlichen Lebens zu fassen versucht. Sie weiß sich auch nicht mehr im Dienste eines, etwa kantianisch formulierten, Sittlichkeitsideals. Auch Natur und Landschaft sind keine bevorzugten Gegenstände mehr, jedenfalls nicht deren Schönheit, Pracht und Erhabenheit. Wo etwa noch Idyllisches dargestellt wird, wo Happyend-Geschichten geschrieben werden, wo einfach Wohlklang produziert wird, da erscheint es uns in den meisten Fällen als Kitsch, als Zugeständnis an billigen Geschmack und Sentimentalität, vielleicht als eine Art Gebrauchskunst, aber nicht als wirklich zeitgemäße Kunst. Diese hat es vielmehr in der Darstellung der bedrückenden Aspekte des Daseins zur Meisterschaft gebracht. Die Darstellung des schönen, des gelingenden Lebens, einzelner Momente des Glücks fällt natürlich nicht einfach aus, sie wirkt aber auf den Rezipienten sehr häufig nur in der Bezogenheit auf ihren mächtigen Kontrapunkt. Der bevorzugte „Gegenstand" zeitgenössischer Kunst, sofern es sich überhaupt um gegenständliche Kunst handelt, ist: das Leiden von Mensch und Kreatur, das Deformierte, das beschädigte und geschundene Leben, das Unrecht, das Sinnlose und Absurde, Not und Verzweiflung, Gewalt und Zerstörung, Mühe, Angst, Ratlosigkeit und Zerrissenheit. Diese Thematik – nicht nur der bildenden Kunst, sondern auch des Romans, der Lyrik und des Dramas, auch der Tonkunst[114] – ist nun aber auch dem christlichen Glauben gemäß, der die dunklen Aspekte des Lebens, Sünde, Leid und Tod nicht ausblendet oder verharmlost. Die moderne Kunst koinzidiert also weithin mit dem *Realismus*, der dem christlichen Wirklichkeitsverständnis als solchem eigen ist, und gibt diesem Realismus eine zeitgemäße und pointierte Sprache. Die Kirche tut gut daran, diese

---

[114] Die Zerrissenheit, Fragwürdigkeit, Absurdität, auf die die Kunst verweist, spiegelt sich auch in formalen Gestaltungsprinzipien, etwa in der Brechung von Perspektiven, der Zerlegung eines Sujets in Einzelelemente, in der Art, wie das verwendete Material zur Geltung gebracht wird, oder in dem Experimentieren mit Klangmöglichkeiten. Realismus in der Kunst ist nicht an eine realistische Darstellungsweise gebunden.

eindringliche Sprache in die Kommunikation des christlichen Wirklichkeitsverständnisses einzubeziehen.

Die Notwendigkeit solcher Einbeziehung ist im Falle der bildenden Kunst besonders evident. Die christliche Verkündigung wendet sich stets an die *erinnerte Erfahrung* des Zeitgenossen. Diese hat ihr Medium in bildhaften Vorstellungen, meistens Szenen aus der eigenen Biographie. Aber auch die Wahrnehmung der umgebenden Welt schlägt sich in Erinnerungsbildern nieder, die ebenfalls das Gefühlsleben affizieren. Hier ist es nun von großer Bedeutung, daß der heutige Mensch durch die audiovisuellen Medien geradezu mit Bildern überschwemmt wird. Um so mehr ist er darauf angewiesen, daß seine im Übermaß angereicherte Vorstellungswelt durch wenige *signifikante Bilder* fokussiert und strukturiert wird. Diese Funktion kann und will – jedenfalls zu einem Teil – die bildende Kunst übernehmen; und darauf kann sich wiederum die christliche Verkündigung mit der ihr eigenen Bilderwelt beziehen.

Ein weiterer Konvergenzpunkt zwischen Kirche und Kunst ist die *Würde und Wertschätzung des Individuellen*. Auch die sogenannte abstrakte Kunst verliert sich nicht einfach im Allgemeinen. Auch eine Kunst, die sich bewußt nicht engagiert, die nicht Partei ergreifen will und keine „Botschaft" hat, bleibt meistens doch ihrem je eigenen Sujet zugewendet. Die Mehrzahl der Künstler jedoch würde ihre Kunst nicht als „interesselos" verstehen. Sie teilt bestimmte allgemeine Vorstellungen von Humanität, Menschenwürde und Selbstwert der Schöpfung bzw. Natur und abstrahiert die Kunst nicht von diesem Kontext, erwartet solche Abstraktionen also auch nicht vom Rezipienten. Ein Roman stellt in der Regel charakteristische Züge einer Epoche, einer bestimmten Gesellschaft, eines soziokulturellen Milieus im Spiegel des Schicksals einzelner Personen dar; Geschichte wird aus der Perspektive des sie erleidenden oder auch mitgestaltenden Individuums reflektiert. Daher erwartet man auch mit Recht, daß die Figuren eines Romans oder einer Erzählung, trotz aller dem Autor zugestandenen Gestaltungsfreiheit – er darf typisieren und sogar maßlos übertreiben –, lebendige Personen sein sollen, deren Empfinden, Agieren und Reagieren vom Leser nachvollzogen werden können.

Dieser anteilnehmenden Konzentration der Kunst auf das Individuelle, das als solches aber gerade nicht von seinen sozialen Bezügen isoliert werden kann, entspricht die dem christlichen Glauben eigene engagierte Zuwendung zur konkreten, sinnlich erfahrbaren sozialen und persönlichen Wirklichkeit. Die Dramatik des je individuell und zugleich in Beziehungen gelebten Lebens wird vom christlichen Glauben nicht verharmlost, sondern eher noch radikalisiert. Die christliche Verkündigung identifiziert sie als den Ort, an dem der Mensch seiner wahren Bestimmung entspricht oder sie verfehlt, weil er *in* seiner Beziehung zu sich selbst, zu anderen und zur außermenschlichen Schöpfung zugleich seine Gottesbeziehung lebt. Das Gewahrsein dieses Zugleich läßt die Dramatik des konkreten Lebens zwar anders erleben, gibt auch andere Möglichkeiten ihrer Bewältigung an die Hand, entschärft oder vergleichgültigt sie aber gerade dadurch nicht. Denn Gott selber ist seiner Schöpfung in Liebe und Treue zugewandt, er will nicht jenseits der Schöpfung gefunden werden, sondern in ihr, und er verfolgt seine Ziele in und an ihr mit Hilfe der Gemeinde, die ihm dient. So ist auch gerade die Fülle der Schöpfung, der Reichtum der Varianten, das je einzelne Unverwechselbare Spiegel der Schöpfungsmacht und der Doxa Gottes.[115] Vor allem aber: Gott hat sich in der Geschichte offenbart; das Wort, das am Anfang war und durch das alle Dinge geschaffen wurden, ist Fleisch geworden. Die Liebe Gottes zum je einzelnen Menschen in seiner physischen, sozialen und psychischen Situation hat in der Person und in der Praxis Jesu anschauliche Gestalt gewonnen. So ist auch der Einzelne Gegenstand der Fürsorge der Kirche: in Verkündigung, Seelsorge und Diakonie.

Der hier benannte Berührungspunkt besteht also darin, daß auf beiden Seiten, der Kunst und der Kirche, vom Konkret-Individuellen nicht abstrahiert wird, sondern – mit Tillich formuliert – Essenz und Existenz beständig aufeinander bezogen werden.[116] Man kann mit aller Vorsicht von einer Strukturanalogie sprechen: Wie die Kunst die allgemeinen Züge der conditio humana am Individuellen, am Einzelschicksal etwa, anschaulich macht, so interpretiert die christliche Verkündigung die je konkrete Existenz im Lichte der Grundbestimmungen christlich-biblischer Anthropologie, und zwar im Blick auf die ursprüngliche Bestimmung des Menschen, auf seine Verfehlung dieser Bestimmung einschließlich der Folgen dieser Verfehlung und auf die ihm durch Christus ermöglichte Wiedergewinnung eines bestimmungsgemäßen Lebens. Durch solche Verbindung des Allgemeinen mit dem Besonderen, des Essentiellen mit dem Existentiellen, der so oder so verstandenen conditio humana mit dem individuellen Schicksal vollbringen Kunst und christliche Verkündigung eine analoge synthetische Leistung.

Schließlich lassen sich auch künstlerische und religiöse *Kommunikation* miteinander vergleichen. Die künstlerische Produktion ist nicht nur Ausdruck eines künstlerischen Subjekts, und die Darstellung des christlichen

---

[115] Vgl. hiermit die Reflexion des Paulus über die verschiedenen Arten von Leib, Fleisch und Glanz (1. Kor 15, 35ff), die ihm ein Hinweis darauf zu sein scheinen, daß die Möglichkeiten Gottes mit dem Ende des irdischen Lebens nicht erschöpft sind.

[116] Vgl. P. Tillich: Existentialanalyse und religiöse Symbole, GW V, 223-236.

Wirklichkeitsverständnisses ist nicht nur Ausdruck eines christlich-frommen Gemüts. Beides ist zugleich auf *Mitteilung* angelegt. Und in beiden Fällen handelt es sich um Mitteilung von Erlebtem; ein Inneres wird veräußerlicht, um wiederum verinnerlicht zu werden. Dem Adressaten wird dabei jeweils *Freiheit* gelassen. Denn es geht nicht einfach um die Weitergabe von Information, die man so aufnehmen soll, wie sie „gesendet" wird, und die man allenfalls hinsichtlich ihrer Richtigkeit bezweifeln kann. Die künstlerische Mitteilung wendet sich an das ästhetische Urteilsvermögen des Rezipienten und, sofern sie so etwas wie eine Botschaft oder eine eigentümliche Sicht der Wirklichkeit enthält, auch an sein moralisches Empfinden und an seine religiös-weltanschauliche Einstellung; sie setzt damit einen Rezeptionsprozeß in Gang, in welchem u.U. auch Entscheidungen zu treffen sind. Ähnlich verhält es sich bei der religiösen Mitteilung. Daß sie als Darstellung eines Wirklichkeitsverständnisses Entscheidungen provozieren will, und zwar ethisch relevante Entscheidungen, steht außer Frage. Aber auch ästhetisches Urteilsvermögen wird bei der religiösen Mitteilung in Anspruch genommen. Sofern die Predigt das, was sie zu sagen hat, nicht im Medium des Appells vorträgt, sondern die vita christiana mit ihren befreienden Möglichkeiten deskriptiv vergegenwärtigt, setzt sie auch auf die Leuchtkraft dieses Bildes.[117] Und das Gotteslob, das die Predigt ermöglichen will und das im Gottesdienst zum Ausdruck kommt, impliziert allemal die ästhetische Wahrnehmung der Schöpfung, die gerade in ihrer Vielfalt ein Spiegel von Gottes Doxa ist. Es ist nicht zuletzt diese analoge Mitteilungsstruktur, die Kunst und Kirche zu Partnern macht und aufeinander verweist.

c) Diese analoge Mitteilungsstruktur ermöglicht aber auch eine *Verkündigung durch Kunst*, also jene direkte Indienstnahme der Kunst durch die Kirche, auf die eingangs verwiesen wurde. Es ist bekannt, daß alle Kunst ursprünglich mit dem Kultus verbunden war und sich erst später verselbständigt hat.

Die biblischen Schriftsteller bedienten sich der Kunst bzw. bestimmter Gattungen der *Poesie* und *Epik*, ohne überhaupt einen unserem Kunstbegriff vergleichbaren Terminus zu kennen: in Psalmen, Novellen, Parabeln[118],

---

[117] Zu den Möglichkeiten der deskriptiv verfahrenden Predigt vgl. R. Preul: Luther und die Praktische Theologie. Beiträge zum kirchlichen Handeln in der Gegenwart, Marburg 1989, 84-112.

[118] Daß die Parabeln Jesu als vollendete sprachliche Kunstwerke gelten dürfen, zeigt die Analyse des narrativen Gefüges dieser Erzählungen. Vgl. dazu bes. W. Harnisch: Die Gleichniserzählungen Jesu. Eine hermeneutische Einführung, Göttingen 1985.

Hymnen[119] etc. Die christliche Predigt ist zu allen Zeiten ihrer Geschichte durch begnadete Redner zu kunstmäßiger Vollendung gebracht worden. Dabei hat man sich seit der Alten Kirche an Regeln der *Rhetorik*, insbesondere an Quintilian, orientiert. Die Beziehung der Predigt zur Rhetorik ist aber auch als ein problemreiches Verhältnis reflektiert worden.[120] Immer wieder sind verschiedene literarische Gattungen, besonders der Roman[121], in den Dienst christlichen Verkündigungs- und Erziehungswillens gestellt worden.

Eine große Bedeutung haben dann in der Kirche, besonders der des Ostens, die *Bilder* erlangt. Allerdings waren die Bilder auch immer wieder umstritten. Die Ikonoklasten im byzantinischen Bilderstreit (726-843) beriefen sich natürlich auf das alttestamentliche Bilderverbot (Dt 4, 15ff) und argumentierten, daß die Person Christi wegen ihrer göttlichen Natur nicht dargestellt werden könne und dürfe.[122] Luther äußerte sich differenzierter zur Bilderfrage; er lehnte die mittelalterliche Bilderverehrung ebenso ab wie den Bildersturm. Seine Gesamtausgabe der deutschen Bibel ließ er durch Lukas Cranach d.Ä. reich bebildern. Auch sprach Luther so eindringlich von dem Bilde Christi, das uns in der Schrift entgegentritt und das der Christ „ins Leben ziehen" soll[123], daß es widersinnig wäre, wenn man Christus und

---

[119] A. Grözinger (op.cit., 2ff) macht darauf aufmerksam, daß das älteste Bekenntnis Israels (Exodus 15, 21) ein Lied war.

[120] Dazu H. M. Müller: Homiletik. Eine evangelische Predigtlehre, Berlin 1995, 261ff. Zu rhetorischen Einzelproblemen heutiger Predigt sei exemplarisch verwiesen auf M. Josuttis: Rhetorik und Theologie in der Predigtarbeit, München 1985.

[121] Vgl. dazu die sorgfältige Studie von M. Heesch: Ein Erzieher als Erzähler. Richard Kabischs Roman „Gottes Heimkehr" als exemplarischer Versuch der ästhetischen Grundlegung religiöser Erziehung, PT 32/1957, 10-29. Heesch zeigt am Beispiel Kabischs, wie der literarische Realismus jene Elemente unmittelbar gelebter Religion zu erfassen in der Lage ist, die der wissenschaftlich-begrifflichen Nachkonstruktion entzogen bleiben.

[122] Dazu immer noch sehr aufschlußreich: H. von Campenhausen: Die Bilderfrage als theologisches Problem der alten Kirche, in ders.: Tradition und Leben. Kräfte der Kirchengeschichte, Tübingen 1960, 216-252.

[123] Wie hoch Luther die Macht bildhafter Darstellungen einschätzte, läßt sich exemplarisch studieren an dem „Sermon von der Betrachtung des heiligen Leidens Christi" (WA 2, 136ff) sowie an dem ebenfalls 1519 entstandenen „Sermon von der Bereitung zum Sterben" (WA 2, 680ff).

seine Passion nicht auch durch die bildende Kunst darstellen würde.[124] Die reformierten Kirchen haben sich demgegenüber auf eine strengere Beachtung des biblischen Bilderverbotes verpflichtet und gemäß dem Grundsatz „finitum non capax infiniti" auf der Nichtdarstellbarkeit des Göttlichen bestanden.

Die Indienstnahme der *Musik* durch die Kirche war von weniger Problemen belastet als das Verhältnis zur bildenden Kunst. Unter den herausragenden Gestalten der Kirchengeschichte wollte eigentlich nur Zwingli die Musik aus dem Leben der Kirche heraushalten. Die Kirche des Frühmittelalters und der Karolingerzeit schuf sich im Gregorianischen Choral einen eigenen musikalischen Ausdruck, bei welchem die Melodieführung ganz im Dienste des Wortes steht.[125] Diese Treue zum biblischen Text ließ auch Luther am Gregorianischen Choral festhalten; er verwarf nur einzelne mit der Rechtfertigung sola fide nicht vereinbare Gesänge. Vor allem aber haben Luthers Hochschätzung der Musik[126], der er den zweiten Rang hinter der Theologie gibt, und seine eigene Lieddichtung, die auch zur Entstehung der ersten evangelischen Gemeindegesangbücher führte[127], Entwicklungsimpulse gegeben, die in der klassischen Periode protestantischer Kirchenmusik (H. Schütz, D. Buxtehude, J. S. Bach) zu voller Auswirkung kamen.

> Luther schätzt die Musik deshalb so hoch ein, weil sie den Menschen
> auf derjenigen Ebene anspricht, auf der auch die anthropologischen
> Grundentscheidungen fallen: Die Musik ist „domina et gubernatrix

---

[124] Zu Luthers Verhältnis zur bildenden Kunst vgl. H. Belting: Bild und Kunst. Eine Geschichte des Bildes vor dem Zeitalter der Kunst, München 1990, 510-523 und P. Poscharsky: Luther und die Bilderwelt des Spätmittelalters, in: Kirche und Kunst 1996, H. 2, 22ff; ders.: Martin Luther und Lukas Cranach, ebd. 25ff.

[125] „Gregorianischer Choral ist einstimmiger, diatonischer und frei rhythmischer Gesang, der für die Liturgie des Römischen Ritus entstanden ist. Als gesungenes Wort stellt er die musikalische Ausformung des lateinischen Textes der Liturgie dar und ist so Bestandteil der liturgischen Handlung." So die Definition von B. Höcker: Lateinische Gregorianik im Lutherischen Gottesdienst? St. Ottilien 1994, 17. Grundlegend für das Verständnis des Gregorianischen Chorals: L. Agustoni/ J. B. Göschl: Einführung in die Interpretation des Gregorianischen Chorals, 2 Bde., Regensburg 1987, 1992.

[126] Zu Luthers Musikverständnis vgl. immer noch O. Söhngen: Theologie der Musik, Kassel 1967, 80-112.

[127] Richtungweisend waren vor allem das Klugsche und das Babstsche Gesangbuch (1529 u. 1545).

affectuum humanorum".[128] Es ist die der willentlichen Beeinflussung
entzogene Ausrichtung des „Herzens", die festlegt, welche Handlungsziele sich der Wille des Menschen setzten kann. Indem die Musik,
insbesondere – aber nicht nur – die mit der Verkündigung geeinte
Musik, den Menschen in diesem personalen Zentrum affiziert, kann sie
Wirkungen hervorbringen, die denen des Wortes Gottes ähnlich sind.
So rühmt Luther die seelsorgerliche, versittlichende und propädeutische,
für das Wort Gottes empfänglich machende, Funktion der Musik: Sie
„macht die Seelen fröhlich", „verjagt den Teufel" und „weckt unschul-
dige Freude", in welcher die Zorneswallungen, die Begierden und der
Hochmut des Menschen vergehen.[129] Die Musik gilt Luther als eine
Schöpfung Gottes, nicht der Menschen, denn sie ist mit der Schöpfung
der natürlichen Welt als solcher schon gegeben.[130] Die bildende Kunst
dagegen ist allein Werk des Menschen; auch verführt sie zum Götzendienst, während Luther eine entsprechende Anfälligkeit der Musik
nicht zu kennen scheint. Die mit den Augen wahrgenommenen Wun-
der seien denen, die uns über das Gehör erreichen, unterlegen.[131]

Auch wenn man Luthers Höherschätzung der Musik im Vergleich zu anderen Künsten nicht folgen mag, so läßt sich doch feststellen, daß die verschiedenen Konfessionen und Kirchen sich durch ihre Kirchenmusik – durch
Orgel- und Instrumentalmusik, Chormusik, Oratorien, Messen, Kantaten
und Motetten – ein je spezifisches und vermutlich noch wirksameres Mittel
der Identitätsdarstellung im Kultus geschaffen haben als durch die kirchlich
inspirierte bildende Kunst. Der Gottesdienst der großen christlichen Kirchen ist auch an der in ihnen vorzugsweise gepflegten Musik bzw. musika-

---

[128] WA 50, 371.
[129] So in der Skizze „Peri tes musikes" von 1530, WA 30/II, 669. Luther hat diese
Gedanken auch in Gedichtform („Frau Musika") gebracht.
[130] WA 50, 368f.
[131] „Ocularia miracula longe minora sunt quam auricularia"; WA 44, 352. Fragt man
nach möglichen Begründungen für diese auf den ersten Blick willkürlich erscheinende Ansicht Luthers, so käme in Betracht: a) die besondere musikalische
Begabung Luthers, die ihn, wie so oft bei Künstlern zu beobachten, zur Über-
schätzung der eigenen Kunst führt; b) die Vorstellung von der klingenden Schöpfung, die sich bei Luther finden läßt; c) eine Ausdeutung des Satzes „fides ex
auditu" auf das Verhältnis der Sinne und Künste; d) die Luther vertraute Erfahrung der nahezu unwiderstehlichen Wirkungen der Musik auf das Gemüt; e)
Überlegungen über eine möglicherweise größere koinästhetische Kraft von Klang-
gebilden im Vergleich zu visuell wahrgenommenen Gebilden.

lischen Tradition erkennbar, man denke nur beispielsweise an die Bedeutung des Chors (bei gleichzeitiger Fernhaltung jeglicher Instrumentalmusik) in den orthodoxen Liturgien.

Daß und wie nicht zuletzt die *Baukunst* in den Dienst des christlichen Kultus gestellt wurde, braucht hier nicht dargestellt zu werden. Es sei nur daran erinnert, daß etwa der Kunsthistoriker Hans Sedlmayr in der gotischen Kathedrale die Vollendung der Kunst überhaupt erblickte[132], wenn auch auf der Grundlage einer nicht unbestrittenen ästhetischen Theorie. – Aus all diesen Berührungspunkten und Überschneidungen zwischen Kirche und Kunst ergibt sich, daß die Kirche Kunst aller Gattungen und Stilrichtungen nicht nur in den Dienst christlich-religiöser Kommunikation stellen darf und muß, sondern daß sie die Kunst auch ihre eigenen Wege gehen lassen, also auf Domestikationsversuche verzichten kann, um in ihr einen unentbehrlichen Partner und ein kritisches Gegenüber zu haben. Das gilt auch im Blick auf den bekannten Sachverhalt, daß die Kunst nicht selten selbst zur Religion bzw. zum Religionsersatz erklärt worden ist. In jedem Falle wirft die Kunst Fragen auf, die auf einer Ebene liegen, auf der auch die kirchliche Verkündigung spricht; und in jedem Fall bedient sie sich ästhetischer Darstellungsmittel, die auch für die religiöse Kommunikation unentbehrlich sind. Der Beitrag der Kirche zur Kunst besteht darin, daß sie einen Dialog mit ihr führt, der für beide Seiten inspirierend sein kann.

---

[132] Vgl. H. Sedlmayr: Die Entstehung der Kathedrale, Zürich 1950.

# § 12 Kirche und Politik

Die Kirche ist bereits durch ihre bloße Existenz als Institution in der modernen Gesellschaft ein politischer Faktor. Denn der Staat, das eigentliche Subjekt politischen Handelns, muß sich zu dieser Institution, wie zu allen gesellschaftlichen Institutionen und Organisationen, verhalten, was zunächst einmal heißt, daß er sich zu ihr in ein rechtlich geregeltes Verhältnis setzen muß. Er tut das, indem er ihr und anderen „Religionsgesellschaften" den Status einer „Körperschaft des öffentlichen Rechts" zuerkennt, die „ihre Angelegenheiten selbständig innerhalb der Schranken des für alle geltenden Gesetzes" regelt und ihre Ämter „ohne Mitwirkung des Staates und der bürgerlichen Gemeinde" besetzt.[1] Zu dieser Regelung des rechtlichen Verhältnisses gehört weiter, daß der Staat – sowohl der Bund wie die einzelnen Bundesländer – der Kirche bestimmte Rechte einräumt und Verträge mit ihr schließt. Das gilt etwa für den Bereich der Militärseelsorge, für die Arbeit der Erhebung und des Einzugs von Kirchensteuern und für die staatliche Garantie der Erhaltung Theologischer Fakultäten, wie sie, wenn auch nicht in allen Bundesländern, durch Staats-Kirchen-Verträge festgeschrieben ist. Auch die Bestimmung des Grundgesetzes (Art. 7.3), daß der Religionsunterricht „ordentliches Lehrfach" in öffentlichen Schulen ist und daß dieser Unterricht „in Übereinstimmung mit den Grundsätzen der Religionsgemeinschaften" zu erteilen ist, räumt der Kirche ein Mitspracherecht ein, das als solches noch nicht aus dem Status einer Körperschaft öffentlichen Rechts folgt, sondern den Charakter einer zusätzlichen Vereinbarung hat. Entsprechendes gilt für zahlreiche Einrichtungen der Diakonie und des kirchlichen Bildungswesens, die von der öffentlichen Hand subventioniert werden. Die durch den Satz „Es besteht keine Staatskirche" (Art. 140 GG = Art. 137.1 Weimarer Verfassung) ausgesprochene institutionelle Trennung von Kirche und Staat schließt gerade die Praktizierung und den Ausbau wie

---

[1]  So in Art. 140 GG (=Art. 137 Weimarer Verfassung). Auf die ganz unterschiedliche Regelung der Rechtsverhältnisse zwischen Staat und Kirche in anderen Ländern braucht hier nicht eingegangen zu werden. Vgl. dazu außer den einschlägigen Artikeln im „Staatslexikon" und in der TRE (3. Aufl.) P. Leisching: Kirche und Staat in den Rechtsordnungen Europas. Ein Überblick, Freiburg i.Br. 1973 und A.W. Ziegler: Das Verhältnis von Kirche und Staat in Europa, München 1972.

Umbau eines kooperativen Modells nicht aus, sondern ermöglicht dieses gerade erst.

Die Kirche ist nun aber auch und vor allem dadurch ein ernstzunehmender politischer Faktor, daß sie immer wieder zu politischen Fragen – auch zu solchen, die ihr institutionelles Verhältnis zum Staat nicht unmittelbar tangieren – öffentlich Stellung nimmt. Durch Denkschriften, Memoranden, öffentliche Verlautbarungen von Bischöfen und Kirchenpräsidenten, durch Synodenworte, aber auch durch die politische Predigt einzelner Pfarrer beteiligt sie sich an der öffentlichen Debatte über Fragen von gesamtgesellschaftlichem Belang: Fragen der Außen- und Militärpolitik, der Sozial-, Kultur-, Umwelt- und Bildungspolitik, des Rechts und der inneren Sicherheit. Inwiefern die Kirche durch solche Verlautbarungen einen Beitrag zur formalen Argumentationskultur und zur allgemeinen Urteilsbildung leisten kann, wurde bereits an früherer Stelle zu zeigen versucht[2]; es kommt sehr darauf an, daß sie die dort entwickelten Argumentationsregeln auch in ihren eigenen Veröffentlichungen beachtet. In diesem Kapitel geht es nun um das, was die Kirche *inhaltlich* als eigenes Votum zu politischen Fragen verschiedener Art beizutragen hat. Gegenstand ist die Kirche in ihrer Rolle als Teilnehmer am öffentlichen Diskurs, sofern sie etwas Eigenes zu sagen hat und dadurch die Politik eines demokratischen Gemeinwesens zu beeinflussen sucht.

Dazu muß zunächst ein Blick auf die faktische Situation der Kirche in der modernen Gesellschaft geworfen werden (I). Es folgen dann Überlegungen zum sogenannten Wächteramt der Kirche (II). Die Überlegungen zur politischen Funktion der Kirche sollen schließlich auf jene weltpolitischen Aufgaben angewendet werden, die jeden verantwortungsbewußten Zeitgenossen angehen und die nur in einem übernationalen Rahmen gelöst werden können, die sogenannten Überlebensprobleme (III).

## I. Die politische Situation der Kirche in der modernen Gesellschaft

Die Frage nach den politischen Handlungsmöglichkeiten der Kirche unter gegenwärtigen Bedingungen wirft zwei Probleme auf: Was heißt überhaupt „politisches Handeln" (1)? Danach ist nach der spezifischen Handlungsposition der Kirche im politischen Kräftespiel der Gegenwart zu fragen (2).

---

[2] S.o. § 11, II.

## 1. Zum Begriff politisches Handeln/Politik

Wir können an unseren Ausführungen zum Stichwort Kirchenpolitik anknüpfen und definieren dementsprechend: *Politisches Handeln im eigentlichen Sinne ist ein solches Handeln, daß die Handlungsmöglichkeiten und
Handlungserwartungen von Individuen, Gruppen, Verbänden und Institutionen innerhalb eines Gemeinwesens größerer oder kleinerer Art auf eine für alle
verbindliche Weise regelt.*[3] Von diesem engeren und spezifischen Politikbegriff ist ein weiteres, umgangssprachlich geläufiges Begriffsverständnis[4] zu
unterscheiden: Politisches Handeln im weiteren Wortsinn ist ein solches
Handeln, welches das regelnde Handeln – im Sinne des engeren und spezifischen Begriffs – zu beeinflussen versucht. Dabei kann diese Beeinflussung
sich unterschiedlichster Mittel bedienen, vom vernünftigen Argument über
propagandistische Aktionen, Demonstrationen, Lobbyismus und Kampa-
gnen bis hin zu Pressionen, Drohungen, Privilegien und Bestechungsversu-
chen. Im demokratischen Rechtsstaat sind nur die argumentative Beeinflussung und die gewaltfreie Willensbekundung (einschließlich des Streiks)
legitime Formen des politischen Handelns im weiteren Sinne. Die im vorigen Paragraphen eingeführte Unterscheidung zwischen Entscheidungs- und
Kommunikationssystemen[5] ist grundlegend auch für die Differenz zwischen

---

[3]  Zur Geschichte und Vielfalt des Politikbegriffs sei verwiesen auf die Artikel
„Politik" (Chr. Meier/P.-L. Weinacht/E. Vollrath) und „Politisch, das Politische"
(E. Vollrath) im HWPh, Bd. 7, Darmstadt 1989, 1038-1075. Die eigene Definition kommt der Auffassung von H. Heller (Der Sinn der Politik, Ges.Schr., Bd.
1, Tübingen 1971) nahe, leitet sich aber im übrigen aus der in § 7, II, 1
dargestellten Institutionentheorie her.

[4]  Es liegt z.B. regelmäßig zugrunde, wenn von politischem Engagement die Rede
ist.

[5]  S.o. § 11, II. Diese Differenz zwischen Entscheidungs- und Kommunikationssystemen, der hier der Unterschied zwischen politischem Handeln im eigentlichen
und im weiteren Wortsinn korrespondiert, ist übrigens auch eine Bedingung
dafür, daß in einer parlamentarischen Demokratie auch von einem „freiheitli-
chen" Rechtsstaat die Rede sein kann. Befürworter einer stärker basisdemokratischen oder plebiszitären Staatsform argumentieren ja häufig, daß der Satz
„Alle Macht geht vom Volke aus" de facto nur bedeute, daß der Einzelne alle vier
Jahre einer Partei seine Stimme geben dürfe; in Wirklichkeit könne er nicht
politisch handeln. Das Argument beachtet nicht, daß die Möglichkeit einer
Mitwirkung an politischer Willensbildung via Kommunikation gegeben ist, sofern eben vom Staat nicht reglementierte Kommunikationssysteme, d.h. im
wesentlichen: Presse- und Versammlungsfreiheit, bestehen.

politischem Handeln im engeren und im weiteren Sinne. Das regelnde
Handeln, das eine bestimmte Art von Entscheidung darstellt und nach
einem dementsprechenden distinkten Entscheidungssystem verlangt, wird
primär durch Kommunikation und ihre Systeme beeinflußt; es ist Gegenstand eines kommunikativen Handelns, an dem auch die Kirche als ein
Kommunikationssystem in der Gesellschaft neben anderen Kommunikationssystemen sich beteiligt.

Das politische Handeln im engeren und strikten Sinne kann jedoch nur
dann sachgemäß beeinflußt werden, wenn dessen Eigenart und spezifische
Zielsetzung beachtet werden. Deshalb ist zunächst eine Erläuterung der
oben gegebenen Definition des politischen Handelns erforderlich.

a) Das politische Handeln bestimmt die Handlungsmöglichkeiten und
Handlungserwartungen von Individuen, Gruppen, Verbänden und Institutionen; es ist also ein *Handeln, das sich auf Handeln bezieht*. Es ist nicht
Selbstzweck, sondern dient dazu, den individuellen und korporativen
Handlungssubjekten in der Gesellschaft zu ihren je eigenen Handlungs-
möglichkeiten zu verhelfen. Diese verschiedenen Handlungssubjekte treten
in den unterschiedlichen Leistungsbereichen in Erscheinung, die es in jeder
Gesellschaft als Bedingung ihrer Lebensfähigkeit geben muß[6] und die in der
gegenwärtigen Gesellschaft ein hohes Maß an innerer Differenzierung erreicht haben. Die dienende Beziehung auf all diese unterschiedlichen
Handlungssubjekte begründet einerseits die *Differenziertheit des politischen
Handelns*, die sich in einer Fülle von politischen Organen und einer ausge-
fächerten Bürokratie niederschlägt (so daß im Gegenzug immer wieder eine
„Verschlankung" des Staates gefordert werden muß), sie bedeutet aber andererseits zugleich eine *funktionale Selbstbeschränkung des Staates*.

b) Handlungsmöglichkeiten und -erwartungen auf für alle *verbindliche*
Weise zu regeln heißt, die Ansprüche der Individuen und Gruppen für sich
selbst und gegeneinander in die Form von Rechten und Pflichten zu bringen. Das geschieht durch das Mittel von *Gesetzen und Verordnungen*. Wer
sich an diese Gesetze und Verordnungen nicht hält, verstößt gewöhnlich
auch gegen geltendes Recht. Das Recht wiederum bezieht seine Durchset-
zungskraft aus dem mit Rechtsverstößen verbundenen Sanktionen. Die
Handhabung dieser Sanktionen gehört zu den hoheitlichen Funktionen des
Staates, dem deshalb das *Gewaltmonopol* zukommt. Dieses Monopol des
Staates aufzuheben heißt auch, den Rechtszustand zu beenden. Wo der Staat

---

[6]   Zu diesen Leistungsbereichen und dem ihnen entsprechenden Spektrum von
      Institutionen s.o. § 7, II, 1, c.

es zwar beansprucht, aber nicht durchsetzen kann – indem er etwa der Mafia
nicht Herr wird –, da herrscht trotz formaler Gleichheit aller Bürger vor dem
Gesetz doch ein Zustand der Rechtsunsicherheit, da das Recht keinen wirksamen Schutz mehr darstellt. Der Politikbegriff impliziert somit die für jedes
Staatswesen konstitutive Differenz zwischen Regierung und Regierten. Diese Differenz gilt auch dann, wenn, wie es das Grundgesetz der BRD festschreibt, „alle Staatsgewalt vom Volke ausgeht".[7]

c) Politisches Handeln bezieht sich auf die Handlungsspielräume und
gegenseitigen Handlungserwartungen *innerhalb eines größeren oder kleineren
Gemeinwesens*. Es ist daher ein Handeln für alle, die durch ein gemeinsames
Recht gebunden sind. Das gilt sowohl für das Handeln einer Regierung, das
nach innen gerichtet ist, also Regelungen für die eigenen Bürger schafft, als
auch für ihr Handeln nach außen, sofern beispielsweise Verträge mit anderen Staaten ausgehandelt oder militärische Aktionen gegen einen äußeren
Störenfried beschlossen werden. In föderal verfaßten Staaten wie der Bundesrepublik gibt es zugleich kleinere Gemeinwesen, die ebenfalls Regierungen bilden, und innerhalb dieser kleineren politischen Gebilde noch einmal
Kommunen, die sich selbst verwalten. Politisches Handeln gestaltet sich
daher auf drei sich überlagernden Ebenen, so daß der einzelne Bürger
gleichsam mit drei Arten obrigkeitlicher Instanzen zurechtkommen muß.
Politisches Handeln in föderalen Staaten kann daher nur gelingen, wenn
einerseits zwischen den drei Rechts- und Regelungsebenen ein klares Abhängigkeitsverhältnis herrscht – dem entspricht der Grundsatz „Bundesrecht
bricht Landesrecht"[8] – und wenn andererseits die Regelungskompetenzen so
aufgeteilt sind, daß nach Möglichkeit keine Kompetenzüberschneidung stattfindet – dem entspricht etwa, daß den Bundesländern die Kulturhoheit
vorbehalten ist, während Außenpolitik und Verteidigung Sache der Bundes-
regierung sind.

d) Daß politisches Handeln dem Handeln der Individuen und der gesellschaftlichen Kräfte innerhalb der verschiedenen gesellschaftlichen Leistungsbereiche dient, bedeutet, daß den gesellschaftlichen individuellen und insti-

---

[7]   Vgl. Art. 20.2 GG. Es ist zu beachten, daß in demselben Artikel 1968 (leider erst
1968!) ein Passus eingeführt wurde, der auch ein Widerstandsrecht grundgesetz-
lich vorsieht: „Gegen jeden, der es unternimmt, diese Ordnung zu beseitigen,
haben alle Deutschen das Recht zum Widerstand, wenn andere Abhilfe nicht
möglich ist."

[8]   Art. 31 GG; vgl. die korrespondierenden positiven Formulierungen in Art. 70-
72.

tutionellen Handlungssubjekten zu ihren je spezifischen Handlungsmöglichkeiten verholfen wird, aber so, daß sie *zum allgemeinen Wohl zusammenwirken.* Dazu müssen die Individuen, Institutionen, Organisationen und Verbände in ein geregeltes Verhältnis zueinander gesetzt werden, was wiederum
nur durch Zugrundelegung einer Vorstellung von *sozialer Gerechtigkeit*
möglich ist. Wie diese aussehen soll und wie sie zu konkretisieren ist, das ist
der beständige Gegenstand politischer Meinungs- und Willensbildung und
daher auch permanenter Gegenstand des politischen Streites. Die Beschuldigung, jemand – die Regierung, die Opposition, eine Partei, ein Interessen-
verband – gefährde den sozialen Frieden, gehört zu den unvermeidlichen
Standardvorwürfen im Zusammenhang politischen Handelns. Beim Austausch solcher Vorwürfe und ihrer Zurückweisung von Seiten der Beschul-
digten wird in der Regel auf bestimmte normative Vorstellungen bezüglich
der Einkommens-, Besitz- und Selbstbestimmungsrechte Bezug genommen,
die als Konsens unterstellt werden: Benachteiligungen und Einbußen müssen ausgeglichen werden, die Differenz zwischen Arm und Reich darf nicht
beständig zunehmen, das Eigentum ist sozialpflichtig etc. Gelegentlich wird
aber auch deutlich, daß die Idee der sozialen Gerechtigkeit, wiewohl im
Bereich der Ökonomie zu verwirklichen, doch nicht schon von der Ökonomie bzw. ihren Repräsentanten selbst zu entwerfen und in bestimmter Weise
zuzuspitzen ist. Jede inhaltliche Vorstellung von sozialer Gerechtigkeit beruht vielmehr letztlich auf weltanschaulich und religiös begründeten Wertvorstellungen. Was soziale Gerechtigkeit ist, versteht sich nicht von selbst.
Die Idee der sozialen Gerechtigkeit, die für jede soziale Ordnung und für die
Relationierung der verschiedenen Handlungssubjekte in einem Gemeinwesen grundlegend ist, ist einer der Punkte, vielleicht der entscheidende Punkt,
an dem der Zusammenhang zwischen politischem Handeln und dem
Religionssystem einer Gesellschaft offenkundig wird.

  e) Wo Macht ist, droht die Gefahr des *Machtmißbrauchs.* Die Inhaber
der Macht nutzen diese dann für sich selbst bzw. für mit ihnen besonders
verbundene gesellschaftliche Kräfte aus. Die Idee der sozialen Gerechtigkeit
wird in solchen Fällen entweder unverhohlen außer Kraft gesetzt und ver-
höhnt oder gruppenegoistisch ausgelegt und entsprechend umgesetzt. Das
qua Regulationsinstrument vorgeordnete politische Handeln dient dann
nicht mehr dem nachgeordneten, regulierten Handeln, sondern sich selbst,
womit der eigentliche Zweck politischen Handelns verfehlt wird. Um dem
Machtmißbrauch vorzubeugen, wurde die Ausübung von Macht in demokratisch verfaßten Gesellschaften vier (bzw. fünf) einschränkenden Bedingungen unterworfen: „Alle Staatsgewalt geht vom Volke aus" (Art. 20.2
GG); Macht ist *delegierte* Macht, die durch freie und geheime Wahl über-

tragen und wieder genommen wird. Die Ausübung von Macht wird *an das Recht gebunden*; alle Gesetze und Beschlüsse müssen grundgesetzkonform sein. Die Gewalt wird *geteilt*, indem sie an ein Instanzengefüge gebunden wird, das von der Verfassung vorgesehen und dessen Zusammenspiel durch Zuschreibung von Kompetenzen und durch einzuhaltende Verfahrensregeln reguliert wird. Die Machtausübung in allen Organen politischen Handelns ist an Legislaturperioden gebunden und damit *zeitlich begrenzt*. Als ein fünftes, aber auf einer anderen Ebene liegendes Beschränkungsmoment kann das Recht der freien Meinungsäußerung und damit *der sanktionsfreien Kritik des politischen Handelns* angesehen werden. Mit diesem Recht, das in Art. 5 GG festgeschrieben ist[9], wird auch dem politischen Handeln im weiteren Sinne Raum gegeben. Es betätigt sich vor allem in verschiedenen Kommunikationssystemen mittels der in ihnen ausgebildeten oder ihnen zugänglichen Medien.

## 2. Die Handlungsposition der Kirche in der modernen Gesellschaft

Aus den voranstehenden Bemerkungen zum Politikbegriff ergibt sich bereits, daß dasjenige politische Handeln der Kirche, von dem in diesem Paragraphen die Rede ist, unter den weiteren Begriff des politischen Handelns fällt. Was dagegen an früherer Stelle[10] im Zusammenhang mit den kirchlichen Leitungsorganen und dem Kirchenrecht als „Kirchenpolitik" im strikten Sinne bestimmt wurde, ist in genauer Analogie mit dem hier explizierten Begriff des politischen Handelns im strikten Sinne zu verstehen; wie auch das kirchenpolitische Handeln in einem weiteren Begriffsverständnis formal dem weiteren Verständnis von politischem Handeln überhaupt entspricht. Wir müssen also das politische Handeln der Kirche, durch welches sie das Handeln des Staates – wie auch das anderer gesellschaftlicher Institutionen – zu beeinflussen versucht, von der Kirchenpolitik im eigentlichen Sinne unterscheiden. Diese ist ein *regelndes Handeln* mit verbindlichen Folgen für alle Kirchenmitglieder; jenes ist ein *kommunikatives* Handeln, das nur dann Wirkungen zeitigt, wenn sich die angesprochenen Handlungspartner in staatlichen und anderen gesellschaftlichen Organen durch das politische Wort der Kirche auch bewegen lassen.

Durch die vollzogene allgemeine Einordnung der Handlungsposition der Kirche in das Feld des politischen Handelns im weiteren Begriffsverständnis

---

[9]  Vgl. auch das Recht der Versammlungsfreiheit, Art. 8 GG.
[10]  S. o. § 9, II, 2.

wird diese Position nun auch auf ein *klares Gegenüber* bezogen: eben das eigentliche politische Handeln, dessen Organe und deren von der Verfassung vorgeschriebenes Zusammenspiel. Dieses Gegenüber muß von der Kirche *als* Gegenüber respektiert werden. Das ergibt sich schon aus denjenigen Einsichten der Zweireichelehre, die unabhängig von der Art der Staatsverfassung dauerhafte Gültigkeit beanspruchen dürfen. Die institutionelle Trennung von Kirche und Staat, wie wir sie hierzulande seit der Weimarer Reichsverfassung haben, erleichtert es, dieses Gegenüber auch tatsächlich zu wahren und die damit gegebenen Möglichkeiten auszuschöpfen. Die vom Staat verwaltungsmäßig unabhängige Kirche kann diesen auch wirksam kritisieren.[11] Diese Kritik kann sich natürlich auch auf die Art, wie das politische System organisiert ist, beziehen. Man darf aber davon ausgehen, daß die Kirche (alle Gliedkirchen der EKD wie der Kirchenbund selber[12]) sich zum demokratischen Verfassungsstaat und seiner konkreten vom Grundgesetz festgelegten Gestalt bekennt.[13] Dasselbe gilt für die Katholische Kirche in der Bundesrepublik Deutschland. Gegenstand kritischer Äußerungen ist daher in der Regel nur das konkrete Handeln der bestehenden politischen Organe, nicht das System als System.

Im Zuge der formalen Ortsbestimmung der Handlungsposition der Kirche ist nun weiter in Rechnung zu stellen, daß dieser Ort *nicht von der Kirche allein* besetzt wird. In einer zunehmend pluralistischen Gesellschaft versteht

---

[11]  Das ist eine der richtigen Einsichten in O. Dibelius' Buch „Das Jahrhundert der Kirche", Berlin 1926. – Der übliche Vorwurf gegen die Kirche, sie habe im 19. Jahrhundert angesichts der sozialen Frage versagt und es nur zu Einzelinitiativen gebracht, übersieht häufig, daß es die organisatorisch selbständige Kirche noch nicht bzw. nur in einem eingeschränkten Sinne gab. Vgl. dazu die übersichtliche Darstellung bei Th. Nipperdey: Religion im Umbruch. Deutschland 1870-1918, München 1988, 84-118.

[12]  Die EKD ist selbst keine Kirche im Sinne einer einzelnen Kirche, sondern ein Bund selbständiger Kirchen mit eigener Regelungkompetenz. Vgl. zur genaueren Verhältnisbestimmung E. Herms: Was heißt es, im Blick auf die EKD von „Kirche" zu sprechen? MJTh VIII, 1996, 83-119. Diese aus theologisch-ekklesiologischen Gründen festzuhaltende Differenz spielt jedoch im folgenden keine Rolle. Wenn von politischen Äußerungen der Evangelischen Kirche die Rede ist, so handelt es sich vorwiegend um Äußerungen, die auf EKD-Ebene erarbeitet wurden und die sich der Rat der EKD zu eigen gemacht hat.

[13]  Das ist expressis verbis erfolgt in der Denkschrift „Evangelische Kirche und freiheitliche Demokratie. Der Staat des Grundgesetzes als Angebot und Aufgabe", Gütersloh 1985.

sich das von selbst; es galt aber auch schon für Epochen, in denen der religiöse, weltanschauliche und kulturelle Pluralismus noch nicht zur Signatur der Gesellschaft gerechnet wurde, obwohl es ihn – wenn auch in weniger ausgeprägter Gestalt – faktisch schon gab.[14] An der öffentlichen Diskussion des politischen Handelns und derjenigen Probleme, die durch dieses Handeln gelöst werden sollen, beteiligen sich auch andere weltanschaulich geprägte Gruppen und Bewegungen, ferner alle Institutionen, die wir als Bildungsinstitution bezeichnet haben, aber nicht zuletzt auch die Vertreter von Institutionen und Organisationen, die in anderen Leistungsbereichen der Gesellschaft angesiedelt sind. Die Stimme der Kirche ist eine unter vielen, und in allen ihren politischen Äußerungen muß sich die Kirche daher nicht nur mit dem jeweils in Rede stehenden Sachproblem, sondern auch mit den diesbezüglichen anderen Stimmen auseinandersetzen.

Bei diesem Konkurrenzverhältnis ist desweiteren aber nicht nur die eventuelle argumentative Überzeugungskraft der anderen Stimmen in Rechnung zu stellen, sondern auch das, was ihnen unabhängig von ihrer diskursiven Plausibilität Gewicht und Durchschlagskraft verleiht. Denn es sind zunächst einmal „harte Fakten" – ökonomische Entwicklungen, institutionelle Abhängigkeiten, Arbeitslosenzahlen, finanzielle Engpässe, der wachsende Unmut von Bevölkerungsgruppen etc. –, auf die das politische Handeln zu reagieren hat. Die Umwelt kirchlicher Äußerungen zu politischen und gesellschaftlichen Fragen ist nicht nur der öffentliche Diskurs mit vielen Teilnehmern, sondern zugleich die realen *Kräfteverhältnisse* und die verschiedenen *Einflußzentren*, die das Geschehen oft gegen bessere Einsicht bestimmen. Die Umgangssprache reflektiert diesen Sachverhalt, wenn sie etwa davon spricht, daß bestimmte Organisationen „Druck machen" und daß die Kirche immer mehr „an den Rand gedrängt" werde.

Wie läßt sich dieses sogenannte reale Kräfteverhältnis näher bestimmen? Will man sich nicht in tagespolitischen Einzelheiten und Oberflächenphänomenen verlieren, dann ist nach den derzeitigen *Interdependenzverhältnissen zwischen den verschiedenen gesellschaftskonstitutiven Funktionsbereichen* zu fragen.

Auf diese Frage geben nun die üblichen Säkularisierungstheorien noch keine hinreichende Antwort. Sie beschreiben nur den fortschreitenden oder auch schon an sein Ende gekommenen Prozeß der „Lösung der *institutio-*

---

[14] Das verkannt zu haben war der Grundirrtum in dem genannten Buch von O. Dibelius.

*nellen* Normen und Werte aus dem Kosmos religiöser Sinngebung"[15] und dessen Pendant: die fortschreitende Privatisierung von Religion im Sinne einer Konzentration der religiösen und kirchlichen Kommunikation auf Themen mit individuellem und existentiellem Zuschnitt.[16] Die Religion wird danach um ihre gesellschaftlich-sozialethische Relevanz gebracht und etabliert sich in den Nischen der von eigengesetzlich funktionierenden Institutionen beherrschten Gesellschaft als ein Mittel persönlicher „Kontingenzbewältigung".[17] Und in dieser Funktion könne der Religion auch durch keinen gesellschaftlichen Fortschritt, durch keine Evolution und keine noch so zweckrationale Differenzierung des Institutionengefüges der Rang streitig gemacht werden.

Auch N. Luhmanns Analyse der neuzeitlichen Umstellung gesellschaftlicher Differenzierung vom Prinzip der stratifikatorischen zum Prinzip der funktionalen Differenzierung führt letzten Endes zu keinem anderen Ergebnis.[18] Die nach Ständen und Sozialschichten gegliederte Gesellschaft des Mittelalters und der frühen Neuzeit wird abgelöst durch das Nebeneinander funktionspezifischer Teilsysteme – der Wirtschaft, der Politik, des Rechts, der Religion, der Wissenschaft, der Erziehung, des Gesundheitswesens –, deren Funktionsweise durch ihren je spezifischen Code bestimmt wird. Dieser die Moderne charakterisierende Prozeß der Ausdifferenzierung in „selbstreferenziell" organisierte, „autopoietische" und gegeneinander verselbständigte Teilsysteme beraubt die Gesellschaft ihrer ideellen Mitte: Das Religionssystem ist ein System neben anderen, das nun nach Auskunft dieser Gesellschaftstheorie nicht mehr in der Lage ist, die Funktion eines alle Lebens- und Handlungsbereiche integrierenden Sinnzentrums wahrzuneh-

---

[15]  So Th. Luckmann: Religion in der modernen Gesellschaft, in: J. Wössner (Hg.): Religion im Umbruch. Soziologische Beiträge zur Situation von Religion und Kirche in der gegenwärtigen Gesellschaft, Stuttgart 1972, 3-15, dort 11.

[16]  Dazu noch einmal Th. Luckmann: Das Problem der Religion in der modernen Gesellschaft, Freiburg i.Br. 1993, bes. 68ff; vgl. auch ders.: Die unsichtbare Religion, Frankfurt a.M. 1991.

[17]  Die entsprechende Theorie dazu findet sich bei H. Lübbe: Religion nach der Aufklärung, Graz/Wien/Köln 1990², 127-218.

[18]  Eine gute Zusammenfassung der Luhmannschen Gesellschaftstheorie bei I. Karle: Seelsorge in der Moderne. Eine Kritik der psychoanalytisch orientierten Seelsorge, Neukirchen-Vluyn 1996, 8-26. Bei Luhmann selbst vgl. vor allem: Soziale Systeme. Grundriß einer allgemeinen Theorie, Frankfurt a.M. 1988² sowie ders.: Soziologische Aufklärung, Bd. 4, Beiträge zur funktionalen Differenzierung der Gesellschaft, Opladen 1987.

men. Allenfalls der unterstellte Grundwertekonsens rückt in die Funktion einer „säkularen Zivilreligion" ein.[19] Luhmanns Analyse führt also nur zu einem *selbständigen Nebeneinander* der verschiedenen Funktionssysteme und ihrer respektiven Institutionen bzw. Organisationen. Jedes einzelne System entwickelt seine je eigene codeabhängige Selbstwahrnehmung und seine je spezifische Perspektive auf alle anderen Systeme. Die Frage nach einem zwischen ihnen obwaltenden Kräfteverhältnis wird damit ebenso schwer beantwortbar wie die Frage nach einer möglichen Steuerung der Entwicklung des gesellschaftlichen Gesamtsystems.

Nun läßt sich aber nicht bestreiten, daß die gesellschaftliche Entwicklung in der Neuzeit noch nicht mit der für moderne Gesellschaften charakteristischen Ausdifferenzierung der Teilsysteme an ihr Ende gekommen ist. Die Herausbildung von eigengesetzlich funktionierenden Subsystemen ist nur *ein*, allerdings wesentlicher, Aspekt der gesellschaftlichen Gesamtentwicklung. Die neuzeitliche Transformation des politischen Systems vom absolutistisch-monarchischen Staat zum demokratischen Verfassungsstaat dürfte unter dem Ausdifferenzierungsgesichtspunkt allein ebensowenig zu begreifen sein wie der technologische Fortschritt und die industrielle Revolution innerhalb des ökonomischen Systems oder die Herausbildung der modernen Kommunikationsmedien. Diese Prozesse konnten natürlich nicht ohne Auswirkung auch auf die Gewichtung der gesellschaftlichen Subsysteme und ihr gegenseitiges Verhältnis bleiben. So stellt beispielsweise die Reflexion allen politischen Handelns durch ein ausgebautes modernes Pressewesen dieses Handeln unter einschränkende Bedingungen, auf die es vor dem Aufkommen der sogenannten Mediengesellschaft kaum Rücksicht zu nehmen brauchte; der politische Erfolg wird auch von seiner glaubhaften öffentlichen Darstellung abhängig, Wahlchancen bemessen sich nach dem „Image" von Personen und Parteien.

Eine erheblich weiter führende Analyse der gesellschaftlichen Gesamtentwicklung hat E. Herms vorgelegt[20]. Ihm folgend gewinnen wir den eigentlichen Zugang zu dem hier verhandelten Problem über die Frage nach dem Identitätsfundament[21] der heutigen Gesellschaft im Unterschied zu

---

[19]  N. Luhmann: Soziologische Aufklärung. Bd. 3, Aufsätze zur Theorie der Gesellschaft, Opladen 1975², 303.

[20]  Vgl. zum folgenden E. Herms: Kirche in der Zeit, in ders.: Kirche für die Welt. Lage und Aufgabe der evangelischen Kirchen im vereinigten Deutschland, Tübingen 1995, 231-317.

[21]  Ich benutze den Ausdruck Identitäts*fundament* – während Herms einfach von Identität spricht –, um deutlich zu machen, daß es hier nicht um die äußere

früheren Epochen der Gesellschaftsentwicklung. Dieses Identitätsfundament einer Gesellschaft ist auf zwei Ebenen gleichzeitig zu beschreiben: auf der lebensweltlich-systemtheoretischen Ebene der grundsätzlichen Leistungsbereiche und auf der alltagsweltlichen Ebene der Lebensführung der einzelnen Gesellschaftsmitglieder.[22] Eine Gesellschaft ist dann als stabil zu bezeichnen, wenn die Führungseliten des dominanten Systembereichs – d.h. desjenigen Bereichs, der de facto die Grundmuster des ethisch orientierenden Wissens prägt – sich auf die Motivationsstruktur der in den verschiedenen Leistungsbereichen sich betätigenden Individuen beziehen können. Genauer: die Gesellschaft ist in dem Maße stabil, wie eine solche Korrespondenz besteht. Vor allem via Bildungswesen wird das jeweils dominante Teilsystem versuchen, diese Übereinstimmung mehrheitlich hervorzubringen. Es entspricht nun zwar der natürlichen Ordnung der Dinge – man erinnere sich, daß die Hermsche Gesellschaftstheorie aus dem Grundsachverhalt der Interaktion endlicher personaler Instanzen und seinen Implikationen entwickelt ist –, wenn die Produktion des ethisch orientierenden, d.h. zielwahlorientierenden Wissens von dem dafür eigens zuständigen Teilsystem, nämlich dem religiös-weltanschaulichen, und von den hier ansässigen Institutionen erwartet wird. Faktisch aber kann diese Funktion auch – stillschweigend oder programmatisch – von einem der anderen Teilsysteme der Gesellschaft usurpiert werden. Das gilt besonders für das politische und für das ökonomische System. Die so entstehende *doppelte Funktionalität* dieser Systeme konstituiert dann deren gesamtgesellschaftliche *Dominanz*.[23]

Wie Herms an der historischen Gesamtentwicklung und an zahlreichen Details nachweist, hat in der euorpäischen Geschichte nach dem Ende der

---

Abgrenzung einer bestimmten Gesellschaft gegenüber anderen durch eine differentia specifica geht, sondern um die Einheit eines Gesellschaftssystems, um das, was seinem inneren Zerfall entgegenwirkt.

[22] Herms spricht von den Ebenen der Öffentlichkeit und der Privatsphäre.

[23] In terminologischer Abweichung von Herms, aber sachlich durchaus in seinem Sinne, möchte ich den Sachverhalt der Dominanz eines gesellschaftlichen Teilsystems und seiner respektiven Institutionen und Organisationen mit dem Gesichtspunkt der Doppelfunktion koppeln. Die je spezifische Funktion verbindet sich mit (pseudo-)religiöser Orientierung. Diese terminologische Korrektur verhindert das theologische Mißverständnis, das sich andernfalls mit der Rede von einer naturgemäßen Dominanz des religiös-weltanschaulichen Teilsystems verbinden kann. Das gesamtgesellschaftlich adäquate und positionsgerechte Funktionieren dieses Teilsystems besteht darin, daß es *nur* seine spezifische Funktion erfüllt und so auch von den anderen Systemen anerkannt und als Leistungsträger in Anspruch genommen wird.

multikulturellen und multireligiösen römischen Antike ein dreimaliger
Dominanzwechsel stattgefunden. Der erste vollzog sich durch die Erhebung
des Christentums als der faktischen Mehrheitsreligion zur öffentlichen Staatsreligion, wodurch das Religionssystem – soweit sich die Kirche in dem
permanenten Machtkampf zwischen Imperium und Sacerdotium durchzusetzen vermochte – jene fatale Doppelfunktion auszuüben in der Lage war.
Die Selbstbefreiung des politischen Herrschaftssystems aus kirchlicher Bevormundung bildete den zweiten Epochenschritt. Der Vorgang fand seinen
End- und Zielpunkt in der Etablierung und naturrechtlichen Begründung
des absolutistischen Staates. Die Initiative zur Gestaltung aller gesellschaftlichen Funktionsbereiche, so auch des gesamten Kulturbereichs und insbesondere des Bildungswesens, fiel nun in den Kompetenzbereich der Staatsmacht. Die Leistungen des Staates auf wirtschaftlichem Gebiet bereiteten
die Emanzipation des unternehmenden Bürgertums und damit den dritten
Epochenwechsel zu Gesellschaften mit primär ökonomischem Identitätsfundament vor. Die Beteiligung des Bürgertums an politischer Machtausübung auf der Grundlage der neu entstehenden Verfassungen bildete den
Übergang.[24]

In Deutschland kommt dieser Wechsel nach dem Zusammenbruch des
Dritten Reiches als dem letzten und desaströsesten Versuch, den Kult des
Nationalen weiterzuführen, voll zum Durchbruch. „D.h. hart zugespitzt, in
der Gesellschaft der (alten) BRD begegnet etwas sozialgeschichtlich Neues:
ein Gemeinwesen mit rein ökonomischer Identität; ein Gemeinwesen, das
de facto seine Identität nicht mehr in seinen politischen Institutionen, erst
recht nicht mehr in seinen angestammten kulturellen Institutionen sucht,
sondern zuerst und zuletzt in der Leistung seiner wirtschaftlichen Institutionen."[25] Das Ende des „real existierenden Sozialismus" macht diesen Sachverhalt nun auch zu einer gesamtdeutschen Erscheinung. Der beschriebene
letzte Epochenwechsel hat sich natürlich in allen fortgeschrittenen Indu-
striestaaten vollzogen. Die beiden totalitären „Regressionen auf eine Öffentlichkeitsstruktur, die vom politischen System dominiert wird",[26] die faschi-
stische und die kommunistische, sind als retardierende Bewegungen zu
begreifen, deren abrupter Zusammenbruch diesem Wechsel seine für
Deutschland spezifische Gestalt gibt.

---

[24] Zur sozialgeschichtlichen Entwicklung im einzelnen vgl. H. U. Wehler: Deutsche
Gesellschaftsgeschichte, Bd. 1 u. 2, München 1987 und ders.: Das deutsche
Kaiserreich 1871-1918, Göttingen 1983[5].

[25] Herms, aaO. 283.

[26] AaO. 273.

Diese neue Öffentlichkeitsstruktur, nach der die gesamtgesellschaftlich wesentlichen Impulse von der Ökonomie und ihren Führungskräften ausgehen[27], findet ihre Entsprechung im Zuschnitt und in der inneren Ausrichtung der primären und sekundären Sozialisationsinstanzen[28] und in der Motivstruktur der Individuen selber. In der offenen, nicht mehr ständisch gegliederten Gesellschaft wird der Lebenserfolg des Einzelnen tendenziell gleichbedeutend mit Berufserfolg und wirtschaftlichem Erfolg im Rahmen des ökonomischen Systems und seiner Institutionen. Die Dominanz des ökonomischen Systems unter spätkapitalistischen Bedingungen und die Art ihrer Ausübung sind in der Soziologie der Gegenwart vielfältig beschrieben worden, so etwa unter dem Stichwort der „inneren Kolonialisierung".[29] Für die Kirchen bedeutet diese Entwicklung, daß die von ihnen vertretenen Wertvorstellungen in permanente Konkurrenz zu jenen Werten und Erfolgssymbolen treten, die durch die entscheidenden Sozialisationsinstanzen vermittelt und durch den faktischen Lebensvollzug im Alltag eingeübt werden.

Die hier zugrunde gelegte Epochentheorie geht jedoch noch einen Schritt weiter, indem sie, ebenfalls gestützt auf soziologische Detailforschung, auch das Brüchigwerden und die immer manifester werdenden Funktionsstörungen und Antagonismen einer Gesellschaft mit ökonomischer Identität analysiert. Und diese Analyse läßt dann auch spezifische Chancen der Kirche in der modernen Gesellschaft in den Blick treten.

Die Probleme der ökonomisch bestimmten Gesellschaft treten wiederum gleichzeitig auf beiden Ebenen auf. Auf gesamtgesellschaftlicher Ebene entsteht eine Diskrepanz zwischen „der Steigerung des gesellschaftspolitischen Ordnungsbedarfs" einerseits und systembedingten Gründen, welche die notwendigen Entscheidungen verzögern oder ganz verhindern, andererseits.[30] Herms illustriert den Sachverhalt an Problemen der Finanzierung des wirtschaftlichen Aufschwungs in den neuen Bundesländern und an Problemen der Energiepolitik. Weitere Beispiele ließen sich in den Bereichen der

---

[27] „Die Gesamttendenz zielt auf eine juristische und ökonomische Disziplinierung von Politik." AaO. 268.

[28] Zur Kleinfamilie als Produkt der Industrialisierung vgl. u.a. U. Beck: Risikogesellschaft. Auf dem Weg in eine andere Moderne, Frankfurt a.M. 1986, 176ff u. passim.

[29] J. Habermas: Theorie des kommunikativen Handelns, Bd. 2, Frankfurt a.M. 1981, 489-547.

[30] Herms, aaO. 291ff.

Umweltpolitik, der Dritte-Welt-Politik und der sog. Überlebensfragen finden. Alle hier notwendigen Entscheidungen implizieren ein gewisses Maß an Verzicht auf seiten des Bürgers. Sie lassen sich daher nicht mit Argumenten begründen, die der Logik des ökonomischen Leistungsbereichs immanent sind. Mit Prosperitätsgesichtspunkten ist hier gerade nichts auszurichten, vielmehr ist der Rückgriff auf ein ethisch orientierendes Wissen erforderlich, das nur außerökonomischen Ursprungs sein kann.[31] Bleiben die erforderlichen politischen Rahmenentscheidungen aus, so treten nicht selten private Entscheidungen an deren Stelle: Die wirtschaftlichen Führungskräfte handeln auf eigene Faust und nach eigener guter oder schlechter Einsicht, ohne öffentliche Auskunftspflicht und Rechenschaft, ein Zustand, den Herms „als eine Art von ‚Refeudalisierung‘ der gesamtgesellschaftlichen Verhältnisse" bezeichnet.[32]

Auf der Ebene der individuellen Lebenserfahrung und Lebensführung tritt ebenfalls eine Diskrepanz zwischen gesteigerten Gestaltungsaufgaben und verminderten Bewältigungsmöglichkeiten in Erscheinung. Auch diese Diskrepanz ist durch das moderne ökonomisch dominierte Gesellschaftssystem produziert. Mit zunehmender Mobilität, wie sie der Arbeitsmarkt und die Arbeitsteilung in den Bereichen der Produktion, der Dienstleistung und der Verwaltung verlangen, werden auch die herkömmlichen Bindungen der Individuen an Klasse, Schicht, Milieu, Konvention und lokale Tradition gelockert. Auch die geschlechtsspezifischen Rollenmuster, die sich im Zuge des Industrialisierungsprozesses zunächst noch verfestigt hatten, lösen sich

---

[31] Das ist auch noch an dem häufigsten, scheinbar nur dem ökonomischen Kosten-Nutzen-Kalkül entsprungenen Rechtfertigungsargument für unpopuläre Maßnahmen nachweisbar: sie lägen langfristig nur im eigenen wohlverstandenen Interesse. Damit wird jedoch i. d. R. auf das Wohl der Nachkommen im eigenen Lande Bezug genommen. Deren Interessen jedoch als die eigenen zu erkennen, setzt in Wirklichkeit eine von wirtschaftlichen Gesichtspunkten unabhängige ethische Grundeinstellung voraus.

[32] AaO. 294: „Entscheidungen, die das Ganze betreffen, werden von nicht öffentlich rechenschaftspflichtigen und -fähigen privaten Machthabern innerhalb ihres Einflußbereiches entschieden; und zwar so, daß dabei die Zuständigkeiten für die ökonomische, die politische und die ethische (und damit immer auch weltanschauliche) Seite der Entscheidungen in einer Hand liegen. Das hochrangige, international agierende ökonomische Management trifft seine weitreichenden ökonomischen Entscheidungen, einschließlich ihrer politischen Aspekte und Konsequenzen, nach Maßgabe ihres ökonomischen Sachverstandes und derjenigen gesamtgesellschaftlichen Zielvorstellungen, die es aufgrund seiner persönlichen Wertüberzeugungen für richtig hält." Ebd. 294f.

schließlich auf. Diese Freisetzung von äußeren und inneren Bindungen, die wenigstens teilweise als Befreiung des Menschen zu sich selbst interpretiert werden kann, weil sie ihn als zur Selbstbestimmung bestimmtes Subjekt sich erfahren lassen, stellt den Einzelnen neu vor die Aufgabe, sein Leben in nahezu jeder Beziehung selbst zu organisieren. Die diesbezüglichen Schwierigkeiten sind von U. Beck[33] und anderen eindrücklich geschildert worden: Immer neue „Individualisierungsschübe" bedingen auch die spezifisch moderne Identitätsproblematik, die zugleich die soziale und die persönliche, weltanschaulich ausgelegte Identität der Individuen betrifft. Nach welchen Kriterien soll der Einzelne seine Handlungspartner wählen, seine sozialen Rollen gestalten, diesen oder jenen Lebensstil pflegen, sich auf eine bestimmte Lebensform einlassen? Und nach welchen Leitlinien oder Gütezeichen soll er sich auf dem Markt der religiösen und weltanschaulichen Möglichkeiten orientieren und seine Wahl treffen? Die Sozialisationsschwäche der modernen Kleinfamilie[34] und einer Schule, welche die Bildung ethisch orientierender Gewißheiten gegenüber den Anforderungen der Arbeitswelt in den Hintergrund treten läßt, manifestiert sich in Gefühlen der Ratlosigkeit, Unsicherheit und Beliebigkeit. „Zugespitzt ausgedrückt: Die Bedingungen der modernen Arbeitswelt und des modernen Arbeitsmarktes tendieren dazu, einerseits von den einzelnen die umfassende Schaffung ihrer eigenen Lebenswelt zu erwarten, sie aber gleichzeitig andererseits völlig zu verwahrlosen."[35]

Auch diese ambivalente individuelle Situation führt nicht dazu, daß Entscheidungen einfach ausbleiben. Sie werden nach Gutdünken oder ohne innerlich empfundene Verbindlichkeit, gleichsam auf Probe getroffen. Auch ist damit zu rechnen, daß religiös-weltanschauliche Identitätsprobleme sehr häufig durch eine Art „Kurzschluß" gelöst werden, indem man sich einfach ohne tiefere eigene Überzeugung irgendeinem Gruppengeist dezidierten oder auch agnostischen Charakters anschließt.

---

[33]  Vgl. den ganzen zweiten Teil des Anm. 28 genannten Werkes.

[34]  Dazu gehören die Trennung von Wohn- und Arbeitswelt, der weitgehende Ausfall generationsübergreifender Kommunikation und die durch Auflösung des traditionellen an Geschlechts- und Generationsachse orientierten familialen Rollenschemas (klassische Beschreibung bei T. Parsons: Beiträge zur soziologischen Theorie, hg. von D. Rüschemeyer, Neuwied 1968², 110ff) bedingte Strukturunsicherheit der Familie. Zu den beiden ersten Faktoren vgl. Herms, aaO. 289f, zum dritten Faktor R. Preul: Wurzel und Wachstum christlicher Freiheit, ZThK 92/1995, 251-277, bes. 271f.

[35]  Herms, aaO. 290.

Die angezeigte beständige Diskrepanz tritt spätestens dann schmerzhaft
ins Bewußtsein, wenn das ökonomische System das in es gesetzte Vertrauen
enttäuscht. Sofern nicht schon die ungewollten ökologischen und gesund-
heitlichen Nebenfolgen des technisch-ökonomischen Fortschritts solche
Enttäuschungserfahrungen bewirken, stellen sie sich jedenfalls dann ein,
wenn „die Arbeitswelt und der Arbeitsmarkt aus ökonomischen Gründen
durch Rationalisierung so gestaltet werden, daß sie einem wachsenden Anteil der Bevölkerung überhaupt jede Möglichkeit der Teilhabe versperren, sie
also ins soziale Nichts stürzen lassen."[36] Auf dem Hintergrund der Vorstellung, „daß nur in der Arbeitswelt soziales Ansehen und persönliche Identität
gewonnen werden können"[37], wird Arbeitslosigkeit als Infragestellung der
ganzen Person erlebt: Du leistest nichts und verursachst nur Kosten. Sozialhilfe und Arbeitslosengeld können diese Verletzung gerade nicht heilen.
Umgekehrt werden drastische Einschnitte im „sozialen Netz" mit Recht als
weiteres Krisensymptom des ökonomischen Systems wie des Sozialstaates
verstanden und subjektiv von den Betroffenen noch einmal als Anschlag auf
das Selbstwertgefühl erlebt.

Diese diversen Krisenphänomene auf der objektiven Systemebene und
auf der subjektiven Erlebnisebene[38] bestimmen nun die gesamtgesellschaftliche Handlungsposition der Kirche (wie auch anderer Überzeugungs-
gemeinschaften) noch einmal neu. Vorsichtig ausgedrückt wird man vielleicht auch von Anzeichen eines jedenfalls fälligen gesamtgesellschaftlichen
Bewußtseinswandels reden können. Eine systematische Marginalisierung des
gesamten Funktionsbereiches Religion/Weltanschauung wird nicht länger
möglich sein. Die altliberale Vorstellung, daß man auf die Selbststeuerungs-
kräfte des Marktes vertrauen könne und daß die Bemühung um einen
zielwahlorientierenden ethischen Grundkonsens eher hinderlich sei, läßt
sich nicht länger vertreten.[39] Die Beunruhigung über die Entwicklungs-

---

[36]  Herms, aaO.291.

[37]  Ebd.

[38]  Der Katalog dieser Phänomene ließe sich über die genannten Beispiele hinaus
     erweitern. Verwiesen sei etwa auf die jüngste soziologische und pädagogische
     Debatte über jugendlichen Rechtsextremismus und seine sozialen Ursachen. Vgl.
     dazu W. Heitmeyer: Rechtsextremistische Orientierungen bei Jugendlichen.
     Empirische Ergebnisse und Erklärungsmuster einer Untersuchung zur politi-
     schen Sozialisation, Weinheim u. München 1987, 1992[4]; ders. u.a.: Die Biele-
     felder Rechtsextremismus-Studie, Weinheim u. München 1992.

[39]  Dagegen schon frühzeitig Einspruch erhoben und den Diskurs über die Ziele
     gesellschaftlichen Handelns gefordert zu haben, ist das gesellschaftskritische Ver-

tendenzen und gravierenden Nebenfolgen der technisch-industriellen Zivilisation nimmt beständig zu. Und die Feststellung, daß die freie Marktwirtschaft, unbeschadet ihrer Überlegenheit über planwirtschaftliche Modelle, nicht schon von sich aus, nicht schon Kraft ihrer Eigendynamik „soziale Marktwirtschaft" ist, kann inzwischen auch in Wirtschaftskreisen auf breite Zustimmung hoffen.[40] Ebenso wird die Einsicht an Boden gewinnen, daß sich die wesentlichen Lebensprobleme, auch die Handlungsprobleme, nicht einfach durch Mitvollzug des gesellschaftlichen ökonomisch dominierten Lebens lösen lassen und daß dementsprechend die Funktion von Religion nicht auf die Bewältigung von Kontingenzerfahrungen beschränkt werden kann, auch wenn es noch eine Weile dauern mag, bis diese Einsicht zum common sense gerechnet werden kann.

Die gesellschaftliche Handlungssituation, in der sich die Kirche derzeit faktisch vorfindet und in der sie sich zu politischen Fragen äußert, ist mit diesen Überlegungen zur Brüchigkeit ökonomisch dominierter Gesellschaften nun einigermaßen vollständig umrissen.

## II. Überlegungen zum sogenannten Wächteramt der Kirche

Von einem Wächteramt[41] der Kirche zu sprechen, könnte heute als terminologisch unpassend empfunden werden. Es klingt, so sagt man, nach geistlicher Aufsicht und Bevormundung. Auch die hier immer noch einschlägige Denkschrift der EKD aus dem Jahre 1970 „Aufgaben und Grenzen

---

dienst der sog. Frankfurter Schule. Vgl. bes J. Habermas: Technik und Wissenschaft als „Ideologie", Frankfurt a.M. 1968; ders.: Legitimationsprobleme im Spätkapitalismus, Frankfurt a.M. 1973 sowie dessen Arbeiten zur Begründung kommunikativer Kompetenz.

40  Das zeigt sich z.B. an der überwiegend positiven Aufnahme der EKD-Denkschrift „Gemeinwohl und Eigennutz. Wirtschaftliches Handeln in Verantwortung für die Zukunft" (Gütersloh 1991), welche „Schöpfungsverträglichkeit, Sozialverträglichkeit und Demokratieverträglichkeit" als „Aufgaben" thematisiert, die der Marktwirtschaft gestellt sind. S. aaO. 17ff.

41  Zur Thematik des gesamten Abschnittes II vgl. bes. G. Ebeling: Kriterien kirchlicher Stellungnahme zu politischen Problemen, in: Wort und Glaube III, Tübingen 1975, 611-634; M. Honecker: Welche Legitimation haben Kirchen zu politischen Äußerungen? In ders.: Sozialethik zwischen Tradition und Vernunft, Tübingen 1977, 41-62.

kirchlicher Äußerungen zu gesellschaftlichen Fragen"[42] hält sich an den
Ratschlag, „dieses Wächteramt nicht zu extensiv auszulegen".[43] In der dem
Ausdruck zugrundeliegenden biblischen Stelle Hes 33, 1-9 geht es jedoch
nicht um permanente Überwachung und Zensur, sondern um die vernehm-
liche Warnung vor Gefahren, die der Wächter auf das Volk zukommen
sieht. Unterläßt er die Warnung, so macht er sich mitschuldig an dem
heraufziehenden Verhängnis. Diese unabweisbare Verantwortung, die dem
priesterlichen Propheten aufgebürdet wird, ist nun aber nicht an besondere
charismatische Amtsträger gebunden; sie kommt jedem Christen zu, der
Kraft des allgemeinen Priestertums auf seine Weise auch an den Ämtern
Christi, so auch am munus propheticum, teilhat. Wenn daher kirchliche
Gremien sich zu Fragen äußern, die das Gemeinwohl betreffen, so nehmen
sie damit eine Verantwortung wahr, die schon jedem einzelnen Christen
auferlegt ist. Das sogenannte Wächteramt der Kirche, das ausgeübt wird, um
Schaden vom Gesellschaftsganzen abzuwenden, ist also primär eine Aufgabe
oder Funktion, die sich aus dem Christsein in der Welt als solchem ergibt;
der Wortbestandteil „... amt" darf nicht so verstanden werden, als handle es
sich um eine Obliegenheit, die nur bestimmten Personen in der Kirche,
besonderen Amtsinhabern, vorbehalten sei. So interpretiert, kann die Rede
vom Wächteramt der Kirche beibehalten werden, obwohl natürlich an dem
bloßen Ausdruck nicht viel liegt; man könnte auch von der politischen
Verantwortung der Kirche sprechen, wobei man aber auch diesen Ausdruck
mit einschränkenden Erläuterungen versehen müßte. Wenn kirchliche Gremien das Wächteramt wahrnehmen, indem sie sich politisch äußern, machen sie nur in exemplarischer Weise von einer Verantwortung Gebrauch,
die jedem Kirchenmitglied auferlegt ist.[44] Daraus folgt weiter, daß solche
Gremienvoten einerseits immer auf Urteilsgründe Bezug nehmen müssen,
die jedem Christen zugeschrieben werden können, weil sie sich unmittelbar
auf dem als Konsens unterstellbaren christlichen Wirklichkeitsverständnis
ergeben, daß sie sich andererseits aber bezüglich der konkreten Situationseinschätzung in der Regel nicht hinter irgendeiner Allgemeinheit verschan-

---

[42]  In: Die Denkschriften der Evangelischen Kirche in Deutschland, Bd. 1/1,
      Gütersloh 1978, 41-76.
[43]  AaO. 47; vgl. 50: Der Begriff Wächteramt „erscheint problematisch, wenn er das
      Verhältnis von Kirche und Staat nur als statisches Gegenüber umschreibt und
      den Eindruck erweckt, als werde nach draußen zu einer verlorenen Welt geredet."
[44]  Vgl. hiermit die Ausführungen zur exemplarischen Repräsentanz des Christli-
      chen, oben § 9, IV, 3.

zen können, sondern sich als Urteile einzelner Personen zu erkennen geben müssen.

Welchen Anforderungen muß nun die Kirche genügen, wenn sie ihr Wächteramt kompetent wahrnehmen will? Wir beantworten diese Frage, indem wir zunächst einige Qualitätsmerkmale benennen (1) und uns dann inhaltlichen Gesichtspunkten und dem Problem ihrer Beziehbarkeit auf das öffentliche Bewußtsein zuwenden (2).

## 1. Qualitätsmerkmale kirchlicher Äußerungen zu politischen Fragen

Es geht hier um das Profil kirchlicher Äußerungen, sofern diese schon im „Stil" und in der „Machart" solcher Voten seinen Ausdruck finden muß.

a) Indem die Kirche sich an die in § 11, II entwickelten Regeln zur Argumentationskultur hält, leistet sie einen Beitrag zur *Versachlichung* öffentlicher Auseinandersetzungen. Nur wenn sie durch die Unterscheidung verschiedener Problemaspekte und deren Relationierung die Problemlage durchsichtig machen kann, wird es ihr auch gelingen, den *jeweiligen Sachbezug und Stellenwert spezifisch theologischer Argumentation* deutlich zu machen. In politischen Zusammenhängen theologisch zu argumentieren heißt dabei immer, das christliche Wirklichkeitsverständnis hinsichtlich seiner Orientierungskraft und Leistungsfähigkeit ins Spiel zu bringen. Mißlingt oder fehlt gar eine solche Sichtbarmachung des spezifischen Sachbezugs theologischer Argumentation im Rahmen einer auf Versachlichung zielenden Problempräsentation, dann wird sich die Öffentlichkeit fragen, weshalb gerade die Kirche sich hier zu Worte meldet.

b) Die Kirche wird bemüht sein, die *Notlage*, um deren Behebung es geht, ins öffentliche Bewußtsein zu rücken, um sie dem Adressaten der kirchlichen Verlautbarung gleichsam auf das Gewissen zu legen. Dabei wird sie insbesondere die Situation der Leidenden eindringlich schildern und die Anliegen derjenigen zu Gehör bringen, die eines Fürsprechers bedürfen, um überhaupt öffentlich beachtet zu werden. Hier droht natürlich die Gefahr, Betroffenheit durch Übertreibung oder durch Ausmalung eines Katastrophenszenarios zu steigern. Überhaupt kann die Rolle der Kirche nicht nur darin bestehen, Alarm zu schlagen und Betroffenheit herzustellen – obwohl man im Rückblick auf bestimmte Unrechtssituationen der deutschen Vergangenheit sagen kann, es wäre gut gewesen, wenn die Kirche wenigsten das laut und energisch genug getan hätte. Aber unter den heutigen freiheitlich-rechtsstaatlichen Bedingungen würde die Kirche, wenn sie sich darauf beschränkte, Unrecht beim Namen zu nennen und Protest zu erheben, in der Regel nur verstärken, was auch schon von anderer Seite geschieht. Und damit wäre die Rolle der Kirche unterbestimmt. Außerdem droht der Abnutzungseffekt. Was den Eindruck von Penetranz und Schwarzmalerei erweckt, mobilisiert nur die Immunisierungsmechanismen der Angeredeten. Ihre Funktion als Anwalt der Notleidenden und Benachteiligten, der Opfer des ökonomischen Systems und der Vergessenen wird die Kirche unter gegenwärtigen Bedingungen gerade dann am effektivsten wahrnehmen können, wenn sie auf die vermeintlich effektvollsten Darstellungsmittel verzichtet.

c) Eine auf Versachlichung zielende Analyse und publizistische Präsentation ist auch die Voraussetzung für eine richtige Plazierung kirchlicher *Appelle*. Der Versuchung, mit diffusen Schuldzuweisungen zu operieren, ist zu widerstehen. Statt dessen ist Schuld konkret zu bestimmen als „Versagen im Amt"[45], in spezifischen Handlungs- und Entscheidungssituationen, zu denen freilich auch die Position des Staatsbürgers überhaupt gehört. Es ist aber eine, Theologen offenbar naheliegende, Engführung und Abstraktion von den soziohistorischen Gegebenheiten, wenn gesellschaftlich produziertes Übel vorschnell auf eine falsche Mentalität von jedermann zurückgeführt wird und als einziges Heilmittel dann auch nur noch ein allgemeines Umdenken gefordert werden kann. Mentalitäten sind nur schwer zu ändern, und deshalb können solche allgemein gehaltenen Appelle auch leicht mutlos machen. Abgesehen von dem Sonderfall, daß Mentalität und Lebenseinstellung selbst zum unmittelbaren Gegenstand gemacht werden, gilt daher, daß Schuld und Verantwortung weder „nach unten" noch „nach oben" abgeschoben werden dürfen, sondern nach Maßgabe des gesellschaftlichen Handlungs- und Instanzengefüges positionsgerecht zugeschrieben werden müssen. Ohne ein gewisses Maß an zugleich mitgelieferter *soziologischer Aufklärung* können kirchliche Voten nicht sachgemäß und effektiv an das Gewissen ihrer Adressaten appellieren.[46] Solche Aufklärung ist ein notwendiges Pendant zur formalen argumentativen Durchsichtigkeit.

d) Die Kirche muß in ihren Verlautbarungen zu politischen und gesellschaftlichen Fragen deutlich machen, *wo sie in eigener, d. h. theologischer, Kompetenz spricht und wo sie fremde politik-, sozial-, rechts- und wirtschafts-*

---

[45] Vgl. dazu E. Herms: Schuld in der Geschichte. Zum „Historikerstreit", in ders.: Gesellschaft gestalten. Beiträge zur evangelischen Sozialethik, Tübingen 1991, 1-24.

[46] Diese Forderung ist auch an die kirchliche Bußpredigt zu richten. Vgl. daraufhin die Zusammenstellung aus der Geschichte des Protestantismus von K. Fitschen/ R. Staats (Hg.): Politische Bußtagsworte, Kiel 1995.

*wissenschaftliche Kompetenz in Anspruch nimmt.*[47] In ihre konkrete Situationseinschätzung wie auch in eventuelle konkrete Lösungsvorschläge wird sie immer auch empirische Faktenaussagen, Prognosen und Ermessensurteile einbeziehen, für die sie sich auf entsprechende Expertisen stützen muß. Die Kirche tut gut daran, wenn sie diese ihre Quellen auch konkret benennt und damit die konsultierten Experten bei ihrer Verantwortung behaftet bzw. diese Verantwortung öffentlich respektiert.[48] Macht sie die Herkunft des von ihr benutzten Wissens nicht deutlich, bringt sie sich leicht in den Verdacht der Besserwisserei oder der Inkompetenz, was dann auch die Dignität ihrer ethischen Empfehlungen untergräbt. Ferner sollte die Kirche nach einem Ratschlag von W. Härle[49] in der Regel im hypothetischen Stil, in Wenn-dann- und Je-desto-Sätzen sprechen, nicht aber assertorisch oder gar mit prophetischem Gestus.

e) Schließlich muß die Kirche auch bei allen ihren Äußerungen deutlich machen, in welcher *Autorität* und mit welchem *Verbindlichkeitsanspruch* sie sich an die Öffentlichkeit wendet. Hier ist nur an das über die verschiedenen Repräsentationsmodelle Gesagte zu erinnern.[50] Der Eindruck, man äußere sich auf der Grundlage des hierarchischen Modells, muß in jedem Fall vermieden werden. Wo man einen Konsens zum Ausdruck bringt oder eine Mehrheitsmeinung und wo man nach dem Modell exemplarischer Repräsentanz verfährt, muß jeweils in der Stellungnahme erkennbar werden. Eine solche kirchliche Stellungnahme ist nicht „authentischer und verbindlicher als die Stellungnahme eines Gemeindekreises oder einzelner Christen"[51], wohl aber darf sie auf größere öffentliche Resonanz rechnen, auch sollte unterstellt werden können, daß sie das Ergebnis eines gründlichen Meinungsbildungsprozesses ist.

Im Zusammenhang mit dem zuletzt genannt Punkt ist kurz ein Vorschlag zu reflektieren, der bezüglich dieses Meinungsbildungsprozesses,

---

[47] Die in Anm. 42 genannte Denkschrift bringt diese Doppelheit durch die Gütekriterien der Schrift- und Sachgemäßheit zum Ausdruck. AaO. 59 u.ö.

[48] Die meisten Denkschriften befolgen diese Regel bedauerlicherweise nicht und begnügen sich mit einer Veröffentlichung der Namen der Kommissionsmitglieder.

[49] W. Härle: Die politische Verantwortung der Kirche – aus evangelischer Sicht, in: Glaube – Bekenntnis – Kirchenrecht. FS H. Ph. Meyer, hg. v. G. Besier/E. Lohse, Hannover 1989, 141-151, dort 149f.

[50] S. o. § 9, IV.

[51] Die Denkschriften der Evangelischen Kirche in Deutschland, Bd. 1/1, Gütersloh 1978, 59.

welcher kirchlichen Stellungnahmen vorausgehen sollte, gemacht wurde.[52] Wäre es ratsam, einen vorlaufenden breiten Konsensbildungs-
prozeß in Gang zu setzen, der mit Diskussionen an der „Basis", also auf
der Ebene von Gemeinden und Kirchenkreisen anzusetzen hätte? Gestützt auf einen solchen breiten Konsens, so wird gesagt, erhielte eine
kirchliche Äußerung dann ein ganz anderes Gewicht und eine größere
öffentliche Resonanz. Diesem basisdemokratischen Vorschlag sind jedoch einige Einwände entgegenzusetzen. Einmal angenommen, ein
solcher gesamtkirchlicher Meinungsbildungsprozeß käme tatsächlich
zu einem deutlichen mehrheitlich akzeptierten Ergebnis, dann bräuchte
die Kirche sich mit ihrer Verlautbarung gar nicht mehr an ihre eigenen
Mitglieder zu wenden; es bliebe nur die außerkirchliche Öffentlichkeit
als Adressat. Der größte Effekt kirchlicher Voten besteht aber erfah-
rungsgemäß gerade in der Anregung innerkirchlicher Diskussionen und
in der wirksamen Ansprache von Christen in den öffentlichen Ämtern
und in Positionen der Wirtschaft oder des Kulturlebens.[53] Weiter ist
natürlich das vorgeschlagene Verfahren viel zu zeitaufwendig; es bräch-
te die Kirche in vielen Fällen um die Möglichkeit, sich rechtzeitig zur
Lage zu äußern. Und schließlich liegt dieser Verfahrensvorschlag nur
auf der Linie des Kommuniqué- oder Konsensmodells und partizipiert
damit auch an den Schwächen dieses Modells. In ihrem Bestreben, eine
möglichst breite Mehrheit zu repräsentieren, würden auf diese Weise
zustandegekommene Verlautbarungen sich sehr allgemein ausdrücken
müssen und damit jenes Profil vermissen lassen, das dem Modell exemplarischer Repräsentanz entspricht und das die Adressaten zur eigenen
Stellungnahme animiert. Im übrigen wird immer eine Minderheit üb-
rigbleiben, die sich im Meinungsbildungsprozeß nicht durchsetzen
konnte und daher aus dem Konsens ausscheren mußte. Diese wird sich
völlig ins Abseits gestellt fühlen, wenn die Kirchenleitung sich nur als
Verstärker der Mehrheitsmeinung betätigt.

## 2. Der inhaltliche Beitrag der Kirche zu politischen Fragen

Hier geht es um den spezifischen, also *theologischen* Beitrag der Kirche und
seine gesellschaftliche Relevanz. Es sind zwei Fragen, die wir hier zu behandeln haben: Worin besteht das in allen kirchlichen Äußerungen zu politischen und gesellschaftlichen Fragen identische, wenn auch jeweils auf ein
aktuelles Thema zugespitzte eigene Wort der Kirche? Und: Wie kann die
Kirche dieses eigene Wort so auf das öffentliche Bewußtsein beziehen, daß

---

[52] Vgl. bes. W. Huber: Kirche und Öffentlichkeit, Stuttgart 1973, 599f.

es von möglichst vielen, auch von Personen, die der Kirche fernstehen, als relevant erfahren wird? Es empfiehlt sich, mit der zuletzt genannten Frage zu beginnen; denn wenn es gelingt, inhaltliche Bezugs- und Anknüpfungspunkte für das theologische Wort der Kirche namhaft zu machen, dann ist damit auch so etwas wie ein Referenzrahmen erstellt, der seinerseits zur Profilierung dieses Wortes beiträgt.

a) *Woraufhin* können also die Adressaten kirchlicher Stellungnahmen *angesprochen* werden? Soweit diese Adressaten sich selbst als Christen verstehen, können sie natürlich auf gemeinsame christliche Grundüberzeugungen hin angesprochen werden: auf das christliche Selbst- und Weltverständnis und das damit verbundene Verständnis gemeinschaftlichen Lebens, vielleicht auch ganz konkret auf die ihnen bekannten Gebote oder den Geist und Wortlaut der Bergpredigt. Man kann mit dem durch das biblische Zeugnis offenbar gewordenen „Willen Gottes" argumentieren. Aber wie steht es mit einer gegenüber dem christlichen Glauben distanzierten, sei es säkularen, sei es religiös-pluralistischen Öffentlichkeit? Wie ist zu verhindern, daß sie die kirchliche Stimme nur als Stimme aus einer ganz fremden Welt hört, als eine Stimme, die von für sie nicht verbindlichen Prämissen ausgeht und daher auch in ihren Folgerungen nicht relevant ist?

Die schon mehrfach zitierte Denkschrift sieht dieses Problem der Ansprechbarkeit und gibt darauf die Antwort: „Kirchliche Stellungnahmen decken sich nicht selten mit entsprechenden Argumentationen und ethischen Motivationen von Nichtchristen. Dementsprechend hat die ökumenische Vollversammlung in Uppsala dazu aufgefordert, bei dem Bemühen, den Herausforderungen der Gegenwart gerecht zu werden und durch konkrete Aktionen den Menschen zu helfen, auf allen Ebenen auch mit nichtkirchlichen Organisationen, mit Angehörigen anderer Religionen, mit Menschen ohne Religion, mit allen Menschen guten Willens zusammenzuarbeiten".[54]

---

[53] Auch L. Raiser teilt dieses Argument in seiner „Einleitung. Die Denkschriften der Evangelischen Kirche in Deutschland als Wahrnehmung des Öffentlichkeitsauftrages der Kirche": „Denkschriften sollen ja innerkirchlich wie in der weiteren Öffentlichkeit den Prozeß der Meinungsbildung durch Argumente aus christlicher Sicht anregen und bereichern, aber diesen Prozeß nicht autoritativ abschließen." Die Denkschriften der Evangelischen Kirche in Deutschland, Bd. 1/1, Gütersloh 1978, 34. Zur Kritik des Vorschlages vgl. ferner M. Honecker: Kriterien öffentlicher Äußerungen der Kirchen, in ders.: Sozialethik zwischen Tradition und Vernunft, Tübingen 1977, 63-100.

[54] AaO. 55f.

Diese Antwort ist im Kern zwar akzeptabel, aber sie bedarf doch zusätzlicher Präzisierung. Es ist also jedenfalls das *ethische Bewußtsein* und die damit verknüpfte *Motivation* zu bestimmten Handlungen gemeinschaftlicher humanitärer Praxis, auf die die Kirche sich inhaltlich beziehen muß. Aber genügt es, hier nach zufälligen Übereinstimmungen Ausschau zu halten und so Bundesgenossen ausfindig zu machen? Vielleicht kann man darüber ja letzten Endes tatsächlich nicht hinauskommen; denn ethische Überzeugungen sind immer auch mit bestimmten Gewißheiten religiösweltanschaulicher Art, die ihrer Natur nach als unverfügbar zu respektieren sind, verschmolzen. Dennoch wäre die Rolle der Kirche, sofern es zu dieser Rolle gehört, den Adressaten „anzusprechen", unterbestimmt, wenn sie das sich so oder so präsentierende ethische Bewußtsein nur als brutum factum in Rechnung stellte, statt den Versuch zu unternehmen, die möglichen ethischen Grundoptionen in ihrer Unterschiedlichkeit und Alternativität selbst zu formulieren und den Adressaten als Möglichkeiten der Selbstidentifikation vorzuhalten, und wenn sie sich dabei nicht bemühen würde, so etwas wie einen ethischen Konsens, soweit vorhanden oder entwickelbar, sichtbar und plausibel zu machen. Das heißt: das ethische Bewußtsein ist als ein immer auch noch zu formendes Bewußtsein der Bezugspunkt, auf den hin die Kirche ihre Adressaten anspricht. Mancher überdenkt vielleicht seine ethische Grundhaltung, wenn man die Folgen vorstellig macht, die sich aus ihr ergeben können, sofern man sie universalisiert und konsequent bei ihr bleiben will. Auch ist damit zu rechnen, daß nicht wenige Menschen gar kein einheitliches ethisches Bewußtsein haben, sondern unterschiedliche und sogar einander widersprechende Überzeugungen und Impulse in sich vereinigen, ohne daß ihnen diese Widersprüchlichkeit bisher hinlänglich bewußt geworden wäre. Schon der Versuch, das in der Gesellschaft anzutreffende ethische Bewußtsein in seinen prinzipiellen Möglichkeiten sichtbar zu machen, es weiter zu entwickeln und die Notwendigkeit eines möglichst weitgehenden ethischen Grundkonsenses als Bedingung einvernehmlichen politischen und sozialen Handelns vorstellig zu machen, wäre ein wesentlicher Dienst, den die Kirche der Gesellschaft erweisen könnte.

Woran kann sie dabei konkret anknüpfen? Appelle nützen naturgemäß wenig. Denn alles Befolgen von Geboten und Verboten beruht letztlich darauf, daß das Gute, das durch sie verwirklicht oder geschützt werden soll, auch *als ein Gut* vom Handelnden innerlich-gefühlsmäßig anerkannt wird; und selbst die Furcht vor Sanktionen wirkt ja nur soweit, wie sie den Verlust von etwas in Aussicht stellt, das schon geliebt und begehrt wird. Wer nichts liebt, wer an nichts hängt, der hat auch nichts zu verlieren und kann durch keine Drohung bewegt werden. Die Angst gehört zwar unablöslich zum

Menschsein, und Angst zu haben und zu äußern ist ein Zeichen von seelischer Gesundheit, aber die Angst ist immer das Pendant zu einer schon vorgängigen positiven libidinösen Besetzung; sie ist nicht das psychische primum movens.[55] Anzuknüpfen ist also nicht an Imperative, sondern an etwas, das schon als erfahrene Lebensqualität bejaht wird und dessen Verpflichtungsgehalt deshalb als nicht von außen imponiert erkannt und anerkannt werden kann.

Unter freiheitlich demokratischen Bedingungen ist es zunächst naheliegend, die demokratische Form politischer Ordnung als schon bejahtes Gut vorauszusetzen und daher die in der Verfassung festgeschriebenen Grund- und Menschenrechte als den dieser Staatsform inhärenten Verpflichtungsgehalt namhaft zu machen. Dabei muß man nicht soweit gehen wie Luhmann, der den unterstellten Grundwertekonsens aus soziologischer Perspektive als „säkulare Zivilreligion" verstehen möchte.[56] Denn eine solche Prädikation suggeriert, daß die Grund- und Menschenrechte und die in ihnen implizierten Wertvorstellungen keiner weiteren religiös-weltanschaulichen Interpretation bedürften. Die Kirche jedenfalls hat überhaupt keinen Grund, diesen schillernden Ausdruck zu verwenden. Konkret existierende, nicht nur als ideelles Konstrukt entworfene Zivilreligion ist nur als Staatsreligion bzw. Staatskirche oder als vom Staat verordnete Weltanschauung, der sich alle Bürger zu unterwerfen haben, bekannt, trägt also stets mehr oder weniger repressive Züge. Es dürfte also geboten sein, die ethischen Implikationen und Voraussetzungen unseres Staatswesens – die Grund- und Menschenrechte und die ihnen entsprechenden Wertvorstellungen – auch nur als solche zu bezeichnen und sie nicht mit dem Horizont zu identifizieren, aus dem heraus sie ihrerseits zu begreifen und zu befestigen sind. Dieser Interpretations- und Begründungshorizont, in Gestalt eines so oder so bestimmten Wirklichkeitsverständnisses, kann nur als historisch entstandene und von ihren Anhängern subjektiv angeeignete Position namhaft gemacht werden.

Als eine solche Auslegungsposition ist nun in erster Linie das *neuzeitliche Christentum* und die von ihm initiierte und getragene *Freiheitsgeschichte* zu

---

[55] Diesen Zusammenhang hat K. Stock deutlich herausgearbeitet: Grundlegung der protestantischen Tugendlehre, Gütersloh 1995, bes. 54ff.

[56] N. Luhmann: Soziologische Aufklärung, Bd. 3, Opladen 1981, 303. Zum Thema „Zivilreligion" vgl. den repräsentativen Aufsatzband von H. Kleger/A. Müller (Hg.): Religion des Bürgers, München 1986 sowie R. Schieder: Civil Religion. Die religiöse Dimension der politischen Kultur, Gütersloh 1987.

benennen.[57] Die Ausformulierung der Grund- und Menschenrechte und ihre Einschreibung in neuzeitliche Verfassungen sowie in das neuzeitliche Rechtsbewußtsein ist – neben naturrechtlichen und stoischen Einschlägen – eine Folge der theologischen Aufklärung und der ihr vorangegangenen Konfessionskämpfe. Sie wurden ursprünglich immer auch theologisch – etwa mit dem Gedanken der gleichen Würde jedes Menschen vor Gott – begründet, sind aber nun als ethische Folgen des christlichen Glaubens in das allgemeine Bewußtsein eingegangen. Die neuzeitliche Freiheitsgeschichte ist entgegen anderslautenden Säkularisierungstheorien nicht als Geschichte des Abfalls vom christlichen Glauben und seines gesellschaftlichen Relevanzverlustes, sondern als Geschichte der Verallgemeinerung seiner ethischen Implikationen zu lesen. Das Christentum ist in der Neuzeit nach T. Rendtorff in sein „ethisches Zeitalter" und damit „in seine weltgeschichtliche Phase eingetreten".[58]

Daran ist gewiß etwas Wahres, und es ist von daher eine bleibende Aufgabe von Theologie und Kirche, diesen ideen- und sozialgeschichtlichen Zusammenhang bewußt zu halten und an die theologischen Wurzeln der in den Grund- und Menschenrechten sich aussprechenden ethischen Optionen zu erinnern. Zugleich stellt sich aber die Frage, ob der Hinweis auf diese historischen Zusammenhänge ausreicht. Hält sich das dem christlichen Wirklichkeitsverständnis entsprechende ethische Bewußtsein durch, wenn jener ursprüngliche Begründungszusammenhang nicht mehr akzeptiert und vielleicht nicht einmal mehr gewußt wird? Die Auskunft, daß wir uns an eine durch das Christentum in die Welt gekommene Ethik gewöhnt haben, kann jedenfalls nicht befriedigen. Was nur auf kontingente Weise an uns gekommen ist und uns ansozialisiert wurde, könnte auf ebenso kontingente Weise auch wieder verblassen und verschwinden. Man würde sofort nach Alternativen fragen und auf den manifesten Wandel ethischer Wertvorstellungen in der Gesellschaft verweisen.[59] Der Rekurs auf die Theorie des neuzeitlichen Christentums kann also, so ergiebig er auch ist, nicht die alleinige Argumentationsbasis für den Dialog der Kirche mit einer breiten, auch Nichtchristen umfassenden, Öffentlichkeit abgeben. Die Kirche muß

---

[57] Hierfür ist vor allem einschlägig T. Rendtorff: Theorie des Christentums. Historisch-theologische Studien zu seiner neuzeitlichen Verfassung, Gütersloh 1972.

[58] Rendtorff, aaO. 181.

[59] Das veränderte Rollenverständnis im Verhältnis der Geschlechter ist dafür nur ein herausragendes Beispiel.

sich daher auch noch nach weiteren Legitimationsquellen und Inter-
pretationsmöglichkeiten für einen möglichst weit gespannten und tragfähi-
gen ethischen Konsens umsehen.

Hier müßten nun einerseits die ebenfalls in der Gesellschaft vertretenen
anderen religiös-weltanschaulichen Positionen daraufhin gesichtet werden,
ob und wieweit sie ihrerseits in der Lage sind, die Grund- und Menschenrechte und die ihnen inhärierenden Wertvorstellungen zu begründen, was
hier nicht verfolgt werden kann[60], andererseits ist auch die Frage zu stellen,
ob diese dem Christentum entsprechenden ethischen Grundüberzeugungen
(wie Freiheit, Nächstenliebe, unverletzliche Würde jeder Einzelperson) nicht
auch Momente eigener und sich ständig neu erzeugender *Evidenz* enthalten.
So sei hier die These gewagt, daß zwar gewiß nicht jede Ethik mit dem
christlichen Wirklichkeitsverständnis vereinbar ist, daß aber die mit ihm
vereinbare und von ihm begründbare Ethik tatsächlich *auch* auf solche
Evidenzerfahrung bezogen ist und daß das christliche Wirklichkeitsverständnis selber einen nicht geringen Teil seiner subjektiven Überzeugungskraft und seiner öffentlichen Respektabilität aus eben dieser Koinzidenz
bezieht. Die Erfahrung von Liebe und eigener Liebesfähigkeit, von empfan-
gener und geleisteter Zuwendung, von Verzeihung und Versöhnung spricht,
wo immer sie gemacht wird, für sich selber; denn hier wird auf psychisch
tiefer Ebene etwas erlebt, das in seiner Anmutungsqualität allem Sollens-
gehalt als Ermöglichungsbedingung vorausgeht. Und das Evangelium wird,
wo es den Menschen ergreift, nicht zuletzt deshalb als Befreiung erlebt, weil
es eben zum Tun „guter Werke", d. h zu einer der Liebe entsprechenden und
ihr Gestalt gebenden Praxis befähigt. Das Evangelium interpretiert die schon
gemachten Erfahrungen von Liebe, es integriert sie in ein umfassendes an
den Relationen von Gott und Mensch wie Mensch und Mensch ausgelegtes
Wirklichkeitsverständnis. Es sagt, was diese Liebe in Wirklichkeit ist, indem
sie auf ihren Ursprung verweist, und es verhilft dieser Liebe zu praktischer
heilsamer Wirksamkeit, indem es den Menschen von dem sündhaften Zwang
und lähmenden Krampf der Selbstbehauptung vor Gott und den Mitmenschen befreit. Es ist genau dieser Gesamtzusammenhang, der auch den
Inhalt des christlichen Zeugnisses ausmacht.[61]

---

[60]  Von vorrangiger Bedeutung dürfte dabei die Frage sein, ob jene anderen Positionen *von ihrem Selbstverständnis her pluralismusfähig sind.*

[61]  Luther kann ihn auf die Formel bringen „Verbum dei omnium primum est, quod
sequitur fides, fidem charitas, charitas deinde facit omne bonum opus". WA 6,
514. Er ist dann in exemplarischer Weise in Luthers Freiheitsschrift entfaltet
worden.

Freilich kann jene Selbstevidenz der Liebe auch wieder verleugnet und verdunkelt werden. Sie ist ständig bedroht durch den Egoismus des Menschen, durch sein Machtstreben sowie durch Weltanschauungen, welche die Barmherzigkeit gegen jedermann als Humanitätsduselei verunglimpfen; enttäuschtes Vertrauen, die Erfahrung, daß Liebe ausgenutzt wird, ist ein beständiger Anlaß, jene auf dem Grundwert der Liebe gebaute Ethik als illusionär zu verabschieden. Deshalb kann von einer in sich selbst ruhenden und stabilen humanitären Ethik nicht die Rede sein. Damit sie durchgehalten werden kann, bedarf es daher der Interpretation und der ständigen Freisetzung der Liebe durch das Evangelium. Ihre Selbstevidenz wird damit freilich nicht aufgehoben, sondern nur *rekonfirmiert*.

> Die christliche Lehre – als in ihrer Gänze aus Glaubens- und Sittenleh-
> re, Dogmatik und Ethik bestehend – stellt sich daher als ein in sich
> stimmiges System dar, welches seine Plausibilität nicht nur aus einem
> Punkte ableitet, sondern jene Evidenz der Liebe in sich einbezieht und
> entsprechende Lebenserfahrungen gleichsam abruft und integriert. Auf
> dieselbe Weise würdigt sie übrigens auch die Wahrheitsmomente, die
> in anderen religiösen und weltanschaulichen Positionen erkennbar sind,
> ohne damit ihren umfassenden Wahrheitsanspruch im vorhinein aufzu-
> geben.

Auf solche Evidenzerfahrung hin – nicht bloß auf Säkularisate des christlichen Glaubens, die als solche nur als kontingent erscheinen könnten – spricht die Kirche nun ihre Adressaten, die christlichen wie die nichtchristlichen, an und versucht daraufhin so etwas wie einen ethischen Grundkonsens als Basis gemeinsamen gesellschaftlichen und politischen Handelns zu eruieren. Dabei kann sie bei ihren sich christlich verstehenden Adressaten an die bereits christlich, durch das Evangelium interpretierte Evidenz der Liebe anknüpfen. Anderen Adressaten kann sie zumindest die Interpretationsbedürftigkeit einer auf diese Evidenz gegründeten Ethik als Bedingung ihrer Durchhaltbarkeit verständlich zu machen versuchen.

Freilich wird die Kirche ihre Adressaten nicht allein auf ihr allgemeines ethisches Bewußtsein ansprechen, sondern auch auf ihren je spezifischen Sachverstand und das damit verbundene je spezifische Berufsethos. Sie wendet sich ja in der Regel nicht nur an eine undifferenzierte Öffentlichkeit überhaupt, sondern primär an ein ganz bestimmtes Gegenüber: an Personen, die Verantwortung in Ämtern des Staates haben, an Parteien und Parlamentarier, an Gewerkschaftler und Arbeitgeber, an Wirtschaftsexperten, Unternehmer und Berufsverbände etc. sowie auch an Leute, die durch Einfluß in den Medien oder über sie die öffentliche Kommunikation be-

stimmen. Wenn sie all diese Personen in Entscheidungs- und Kommunikationssystemen, dem Beispiel schon Luthers folgend, auf ihre je spezifische
Aufgabe anspricht, dann versteht es sich, daß sie es sich freilich auch gefallen
lassen muß, von diesen Personen oder Instanzen gelegentlich auch an ihre
eigene Aufgabe und spezifische Zuständigkeit erinnert zu werden.[62] Kritik
kann nur wechselseitig erfolgen. Die Kirche entspricht dieser Kritik bzw.
kommt ihr zuvor, wenn es ihr zu verdeutlichen gelingt, daß ihre eigene
Kritik an Staat, Wirtschaft und anderen gesellschaftlichen Institutionen mit
ihrem eigenen Selbstverständnis als Kirche im Einklang steht. Ihr politisches
Handeln im weiteren Sinne muß sich selbst als eine Form der Kommunikation des christlichen Wirklichkeitsverständnisses zu erkennen geben. Damit
sind wir bei der Frage nach dem identischen Inhalt.

b) Die Kirche kann und muß in ihren öffentlichen Stellungnahmen
deutlich machen, daß im Rechtfertigungsglauben ein Verständnis von
menschlicher Existenz und Gemeinschaft beschlossen ist, das auch Auswirkungen auf deren soziale Verfassung hat. Das im christlichen Glauben
angelegte Zielbild menschlichen Zusammenlebens ist ein solches Verhältnis
der Individuen, in welchem diese *frei für- und miteinander kooperieren*, in
biblischer Formulierung: „dient einander ein jeder mit der Gabe, die er
empfangen hat, als die guten Haushalter der mancherlei Gnade Gottes" (1.
Pt 4, 10). Diese Regel, die ursprünglich für die Gemeinschaft der Christen
formuliert wurde, kann auch als kritischer Maßstab zur Beurteilung gesellschaftlicher Verhältnisse und Strukturen, in denen Christen mit Nichtchristen zusammenleben und interagieren, verwendet werden. Solche Kritik hat
eine wenigstens dreifache Stoßrichtung.

In Zielbild und Regel ist *erstens* impliziert, daß jeder Einzelne ein zur
Freiheit, d. h. zu freier Selbstbestimmung, berufenes Geschöpf Gottes ist,
und zwar unabhängig davon, ob er oder sie sich selbst so versteht. Allen
personalen Geschöpfen Gottes wird die gleiche Würde zugesprochen. Diese
Würde kann auf vielfältige Weise verletzt werden: indem die Freiheit des
einzelnen willkürlich eingeschränkt wird; indem man ihn zu zwingen versucht, gegen Gewissen und bessere Einsicht zu handeln; indem man ihn
materiell ausbeutet; indem man ihn zum Instrument fremder Interessen

---

[62]  „Dort aber, wo Gottes Gebot im politischen Bereich verletzt wird, und insbesondere dort, wo dies programmatisch geschieht, hat die Kirche ebenso die Pflicht,
den Staat zu kritisieren und an seinen Auftrag zu erinnern, wie der Staat zwar
nicht die Pflicht, wohl aber das Recht hat, die Kirche zu kritisieren und an ihren
Auftrag: an die Verkündigung des Wortes Gottes zu erinnern." W. Härle, aaO.
(Anm. 49) 148f.

oder zum bloßen Funktionsträger degradiert. Die gesellschaftlichen Strukturen und tatsächlichen Kräfteverhältnisse sowie einzelne politische Entscheidungen sind also daraufhin zu überprüfen, ob sie der Freiheit und Würde
der Person Rechnung tragen und Raum geben oder ob sie in der einen oder
anderen Weise „strukturelles Unrecht" begründen. Würde und Wert des
Einzelnen können ferner durch eine Gesellschaft in Frage gestellt werden,
die für diese Würde und diesen Wert offiziell keinen anderen Maßstab kennt
als den der Leistung, insbesondere auf ökonomischen Gebiet.

Zu fragen ist also, welches Menschenverständnis in einer Gesellschaft
tatsächlich praktiziert und eingeübt wird, u. U. auch gegen ihre offizielle
Ideologie.[63] Die Probe aufs Exempel sind dabei immer die Leistungsschwachen, die sozial und psychisch Gefährdeten und sog. Randgruppen einer
Gesellschaft. Gerade im Blick auf sie ist deutlich zu machen, daß Würde und
Wert des Menschen auf einen anderen Maßstab bezogen sind als den der
Leistung, der als solcher nur die Ungleichheit der Menschen festschreibt.
Aber auch den Erfolgreichen, die nach diesem Maßstab gut abschneiden, ist
vorzuhalten, daß sub specie Dei andere Gesichtspunkte zählen. Die in
Gesellschaften mit primär ökonomischem Identitätsfundament durch den
bloßen Vollzug des gesellschaftlichen Lebens und Umgangs fast zwangsläufig zur Ersatzreligion erhobene Leistungs- und Erfolgsmentalität ist einer der
Sachverhalte, an denen *die gesellschaftskritische Relevanz der reformatorischen
Rechtfertigungslehre* immer noch eindrucksvoll unter Beweis gestellt werden
kann. Eine Gesellschaft, in der die Gerechtigkeit, die vor Gott gilt, gänzlich
in Vergessenheit gerät, kann die gleiche Würde jedes Einzelnen nicht bewahren und pervertiert zur Inhumanität. Auch die Gleichheit aller Bürgerinnen und Bürger vor dem Gesetz und das Festhalten am Buchstaben der
Verfassung bieten dagegen keine Gewähr, denn sie können den Menschen
nicht vor der Qual schützen, die er sich im Banne eines verabsolutierten
Leistungsdenkens selbst bereitet.

Die vorgefundenen Ordnungen und Strukturen des gesellschaftlichen
Lebens sind *zweitens* daraufhin zu sichten, ob sie *das uneingeschränkte Für-
und-miteinander-Kooperieren* aller freien Individuen gewährleisten oder verhindern. Dienen sich alle gegenseitig zu ihrem zeitlichen (und ewigen)

---

[63] M. Honecker hat den christlichen Realismus zu einem wesentlichen Kennzeichen
theologisch legitimer Äußerungen der Kirche zur Politik erklärt: „Nur wenn die
Kirche die christliche Sicht der Realität, nämlich die Erkenntnis der Macht des
Bösen und des Verhängnisses der Schuld, angemessen auszusprechen vermag,
kann sie einen Beitrag liefern, den keine andere gesellschaftliche Gruppe zu
leisten vermag." Honecker, aaO. (s. Anm. 41) 59.

Wohl, oder dienen nur die einen den anderen? Mit dieser Perspektive, daß es darauf ankommt, einen Zustand des uneingeschränkten Für-und-miteinander-Kooperierens politisch zu ermöglichen, sind mehrere positive Annahmen verknüpft.

Die erste besagt, daß der *Begriff der Freiheit* nur dann richtig bestimmt wird, wenn die Gemeinschaftlichkeit, die Sozialität des menschlichen Lebens nicht als deren Einschränkung oder gar Bedrohung, sondern von vornherein als deren Implikat verstanden wird. Der populäre Spruch „Die Freiheit des einen hat ihre Grenze an der Freiheit des anderen" eignet sich zwar als regulatives Prinzip gegen Willkür, er bleibt jedoch im Banne eines defizitären und abstrakten Freiheitsverständnisses: Wenn es den anderen nicht gäbe, wäre meine Freiheit größer. Wer den anderen prinzipiell als Bedrohung der eigenen Freiheit sieht und fürchtet, kann nicht wirklich frei sein; die Freiheit des Menschen ist nicht unter Absehung von seiner Bezogenheit auf den Mitmenschen, den er braucht und der ihn braucht, definierbar. Der nicht defizitäre, konkrete Begriff von Freiheit schließt Bestimmtsein durch die Liebe ein. Dieser Freiheitsbegriff liegt Luthers Schrift „Von der Freiheit eines Christenmenschen" (1520) zugrunde, denn diese Schrift handelt in ihrer ganzen Doppelthese, nicht nur in deren erstem Satz, von der Freiheit des Menschen; ein „dienstbarer Knecht aller Dinge" zu sein, ist Bestandteil der christlichen Freiheit.[64]

Ferner darf angenommen werden, daß jener anzustrebende gesamtgesellschaftliche Zustand auch die günstigste Bedingung dafür ist, daß die Vielzahl und Verschiedenheit der *individuellen „Gaben"* entdeckt, gefördert und zum Einsatz gebracht wird. Das Zusammenwirken aller zum gemeinsamen Wohl ist zusammenzudenken mit der optimalen individuellen Entfaltung des Einzelnen. Wer sich nur privat unter Absehung von der zum menschlichen Wesen gehörigen Sozialität und unter Ausblendung der konkreten sozialen Bezüge, in denen er sich vorfindet, selbst verwirklichen will, wird das immer auf einseitige Weise tun und bestimmte soziale Fähigkeiten, die in ihm angelegt sind, gar nicht in den Blick bekommen und daher brachliegen lassen. Diese optimale Freisetzung individueller Fähigkeiten ist freilich nur zu erwarten, wenn das Einanderdienen tatsächlich wechselseitig

---

[64] G. Ebeling (Lutherstudien I, Tübingen 1971, 319) hat klargestellt, daß Luthers Doppelthese einen einheitlichen, „völlig zusammenstimmenden Sachverhalt" zum Ausdruck bringt, so daß auch von Paradoxie keine Rede sein kann, weil es eben in deren zweitem Teil um den aktuellen Vollzug der christlichen Freiheit, nicht um deren nachträgliche Einschränkung geht.

und spontan praktiziert wird; einseitige Indienstnahme ist dagegen stets mit
einschränkendem Zwang verbunden.

Schließlich setzt jenes christliche Leitbild gesellschaftlichen Zusammenlebens voraus, daß *gesellschaftliche Ordnungen und Strukturen* nicht nur als
geschichtlich wandelbar, sondern auch *als durch gemeinsames verantwortliches
Handeln gestaltbar* begriffen werden. Daher kann die Kirche die Rede von
„Eigengesetzlichkeit" und unumgänglichen „Sachzwängen" nicht gelten lassen. Auch die Theorie autopoietischer Systeme, nach welcher letztlich die
Systeme und nicht die in ihnen verbunden Individuen handeln[65], wird sie
sich nicht modifikationslos aneignen können. Diese Theorie ist zwar insofern zu beachten, als sie auf erschwerende Rahmenbedingungen des Handelns und deren soziohistorische Ursachen sowie auf die nicht zu unterschät-
zende Eigendynamik sozialer Systeme hinweist, ihr ist aber nicht zu folgen,
sofern sie darauf hinausläuft, die prinzipielle Verantwortung des Menschen
für seine je eigene gesamte soziale Lebenswelt systematisch zu verunklaren.
Diese Verantwortung, von der paradigmatisch noch im Abschnitt zu den
„Überlebensproblemen" zu handeln ist, darf weder systemtheoretisch noch
durch Spekulationen über das Geschichtshandeln Gottes in der Welt, nach
welchen dieses statt als Grund der Verantwortlichkeit des Menschen für sein
eigenes Handeln und dessen Ergebnis vielmehr als Entlastung davon erscheint, abgeschwächt werden. Wer sich auf Eigengesetzlichkeit und Sach-
zwänge beruft, weigert sich mit diesem Argument in der Regel, Alternativen
zum Bestehenden überhaupt in Erwägung zu ziehen. Verantwortliches
Handeln aber ist immer, sofern es wirklich Handeln und nicht bloßes
Reagieren oder Sichtreibenlassen ist, *selektives* Handeln, und Selektion setzt
das ernsthafte Erwägen von mehreren Möglichkeiten der Fortsetzung des
Bestehenden voraus. Die Kirche entspricht diesem Sachverhalt, wenn sie
nicht nur das Handeln einzelner Personen *in* vorgegebenen Strukturen und
Positionen am Maßstab christlicher Ethik mißt, sondern wenn sie darauf
besteht, daß sich das dem christlichen Glauben entsprechende Liebeshandeln
auch auf die Strukturen und das Positionengefüge, in welchem menschliches
Leben und Handeln sich vollziehen, erstrecken muß.[66] Die Kirche bleibt

---

[65]   Vgl. N. Luhmann: Soziale Systeme. Grundriß einer allgemeinen Theorie, Frank-
         furt a.M. 1988².

[66]   H.-D. Wendland hat dafür den Ausdruck „gesellschaftliche Diakonie" geprägt:
         Diakonie zwischen Kirche und Welt. Studien zur diakonischen Arbeit und Ver-
         antwortung in unserer Zeit, hg. von Chr. Bourbeck u. H.-D. Wendland, Ham-
         burg 1958, 17-36; vgl. ders.: Die Kirche in der revolutionären Gesellschaft.
         Sozialethische Aufsätze und Reden, Gütersloh 1967, 175ff.

daher auch durchaus bei ihrer Sache, wenn sie in öffentlichen Verlautbarungen nicht nur kritische Fragen stellt, sondern wenn sie gelegentlich auch alternative Modelle gesellschaftlichen Lebens zu bedenken gibt.

> Sie entspricht damit übrigens dem erweiterten Begriff christlicher Praxis, der dem Kulturprotestantismus zu verdanken ist. Denn dieser hat den reformatorischen Begriff des guten Werkes entschlossen mit dem Gedanken einer vom christlichen Glauben getragenen „Kulturarbeit" (W. Herrmann) verbunden, in welcher es nicht nur um den Dienst des Christen in vorgegebenen Ordnungen, sondern um die fortschrittliche Gestaltung aller menschlichen Verhältnisse in Richtung auf einen gemeinsamen Endzweck geht.[67]

Das verantwortliche freie Für-und-miteinander-Handeln, in welchem die spezifischen Fähigkeiten der Individuen zum Zuge kommen, ist *drittens* etwas, das *gelernt* werden muß und deshalb nach bestimmten *Sozialisationsbedingungen* verlangt. Es ist daher ein Interesse des Glaubens, daß die Gesellschaft so strukturiert ist, daß *personale Reifung* in ihr möglich ist. Kirche und Theologie haben hier die Pflicht, auf strukturell bedingte Sozialisationsschwächen, die solche Reifung systematisch erschweren, öffentlich aufmerksam zu machen, auch wenn realistischerweise nicht zu erwarten ist, daß diese Schwächen kurz- oder mittelfristig behoben werden können.

Personale Reifung unter dem hier thematisierten speziellen Aspekt der Erlangung von Handlungskompetenz (genauer: Interaktionskompetenz) ist nur möglich, sofern der Mensch *mit den Folgen seines eigenen Handelns konfrontiert wird*, und zwar so konkret und pünktlich, daß das Handeln im Blick auf seine erlebten Auswirkungen fortlaufend korrigiert werden kann.

Die von Psychologen und Sozialwissenschaftlern häufig geltend gemachte Unersetzbarkeit der Familie als Ort primärer Sozialisation[68] beruht gerade

---

[67] A. Ritschl hat auf diese Kontinuität mit der Reformation ausdrücklich hingewiesen: Unterricht in der christlichen Religion, Bonn 1875, § 27; vgl. ders.: Die christliche Lehre von der Rechtfertigung und Versöhnung, Bd. 3, Bonn 1883[2], § 68. Der Kulturprotestantismus wird m.E. einseitig in den Blick genommen, wenn man E. Troeltsch als seinen Hauptexponenten betrachtet; die Ritschl-Schule und W. Herrmann verdienen gleiche Beachtung.

[68] Als nachgerade klassischer Beleg kann gelten D. Claessens: Familie und Wertsystem. Eine Studie zur „zweiten sozio-kulturellen Geburt" des Menschen und der Belastbarkeit der „Kernfamilie", Berlin 1972[3]; vorher schon T. Parsons: Family, Socialization and Interaction Process, London 1956.

darauf, daß hier der Tat-Folgezusammenhang als Tun-Ergehenszusammenhang in leibhafter Interaktion erlebt bzw. erlitten und zur Anschauung gebracht werden kann; Wirkungs- und Erlebnisbereich sind hier kongruent. Das gilt sogar unabhängig davon, ob sich das Familienleben in vormodernen, positionsorientierten oder in modernen, personorientierten Familienstrukturen gestaltet. Auch wenn das familiale Rollenschema nicht mehr dem klassischen, an der Differenz der Geschlechter und Generationen orientierten Muster folgt[69], sondern vielmehr von Fall zu Fall von allen Familienmitgliedern neu ausgehandelt werden muß, und auch wenn dieses Aushandeln häufig mißlingt bzw. in der Form eines beständigen Machtkampfes ausgetragen und damit die Familie in ein instabiles und spannungsgeladenes Gebilde verwandelt wird, so bleibt doch jene Kongruenz von Wirkungs- und Erlebnisbereich – im Guten wie im Bösen – erhalten. Die familiale Sozialisation hat in jedem Fall lebensgeschichtlich prägende Auswirkungen, auch dann, wenn das Familienleben mißlingt und im wesentlichen nur die Prinzipien einer Ellbogengesellschaft und bestimmte Mechanismen der Frustrationsverarbeitung einübt und insofern gerade den Erwerb von Interaktionskompetenz in dem hier bezeichneten positiven Sinne verhindert. Solche Fehlleistungen der Familie sind, zumal wenn sie ihrerseits durch gesamtgesellschaftliche Faktoren, wie sie oben unter dem Stichwort der ökonomischen Identität beschrieben wurden, mitbedingt sind, ein vorrangiger Gegenstand kirchlicher Gesellschaftskritik. Wobei solche Kritik allerdings falsch ansetzt, wenn sie das Versagen der primären Sozialisationsinstanz geradewegs auf die Verabschiedung des traditionellen familialen Rollenschemas zurückführt. Denn erstens forderte jenes Schema bekanntermaßen auch seine Opfer wie vor allem den Berufsverzicht der Mütter, und zweitens darf nicht übersehen werden, daß dort, wo die mit der modernen Familienstruktur gesetzten Aufgaben tatsächlich gelöst werden, auch um so tragfähigere soziale Erfahrungen gemacht werden; mehr noch: das verantwortliche Für-und-miteinander-Handeln kann gerade dann besonders gut gelernt werden, wenn auf stereotype Rollen- und Funktionszuweisungen verzichtet wird.

Die in der Familie qua Kleingruppe noch gewährleistete Kongruenz von Wirkungs- und Erlebnisbereich ist in der gesamten Sphäre des öffentlichen, gesellschaftlichen, beruflichen Handelns, von wenigen Ausnahmen abgesehen, nicht mehr gegeben. Zu diesen Ausnahmen können Ärzte, Lehrer,

---

[69]  Vgl. dessen Beschreibung bei T. Parsons: Beiträge zur soziologischen Theorie, hg. von D. Rüschemeyer, Neuwied 1968[2], 110ff.

Pfarrer und Personen mit sozialen Berufen gerechnet werden, die den Erfolg oder Mißerfolg ihres Handelns noch mehr oder weniger deutlich zu Gesicht bekommen, wobei im Falle der Ärzte notorischer Erfolg oder Mißerfolg sich auch in Größe und Art der Klientel und somit ökonomisch bemerkbar macht. Im übrigen aber ist der Tat-Folgezusammenhang weithin unübersichtlich geworden und in der Regel auch nicht mehr als Tun-Ergehenszusammenhang in der Biographie des Handelnden erfahrbar: Wer schlechte oder sogar schädliche Produkte herstellt und absetzt, bekommt den Schaden, der aus der *Qualität* des Produktes resultiert, meistens nicht selbst zu spüren; Auswirkungen des Handelns schlagen nur in der abstrakten Form des finanziellen Gewinns und Verlustes auf den Handelnden zurück. Als Reifungsbedingung für interaktive Handlungskompetenz ist das entschieden zu wenig; es ist sogar irreführend, sofern der ökonomische Erfolg mit dem eigentlichen, d. h. qualitativen Handlungserfolg verwechselt wird, was immer dann der Fall ist, wenn aus der Höhe des Absatzes geradewegs auf die Befriedigung berechtigter Bedürfnisse geschlossen wird.

In der hochentwickelten modernen Industriegesellschaft verselbständigen sich die Handlungsmöglichkeiten und die Erlebnismöglichkeiten der Individuen voneinander, ein Sachverhalt, der sich schon in der Trennung und dem unvermittelten Nebeneinander von privatem und öffentlichem Leben, Freizeit und Beruf spiegelt. Einerseits werden Handlungsmöglichkeiten geschaffen, deren konkrete Auswirkungen erlebnismäßig nicht mehr eingeholt werden können, weil die Handlungseffekte entweder infolge zahlreicher Interferenzen nicht mehr eindeutig identifiziert und einem bestimmten verursachenden Subjekt zugewiesen werden können oder weil sie als Langzeitfolgen überhaupt erst später erkennbar werden und erst nachfolgenden Generationen Probleme bereiten.[70] Andererseits wird der Mensch durch die modernen Medien, aber auch durch den organisierten Tourismus mit Erlebnismöglichkeiten bedient, die er wirkungsmäßig nicht erreichen kann und daher nur noch voyeuristisch konsumiert. Auch ein sich bestenfalls einstellendes Gefühl der Betroffenheit kann sich nur ausnahmsweise in spezifische Handlungsimpulse umsetzen. Dank des erst durch die modernen Medien ermöglichten weltweiten und unverzüglichen Informationsaustausches wird der Zeitgenosse tagtäglich mit einer lebenspraktisch folgenlosen und allenfalls diffus erregenden Bilderflut überschwemmt, welche die

---

[70] Diese Verunklarung des Tat-Folgezusammenhangs wird in der Soziologie etwa unter Stichworten wie „Komplexität" bzw. „Komplexitätssteigerung" und „Technologiefolgen" – insbesondere bezüglich der ökologischen Nebenwirkungen der technischen Zivilisation – reflektiert.

Rede von der „Verkopfung" und „Rationalität" des modernen Menschen
zum offenkundigen Klischee werden läßt.

Ohne jene Grunddiskrepanz als solche aufheben zu können, muß die
Kirche hier doch tun, was immer noch möglich ist. Sie kann immerhin den
dargestellten Sachverhalt ins Bewußtsein heben und die damit verknüpften
Gefahren und Fehlschlüsse sichtbar machen. Vor allem aber kann und muß
sie Forderungen sowohl an die Entscheidungs- wie an die Kommunikationssysteme in der modernen Gesellschaft richten, Forderungen, die nicht schon
deshalb als sinnlos zu betrachten sind, weil das strukturell verursachte Grund-
übel nicht abgeschafft werden kann und eine Rückkehr zu einem Leben in
abgegrenzten und überschaubaren Lebenskreisen – in Luhmanns Terminologie: in einer stratifikatorisch gegliederten Gesellschaft – auch gar nicht
wünschenswert wäre. Im Blick auf bessere Bedingungen für personale Reifung – wie auch aus anderen ethischen Motiven – ist einerseits darauf zu
dringen, daß Handlungszusammenhänge, also Tat-Folge- und Tun-Er-
gehenszusammenhänge, durch unparteiliche Forschung und einen seriösen
Journalismus soweit aufgeklärt werden, daß heilsame Korrekturmöglichkeiten
des Handelns erkennbar werden. Und andererseits ist im Sinne des Prinzips
Verantwortung (H. Jonas) darauf zu bestehen, daß Entscheidungen, deren
Folgen, insbesondere deren Nebenfolgen schlechterdings nicht abschätzbar
sind oder deren Folgen auf spätere Generationen abgewälzt werden – vielleicht in der Meinung, man werde schon eine Lösung finden –, mit verantwortlichem Handeln nicht vereinbar, daher restriktiv zu behandeln sind und
auch der gesetzlichen Kontrolle bedürfen. Hier sind also auch weitreichende
politische Entscheidungen anzumahnen. –

Bei all diesen kritischen Impulsen kann sich die Kirche auch der
Bundesgenossenschaft vieler Intellektueller, vieler Schriftsteller und Künstler zumal, erfreuen. Sie steht nicht allein da und beansprucht auch kein
gesellschaftskritisches Monopol. Was sie von anderen unterscheidet, ist der
*Rückbezug ihres kritischen Maßstabes auf den aus der Begegnung mit dem*
*biblischen Christuszeugnis entstehenden Rechtfertigungsglauben* und die darin
beschlossene Gewißheit über das Verhältnis zwischen Gott und Mensch und
das Verhältnis zwischen den Menschen und den engen Zusammenhang
beider Verhältnisse. Indem die Kirche in all ihren Äußerungen zur Politik
ihren Maßstab, das dem christlichen Glauben entsprechende Bild von Gemeinschaft als freie Kooperation von personalen Instanzen, zu erkennen
gibt, kommuniziert sie auch den Rechtfertigungsglauben selbst mit, wo
nicht ausdrücklich, so doch zumindest implizit. So erweist sich dann in der
Tat die politische Öffentlichkeitsarbeit der Kirche als eine Gestalt der Kommunikation des Rechtfertigungsglaubens. Diese Kommunikation des Recht-

fertigungsglaubens hat hier stets zwei Aspekte: einmal die Stellungnahme aufgrund seiner, indem die aus ihm folgenden Konsequenzen sozialethischer und politischer Art expliziert werden, und zum anderen die Mitteilung eben dieses Grundes selbst, aus dem jene Konsequenzen gezogen werden. Bei dem ersten Aspekt kann die Kirche ihre Adressaten auf ihr ethisches Bewußtsein wie unter Ziff. a beschrieben ansprechen, bei dem zweiten Aspekt schöpft sie ganz aus ihrer eigenen Quelle.

## III. Die Kirche und die Überlebensprobleme

Die Rolle der Kirche bezüglich derjenigen Probleme, die als globale Probleme den gegenwärtigen Zustand der Menschheit insgesamt und ihre Zukunft betreffen, könnte, wie oben § 1, II, 3 dargelegt wurde, auch als ein eigener Funktionsbereich der Kirche ausgewiesen werden. Denn einerseits erschöpfen sich die Aufgaben, die hier auf die Kirche (und die Theologie) zukommen, nicht in politischen Äußerungen; sie muß beispielsweise auch auf die von den globalen Problemen und Entwicklungen ausgelösten Ängste der Menschen in Seelsorge, Gottesdienst und Unterricht eingehen. Andererseits ist das institutionelle Gegenüber, das zur konkreten Lösung der anstehenden Probleme tatsächlich in der Lage wäre, im eigentlichen Sinne noch gar nicht vorhanden. Es ist, wie das vereinte Europa, erst im Entstehen begriffen: in Gestalt einiger internationaler Konferenzen, Abkommen und Organisationen. Ansprechpartner im Sinne von zuständigen Entscheidungssystemen sind also nur die schon vorhandenen Organe und die Instanzen des eigenen Staates, die für die weitere Entwicklung dieser Organe wie für die Schaffung neuer Organe tätig werden können. Dieser zuletzt genannte Gesichtspunkt ermöglicht nun aber doch die Anbindung der hier anzustellenden Überlegungen an die Ausführungen zum politischen Wächteramt der Kirche.

Wir verdeutlichen uns zunächst den besonderen Charakter der sog. Überlebensprobleme (1), um danach die mögliche Rolle der Kirche bestimmen zu können (2).

### 1. Die Überlebensprobleme als Handlungsprobleme neuer Art

Daß die Kirche die Probleme, zu denen sie in ihrer öffentlichen politischen Predigt[71] Stellung nehmen möchte oder muß, zuerst selbst einmal unter

---

[71] Ich zähle selbstverständlich auch die Kanzelrede, sofern sie zusammen mit dem Evangelium auch das Gesetz predigt und sich dabei nicht nur an Privatpersonen richtet, zur politischen Predigt.

Inanspruchnahme außertheologischen Expertenwissens analysieren muß, ist im Falle der globalen Zukunftsprobleme besonders evident. Denn die Gefahr eines unbedachten Darauflosspekulierens und unkontrollierter Panikmache ist hier größer als bei Problemen, die sich nur im eigenen Lande stellen und hier auch gelöst werden müssen. Auch kann sich die Kirche die Zeit zur Analyse nehmen, da sie hier in der Regel nicht auf bestimmte Einzelentscheidungen zu reagieren braucht.

Nun kann freilich nicht von der Kirche erwartet werden, daß sie sich das Fachwissen über alle involvierten empirischen Faktoren aneignet, die zu berücksichtigen wären, wenn man selbst beurteilen will, was im einzelnen wie gefährlich ist, was sich in welchem Tempo und aus welchen Ursachen verschlechtert oder welche Zukunftsprognosen verschiedener Experten realistisch oder überzogen sind. Denn es ist nicht Sache der Kirche, zu Wahrscheinlichkeiten Stellung zu nehmen oder die Frage zu beantworten, wie optimistisch oder pessimistisch man bezüglich der Lösung dieser Probleme sein darf, weshalb auch dem gegen den Ausdruck „Überlebensprobleme" leicht geäußerten Verdacht der Übertreibung oder Dramatisierung hier kein Anhalt gegeben wird. Es genügt, daß jene Probleme existieren, somit das denkbar Schlimmste tatsächlich *möglich* ist und daher Lösungen gefunden werden müssen. Auch Hans Jonas hat sich in seiner „Ethik für die technische Zivilisation" nicht von Wahrscheinlichkeitsüberlegungen leiten lassen, sondern nur von der realen Möglichkeit globalen Unheils und von der neuen Qualität der zu lösenden Probleme.[72] Und eben von dieser neuen Qualität muß auch die Kirche eine klare Vorstellung entwickeln. Sofern einzelne Theologen sich auch über möglichst viele empirische Aspekte sachkundig machen, um so besser! Erforderlich ist aber vor allem eine strukturelle Analyse der anstehenden Probleme als neuartiger Handlungsprobleme.[73]

Unter den Überlebensproblemen oder globalen Zukunftsproblemen sind nicht alle Probleme zu verstehen, die durch den technisch-technologischen Fortschritt entstanden sind, sondern nur diejenigen, bei denen im Falle einer katastrophalen Entwicklung die Gattung Mensch als ganze in Bedrängnis gerät. Eine solche alle nationalen Grenzen überschreitende Gefahr ist strenggenommen nur bei der „ökologischen Krise" (in verschiedenen

---

[72]  H. Jonas: Das Prinzip Verantwortung. Versuch einer Ethik für die technische Zivilisation, Frankfurt a.M. 1979, st 1085, 1984. Zitiert wird nach der Taschenbuchausgabe.

[73]  Vgl. zum Folgenden meinen Aufsatz: Die sogenannten Überlebensprobleme als Herausforderung an die Kirche, WzM 43/1991, 2-18.

Erscheinungsformen) und bei der wirtschaftlichen und militärischen Nutzung der „Kernenergie" gegeben. In einem weiteren Sinne könnte man auch noch die durch den medizinischen Fortschritt mitbedingte „Bevölkerungsexplosion", sofern sie zu einer weltweiten oder ganze Kontinente betreffenden Nahrungsmittelknappheit führen kann, dazu zählen. Ob auch die Gefahr einer der Pest vergleichbaren Epidemie, etwa in Gestalt eines neuen medizinisch nicht beherrschbaren Virus, entstehen kann, sei hier unerörtert; dasselbe gilt für die gelegentlich schon beschworene Gefahr eines „genetischen Chaos".[74]

Vor der Heraushebung der spezifisch neuen Strukturmerkmale der Überlebensprobleme sei auf das verwiesen, was sie mit herkömmlichen Handlungsproblemen gemeinsam haben. Zunächst gilt hier, daß sie nur durch dieselbe Art von Handeln gelöst oder zum Verschwinden gebracht werden können, durch das sie auch entstanden sind. Sind sie durch Technik, Industrie, Politik und Wirtschaft heraufbeschworen worden, dann sind sie auch diesen Kräften und der dazugehörigen Forschung zur Lösung aufgegeben. So ist z.B. die Umstellung von Kernenergie auf andere und weniger riskante, herkömmliche oder neue Arten der Energiegewinnung keine Zurücknahme von Technik, auch keine Preisgabe des hohen technologischen Standes, sondern nur eine Korrektur des technischen Handelns selber. Eventuelle Kritik an der Kernenergie von seiten der Kirche impliziert also auch keinen technologiefeindlichen Standpunkt. – Zweitens ist darauf hinzuweisen, daß eine verantwortliche Lösung der in Rede stehenden wie aller Handlungsprobleme einschließt, daß Zweck (das Handlungsziel) und Mittel (die Handlung selber bzw. die Kette von Handlungen, die zum Ziel führen soll)

---

[74] Nicht zu den Überlebensproblemen zählen wir die ebenfalls durch den naturwissenschaftlich-technischen Fortschritt entstandenen und nicht minder brisanten medizinethischen und bioethischen Fragen, bei denen es immer in irgendeiner Form darum geht, ob wir das, was wir tun können und teilweise bereits tun, auch tun dürfen. Zur diesbezüglichen theologischen Debatte sei besonders verwiesen auf die einschlägigen Aufsätze in E. Herms: Gesellschaft gestalten. Beiträge zur evangelischen Sozialethik, Tübingen 1991, 296-348 und auf E. Stock: Menschliches Leben und Organtransplantation, demnächst in MJTh IX, 1997. – Wenn diese Probleme hier nicht eigens thematisiert werden, obwohl sie ebenfalls im gesamten Bereich moderner Zivilisation auftreten, so sollen sie damit keineswegs für zweitrangig erklärt werden. Es bleibt den Lesern überlassen, jeweils zu beurteilen, ob und wieweit die folgende Analyse einer neuen Klasse von Handlungsproblemen und die darauf bezogenen Überlegungen zur Rolle der Kirche mutatis mutandis auch für jene anderen Probleme zutreffen.

einander so zugeordnet werden, daß die Möglichkeit unerwünschter Nebenfolgen so gering wie möglich gehalten wird. Das hervorzuheben geben
gerade die Überlebensprobleme besonderen Anlaß, sind sie doch überwiegend als solche unbeabsichtigte und lange Zeit ungesehene Nebenfolgen
eines an sich zu begrüßenden und von guten Absichten getragenen wissenschaftlichen und technischen Fortschritts zu begreifen. – Drittens wird an
den Überlebensproblemen offenkundig, daß alle schwer lösbaren Handlungsprobleme i. d. R. nicht nur als Probleme des Handelns im engeren Sinne
erfahren werden: Sie lösen Ängste aus und werden als Bedrohung des psychischen Gleichgewichts erfahren; sie lassen Sinnfragen virulent werden und
stellen das bisherige religiös-weltanschauliche Symbolsystem in Frage.

Daß die Überlebensprobleme eine neuartige, besondere Klasse von
Handlungsproblemen darstellen, zeigt sich an wenigstens fünf Merkmalen:

a) Das erste Merkmal betrifft das *Handlungssubjekt* und wurde oben
bereits angesprochen. In irgendeiner Weise sind offenbar *alle* Individuen
und Gruppen dazu aufgerufen, etwas zur Lösung jener Probleme beizutragen.[75] In Bezug auf die ökologische Krise ist das besonders evident: Jeder
trägt einen Teil der Verantwortung, denn das Handeln jedes Einzelnen hat
so oder so Auswirkungen auf den Zustand der Umwelt. Man kann sich aber
nicht mit einem undifferenzierten Aufruf aller zur Verantwortung begnügen. Denn das zur Lösung der anstehenden Aufgaben fähige *korporative
Subjekt* ergibt sich nicht einfach durch Addition der Einzelsubjekte und
ihrer Handlungen, sondern erst durch deren *Koordination*. Die Handlungs-
anteile von Individuen und Institutionen müssen in durchsichtiger Weise
aufeinander abgestimmt werden, damit sie sich nicht gegenseitig blockieren
oder unwirksam machen. Da die Probleme übernationalen Charakter haben,
kann die für die Abstimmung von Handlungszusammenhängen und -zustän-
digkeiten erforderliche Organisation sich auch nur auf einer internationalen
Ebene etablieren, und die Organe eines solchen korporativen oder kollekti-
ven Subjekts müßten mit hinreichenden Rechtsbefugnissen und Sanktions-
möglichkeiten ausgestattet sein. Das alles ist bekanntlich erst im Entstehen
begriffen.[76]

b) Dem alle umfassenden korporativen Handlungssubjekt korrespondiert die *Reichweite* dieser Handlungsprobleme. Zum ersten Mal in ihrer

---

[75] Dem entspricht auch die Rede von einem konziliaren Prozeß für Frieden, Gerechtigkeit und Bewahrung der Schöpfung.

[76] Die Ohnmacht der bereits bestehenden internationalen Organisationen wird uns
fast bei jeder Flüchtlingskatastrophe demonstriert. Man gestattet ihnen oft nicht
einmal den Zutritt zu den von Hunger und Seuchen Bedrohten.

Geschichte ist die Menschheit in die Lage versetzt, ihren eigenen Untergang als Gattung selbst herbeizuführen, sei es durch eine systematische Zerstörung ihrer natürlichen Lebensbedingungen, sei es durch eine atomare Katastrophe. Der Abbruch der menschlichen Geschichte, der für frühere Generationen nur als entweder von Gott herbeigeführtes Ende oder als kosmischer Unglücksfall vorstellbar war, erscheint nun als mögliches Ergebnis menschlichen Handelns. Damit wird auch die Reichweite der menschlichen Verantwortung in bisher nicht gekanntem Maße ausgedehnt. Dieser Sachverhalt bildet den Ausgangspunkt der Überlegungen von Hans Jonas über eine *neue* Ethik, die nicht mehr davon ausgehen kann, daß die Fortexistenz des Handlungssubjekts und des Schauplatzes menschlichen Handelns gewährleistet ist. Hinzu kommt, daß die Gentechnologie Möglichkeiten eröffnet, die Natur des Handlungssubjekts, die bisher das invariante Fundament aller Ethik bildete, selbst zu verändern. Auch das ist jetzt in die Verantwortung des Menschen gelegt: „Es regelt sich nun in der Tat schlechterdings nicht mehr von selbst."[77] Auch ein Vorgehen nach dem Trial-and-error-Verfahren verbietet sich bei diesen Handlungsproblemen, da nach einem katastrophalen Irrtum möglicherweise gar kein weiterer Versuch mehr möglich wäre.[78]

c) Die Überlebensprobleme belasten jeden, der sich in sie vertieft, mit der Erfahrung einer enormen *Disproportion* zwischen dem *Gewicht der Probleme* und dem daraus resultierenden Handlungsdruck einerseits und den realen eigenen *Handlungsmöglichkeiten* andererseits. Eine solche Disproportion ist bei den meisten Handlungsproblemen, die sich dem Einzelnen im eigenen Erlebnisbereich stellen, nicht gegeben; je wichtiger ihm ein Handlungsziel erscheint, desto mehr entdeckt er i. d. R., daß er selbst derjenige ist, der hier das Entscheidende tun kann.[79] Im Falle der Überlebensprobleme verhält es sich umgekehrt: Je mehr man sich sachkundig macht und eigene Verantwortung zu übernehmen bereit ist, desto mehr wird man zunächst einmal der eigenen Ohnmacht ansichtig, der Unverhältnismäßigkeit des eigenen Tuns – etwa eines umweltgerechten Verhaltens – im Vergleich zu dem was geschehen müßte, was beispielsweise von bestimmten Chefetagen aus in die Wege geleitet und durch weitreichende politische Entscheidungen abgesichert werden müßte. Und dieses Ohnmachtsgefühl wird weiter durch den berechtigten Zweifel verstärkt, ob solche Entscheidungen tatsächlich von den Führungskräften in Wirtschaft und Politik erwartet werden können

---

[77] E. Herms, aaO. 311.
[78] So H. Jonas, aaO. 71f.
[79] So z. B. wenn es darum geht, ein Examen zu bestehen.

und ob es derzeit überhaupt Institutionen gibt, die zu mehr als kurzfristigen ad-hoc-Entscheidungen in der Lage ist.

d) Ein weiteres Kennzeichen betrifft den gleichsam *strategischen Aspekt* dieser neuartigen Handlungsprobleme, nämlich die auch hier zu bestimmende *Zweck-Mittel-Relation.* Das Ziel bzw. der Zweck einer jeden nicht routinemäßigen oder einfach reflexartigen Handlung bedarf der ethischen Legitimation, ebenso das Mittel, die konkrete Aktion, durch die das Handlungsziel realisiert werden soll. Daß die Zielwahl an ethischen Vorzüglichkeitskriterien auszuweisen ist, versteht sich von selbst, daß dasselbe auch für die Mittel gilt, wird durch den Satz „Der Zweck heiligt die Mittel" geleugnet. Zwar trägt die Rechtfertigung der Zielwahl die der Mittelwahl teilweise mit, das ist das Wahrheitsmoment in jenem Satz. Aber er ignoriert, daß der Einsatz jedes Mittels einen Aufwand bedeutet, also Opfer fordert, deren Wert und Preis mit in die Legitimation des Mittels einzubeziehen sind. Jede Handlung, das macht die Mittelreflexion deutlich, ist also auch auf ihre regelmäßigen *Nebenfolgen,* die übrigens auch positiver Art sein können, hin zu bedenken, und sie ist in ihrer Mittelwahl so zu gestalten, daß das Risiko unerwünschter Nebenfolgen möglichst gering gehalten wird. Bei zu erwartenden positiven Nebenfolgen ergibt sich eine zusätzliche Motivation zur Ausführung der Handlung; sind mit Sicherheit oder Wahrscheinlichkeit zu erwartende negative Nebenfolgen gewichtiger als das angestrebte positive Handlungsziel, so unterbleibt die Handlung in aller Regel, jedenfalls dann, wenn der Schaden von der handelnden Person selber zu tragen wäre, betrifft er andere, so *sollte* sie unterbleiben; ist der riskierte, möglicherweise, aber nicht sicher zu erwartende Schaden größer als der angestrebte „Nutzen" der Handlung, so wird die Handlungsmotivation geschwächt oder gelähmt: die Person weiß nicht, ob sie in der vorgesehenen Weise tätig werden soll und fragt nach Handlungsalternativen, die zum gleichen Resultat führen könnten.

Der zuletzt genannte Fall ist nun fast regelmäßig bei den hier in Rede stehenden Handlungsproblemen einschlägig. Die Handlungsziele scheinen, da es sich um die Abwendung oder Verringerung von globalen Gefahren handelt, keine Schwierigkeit zu bereiten. Sie lassen sich auch in einem schönen positiven Gesamtbild, dem man kaum widersprechen wird[80], zu-

---

[80] Es sei denn, jemand vertritt bewußt den Standpunkt „Nach uns die Sintflut". Demgegenüber behandelt H. Jonas (op.cit., bes. Kap. IV) ausführlich die Frage, ob und wie sich die Pflicht, für den Fortbestand der Menschheit zu sorgen, ethisch begründen läßt. Wir können diese Erörterung hier ausblenden und unterstellen eine positive Antwort.

sammenfassen: Anzustreben ist eine gerechte und befriedete Weltgesellschaft, die der Massenvernichtungsmittel (chemischer, biologischer und nuklearer Waffen) nicht bedarf und die eine Wirtschaft betreibt, in welcher Nahrungsmittel und andere Güter in für alle hinreichendem Maße erzeugt werden, ohne daß durch die Art der Erzeugung die Umwelt und die Gesundheit aller Lebewesen über ein erträgliches Maß hinaus belastet werden.[81] So einleuchtend und unbestritten dieses Gesamtziel ist, so schwierig ist die eindeutige Zuordnung der Mittel, insbesondere der jedem einzelnen hier und jetzt möglichen Handlungen. Der Tat-Folgezusammenhang ist, weil er ungeheuer weit gespannt ist und über viele schwer kalkulierbare Mittelglieder verläuft, in hohem Maße undurchsichtig. Zwar ist klar, daß ich jede die Umwelt belastende Handlung, die ich unterlassen kann, auch unterlassen soll. Über ein solches wohl sinnvolles, aber zugleich ganz unverhältnismäßiges persönliches Verhalten hinaus, bin ich als Staatsbürger und als kritischer Zeitgenosse aber auch aufgefordert, für diese oder jene von Politik und Wirtschaft ins Werk zu setzende Strategie, wie sie etwa durch Parteiprogramme und Initiativgruppen präsentiert wird, zu optieren. Genau hier aber ist eine eindeutige Zweck-Mittel-Relation kaum möglich. Soll ich beispielsweise einen sofortigen Ausstieg aus der Kernenergie befürworten oder einen befristeten Ausstieg oder vorerst nur für eine Verschärfung von Sicherheitsvorkehrungen bei Verzicht auf weiteren Ausbau oder sogar in Verbindung mit einem weiteren Ausbau eintreten? Was ist also der strategisch richtige nächste Schritt? Jede hier getroffene Option beruht auf recht vagen Wahrscheinlichkeitserwägungen. Dasselbe gilt für Abrüstungsstrategien, auch wenn man sich über die Notwendigkeit der Rüstungsbeschränkung und der weltweiten Ächtung bestimmter Waffengattungen im klaren ist. D. h.: die jeweils wählbaren politischen oder ökonomischen Handlungsalternativen können vom Handlungsziel her nicht eindeutig bestimmt werden. Es kommt

---

[81] Daß diese Zielbestimmung utopisch klingt, ändert nichts an ihrer Gültigkeit. Sie bringt zum Ausdruck, daß die verschiedenen Überlebensprobleme vermutlich nicht separat, sondern nur miteinander gelöst werden können; es reicht also nicht, auf der Linie Kants nur über die Möglichkeit eines ewigen Friedens nachzudenken. Außerdem beinhaltet das Zielbild nur den Ausschluß bestimmter Übel mittels geeigneter Technologien, politischer Ordnungen und Verträge, nicht auch die sittliche Vollendung des Menschen. Das Wissen um die Bösartigkeit und bleibende Verführbarkeit der menschlichen Natur ist vielmehr, wie insbesondere lutherischer Theologie bewußt ist, eines der stärksten Motive, sich auch um die Verbesserung der sozialen Systeme zu kümmern.

hinzu, daß man häufig ein Problem nicht lösen kann, ohne gleichzeitig ein anderes zu schaffen oder zu verschärfen. Die in entscheidender Position zum Handeln Aufgerufenen stehen unter mehreren Obligationen zugleich. Umweltfreundliche Produktion und Erhaltung von Arbeitsplätzen können – obwohl sie sich, wie versichert wird, prinzipiell nicht ausschließen müssen – im konkreten Fall doch in Konkurrenz zueinander treten. Die Interferenz der Handlungsprobleme und -ziele erschwert eine Priorisierung in den realen Handlungssituationen hic et nunc.

e) Die Überlebensprobleme sind infolge des naturwissenschaftlichen, technischen und industriellen Fortschritts entstanden. Da solcher Fortschritt aber prinzipiell nicht revoziert werden kann – das Verfahren der Kernspaltung z. B. kann nicht vergessen gemacht werden –, müssen die in Rede stehenden Probleme als *dauerhaft* betrachtet werden. Sie können nicht in dem Sinne gelöst werden, daß die globalen Gefahren ein für alle Mal aus der Welt geschafft wären. Es kann nur darum gehen, sie nach Kräften zu minimieren, eine darüber hinausgehende Lösung dürfte nicht möglich sein. Die Menschheit muß also lernen, mit jenen Gefahren zu leben und sie jeweils in Grenzen zu halten.

## 2. Die Überlebensprobleme als Herausforderung an die Kirche

Die Kirche muß sich in mehrfacher Weise aufgefordert sehen, in Bezug auf die Überlebensprobleme tätig zu werden. Das ergibt sich aus der Strukturanalyse dieser Probleme, aus der sich drei verschiedene Aufgaben für Theologie und Kirche ableiten lassen, nämlich *Handlungsaufgaben im engeren Sinne*, die sich auf die reale, wenn auch nicht endgültige, Lösung dieser Probleme beziehen (a), ferner *seelsorgerliche Aufgaben*, die auf das subjektive Erleben dieser Probleme reagieren (b), und schließlich *Deutungsaufgaben*, in denen die durch die globalen Gefahren aufgeworfenen Sinnfragen, welche im Kern theologische Fragen sind, aufgegriffen werden (c).

> Diese Dreiheit oder Dreidimensionalität ist als solche nichts Neues. Sie ergibt sich aus dem fundamentalanthropologischen Sachverhalt, daß jede leibhafte, in Raum und Zeit wahrnehmbare Handlung von einem sich selbst in seiner Bezogenheit auf die jeweilige soziale und physische Umwelt erlebenden Subjekt vollzogen wird, wobei beides, äußere Handlung und inneres Erleben, mehr oder weniger explizit mittels eines je individuell symbolisierten Gefüges von Sinnannahmen reflektiert wird und damit selbst von diesem Sinnhorizont abhängig ist. Im Fall psychischer Krisen, wie sie Gegenstand der Einzelseelsorge sind, wird dieser Zusammenhang besonders evident. Die etwa durch einen schwerwie-

genden Verlust ausgelöste Krise einer Person impliziert regelmäßig eine Störung dreier Systeme, die selbst untereinander in einem systemischen Zusammenhang stehen: des äußeren Handlungs- oder Rollensystems, des inneren psychischen Systems und des Sinnsystems, wobei die Krise in jedem dieser Systeme ihren Ausgangspunkt haben und sich in jedem unterschiedlich stark ausprägen kann.[82]

Aus der Zwischenüberlegung folgt, daß die Aufteilung der durch die Überlebensprobleme entstehenden Aufgaben auf drei Bereiche eine strukturell vollständige Erfassung der Aufgaben darstellt. In ihren Äußerungen zur Sache wird die Kirche alle drei Aufgabenbereiche im Blick haben müssen, wobei sie in der Gemeindepredigt den Akzent stärker auf die Bereiche b und c legen wird, während bei Stellungnahmen, die sich an die gesellschaftliche Öffentlichkeit und bestimmte Positionen in Politik, Wirtschaft und Wissenschaft richten, naturgemäß der Bereich a im Vordergrund stehen kann, ohne daß dabei die beiden anderen Aufgabenbereiche ganz ausgeblendet werden dürften.

a) In einer selbständigen systematischen Erörterung der aufgeworfenen Fragen müßte die theologische Klärung der Sinnfragen wohl den Anfang machen, jedenfalls vor der Behandlung der eigentlichen Handlungsprobleme erfolgen. So machte W. Härle, der seiner Abhandlung zum Golfkrieg die gleiche Dreiteilung, aber in anderer Abfolge, zugrunde legte, mit Recht geltend, „daß die ethische Urteilsbildung fundiert sein muß im Wirklichkeitsverständnis, weil andernfalls nicht deutlich wird, woher ethische Überzeugungen gewonnen werden".[83] Ich habe diesen prinzipiellen Begründungszusammenhang selbst an früherer Stelle deutlich gemacht[84] und auch verschiedentlich schon auf die Gesamtstruktur des christlichen Wirklichkeitsverständnisses Bezug genommen. Die hier gewählte Reihenfolge dürfte dem Duktus dieses Paragraphen entsprechen: Die politische Predigt der Kirche

---

[82] Zu dieser Krisentheorie vgl. vom Verf.: Seelsorge als Bewältigung von Lebenssituationen, in: J. Scharfenberg (Hg.): Freiheit und Methode. Wege christlicher Einzelseelsorge, Göttingen 1979, 61-81. Jede Trauertheorie, die den genannten fundamentalanthropologischen Sachverhalt nicht zur Kenntnis nimmt und die Trauerarbeit nur in eines der drei Teilsysteme verlagert, ist vom Ansatz her verfehlt, wenn sie auch im einzelnen beachtenswerte Hinweise für Therapie, Beratung und Seelsorge geben mag.

[83] W. Härle: Zum Beispiel Golfkrieg. Der Dienst der Kirche in Krisensituationen in unserer säkularen Gesellschaft (Vorlagen, NF 14), Hannover 1991, 23.

[84] S.o. § 7, III, 2.

verfolgt die Strategie, einerseits den theologischen Hintergrund der poli-
tisch-ethischen Urteile der Kirche mitzukommunizieren, zugleich aber das
schon vorausgesetzte ethische Bewußtsein der Adressaten in Politik, Wirtschaft und Forschung und die allgemeinen Evidenzerfahrungen, auf denen
es zumindest aufbauen kann, anzusprechen.[85]

Grundsätzlich gilt natürlich, daß die Kirche in Fragen der Umwelt-,
Energie-, Wirtschafts- und Militärpolitik kein eigenes Mandat besitzt, daß
sie aber sehr wohl das Ihre dazu beitragen kann, daß die prima vista zuständigen Instanzen heilsame Entscheidungen treffen. Sie tut das, indem sie
nicht nur auf die Dringlichkeit der Probleme hinweist, sondern die zuständigen Organe bei ihrer Verantwortung behaftet und Hilfe zur ethischen
Urteilsbildung anbietet.

Die Kirche kann diese Aufgabe nur sachgemäß wahrnehmen, wenn sie
von der zu einseitigen Strategie, einfach unterschiedslos alle Einzelnen zu
mobilisieren, Abstand nimmt und die realen politischen Gegebenheiten und
Möglichkeiten in das Handlungskonzept einbezieht. Der populäre Slogan
„Viele kleine Leute an vielen kleinen Orten, die viele kleine Schritte tun,
können das Angesicht der Erde verändern", der allein auf Basisbewegungen
und deren Vernetzung setzt und von den einflußreichen Stellen gar nichts
mehr zu erwarten scheint[86], trägt zwar dem Sachverhalt der Verantwortung
jedes Einzelnen Rechnung, als Strategie ist er aber paradoxerweise nur dann
angemessen und schließlich auch erfolgreich, wenn es gar keine anderen
Möglichkeiten mehr gibt, d. h. wenn alle wichtigen Positionen in Politik,
Industrie, Handel und Wissenschaft tatsächlich von einer einzigen unbeweg-
lichen Funktionärsclique besetzt sind, die dann auch nur noch durch eine
revolutionäre Bewegung von unten entmachtet werden kann. Solche strategischen Vorstellungen dürfen aber nicht unterschiedslos unter demokratischen Bedingungen propagiert werden. Hier müssen neben der Verantwortung des je Einzelnen auch die politischen und institutionellen Handlungsmöglichkeiten in Rechnung gestellt werden; denn es liegt an den Kom-
petenzträgern des politischen und ökonomischen Systems, die erforderlichen

---

[85] Das Wahrheitsmoment in der paulinischen These, daß den Heiden „in ihr Herz
geschrieben ist, was das Gesetz fordert, zumal ihr Gewissen es ihnen bezeugt, dazu
auch die Gedanken, die einander anklagen und auch entschuldigen" (Röm 2, 15),
könnte bei einer rigorosen Verordnung der Dogmatik vor der Ethik verlorenge-
hen.

[86] In die Nähe solcher Vorstellung kommt z.B. G. Altner: Leidenschaft für das
Ganze, Stuttgart u. Berlin 1980, 22f.

internationalen Organe zu schaffen, zu unterstützen und mit Sanktionskraft zu versehen. Stellt die Kirche dieses *Gesamtspektrum* von ansprechbaren Instanzen und faktischen Handlungsmöglichkeiten in Rechnung, dann kann sie einen dreifachen Beitrag leisten.

Sie wird *erstens* darauf dringen, daß die erforderlichen internationalen *Organe*, die das einschlägige Handeln aller Staaten, aller Individuen und zahlreicher Institutionen zu koordinieren haben, überhaupt geschaffen bzw., wo sie schon bestehen, weiter gestärkt und verbessert und von allen Regierungen und Wirtschaftsverbänden unterstützt werden. Dazu wird sie alle schon in dieser Richtung wirksamen Kräfte ermutigen. Bei dieser Aufgabe, die dem oben genannten Strukturmerkmal a entspricht, kommt es der Kirche zugute, daß sie selbst, wie man gesagt hat, in ihr ökumenisches Zeitalter eingetreten ist.

Es entspricht zwar schon genuin theologischen Motiven, wenn die verschiedenen Partikularkirchen, in welche die weltweite Christenheit zerfällt, sich zusammenschließen: nicht zu einer empirischen weltumspannenden Kirche mit einheitlicher Lehrordnung[87], sondern zu Kirchenbünden oder -gemeinschaften, welche die Rezeptionsautonomie und die Bekenntnisverschiedenheit der in ihnen zusammengeschlossenen Partikularkirchen respektieren[88], und die ihrerseits so lange selbst noch partikularkirchlichen Charakter haben, als sie sich nicht noch einmal zu einer, ebenfalls die Partikularkirchen nicht aufhebenden universalen Gemeinschaft von Kirchen zusammenschließen.[89] Es muß aber auch auf die sachlich begründete Parallelität zwischen diesen kirchlichen Vereinigungsbestrebungen und den Anstrengungen, ein vereinigtes Europa und darüber hinaus die Ordnungsgestalt einer Welt-

---

[87] Das ist nach wie vor das ökumenische Einheitskonzept der römisch-katholischen Kirche.

[88] Damit ist nicht bestritten, daß es auch sinnvoll sein kann, wenn sich kleinere Partikularkirchen mit gleicher Bekenntnisgrundlage zu einer größeren Partikularkirche (jüngstes Beispiel: die Evangelisch-Lutherische Kirche Nordelbiens) vereinen.

[89] Wesentliche Ausführungen zu den Begriffen „Partikularkirche" und „Universalkirche" nach reformatorischem Verständnis in dem in Anm. 12 genannten Aufsatz von E. Herms, in welchem auch auf einschlägige Artikel in der Grundordnung der EKD verwiesen und die ekklesiologische Mustergültigkeit der Leuenberger Konkordie sowie des neuen Dokuments der Leuenberger Kirchengemeinschaft „Die Kirche Jesu Christi. Der reformatorische Beitrag zum ökumenischen Dialog über die kirchliche Einheit" (1995) hervorgehoben wird.

gesellschaft zu schaffen, verwiesen werden. Es macht durchaus Sinn, wenn die Leitungsorgane einer Kirchengemeinschaft von deren Gliedkirchen bei fortbestehender Rezeptionsautonomie mit solchen Kompetenzen ausgestattet werden, daß nun die Kirchengemeinschaft „als die einheitliche Vertreterin der ‚gesamtkirchlichen Anliegen‘ ‚gegenüber den Inhabern der öffentlichen Gewalt‘ auftritt und als Ziel ein ‚einheitliches Handeln ihrer Gliedkirchen auf allen Gebieten des öffentlichen Lebens‘ anstrebt".[90] Wie die geographische Größe und Gestalt der Partikularkirchen aus ehemaligen und teilweise noch bestehenden Landesgrenzen zu erklären ist, so entspricht es der Überwindung territorialstaatlichen Denkens und Handelns auf Seiten des Staates, wenn die Kirchen sich zu Gemeinschaften mit eigenen Befugnissen zusammenschließen und dabei auch – wenn auch nicht allein und nicht einmal primär – politische Größenordnungen im Blick haben.[91]

Es ist also nicht zuletzt die dem Selbstverständnis der Kirche entsprechende ökumenische Organisation der Kirche, die es ermöglicht, die ihr hier gestellte Aufgabe auch wirkungsvoll in Angriff zu nehmen. Gerade bei Problemen, die länderübergreifend auftreten und daher auch nur länderübergreifend gelöst bzw. unter Kontrolle gehalten werden können, ist es ein wesentlicher Vorteil, wenn die Kirche auch länderübergreifend reden kann. Es ist damit zu rechnen, daß von dieser bisher noch zu wenig genutzten Möglichkeit in Zukunft verstärkt Gebrauch gemacht wird.

Die Kirche kann aber die genannte Aufgabe nur sachgemäß erfüllen, wenn sie *zweitens* ihren Appell an die verantwortlichen Instanzen mit Anstrengungen zur *ethischen Urteilsbildung* verbindet. *Formal* kommt ihr dabei zugute, daß sich die Rolle der Kirche als öffentliches Gesprächsforum bewährt hat. Ihr wird vom allgemeinen Bewußtsein weithin immer noch das moralische Recht zugestanden, Experten, Politiker, Manager und Vertreter unterschiedlicher Interessengruppen zu gemeinsamen Gesprächen zu bitten und öffentlich auskunftspflichtig zu machen. Dabei kann sie auch ihre Befähigung zur Moderation unter Beweis stellen.[92] Dieser Beitrag der Kirche

---

[90]  E. Herms, aaO. 114; die Zitate im Zitat sind Art. 19 GO-EKD entnommen.

[91]  Das tritt besonders deutlich zutage am Beispiel der Gründung des Bundes der Evangelischen Kirchen in der DDR (1969) und seiner Auflösung nach der Wiederherstellung der deutschen Einheit. Mit Recht urteilt E. Herms (aaO. 115), daß dieser Vorgang nichts mit Opportunismus zu tun hat, sondern „sachgemäß" ist.

[92]  S. dazu o. § 11, II.

zur politischen Kultur ist fortzuführen, auch wenn hochrangige Politiker aus naheliegenden Gründen wohl immer mehr das Fernsehen als Forum bevorzugen.

Als *inhaltliche* Hilfe zur ethischen Urteilsbildung wird die Kirche hier das gleiche der biblischen Botschaft entsprechende Zielbild menschlicher Gemeinschaft vor Augen stellen, das sie allen ihren politischen und sozialkritischen Äußerungen als Maßstab zugrunde legt. Dabei ist hervorzuheben, daß, wie die biblische Botschaft, so auch dieses Zielbild auf die conditio humana als solche bezogen ist und in seiner Verstehbarkeit und Gültigkeit nicht von einem speziellen soziohistorischen und kulturellen Kontext abhängig ist.[93] Die christliche Lehre inklusive ihrer Ethik ist somit auch koextensiv mit allen kulturübergreifend auftretenden Problemen und Gefahren. Diese ethische Rahmenvorstellung ist nun aber auch mit speziellen theologisch-ethischen Überlegungen und Expertisen zu den Überlebensproblemen zu verbinden. Diese speziellen ethischen Entwürfe, wie sie beispielsweise unter dem Titel einer „ökologischen Theologie" entwickelt wurden[94], brauchen hier nicht im einzelnen vorgeführt und diskutiert zu werden. Nur ein Gesichtspunkt sei exemplarisch herausgegriffen.

Es kann nicht verwundern, daß sehr häufig auf Albert Schweitzers Formel „Ehrfurcht vor dem Leben" zurückgegriffen wird.[95] Ihre Leistungsfähigkeit ist aber begrenzt, wenn man sie unmittelbar als ethisches Entscheidungsprinzip zur Anwendung bringen will, ohne dabei bestimmte Prämissen

---

[93] Zur näheren Begründung dieses Verständnisses von *einer* oder *der* conditio humana und zu ihrem Verhältnis zur geschichtlichen Vielfalt vgl. E. Herms: Die Lehre von der Schöpfungsordnung, in ders.: Offenbarung und Glaube. Zur Bildung des christlichen Lebens, Tübingen 1992, 431-456 sowie R. Preul: Contextuality and the Unity of Practical Theology, PThI 16/1996, H. 2, 291-297.

[94] Genannt sei hier nur der von G. Altner herausgegebene einschlägige Aufsatzband: Ökologische Theologie. Perspektiven und Orientierung, Stuttgart 1989; dort weitere Literaturhinweise. Zur Frage nach der theologischen Legitimierbarkeit von militärischer Macht und Gewaltanwendung sei auf die in Anm. 83 genannte Abhandlung W. Härles verwiesen.

[95] A. Schweitzer: Kultur und Ethik, München 1923, 237-261; dort auch die berühmte Formulierung „Ich bin Leben, das leben will, inmitten von Leben, das leben will" (239). Vgl. ders.: Die Ehrfurcht vor dem Leben. Grundtexte aus fünf Jahrzehnten, hg. von H. W. Böker, München 1991⁶. Zur Diskussion von Schweitzers Ethik vgl. W. Härle: „Ehrfurcht vor dem Leben". Darstellung, Analyse und Kritik eines ethischen Programms, demnächst in MJTh IX, 1997.

Schweitzers aufzugeben. Denn auf der Grundlage der von Schweitzer vertretenen Gleichwertigkeit allen Lebens[96] gebietet die Formel zwar, fremdes
Leben – tierisches, pflanzliches und menschliches – nicht ohne Not, d. h.
um der Erhaltung anderen Lebens willen, zu zerstören, läßt zugleich aber
offen, welches Leben welchem anderen Leben im konkreten Fall geopfert
werden darf. Die Stärke der Schweitzerschen Grundeinsicht und ihre
paradigmatische Bedeutung liegt vielmehr darin, daß sie ein Selbst- und
Welterleben zum Ausdruck bringt, in welchem *religiöses Empfinden, ästhetische Wahrnehmung und ethischer Impuls unmittelbar und untrennbar miteinander verbunden sind.*[97] Damit ist aber dem Prozeß der ethischen Urteilsbildung die richtige Richtung gewiesen. Es kann primär nicht um die
Einschärfung von Imperativen, von Geboten und Verboten, gehen, denn
Imperative „greifen" überhaupt nur, sofern sie an positive Evidenzerfahrungen anknüpfen können, bei denen ästhetische Eindrücke durchaus eine
entscheidende Rolle spielen können. Nur sofern schon ein so oder so gear-
teter „Geschmack" am Dasein vorhanden ist, können auch ethische Normen
formuliert werden. Dieser Geschmack kann aber entwickelt, aus einer rohen
in eine kultiviertere Form gebracht werden. Daher ist vorab eine Verständigung darüber anzustreben, in welcher Welt wir denn eigentlich leben *wollen*,
wie die Welt aussehen soll, die uns gefällt. Daß die Evidenzerfahrungen, an
die dabei anzuknüpfen ist und die, sofern sie nur jene drei Elemente des
Religiösen, Ästhetischen und Ethischen umschließen, mit einem Gefühl der
Ehrfurcht verbunden sein dürften, auch eine etwas andere Gestalt und einen
anderen Inhalt haben können als diejenige, die Schweitzer beschreibt, ist in
Rechnung zu stellen.[98] Jedenfalls können die allenthalben mit Recht gefor-

---

[96] S. Kultur und Ethik, aaO. 239ff.

[97] Das wird bei Schweitzers ausführlicher Schilderung, wie er auf die Formel gekommen ist, besonders anschaulich; vgl.: Die Ehrfurcht vor dem Leben, aaO. 19ff.

[98] Es ist ja auch nicht einzusehen, weshalb das Gefühl der Ehrfurcht auf die
Wahrnehmung von Leben beschränkt bleiben und nicht auch unbelebtes Sei-
endes (wie z. B. Landschaften oder Kristalle), das wir auch nicht mutwillig
verwüsten würden, einbeziehen soll. – Daß viele, die de facto in der angedeuteten
Weise denken und argumentieren, sich eilfertig vom Verdacht der „Romantik"
distanzieren und statt dessen den Eindruck erwecken, als könne man unabhängig
von Kategorien des ästhetischen und religiösen Empfindens bestimmte Gebote
oder Rechte mit unwidersprechlicher Gültigkeit dekretieren, erscheint mir tö-
richt. Die Romantik ist in erster Linie gerade nicht ein Beispiel für unrealistische
Schwärmerei, sondern ein Lehrstück für den Zusammenhang jener drei Elemente
und für dessen fundamentale Relevanz.

derte Ausweitung des Bewußtseins und der Verantwortlichkeit über den eigenen Lebenskreis und seine Belange hinaus und die Umstellung des Denkens und Trachtens von Lebenssteigerung auf Lebenssicherung, von „besser leben" auf „überhaupt leben", nur dann wirkungsvoll propagiert werden, wenn diese Appelle mit einer auch ästhetischen und religiösen Wahrnehmung der Welt als *Schöpfung*, nicht nur als Natur, verbunden sind. Die Kirche, die dabei u. a. auf die Sprache der Psalmen und der Genesis, aber auch auf die theologischen Aussagen des ersten Artikels zurückgreifen kann, verfügt hier über geeignete Ausdrucksmittel und Symbole, die sie der Verständigung über eine Welt, in der wir leben wollen, zur Verfügung stellen kann.

Es versteht sich *drittens* von selbst, daß die Kirche, sofern sie selbst so etwas wie ein „Unternehmen" oder „Betrieb" ist, nicht nur angemessen reden, sondern, etwa in puncto Umwelt und Energie, sich selbst auch vorbildlich verhalten sollte und entsprechende Beispiele dann auch publik machen darf. Zu diesem Verhalten gehört aber auch all das, was die Kirche teils durch eigene Organisationen, teils in Zusammenarbeit mit humanitären Organisationen, besonders in Ländern der Dritten Welt, gegen soziale Ungerechtigkeit, politische Unterdrückung, Armut, Krankheit, Hunger, Obdachlosigkeit und Flüchtlingselend unternimmt. Der große, wenn auch – gemessen am Ausmaß der Not – immer noch zu geringe Erfolg von „Brot für die Welt" und „Misereor" ist auch ein Beitrag zu den Überlebensproblemen, und es liegt viel daran, ob die Menschen ihr Vertrauen in die Solidität dieser und anderer kirchlicher Hilfsaktionen setzen können.

b) Die Überlebensprobleme wie auch die mit ihnen verwandten anderen Technologiefolgeprobleme lösen *Gefühle* der Angst und Beunruhigung, der Verunsicherung und Ratlosigkeit aus. Und diese Gefühle entzünden sich nicht nur an der Vorstellung des Möglichen, sondern haben ihren Anhalt auch an realen Vorfällen wie den Katastrophen von Bhopal, Seveso und Tschernobyl und an erlebbaren Gefährdungen wie dem vermehrten Auftreten von Allergien, Erkrankungen der Atemwege, bestimmter Formen von Krebs. Wie Ulrich Beck anschaulich geschildert hat, fühlen sich aber auch zahlreiche Menschen beständig von schleichenden Schad- und Giftstoffen und von unsichtbaren Strahlen bedroht: man traut der eigenen Sinneswahrnehmung nicht mehr.[99] Ferner liegt es auf der Hand, daß solche Gefühle, wenn sie sich zu Weltuntergangsstimmungen steigern und mit apokalyptischen Visionen vermischen, auch das religiöse Erleben tangieren: der

---

[99] U. Beck: Risikogesellschaft. Auf dem Weg in eine andere Moderne, Frankfurt a.M. 1986, Kap. I und passim.

noahitische Bund scheint nicht mehr zu halten. Zwar mag hier allerlei
Schwarzmalerei und Irrationales, angeheizt durch entsprechende Medien-
produkte, im Spiel sein, aber das tut der Bedeutung der Gefühle als Gefühle
keinen Abbruch. Die psychischen Zustände der Menschen und ihre religiöse
Beunruhigung hinsichtlich der Relevanz und Leistungskraft des christlichen
Gottesglaubens sind auf jeden Fall ernstzunehmen. Die Kirche muß darauf
reagieren: im Religionsunterricht und in der Predigt, in der Gemeindearbeit
und in öffentlichen Stellungnahmen.

Die Aufgabe der Kirche kann natürlich nicht sein, die Angstgefühle der
Menschen zu beschwichtigen oder zu forcieren. Ihre besondere Chance
besteht vielmehr darin, den vorhandenen Gefühlen der Angst und Unsicherheit, vielleicht auch der Schuld, einen angemessen symbolischen, nach
Möglichkeit gemeinsamen, z. B. gottesdienstlichen, Ausdruck zu geben.
Auch dafür steht der Kirche der reiche biblische Sprachschatz zur Verfügung. Durch gemeinsame Symbolisierung der Gefühle kann der Einzelne
aus seiner inneren Isolierung befreit und die Verdrängung unangenehmer
Einsichten und Empfindungen auf schonende Weise aufgehoben werden.
Die Erfahrung, daß es möglich ist, unangenehme Wahrheit und beängsti-
gende Gefühle vor Gott in der Klage[100] und im Gebet zuzulassen und
auszuhalten, wird sich auch hier bewähren.[101] Auf diese Möglichkeit sollte
auch in öffentlichen Stellungnahmen hingewiesen werden; es ist nicht unwesentlich, wie die Menschen mit ihren Gefühlen umgehen und in welcher
Sprache sie sie zum Ausdruck bringen. – Freilich kann es in der Kirche nicht
nur um Klage gehen. Es müssen auch Symbole der Hoffnung vermittelt
werden. Das aber kann nur im Zusammenhang mit einer sorgfältigen Klärung der involvierten Sinnprobleme geschehen.

c) Die Überlebensprobleme verlangen nach einer theologischen *Deutung*,
die ebenfalls Bestandteil aller Äußerungen der Kirche zur Sache sein muß,
da aller Wirklichkeitsgestaltung eine so oder so geartete Wirklichkeitsdeutung
zugrunde liegt. Dazu müssen einige Begriffe und Aussagen der christlichen

---

[100] Die Fülle der Klagepsalmen im Alten Testament erklärt sich wohl nicht allein aus
der leidvollen Geschichte Israels, sondern auch daraus, daß diejenigen, die sie
gedichtet und gesprochen haben, darin auch ein Stück Befreiung erfahren haben.
[101] Zu den Möglichkeiten, die sich insbesondere aus tiefenpsychologischer Sicht aus
der Arbeit mit religiösen (und anderen) Symbolen ergeben, vgl. J. Scharfenberg/
H. Kämpfer: Mit Symbolen leben. Soziologische, psychologische und religiöse
Konfliktbearbeitung, Olten 1980 sowie J. Scharfenberg: Einführung in die
Pastoralpsychologie, Göttingen 1985.

Lehre überdacht werden – was freilich noch nicht bedeuten muß, daß grundsätzliche Korrekturen vorzunehmen wären.

Kirche und Theologie haben schon deshalb allen Anlaß, sich dieser Aufgabe zu unterziehen, weil man dem Christentum eine Mitschuld, wenn nicht die Hauptschuld, an den eingetretenen Entwicklungen zu geben pflegt. Die biblische Lehre, so lautet das kritische Argument im Kern, habe durch die radikale Unterscheidung von Gott und Welt, Schöpfer und Schöpfung, die natürliche Welt und ihre Erscheinungen „entheiligt", „entmythisiert", „entzaubert" (M. Weber) und damit zum bloßen gestaltbaren „Material" ohne Eigenwert erklärt. Das gebe dem Gedanken des dominium terrae (Gen 1, 28; vgl. 9, 2) eine ungebremste Durchschlagskraft, die nun in der wissenschaftlichen Durchforschung, industriellen Ausbeutung und technischen Umgestaltung der Welt voll zum Zuge gekommen sei. Während die Theologie des ausgehenden neunzehnten und beginnenden zwanzigsten Jahrhunderts, besonders die dem Kulturprotestantismus zugeordnete Theologie, ihren Stolz in den Aufweis der Vereinbarkeit und inneren Verbindung von christlichem Gottesglauben und wissenschaftlich-technischem Fortschritt setzte, wird dem Christentum genau dieser Modernitätsausweis nun zur Last gelegt.[102] Und nicht wenige Theologen vollziehen diesen Wandel voll oder teilweise mit[103] und versuchen nun, Elemente in der biblisch-christlichen Überlieferung hervorzuheben und stark zu machen, die als Gegenkräfte wirksam werden könnten. Dazu gesellen sich am Rande der Kirche oder auch außerhalb ihrer einige Stimmen, die dafür plädieren, den Schöpfungsglauben in der christlich-kirchlichen Fassung, der in sich kein Prinzip enthalte, das die menschliche Praxis zügeln und kontrollieren könne, durch Beimischung von Momenten östlicher Spiritualität oder indianischer Naturreligionen korrekturfähig zu machen.[104]

---

[102] Prominentestes Beispiel: C. Amery: Das Ende der Vorsehung. Die gnadenlosen Folgen des Christentums, Reinbek 1972.

[103] So erblickt etwa J. Moltmann die Wurzel des Übels in einem falschen Denken, letztlich in einem falschen, nämlich primär an der Allmacht Gottes orientierten Gottesbild, welchem der Mensch dann, verstärkt seit der Aufklärung, in seinem Handeln zu entsprechen suche. Dem setzt Moltmann den Gedanken der trinitarischen, somit gemeinschaftlichen Existenz Gottes entgegen, welcher die Schöpfungsgemeinschaft aller Wesen, die vom Geiste Gottes durchweht wird, korrespondiere. Vgl. J. Moltmann: Die ökologische Krise. Ursachen und Auswege, in H. A. Gornik (Hg.): Damit die Erde wieder Gott gehört, Freiburg i. Br. 1986, 13-21.

[104] Ganz neue oder auch neognostische Kosmologien, wie sie beispielsweise im Zuge der New-Age-Bewegung entworfen werden, können wir hier beiseite lassen.

Der genannte Hauptvorwurf geht an die Substanz des Christlichen. Denn, so müßte man zugespitzt fragen, wäre dann nicht das, was nach Röm 1, 18-23 als Sünde beschrieben wird, nämlich die Verherrlichung der Geschöpfe, viel heilsamer gewesen, während der Begriff der Sünde vielmehr auf den biblischen Schöpfungsglauben selber anzuwenden wäre, womit das ganze theologische Begriffssystem kollabieren müßte? Angesichts solcher Konsequenzen – auch wenn sie überzogen sein mögen – muß die Kirche Stellung nehmen. Und zwar so, daß dabei nicht nur auf Elemente in der biblischen Überlieferung verwiesen wird, die als Gegengewicht gegen die Materialisierung der Schöpfung fungieren können, wofür besonders das Alte Testament genügend Beispiele liefert[105]; mehr noch sind Argumente erforderlich, die auf die Struktur des christlichen Wirklichkeitsverständnisses Bezug nehmen, denn eben dieses wird ja durch jenen Haupteinwand mehr oder weniger ausdrücklich in Frage gestellt.[106]

Die in diesem Sinne zu behandelnden Fragen lassen sich im Kern auf zwei miteinander zusammenhängende Themen reduzieren: Das *Geschichtshandeln Gottes* (aa) und der sogenannte *Anthropozentrismus des christlichen Weltbildes* (bb). Das erste Thema bezieht sich stärker auf die Beunruhigung der Christen selber, das zweite entspricht primär der kritischen Anfrage von außen. Eine gründliche Behandlung dieser Themen muß in der Dogmatik erfolgen[107], kann also im Rahmen einer Kirchentheorie nicht geleistet wer-

---

[105] Zu nennen sind u. a. die Schöpfungspsalmen und vor allem der Gen 2, 15 gegebene Auftrag, den Garten Eden nicht nur zu bebauen, sondern auch zu bewahren.

[106] Den Vorwurf der Apologetik brauchen Theologie und Kirche dabei nicht zu scheuen. Denn erstens ist Apologetik, wie die Theologiegeschichte der alten Kirche lehrt, zumal in einer multireligiösen Welt und Gesellschaft, eine unverzichtbare Funktion der Theologie (dazu jetzt R. Staats: Das Glaubensbekenntnis von Nizäa-Konstantinopel. Historische und theologische Grundlagen, Darmstadt 1996, 1-18). Zweitens kann Apologetik, die das Wesen und die differentia specifica einer Religionsform im Vergleich zu anderen Religionsformen herausarbeitet, von Polemik getrennt werden, wie Schleiermacher vorgeführt hat (vgl. Kurze Darstellung des theologischen Studiums, §§ 32-62). Und drittens ist es in jedem Fall vernünftiger, Apologetik auch im Sinne von Verteidigung und Gegenargumentation zu treiben, als bestimmte Vorwürfe an Theologie und Kirche innerkirchlich einfach zu wiederholen, wie es manche tun in der Meinung, das sei ein Stück heute erforderlicher Buße. Es gibt ja auch Grenzen der Bußfähigkeit: Man kann Buße tun für schuldhaftes Versagen, nicht aber für Einsichten, mit denen der christliche Glaube steht und fällt.

[107] Und zwar am Ort der Gotteslehre einerseits und der Schöpfungslehre anderer-

den. Hier sollen nur ein paar Hinweise zum öffentlichen Umgang der Kirche mit diesen zentralen Themen gegeben werden.

aa) Daß mit der Möglichkeit eines durch menschliches Handeln herbeigeführten katastrophalen Endes der Geschichte die theologische Frage nach dem Geschichtshandeln Gottes aufgerufen wird, ist unmittelbar verständlich, widerspricht doch diese Endvorstellung der traditionellen kirchlichen Vorstellung eines durch Gottes Handeln selbst herbeigeführten Endes wie auch einer durch ihn heraufgeführten Vollendung der menschlichen Geschichte. Hier begegnen der Kirche nun mindestens drei Ansichten, in denen die Frage bereits so oder so beantwortet wird.

Die *erste* besagt, ein solches Ende wäre – nach so vielen natürlichen und geschichtlichen Katastrophen, in denen von einem Eingreifen Gottes nichts zu entdecken war – der endgültige und vollständige Beweis für die *Ohnmacht* oder sogar für die *Nichtexistenz* Gottes. Eine solche Katastrophe wäre so oder so auch der Untergang Gottes. Und die bloße Möglichkeit einer solchen Katastrophe ist dann schon ein hinreichender Grund, Gott ontologisch – es gibt ihn nicht – oder existentiell – ein allenfalls nach deistischem Muster zu denkender Gott ist für das Leben, Handeln und Hoffen der Menschen belanglos – in Zweifel zu ziehen.

Nach der *zweiten* Ansicht müßte eine solche Katastrophe als *Strafgericht* Gottes verstanden werden. Ob Gott nun die Katastrophe bewußt nicht verhindert, obwohl er es könnte, oder ob die Dinge einfach ihren Lauf nehmen und eine Möglichkeit realisieren, die eben in der Einrichtung der Welt mitgegeben ist: jedenfalls erntet der Mensch – nicht der einzelne Mensch, aber der Mensch als Gattung –, was er gesät hat.

Die *dritte* Ansicht ist das optimistische Gegenstück zur zweiten, in gewisser Weise aber auch zur ersten, da hier die gleiche Gottesvorstellung zugrunde liegt: Gott habe die Welt nicht geschaffen, um sie sich durch eines seiner Geschöpfe wieder verwüsten zu lassen. Daher werde er es nicht zur Katastrophe kommen lassen, sei es, daß er das menschliche Handeln auf geheimnisvolle Weise so lenkt, daß die Anstrengungen derer, die sich verantwortlich engagieren, zum Ziel kommen, sei es, daß er auf wunderhafte Weise korrigierend in den Gang der Dinge eingreift. Im letzten Falle kann sich diese Haltung auch mit einer Vergleichgültigung der menschlichen Bemühungen verbinden.

---

seits. Verwiesen sei exemplarisch auf W. Härle: Dogmatik, Berlin 1995, 287ff („Gottes geschichtliches Wirken"), 424-439 („Die Geschöpfe"), auch wenn in letzterem Passus auf das Stichwort „Anthropozentrismus" nur beiläufig Bezug genommen wird (424f).

Diese verschiedenen Ansichten sind noch nicht als durchreflektierte theologische Denkmodelle zu verstehen, sie begegnen zunächst einmal im Alltagsbewußtsein.[108] Vielleicht gibt es weitere Meinungen, zu vermuten ist auch, daß viele Christen sich zu keiner der drei Ansichten bekennen, aber auch keine eigene parat haben.

Es empfiehlt sich nun nicht, jene Ansichten einzeln zu kommentieren und, wo nötig, zu widerlegen. Vielmehr sind ihnen allen gegenüber folgende Einsichten des christlichen Glaubens zu bedenken zu geben:

*Erstens* ist daran festzuhalten, daß das Geschichtshandeln Gottes, wie immer es zu verstehen ist, jedenfalls von seinem schöpferischen Handeln, also jenem Wirken Gottes, dem alles welthaft Seiende überhaupt sein Dasein und seine Dauer in der Zeit (creatio continua) verdankt, zu unterscheiden ist. Das hat zwei Konsequenzen. Einmal, daß ein wie auch immer herbeigeführtes Ende der Geschichte nicht das Ende der Wirksamkeit Gottes überhaupt bedeutet. Und zum anderen, daß der Mensch auch gar nicht in der Lage ist, die Schöpfung zu erhalten oder zu zerstören. Wer sich für die „Bewahrung der Schöpfung" einsetzt, muß den Unterschied zur Erhaltung der Schöpfung, die allein Gottes Werk ist und bleibt, mitbedenken, was offenbar nicht immer der Fall ist.[109] Der Mensch kann die Schöpfung nur zum Vor- oder Nachteil seiner selbst und der Mitgeschöpfe gestalten oder verändern; er kann nur mit den in der Schöpfung gelegenen Kräften nach ebenfalls in ihr gegebenen Gesetzen umgehen, etwa indem er ein Element der Schöpfung gegen ein anderes einsetzt.[110] Aber sein Handeln ist durch Gottes „daseinskonstituierendes Wirken"[111] unaufhebbar begrenzt. Und da dieses Wirken unerschöpflich ist und Gottes Wesen als Liebe entspringt[112], kann auch der menschlichen Hoffnung auf Gott durch die neuen Probleme nicht der Boden entzogen werden.

*Zweitens* ist einerseits einzugestehen, daß das traditionelle Lehrstück von der göttlichen Providenz[113] mit seinen Grundbegriffen der Begleitung

---

[108] Vgl. den Überblick über verschiedene Modelle zum Thema Eschatologie und globale Katastrophe bei J. Moltmann: Die atomare Katastrophe: wo bleibt Gott? EvTh 47/1987, 50-60.

[109] Auch die oben genannte optimistische Variante beruht auf dieser Verwechslung.

[110] Gegen ein populäres und idyllisches Schöpfungsverständnis, das die Schöpfung mit einer intakten Natur gleichsetzt, ist in Erinnerung zu rufen, daß auch alle für das Leben schädlichen Stoffe und Strahlen Elemente der Schöpfung sind.

[111] So Härles Synonym für Gottes schöpferisches Handeln; aaO. 285ff.

[112] Vgl. Härle, aaO. 286f sowie 236ff.

[113] Übersichtliche Darstellung und Diskussion bei Härle, aaO. 287-296.

(concursus, cooperatio), der Verhinderung (impeditio), Begrenzung (determinatio), Zulassung (permissio) und Lenkung (gubernatio, directio) insofern theologisch besonders problematisch ist, als es in seiner offenen, d. h. zunächst einmal nur *Möglichkeiten* des göttlichen Wirkens in der Geschichte benennenden Formulierung Raum für unterschiedliche Glaubensansichten und vielleicht auch Spekulationen läßt. Indem es in der Mitte zwischen deistischen (Gottes Geschichtshandeln bestreitenden) und deterministischen (die menschliche Verantwortung aufhebenden) Positionen am concursus divinus festhält, mahnt es die Kirche zum Gebet für die Welt und besonders für die Obrigkeit; aber es erlaubt nicht, Gott als *Garanten* für einen positiven politischen, ökonomischen und sozialen Geschichtsverlauf in Anspruch zu nehmen. Gott läßt nicht alles geschehen, aber was er im einzelnen geschehen läßt und was nicht, das muß vom Glauben als Gottes unergründliches Geheimnis respektiert und angenommen werden.[114]

Dieses Vertrauen richtet sich aber nicht auf einen unbekannten Gott, sondern auf den in Christus als Liebe und Treue zu seinem Geschöpf offenbar gewordenen Gott. Damit öffnet sich nun aber auf der anderen Seite der Blick für das, was tatsächlich als Handeln Gottes in der Geschichte identifizierbar ist und was auch im Zentrum der Lehre von der Providenz zu sagen ist: Gott handelt geschichtlich in der Sendung des Sohnes, im Leben und Wirken und apostolischen Bezeugtwerden Christi, und er ist weiter in der Welt präsent im Glauben und Handeln der Christen, die durch den Geist, „der aus dem Vater und dem Sohn hervorgeht", ergriffen und bewegt werden. Daß das Nizänum hinzufügt „der gesprochen hat durch die Propheten", mag dafür stehen, daß diese geschichtliche Wirksamkeit Gottes durch seinen Geist nicht erst ab Pfingsten zu datieren und auch nicht exklusiv auf die Gemeinschaft der Christen zu beschränken ist. Dieses durch das Leben und Handeln der Christen sowie durch alles aus Liebe geschehende Handeln der Menschen vermittelte Handeln Gottes in der Geschichte hat eine teleologische Ausrichtung. Es ist auf das eschatologische Ziel Gottes mit der Welt bezogen und steht unter der Verheißung, auf jeden Fall, welchen Verlauf auch immer die politische Geschichte nimmt, der Erreichung dieses Ziels zu dienen. In diesem Sinne kann und muß die Kirche auch angesichts der globalen Probleme und Gefahren von Gottes Wirken in der Geschichte reden.

bb) Viele, die im Blick auf die globalen Zukunfts- und Überlebensprobleme eine neue Theologie der Schöpfung für erforderlich halten, erblik-

---

[114] Vgl. Härle, aaO. 294.

ken den Grundfehler des herkömmlichen Schöpfungsverständnisses in dessen angeblichem *Anthropozentrismus*.[115] Dagegen hat schon die Studie der VELKD „Schöpfungsglaube und Umweltverantwortung" mit Recht geltend gemacht, daß der christliche Glaube kein anthropozentrisches, sondern ein „theozentrisches" Weltbild vertrete.[116] Aber ist mit solchen Gegenüberstellungen der entscheidende Punkt getroffen? Ist mit dem Ausdruck „Anthropozentrismus" oder „anthropozentrisches Weltbild" überhaupt der Kern des Übels, das es zu überwinden gilt, richtig bezeichnet? Das ist zu bezweifeln.

Zunächst ist darauf hinzuweisen, daß dieser als *Interpretament* an die biblischen Texte herangetragene Terminus sich allenfalls dazu eignet, einige Aussagen der Schöpfungsberichte über den Menschen in vereinfachender Weise unter einen einheitlichen Begriff zu bringen: daß nach dem priesterschriftlichen Schöpfungsbericht der Mensch als letztes in der Reihe der Geschöpfe ins Dasein gerufen wird, daß ihm die Herrschaft über die anderen Kreaturen gegeben wird und daß nur von ihm die Gottebenbildlichkeit ausgesagt wird, daß nach dem jahwistischen Schöpfungsbericht der Mensch die Tiere benennt und der Mensch den Auftrag erhält, den Garten zu bebauen und zu bewahren.

Vor allem aber ist der Ausdruck selbst zweideutig. Er *ist in doppelter Weise konnotationsfähig*. Er kann einerseits mit einem negativen Werturteil verbunden werden, andererseits mit einer schöpfungstheologisch sachgemäßen und unbedingt festzuhaltenden Einsicht. Dabei überwiegt im Sprachspiel derer, die mit diesem Ausdruck operieren, um ihn zu verwerfen, die negativ wertende Konnotation, wobei sie dann i. d. R. auch den positiven Sachgehalt aus dem Blick verlieren, während diejenigen, denen an diesem positiven Sachgehalt gelegen ist – also an dem, was der Ausdruck sinnvollerweise meinen könnte – auf den Ausdruck wegen seiner negativen Konnotation zu verzichten pflegen.

In seiner polemisch wertenden Verwendung soll der Ausdruck „Anthropozentrismus" die hochmütige und ausbeuterische Mentalität eines – vorwie-

---

[115] In diesem Sinne hat in der kirchlichen Leserschaft große Beachtung gefunden E. Gräßer: Die falsche Anthropozentrik. Plädoyer für eine Theologie der Schöpfung, Deutsches Pfarrerblatt 78/1978, 263ff.

[116] Schöpfungsglaube und Umweltverantwortung. Eine Studie des Theologischen Ausschusses der VELKD, hg. von H. C. Knuth und W. Lohff, Hannover 1985, 35f. Vgl. auch: Verantwortung wahrnehmen für die Schöpfung. Gemeinsame Erklärung des Rates der EKD und der Deutschen Bischofskonferenz, Gütersloh 1985.

gend neuzeitlichen – Menschen brandmarken, der sich der Einbettung des Menschen in die Natur, wie sie uns nun auch die Evolutionsgeschichte lehrt, nicht mehr bewußt ist und daher außer menschlichen Personen nur „Sachen" kennt, die seiner Willkür ausgeliefert sind. Sofern im Duktus dieser Argumentation die Einheit des Menschen qua Naturprodukt mit der ganzen übrigen Natur betont wird, ist damit auch etwas schöpfungstheologisch Richtiges, wenn auch fast Triviales zum Ausdruck gebracht: Wir sind ein *Teil* der Schöpfung und in dieser Hinsicht allen anderen Teilen – nicht nur Tieren und Pflanzen, sondern auch jedem Gesteinsbrocken auf dem Mond – gleich. Man begnügt sich aber i. d. R. nicht mit dieser richtigen, wenn auch für sich genommen noch völlig abstrakten Einsicht, sondern geht dadurch über sie hinaus, daß man Elemente eines Sprachspiels, welches seinen primären Ort und Sinn im interpersonellen Bereich (im Ich-Du-Verhältnis) hat, auf die außermenschliche Natur überträgt: Auch Tiere, Pflanzen, sogar Landschaften sind „Rechtssubjekte" und „Partner", sie haben „Interessen" und unterscheiden sich im wesentlichen nur dadurch von den Menschen, „daß sie ihre Interessen, ihre elementaren Lebensrechte nicht selbst gegen uns vertreten können".[117] Aber das ist ja nun die Frage, ob die Figur des „Interessenkonfliktes" zum Grundmuster für das Verhältnis des Menschen zu seinen Mitgeschöpfen und für die Sonderstellung des Menschen in der Welt erklärt werden darf. Als Grundbegriff theologischer Anthropologie, soweit sie im Rahmen der Schöpfungslehre zu entfalten ist, kommt dieser Terminus jedenfalls nicht in Frage, weil sich an ihm nicht das Verhältnis des Menschen zur Welt und zu Gott zugleich auslegen läßt; das Verhältnis zwischen Gott und Welt bzw. Mensch kann nicht als legitimer Interessenkonflikt thematisiert werden.

Die Frage nach der Sonderstellung des Menschen, nach dem, was ihn von den anderen Geschöpfen *strukturell unterscheidet*, auch hinsichtlich der Gottesbeziehung, führt auf den positiven Sachverhalt des umstrittenen Ausdrucks Anthropozentrismus.[118] Der Mensch ist dasjenige Lebewesen, welches die welthafte Wirklichkeit in ihrer Differenziertheit einschließlich

---

[117] V. Liedke: Schöpfungsethik im Konflikt zwischen sozialer und ökologischer Verpflichtung, in: G. Altner, aaO. (s. Anm. 94), 300-321, dort 310.

[118] Natürlich darf das „Wesen" des Menschen nicht auf sein Spezifikum reduziert werden. Auch was ihn mit den anderen Geschöpfen verbindet, gehört zu seinem Wesen. Die alten aristotelischen Definitionen des Menschen als animal rationale und ζῷον πολιτικόν (politisches bzw. gesellschaftliches Lebewesen) tragen diesem Sachverhalt Rechnung.

ihrer schöpfungsmäßigen Abhängigkeit zu erkennen und über das sich ihm
momentan bietende Erscheinungsbild hinaus systematisch zu erforschen
und in entsprechende Vorstellungsbilder zu übersetzen in der Lage ist. Dabei
erkennt der Mensch die Welt so, wie es ihm seine intellektuellen und
sinnlichen und seine durch technische Möglichkeiten erweiterten Wahrneh-
mungsfähigkeiten gestatten. Das konkrete Weltbild, das der Mensch hat
bzw. sich erstellt, ist insofern ein auf das wahrnehmende menschliche Subjekt unablösbar bezügliches und in diesem Sinne anthropozentrisches Weltbild. Dieser Gedanke schließt ein, daß andere Lebewesen auch ein auf ihr
artspezifisches Wahrnehmungsschema bezogenes perspektivisches „Weltbild"
haben; nur fehlt diesen auf eine artspezifische Umwelt und eine geschichtslose
Gegenwart bezogenen „leozentrischen", „hippozentrischen" etc. Weltbildern
im Unterschied zum anthropozentrischen Weltbild das Moment der *planmäßigen* und *systematischen* Erweiterungsfähigkeit und Differenzierbarkeit.[119]
    Eben dieses Moment auf seiten des Menschen begründet nun aber auch
seine *Verantwortung*, die sich soweit auf die Schöpfung erstreckt, wie er sie
leibhaft und mittels Technik *handelnd* erreichen kann. Denn der Mensch ist
nun auch das Wesen, das der Welt planmäßig gestaltend, und nicht bloß
reagierend, gegenübertritt. Und je differenzierter die Welt erkannt wird,
desto differenzierter werden auch die Gestaltungsmöglichkeiten des Menschen. In der Zusammengehörigkeit beider Momente wird der unaufgebbare
positive Sinngehalt des „anthropozentrischen Weltbildes", ob man diesen
Ausdruck nun verwenden will oder nicht, deutlich. Erkennend und gestaltend, symbolisierend und organisierend (Schleiermacher) geht der Mensch
mit der ihm je erreichbaren Schöpfung um, mit sich selbst und seinesgleichen, mit der organischen und anorganischen Natur. De facto ist die je
erreichte Schöpfung daher vergesellschaftete Schöpfung: entweder vom
Menschen planmäßig verändert oder ebenso planmäßig konserviert (etwa
durch die Errichtung von Reservaten). So verstanden ist das sogenannte
anthropozentrische Weltbild nicht ein Hindernis für die „Bewahrung der
Schöpfung", sondern deren Ermöglichungsgrund. Dementsprechend ist das
dominium terrae, der biblische Auftrag an den Menschen, sich die Erde
untertan zu machen, auch gar nicht als Imperativ im Sinne eines in die
Wirklichkeit hineingesprochenen zusätzlichen Befehls zu verstehen, sondern
dieser Auftrag ist zunächst einmal der genaue Ausdruck der strukturellen

---

[119] Die Lernfähigkeit von Tieren wird damit natürlich nicht bestritten, aber zwischen ihrer Lernfähigkeit und der des animal rationale besteht ein nicht nur
quantitativer Unterschied.

Sonderstellung und Verantwortung des Menschen und der damit gestifteten Zuordnung von Mensch und Welt, die *zusammen* die eine Schöpfung bilden. Und er ist zugleich die dankbare *Bejahung* der so geordneten Schöpfung als von Gott gewollter Schöpfung. Und diese dankbare Bejahung der den Menschen als symbolisierend und organisierend handelndes Wesen einschließenden[120] sinnhaften Daseinsstruktur enthält als solche auch das Wohlgefallen am Dasein der anderen Geschöpfe, das Mitgefühl gegenüber ihrem Leiden und ein entsprechendes Verantwortungsgefühl.[121] Diese schöpfungstheologische Position ist auch angesichts der globalen Zukunftsprobleme durchzuhalten, zumal sie sich in ihrer Betonung der Verantwortung des Menschen unmittelbar mit dem verbindet, was über das durch menschliches Handeln vermittelte Geschichtshandeln Gottes gesagt wurde.

Der Leser mag sich am Ende dieses Paragraphen fragen, ob wir mit den voranstehenden Begriffsklärungen nicht doch über das Thema Kirche und Politik hinausgeschossen sind. Es ist jedoch zu bedenken, daß das politische Handeln der Kirche, weil politisches Handeln im weiteren Sinne, nur über das Mittel des Wortes erfolgen kann und daß dieses Mittel nicht nur persuasive Sprachelemente enthalten darf, sondern auch auf klare und theologisch durchreflektierte Begriffe angewiesen ist. Es gehört zur verantwortlichen Wahrnehmung der öffentlichen Aufgabe der Kirche, daß sie solche Begriffe der christlichen Lehre mit ihren aktuellen kritischen und konstruktiven Stellungnahmen verbindet und so auch in terminologiepolitische, mit Parolen und plakativen Vereinfachungen operierende Auseinandersetzungen eingreift. Dieser theologische Beitrag der Kirche zur Sprachkultur ist zugleich ein Beitrag zur politischen Kultur. –

Das Thema Kirche und Überlebensprobleme wurde mit Bedacht an das Ende des ganzen Buches gestellt. Denn so wahr die Kirche als communio sanctorum[122] ihre Existenz und ihren Fortbestand in der Welt dem Wirken

---

[120] Es ist also theologisch unzulässig, den Menschen als „Irrläufer" der Schöpfung zu betrachten, so als sei diese zunächst einmal ohne ihn zu denken. Daß sie in anderer Qualität auch ohne ihn bestanden hat und weiter bestehen kann, ist davon nicht berührt, sondern ergibt sich aus dem Überschuß des schöpferischen Handelns Gottes gegenüber dem Handeln des Menschen.

[121] Daß dieser Gedanke nicht nur schöpfungstheologisch, sondern auch christologisch untermauert werden kann, zeigt der Aufsatz von S. M. Daecke: Anthropozentrik oder Eigenwert der Natur? In: G. Altner, aaO. 277-299.

[122] Zur aktuellen, auch ökumenischen Interpretation dieses theologischen Kirchenbegriffs vgl. Chr. Schwöbel: Kirche als Communio, MJTh VIII/1996, 11-46.

des Geistes verdankt, der die Predigt des Evangeliums in den Herzen immer neuer Menschen beglaubigt, so sehr erweist sich doch die Relevanz der Kirche als Institution in der menschlichen Gesellschaft dadurch, daß sie mit ihrer öffentlichen Wirksamkeit den Nerv der Zeit trifft, daß ihre Rede und ihr Handeln als ein heilsamer Beitrag zu den jeweils drängenden und alle Personen und Institutionen betreffenden Problemen erfahren werden kann. Das Engagement zukünftiger Generationen, besonders einer Jugend, die sich nicht nur für sich selbst interessiert, sondern immer auch nach großen Perspektiven, Lebens- und Handlungszielen verlangt, wird sich aber in zunehmendem Maße an eben jenen gruppen-, gesellschafts- und völkerübergreifenden Problemen entzünden, die aus einer weltweit sich ausbreitenden technischen Zivilisation entstanden sind. Beides, das Vertrauen des Glaubens in das fortwährende Wirken des Heiligen Geistes und die vernünftige Einsicht, daß die Funktionen der Kirche sich auch in Zukunft im Leben der Menschen, in Kultur und Politik als hilfreich erweisen werden, lassen uns teilnehmen an der in CA 7 ausgesprochen Zuversicht der Reformatoren: „Es wird auch gelehrt, daß alle Zeit müsse eine heilige christliche Kirche sein und bleiben."

## Übersetzung lateinischer Zitate und Wendungen

Die Übersetzung wird möglichst wortgetreu gegeben.
Mehrfach erscheinende Wendungen werden nur einmal übersetzt.

### § 4

Credo ... sanctam ecclesiam catholicam, sanctorum communionem

Ich glaube... an die heilige katholische Kirche, die Gemeinschaft der Heiligen.

Lumen gentium

Licht der Völker

De Beata Maria Virgine Deipara in mysterio Christi et Ecclesiae

Die selige jungfräuliche Gottesmutter Maria im Geheimnis Christi und der Kirche

De constitutione hierarchica Ecclesiae et in specie de episcopatu

Der hierarchische Aufbau der Kirche, insbesondere das Bischofsamt

Non est magistratus neque subditus, non est doctor neque auditor, Non est paedagogus neque discipulus, non est Hera neque ancilla.

Hier ist nicht Obrigkeit noch Untertan, hier ist nicht Professor noch Hörer, hier ist nicht Lehrer noch Schüler, hier ist nicht Herrin noch Magd.

### § 5

Est autem ecclesia congregatio sanctorum, in qua evangelium pure docetur et recte administrantur sacramenta.

Die Kirche ist aber die Versammlung der Heiligen, in welcher das Evangelium rein gelehrt und die Sakramente richtig dargereicht werden.

Definitio fit per genus proximum et per differentiam specificam.

Die Definition kommt zustande durch Bestimmung des einschlägigen Klassenbegriffs und der spezifischen Differenz.

hypocritae et mali

Heuchler und Böse

vere credentes

die wahrhaft Glaubenden

ecclesia proprie (stricte) dicta, ecclesia large dicta

Kirche im eigentlichen (strikten) Sinne, Kirche im weiten Sinne.

sacramenta et verbum per malos exhibeantur

daß die Sakramente und das Wort durch böse Menschen dargeboten werden

ubi et quando visum est Deo

wo und wann es Gott gefällt

ministerium docendi evangelii et porrigendi sacramenta

Amt der Verkündigung des Evangeliums und der Darreichung der Sakramente

Nam Theologiae proprium subiectum est homo peccati reus ac perditus et Deus iustificans ac salvator hominis peccatoris. Quicquid extra hoc subiectum in Theologia quaeritur aut disputatur, est error et venenum.

Denn der eigentliche Gegenstand der Theologie ist der wegen seiner Sünde angeklagte und verlorene Mensch und der den sündigen Menschen rechtfertigende und rettende Gott. Was auch immer außerhalb dieses Gegenstandes in der Theologie erforscht oder verhandelt wird, ist Irrtum und Gift.

articulus stantis et cadentis ecclesiae

der Artikel, mit dem die Kirche steht und fällt

propter Christum, qui sua morte pro nostris peccatis satisfecit

um Christi willen, der durch seinen Tod für unsere Sünden Genugtuung geleistet hat

Confutatio

Bestreitung, Widerlegung

Et ad veram unitatem ecclesiae satis est consentire de doctrina evangelii et de administratione sacramentorum.

Und zur wahren Einheit der Kirche ist es genug, daß man übereinstimme in der Lehre des Evangeliums und in der Handhabung der Sakramente.

institutum ab hominibus

von Menschen eingerichtet

ecclesia semper reformanda

Die Kirche muß immer wieder reformiert werden.

De Ministris Ecclesiae, ipsorum institutione et officiis

Die Diener der Kirche, ihre Einsetzung und Aufgaben

ad colligendam vel constituendam sibi Ecclesiam, eandemque gubernandam et conservandam

um sich eine Kirche zu sammeln und zu gründen und um diese zu regieren und zu erhalten

De ordine ecclesiastico docent, quod nemo debeat in ecclesia publice docere aut sacramenta administrare, nisi rite vocatus.

Über die kirchliche Ordnung (über den kirchlichen Stand; Grane übersetzt: kirchliche Ordination) lehren sie, daß niemand in der Kirche öffentlich lehren oder die Sakramente verwalten darf, er sei denn dazu rechtmäßig berufen.

efficit

er, sie, es bewirkt

De coniugio sacerdotum

Ehe der Priester

De potestate et iurisdictione episcoporum

Gewalt und Rechtsprechung der Bischöfe

iure divino non sint diversi gradus episcopi et pastoris

aus göttlichem Recht gebe es zwischen Bischof und Pastor keine Unterschiede des Grades

hanc potestatem iure divino communem esse omnibus, qui praesunt ecclesiis, sive vocentur pastores, sive presbyteri, sive episcopi

diese Gewalt sei aus göttlichem Recht allen gleichermaßen gegeben, die den Kirchen vorstehen, ob sie nun Pastoren oder Presbyter oder Bischöfe genannt werden

ordinare non est consecrare

Ordinieren heißt nicht weihen.

§ 6

Proinde omnibus illis repudiatis, quae oblationem sonant, cum universo Canone, retineamus, quae pura et sancta sunt.

Daher weisen wir mit dem gesamten Kanon alles zurück, was nach Opfer klingt, und wollen das behalten, was rein und heilig ist.

| | |
|---|---|
| Oportet autem gladium esse sub gladio, et temporalem auctoritatem spirituali subiici potestati. | Es ist erforderlich, daß das eine Schwert unter dem anderen sei und daß die zeitliche Autorität der geistlichen unterworfen werde. |
| hominem iustificari fide | daß der Mensch durch den Glauben gerechtfertigt wird |
| dominium terrae | die Herrschaft über die Erde |

### § 9

| | |
|---|---|
| Nulla poena sine lege | Keine Strafe ohne Gesetz |
| bellum omnium contra omnes | Krieg aller gegen alle |
| sententiae fide divina credendae, sententiae fide catholica credendae, sententiae communes, sententiae probabiliores (probabiles, bene fundatae), opiniones toleratae | Aussagen (Sätze, Behauptungen), die zu glauben sind, weil sie aus dem Glauben an Gott folgen, Aussagen, die zu glauben sind, weil sie mit dem katholischen Glauben übereinstimmen, allgemeingültige Aussagen, sehr wahrscheinliche (wahrscheinliche, gut begründete) Aussagen, geduldete Meinungen. |

### § 11

| | |
|---|---|
| testimonium spiritus sancti internum | inneres Zeugnis des Heiligen Geistes |
| finitum non capax infiniti | Das Endliche kann das Unendliche nicht fassen. |

### § 12

| | |
|---|---|
| munus propheticum | prophetisches Amt |
| Verbum dei omnium primum est, quod sequitur fides, fidem charitas, charitas deinde facit omne bonum opus. | Das Wort Gottes ist von allem das erste, dem folgt der Glaube, dem Glauben die Liebe, die Liebe alsdann tut jedes gute Werk. |
| concursus divinus | göttliche Mitwirkung |

## Bibliographische Hinweise zum Gesamtwerk

Hier sind in Auswahl nur Titel aufgenommen, die zur Gesamtthematik einschlägig sind, allerdings ohne Aufsätze und Artikel und ohne dogmatisch-ekklesiologische Literatur.

Achelis, Ernst Christian: Lehrbuch der praktischen Theologie, 2 Bde., Leipzig 1890/91, 1898²
- Grundriß der praktischen Theologie, Leipzig 1893
Aufgaben und Grenzen kirchlicher Äußerungen zu gesellschaftlichen Fragen (1970), in: Die Denkschriften der Evangelischen Kirche in Deutschland, Bd. 1/1, Gütersloh 1978, 41-76

Beck, Ulrich: Risikogesellschaft. Auf dem Weg in eine andere Moderne, Frankfurt a.M. 1986
Berger, Peter L.: Zur Dialektik von Religion und Gesellschaft. Elemente einer soziologischen Theorie, Frankfurt a.M. 1973
- Der Zwang zur Häresie. Religion in der pluralistischen Gesellschaft, Frankfurt a.M. 1980
Berger, Peter L./Luckmann, Thomas: Modernität, Pluralismus und Sinnkrise. Die Orientierung des modernen Menschen, Gütersloh 1995
Bonhoeffer, Dietrich: Sanctorum Comunio. Eine dogmatische Untersuchung zur Soziologie der Kirche, 1930, Neuausgabe: Werke, Bd. 1, München 1986
Brecht, Martin: Martin Luther, 3 Bde., Stuttgart 1981, 1986, 1987

Daiber, Karl-Fritz: Religion unter den Bedingungen der Moderne. Die Situation in der Bundesrepublik Deutschland, Marburg 1995
Dibelius, Otto: Das Jahrhundert der Kirche, Berlin 1926
Die Kirche Jesu Christi. Der reformatorische Beitrag zum ökumenischen Dialog über die kirchliche Einheit, in: Leuenberger Texte, H. 1, 1995
Dierken, Jörg: Amtshandlungen in der Volkskirche. Zum theologischen Umgang mit Kasualfrömmigkeit (ThSt 137), Zürich 1991
Dinkel, Christoph: Kirche gestalten – Schleiermachers Theorie des Kirchenregiments, Berlin/New York 1996
Dokumente wachsender Übereinstimmung. Sämtliche Berichte und Konsenztexte interkonfessioneller Gespräche auf Weltebene. 1931-1982, hg. und eingel. von Harding Meyer/Hans Jörg Urban/Lukas Vischer, Paderborn 1983

Drehsen, Volker: Neuzeitliche Konstitutionsbedingungen der Praktischen Theologie. Aspekte der theologische Wende zur soziokulturellen Lebenswelt christlicher Religion, 2 Bde., Gütersloh 1988
– Wie religionsfähig ist die Volkskirche? Sozialisationstheoretische Erkundungen neuzeitlicher Christentumspraxis, Gütersloh 1994

Feige, Andreas: Erfahrungen mit Kirche, Hannover 1982
Fremde Heimat Kirche. Ansichten ihrer Mitglieder. Studien- und Planungsgruppe der EKD. Erste Ergebnisse der dritten EKD-Umfrage über Kirchenmitgliedschaft, Hannover 1993

Gräb, Wilhelm/Korsch, Dietrich: Selbsttätiger Glaube. Die Einheit der Praktischen Theologie in der Rechtfertigungslehre, Neukirchen-Vluyn 1985
Grane, Leif: Die Confessio Augustana. Einführung in die Hauptgedanken der lutherischen Reformation, Göttingen 1970[4] (UTB 1400)

Haendler, Otto: Grundriß der Praktischen Theologie, Berlin 1957
Härle, Wilfried/Herms, Eilert: Rechtfertigung. Das Wirklichkeitsverständnis des christlichen Glaubens, Göttingen 1979
Härle, Wilfried/Leipold, Heinrich (Hg.): Lehrfreiheit und Lehrbeanstandung, Bd. 1: Theologische Texte, Bd. 2: Kirchenrechtliche Dokumente, Gütersloh 1985
Hanselmann, Johannes/Hild, Helmut/Lohse, Eduard (Hg.): Was wird aus der Kirche? Ergebnisse der zweiten EKD-Umfrage über Kirchenmitgliedschaft, Gütersloh 1984
Henkys, Reinhard (Hg.): Die evangelischen Kirchen in der DDR. Beiträge zu einer Bestandsaufnahme, München 1982
Herms, Eilert: Erfahrbare Kirche. Beiträge zur Ekklesiologie, Tübingen 1990
– Kirche für die Welt. Lage und Aufgabe der evangelischen Kirchen im vereinigten Deutschland, Tübingen 1995
– Einheit der Christen in der Gemeinschaft der Kirchen. Die ökumenische Bewegung der römischen Kirche im Lichte der reformatorischen Theologie. Antwort auf den Rahner-Plan, Göttingen 1984
– Von der Glaubenseinheit zur Kirchengemeinschaft. Plädoyer für eine realistische Ökumene (Marburger Theologische Studien 27), Marburg 1989
Hild, Helmut (Hg.): Wie stabil ist die Kirche? Bestand und Erneuerung. Ergebnisse einer Meinungsbefragung, Gelnhausen/Berlin 1974
Huber, Wolfgang: Kirche und Öffentlichkeit, Stuttgart 1973
– Kirche, Stuttgart 1979

Jäger, Alfred: Konzepte der Kirchenleitung für die Zukunft. Wirtschafts-ethische Analysen und theologische Perspektiven, Gütersloh 1993
Jetter, Werner: Was wird aus der Kirche? Stuttgart 1968

Kaufmann, Franz-Xaver: Kirche begreifen – Analysen und Thesen zur gesellschaftlichen Verfassung des Christentums, Freiburg i. Br. 1979
– Religion und Modernität. Sozialwissenschaftliche Perspektiven, Tübingen 1989
Kelly, John N.D.: Altkirchliche Glaubensbekenntnisse. Geschichte und Theologie, Göttingen 1972[3]
Kleger, Heinz/Müller, Alois (Hg.): Die Religion des Bürgers. Zivilreligion in Amerika und Europa, München 1986
Kühn, Ulrich: Kirche, Gütersloh 1980

Lohff, Wenzel/Mohaupt, Lutz (Hg.): Volkskirche – Kirche der Zukunft? Leitlinien der Augsburgischen Konfession für das Kirchenverständnis heute, Hamburg 1977
Luckmann, Thomas: Das Problem der Religion in der modernen Gesellschaft. Institution, Person und Weltanschauung, Freiburg i. Br. 1963
– Die unsichtbare Religion, Frankfurt a. M. 1991
Lübbe, Herman: Religion nach der Aufklärung, Graz/Wien/Köln 1990[2]
Lück, Wolfgang: Die Volkskirche, Stuttgart 1980
Lührmann, Dieter/Strecker, Dieter (Hg.): Kirche. FS Günter Bornkamm, Tübingen 1980
Luhmann, Niklas: Funktion der Religion, Frankfurt a.M. 1977
– Soziale Systeme. Grundriß einer allgemeinen Theorie, Frankfurt a.M. 19882

Marburger Jahrbuch Theologie VIII (Kirche), 1996, hg. von Wilfried Härle und Reiner Preul
Müller, Alfred Dedo: Grundriß der Praktischen Theologie, Berlin 1950

Niebergall, Friedrich: Praktische Theologie. Lehre von der kirchlichen Gemeindeerziehung auf religionswissenschaftlicher Grundlage, 2 Bde., Tübingen 1918f.
Nitzsch, Carl Immanuel: Praktische Theologie, 3 Bde., Bonn 1847, 1848, 1867
Nüchtern, Michael: Kirche bei Gelegenheit: Kasualien – Akademiearbeit – Erwachsenenbildung, Stuttgart 1991

Otto, Gert: Praktische Theologie, 2 Bde., München 1986, 1988

Preul, Reiner: Luther und die Praktische Theologie. Beiträge zum kirchlichen Handeln in der Gegenwart, Marburg 1989 (Marburger Theologische Studien 25)

Rahner, Hugo: Symbole der Kirche. Die Ekklesiologie der Väter, Salzburg 1964
Rendtorff, Trutz: Kirche und Theologie. Die systematische Funktion des Kirchenbegriffs in der neueren Theologie, Gütersloh 1966
– Theorie des Christentums. Historisch-theologische Studien zu seiner neuzeitlichen Verfassung, Gütersloh 1972
– Gesellschaft ohne Religion? Theologische Aspekte einer sozialtheoretischen Kontroverse (Luhmann/Habermas), München 1975
Rössler, Dietrich: Die Vernunft der Religion, München 1976
– Grundriß der Praktischen Theologie, Berlin/New York 1986, 1994[2]
Roloff, Jürgen: Die Kirche im Neuen Testament, Göttingen 1993

Schelsky, Helmut (Hg.): Zur Theorie der Institution, Düsseldorf 1973[2]
Schian, Martin: Grundriß der Praktischen Theologie, Gießen 1922, 1934[3]
Schieder, Rolf: Civil Religion. Die religiöse Dimension der politischen Kultur, Gütersloh 1987
Schleiermacher, Friedrich Daniel Ernst: Die praktische Theologie nach den Grundsätzen der evangelischen Kirche im Zusammenhange dargestellt, hg. von J. Frerichs, SW I/13, Berlin 1980, Nachdruck Berlin/New York 1983
Schmidtchen, Gerhard: Gottesdienst in einer rationalen Welt. Religionssoziologische Untersuchungen im Bereich der VELKD, Stuttgart u.a. 1973
Schnackenburg, Rudolf: Die Kirche im Neuen Testament. Ihre Wirklichkeit und theologische Deutung, ihr Wesen und Geheimnis, Freiburg i.Br. 1961[3]
Soosten, Joachim von: Die Sozialität der Kirche. Theologie und Theorie der Kirche in Dietrich Bonhoeffers „Sanctorum Comunio", München 1992
Staats, Reinhart: Das Glaubensbekenntnis von Nizäa-Konstantinopel. Historische und theologische Grundlagen, Darmstadt (Wissenschaftliche Buchgesellschaft) 1996
Steinacker, Peter: Die Kennzeichen der Kirche. Eine Studie zu ihrer Einheit, Heiligkeit, Katholizität und Apostolizität, Berlin/New York 1982

Welker, Michael: Kirche ohne Kurs? Aus Anlaß der EKD-Studie „Christsein gestalten", Neukirchen-Vluyn 1987
– Kirche im Pluralismus, Gütersloh 1995 (KT 136)

Wendland, Heinz Diedrich: Die Kirche in der revolutionären Gesellschaft. Sozialethische Aufsätze und Reden, Gütersloh 1967

Zezschwitz, Carl Adolf Gerhard von: System der praktischen Theologie, Leipzig 1876ff.

# Personenregister

Fichte, J. G. 136
Fischer, H. 260
Fischer, K. M. 70
Fitschen, K. 350
Flechsig, K.-H. 39
Forell, U. 305
Fowler, J. W. 253
Franz von Assisi 27
Frerichs, J. 154, 193

Gehlen, A. 134f, 137, 139
Gennep, A. van 249
Gerdes, H. 216
Giloy, J. 196
Globig, Chr. 210
Göldner, K. 215, 218
Göschl, J. B. 327
Goethe, J. W. v. 262
Gornik, H. A. 383
Gould, R. L. 253
Gräb, W. 172, 259, 263f, 266
Gräßer, E. 388
Graf, Fr. W. 15, 191, 209, 316
Grane, L. 73, 78, 80, 84, 91, 111, 179
Gregor der Große 111, 285
Grözinger, A. 320, 326
Grünberg, W. 105
Gunton, C. E. 79, 233

Habermas, J. 154, 343, 347
Haendler, O. 5
Härle, W. 2f, 35, 50, 75, 91, 103, 107f, 114f, 118, 123, 130, 171, 178, 181, 222, 227f, 245, 267, 294, 307, 351, 359, 375, 379, 385ff
Haese, B.-M. 148
Hahn, A. 183, 262
Haller, H.-D. 39
Hammers, A. J. 272
Hanselmann, J. 18, 184, 194, 247
Harnisch, W. 62, 66, 165, 275, 325
Hartshorne, C. 294
Hauriou, M. 137f

Heesch, M. 326
Hegel, G. W. Fr. 136, 294
Heilig-Achneck, W. 258
Heitmeyer, W. 346
Heller, H. 332
Henderson, D. 275
Henkys, J. 61, 201
Herder, J. G. 136
Herms, E. 4, 9, 11f, 43, 50, 76f, 144ff, 155, 158, 161f, 166, 171, 173f, 177, 184, 220, 222f, 225f, 228, 232f, 245, 256, 280, 285, 298, 321, 337, 340-346, 350, 369, 371, 377ff
Herrmann, W. 363
Hieronymus 94
Hild, H. 18, 184, 197, 247
Hirsch, E. 100, 102, 235
Höcker, B. 101, 108, 285, 327
Holl, K. 97, 102f, 107, 112, 124ff
Honecker, M. 347, 353, 360
Honneth, A. 165
Hubbeling, H. G. 294
Huber, W. 3, 178, 352

Illich, I. 310

Jackson, D. 271
Jäger, A. 217
Jaeger, W. 209
Janowsky, J. C. 297
Jetter, W. 8, 100, 245, 282
Jörns, K.-P. 248
Joest, W. 89
Johann Friedrich (Kurfürst) 118
Johannes XXIII 27
Jonas, H. 366, 368, 371f
Josuttis, M. 215, 265, 281, 288, 326
Jüngel, E. 174

Kabisch, R. 326
Kämpfer, H. 291, 382
Käsemann, E. 60, 64, 68f
Kant, I. 373

Nüchtern, M. 199

Otto, G. 5f

Pannenberg, W. 52, 54f, 200, 214
Parsons, T. 129, 345, 363f
Paulus 27, 57, 61ff, 66ff, 100, 107, 261, 324
Perels, H.-U. 217
Pfürtner, S. 165
Piper, H.-C. 270
Pius XII 70
Portele, G. 315
Poscharsky, P. 327
Prenter, R. 60

Quenstedt, J. A. 235
Quintilian 326

Rahner, H. 64
Raiser, L. 353
Rang, M. 147
Rawls, J. 165
Redeker, M. 140
Rendtorff, T. 10, 34, 151f, 161, 171, 190, 192, 194, 356
Ricoeur, P. 275
Riess, R. 270
Ritschl, A. 363
Ritter, A. M. 55
Rössler, D. 5, 85f, 100, 198, 260
Rössler, M. 213
Rogers, C. 272
Roloff, J. 57
Rüschemeyer, D. 345, 364

Scharfenberg, J. 252, 272, 291, 375, 382
Scheffczyk, L. 54
Schelsky, H. 129, 133, 137-141, 153, 228, 268, 291
Schian, M. 5
Schieder, R. 165, 355
Schilling, 111, 269

Schindler, A. 111
Schleiermacher, Fr. D. E. 2, 9. 67, 78, 127, 131f, 136, 140, 143-146, 152, 154, 193, 212ff, 216, 290, 297f, 301, 318, 384, 390
Schloz, R. 8, 151, 188, 197, 264
Schmidt-Rost, R. 170
Schmidtchen, G. 18
Schnackenburg, R. 57
Schneider, Th. 200
Schoeler, C. 286
Schoenborn, U. 165
Scholz, H. 212
Schürger, W. 258
Schütz, H. 327
Schultheis, F. 259
Schultze, H. 61
Schuster, R. 31f
Schwarz, R. 97
Schweitzer, A. 27, 379f
Schweitzer, Fr. 281
Schwöbel, Chr. 79, 130f, 172, 200ff, 233, 268, 276, 391
Sedlmayr, H. 329
Sehling, E. 200
Seitz, M. 193, 244
Simmons, H. C. 253
Simon, H. A. 204
Söhngen, O. 327
Soosten, J. v. 74, 81
Spalatin, G. 101
Sparn, W. 262
Spencer, H. 137, 141
Staats, R. 51, 53f, 212, 249, 350, 384
Stahl, Fr. J. 81
Stallmann, M. 317
Steck, W. 255
Steinacker, P. 56f
Sternberger, D. 165
Stock, E. 229, 369
Stock, K. 279, 285, 290, 355
Strauch 152
Strecker, D. 85

# Sachregister

Das überall vorkommende Wort „Kirche" wurde nur dann in das Register aufgenommen, wenn es im Text durch Hinzufügungen (wie z.B. „sichtbare K.", „anglikanische K.") spezifiziert wird, das Wort „Gott" nur dann, wenn es im Text mit einer Aussage verbunden ist. Ausdrücke in Klammern bezeichnen den Verwendungssinn eines Wortes.

Gemeindepädagogik 185, 197, 208
Gemeindeschwester 156
Gemeinschaft der Heiligen (s. a.
  communio sanctorum) 51, 53,
  55f
Gemeinschaft, religiöse 46, 210
Gentechnologie 371
Gerechtigkeit 163ff, 172, 203, 228f,
  213
– aus Glauben 79
– vor Gott 360
– in der Kirche 202f
– soziale 167, 203, 335
– aus Werken 79, 261
Gerichte, kirchliche 219
Gesang/Gemeindegesang 101, 108,
  158, 297
Geschichte 144, 173, 175f, 323f, 371,
  385ff
– europäische 341
Geschichtswissenschaft 315
Geselligkeit 136, 143, 148, 180
Gesellschaft
– demokratisch verfaßte 335
– funktional differenzierte 339
– moderne 330f, 336, 340, 343,
  366
– multireligiöse 384
– ökonomisch bestimmte 343
– offene 343
– pluralistische 337
Gesellschaftskritik, kirchliche 364
Gesellschaftsprozeß 300
Gesetz 100, 114, 116f, 122f, 192,
  226, 228, 230f, 234, 333f, 336,
  360
Gesetzgebung, kirchliche 216
Gesundheitswesen 339
Gewalt 226-228, 336
Gewaltmonopol 333
Gewissen 117, 121, 173, 349f, 359,
  376
Gewissensfreiheit 240
Glaube 78ff, 113, 192, 231, 233,

265, 272, 283f, 317, 387
Glaubensbegriff 56
Glaubensbekenntnis (s. a. Bekenntnis;
  Credo) 2, 53
– altkirchliches 50
Glaubenslehre 1f
Gloria Patri 282
Götzendienst 296, 298, 328
Gott, 46, 77, 100, 174f, 263, 267,
  279, 285, 294-298, 320, 324,
  357, 371, 383, 385ff
– dreieiniger 54
Gottesbegriff 294
Gottesbeweis 294
Gottesbeziehung/Gottesbezug/
  Gottesverhältnis 78f, 173, 295f,
  311ff, 324, 389
Gottesbild (s. a. Gottesvorstellung)
  383
Gottesdienst (s. a. Kultus; Messe) 12,
  16, 19, 21, 31ff, 36, 73, 76, 87,
  95, 98f, 101, 108, 126, 140, 152,
  156, 158, 185, 187, 192, 198,
  200, 242, 246, 256, 260, 264ff,
  270, 278, 280-289, 293f, 296,
  318, 328, 367
Gottesdienst im Alltag 151, 265
Gottesdienstbesuch 19ff, 265
Gottesdienstordnung 126, 200
Gottesdienstreform 151
Gotteslehre 384
Gottesvorstellung (s. a. Gottesbild)
  385
Gregorianik/Gregorianischer Choral
  101, 327
Grundgesetz 22, 35, 230, 308, 330,
  334, 337
Grundkonsens/Basiskonsens (der
  Kirche) 48, 154, 209, 236f
Grundkonsens, ethischer/Konsens,
  ethischer 354, 357f
Gruppe
– in der Gemeinde 211, 302
– in der Kirche 187, 246

Konkordienbuch 51, 72
Konkordienformel 45, 72, 105
Konsistorium 127, 179
Konsumgesellschaft 310
Konzil 104, 125, 235
Konziliarer Prozeß 187, 370
Kooperation 132, 144f, 156f, 223,
    366
Krankenhaus 184
Krankenhausseelsorge 156
Kreissynode/Kirchenkreissynode 216f
Krise
  – ökologische 29, 368, 370
  – persönliche/psychische 252, 374f
Künstler/Künstlerpersönlichkeit 319,
    323, 366
Kultur (s. a Kulturprozeß) 16, 35,
    139, 142, 268, 283f, 313, 392
Kulturbegriff 268f
Kulturpolitik 331
Kulturprotestantismus 15, 28, 363,
    383
Kulturprozeß (s. a. Kultur) 136, 144,
    146
Kultus (s. a. Gottesdienst) 16, 132,
    287, 325, 328f
Kunst (s. a. Kunstwerk) 16, 135f,
    141, 143, 146f, 268, 318-329
  – abstrakte 323
  – bildende 147, 322f, 327f
  – religiöse 320f
Kunstwerk (s. a. Kunst) 313, 319ff,
    325
Kybernetik 3, 5ff, 85ff, 159, 172, 200
Kyrie 285, 293

Laie 41f, 104ff, 108f, 121, 153f, 156,
    180, 193, 197, 203, 211, 216,
    220, 235ff, 281, 191, 301
Lebensbegleitung 242, 248, 252, 255
Lebenserfahrung 169, 249, 267, 315,
    344
Lebensform 198, 211, 254, 256ff,
    345

Lebensgemeinschaft/Lebenspartner-
    schaft 256ff
Lebensgeschichte 160, 183, 248ff,
    253f, 259-267, 285, 291, 305
Lebenslauf 15, 33, 183, 248-252,
    254ff, 262
Lebenslaufforschung 253
Lebensordnung 157, 254
Lebenswelt 166, 168, 291f, 314, 345
Lebenszyklus 151, 248f, 251f, 254
Lehramt 3, 43, 76f, 103ff, 109, 153,
    197, 225
Lehrautorität 47
Lehrbeanstandung 219
Lehrbeanstandungsverfahren 210, 228
Lehre (der Kirche) 22, 28f, 43, 46,
    49, 94, 103f, 222, 358, 379, 383,
    391
Lehre (Begriff der Lehre) 76
Lehrentscheidung 45, 72, 210
Lehrgrundlage 42f, 77
Lehrordnung 377
Leib Christi (soma Christou) 58, 62,
    64-71, 75, 81
Leiden 322
Leistung 167, 172, 176
Leistungsdruck 264
Leistungsdenken 264
Leistungsgesellschaft 172, 310
Leitungsorgane der Kirche (s. a.
    Kirchenleitung; Kirchenregiment)
    213, 214f
Leiturgia 149
Lesung (im Gottesdienst) 265, 297
Leuenberger Kirchengemeinschaft
    232, 377
Leuenberger Konkordie 377
libertas christiana (s. a. Freiheit eines
    Christenmenschen) 231
Liebe (s. a. Nächstenliebe) 66, 68f,
    102, 116, 112, 114, 123, 126,
    150, 192, 231, 280, 357f, 381,
    387
Liebe Gottes 324, 386f

# Walter de Gruyter
# Berlin • New York

HANS MARTIN MÜLLER

# Homiletik
## Eine evangelische Predigtlehre

20,5 x 13,5 cm. XVII, 442 Seiten. 1996.
Kartoniert DM 58,- / öS 453,- / sFr 58,- ISBN 3-11-015074-3
Gebunden DM 88,- / öS 687,- / sFr 86,- ISBN 3-11-013186-2
**de Gruyter Lehrbuch**

Evangelische Predigtlehre für Studenten und Vikare sowie für die Pfarrerfortbildung.

Die Lehre von der Predigt wird aus der Sicht der evangelischen Theologie nach ihren historischen Voraussetzungen, ihrem systematischen Zusammenhang und ihren praktischen Konsequenzen dargestellt.

Der Autor war bis 1994 Ordinarius für Praktische Theologie an der Evangelisch-Theologischen Fakultät der Universität Tübingen.

MARTIN HONECKER

# Grundriß der Sozialethik

20,5 x 13,5 cm. XXVI, 790 Seiten. 1995.
Kartoniert DM 78,- / öS 609,- / sFr 77,- ISBN 3-11-014474-3
Gebunden DM 118,- / öS 921,- / sFr 114,- ISBN 3-11-014889-7
**de Gruyter Lehrbuch**

Lehrbuch und Nachschlagewerk für das gesamte Gebiet der Sozialethik.

In einem zusammenfassenden Überblick werden zentrale Themen aus sechs Lebensbereichen dargestellt:

Leben und Gesundheit ("Medizinische Ethik") - Ehe, Familie und Sexualität - Natur und Umwelt - Politik und Staat - Wirtschaft - Kultur und Recht.

Einleitend werden die gängigen Modelle theologischer Weltdeutung (z.B. Zweireichelehre, Königsherrschaft Christi) diskutiert und am Ende wird die Aufgabe und Stellung der Kirche in der Gesellschaft erörtert.

Der Autor ist ordentlicher Professor für Sozialethik und Systematische Theologie an der Evangelisch-Theologischen Fakultät der Universität Bonn.

Preisänderungen vorbehalten

---

**Walter de Gruyter & Co. • Berlin • New York** • Genthiner Straße 13
D-10785 Berlin • Telefon: (030) 2 60 05-0 • Telefax: (030) 2 60 05-2 22

# Walter de Gruyter
# Berlin • New York

CHRISTOPH DINKEL

# Kirche gestalten - Schleiermachers Theorie des Kirchenregiments

24,0 x 16,0 cm. IX, 295 Seiten. 1996.
Ganzleinen DM 198,- / öS 1.545,- / sFr 190,- ISBN 3-11-014943-5

(Schleiermacher-Archiv, Band 17. Herausgegeben von
Hermann Fischer und Gerhard Ebeling, Heinz Kimmerle,
Günter Meckenstock, Kurt-Victor Selge)

Studie zu Schleiermachers Theorie evangelischer Kirchenleitung als Teil seiner Praktischen Theologie.

In der "Kurzen Darstellung des theologischen Studiums" konzipiert Schleiermacher die Theorie des Kirchenregiments als Teil seines Programms der Praktischen Theologie und zugleich als integrierendes Ziel evangelischer Theologie überhaupt. Die Studie rekonstruiert Schleiermachers in zahlreichen Schriften und Vorlesungen detailliert ausgearbeitete Theorie in ihren wissenschaftstheoretischen, ekklesiologischen und kirchenpolitischen Bezügen und verweist auf von ihr ausgehende Impulse für Fragen der Kirchenleitung und der Praktischen Theologie heute.

Diss.theol. 1995 bei Prof. Preul, Kiel. Der Autor ist Vikar in Reutlingen.

Preisänderung vorbehalten

**Walter de Gruyter & Co.** • **Berlin** • **New York** • Genthiner Straße 13
D-10785 Berlin • Telefon: (030) 2 60 05-0 • Telefax: (030) 2 60 05-2 22